Hochbegabte und hochleistende Jugendliche
Befunde aus dem Marburger Hochbegabtenprojekt

AF272222

Waxmann Verlag GmbH
Steinfurter Straße 555, 48159 Münster
info@waxmann.com

Pädagogische Psychologie und Entwicklungspsychologie

herausgegeben von Detlef H. Rost

Editorial

Pädagogische Psychologie und Entwicklungspsychologie sind seit jeher zwei miteinander eng verzahnte Teildisziplinen der Psychologie. Beide haben einen festen Platz im Rahmen der Psychologenausbildung: Pädagogische Psychologie als wichtiges Anwendungsfach im zweiten Studienabschnitt, Entwicklungspsychologie als bedeutsames Grundlagenfach in der ersten und als Forschungsvertiefung in der zweiten Studienphase. Neue Zielsetzungen, neue thematische Schwerpunkte und Fragestellungen sowie umfassendere Forschungsansätze und ein erweitertes Methodenspektrum haben zu einer weiteren Annäherung beider Fächer geführt und sie nicht nur für Studierende, sondern auch für die wissenschaftliche Forschung zunehmend attraktiver werden lassen. „Pädagogische Psychologie und Entwicklungspsychologie" nimmt dies auf, fördert die Rezeption einschlägiger guter und interessanter Forschungsarbeiten, stimuliert die theoretische, empirische und methodische Entfaltung beider Fächer und gibt fruchtbare Impulse zu ihrer Weiterentwicklung einerseits und zu ihrer gegenseitigen Annäherung andererseits.

Der Beirat der Reihe „Pädagogische Psychologie und Entwicklungspsychologie" repräsentiert ein breites Spektrum entwicklungspsychologischen und pädagogisch-psychologischen Denkens und setzt Akzente, indem er auf Forschungsarbeiten aufmerksam macht, die den wissenschaftlichen Diskussionsprozess beleben können. Es ist selbstverständlich, dass zur Sicherung des Qualitätsstandards dieser Reihe jedes Manuskript – wie bei Begutachtungsverfahren in anerkannten wissenschaftlichen Zeitschriften – einem Auswahlverfahren unterzogen wird („peer review"). Nur qualitätsvolle Arbeiten werden der zunehmenden Bedeutung der Pädagogischen Psychologie und Entwicklungspsychologie für die Sozialisation und Lebensbewältigung von Individuen und Gruppen in einer immer komplexer werdenden Umwelt gerecht.

Detlef H. Rost (Hrsg.)

Hochbegabte und hochleistende Jugendliche

Befunde aus dem
Marburger Hochbegabtenprojekt

2., erweiterte Auflage

Waxmann
Münster / New York / München / Berlin

Bibliografische Informationen der Deutschen Nationalbibliothek
Die Deutsche Nationalbibliothek verzeichnet diese Publikation in
der Deutschen Nationalbibliografie; detaillierte bibliografische
Daten sind im Internet über http://dnb.d-nb.de abrufbar.

Pädagogische Psychologie und Entwicklungspsychologie; Bd. 72
herausgegeben von Prof. Dr. Detlef H. Rost
Philipps-Universität Marburg
Fon: 0 64 21 / 2 82 17 27
Fax: 0 64 21 / 2 82 39 10
E-Mail: rost@mailer.uni-marburg.de

ISSN 1430-2977
ISBN 978-3-8309-1997-1

2., erweiterte Auflage 2009

© Waxmann Verlag GmbH, 2000
Postfach 8603, D-48046 Münster

www.waxmann.com
info@waxmann.com

Umschlaggestaltung: Pleßmann Kommunikationsdesign, Ascheberg
Gedruckt auf alterungsbeständigem Papier, DIN 6738

Vorwort des Bundesministeriums für Bildung und Forschung zur 1. Auflage

Unsere Gesellschaft ist auf ein hohes Qualifikations- und Leistungsniveau der gesamten Bevölkerung, aber auch auf herausragende Leistungen einzelner Personen, angewiesen.

In der vorliegenden von Herrn Univ.-Prof. Dr. Detlef H. Rost (Philipps-Universität Marburg) geleiteten und von der Bundesregierung geförderten Langzeitstudie zur Hochbegabung und Hochleistung werden eine Vielzahl pädagogisch-psychologisch relevanter Facetten untersucht: Die Palette reicht dabei von Selbstkonzept und Persönlichkeit über Interessen, proaktive Selbststeuerung und Leistungshandeln bis hin zu fähigkeits- und leistungsbezogenen Kognitionen sowie sozialen Beziehungen. Als Zwischenergebnis dieser umfassenden Längsschnittstudie kann festgehalten werden, daß es sich bei den meisten Hochbegabten und Hochleistenden nicht um problembeladene „Eierköpfe" oder „Streber" handelt, unverstanden von ihren Eltern und Lehrern, isoliert und ohne Freunde. Im Gegenteil, die Projektdaten zeigen, daß Hochbegabte und Hochleistende zunächst einmal Kinder und Jugendliche wie alle anderen sind, mit ähnlichen Vorzügen und mit ähnlichen Schwierigkeiten. Ihr Selbstkonzept ist mindestens vergleichbar gut wie das der durchschnittlich Begabten und durchschnittlich Leistenden ausgeprägt, ihre Persönlichkeit ist harmonisch, von sozialer Isolierung kann nicht die Rede sein. Dies gilt freilich nicht bei den sogenannten Underachievern, also bei Schülern, die deutlich weniger leisten als man aufgrund ihrer kognitiven Ausstattung erwarten könnte. Diese Kinder und Jugendlichen, deren Anteil an den Hochbegabten rund 10% bis 15% ausmacht, bedürfen einer psychologischen Fachberatung und -begleitung.

Hochbegabte und Hochleistende brauchen Herausforderungen, Förderung und Anerkennung ihrer Begabung und Leistung, da nicht von der Annahme ausgegangen werden kann, daß alle Hochbegabten ihren Weg selbst finden. Die Identifizierung und Förderung besonders Begabter und Befähigter sollte möglichst auf allen in Betracht kommenden Bildungsstufen erfolgen. Sie darf sich nicht auf den intellektuellen kognitiven Bereich beschränken, sondern sollte entsprechende Fördermöglichkeiten auch im musisch-kreativen wie im beruflich-praktischen und im sozialen Bereich anbieten. Hochbegabtenförderung ist dementsprechend eine Aufgabe des allgemeinen und des beruflichen Bildungswesens, wobei die ausgewogene Entwicklung der Gesamtpersönlichkeit nicht vernachlässigt werden darf.

Insbesondere Leistungswettbewerbe sind ein geeignetes Mittel zur Findung und zeitlich begrenzten Förderung Hochbegabter. Besonders zu begrüßen ist daneben auch, daß aufgrund privater Initiativen in Wirtschaft und Gesellschaft die Förderung Hochbegabter inzwischen in vielfältiger Form institutionalisiert ist.

Dr. Michael Breland   Bundesministerium für Bildung und Forschung

Vorwort des Herausgebers zur 1. Auflage

Das „Marburger Hochbegabtenprojekt" (MHP) hat sich von der ersten Planungsphase an die Option für eine Längsschnittstudie offengehalten. Nach dem erfolgreichen Abschluss der Identifikation (I. Phase, 1987 / 1988), der Untersuchungen in den Familien und bei den Lehrern der hochbegabten Grundschulkinder (1988 / 1989) und der Publikation ausgewählter Resultate in den drei Büchern „Identifikation hochbegabter Schüler" (K.P. Wild, Heidelberg: Asanger 1991), „Lebensumweltanalyse hochbegabter Grundschulkinder" (hrsg. von D.H. Rost, Göttingen: Hogrefe 1993) sowie „Familien mit hochbegabten Kinder" (A. Tettenborn, Münster: Waxmann 1996) freut es mich besonders, dass nun der vierte und bislang umfangreichste Projektband „Hochbegabte und hochleistende Jugendliche" nach einiger Verzögerung vorgelegt werden kann. In ihm berichten wir auszugsweise über Ergebnisse der III. Phase (1994: Nachuntersuchung der hoch- und durchschnittlich Begabten) und der IV. Phase (1995: Einbeziehung einer ergänzenden Kohorte hochleistender und durchschnittlich leistender Jugendlicher aus den „neuen" Bundesländern). Weitere Bände werden folgen.

Der Erfolg eines solch umfassenden Projektes steht und fällt mit der Qualität des Arbeitsteams. Hier gelang es, eine außerordentlich produktive Gruppe zu bilden, die sich durch ein hohes Engagement und durch eine große Kompetenz – auch in der Teamarbeit – auszeichnete. Ich danke hiermit den wissenschaftlichen Mitarbeiterinnen, die, zum Teil auch als studentische Hilfskräfte, zum erfolgreichen Gelingen des Projekts in den Phasen III und IV beigetragen haben. Es sind dies (in alphabetischer Reihenfolge) die Diplom-Psychologinnen Dr. I. Freund-Braier, P. Hanses, K. Hoberg, Dr. S. Kauffeld, S. Lindner, D. Peterburs, C. Pruisken, A. Schiller, S. Schilling, C. Schütz, Dr. K. Walden und C. Wetzel sowie die Diplom-Pädagogin I. Oltmann. Als studentische Hilfskräfte haben die jetzigen Diplom-Psychologinnen und Diplom-Psychologen G. Alpers, A. Behrendt, M. Kochel, H. Scharpf und S. Scheide mitgearbeitet. Ihnen und den jetzigen bzw. ehemaligen studentischen Hilfskräften N. Bückert, N. Borchert, M. Frederici, G. Köster und J. Sych sei für ihre Sorgfalt und ihren unermüdlichen Einsatz gedankt. Gleichzeitig gilt mein besonderer Dank meiner Sekretärin Frau Margit Groll-Imnaishvili für ihre Zuverlässigkeit und ihre Geduld.

Auch diesmal haben wieder diverse Firmen und Institutionen durch ihre ideelle und materielle Unterstützung zum Gelingen des Projekts beigetragen. Die Universität Marburg hat das MHP über die Jahre hinweg großzügig unterstützt und gefördert. Ich danke der Universitätsverwaltung sehr und möchte stellvertretend für alle Herrn Regierungsdirektor B. Pinter hervorheben. Mein Dank gilt auch folgenden neu hinzugekommen Firmen für ihre materielle Projektunterstützung: AVIS, Bastei-Lübbe Verlag, C.A. Beck Verlag, Gütersloher Verlagshaus G. Mohn, Droemer-Knaur Verlag, S. Fischer Verlag, Ferrero, Fischer Taschenbuch-Verlag, Harenberg Kommunikation, Lingen Verlag, Naxos, Firma Oppermann, Piper-Verlag, Springer, Stiftung Lesen, UHU-Werke, Stiftung Warentest, Weltbild. Es ist außerordentlich ermutigend, daß es auch in Zeiten knapper werdender Mittel noch Firmen wie diese gibt, die im Rahmen ihrer Möglichkeiten gerne dazu beigetragen haben, unsere Forschungsarbeit zu unterstützen.

Ein Hinweis noch zur Dokumentation und zur Datenverarbeitung: Ein Projekt dieser Größenordnung kann nicht ohne peinlich genaue Dokumentation und außerordentlich solide Datenpflege und Datenverarbeitung realisiert werden. Allein in der III. und IV. Phase mußten pro Versuchsperson rund 2000 Einzeldaten eingegeben werden (das sind insgesamt weit mehr als 1 Millionen Daten), die Eingabe und ihre Kontrolle schlugen mit mehr als 3000 Arbeitsstunden zu Buche. Ohne die hohe Kompetenz und außerordentliche Gewissenhaftigkeit von Frau Dipl.-Psych. Petra Hanses, die hier federführend gewirkt hat, hätte dies nicht erfolgreich bewältigt werden können. Ich möchte an dieser Stelle ihren maßgeblichen Anteil hervorheben. Nach ihrem Ausscheiden als Projektmitarbeiterin hat Frau Dipl.-Psych. Susanne Schilling die kontinuierliche Datenpflege kompetent und sorgfältig weitergeführt.

Die formale Manuskriptgestaltung lag in den bewährten Händen von Grit Köster und Susanne Schilling. Ihnen sei herzlich gedankt.

Mein besonderer Dank gilt natürlich den beteiligten Jugendlichen, Vätern, Müttern und Lehrkräften, die erst durch ihre interessierte Mitarbeit dem Projekt zum Erfolg verholfen haben. Auch meiner Familie danke ich sehr – sie hat die kontinuierlich hohe, manchmal extrem hohe Arbeitsbelastung, die solch eine Projektleitung über viele Jahre mit sich bringt, zwar nicht freudig, aber ohne größeres Murren ertragen.

Last but not least gilt mein besonderer Dank den Damen und Herren vom Bundesministerium für Bildung und Forschung, die mit ihren guten Ratschlägen wesentlich zum Gelingen des Projekts beigetragen haben. Das Bundesministerium für Bildung und Forschung hat unser Forschungsprojekt wiederum großzügig finanziell gefördert (FKZ B 3979 00 B).

Zum Schluß noch ein Wort zum sogenannten politisch-korrekten geschlechtsbezogenen Sprachgebrauch. Aus Gründen der Lesbarkeit werden nicht ständig weibliche und männliche Personenbezeichnungen benutzt. Zumeist verwenden wir – den Regeln der deutschen Sprache folgend – im allgemeinen Fall die männliche Form: „Verbum hoc ‚si quis' tam masculos quam feminas complecitur" (Corpus Iuris Civilis Dig. L, 16,1).

Marburg, im Frühjahr 2000   Univ.-Prof. Dr. Detlef H. Rost

Vorwort des Herausgebers zur 2. Auflage

Unsere Längsschnittuntersuchung zu hochbegabten Kindern, Jugendlichen und (jüngeren) Erwachsenen, mittlerweile als „Marburger Hochbegabtenprojekt" (MHP) weithin bekannt, wurde 1987 begonnen und ist noch nicht abgeschlossen. Nach wie vor stoßen die Projektergebnisse in der Öffentlichkeit auf ein hohes Interesse. Das hat uns veranlasst, die jetzt vorliegende 2. Auflage um drei Kapitel zu erweitern:

- Berufsinteressen (9. Kapitel, J. R. Sparfeldt),
- Familienbeziehungen (10. Kapitel, S. R. Schilling, J. R. Sparfeldt & D. H. Rost),
- Fördermaßnahmen (11. Kapitel, J. R. Sparfeldt, S. R. Schilling & D. H. Rost).

Vor dem Erscheinen der 1. Auflage (2000) waren schon folgende drei Bücher aus dem MHP erschienen:

- Wild, K. P. (1991). Identifikation hochbegabter Schüler. Lehrer und Schüler als Datenquellen. Heidelberg: Asanger (vergriffen).
- Rost, D. H. (Hrsg.)(1993). Lebensumweltanalyse hochbegabter Kinder. Das Marburger Hochbegabtenprojekt. Göttingen: Hogrefe – Verlag für Psychologie.
- Tettenborn, A. (1996). Familien mit hochbegabten Kindern. Münster: Waxmann (inzwischen vergriffen).

Nach der Veröffentlichung der 1. Auflage sind weitere Monographien, die über die nationale wie internationale einschlägige Forschungslage und über entsprechende empirische Forschungsergebnisse aus dem MHP berichten, publiziert worden:

- Freund-Braier, I. (2001). Hochbegabung, Hochleistung, Persönlichkeit. Münster: Waxmann.
- Schilling, S. R. (2002). Hochbegabte Jugendliche und ihre Peers. Wer allzu klug ist, findet keine Freunde? Münster: Waxmann.
- Schütz, C. (2004). Leistungsbezogenes Denken hochbegabter Jugendlicher. Münster: Waxmann.
- Pruisken, C. (2005). Interessen und Hobbys hochbegabter Grundschulkinder. Formeln statt Fußball? Münster: Waxmann.
- Sparfeldt, J. R. (2006). Berufsinteressen hochbegabter Jugendlicher. Münster: Waxmann.
- Wetzel, C. (2007). Soft Skills und Erfolg in Studium und Beruf. Eine vergleichende Studie von hochbegabten Studenten und Unternehmensberatern. Münster: Waxmann

Außerdem haben wir in unserer Arbeitsgruppe zahlreiche wissenschaftliche Artikel zur Hochbegabung und zu den Resultaten des MHP in diversen deutschsprachigen und internationalen pädagogischen und psychologischen Fachzeitschriften und Büchern vorgelegt. Es sind zu viele, um sie hier einzeln aufzuführen.

Das MHP hat schließlich auch den Anstoß gegeben, Ende 1999 die hauptsächlich vom Hessischen Kultusministerium finanzierte Begabungsdiagnostische Beratungsstelle *BRAIN* am Fachbereich Psychologie der Philipps-Universität Marburg einzurichten, an die sich Familien, Schulleitungen, Lehrkräfte, Ärzte und andere interessierte Kreise wenden können. Inzwischen sind dort mehr als 1500 umfangreiche fachpsychologische Untersuchungen mit entsprechenden pädagogisch-psychologischen Beratungen sowie mehr als 4500 umfassende telefonische Beratungsgespräche erfolgt. Die im MHP (und bei *BRAIN*) ergänzend gewonnenen Erfahrungen und Erkenntnisse waren auch Anlass, in enger und ausgesprochen produktiver Zusammenarbeit mit dem Hessischen Kultusministerium, hier vor allem mit dem für Hochbegabungsfragen zuständigen Referenten, Herrn Ministerialrat W. Diehl, M.A., die Fort- und Weiterbildung von Lehrkräften und Schulpsychologen sowie die Hochbegabtenförderung in Hessen auf- und auszubauen und u. a. zwei umfangreichere Broschüren als Handreichungen für Lehrkräfte aller Schularten und für Eltern zu erstellen:

*   Hessisches Kultusministerium (Hrsg.), „Hilfe, mein Kind ist hochbegabt." IQ 130. Förderung von besonderen Begabungen in Hessen. Heft 1: Grundlagen. (2. Aufl.). Wiesbaden: Hessisches Kultusministerium (1999).
*   Hessisches Kultusministerium (Hrsg.), „Hochbegabung und Schule". Wiesbaden: Hessisches Kultusministerium (2008).

Ferner hat eine langjährige Mitarbeiterin von *BRAIN* (jetzt in Paris tätig) einen lesenswerten Elternratgeber vorgelegt:

*   Alvarez, C. (2007). Hochbegabung: Tipps für den Umgang mit fast normalen Kindern. München: dtv Deutscher Taschenbuch Verlag.

Wie schon im Vorwort zur 1. Auflage angesprochen: Allen Personen, Institutionen und Firmen, die in den letzten 20 Jahren das MHP unterstützt und aktiv am MHP mitgearbeitet haben – es sind inzwischen so viele, dass sie an dieser Stelle nicht mehr alle namentlich aufgeführt werden können – sei nachdrücklich und herzlich gedankt.

Marburg, im Januar 2009   Univ.-Prof. Dr. Detlef H. Rost

Inhalt

1 Grundlagen, Fragestellungen, Methode
Detlef H. Rost 1

2 Stabilität von Hochbegabung
Petra Hanses 93

3 Persönlichkeitsmerkmale
Inez Freund-Braier 161

4 Selbstkonzept
Detlef H. Rost & Petra Hanses 211

5 Proaktive Selbststeuerung, Kompetenzwahrnehmung, Erfolgsorientierung
Detlef H. Rost & Claudia Wetzel 279

6 Leistungsbezogene Kognitionen
Corinna Schütz 303

7 Interessen
Kathrin Hoberg & Detlef H. Rost 339

8 Peer-Beziehungen
Susanne R. Schilling 367

9 Berufsinteressen
Jörn R. Sparfeldt 423

10 Familienbeziehungen
Susanne R. Schilling, Jörn R. Sparfeldt & Detlef H. Rost 465

11 Fördermaßnahmen
Jörn R. Sparfeldt, Susanne R. Schilling & Detlef H. Rost 481

1. Kapitel

Grundlagen, Fragestellungen, Methode

Detlef H. Rost

1.1 EIN BLICK ZURÜCK UND BISHERIGE ARBEITEN 3

1.2 AUSGANGSLAGE UND ALLGEMEINE FRAGESTELLUNGEN DER III. UND IV. PHASE 6

1.3 METHODISCHE HAUPTGESICHTSPUNKTE DER MARBURGER STUDIE 9

1.4 BEGABUNG – INTELLIGENZ – HOCHBEGABUNG 14

    1.4.1 Relevanz der allgemeinen Intelligenz „g" 15

    1.4.2 Differentielle Begabungsdiagnostik und „multiple Intelligenzen" 23

    1.4.3 Verzicht auf die Erfassung von Kreativität, „sozialer", „emotionaler" und
        „operativer Intelligenz" bei der Zusammenstellung von Versuchs- und
        Vergleichsgruppen 28

1.5 STICHPROBEN 37

    1.5.1 Begabungsstichproben „West" 37

    1.5.2 Leistungsstichproben „Ost" 42

    1.5.3 Intelligenzverteilungen „Ost" und „West" 46

1.6 UNTERSUCHUNGSPHASEN III UND IV 48

    1.6.1 Kontaktaufnahme mit Familien und Lehrkräften 48

    1.6.2 Variablen 49

        1.6.2.1 Datenquelle „Jugendliche" 49

        1.6.2.2 Datenquelle „Eltern" 55

        1.6.2.3 Datenquelle „Lehrkräfte" 58

        1.6.2.4 Datenquelle „Untersucherinnen" 59

1.7 AUSWERTUNG 60

LITERATUR 65

1.1

EIN BLICK ZURÜCK UND BISHERIGE ARBEITEN

Die ersten Überlegungen, ein Längsschnittprojekt zur Lebensumweltanalyse Hochbegabter (und später auch Hochleistender) anzulegen, reichen bis ins Jahr 1980 zurück. Im Oktober dieses Jahres hatten W. Wieczerkowski & H. Wagner vom Arbeitsbereich „Pädagogische Psychologie und Entwicklungspsychologie" des Psychologischen Instituts II an der Universität Hamburg zu einer der ersten Tagungen zur Hochbegabungsthematik eingeladen (vgl. Wieczerkowski & Wagner 1981). Auf diesem Symposium beklagten einige Referenten, und das Auditorium stimmte dem zu, man wisse nur wenig, viel zu wenig über die besondere Lage hochbegabter Kinder und Jugendlicher, insbesondere über nicht-intellektuelle Aspekte ihrer Entwicklung, und es fehle, insbesondere in Deutschland, aber auch weltweit, an soliden größer angelegten empirischen Studien über Hochbegabung. – Dieses war ein erster Anlaß, einige Vorstudien durchzuführen und darüber hinaus in einer frühen empirischen Untersuchung anhand eines umfassenden Datensatzes aus den USA eine Wohnbezirksanalyse von San Diego vorzunehmen (Albrecht & Rost 1983; Rost & Albrecht 1983; 1985).[1] In dieser Wohnbezirksanalyse gelang es, einen engen Zusammenhang von Hochbegabung und Wohnqualität zu belegen: Die bezirksinternen Anteile identifizierter hochbegabter Kinder und Jugendlicher korrelieren deutlich positiv mit dem sozio-kulturellen Anregungsgehalt der jeweiligen Wohnbezirke im Stadt- und Landkreis San Diego. Dieser Befund ist für Pädagogische Psychologen und Entwicklungspsychologen nicht besonders überraschend; überraschend ist die – selbst für aggregierte Daten – erstaunliche Höhe (rho = 0.73 bzw. rho = 0.70).

Aus der Auseinandersetzung mit diesem Ergebnis erwuchs dann der Plan, eine umfassende Längsschnittstudie anzulegen, die sich speziell den nicht-intellektuellen Korrelaten besonderer Begabung und Leistungsexzellenz von Kindern, Jugendlichen und jungen Erwachsenen widmen sollte. Eine Forschungsvoranfrage wurde Ende 1984 an das Bundesministerium für Bildung und Wissenschaft gestellt. Sie wurde positiv beschieden. Anfang 1985 folgte ein detaillierter Forschungsantrag. Trotz positiver Gutachtenlage wurden die Mittel aufgrund zahlreicher nicht vorhersehbarer Probleme und Verzögerungen erst zwei Jahre später bewilligt. Dank der großzügigen Förderung durch das damalige Bundesministerium für Bildung und Wissenschaft bzw. Bildung, Wissenschaft, Forschung und Technologie bzw. dem heutigen Bundesministerium für Bildung und Forschung sowie der Philipps-Universität Marburg konnte die Marburger Hochbegabtenstudie im Spätsommer 1987 begonnen und bis heute, also fast 15 Jahre lang, fortgeführt werden.[2]

---

[1] Diese Fragestellung ließ sich wegen fehlender Daten und der Unmöglichkeit, diese Daten hierzulande zu erheben, in Deutschland nicht bearbeiten.

[2] Einen besonderen Dank schulden wir Frau Musso, Herrn Dr. Blanke, Herrn Holewa und Herrn Müller-Solger vom Bundesministerium und Herrn Pinter von der Philipps-Universität.

Im Zuge der Vorarbeiten und parallel zur Projektplanung und Projektdurchführung erfolgte auch eine intensive Auseinandersetzung mit der Hochbegabungsliteratur, die in einige grundsätzliche Beiträge zur Hochbegabungsthematik allgemein (Rost & Albrecht 1988; Rost 1989a; Rost 1991e; Rost 1998), zu den Peerbeziehungen Hochbegabter (Czeschlik & Rost 1988), zur Auseinandersetzung mit methodischen Fragen adäquater Versuchsplanung bei empirischen Hochbegabungsuntersuchungen (Rost 1991b) und Auswertungsproblemen (Hanses 1998) sowie zur Identifikation von Hochbegabung (Rost 1990; 1991c) einmündeten. Ein umfangreicher Artikel zur Identifikationsproblematik (Rost 1991c) löste eine heftige Kontroverse aus (Hany & Heller 1991; Mönks 1991; Rost 1991d). Die dort angesprochenen Probleme sind heute noch aktuell. – Die neuere Literatur zur hierarchischen Strukturierung der Intelligenz, zur Bedeutung der allgemeinen Intelligenz und zu ihren sozialen Implikationen (Carroll 1993; Herrnstein & Murray 1994; Brand 1996a;b; Gustafsson & Undheim 1996; Jensen 1998; Mackintosh 1998; Weiss 2000) sowie die im zweiten Kapitel dieses Buches vorgestellten Projektergebnisse zur Stabilität von Hochbegabung (vgl. Kap. 2) verdeutlichen, daß wir uns mit der damaligen Entscheidung, Hochbegabung als breit angelegte intellektuelle Leistungsfähigkeit im Sinne des von Spearman (1904; 1923; 1927) eingeführten Konzepts der allgemeinen Intelligenz „g" zu verstehen, auf einem soliden Grund bewegen. Ich werde weiter unten die herausragende Bedeutung von „g" für die (Hoch-)Begabungsforschung aufzuzeigen versuchen.

Ausgewählte Befunde der *Grundschulstudie* des Marburger Hochbegabtenprojekts sind bislang in drei Büchern (Wild 1991; Rost 1993a; Tettenborn 1996) und in diversen Fachzeitschriften publiziert worden. In seiner Monographie „Identifikation hochbegabter Schüler" hat Wild (1991) die Güte von Lehrerurteilen in der Diagnostik intellektuell hochbegabter Grundschulkinder überprüft und Validität, Effektivität, Effizienz sowie Verzerrungsfreiheit gegenüber sachfremden Einflüssen kritisch überprüft. Ein zweiter Aspekt seiner Analysen betrifft die diagnostische Qualität von Peer-Urteilen sowie von Selbsteinschätzungen der intellektuellen Kompetenz. Daran anknüpfend, sind später von Rost & Hanses (1997) die diagnostischen Fähigkeiten von Lehrkräften am Beispiel der Identifikation hochbegabter Underachiever erneut problematisiert worden.

Der Sammelband „Lebensumweltanalyse hochbegabter Kinder" (Rost 1993a) dokumentiert ausführlich die methodische Anlage des Marburger Hochbegabtenprojekts (siehe Rost 1993b). Ergänzend entfaltet die Lebensumweltanalyse ausgewählte Resultate der Erhebungen im Grundschulalter (I. und II. Projektphase). Im Vergleich zu hochbegabten und durchschnittlich begabten Schülern stellen wir dort unter diversen psychologischen Perspektiven Befunde zu Familienstrukturen und familiären Beziehungen (Tettenborn 1993), Erziehungszielen (Rost & Witt 1993), Persönlichkeitsmerkmalen (Rost 1993d), Temperamentsfaktoren (Czeschlik 1993b), leistungsbezogenem Denkhandeln (Dörner 1993), Spielzeugbesitz und Spielzeugnutzung (Rost & Hanses 1993c; vgl. auch Rost & Hanses 1992; 1993b, 1994), Fördermaßnahmen

(Rost 1993c; vgl. Rost 1991a) und zur Hochbegabtendiagnostik durch Lehrer (Wild 1993) vor.[3] Die Überlegungen und Resultate zum Thema „Familien mit hochbegabten Kindern" hat Tettenborn 1996, auf ihrem Buchbeitrag von 1993 aufbauend, ausdifferenziert und erweitert als Monographie vorgelegt. Ergänzend zur „Lebensumweltanalyse" haben wir u.a. Studien zum Selbstkonzept Hochbegabter (Hanses & Rost 1994; Rost & Hanses 1995b), zu hochbegabten Underachievern (Hanses & Rost 1998) und zur Interessenlage Hochbegabter (Rost & Hoberg 1998) veröffentlicht (zu neueren Monographien aus dem Marburger Hochbegabtenprojekt siehe das Vorwort zur 2. Auflage in diesem Band)

Die vielfältigen Ergebnisse des Marburger Projekts lassen sich natürlich nicht in wenigen Sätzen zusammenfassen. Hier muß auf die Originalarbeiten verwiesen werden.[4] Allerdings zieht sich ein Befund wie ein roter Faden durch fast alle Resultate: Hochbegabte Grundschulkinder sind ihren Peers ähnlicher, als man es aufgrund der in der Literatur immer wieder behaupteten „Andersartigkeit" Hochbegabter vermuten könnte: Hochbegabte Grundschüler sind zuerst einmal und vor allem Kinder wie alle anderen Kinder auch, mit ähnlichen Vorlieben, mit ähnlichen Abneigungen, mit ähnlichen Schwierigkeiten, mit ähnlichen Vorzügen.

Diesen Befund, gewonnen durch eine Befragung der Hochbegabten selbst, ihrer Väter, Mütter, Peers und Klassenlehrkräfte, konnten wir im übrigen anhand einer Analyse eines Datensatzes zehnjähriger Grundschulkinder, der nicht aus unserer Arbeitsgruppe stammt, sondern uns für diese Auswertung freundlicherweise von F. Merz aus dem Projekt „Schwangerschaftsverlauf und Kindesentwicklung" (Deutsche Forschungsgemeinschaft 1977; Ehlers & Merz 1983) überlassen wurde, erhärten (Rost & Czeschlik 1994b; Czeschlik & Rost 1994). Die Daten des Marburger Projekts belegen, daß Intelligenz im sozialen Bereich offensichtlich – auch bei Hochbegabung – ein protektiver Faktor ist (zum Zusammenhang von soziometrischer „Popularität" und soziometrischer „Ablehnung" mit Intelligenz vgl. Rost & Czeschlik 1994a; Czeschlik & Rost 1995). Deutlich anders sieht es jedoch bei der Gruppe der hochbegabten Underachiever aus. Hochbegabte Underachiever scheinen nach unseren

---

[3]   Neben Berichten in regionalen und überregionalen Tages- und Wochenzeitungen (z.B. Die Zeit, 14.2.92; Süddeutsche Zeitung, 5.3.92; Badisches Tageblatt, 3.9.93; Frankfurter Allgemeine Zeitung, 5.9.93; Westfalenpost, 7.9.93; Mannheimer Morgen, 11.9.93; Hannoversche Allgemeine Zeitung, 20.11.93; Neue Züricher Zeitung, 27.1.94) sind verschiedene Rezensionen in pädagogisch-psychologischen Fachzeitschriften erschienen (z.B. Dahme 1993; Eysenck 1993b; Helmke 1993; Kasten 1993; Schneider 1993; Kühn 1994; Meer 1994; Mogel 1993; Schlömerkemper 1994).

[4]   Aufgrund der breiteren Anlage des Marburger Hochbegabtenprojekts konnten auch andere pädagogisch-psychologische Fragestellungen bearbeitet werden, so beispielsweise zum Problem der Abhängigkeit der Genauigkeit von Schülerbeurteilungen durch Lehrkräfte von der Klassengröße (Wild & Rost 1995), zu den Korrelaten physischer Attraktivität von Grundschulkindern (Rost 1993e), zur Brauchbarkeit des Zahlen-Verbindungs-Tests im Grundschulalter (Rost & Hanses 1993a), zum Zusammenhang von allgemeiner Intelligenz mit ausgewählten Temperamentsaspekten und kognitiven Stilen (Czeschlik 1993a) sowie zu Temperamentsmerkmalen im Grundschulalter (Czeschlik 1992).

Befunden (Hanses & Rost 1998) echte Problemkinder zu sein, für die in vielen Fällen eine pädagogisch-psychologische Beratung oder sogar Psychotherapie indiziert ist.[5]

Die nachfolgenden Ausführungen dieses ersten Kapitels informieren kurz über die Intentionen des Projekts und ausführlicher über methodische Leitthemen unseres Forschungsvorhabens, über das zugrundeliegende Verständnis von Begabung und Hochbegabung bzw. Hochleistung bei Jugendlichen, über den Versuchsplan und über die Stichproben sowie über die eingesetzten Untersuchungsinstrumente und – wiederum sehr knapp – über methodische Prinzipien der Datenauswertung (siehe dazu die Forschungsberichte Nr. 3 bis Nr. 6 sowie den Abschlußbericht zur IV. Projektphase: Rost & Hanses 1995a; 1996; Rost, Freund-Braier, Schilling & Schütz 1997; Rost, Freund-Braier, Schilling & Schütz 1998). Die Kapitel 2 bis 9 dieses Buches stellen ausgewählte inhaltliche Ergebnisse unserer Studie vor.

Die zentralen methodischen und inhaltlichen Projektmerkmale sind mit dem Beginn der Längsschnittuntersuchung im Jahre 1987 fixiert und 1993 in der „Lebensumweltanalyse hochbegabter Kinder" dokumentiert worden. Mit den nachfolgenden allgemeinen Ausführungen zu unserem Forschungsvorhaben nehme ich die dort formulierten Gedanken auf und führe sie fort. Verständlicherweise ergeben sich deshalb inhaltliche Überschneidungen mit meinen damaligen Darlegungen – dies ist beabsichtigt, da nicht jeder Leser dieses Buches auch die „Lebensumweltanalyse" kennen dürfte.

Der folgende Abschnitt (1.2) stellt die Ausgangslage und die allgemeinen Fragestellungen der Phase III (Unterschiede zwischen hoch- und durchschnittlich begabten Jugendlichen) und Phase IV (Unterschiede zwischen hochleistenden und durchschnittlich leistenden Jugendlichen) dar.

1.2
AUSGANGSLAGE UND ALLGEMEINE FRAGESTELLUNGEN
DER III. UND IV. PHASE

Analog zur Fragestellung bei den Grundschulkindern (Phase II, 1988 / 1989) zielen die Phasen III und IV (1994 / 1995) unseres Projekts ebenfalls auf eine Lebensumweltanalyse. In der Phase II standen hochbegabte und durchschnittlich begabte Grundschulkinder der 4. Jahrgangsstufe im Zentrum unseres Interesses. Aus den damaligen Kindern sind (1994, zur Zeit der Erhebungen in der Phase III) hoch- und durchschnittlich begabte *Jugendliche der 9. Jahrgangsstufe* geworden. Als wir das Projekt 1985 / 1986 planten, war Deutschland noch geteilt, und an eine Wiedervereinigung dachte niemand. 1987 / 1988 haben wir nur Kinder aus den – wie man jetzt sagt – „alten" Bundesländern untersuchen können. Nach der Wiedervereinigung konnten wir, eine Anregung von Herrn Dr. A. Blanke vom Bundesministerium für Bildung, Wissenschaft, Forschung und Technologie aufgreifend, die fünf „neuen"

---

[5]   Dies bestätigen auch die Erfahrungen der 1999 vom Hessischen Kultusministerium am Fachbereich Psychologie der Philipps-Universität eingerichteten „Begabungsdiagnostischen Beratungsstelle *BRAIN*".

Bundesländer in unser Projekt einbeziehen. Vor die Frage gestellt, die für den „Westen" geplanten Jugenderhebungen schlicht im „Osten" zu wiederholen oder dort eine gänzlich neue Fragestellung mit anderen Untersuchungsvariablen zu verfolgen, entschieden wir uns – auch aus forschungsökonomischen Gründen – für einen Mittelweg, nämlich dazu, aus den fünf „neuen" Bundesländern 1995 zwei gleichaltrige Stichproben (ebenfalls 9. Jahrgangsstufe) mit den gleichen Instrumenten zu untersuchen, diese Stichproben aber etwas anders zu definieren: Während das zentrale Merkmal der *Hochbegabtenstichprobe* aus den „alten" Bundesländern die hervorragende intellektuelle Leistungsfähigkeit im Sinne einer breit angelegten *kognitiven Kompetenz* darstellt (operationalisiert durch entsprechende psychologische Testverfahren), besteht das konstituierende Merkmal der *Hochleistungsstichprobe* aus den „neuen" Bundesländern in der exzellenten *schulischen Performanz* (operationalisiert durch hervorragende Schulnoten in diversen Fächern). Dementsprechend ist die *„West"-Vergleichsgruppe* durch eine *durchschnittliche kognitive Kompetenz,* die *„Ost"-Vergleichsgruppe* durch eine *knapp unterdurchschnittliche Performanz* gekennzeichnet.

Noch vor zehn Jahren war die Bundesrepublik „Entwicklungsland" für Hochbegabungsfragen. Das hat sich inzwischen geändert. Zahlreiche Initiativen von Bundes- und Länderministerien (z.B. Ministerium für Bildung, Wissenschaft, Forschung und Kultur Schleswig-Holstein 1998; Ministerium für Kultur, Jugend und Sport Baden-Württemberg 1998; Bundesministerium für Bildung und Forschung 1999; Hessisches Kultusministerium 1999) und engagierten Elternvereinen (z.B. Deutsche Gesellschaft für das hochbegabte Kind e.V.; Hochbegabtenförderung e.V.; Janus e.V.) sowie – nicht selten mit stärker verzerrten und sehr einseitigen Informationen versehene – Ratgeber von Betroffenen für Betroffene (z.B. Billhardt 1996; Thomas 1997; Spahn 1997; Mähler & Hofmann 1998) haben das Thema weithin popularisiert. Wie die sich in letzter Zeit häufende „Vorführung" hochbegabter Kinder und Jugendlicher in zahlreichen Tages- und Wochenzeitschriften, Illustrierten und Magazinen sowie in TV-Talkshows dokumentiert, ist es ausgesprochen „modern" geworden, über Hochbegabung zu reden, und zwar unabhängig davon, ob eine entsprechende Sachkompetenz vorliegt oder nicht. Trotz der nach wie vor empirisch hochgradig defizitären Forschungslage konzentriert sich die Diskussion auf die Propagierung mehr oder weniger sinnvoller Fördermaßnahmen, die aber in aller Regel weder hinreichend differenziert noch vernünftig dokumentiert, geschweige denn solide evaluiert sind. (Ausnahmen davon stellen beispielsweise die Bundeswettbewerbe oder das Überspringen dar, vgl. Rahn 1985; 1986; Heilmann 1999; Heinbokel 1996.)

Über Hochbegabung wurde und wird bei uns ausgesprochen viel geschrieben, aber nur ausgesprochen wenig geforscht. Eine empirische Analyse der gleichermaßen grundlagenwissenschaftlich interessanten wie gesellschaftlich, bildungspolitisch und pädagogisch-psychologisch relevanten Fragen nach den Persönlichkeitsmerkmalen und dem Selbstkonzept, der psychosozialen Anpassungsleistung, nach der emotionalen Lagebefindlichkeit, nach den Kontrollüberzeugungen, Interessen, Kompetenzwahrnehmungen und Erfolgsorientierungen besonders begabter Kinder, Jugendlicher und Erwachsener, um nur einige Aspekte zu nennen, ist bislang in der pädagogisch-psychologischen Forschung vernachlässigt worden. Das gilt insbesondere für das Jugendalter, für das eine differenzierte Bestandsaufnahme – anders als im Grundschulalter (vgl. Rost 1993a) – noch nicht erfolgt ist, obwohl schon lange in der einschlägigen Literatur der Verdacht geäußert wird, Hochbegabte würden, auch in Abhängigkeit vom Geschlecht, in der für die Persönlichkeitsentwicklung und Selbstfindung „kritischen" Phase der Adoleszenz („Pubertät") den in der Grundschulzeit wurzelnden herausgehobenen positiven Status verlieren, und die Wahrscheinlichkeit nähme zu, zu einer Problemgruppe zu mutieren (vgl. zum Entwicklungsaspekt schon Austin & Draper 1981).

Aus der Vielzahl der im Marburger Hochbegabtenprojekt verfolgten Aspekte haben wir für dieses Buch folgende Auswahl allgemeiner Fragestellungen getroffen:

(a) Wie stabil ist Hochbegabung über einen Zeitraum vom Grundschulalter bis zur Adoleszenz? Lassen sich schon im 4. Schuljahr Variablen identifizieren, in denen die *stabil Hochbegabten* (mit der Diagnose „hochbegabt" im 3. *und* im 9. Schuljahr) von den *instabil Hochbegabten* (mit der Diagnose „hochbegabt" *nur* im 3. Schuljahr, *nicht* aber im 9. Schuljahr) systematisch differieren? (P. Hanses, Kap. 2.)

(b) Zeigen sich bei hochbegabten / hochleistenden Jugendlichen im Vergleich zu durchschnittlich begabten / durchschnittlich leistenden Problemzonen in ihrer Persönlichkeitsentwicklung? Schätzen die signifikanten erwachsenen Interaktionspartner (Eltern, Lehrkräfte) die Persönlichkeit von Hochbegabten / Hochleistenden anders ein als die von durchschnittlich Begabten / durchschnittlich Leistenden? (I. Freund-Braier, Kap. 3.)

(c) Finden die vorwiegend anglo-amerikanischen Beobachtungen, daß hochbegabte / hochleistende Adoleszenten ein positiv ausgeprägtes „akademisches Selbstkonzept" besitzen, auch in unserer deutschen Stichprobe eine Bestätigung? Gilt diese Aussage auch bei einer schulfachspezifischen Betrachtung? Wie sieht dies in diversen „nicht-akademischen" Selbstkonzeptfacetten aus? (D. H. Rost & P. Hanses, Kap. 4.)

(d) Wie unterscheiden sich hochbegabte / hochleistende / durchschnittlich begabte / durchschnittlich leistende Schüler und Schülerinnen der 9. Jahrgangsstufe in für den späteren Berufs- und Lebenserfolg relevanten Variablen wie proaktive Selbststeuerung, Kompetenzwahrnehmung und Erfolgsorientierung? (D.H. Rost & C. Wetzel, Kap. 5.)

(e) Haben hochbegabte / hochleistende Jugendliche ein höheres Fähigkeits- und Anstrengungskonzept und stärker ausgeprägte internale Kontrollüberzeugungen als durchschnittlich leistende / durchschnittlich Begabte? Nehmen Hochbegabte / Hochleistende an, ihre schulische Leistung mehr beeinflussen zu können? Verfügen hochbegabte / hochleistende Neuntkläßler über eine differenziertere Strukturierung ihrer Handlungsfähigkeits- und Kontrollüberzeugungen als durchschnittliche „Klassenkameraden"? (C. Schütz, Kap. 6.)

(f) Differieren die Gruppen der Hochbegabten / Hochleistenden / durchschnittlich Begabten/ durchschnittlich Leistenden in ihren Interessen, genauer in der Interessenintensität, Interessenmodalität und Interessenvielfalt? (K. Hoberg & D.H. Rost, Kap. 7.)

(g) Wie unterscheiden sich hochbegabte / hochleistende von durchschnittlich begabten / durchschnittlich leistenden Adoleszenten in bezug auf verschiedene Aspekte ihrer Peer-Beziehungen? Wie beschreiben ihre Eltern und Lehrkräfte deren Peer-Beziehungen? (S. Schilling, Kap. 8.)

(h) Lassen sich bei hochbegabten / hochleistenden Jugendlichen bzw. jungen Erwachsenen besondere Schwerpunkte in ihren Berufsinteressen objektivieren? (J. R. Sparfeldt, Kap. 9.)

(i) Wie differieren Familien mit hochbegabten Jugendlichen von Familien mit durchschnittlich begabten Jugendlichen in wichtigen Familiensystemdimensionen? (J.R. Sparfelt, S.R. Schilling & D. H. Rost, Kap. 10.)

(j) Wie bewerten die Betroffenen selbst – hochbegabte Jugendliche, deren Eltern und Lehrkräfte diverse Fördermaßnahmen, die aktuell für Hochbegabte diskutiert werden? (J.R. Sparfeldt, S.R. Schilling & D.H. Rost.)

Die Kapitel 2 bis 11 dieses Bandes versuchen, auf diese allgemeinen Fragestellungen auf der Basis des Marburger Projekts empirisch fundierte Antworten zu geben. Von besonderer Bedeutung sind die methodischen Leitlinien unserer Studie. Im nachfolgenden Subkapitel 1.3 werden die zwölf wichtigsten methodischen Prinzipien vorgestellt. Zugleich soll dadurch verdeutlicht werden, daß und wie sich das Marburger Projekt von anderen Hochbegabungsuntersuchungen unterscheidet.

1.3
METHODISCHE HAUPTGESICHTSPUNKTE DER MARBURGER STUDIE

Abgesehen von in der Regel kleinen, viel zu kleinen Fallzahlen mangelt es bei einschlägigen Studien – sogar auch bei größeren Längsschnittuntersuchungen zur Hochbegabung im Kindes- und Jugendalter – an *nicht* vorausgelesenen Stichproben, an einer nachvollziehbaren und präzisen Operationalisierung von Hochbegabung, die auch einen Vergleich der Resultate mit schon vorliegenden Befunden zuläßt, an adäquaten Vergleichsgruppen, an statistisch soliden Datenanalysen und an gut strukturierten, klaren und verständlichen Darstellungen von Versuchsplänen und Ergebnissen. Weil diese methodischen Selbstverständlichkeiten offensichtlich im Bereich der Hochbegabungsforschung nicht immer selbstverständlich sind, sollen nachfolgend in aller Kürze zentrale methodische Leitlinien der Marburger Studie vorgestellt werden:

(a) *Rückgriff auf eine unausgelesene Grundgesamtheit.*
Selbst-selektive Stichproben (mit den damit kovariierenden differenten Ausgangslagen der Probanden) bergen mannigfaltige Probleme, die Auswirkungen von Eingangsselektivität werden zumeist unterschätzt. Wenn, wie es nicht selten geschieht, bei Begabungsuntersuchungen lediglich Gymnasiasten einbezogen werden, ist nicht nur mit einer begabungsbetreffenden Vor-Selektion zu rechnen: Für den Übertritt ins Gymnasium sind neben der Schulleistung, die (mittel)hoch mit der Begabung korreliert, auch familiäre Variablen (Bildungsniveau und Bildungsaspiration der Eltern, Einkommensverhältnisse und vieles mehr) von Bedeutung. Wenn dann zusätzlich noch begabungsrelevante regionale Einschränkungen sowie unangemessen hohe Ausfallquoten hinzukommen, ist unklar, auf welche Grundgesamtheit die Befunde übertragbar sind (so wurden beispielsweise in einer großen deutschen Studie zur Hochbegabung im Kindes- und Jugendalter 1020 Schulen aus nur drei Bundesländern – Baden-Württemberg, Bayern, Berlin – um Mitarbeit gebeten, aber lediglich 210, das sind magere 20.6%, waren zu einer Kooperation bereit, siehe Perleth 1993, 252). Nur in der Grundschule hat, mit Ausnahme von Wiederholern, Sonderschülern und schulisch nicht bildbaren Kindern, noch keinerlei Auslese stattgefunden.

Die Identifikation der Hochbegabten und der entsprechenden Vergleichskinder erfolgte deshalb im Marburger Projekt konsequenterweise ausschließlich im dritten Grundschuljahr (I. Phase). Die durch Nicht-Einverständniserklärung der Eltern bedingte untersuchungsspezifische Ausfallquote lag nur bei 10.8%, die Quote untersuchungsunspezifischer Nichtteilnahme (z.B. Krankheit) nur bei 4.5%. Damit konnten wir 1987 / 1988, also kurz nach der heftig umstrittenen Volkszählung, 85% der angezielten Großstichprobe auch tatsächlich realisieren – für eine Feldstudie dieser Art, in der über 350 Klassen mit über 7300 Schülern einbezogen sind, ein beachtlicher Erfolg. Bei den sich an die Identifikationsphase anschließenden zweitägigen Familienbesuchen der 151 hoch- und 136 durchschnittlich Begabten und den Lehrkräftebefragungen (diese Erhebungen nahmen insgesamt neun Monate in Anspruch) ergaben sich keine Ausfälle. Sechs

Jahre später (Phase III) konnten 98% der Familien mit hoch- und durchschnittlich Begabten wieder zur Mitarbeit gewonnen werden. Die Hochleistenden und durchschnittlich Leistenden aus den „neuen" Bundesländern wurden – die Leistungsexzellenz verlangt dies – ausschließlich aus Gymnasien gezogen. Auch hier war eine vergleichbar hohe Mitarbeitsbereitschaft der Lehrkräfte und Familien gegeben.

(b) *Keine Vorauswahl durch Lehrkräfte und Eltern.*

Aus arbeitsökonomischen und finanziellen Gründen wird oft auf eine umfassende psychometrische Testung größerer Schülergruppen zur Identifizierung von Hochbegabten verzichtet. Statt dessen bittet man häufig Eltern und / oder Lehrkräfte, potentiell Hochbegabte zu benennen (*screening*), und nur die nominierten potentiell Hochbegabten unterzieht man dann auch anschließend einer genauen psychologischen Diagnostik. Eine solche Vorauswahl ist stets problematisch, da sie in der Regel zu einer im nachhinein kaum kompensierbaren systematischen Stichprobenverzerrung führt. Lehrkräfte, um ein Beispiel zu nennen, neigen dazu, leistungsschwache (sog. Underachiever) und verhaltensauffällige, störende Hochbegabte schlichtweg zu übersehen. Wenn, wie in der schon erwähnten größeren deutschsprachigen Studie zur Hochbegabung im Kindes- und Jugendalter, nur Informationen über die von den Lehrkräften vorausgelesenen Studienteilnehmer vorliegen und über den Rest der Klassen nichts bekannt ist (noch nicht einmal die Anteiligkeiten von Jungen und Mädchen pro Schulklasse), dann ist eine Generalisierung der Ergebnisse problematisch. – In der Marburger Studie wurde deshalb bewußt auf ein vorgeschaltetes Screening durch Lehrkräfte und Eltern verzichtet und statt dessen die kostspielige und zeitaufwendige Strategie verfolgt, alle Schüler aller Klassen psychodiagnostisch zu untersuchen, um die Hochbegabten allein aufgrund ihrer testpsychologisch ermittelten intellektuellen Kompetenz zu identifizieren. Diese Argumente gelten analog auch für die Identifikation der Vergleichskinder mit durchschnittlicher Begabung. Die Identifikationsphase nahm fast ein dreiviertel Jahr in Anspruch.

(c) *Einschränkung der Altersvarianz.*

Nicht wenige Hochbegabungsstudien sind, was das Alter der Teilnehmer als relevante Variable betrifft, zu heterogen angelegt (so z.B. auch die ansonsten sehr gut geplante und sorgfältig durchgeführte Vergleichsgruppenstudie im englischen Gulbenkian-Projekt, das 5- bis 16jährige untersucht hat und mangels hinreichender Besetzung in den einzelnen Altersstufen lediglich eine globale Auswertung über alle Altersstufen hinweg vornehmen konnte, vgl. Freeman 1978). Diese simultane Überlagerung der inhaltlich interessierenden Varianz in den abhängigen Variablen durch die versuchsplantechnisch unerwünschte große Altersvarianz führt (nicht nur bei korrelativen Auswertungen) zu Interpretationsschwierigkeiten. – Deshalb haben wir uns bei der Stichprobenbildung auf eine einzige Jahrgangsstufe beschränkt (3. Grundschuljahr, I. Phase). Die Untersuchungen der nicht-intellektuellen Korrelate und der Sozialisationsbedingungen bei den Hochbegabten erfolgten im 4. Grundschuljahr (Phase II) und in der 9. Jahrgangsstufe (Phase III) bzw. bei den hoch- und durchschnittlich Leistenden, ebenfalls auf nur eine Jahrgangsstufe beschränkt, im 9. Schuljahr (Phase IV).

(d) *Konzeptualisierung von Hochbegabung als breite intellektuelle Leistungsfähigkeit.*

Mit der Betonung einer besonders gut ausgeprägten breiten intellektuellen Leistungsfähigkeit knüpft das Marburger Projekt an eine theoretisch und empirisch ausgereifte, ja schon als klassisch zu bezeichnende Konzeptualisierung von Hochbegabung an, wie sie weltweit in der Praxis der Hochbegabtenidentifizierung und Hochbegabtenförderung dominiert. Diese breite intellektuelle Leistungsfähigkeit wird üblicherweise anhand der allgemeinen Intelligenz „g" bestimmt. – Neben erfassungspraktischen Gründen (zur Messung von „g" liegen vielfältige und psychometrisch sehr bewährte Testverfahren vor) sprechen die hohe Langzeitreliabilität und breite Gültigkeit der allgemeinen Intelligenz „g" für unser Vorgehen: Eine Vielfalt kaum mehr zu überschauender Forschungsergebnisse belegt die Überlegenheit von „g" zur Vorhersage diverser lebensrelevanter externer Kriterien; alternative Ansätze sind bei weitem nicht so leistungsfähig. Zudem gestattet eine vergleichbare Hochbegabungsdefinition eine Überprüfung der Resultate bisheriger – methodisch zumeist unzulänglicher – einschlägiger Studien, da die „Mehrzahl der älteren und viele neuere Hochbegabungsstudien ... vom Intelligenzquotienten als einem globalen Maß der individuellen Begabung" ausgehen (Weinert & Waldmann 1990, 13).[6] Herausragende Leistungen innerhalb und außerhalb der Schule wurden bei der Selektion der Hochbegabten nicht berücksichtigt.

(e) *Bestimmung der Hochleistung durch ein alltagsrelevantes Kriterium.*

Bei der Frage, wie „Spitzenleistungen" zu definieren und zu erfassen sind, bieten sich mehrere Möglichkeiten an. Das naheliegende Kriterium der erfolgreichen Teilnahme an Wettbewerben wie „Bundeswettbewerb Fremdsprachen" etc. schied bei unserer Untersuchung aus, da eine solche Teilnahme in der angezielten Jahrgangsstufe (9. Schuljahr) zu selten zu beobachten ist und sich dort insbesondere vermutlich solche Jugendliche engagieren, die nicht nur leistungsfähig sind, sondern ihre Leistung auf einem Wettbewerb präsentieren wollen, also gern im Licht der Öffentlichkeit stehen. Ein anderes Kriterium stellen standardisierte Schulleistungstests dar, die den Vorteil ihrer psychometrischen Bewährung besitzen, aber den Nachteil haben, daß die dort dokumentierte Leistungsfähigkeit für die aktuelle Lebenssituation von nachgeordneter Bedeutsamkeit ist. Da zudem für das 9. Schuljahr in den „neuen" Bundesländern geeignete standardisierte Schulleistungstests fehlen, war dies nicht zu realisieren. – Wir wählten als Indikator für Leistungsexzellenz Zeugniszensuren. Sie sind zwar unter psychometrischen Gesichtspunkten nicht zufriedenstellend, besitzen aber den Vorteil der ökologischen Validität, da sie für die jetzige und zünftige Lebenssituation von Kindern und Jugendlichen von ausschlaggebender Relevanz sind. Das Problem des klasseninternen Bezugsrahmens (strenge Lehrer vs. milde Lehrer) stellte sich für unsere Fragestellung nicht in der üblichen Schärfe, da wir pro Jahrgangsstufe, in Abhängigkeit von der Anzahl der Parallelklassen, nur ein oder zwei / drei Jahrgangsbeste (und entsprechende Vergleichsschüler), auf die sich die Lehrer der Klassenstufe gemeinsam verständigt hatten, in unsere Stichprobe aufgenommen haben.

(f) *Einbeziehung adäquater Vergleichsgruppen.*

Was in anderen Bereichen der (Pädagogischen) Psychologie eine Selbstverständlichkeit darstellt, wird in der Hochbegabungsforschung leider zu selten realisiert: solide zusammengesetzte Kontrollgruppen. Während die schon erwähnte englische Gulbenkian-Studie in dieser Hinsicht als nahezu vorbildlich anzusehen ist, ist in der ebenfalls bereits angesprochenen deutschen Längsschnittstudie zur Hochbegabung im Kindes- und Jugendalter ohne nähere Begründung leider auf eine Kontrollgruppe verzichtet worden. Dabei sind viele Ergebnisse ohne entsprechende Vergleichsdaten kaum zu interpretieren: Für die Vielzahl der ad hoc konstruierten Fragebogen und Erhebungsinstrumente liegen keinerlei Normdaten vor, und bei standardisierten Tests und Fraugebogen sind die Normen zumeist hoffnungslos veraltet. Ohne entsprechende Vergleichsdaten fehlt der Bezugsrahmen, so daß die Resultate solcher Untersuchungen nur schwer interpretiert werden können. – Im Marburger Projekt haben wir deshalb von Anfang an auf adäquate Vergleichsgruppen Wert gelegt: Für die Hochbegabten bildeten wir eine Vergleichsgruppe mit durchschnittlich Begabten, und für die Hochleistenden eine Vergleichsgruppe mit durchschnittlich bzw. knapp unterdurchschnittlich Leistenden.

(g) *Hochbegabungsentscheidung aufgrund aktueller Normen.*

Mittlerweile liegen aus vielen Nationen Daten vor, die auf einen starken Kohorteneffekt bei Intelligenztestleistungen (Mittelwertsanstieg aufeinanderfolgender Geburtsjahrgänge) verweisen.

---

[6]   Diese beiden Autoren sprechen zwar von einer „schweren Krise" des psychometrischen Ansatzes; für deren eigenen Studien bleibt diese Aussage allerdings folgenlos. In einer Untersuchung zur Bedeutung von Metagedächtnis, Gedächtnisleistung und Kausalattributionen für hoch- und durchschnittlich begabte Kinder greifen beispielsweise Kurtz & Weinert (1989) auf den globalen IQ zurück und nutzen nicht die vom eingesetzten Intelligenztest eröffnete Möglichkeit, die überprüften Modelle nach verbalen und nicht-verbalen Intelligenzaspekten zu differenzieren.

Dieser nach dem Australier Flynn (1984; 1987; 1998; vgl. auch Neisser 1998; Howard 1999) benannte Effekt macht – je nach Testverfahren und Nation – einen Mittelwertsanstieg von ungefähr 0.2 bis 0.7 IQ-Punkte pro Jahr aus (vereinzelt werden sogar Anstiege von mehr als einem IQ-Punkt pro Jahr berichtet). Solche eklatanten Normverschiebungen haben natürlich eine hohe Relevanz für die Identifikation von Hochbegabten: Die Normen der meisten zur Diagnostik von Hochbegabung herangezogenen Verfahren liegen zeitlich zehn Jahre oder noch länger zurück. Die Verwendung entsprechend veralteter Normen führt zwangsläufig zu einer Inflationierung der Diagnose „hochbegabt", d.h. dazu, daß zu viele Probanden fälschlicherweise als „hochbegabt" identifiziert werden. So hat die große Mehrheit der vorliegenden Hochbegabungsstudien im In- und Ausland vermutlich zum überwiegenden Teil nicht Hochbegabte, sondern lediglich „gut" bis „sehr gut" Begabte untersucht, und diese Fehlerquelle wird von den Autoren weder diskutiert noch bei der Identifikationsentscheidung angemessen berücksichtigt. – Wegen dieser Problematik hat das Marburger Projekt zur Feststellung von Hochbegabung (meines Wissens als einziges europäisches Projekt) jeweils *aktuelle Normen* verwendet: In der Phase II stellte sich das Problem der veralteten Normen nicht, da mit der Untersuchung der Ausgangsstichprobe von über 7000 Grundschulkindern der 3. Jahrgangsstufe aus neun der elf „alten" Bundesländern eine umfassende eigene zeitidentische Normstichprobe vorhanden war. Für die Feststellung der Begabung der vier Jugendlichengruppen des Marburger Projekts (Hochbegabte, durchschnittlich Begabte, Hochleistende, durchschnittlich Leistende) wurde deshalb eigens zeitlich parallel eine größere unausgelesene Normstichprobe gezogen (vgl. Kap. 2).

(h) *Nutzung unterschiedlicher Informationsquellen.*

Das besonders bei Feldstudien sinnvolle methodische Prinzip, möglichst mehrere Informationsquellen zur Datengewinnung heranzuziehen, wird gerade in der einschlägigen Hochbegabtenforschung in nicht wenigen Untersuchungen ignoriert. Wenn sich Hochbegabtenstudien lediglich auf eine einzige Datenquelle (Hochbegabte *oder* ihre Eltern *oder* ihre Lehrer) stützen, entfallen wertvolle Möglichkeiten, die Konkordanz der Beobachtung und damit die Validität zentraler Aussagen zu überprüfen bzw. durch die jeweiligen differierenden Blickwinkel und Akzentsetzungen der unterschiedlichen Personen ein umfassendes Bild im Sinne einer Lebensumweltanalyse zu zeichnen. – Das Marburger Hochbegabtenprojekt ist deshalb dieser wichtigen methodischen Forderung nachgekommen und hat in jeder Phase verschiedene Datenquellen einbezogen (I. Phase: Kinder und Peers und Klassenlehrkräfte; II. Phase: Kinder und Väter und Mütter, Klassenlehrkräfte; III. Phase: Jugendliche und Väter und Mütter, Deutsch- und Mathematiklehrkräfte; IV. Phase: Jugendliche und Väter und Mütter und Klassenlehrkräfte).

(i) *Verwendung multipler Indikatoren für gleiche oder ähnliche Konzepte.*

Für viele der interessierenden Variablen bieten sich verschiedene sinnvolle Operationalisierungsmöglichkeiten an. Eine logisch zwingende Operationalisierung (nur dieser Indikator ist für das interessierende Konzept geeignet und sonst keiner) existiert in den meisten Fällen nicht. Deshalb sind Studien, die sich bemühen, multiple Indikatoren für zentrale Konzepte zu verwenden, aussagekräftiger als solche mit nur einem einzigen Indikator pro Konzept. – Obwohl dieser methodisch vernünftigen Forderung durch die Untersuchungsökonomie engere Grenzen gesetzt sind, hat das Marburger Hochbegabtenprojekt in jeder Phase versucht, für zentrale Konzepte verschiedene brauchbare Indikatoren zu verwenden und unterschiedliche Erfassungsinstrumente einzusetzen (Tests; Fragebogen; Interviews; Schuldaten).

(j) *Verzicht auf Untersuchung durch psychologische Laien und Minimierung postalischer Erhebungen.*

Daß – nicht nur in Feldstudien, aber besonders dort – mit der Qualität der Datengewinnung eine Obergrenze für die Qualität der Auswertung und Interpretation fixiert ist, dürfte allseits bekannt sein. Um so mehr verwundert es, daß dieser zentralen Phase jeder empirischen Feldstudie häufig nicht die ihr gebührende Aufmerksamkeit geschenkt wird: Nicht selten werden forschungsunerfahrene und nicht hinreichend trainierte Laien mit der Datenerhebung beauftragt, so daß sich zusätzliche vermeidbare Quellen von Fehlervarianz einstellen. Gleich problematisch oder sogar noch problematischer ist es, wenn zentrale Daten ohne Kontrolle durch Versuchsleiter erhoben werden (z.b. durch postalische Befragungen oder indem man die Untersuchungsunterlagen über die Lehrkräfte den Kindern zum Ausfüllen mit nach Hause gibt). Unabhängig davon, daß den Ankreuzungen im Fragebogen später nicht mehr anzusehen ist, wer sie gesetzt hat und ob andere Familienmitglieder „beratend" und „helfend" zur Seite gestanden haben, ist die Rücklaufquote, insbesondere bei postalischen Erhebungen, oft beschämend niedrig, und unter den zurückgegebenen Untersuchungsunterlagen finden sich zahlreiche Auslassungen. Multivariate Auswertungen, die zwingend vollständige Datensätze aller zur Fragestellung herangezogenen Variablen verlangen, führen dann zu einer drastischen Reduzierung der Stichprobe und verbieten sich deshalb in vielen Fällen. Das Marburger Projekt hat daraus folgende Konsequenzen gezogen: Die Datenerhebungen (Untersuchungen in den Schulklassen und Familien; Befragungen der Eltern und Lehrkräfte) wurden ausschließlich erfahrenen Mitarbeitern und Mitarbeiterinnen (Diplom-Psychologen, eine Diplom-Pädagogin bzw. projekterfahrenen studentischen Hilfskräften höheren Semesters) übertragen. Zuvor erfolgte eine intensive Schulung der mit der Datenerhebung betrauten Mitarbeiter (z.B. vertraut machen mit den Instruktionen; ausführliche Besprechung der Administration im Team; gegenseitige Durchführung im Rollenspiel und Diskussion von Zweifelsfällen; Probeerhebungen in nicht am Projekt beteiligten Familien, usw.). Zudem wurde für die Gesamtuntersuchung ein schriftlich fixierter „Fahrplan" entworfen, und für alle Untersuchungsinstrumente stellten wir genaue Durchführungsanleitungen bereit.

(k) *Intensive Datenkontrollen.*
Die EDV-Aufbereitung der Rohdaten stellt eine weithin unterschätzte Fehlerquelle dar. – Zur Minimierung von Eingabefehlern entwarfen wir eine umfassende und mit Kommentaren versehene Eingabemaske, die fallweise mit den erhobenen Daten zu überschreiben war. Systematische Fehler (Spaltenverschiebungen) waren somit sofort erkennbar und konnten direkt korrigiert werden. Nach dem Abschluß der Dateneingabe erfolgte eine automatisierte Fehlersuche (z.B. Identifizierung unzulässiger „Werte"). Im Anschluß daran wurde eine Plausibilitätskontrolle vorgenommen (z.B. Inspektion von Häufigkeitsverteilungen). In einem daran anschließenden zeitaufwendigen dritten Schritt verglichen nicht mit der Eingabe befaßte Personen die Eingaben mit den Original-Erhebungsunterlagen (die Original-Untersuchungsunterlagen, sie füllen inzwischen mehr als 1000 Ordner, sind – selbstverständlich anonymisiert – archiviert und jederzeit greifbar).

(l) *Adäquate statistische Datenanalysen.*
Weil die psychometrischen Gütekennwerte von Fragebogen und Tests keine diesen Verfahren – stichprobenunabhängig – innewohnende „Qualitäten" darstellen, sondern stets und nur auf dem Hintergrund der aktuellen Stichproben zu interpretieren sind, haben wir für alle Verfahren anhand unserer Daten die üblichen Gütekriterien ermittelt und aufgrund dieser Resultate Skalen gebildet, die bei bereits standardisierten Instrumenten ggf. von der durch die Test- und Fragebogenautoren vorgeschlagenen Zusammensetzung abweichen konnten. Wo es sich anbot und möglich war, haben wir multivariate Analysetechniken (mit den entsprechenden univariaten Nachfolgetests) eingesetzt. Zur besseren Interpretation der Befunde teilen wir, in Ergänzung zu den interferenzstatistischen Angaben, auch geeignete Effektstärkenmaße mit.

Nach diesen versuchsplanerischen / forschungsmethodischen Überlegungen widmet sich das nun folgende Unterkapitel 1.4 dem psychologisch-inhaltlichen Kern unserer Studie. Ich werde aufzeigen, daß die Konzepte „Begabung" und „Intelligenz" (und damit auch „Hochbegabung") seit jeher – zumindest im psychologischen Denken – außerordentlich eng miteinander verknüpft sind. Des weiteren werde ich erläutern, daß und warum die allgemeine Intelligenz *„g "*, die zentrale Variable des Marburger Hochbegabtenprojekts, nicht nur von besonderer psychologischer und methodischer, sondern auch von gesellschaftlicher Bedeutung ist. Schließlich werde ich begründen, warum Versuche einer differentiellen (Hoch-)Begabungsdiagnostik und modernistische Orientierungen an „multiplen Intelligenzen" (noch) keine handhabbare Alternativen für unser Projekt darstellen und warum wir darauf verzichtet haben, Kreativität, soziale, emotionale und operative Intelligenz bei der Zusammenstellung der Versuchs- und Vergleichsgruppen zu berücksichtigen.

1.4
BEGABUNG – INTELLIGENZ – HOCHBEGABUNG

Der Begriff „Hochbegabung" wird uneinheitlich und unscharf gebraucht. Ein Grund dafür liegt auch in der Uneinheitlichkeit und Unschärfe, mit der der Begriff „Begabung" verwendet wird (vgl. u.a. Mühle 1969; Im 1975; Heller 1976; Krapp 1986; Helbig 1988). Dies muß, wie das Beispiel des bislang theoretisch nicht voll zufriedenstellend geklärten, jedoch für praktische Zwecke (Vorhersage) hervorragend brauchbaren Konzepts „Intelligenz" zeigt, noch keinerlei Anlaß zu besonderer Besorgnis sein (vgl. Neisser et al. 1996; Gottfredson 1997a; Snyderman & Rothman, 1987), zumal sich die Differentielle Psychologie – weniger die Erziehungswissenschaft – auf ein zwar nicht homogenes, so doch vergleichsweise überschaubares Begriffsverständnis von (kognitiver) Hochbegabung verständigt hat. In der Mitte dieses Verständnisses steht, unabhängig von den unterschiedlichen Sichtweisen, die (allgemeine) Intelligenz: Den „meisten Experten [dient] der Generalfaktor als Arbeitsdefinition der Intelligenz" (Gottfredson 1999, 25).[7] Problematischer ist dagegen die durch psychologische Laien, insbesondere Pädagogen, angestoßene Rede vom „dynamischen Begabungsbegriff" im Sinne des „Begabens", wie es Roth (1961, 103) propagiert hat und der mit diesem Schlagwort angesprochene „moderne Wandel" des Begabungsbegriffs. Diese „Verkündung des ,dynamischen Begabungsbegriffs' im Gegensatz zum ,statischen Begabungsbegriff' ist ein Rückfall in ... [ein Fragenniveau] ..., das spätestens zu Beginn des 20. Jahrhunderts überwunden worden ist" (Klauer 1975, 21). Genau so problematisch (oder noch schlimmer) ist die inflationäre Ausweitung von „Begabung" und „Hochbegabung" auf jede überdurchschnittlich ausgeprägte Fähigkeit und Fertigkeit, auf fast jeden Verhaltensbereich, auf fast jedes Talent. Die „Willkürlichkeit, mit der die einzelnen Fähigkeitsbereiche festgelegt werden", führt, wie Heilmann (1999, 21) treffend kritisiert, „dann leicht zu einer Eins-zu-eins-Zuordnung zwischen Fähigkeiten und daraus resultierenden Leistungen (z.B. bei Cohn, 1977; 1981, nach Gagné 1985)". Schon 1978 (162) haben Heller, Nickel & Neubauer vor den „Gefahren eines aufgeweichten Begabungsbegriffs" gewarnt. Scheinerklärun-

---

[7]   Diese und alle weiteren Übersetzungen, soweit nicht anders vermerkt, von mir.

gen nach dem Muster „eine Person ist in diesem Gebiet hochbegabt, weil sie genau in diesem Gebiet eine besondere Leistung erbringt", sind weit verbreitet, werden dadurch aber nicht vernünftiger: „Im extremen Falle bedeutet dies, daß die herausragende Leistung zum Beispiel in Astrophysik durch die besonderen astrophysikalischen Fähigkeiten der Person, also ihre besondere astrophysikalische Begabung, ‚erklärt' wird" (Heilmann 1999, 22). Das führt letztlich dazu, daß jeder irgendwo und irgendwann „hochbegabt" ist. Und in der Tat ist auch das schon behauptet worden (Feldman 1979). Ich komme auf dieses Problem weiter unten zurück, wenn ich die sog. multiplen Intelligenzen von Gardner (1983; 2000) vorstelle.

Schließlich trägt zum Begriffschaos der Triade „Begabung – Intelligenz – Hochbegabung" bei, daß nicht wenige Autoren gedankenlos emotional-affektive, motivationale und soziale Faktoren, Eigenschaften und Verhaltensweisen, natürlich hoffnungslos miteinander vermischt, ohne Spezifizierung ihrer gegenseitigen Beziehungen und Abhängigkeiten und schließlich noch mit Leistungsaspekten vermengt, als konstitutive Bestandteile von Hochbegabung ausgeben. Man bekommt den Eindruck, viele Hochbegabungsforscher orientierten sich strikt an Dettermans (1979, 174) XXIII. Gesetz („Definiere nichts präziser als absolut notwendig"), manchmal auch als Gesetz der Minimaldefinition bekannt. Vergessen wird dabei gern, daß Wissenschaft sich um Begriffsdifferenzierung und Begriffspräzisierung und nicht um Begriffsentleerung bemüht: Die fast beliebige Öffnung des (Hoch-)Begabungsbegriffes für fast jedes Konzept, das die (Pädagogische) Psychologie zu bieten hat, machte den Hochbegabungsbegriff und die darauf fußenden „Modelle" von Renzulli (1978) und Mönks (1985) für Theorie und Praxis unbrauchbar:[8] „Dispositionelle Fähigkeitsfaktoren, Persönlichkeitsvariablen und Motivation in einem Konzept zu vermischen, bedeutet schlichtweg, daß dieses Konzept wissenschaftlich bedeutungslos ist und nicht gemessen werden kann" (Eysenck 1988, 5). Um es mit Weinert & Waldmann (1990, 20) kurz auszudrücken: „Auch die Ergänzung kognitiver Kompetenzen durch Persönlichkeitscharakteristika führt nicht wesentlich weiter". Zu Recht warnen diese beiden Autoren deshalb vor einer inflationären Auflistung von Einflußfaktoren im Zusammenhang mit Hochbegabungsmodellen, die „keinen Ersatz für die Beantwortung der Frage [darstellen], ob und inwieweit die verwendeten Begabungsindikatoren tatsächlich brauchbar sind" (Weinert & Waldmann 1990, 20).

1.4.1
Relevanz der allgemeinen Intelligenz „g"

Bewußt hat sich das Marburger Projekt von Anfang an dafür entschieden, (kognitive) Hochbegabung als sehr hohe Ausprägung der allgemeinen Intelligenz im Sinne des

---

[8] In der Diktion von Sternberg & Davidson (1986) handelt es sich bei solchen Modellen bestenfalls um „implizite" Theorien, die hauptsächlich die persönlichen Sichtweisen und Auffassungen der Urheber und keine empirisch überprüfbare („explizite") Theorien darstellen (zur Kritik der „Modelle" von Renzulli bzw. Mönks vgl. z.B. Jellen 1983; 1985; Gagné 1985; Kontos, Carter, Ormrod & Cooney 1983; Jarell & Borland 1990; Rost 1991c, 202–206; Rost 1991d; Feger & Prado 1998, 36–38; Heilmann 1999, 25–28). Die Willkürlichkeit und Beliebigkeit der durch diese Modelle veranschaulichten Ausweitung des Hochbegabungsbegriffs wird an Renzullis (2000, 15) aktueller Aussage deutlich, „bei der Herausbildung von Hochbegabung" habe man es mit einer *fast unendlichen Anzahl von Interaktionen*" zu tun (Hervorhebung von mir).

Spearmanschen (1904; 1923; 1927) Generalfaktors „g" zu definieren (etwa einen Intelligenzgrad von PR > 94 oder PR > 97 umfassend). Dies ist eine willkürliche quantitative Grenzsetzung, die besondere (kognitive) Begabung oder (kognitive) Hochbegabung als hinreichend großen Abstand zum (kognitiven) Begabungsdurchschnitt der Population versteht. Die Grenzsetzung für den „hinreichend großen Abstand" ist selbstverständlich eine Konventionssache. Feststellungen in der Literatur wie „aktuelle *Schätzungen* [Hervorhebung von mir] klassifizieren 3 bis 5 Prozent der Population als hochbegabt" (Horowitz & O'Brien 1987, 1147) sind wenig seriös, weil das Vorkommen von „Hochbegabung" nicht „geschätzt" werden kann, sondern (je nach Autor und Verwendungszusammenhang) unterschiedlich definiert wird, genauso wie es lediglich eine Konvention ist, ab wann wir jemanden als „groß" oder „klein" oder als „dick" oder „dünn" bezeichnen. Mit diesem *quantitativ* orientierten Verständnis von (kognitiver) Hochbegabung (bislang ist es empirisch noch nicht gelungen, Hochbegabung im Sinne einer qualitativen Sichtweise zu umschreiben und im Vergleich zu durchschnittlich Begabten bei Hochbegabten andere „Denkstrukturen" zu belegen, vgl. Weinert & Waldmann 1990),[9] schließen wir uns dem seit Jahrzehnten in Theorie und Identifikationspraxis weitverbreiteten Hochbegabungsverständnis an, wie es beispielsweise im amerikanischen Sprachraum von Terman et al. (1925; 1947; Burks, Jensen & Terman 1930; Terman & Oden 1959; Holahan & Sears 1995) und Hollingworth (1926; 1942) begründet, in Deutschland von Stern (1916, 109 bzw. Brahn 1919, 3, zitiert nach Feger 1988, 55) als Kennzeichnung besonderer allgemeiner intellektueller Leistungsfähigkeit eingeführt (vgl. auch His 1928) und durch die bekannten Lehrbücher von Meili (1951, 267–268) und Hofstätter (1957, 178) geprägt worden ist (siehe dazu auch Parkyn 1948; Lovell & Shields 1967; Burt 1975; Keating 1976; Benbow & Stanley 1983).

An dieser Stelle möchte ich daran erinnern, daß – zumindest in der Psychologie – seit jeher eine besonders enge konzeptionelle Nähe von „Intelligenz" und (kognitiver) „Begabung" betont wird, beide Begriffe werden „in der Literatur überwiegend synonym gebraucht" (Heller 1976, 7). Süllwold (1976a, 8) verweist darauf, daß man „hinsichtlich der Intelligenz, wie sie konventionell definiert ist, ... von „einer hochgradig allgemeinen Begabung (Fähigkeit zum Lösen verschiedener Probleme)", sprechen kann. Ganz in diesem Sinne bezieht sich für Vernon (1989, 94) „hochbegabt ... gewöhnlich auf Personen mit hoher allgemeiner Intelligenz oder umfassender Fähigkeit" (fast wortgleich: Humphreys 1985b, 332; vgl. Jellen & Verduin 1989, 141–142; Santrock & Yussen 1989, 269; Braden 1995, 627–628, 633; Santrock 1996, 309).[10]

---

[9]   Wenn Wagner (1994, 270) sagt, man wüßte ziemlich sicher, daß sich intellektuell Hochbegabte in *qualitativen* Aspekten von nicht Hochbegabten unterscheiden, dann ist das eine unbelegte Behauptung. Empirisch überzeugende Studien, die diese Aussage stützen, liegen meines Wissens bis heute nicht vor.

[10] In der Regel hat kaum jemand Probleme damit, Minderbegabte – also die spiegelbildlich an der anderen Seite der Verteilung befindliche Subpopulation – vorwiegend durch *Intelligenz*defizite zu definieren, so wie es schon Hollingworth (1920) getan hat (siehe dazu auch Boehm, 1985, 935–938; Ziegler & Farber 1985; Faulkner & Lewis 1995, 30). „Lernbehinderung i.e.S. ... kann als ein *Synonym für Intelligenzschwäche bzw. schwache Begabung* verwandt werden" (Bleidick

Tab. 1.1: Die Bedeutung des Intelligenzquotienten (nach Hofstätter 1971, 184; modifiziert)

SPRACHLICHE BEZEICHNUNG	HAWIK[a] IQ	I-S-T[b] IQ	BINET[c] IQ	PERSONEN IM BEREICH		
				%	cum %	PR
Extrem niedrig ("Schwachsinn")	$\leq$ 69	$\leq$ 79	$\leq$ 67	2.2	2.2	$\leq$2
Sehr niedrig	70- 79	80- 85	68- 77	6.7	8.9	3-8
Niedrig	80- 89	86- 92	78- 88	16.1	25.0	9-24
Durchschnittlich	90-109	93-106	89-110	50.0	75.0	25-75
Hoch	110-119	107-113	111-121	16.1	91.1	75-90
Sehr hoch	120-129	114-199	122-131	6.7	97.8	91-97
Extrem hoch ("Hochbegabung")	$\geq$130	$\geq$120	$\geq$132	2.2	100	$\geq$98

[a] Hamburg-Wechsler Intelligenztest für Kinder, M = 100, S = 15;
[b] Intelligenz-Struktur-Test, M = 100, S = 10;
[c] Stanford-Binet, M = 100, S = 16; PR = Prozentrang.

Eysenck (1985, 115) drückt dies wie folgt aus: „Was immer auch hochbegabte Kinder charakterisieren mag: Es besteht kein Zweifel daran, daß das Merkmal, das sie am meisten verbindet, die hohe Intelligenz ist, und zwar so sehr, daß es schwer fällt, sich ein hochbegabtes Kind, das nicht hochintelligent ist, vorzustellen. Und Callahan (2000, 159) schreibt, daß „in westlichen Kulturen ... die dominanten operationalen Definitionen von Hochbegabung auf der Anwendung standardisierter Gruppen- und Einzelintelligenztests" basieren (sehr ähnlich schon Bee 1989, 519; ähnlich auch Horowitz 1994, 495).

52 US-amerikanische Professoren, allesamt in der empirischen Intelligenzforschung ausgewiesene Experten, haben im Jahre 1994 öffentlich im Zusammenhang einer Erklärung zur Intelligenz u.a. konstatiert: „Rund 3% der Amerikaner erzielen einen *IQ über 130*, oft als Schwelle für *Hochbegabung* [Hervorhebung von mir]" angesehen

---

1969, 3928; vgl. auch Klauer 1966, S. 20), weil man davon ausgeht, „daß eine der wesentlichen Ursachen der schwerwiegenden Lernbeeinträchtigung in einer verzögerten oder gestörten Entwicklung, *insbesondere der Intelligenz* (Hervorhebung von mir), besteht (Kurth & Streibhardt 1998, 29). Amelang & Bartussek (1997, 239) bezeichnen Hoch- und Minderbegabung als „Extremvarianten der Intelligenz". Für Detterman, Gabriel & Ruthsatz (2000, 141) ist die Erforschung der Minderbegabung und geistigen Retardierung ein Weg, Intelligenz zu erforschen: „Tatsächlich ist Intelligenz für die Definition geistiger Behinderung zentral. Intelligenztests stellen ein akkurates Kriterium für die Definition geistiger Behinderung dar" (vgl. auch Braden 1995, 633; Nihira 1985). Und Guthke (1992, 396) schreibt: „Eine psychologisch exakte *Intelligenzdiagnostik* ... könnte bei Auswahl- und Beratungsfragestellungen, aber auch zur Fundierung von gezielten Fördermaßnahmen im Bildungswesen (z.B. von *Hochbegabten* oder *Lernbehinderten) ...* eine wesentliche Hilfe darstellen" (Hervorhebung von mir).

(aus dem Statement „Mainstream Science on Intelligence", Wall Street Journal, 13.12.1994).[11] In Tabelle 1.1 sind die üblichen Kategorien, wie sie sich zur Klassifikation der Intelligenzgrade in der Psychologie eingebürgert haben, wiedergegeben.

Mit unserem Vorgehen folgen wir der früher und heute üblichen Praxis der Hochbegabtenidentifikation für Kinder und Jugendliche im In- und Ausland, was folgende vier Zitate belegen sollen: „Intelligenztests ... erfassen ... das intellektuelle Potential einer Person. Dieses Potential – unabhängig von der Leistung – entspricht der Definition von Hochbegabung, auf die sich die meisten Forscher geeinigt haben" (Holling & Kanning 1999, 41); „der IQ-Test hat die Erfassung von Hochbegabung dominiert, und für einen Großteil der Forschungsliteratur und Praxis der Identifizierung und Förderung hochbegabter Kinder ist er auch heute noch maßgebend" (Callahan 2000, 161); „mit wenigen Ausnahmen ... definieren die Länder hochbegabte und talentierte Personen hauptsächlich durch Intelligenz und Leistung" (Braden 1995, 646); „die Mehrzahl der ... älteren und viele neuere Hochbegabungsstudien gingen ... vom Intelligenzquotienten als einem globalen Maß der individuellen Begabung aus" (Weinert & Waldmann 1990, 13; vgl. auch Karnes & Collins 1978; Alvino, McDonnel & Richert 1981; Yarborough & Johnson 1983; Boehm 1985, 983–940; McLeod & Kluckmann 1985, zitiert nach Cropley, McLeod & Dehn 1988; Richert 1985; Ziegler & Farber 1985, 397; Klausmeier, Mishra & Maker 1987; U.S. Department of Education 1993; Abeel, Callahan & Hunsaker 1991; Coleman & Gallagher 1995; Evans 1996 / 1997).[12]

Wir betrachten intellektuelle Hochbegabung als *Potential* (d.h. als exzellente intellektuelle *Kompetenz*, also als eine latente Variable) und trennen sie von der realisierten *Leistung* (exzellente *Performanz*, also von der manifesten Größe). Diese Trennung bereitet Psychologen keinerlei Schwierigkeiten, gehen doch die psychologischen Testtheorien von einer Differenzierung zwischen latenten und manifesten Variablen aus. Pädagogen dagegen können sich damit weniger anfreunden. Erst die Kompetenz-Performanz-Unterscheidung ermöglicht die in diesem Buch vorgenommene Separierung von Begabungsgruppen (Hochbegabte, durchschnittlich Begabte) und Leistungsgruppen (Hochleistende, durchschnittlich Leistende). – Um keine Mißverständnisse aufkommen zu lassen: Obwohl hohe Schulleistung einen Verdacht auf eine entsprechende hohe Begabung nahelegt, ist diese Verknüpfung nicht zwingend. Sehr gute Schulleistung ist in unserem Schulsystem keine notwendige Bedingung für das Vorliegen einer hohen Begabung.[13] Andererseits ist beim Vorliegen hoher Begabung die Wahrscheinlichkeit, eine bessere Schulleistung zu zeigen, höher als die Wahr-

---

[11]   Einschlägige psychologische Wörterbücher verstehen Hochbegabung ähnlich: Das „Psychologie-Lexikon" von Tewes & Wildgrube (1992, 151) führt unter „Hochbegabung" keine Erläuterung an, sondern verweist auf das Stichwort „Intelligenz". Und das „Psychologische Wörterbuch" von Dorsch definiert „Hochbegabung, intellektuelle" als „eine sehr hohe Ausprägung der allgemeinen Intelligenz im Sinne einer individuellen Disposition" (Stapf & Stapf 1999, 358).

[12]   Weinert & Waldmann (1990, 177) weisen zudem darauf hin, die Grundlagenforschung habe auf dem Gebiet der „differentiellen Denkpsychologie und der Begabungstheorie noch nicht annähernd jenen Erkenntnisstand erreicht, der eine ... Anwendung des Wissens bei der Konstrtion diagnostischer Verfahren und bei der wissenschaftlichen Fundierung pädagogischer Förderungsmaßnahmen möglich" mache.

[13]   Mittlerweile ist es durch die progressive Aufweichung der schulischen Anforderungen sogar möglich, gute und sehr gute Leistungen auch bei nur durchschnittlicher oder leicht überdurchschnittlicher Begabung zu erzielen, wenn kontinuierlich großer Fleiß gezeigt wird.

scheinlichkeit, in den Schulleistungen unterdurchschnittlich abzuschneiden, und eine geringere Begabung wird eher eine schlechtere als eine bessere Schulleistung zur Folge haben.[14]

Diese Regelhaftigkeit drückt sich in der nennenswerten Korrelation zwischen Begabung und Leistung und der prädiktiven Validität der Begabung für spätere Schulleistungen (Yule, Gold & Busch 1982) aus. Es handelt sich hier um eine Wahrscheinlichkeitsfunktion, die zuläßt, daß es Fälle „erwartungswidriger" Schulleistung gibt, also Fälle von Overachievement und – im Zusammenhang mit Hochbegabungsfragen besonders relevant – Underachievement (zum letzten Problem siehe Thorndike 1963; Flammer & Keller 1978; Heckhausen 1980; McCall 1994; Rost & Hanses 1997; Hanses & Rost 1998).

Die von mir nach reiflicher Überlegung getroffene Entscheidung, unseren Studien ein Verständnis von Hochbegabung zugrunde zu legen, das auf die umfassende (d.h. inhaltsübergreifende) und zeitlich stabile[15] (d.h. akzeptable konstante Plazierung einer Person innerhalb einer Bezugsgruppe über viele Jahre, ja über mehrere Jahrzehnte hinweg, vgl. Yule, Gold & Busch 1982; Schwartzmann, Gold, Andres, Arbuckle & Chaikelson 1987) exzellente intellektuelle Leistungsfähigkeit („g") im Sinne eines *Potentials* zielt, wurzelt in guten theoretischen, methodischen, erfassungspraktischen, pädagogisch-psychologischen und empirisch-prädiktiven Gründen, von denen ich hier nur einige auszugsweise und exemplarisch anführen will (ausführlicher siehe u.a. Terman 1954; Humphreys 1962; 1985a,b; McNemar 1964; Eysenck 1979; 1988; Jensen 1980; 1981; 1987a;b; 1992b; Undheim 1981a,b,c,d; Hawk 1986; Lubinski & Dawis 1992; Carroll 1993; besonders umfassend: Brand 1996a; Jensen 1998). Allgemeine Intelligenz ist als das definiert, was einer (repräsentativen) Auswahl intellektueller Leistungstests gemeinsam ist. Im Anschluß an Ausubel (1974, 246) kann man sie also als *„Meßkonstrt, das den allgemeinen Grad kognitiven Funktionierens bezeichnet"*, verstehen. Empirisch dokumentiert sich „g" durch die *positive Mannigfaltigkeit*, d.h. durch die Tatsache, daß bei einer unausgelesenen und hinreichend großen Stichprobe die Ergebnisse unterschiedlicher Fähigkeitstests stets positiv miteinander korrelieren und daß Nullkorrelationen oder gar negative Beziehungen untereinander nie beobachtet werden (Thorndike 1994). Die individuelle „g"-Ausstattung einer Person läßt sich empirisch ermitteln.[16]

---

[14] Höhere und exzellente (kognitive) Begabung führt nicht in jedem Fall zu exzellenten Schulnoten. In unseren Schulen wird immer noch und vor allem auf Inhaltsaspekte, auf deklaratives Wissen, Wert gelegt, welches zum Erwerb vor allem Leistungsmotivation, organisiertes Arbeitsverhalten und eine kontinuierliche lernerische Anstrengung und weniger Intelligenz und effektives Problemlösen verlangt.

[15] Nennenswerte Stabilitäten, die eine einigermaßen sichere Prognose gestatten, sind schon gegen Ende des Vorschulalters zu erwarten (Überblick: Amelang 1995, 272–275; Amelang & Bartussek 1997, 233–239). Allerdings liegen neuere Untersuchungen vor, die Habituation und Erinnerungseffekte bei Säuglingen mit späterer Intelligenz in Beziehung gesetzt haben und im Median eine Korrelation von $r = 0.45$ beobachteten (McCall & Carriger 1993; vgl. auch Bornstein & Sigman 1986; Colombo 1993; Mitchell & Colombo 1997; Colombo & Frick 1999).

[16] Üblicherweise wird „g" faktorenanalytisch geschätzt, z.B. als Faktorwert auf der ersten unrotierten Hauptkomponente einer Batterie von Intelligenz(sub)tests, wobei „g" praktisch nicht von der Technik des dimensionsanalytischen Vorgehens abhängt (Jensen 1987b; 1983; Ree & Earles 1991b; Jensen & Weng 1994; Bickley, Keith & Wolfle 1995, 318–320). Aufgrund des Wilksschen (1938) Theorems läßt sich die individuelle allgemeine Intelligenz auch gut durch die ungewichtete Summe der Intelligenz(sub)tests schätzen.

Die praktisch-gesellschaftliche Relevanz der allgemeinen Intelligenz „g" konnte in langjährigen Forschungsbemühungen vielfach repliziert werden: Je höher Intelligenztests mit „g" geladen sind, desto höher korrelieren sie positiv mit zahlreichen externen Kriterien – nicht nur mit Noten und Erfolg in Grund-, Ober- sowie Hochschulen und Universitäten und ganz allgemein mit der Lernfähigkeit, sondern auch mit beruflichem Lernen, beruflicher Ausbildung und Berufserfolg in unterschiedlichen Sparten, mit Ansehen und Sozialprestige, sozialem Aufstieg und Sozialstatus, Einkommen und gesellschaftlich bedeutsamen schöpferischen Leistungen, und negativ mit sozialgesellschaftlich unerwünschtem Verhalten, mit Kriminalität und depressiven sowie antisozialen Verhaltensweisen, um nur einige der immer wieder objektivierten Validitäten anzuführen (vgl. dazu Hitpass 1963; Gebauer 1965; Lavin 1965; Wing & Wallach, 1971; Crano, Kenny & Campbell 1972; Jencks et al. 1972; Matarazzo 1972; Touhey 1972; Tyler 1974; Löschenkohl 1975; Hirschi & Hindelang 1977; McCall 1977; Eysenck 1979; Moffitt, Gabrielli, Mednick & Schulsinger 1981; Siegler & Richards 1982; White 1982; Hunter & Hunter 1984; Brody 1985; 1992; Wilson & Herrnstein 1985; Gottfredson 1986; Hawk 1986; Hunter 1986; Brand 1987; Fraser, Walberg, Welch & Hattie 1987; Gordon 1987; Hanson, Hunsley & Parker 1988; Moffitt & Silva 1988; Scarr 1989; Austin & Hanisch 1990; Ree & Earles 1991a; 1992; 1994; Earles & Ree 1992; Wiegmann, Kuttschreuter & Baarda 1992; Jensen 1993; Lynam, Moffitt & Stouthamer-Loeber 1993; Wang, Haertel & Walberg 1993; Herrnstein & Murray 1994; Olea & Ree 1994; Ree, Earles & Teachout 1994; Larson & Wolfe 1995; Moffitt, Caspi, Silva & Stouthamer-Loeber 1995; Baxter, Moti & Fortin 1995; American Psychological Association Board of Scientific Affairs 1996; Levine, Spector, Menon, Narayanan & Cannon-Bowers 1996; Brand 1996a; Gordon 1997; Gottfredson 1997b; Levine 1997; Lubinsky & Humphreys 1997; Schmidt & Hunter 1998a,b; Weiss 2000).[17] Obwohl die große Mehrheit der Intelligenzforscher dies, wie Gottfredson (1999, 24) betont, als hervorragend belegt ansieht,[18] werden diese Fakten in der Presse und Öffentlichkeit „typischerweise abgetan, heruntergespielt oder ignoriert". „In dieser falschen Darstellung spiegelt sich der Konflikt zwischen einem fest geglaubten Ideal und einer widerspenstigen Wirklichkeit" (Gottfredson 1999, 24), da „Intelligenz die Fähigkeit zu hoher Bildung" ist (Asendorpf 1996, 145); anders ausgedrückt: Allgemeine Intelligenz „g" umfaßt die Fähigkeit, sich schnell und effektiv deklaratives und prozedurales Wissen anzueignen, es in variierenden Situationen adäquat einzusetzen, aus den dabei gemachten Erfahrungen zu lernen und zu erkennen, auf welche anderen Situationen die so gewonnenen Erkenntnisse transferierbar sind und auf welche nicht. „In der Geschichte der Psychologie",

---

[17] Hinzu kommen zahlreiche gesundheitliche und biologische Korrelate von „g" wie z.B. Körpergröße, Kopfumfang, Gehirngröße, Kurzsichtigkeit, Gehirnaktivitäten, Geschwindigkeit peripherer und zentraler Nervenleitung, Harnsäurespiegel im Blut, Asthma, Linkshändigkeit und Überlebensrate; auf diese Korrelate soll hier nicht näher eingegangen werden. Jensen (1987a; 1998, 137–168) berichtet ausführlich darüber (vgl. auch Brand 1987).

[18] Am 13. Dezember 1994 erschien im Wall Street Journal eine Erklärung zur Intelligenz, die von 52 Experten der Intelligenzforschung unterzeichnet worden war. In ihr heißt es u.a.: „Der IQ ist stark, wahrscheinlich mehr als jede andere menschliche Eigenschaft, mit vielen pädagogischen, beruflichen, ökonomischen und sozialen Ergebnissen verknüpft".

so sieht es Scarr (1989, 75), „hat bislang kein Konzept einen so großen Einfluß auf das Alltagsleben in der westlichen Welt gehabt – und keines hat es gegenwärtig – wie das Konzept der allgemeinen Intelligenz" (vgl. dazu auch Gordon 1997). Manche Pädagogen wollen das nicht wahrhaben, es paßt nicht in ihr Weltbild: „Die Ironie besteht darin, daß die Schule vielleicht die einzige größere soziale Institution [in den Vereinigten Staaten] ist, die die Rolle der allgemeinen Intelligenz für den Erfolg leugnet" (Braden 1997, 246). Ist das in Deutschland anders? – Einen weiteren Fakt will die Öffentlichkeit[19] nicht zur Kenntnis nehmen: Globale Intelligenztests sind ohne nennenswerten „bias", können also als „faire" Maße bezeichnet werden, da sie keine Subgruppen systematisch benachteiligen (Jensen 1980; Reynolds & Kaiser 1990; Cascio 1991; 1998; Brody 1992), und sie eignen sich sehr gut für die Vorhersage von *real-life*-Kriterien, wobei die Vorhersagen beileibe nicht perfekt sind, weil Schul-, Berufs- und Lebenserfolg auch von zahlreichen anderen Faktoren abhängen. Zu diesen anderen Faktoren zählt auch zu nicht unwesentlichem Teil der prinzipiell durch keine Prädiktoren vorhersagbare Zufall („Glück").

Generell gilt, daß Tests zur Erfassung der Allgemeinbegabung die besten singulären Prädiktoren für den überhaupt aufklärbaren (d.h. systematischen) Varianzanteil vielfältiger Leistungskriterien in unserer Gesellschaft darstellen, und für „einzelne Arbeitsbereiche" entwickelte Verfahren bringen keine nennenswerte Validitätsverbesserung" (Rösler 1988, 74; vgl. auch Tyler 1986). So kann, um auf eine besonders umfassende und überzeugende empirische Analyse zu verweisen, Thorndike (1985, 253) belegen, daß für Schul- und Berufsleistungen das meiste von dem, was überhaupt durch kognitive Maße vorhersagbar ist, durch die generelle Intelligenz prognostizierbar ist: „Im Kontext einer praktischen Vorhersage scheint „*g*" sehr lebendig und gut zu sein" (siehe auch Thorndike 1986; 1994). Gruppenfaktoren der intellektuellen Leistungsfähigkeit erhöhen den Anteil an aufgeklärter Varianz nur unwesentlich.

In einem aktuellen Lehrbuch der Pädagogischen Psychologie wird behauptet: „Tatsächlich gibt es einen sehr geringen Zusammenhang zwischen den Leistungen in einem Intelligenztest und dem späteren Berufserfolg" (Mietzel 1998, 266). Diese Aussage ist schlichtweg falsch und wird durch die einschlägige Literatur nicht gestützt. Und der darauf folgende Satz „Dieser Zusammenhang verschwindet ... vollkommen, wenn man die Leistung von Berufstätigen berücksichtigt, die diese mehrere Jahre nach ihrer Einstellung erbringen", ist genau so falsch (siehe z.B. Schmidt, Hunter & Outerbridge 1986; Schmidt, Hunter, Outerbridge & Goff 1988). Angesichts des über viele Jahrzehnte durch zahlreiche Studien der Arbeits-, Betriebs- und Organisationspsychologie akkumulierten Wissens belegen solche Behauptungen nur die Uninformiertheit des Autors. Umfassende Literaturberichte und vor allem metaanalytische Befundintegrationen (z.B. Ghiselli 1966; Gottfredson 1986; Schmidt & Hunter 1977; 1998a,b; Hunter 1983; 1986; Hunter & Hunter 1984; Schmitt, Gooding, Noe & Kirsch 1984; Hunter & Hirsh 1987; Schmidt, Ones & Hunter 1992; Hough & Oswald 2000) dokumentieren die besonders hohen prädiktiven Validitäten von Intelligenztests – sie werden in der Berufserfolgsprognose von keinem anderen singulären Prädiktor übertroffen –, so daß sie nicht nur für „praktisch alle untersuchten Jobs einen bedeutsamen Beitrag zur Vorhersage des Berufserfolgs" leisten, sondern auch „eine hohe Generalisierbarkeit ... für unterschiedliche Job-Familien" besitzen (Staufenbiel & Rösler 1999, 494). Sie galten deshalb „lange Zeit als der Standard, an dem sich die Validitäten anderer

---

[19]   Zur selektiven Darstellung der IQ-Frage in der Presse siehe z.B. Herrnstein (1982).

Verfahren zu messen hatten" (ebd.) – und sie setzen auch heute noch diesen Standard. In diesem Sinne fassen Sonntag & Schaper (1999, 301) zusammen, daß es nur wenige berufliche Tätigkeiten gäbe, deren Leistungen „nicht mit Unterschieden in der generellen Leistungsfähigkeit zusammenhängen" (vgl. auch Hartigan & Wigdor 1989; Jensen 1980, 735–736).[20]

Ein weiterer Aspekt spricht für die Verwendung von „*g*" zur Identifikation (kognitiv) Hochbegabter: Besonders „Talentierte", die in „Kunst" oder „Musik" exzellente Leistungen erbringen, erzielen in der Regel auch deutlich überdurchschnittliche Leistungen im allgemeinen Intelligenztest (O'Connor & Hermelin 1981; 1983; Anderson 1992) und gehören in aller Regel nicht zu den schlechteren, sondern zu den besseren (bis besten) Schülern (für die musikalische Begabung siehe Shuter-Dyson 1981; Bastian 1989). „Außergewöhnliche Künstler sind wahrscheinlich deutlich überdurchschnittlich in ihrer allgemeinen intellektuellen Leistungsfähigkeit" (Sternberg & Davidson 1985, 69). In ähnliche Richtung weisen die Untersuchungen an „kreativen" und „prodtiven" Künstlern, Wissenschaftlern, Mathematikern und Schriftstellern, die samt und sonders deren höhere allgemeine Intelligenz belegen (z.B. Cox 1926; Cooley 1961; Barron 1969; Bachtold & Werner 1970; 1973; Helson & Crutchfield 1970; Cattell 1971; Helson 1971; Brackenbury 1976; Barron & Harrington 1981; Lubinski & Humphreys 1990).

Bereits 1953 hatte Roe 67 erfolgreiche Wissenschaftler (Sozialwissenschaftler, Biologen, Physiker) untersucht. Ihre mittlere Intelligenz lag bei IQ = 166! In diesem Sinne betont Rubinstein (1971, 797), daß „man kein großer Musiker und Künstler sein [kann], wenn man nicht über eine [gute] allgemeine Begabung verfügt." Wäre Intelligenz von gesellschaftlich anerkannten schöpferischen Leistungen unabhängig, dann müßte sich die Intelligenzverteilung der Gruppe der anerkannt Leistungsexzellenten nicht von der Intelligenzverteilung der Population unterscheiden (Jensen 1980, 356). Es ist im Gegensatz dazu außerordentlich selten, daß eine wegen ihrer gesellschaftlich akzeptierten hohen Leistungen anerkannte Person nur unterdurchschnittlich intelligent ist, und ebenso selten dürfte es sein, daß eine Person mit unterdurchschnittlicher oder weit unterdurchschnittlicher Intelligenz in unserer Gesellschaft herausragenden Erfolg hat. De Haan & Havighurst haben diese Erkenntnis schon 1957 (zit. nach Feger & Prado 1998, 33) prägnant formuliert: „Intelligenz ... ist die Grundlage aller anderen Talente, wie denen in den Künsten, bei Führungsfähigkeiten im sozialen Bereich, in der Wissenschaft und bei mechanischen Fähigkeiten". Für die Musikalität hatte dies Seashore schon 1938 festgestellt, als er anmerkte, daß für eine erfolgreiche musikalische Erziehung die Intelligenz berücksichtigt werden müsse.

---

20 Arbeitsproben und Assessment-Center gestatten ebenfalls eine gute Vorhersage, aber vor allem deshalb, weil sich in ihnen ein nennenswerter Anteil allgemeiner Intelligenz spiegelt. Die Kombination von Intelligenztests mit einem strukturierten Interview (das auf die bisher erbrachten Leistungen zielt) vermag die Vorhersage noch zu steigern.

1.4.2
Differentielle Begabungsdiagnostik und „multiple Intelligenzen"

Für bestimmte Fragestellungen werden, ergänzend zu allgemeinen Intelligenztests, gern fachspezifische Fähigkeits- und Leistungstests eingesetzt, wie z.b. in Mathematik: Ein sehr gutes mathematisches Leistungspotential setzt auch eine sehr gute allgemeine Intelligenz „g" voraus, aber zusätzlich sind auch mathematische Kenntnisse und nur zu einem geringen Teil auch spezifische mathematische Fähigkeiten (Lubinski & Humphreys 1990, 339–340) gefordert, oder anders ausgedrückt: „Eine weit überdurchschnittliche Intelligenz ... [ist] ... vermutlich eine notwendige, nicht aber eine hinreichende Bedingung" für die erfolgreiche Bearbeitung komplexer mathematischer Tests (wie Wieczerkowski, Wagner & Birx 1987, 223). In der Evaluation des Hamburger Förderprogramms für mathematisch besonders begabte Schüler zeigte sich, daß die in das Förderprogramm aufgenommenen Jungen und Mädchen der 6. Jahrgangsstufe, die ausschließlich aufgrund ihrer hervorragenden mathematischen Leistungsfähigkeit für das Programm akzeptiert worden waren, durchschnittlich einen Intelligenzwert von IQ = 145 hatten, also zu den besten 1% der Intelligenz ihrer Altersgruppe gehörten, „wobei sich insbesondere auch im verbalen Bereich sehr hohe Testleistungen zeigten" (Wagner, Zimmermann & Stüven 1986, 248; siehe auch Aiken 1971; Stüven 1988, 57). Von besonderem Interesse ist es, daß die nicht aufgenommenen Schüler, die sich für den Wettbewerb gemeldet hatten, immerhin noch einen mittleren Intelligenzwert von IQ = 127 erzielten (Wieczerkowski et al. 1987, 222; Birx 1988, 54–57). Einseitige mathematische „Spitzenbegabungen" mit nur durchschnittlicher allgemeiner Intelligenz konnten nicht beobachtet werden (Wieczerkowski, persönliche Mitteilung; Wagner, persönliche Mitteilung). Die vielfältigen Befunde der einschlägigen Literatur lassen keinen Zweifel daran zu, daß mathematische Befähigung und mathematische Leistungen eng mit der Intelligenz und anderen – auch sprachlichen – Schulleistungen verknüpft sind (Weber 1953; Geng & Mehl 1969; Eckardt 1970; Aiken 1972; Fox 1974a,b; Keating 1974; Taylor, Brown & Michael 1976; Fölsch 1977; Mackuth 1981; Rahn 1985; König 1986; Engel 1990; vgl. zusammenfassend Heilmann 1999, 37–40). Pollmer (1992, 275) resümiert kurz und bündig, eine „besondere mathematische Begabung" stelle „lediglich eine besonders hohe intellektuelle Begabung" dar.[21]

Diese Aussage möchte ich exemplarisch anhand einer außergewöhnlich großen und sehr breit angelegten Studie verdeutlichen. Lubinsky & Humphreys (1990) haben Projekt-TALENT-Daten von Flanagan, Dailey, Shaycroft, Gorham, Orr & Goldberg (1962) verwendet, um das Konstrt „mathematische Begabung" zu analysieren. Die Stichprobe bestand aus 95650 Schülern der 10. Jahrgangsstufe. An Variablen standen neben diversen Fragebogen und Hintergrundsinformationen (27 Interessens- und Persönlichkeitsindikatoren, 17 Hintergrundsvariablen) die Daten von 50 kognitiven Tests zur Verfügung. Ohne auf die zahlreichen Ergebnisse im Detail einzugehen, will ich nur für meine Argumentation relevante Befunde zusammenfassen. Mathematisch Hochbegabte (N > 500) zeichnen sich ebenfalls durch eine besonders hohe allgemeine Intelligenz aus, sind also auch generell hochbegabt.

---

[21] Einstein war – entgegen der weitverbreiteten anderslautenden Meinung – ein guter Schüler!

Darüber hinaus waren die Meßwerte *aller* kognitiven Maße mit der mathematischen Begabung korreliert, sogar mit Leistungs- und Kenntniswerten in Landwirtschaft, Hauswirtschaftslehre, Literatur und Sport. Die Autoren folgern, daß „sich in diesen Korrelationen keine Basis für ein engumschriebenes mathematisches Talent zeigt" und daß „nur wenig Platz für eine *hypothetische Spezifität* [der mathematischen Begabung, Hervorhebung von mir] übrig bleibt" (Lubinski & Humphreys 1990, 339). In der Diskussion der Befunde betonen Lubinski & Humphreys, daß Spearmans Theorie der allgemeinen Intelligenz „*g*" (die, wie schon betont, besagt, daß alle systematischen Quellen interindividueller Differenzen im kognitiven Funktionieren auf *einen gemeinsamen* Ursprung, eben „*g*", zurückgehen) recht gut mit diesen Daten übereinstimme. – Eine betont skeptische Haltung gegenüber einer eigenständigen mathematischen Fähigkeit nimmt auch Carroll (1993, 27) ein, wenn er aufgrund seiner umfassenden faktorenanalytischen Arbeiten schreibt, die mathematische Fähigkeit sei „ein nicht exaktes ... populäres Konzept ohne wissenschaftliche Bedeutung". Insgesamt weist die Befundlage darauf hin, daß eine überdurchschnittliche allgemeine Begabung vermutlich eine notwendige (aber keine hinreichende) Bedingung für die Vorhersage späterer Hoch*leistungen* bei Kindern und Jugendlichen darstellt: „Tests zur Erfassung der generellen Intelligenz, sehr früh – im Alter von sechs, acht oder zehn Jahren – vorgegeben, verraten sehr viel über die Leistungsfähigkeit entweder zu diesem Zeitpunkt oder dreißig Jahre später ... Ich bin davon überzeugt, daß für eine herausragende Leistung in fast jedem Gebiet spezielle Begabungen durch eine Menge von Spearmans g unterfüttert werden müssen" (Terman 1954, 224).

Differentielle Intelligenztests zielen auf die Erfassung verschiedener Intelligenzfaktoren. Die in sie gesetzten Hoffnungen haben sich bislang nicht erfüllt. Die Interpretation von Fähigkeitsprofilen (Sattler 1988; 1992; Kamphaus 1993; Kaufman 1994; McGrew 1994) ist wegen der teilweise beträchtlichen Interkorrelationen der einzelnen Subtests, wegen ihrer in vielen Fällen nicht hinreichenden Zuverlässigkeit (besonders in jüngeren Altersstufen; vgl. z.B. Thorndike 1975; Conger, Conger, Farrell & Ward 1979; Moffitt, Caspi, Harkness & Silva 1993), wegen der schon notorisch zu nennenden Instabilität von Profilen sowie wegen der nicht überzeugenden Validitäten der Subskalen wie auch der Profile selbst (in vielen Fällen fehlen replizierte Validitätsangaben) problematisch (vgl. Kavale & Forness 1984; Kramer, Henning-Stout, Ullman & Schellenberger 1987; McDermott, Fantuzzo & Glutting 1990; Macmann & Barnett 1992; McDermott, Fantuzzo, Glutting, Watkins & Baggaley, 1992; Watkins & Kush 1994; Glutting, McDermott & Konold 1997; Gustafsson & Snow 1997; McDermott & Glutting 1997; Glutting, McDermott, Konold, Snelbaker & Watkins 1998). Stets ergibt sich, daß die einzelnen Subtests im Vergleich zum Gesamtwert zu keiner nennenswerten Erhöhung der Prädiktionskraft führen (z.B. Hale 1979).[22] In diesem Sinn resümieren Weinert & Waldmann, die Validitäten multipler Intelligenzmaße lägen nur selten über denen des IQ (1990, 18). Es sind immer dieselben „typischen" Indikatoren für „*g*" (nämlich Subtests zum Sprachverständnis und zum verbalen, figuralen und numerischen *reasoning*), die nennenswerte prognostische Validitäten besitzen. Die verbleibenden restlichen Subskalen differentieller Intelligenztests klären nur wenig an zusätzlicher Kriterienvarianz auf. Partialisiert man in unausgelesenen (repräsentativen) Stichproben aus den Interkorrelationen kognitiver Leistungs-

---

[22]   Für Möglichkeiten, auf breiter Gruppenfaktorbasis *(G_f – G_c)*, also unterhalb von „*g*", für Mathematik und Lesen zusätzliche Effekte zu finden, vgl. McGrew, Keith, Flanagan & Vanderwood (1997).

tests oder Subtests ihren „g"-Anteil aus, lassen sich zwar Gruppenfaktoren (wie Raumvorstellung, Gedächtnis, verbale Fähigkeiten) identifizieren; diese binden aber, wie Brand (1996a, 43) bemerkt, nur rund ein Sechstel desjenigen Varianzbetrages, der allein durch „g" aufgeklärt wird (Thorndike 1975; 1985; 1986; Blaha & Wallbrown 1982; Jensen 1985; Carroll 1993).[23] Die Vorhersagekraft einer Intelligenztestbatterie basiert also hauptsächlich auf dem in ihr enthaltenen Anteil an allgemeiner Intelligenz (McNemar 1964; Jensen 1992a;b; Ree & Earles 1993), weshalb die psychometrisch definierte allgemeine Intelligenz „mehr Varianz erklärt als alle Gruppenfaktoren *zusammen*" (Kranzler 1997, 152).

In der Zusammenfassung eines umfassenden Reviews zur Personalauswahl konstatieren Schmidt, Ones & Hunter (1992, 661) deshalb, die Forschungsevidenz *gegen* eine differentielle Fähigkeitstheorie nähme zu und führe damit zu einer erneuten Betonung der Wichtigkeit der allgemeinen Intelligenz; auch Borman, Hanson & Hedge (1997, 306) merken gleichsinnig an: „Verschiedene neue Studien haben wiederum demonstriert, daß die psychometrische allgemeine Intelligenz g ... den Großteil der prädiktiven Kraft einer Testbatterie ausmacht und daß die verbleibende Varianz (in der Forschung oft als ‚spezifische Fähigkeiten' bezeichnet) nur wenig oder nichts an zusätzlicher Kriterienvarianz aufklärt". Brand (1996a, 42) weist zudem darauf hin, daß die mehr als 60jährige intensive Suche nach nicht-„g"-korrelierten intellektuellen Fähigkeiten noch nicht fündig geworden sei, und seiner Meinung nach gäbe es auch noch keine einigermaßen standardisierten anerkannten Testverfahren zu deren Messung. – Forschungsmethodische Unzulänglichkeiten kommen hinzu: Hinsichtlich der Leistung und / oder Befähigung vorselegierte und damit varianzeingeschränkte Stichproben (zumeist Studenten, häufig Psychologiestudenten, da für psychologische Untersuchungen leicht verfügbar) sind die Regel. Dies führt zwangsläufig zu einer artifiziellen Verringerung der Interkorrelationen und damit zu einer artifiziellen Erhöhung der Faktorenzahl.

Diesen Argumenten können sich auch die Verfechter einer differentiellen Intelligenzdiagnostik nicht gänzlich entziehen: Nicht umsonst sehen fast alle differentiellen Intelligenztests auch die Bildung eines Gesamtwertes vor (gewichtete oder ungewichtete Summe aller oder ausgewählter Subtests; vgl. z.B. Elliott 1983; 1990; 1997; Keith 1990; 1997; Stone 1992; Kaufman & Kaufman 1997; zusammenfassend siehe Harrison, Flanagan & Genshaft 1997, 539–541), was ihrem erklärten differentiellen Ansatz widerspricht, aber auf höherem Abstraktionsniveau als die singulären Indikatoren eine gute Abschätzung der allgemeinen bereichsübergreifenden intellektuellen Leistungsfähigkeit, eben der allgemeinen Intelligenz „g", erlaubt (Kranzler 1997, 152: „In IQ-Tests mit verschiedenen Subtests, die verschiedene unterschiedliche Fähigkeiten messen, stellt g bei weitem die größte unabhängige Varianzkomponente dar").

---

[23]   Konfirmatorische Dimensionsanalysen der Wechsler-Skalen (WISC-III; WISC-R), der „Differential Ability Scales" und des Stanford-Binet IV konnten zeigen, daß *quantitatives reasoning* extrem hohe Ladungen auf „g" hat oder gar von „g" nicht zu unterscheiden ist (Keith 1990; Stone 1992; Keith & Bickley 1992; Keith & Witta 1997).

Damit wird letztlich nur umgesetzt, was *state of the art* der modernen Intelligenzforschung darstellt: *Alle* aktuellen empirisch fundierten Intelligenzmodelle gehen von einer *hierarchischen Struktur der Intelligenz* aus, an deren Spitze sich die allgemeine Intelligenz „g" befindet, oder es stehen dort die beiden korrelierten Generalfaktoren G_f und G_c sensu Cattell (1971; 1987), die wiederum hoch mit „g" korrelieren (vgl. Bickley et al. 1995), wobei G_f dem Spearmanschen „g" außerordentlich nahe steht, so daß manche Autoren eine Identität von „g" und G_f annehmen (vgl. Vernon 1961; Gustafsson 1984; 1988; Undheim 1981d; Jäger 1984; Undheim & Gustafson 1987; Lohman 1989; McGrew, Werder & Woodcock 1991; Carroll 1993; Jäger, Süß & Beauducel 1997; Kranzler & Keith 1999). Carroll (1997a, 33) betont ausdrücklich, daß die meisten Forscher darüber übereinstimmen, daß eine Art Generalfaktor der kognitiven Fähigkeit – eben „g" – existiert und daß er mit den üblichen Intelligenztests zufriedenstellend gemessen werden kann: „Entgegen einiger populärer Behauptungen läßt sich ein einziger, genereller Intelligenzfaktor messen" (Gottfredson 1999, 24; vgl. dazu Carroll 1997b). Will man, wie im Marburger Projekt, die breite – d.h. bereichsübergreifende – und zeitstabile intellektuelle Leistungsfähigkeit erfassen, führt kein Weg an „g" vorbei: „Allgemeine Intelligenz ist bei weitem die wichtigste Variable für das hochbegabte Kind" (Eysenck 1985, 119).

Erwähnen möchte ich noch die unter Förderaspekten wichtige Erkenntnis, daß die vielzitierte *Aptitude-Treatment-Interaktion* (vgl. Hasebrook 1998) hauptsächlich nur bei der allgemeinen Intelligenz und nur selten, wenn überhaupt (vgl. Bracht 1970), bei spezifischen intellektuellen Fähigkeiten beobachtet werden kann (auch unterschiedliches Vorwissen spielt nur eine nachgeordnete Rolle, vgl. Whitener 1989). In ihrer umfassenden Übersicht über die Ergebnisse der ATI-Forschung schlußfolgern Cronbach & Snow (1977, 496–497): „Wir hatten erwartet, daß spezifische und nicht allgemeine Fähigkeiten für Wechselwirkungen verantwortlich sind; die Fähigkeiten, die meistens in Interaktionen eingehen, sind jedoch allgemeiner Art. Sogar in denjenigen Forschungsprogrammen, die mit speziellen Fähigkeitsmessungen gestartet sind und die Interaktionen mit der Behandlung gefunden haben, scheint es aufgrund der Daten gerechtfertigt zu sein, die meisten Effekte einer allgemeinen Fähigkeit zuzuschreiben" (vgl. auch Snow & Yalow 1982; Snow & Lohmann 1984; Snow 1992).

In diesem Zusammenhang ist noch eine Anmerkung zu den bei psychologischen Laien (insbesondere Pädagogen) besonders beliebten „multiplen Intelligenzen" (Gardner 1983; 1993) angebracht. Gardner postulierte zu Beginn der 80er Jahre sieben „Intelligenzen", nämlich „sprachliche", „logisch-mathematische", „räumliche", „musikalische", „körperlich-kinästhetische", „interpersonale" und „intrapersonale" Intelligenz (zur Kritik siehe Messick 1982). Alle diese „Intelligenzen" sollen voneinander völlig unabhängig sein. Inzwischen ist noch die „naturalistische" als achte hinzugekommen (Torff & Gardner 1999), und die laut Gardner (2000) „achteinhalbte" stelle die „existentielle" Intelligenz dar. Ein Ende ist sicherlich nicht abzusehen, „spirituelle" Intelligenz und „moralische" Intelligenz wurden von Gardner zwar erwogen, aber bislang nicht in den Kreis der „multiplen" Intelligenzen aufgenommen. Bei den ersten der drei genannten „Intelligenzen" sind unschwer die bekannten Thurstone-schen (1938; vgl. Thurstone & Thurstone 1941) Gruppenfaktoren *verbal comprehension*, *reasoning* und *space* der *primary mental abilities* zu erkennen. Sie alle sind nennenswert mit „*g*" geladen. Auch musikalische Fähigkeiten sind nicht unabhängig von der allgemeinen Begabung (Cooley 1961; Brackenbury 1976; Bastian 1989; 1991; 2000; Lynn, Wilson & Gault 1989). Insofern widersprechen die vielfach beo-bachteten positiven Interkorrelationen dieser vier „Intelligenzen" (und die Tatsache der „positiven Mannigfaltigkeit" aller intellektuellen Leistungen, vgl. u.a. Alliger 1988; Thorndike 1994) Gardners Theorie, die ja, wie schon erwähnt, deren völlige Unabhängigkeit behauptet. „Zu den beeindruckendsten Ergebnissen der jahrzehnte-langen Intelligenzforschung gehört die Art und Weise, in der unterschiedlichste Test-arten und unterschiedlichste Subtests miteinander korrelieren, und es spielt dabei keine Rolle, wie sie sich inhaltlich voneinander unterscheiden" (Roth 1990, 339).

Mit Ausnahme der ersten vier „Intelligenzen" handelt es sich bei den anderen Fähig-keitsbündeln um Postulate und Spekulationen. „Gardner gesteht ein, daß die Auf-nahme oder Ablehnung eines ‚Kandidaten' als eigenständige Intelligenz noch immer eher einem willkürlichen Urteil als einer wissenschaftlichen Bewertung" entspricht (Heilmann 1999, 25). Über die letzten viereinhalb „multiplen Intelligenzen" ist nur wenig bekannt, vernünftige, reliable und valide Instrumente zu ihrer Messung und se-riöse empirische Studien, die deren Konstrt- und Prädiktionsvalidität belegen können, liegen meines Wissens nicht vor.[24] Anderson (1999, 317) bemängelt, daß es zum einen kein klares Programm für eine empirische Theorietestung gäbe und zum ande-ren, daß Gardners Theorie mit der Leugnung der Existenz der allgemeinen Intelligenz völlig alleine stünde und konsequenterweise keinerlei Evidenz besäße. Jensen (1998, 129) bezweifelt, daß Gardners Theorie irgend etwas substantiell Neues der Taxono-mie von Fähigkeiten und Persönlichkeitsmerkmalen, wie sie faktorenanalytisch iden-tifiziert worden sind, hinzufügt. Die immer stärkere Ausweitung des Intelligenzbe-griffs diene, so Jensen, vielleicht vor allem dazu, daß sich Personen wohlfühlten; mit wissenschaftlichem Fortschritt habe das aber nur wenig zu tun (vgl. dazu die Kritiken von Bouchard 1984; Scarr 1985; Snow 1985; Messick 1982; Brody 1992, 34–40).

---

[24] Sternberg (1994, 561), gewiß nicht einer einseitigen Parteinahme gegen Gardner verdächtig, qualifiziert Gardners Werk wie folgt: „Kurioserweise sind bis heute die Tests [zur Erfassung der multiplen Intelligenzen] noch nicht auf den Weg gebracht worden, noch wurde überhaupt damit angefangen. Soviel ich weiß, gibt es nicht eine einzige empirische Überprüfung der Theorie ... Klar ist, daß das antizipierte Forschungsprogramm nicht realisiert worden ist und vielleicht nie-mals realisiert werden wird". Und Lubinski & Benbow (1995, 936) bewerten die wenigen Arbeiten, die von Gardner (1993) vorgelegt worden sind, so, daß sie „kaum einen vorläufigen Screening-Ausschuß für eine Examensarbeit in Psychologie erfolgreich passiert hätten." Schon vor zehn Jahren haben Weinert & Waldmann (1990, 19) bemängelt, die „multiplen Intelli-genzen" beruhten eher „auf einer Analyse anekdotischer Befunde als auf einer empirisch be-währten, soliden psychologischen Theorie über kognitive Fähigkeiten". Das ist auch heute nicht anders.

Auch die von Gardner als Beleg herangezogenen „idiots-savants" stellen kein über-
zeugendes Argument gegen „g" dar (Nettelbeck 1999).

Die Willkürlichkeit, mit der einzelne Fähigkeiten zu „Intelligenzen" deklariert werden, zieht Quasi-
Psychologen an, die gern ins Geschäft mit den „multiplen Intelligenzen" einsteigen. Eine „Neuent-
deckung" jagt die andere. Multiple Intelligenzen sind modern. Aus der Vielzahl der modernen „Intelligenzen" seien hier nur einige aufgeführt: „Körperintelligenz" (Chopra 1995), „Mentale, emotionale
und behaviorale Intelligenz" (De Beauport, Diaz & De Beauport 1996), „visuelle Intelligenz" (Barry
1997; Hoffman 2000), „Beziehungsintelligenz" (Panzer 1998), „moralische Intelligenz" (Coles
1998), „Karriereintelligenz (Moses 1998), „Wettbewerbsintelligenz" (Kahaner 1998), „astrologische
Intelligenz" (Valeria 1999), „spirituelle Intelligenz" (Sinetar 2000; Zohar & Marshall 2000) und
– nicht neu – „praktische Intelligenz" (Sternberg 1996; 2000) und „soziale Intelligenz" (Goody
1995). Und es wird sicherlich nicht lange dauern, bis auch Bücher über „sexuelle Intelligenz",
„Machtintelligenz", „Geldintelligenz", „Kochintelligenz" oder „kriminelle Intelligenz" und so fort
geschrieben werden. Offensichtlich adeln viele Autoren fast jede Verhaltensweise, fast jede
Fähigkeit, fast jede Fertigkeit zu „Intelligenz". Mit Psychologie, zumindest mit wissenschaftlicher
Psychologie, hat das alles nichts zu tun: So stellt das „Cythonia Institute" – selbstredend ohne
wissenschaftliche Belege – im Internet folgende Intelligenzen heraus: „ehrgeizige Intelligenz",
„moralische Intelligenz", „zurückhaltende Intelligenz", „wilde Intelligenz", „kreative Intelligenz"
und „sexuelle Intelligenz". Heilmann (1999, 22) veranschaulicht diesen Unsinn mit einem treffenden
Zitat von Külpe: „Wenn die Zuschreibung von Fähigkeiten als wissenschaftliche Erklärung
verstanden würde, würde man ‚die Nässe einer Straße nicht durch den Regen, sondern durch ihre
Fähigkeit, naß zu werden', erklären (Otto Külpe 1920, nach Schwarz 1985, S. 3)". Die Botschaft der
„multiplen Intelligenzen" ist einfach und bedingt ihre Popularität: Je mehr – möglichst voneinander
abhängige – Intelligenzen postuliert werden, desto größer wird die Wahrscheinlichkeit, daß sich eine
beliebig herausgegriffene Person in zumindest einer dieser „Intelligenzen" zur prestigeträchtigen
Gruppe der „Hochintelligenten" zählen kann.

1.4.3
Verzicht auf die Erfassung von Kreativität,
„sozialer", „emotionaler" und „operativer Intelligenz"
bei der Zusammenstellung von Versuchs- und Vergleichsgruppen

Auch das laienpsychologisch populäre, aber wissenschaftlich ausgesprochen unpräzi-
se Konzept „Kreativität" wurde in unserer Studie *nicht* zur Identifikation der (kognitiv) Hochbegabten in Erwägung gezogen. Kreativität, und darüber ist sich die Psychologie einig, ist ein im Vergleich zur Intelligenz vielfach unschärferes, im Verlauf
der nicht nur kindlichen Entwicklung instabiles Konstrt (vgl. Cropley & Clapson
1971; Magnusson & Backteman 1978; Howieson 1981; zusammenfassend: Cropley,
McLeod & Dehn 1988, 117–118), das bislang weder klar umschrieben noch zufriedenstellend operationalisiert worden ist (siehe zur Kritik beispielsweise Hocevar
1981; Brown 1989; Weisberg 1989; 1993). Schon 1963 (123–124) hatte sich Fox außerordentlich kritisch über die Qualität einer Vielzahl von Untersuchungen zur sog.

Kreativität geäußert und konstatiert, die Kreativitätsforschung habe nur zu einem großen Wortschwall geführt, der besser nicht gedruckt worden sei: „Das Feld ist mit einer Flut von Wörtern mit nur geringer Bedeutung überschwemmt worden". Ausubel (1974, 616) bezeichnete Kreativität als einen der „vagesten, doppeldeutigsten und verwirrendsten Begriffe der heutigen Psychologie und Pädagogik", und Weinert (1990, 41) resümierte, daß die Kreativitätsforschung „bislang keineswegs den Stand der Theoriebildung erreicht [habe], der zuverlässige, gültige und nützliche Schlußfolgerungen für sehr unterschiedliche praktische Probleme erlauben würde". Dem ist auch heute, im Jahr 2000, kaum etwas hinzuzufügen, das Bild hat sich nicht deutlich geändert. Von den zahlreichen als „Kreativitätstests" bezeichneten Verfahren erfaßt auch keines nur annäherungsweise das, was im eigentlichen Sinne prodtiv-schöpferische Leistungen ausmacht, und diese Leistungen sind auch kaum durch die sog. Kreativitätstests prognostizierbar (Wallach 1970; 1976; 1985; Kogan & Pankove 1974). „Diese Schwäche ... verbessert sich auch nicht, wenn man anstelle von elementaren Fähigkeiten komplexe Stile des Denkens berücksichtigt" (Weinert & Waldmann 1990, 20).

Ein kleines Lehrstück für den in diesem Feld nicht selten vorzufindenden leichtfertigen Umgang mit der Literatur liefert Hany (1987a, 176), wenn er ohne stichhaltige Belege behauptet, „entsprechende Kreativitätsmeßwerte [besäßen eine] hohe prognostische Validität für hervorragende Leistungen". In einer späteren Publikation (Hany & Heller 1991, 243) wird diese Behauptung erneut bekräftigt, und zum Beleg dafür zieht Hany methodisch defiziente Untersuchungen und / oder Studien ohne überzeugende Daten heran: die Arbeiten von Getzels & Jackson (1962), Torrance (1970; 1984) sowie Torrance & Wu (1981).

Schaut man sich diese Publikationen genauer an, stellt sich schnell Ernüchterung ein: Getzels & Jackson interessierten sich für das Verhältnis von Intelligenz und Kreativität im Zusammenhang mit Schulleistungen. Sie glauben, durch den Vergleich von hochintelligenten, aber niedrig kreativen mit hochkreativen, aber niedrig intelligenten Schülern belegt zu haben, daß beide Gruppen vergleichbare Schulleistungen erzielen. Bei der Interpretation ihrer Befunde ist jedoch zu berücksichtigen, daß es sich offenkundig um Eliteschüler, gehandelt hat, bei denen zu 88% – der Klassifikation der Autoren folgend – Intelligenz und Kreativität vergleichsweise hoch ausgeprägt waren. Die hochkreativen (aber angeblich „nicht hochintelligenten") Schüler hatten immerhin einen mittleren IQ von 127, gehörten also zu den 3% Intelligenzbesten der Population. Offensichtlich hat es sich hier um eine Schule für „Hochbegabte" gehandelt. Zudem scheinen Getzels & Jackson, wie Butcher bemängelt, hochgradig selektiv zu berichten, indem sie solche Ergebnisse betonen, die ihren eigenen Standpunkt stützen und widersprechende Informationen nicht mitteilen. Die statistische Auswertung ist nicht ausreichend. Man muß sich schon wundern, daß eine methodisch so defiziente Untersuchung so viel Aufsehen erregt hat und zumeist kritiklos zitiert wird. Bei so kleinen Substichproben (26 „hoch Kreative" und 28 „hoch Intelligente") verbieten sich Verallgemeinerungen. Um eine „ausgezeichnete empirische Arbeit", wie Mönks (1963, 364) lobt, handelt es sich nicht. Außerdem konnte in Reanalysen (Marsh 1964) gezeigt werden, daß die von Getzels & Jackson eingesetzten „Kreativitätstests" zu nennenswertem Teil auch allgemeine Intelligenz gemessen haben (vgl. dazu auch die kritischen Anmerkungen von De Mille & Merrifield 1962; Dunette 1964; Vernon 1964; Burt 1970; Feger 1988, 68–70 und die z.T. gegensätzlichen Befunde im Replikationsversuch von Hasan & Butcher 1966). – Die von Hany bzw. Hany & Heller herangezogene Arbeit von Torrance (1970) hat mit der Prognose hervorragender Leistungen nichts, aber überhaupt nichts zu tun. Es handelt sich um keinen empirischen Beitrag, sondern um einen philosophisch-humanistischen Appell, das Hochbegabungskonzept breiter zu fassen: „Ich habe vorgeschlagen, daß wir uns zurückwenden und unserer alten

Überzeugung Glauben schenken, daß jeder Mensch ein Recht auf die optimale Entwicklung seiner Fähigkeiten hat und daß jede Person eine einzigartige Menge von Potentialen, Interessen, Zielen, Wahrnehmungen, Verantwortlichkeit und nutzbringende Eigenschaften hat" (Torrance 1970, 207). – Bei der anderen Arbeit, die als Beleg zitiert wird (Torrance & Wu 1981), handelt es sich um eine kleine empirische Studie nach dem Muster der eben besprochenen Arbeit von Getzels & Jackson, die mit ähnlichen methodischen Unzulänglichkeiten behaftet ist (z.B. hohe Ausfallquote in der weit überdurchschnittlich intelligenten Ausgangsstichprobe; sehr kleine Gruppengrößen; fehlende Angaben über elementare statistische Kennwerte wie Mittelwerte und Streuungen von Intelligenz und Kreativität in den Subgruppen; fehlende α-Adjustierung; Interpretation von Zufallseffekten). Diese Arbeit wäre, will man sie überhaupt zitieren, bestenfalls als hypothesengenerierende Pilot-Studie anzusehen, kann aber keinesfalls als Beleg für eine nachgewiesene „hohe prognostische Validität" dienen. – Und Torrance (1984)? Auf mageren vier Seiten berichtet Torrance – deutlich autobiographisch orientiert – summarisch über die Entstehungsgeschichte und über einige Validierungsversuche seiner Tests, die bekanntermaßen hinsichtlich ihrer Gültigkeit manches zu wünschen übriglassen.

Hanys Feststellung (1987b, 128), bei Kreativitätstests werde stets angemerkt, diese seien „unzuverlässig" und könnten „kreative Leistung kaum vorhersagen", trifft den Sachverhalt besser als seine Behauptung von der „hohen prognostischen Validität für hervorragende Leistungen". Gleichsinnig konstatieren Roedell, Jackson & Robinson (1989, 43), daß „keines der als Kreativitätstests bezeichneten Verfahren ... Kreativität im eigentlichen Sinne" überprüfe. Es ist weithin bekannt, daß fast alle „Kreativitätstests" nicht den Minimalanforderungen psychologischer Testverfahren genügen (Wallach 1970; Crockenberg 1972; Horn 1976; Sefer 1991) und daß sie in aller Regel untereinander nicht höher, häufig sogar noch geringer als mit „klassischen" Intelligenztests korrelieren, es ihnen also an konvergenter und diskriminanter Validität mangelt (Piers, Daniels & Quakenbush 1960; Cline, Richards & Abe 1962; Ohnmacht 1966; zur kritischen Übersicht siehe Barron & Harrington 1981; Hocevar & Bachelor 1989).

Viele Kreativitätsforscher argumentieren dazu noch mit einem „Schwellenkonzept", nach dem jenseits einer gewissen IQ-Grenze (z.B. IQ > 120 oder IQ > 125 oder IQ > 130) nur eine geringe Beziehung zwischen „Kreativität" und Intelligenz existieren soll, wohl aber unterhalb dieser Schwelle. Dieses Argument ist zunächst einmal richtig, seine *inhaltliche* Interpretation aber außerordentlich fragwürdig. Vergessen wird in der einschlägigen Literatur häufig, daß dieses Faktum auch oder sogar vordringlich als *schlichter Effekt der Varianzreduktion* interpretiert werden kann: In hinsichtlich der kognitiven Leistungsfähigkeit extrem vorausgelesenen Substichproben ist im Vergleich zur Normalpopulation die Varianz der Intelligenz drastisch eingeschränkt, was zu einer Korrelationsverringerung führen muß. Ripple & May (1962) demonstrieren diesen Sachverhalt: Bei intelligenzhomogenen Schülergruppen (niedrige, mittlere und höhere kognitive Leistungsfähigkeit) besteht nur ein schwacher Zusammenhang zwischen Kreativitäts- und Intelligenzmaßen – was trivial ist, da in merkmalshomogenen Kollektiven das Merkmal keine (oder nur in eingeschränktem Maße eine) Variable darstellt. Bei unausgelesenen Stichproben, in denen die ganze Intelligenzbreite repräsentiert ist, in denen also die Intelligenz hinreichend variiert und dementsprechend eine Variable ist, erreicht die Korrelation von Intelligenz und Kreativität eine beachtliche Größenordnung. Korrelationsminderungen in varianzreduzierten Substichproben dürfen solange nicht inhaltlich interpretiert werden, wie nicht belegt ist, daß bei analog varianzeingeschränkten Stichproben aus anderen Segmenten der Intelligenzverteilung diese Korrelationsminderung nicht zu beobachten ist. Hinzu kommt, daß kritische Studien, so z.b. von Runco & Albert (1986), diese Schwellenwertshypothese nicht überzeugend belegen konnten (Mednick & Andrews 1967; Ginsburg & Whitemore 1968; vgl. auch Ward 1968; Fox 1981; Runco & Albert 1985; Fuchs-Beauchamp, Karnes & Johnson 1993): „Intelligenz und Kreativität sind über die ganze Spannweite beider Variablen korreliert" (Haensley & Reynolds 1989, 122).

Aus der Unabhängigkeitshypothese von Intelligenz und „Kreativität" läßt sich, wie schon weiter oben erwähnt, mit Jensen (1980, 356) postulieren, die Verteilung der Intelligenzquotienten von Personen mit gesellschaftlich anerkannter Produktivität oder Kreativität sollte sich nicht von der der Normalpopulation unterscheiden. Dieser Nachweis ist bislang noch nicht erbracht worden, und er wird auch schwerlich zu erbringen sein. Schon 1974 (621) hatte Ausubel mit einem Hinweis auf Befunde von Drevdahl & Cattell (1958) und Hitt & Stock (1965) angemerkt, kreative Individuen in Kunst, Literatur und Wissenschaft seien „intelligenter ... als nicht-kreative Individuen". Die gern behauptete Unabhängigkeit von Intelligenz und „Kreativität" ist also fraglich (siehe z.B. Cicirelli 1965; Edwards & Tyler 1965; Kurtzman 1967; McCabe 1991), und der konstruierte Gegensatz zwischen kreativem Denken einerseits und konvergentem Problemlösen andererseits ist unfruchtbar und wahrscheinlich auch falsch (Langley, Simon, Bradshaw & Zytkow 1987; Weisberg 1988; 1989; 1993; methodische Aspekte diskutieren Ulmann 1968, 108–122; Preiser 1976, 51–54).

Berücksichtigt man, daß „Kreativitätstestwerte" und Lebensproduktivität so gut wie nicht zusammenhängen (Gruber 1974) und daß „Kreativitätstests" „kreatives Verhalten" nicht besser als traditionelle Intelligenztests vorhersagen, fällt der Verzicht auf sog. Kreativitätstests bei der Identifizierung Hochbegabter oder, wie man heute „moderner" sagt, „besonders Begabter" leicht. Die in der Literatur berichteten Validitätskoeffizienten von „Kreativitätstests" sind immer dann zu hinterfragen, wenn nicht zusätzlich auch die allgemeine Intelligenz kontrolliert wurde. Partialisiert man aus den für „Kreativitätstests" berichteten prognostischen Gültigkeitskoeffizienten den Anteil der allgemeinen Intelligenz heraus, sinken die Validitäten deutlich oder verschwinden gänzlich (McCabe 1991): „In der Tat mangelt es [bei Kreativitätstests] an dem Nachweis ausreichender Stabilität und einer von der allgemeinen Intelligenz unabhängigen prognostischen Validität" (Tent 1998, 196).

Sternberg & Lubart gelangten 1991 in der Diskussion ihrer „Investment-Theorie" der Kreativität zur ernüchternden Schlußfolgerung, Kreativität entstamme nicht einer Fertigkeit, Eigenschaft oder Fähigkeit, und es reiche nicht aus, zur Erklärung hauptsächlich kognitive Variablen oder auch kognitive Variablen in Kombination mit affektiven und willensorientierten Merkmalen zu analysieren; vielmehr sei ihre Verbindung mit der Umwelt entscheidend. Demnach seien, so Sternberg, traditionelle Tests zur Erfassung der Kreativität nur von geringem Wert, da Kreativität keine einfach oder auch komplex zusammengesetzte Eigenschaft sei. „Was, präzise gefragt, kann von einem Kind erwartet werden, das aufgrund hervorragender Ergebnisse in einem

Test des produktiven Denkvermögens für ein spezielles Programm vorgeschlagen wurde?" (Roedell et al. 1989, 48). Diese Frage zu stellen, heißt einzugestehen, daß sie bis heute nicht zufriedenstellend beantwortet werden kann, und das gilt nicht nur für Kinder, sondern auch für Jugendliche und für Erwachsene.[25]

Vergleichbare Argumente gelten auch für die Entscheidung, das seit 80 Jahren diskutierte und alltagspsychologisch so plausible Konstrukt der „sozialen Intelligenz" oder der „sozialen Begabung" (Thorndike 1920; Moss & Hunt 1927), ein ebenfalls extrem unscharfes Konzept mit vielen Facetten, in der Marburger Hochbegabtenstudie zur Identifikation *nicht* zu verwenden, obwohl auch die „soziale Hochbegabung" oder die „besondere soziale Begabung" Eingang in die Hochbegabungsliteratur gefunden hat (z.B. Jarecky 1975; Abroms 1985).

Viele Forscher haben versucht, Tests oder Fragebogen zur Erfassung dieser Fähigkeit(en), die relativ unabhängig von der allgemeinen Intelligenz „g" sein soll(en), zu entwickeln. Bislang hat kein Versuch überzeugen können (vgl. Thorndike 1920; 1936; Hunt 1928; Pintner & Upshall 1928; Broom 1928; 1930; McClatchy 1929; Thorndike & Stein 1937; Rothenberg 1970; Walker & Foley 1973; Zoch 1974; Keating 1978; Ford 1979; Orlik 1982; Probst 1982; Frederiksen, Carlson & Ward 1984; Amelang 1987; Riggio, Messamer & Throckmorton 1991). Wiederholt konnte nämlich gezeigt werden, daß Testverfahren und Fragebogen zur Messung von Aspekten „sozialer Intelligenz" in der Regel hauptsächlich allgemeine (verbale) Intelligenz erfassen: Diverse Tests zur Abschätzung „sozialer Intelligenz" korrelieren oft nicht höher oder sogar noch geringer miteinander als mit klassischen Intelligenztests (z.B. Keating 1978; ein Validitätsproblem, daß sich, wie weiter oben schon aufgezeigt, ähnlich auch bei der Diskussion der Beziehung von Intelligenz und Kreativität stellt), und die sehr spärlichen Hinweise auf ihre Validität verschwinden nicht selten weitgehend, partialisiert man den im Test zur Erfassung „sozialer Intelligenz" enthaltenen Anteil allgemeiner (verbaler) Intelligenz „g" aus. Kurz gesagt: „Soziale Intelligenz" und „allgemeine (verbale) Intelligenz" sind mit den bislang zur Verfügung stehenden Tests und Fragebogen nicht vernünftig voneinander zu trennen (vgl. Hoepfner 1974). Schon 1958 (75) hatte Wechsler darauf hingewiesen, daß „soziale Intelligenz" vermutlich nur die Anwendung allgemeiner Intelligenz auf soziale Situationen darstelle. Für „akademische" und soziale Problemlösungen wird auf vergleichbare intellektuelle Ressourcen zurückgegriffen (Ford & Tisak 1983). Auch die moralische Urteilsbildung, wie sie beispielsweise durch den auf Kohlbergs (1984) System basierenden *Defining Issues Test* (DIT, Rest 1979a,b) erfaßt wird, mißt offensichtlich nichts ande-

---

[25]   Eysenck (1985, 135–137) schlußfolgert, Originalität und Kreativität wurzelten vor allem in gewissen Persönlichkeitszügen (z.B. Psychotizismus) und weniger in kognitiven Fähigkeiten (vgl. auch Eysenck 1993a; 1995). Auch unter diesem Gesichtspunkt wird verständlich, daß die üblichen „Kreativitätstests", die sich stets auf die Erfassung kognitiver Variablen wie divergentes Denken und Flüssigkeitsfaktoren konzentrieren, keine nennenswerten prädiktiven Validitäten haben können: Solche Tests fangen, wie Sternberg (1986) es ausdrückt, nur die allertrivialsten Aspekte der Kreativität ein.

res als verbale (allgemeine) Intelligenz. Erwartungsgemäß erzielen deshalb intellektuell Hochbegabte im DIT wesentlich bessere Resultate (d > 1.0) als ihre altersgleichen Peers (Sanders, Lubinski & Benbow 1995).

„Klassische" Intelligenztests sind bei der Vorhersage von Kriterien „sozialer Effektivität" ähnlich gut (oder ähnlich schlecht) wie „soziale Intelligenztests" (Keating 1978). „Soziale Intelligenz", so Amelang (1987, 4), „leidet mehr an der mangelnden Übereinstimmung zwischen Realität und Hoffnung oder Wunsch und Wirklichkeit als irgendeine andere Dimension der Differentiellen Psychologie. Die Zweifel werden sehr viel stärker, wenn man darüber nachdenkt, ob soziale Intelligenz überhaupt eine vernünftige Eigenschaft oder nur ein attraktives Testkonzept ist". Wenn immer wieder behauptet wird, „soziale Intelligenz" bestünde aus vielen unterschiedlichen Facetten, sei bereichs- und aufgabenspezifisch und würde, wie Cantor & Kihlstrom (1989, 1) anführen, in jedem „signifikanten Lebenskontext neu definiert", dann macht es wenig Sinn, globale Vergleiche von Individuen hinsichtlich ihres „sozialen IQ" anzustellen. Als Resümee bleibt festzuhalten, daß es bis heute noch nicht gelungen ist, den üblichen Gütekriterien entsprechende spezifische Tests zu entwickeln, die – unabhängig von der allgemeinen (verbalen) Intelligenz – hinreichend zuverlässig und vor allem gültig die Fähigkeit von Kindern, Jugendlichen und Erwachsenen messen, praktische Interaktionsprobleme des Alltags (was wohl dem alltagspsychologischen Leitkonzept von „sozialer Intelligenz" am besten entspricht) erfolgreich zu bewältigen.[26] „Soziale Hochleistungskompetenz läßt sich bei Operationalisierung durch Tests zum sozialen Problemlösen nur schlecht von Intelligenz unterscheiden" (Asendorpf 1996, 156). Deshalb ist – auch im Rahmen seriöser Hochbegabtendiagnostik – „von sozialer Intelligenz ... kaum noch die Rede" (Tent 1998, 196).

Besonders populär ist die „emotionale Intelligenz" (EQ), die Salovey & Mayer (1990) „erfunden" haben, die von dem Journalisten Goleman (1995) popularisiert wurde und die von zahlreichen Nachahmern spezieller Gruppen (z.B. Kindern: Shapiro 1997; Managern: Höhler 1997; Cooper & Sawaf 1998) „verkauft" wird. Bei der bislang und vermutlich auch zünftig nicht meßbaren „emotionalen Intelligenz" handelt es sich um ein mehr oder weniger unausgegorenes Konglomerat verschiedener Persönlichkeitsvariablen wie Gefühlsbewältigung, Motivation, Enthusiasmus, Optimismus und vieles mehr, die lediglich gemeinsam haben, daß sie nichts miteinander gemeinsam haben. Schuler bringt es auf den Punkt, wenn er betont, daß emotionale Intelligenz ein „unglücklicher Begriff" sei, der alles „zusammenramsche, was

---

[26] In der soziometrischen Literatur wird gelegentlich ein Zusammenhang zwischen soziometrischer Beliebtheit / populärer soziometrischer Typ (positiv) bzw. soziometrischer Ablehnung / abgelehnter soziometrischer Typ (negativ) und Intelligenz berichtet (Spence 1987; Moskovitz & Schwartzman 1989; Ollendick, Weist, Borden & Greene 1992; Rost & Czeschlik 1994a; Czeschlik & Rost 1995). Interpretativ ist daran zu denken, daß intelligentere Kinder im Erkennen sozialer Probleme, im Antizipieren der Konsequenzen sozialen Handelns sowie in der Suche nach alternativen sozialen Konfliktlösungsmöglichkeiten ihren weniger intelligenten Mitschülern überlegen sind.

an Differenzierung über berufliche Anforderung, über Fähigkeiten, Fertigkeiten und Kenntnisse je aufgebaut" worden sei. Sie würde zu neuer Erkenntnis stilisiert: „Daß ein so schlichtes Konzept ... so viele Freunde findet (womöglich sogar besonders unter jenen, denen schon der bisherige Intelligenzbegriff zu vage war) zeigt, daß Fortschritte in der Rhetorik mit Rückschlägen in der Sache verbunden sein können ... Selbst Institutionen, deren Auftrag darin besteht, die Psychologie als Wissenschaft zu verkaufen, können der Versuchung manchmal nicht widerstehen, Banalitäten der Trainerfolklore ... sekundäre wissenschaftliche Würden zu verleihen" (Schuler 1999, 707; vgl. auch die kritische Analyse von Weber & Westmeyer 1997).[27]

Es hieße, Eulen nach Athen zu tragen, wollte man den engen Zusammenhang zwischen Intelligenz und Problemlösefähigkeit eigens herausstellen, da ja viele Intelligenzdefinitionen *expressis verbis* auf die generelle Problemlösefähigkeit abzielen. Um so mehr Aufmerksamkeit erregten Dörner & Kreuzig (1983) bzw. Dörner, Kreuzig, Reither & Stäudel (1983) mit der Behauptung, sie hätten empirisch belegt, daß die Leistungsgüte beim Umgang mit umfassenden alltagsnahen Problemstellungen (operationalisiert durch computerbasierte Szenarien, die die Steuerung simultaner komplexer Systeme wie „Lohausen" oder „Schneiderwerkstatt" verlangen; vgl. dazu die Übersicht von Graf 1992) kaum oder nicht mit der psychometrisch gemessenen Intelligenz zusammenhänge (siehe zusammenfassend Dörner 1989; Dörner, Schaub & Strohschneider 1999). Statt dessen sei eine andere Fähigkeit gefragt, nämlich eine „operative Fähigkeit". Die „spezifischen Anforderungen, die operative Fähigkeiten kognitiver Selbstorganisation verlangen" (Dörner & Kreuzig 1983, 190), fehlten vollständig in klassischen Intelligenztests, und eben deshalb seien Intelligenztests für eine Diagnose der Fähigkeit, komplexe realitätsnahe Problemstellungen zu bearbeiten, prinzipiell unbrauchbar. Dies leiste, wie gesagt, nur die „operative Intelligenz" sensu Dörner (1986).

Diese Behauptung hat eine sich gerade entwickelnde Forschungstätigkeit katalysiert (siehe u.a. Kluwe, Schilde, Fischer & Oellerer 1991; Süß, Kersting & Oberauer 1991; 1993; Funke 1992; 1999; Süß, Oberauer & Kersting 1993; Hasselmann 1993; Süß 1996; 1998; 1999a,b; Strauß & Kleinmann 1998; Kersting 1999). Schon bald zeigte sich deutlich, daß die Dörnersche These nicht zu halten ist. Die Ursachen für die angeblich fehlende Beziehung zwischen Intelligenz und kognitiver Problemlösefähigkeit lagen vermutlich in gravierenden methodischen Problemen. Bereits 1984 hatte Tent in einer Entgegnung auf Dörner & Kreuzig (1983) angemerkt, daß weder über die Verteilungskennwerte noch über die Reliabilitäten der Problemlösekriteriumsmaße etwas bekannt ist, ja, noch problematischer, daß die Güteindizes für effektives Problemlösen in den Untersuchungen vermutlich deutlich meßfehlerbehaftet waren und daß den Studien in aller Regel hinsichtlich der kognitiven Leistungsfähigkeit homogenisierte Kollektive zugrunde lagen. Die Kombination dieser methodischen

---

[27]   Mit den „Institutionen, deren Auftrag darin besteht, die Psychologie als Wissenschaft zu verkaufen", ist die *American Psychological Association* mit ihren Ausführungen im *APA*-Mitteilungsblatt „Monitor" (Juli 1998) gemeint.

Mängel gibt mehr als hinreichend Anlaß dafür, daß Intelligenztestwerte „trivialerweise ihre Prädiktorfunktion" (Tent 1984, 153) verlieren müssen. Dies inhaltlich zu interpretieren, wie vielfach geschehen, ist ein Kunstfehler.[28]

Neben diesen Reliabilitätsmängeln und der Stichprobenproblematik verweist Kröner (2000) auf weitere methodische Probleme, die zu fehlerhaften Schlußfolgerungen geführt haben dürften (z.b. willkürliche Definition von Steuerungsleistung; ungeklärte bzw. fehlende konvergente Validität zwischen diversen Problemlöseszenarien; nicht hinreichende Beachtung und fehlende Kontrolle der Vorwissensproblematik, fahrlässige Außerachtlassung der Bedeutung einer vorgeschalteten Explorationsphase, in der die durch bessere Intelligenz bedingte erhöhte Lernfähigkeit zum Tragen kommen kann; Verletzung des Postulats der Unabhängigkeit aufeinanderfolgender Leistungsindikatoren). Hinzu kommt noch, daß die meisten dieser komplexen Problemlöseszenarien darunter leiden, daß sie *viel zu komplex* strukturiert sind. Die meisten Personen – auch Psychologen – haben große Schwierigkeiten, Wechselwirkungen fünfter oder sechster Ordnung nachzuvollziehen, geschweige denn richtig zu interpretieren. Wenn aber zehn, zwanzig oder gar mehr Variablen, die miteinander interagieren, zur erfolgreichen Steuerung eines Systems beherrscht werden müssen, dann kann der Erfolg nur noch ein Zufallsprodukt sein: Daß der Zufall nichts mit Intelligenz, d.h. mit der Fähigkeit, Gesetzmäßigkeiten aufzuspüren und sie anzuwenden, zu tun haben kann, liegt auf der Hand. In einer Serie von Studien kann Kröner (2000) anhand des von ihm entwickelten simulationsbasierten Systems von überschaubarer Komplexität („MultiFlux") zwischen Intelligenz und Systemsteuerungsleistung Beziehungen in der Größenordnung von r > 0.6 belegen – ähnliche Korrelationen hatte auch Süß (1999b) zwischen *reasoning* und verschiedenen Problemlöseindikatoren berichtet.

Da also die „reliabel meßbare Problemlösevarianz praktisch vollständig durch psychometrische Prädiktoren aufgeklärt werden" kann, insbesondere durch Intelligenz und bereichsspezifisches Wissen, gibt es keinen Anlaß, weiterhin an der Unabhängigkeitsthese von Intelligenz und komplexem Problemlösen von Dörner festzuhalten. Insbesondere wird damit „die Annahme einer besonderen Fähigkeit ‚operative Intelligenz' als Konstrukt für erfolgreiches Handeln beim computersimulierten komplexen Problemen ... hinfällig" (Süß 1998, 65; vgl. Süß 1996).

Es sollte nicht übersehen werden, daß kognitionspsychologisch orientierte Problemlöseansätze *per se* nicht wertvoller (oder auch nicht weniger wertvoll) als psychometrisch orientierte Forschungsstrategien sind und *vice versa*. Im Forschungsfeld der kognitiven Leistungsfähigkeit und (Hoch-)Begabung nähern sich beide Ansätze einem ähnlichen oder gar identischen Phänomen, allerdings mit unterschiedlichen Fragestellungen, unterschiedlichen Sichtweisen und unterschiedlichen Methoden. Sie ergänzen sich gegenseitig, sind aber nicht beliebig austauschbar. Der eher allgemeinpsychologisch orientierte Zugang zu (Hoch-)Begabungsfragen tritt mit erklärender und individuumübergreifender Perspektive an und beschäftigt sich mit dem kognitiven „Wie" des Zustandekommens und dem „Wie" der Entwicklung von (Hoch-)Begabung (prozeßorientierte Sichtweise). Der psychometrische

---

[28] Diese Probleme sind nicht neu. Wir haben sie analog schon weiter oben bei der Diskussion der Befunde zum Zusammenhang zwischen Intelligenz und Kreativität diskutiert.

Zugang interessiert sich unter differentialpsychologischer Perspektive für die Identifizierung von (Hoch-)Begabten, für eine differentielle Konstruktvalidierung und für prognostische Fragestellungen (Produktorientierung).[29]

Auch empirisch konnte überdies belegt werden, daß „kognitionspsychologische" Indikatoren der intellektuellen Leistungsfähigkeit und des Denkvermögens lediglich alternative Operationalisierungen dessen darstellen, was Psychometriker als „allgemeine Intelligenz" bezeichnen (vgl. Klix & Landerl, 1967; Sternberg 1977; Klix 1979; 1983; 1990; Kyllonen & Christal 1990; Waldmann & Weinert 1990; Kyllonen 1993). Eine überzeugende Studie zu diesem Problem haben Stauffer, Ree & Carretta (1996) publiziert, die einer Stichprobe von fast 300 Personen zehn traditionelle Fähigkeits- und Wissenstests und 25 kognitive Komponenten-Tests (*cognitive abilities measures* CAM) vorgaben. Die zehn fähigkeits- und wissensdiagnostischen Verfahren (sog. *paper-and-pencil*-Tests) deckten u.a. arithmetisches Schlußfolgern, Wortschatz, Leseverständnis, numerische Operationen, mathematisches Wissen und mechanisches Verständnis ab, um einige Beispiele zu nennen. Die 25 kognitiven Maße umfaßten die vier basis-kognitiven Komponenten (Kyllonen 1993) „Verarbeitungsgeschwindigkeit" (9 Tests), „Kapazität des Arbeitsgedächtnisses" (9 Tests), „deklaratives Wissen" (3 Tests) und „prozedurales Wissen" (4 Tests), jeweils durch verbale, mathematische und visuell-räumliche Inhalte repräsentiert. Hierarchische konfirmatorische Faktorenanalysen führten zu zwei generellen Faktoren, einen für die traditionell psychometrischen Tests („g", interpretiert als allgemeine intellektuelle Leistungsfähigkeit) und einen für die kognitiven Komponentenaufgaben („$g*$", interpretiert als Arbeitsgedächtnisaspekt). Der außerordentlich hohe Zusammenhang zwischen „g" und „$g*$" in Höhe von r = 0.95 bis r = 0.99 illustriert überzeugend, daß beide Ansätze, unbeschadet ihrer unterschiedlichen psychologischen Wurzeln und ihrer unterschiedlichen Forschungstraditionen, letztlich dasselbe messen, nämlich die allgemeine Intelligenz sensu Spearman. Auch die seit rund 20 Jahren intensiver beforschten Maße der Informationsverarbeitungsgeschwindigkeit korrelieren hoch mit der klassischen, psychometrisch erfaßten Intelligenz (Schweizer 1989; 1995; Jensen 1992b; Vernon 1993; Vernon & Weese 1993; Kranzler, Whang & Jensen 1994; Neubauer & Knorr 1998).

Brand (1996a, 31) weist darauf hin, daß die euphorische Hoffnung mancher Entwicklungspsychologen, Pädagogischer Psychologen und Differentialpsychologen, mit kognitiven Aufgaben in der Piagetschen Tradition neue, d.h. vom klassischen IQ unabhängige, Indikatoren intellektueller Leistungsfähigkeit gefunden zu haben, sich nicht erfüllt habe. Die „neuen" Maße korrelierten oft so hoch mit der allgemeinen Intelligenz „g" (insbesondere dem fluiden Anteil im Sinne von Cattells „g_f") wie es ihre Reliabilitäten zuließen, und wenn sich eine relative Unabhängigkeit von „g" gezeigt hätte, dann

---

[29]   Siehe dazu den Versuch von Larson & Saccuzzo (1989), eine Prozeßtheorie von „g" zu entwickeln. Interessanterweise findet man „in der überwiegenden Anzahl von *kognitiv* orientierten Untersuchungen *Intelligenztests* [Hervorhebungen von mir] entweder als externe Validitätskriterien oder als Basis der Gruppierung von Versuchsteilnehmern in der kognitiv orientierten Begabungsforschung" (Weinert & Waldmann 1970, 175), so auch in einer Studie von Kurtz & Weinert (1989).

sei die Unkorreliertheit nicht auf konzeptuelle Differenzen zurückzuführen, sondern lediglich den Meßfehlern geschuldet (Tuddenham 1970; Steinberg & Schubert 1974; Kuhn 1976; Willermann 1979, 98–99; Anderson 1992; Brand 1996a, 63–65; Styles & Andrich 1994, Styles 1999, 33–38).

1.5
STICHPROBEN

1.5.1
Begabungsstichproben „West"

Die Ausgangsstichprobe zur Identifizierung der „hochbegabten" (Zielgruppe „West") und „durchschnittlich begabten" Jugendlichen (Vergleichsgruppe „West") wurde 1987 / 1988 (Projektphase I) gewonnen. Sie umfaßt 7289 Kindern der 3. Jahrgangsstufe aus neun der elf „alten" Bundesländer. Einige wenige Klassen mußten wir nachträglich wegen unvorhersehbarer Durchführungsprobleme (z.B. „Feueralarm" während der Testung) oder wegen zu geringer Klassenfrequenzen ausschließen. Dadurch reduziert sich die Datenbasis auf 390 Klassen mit insgesamt 7023 Schulkindern (52% Mädchen, 48% Jungen). Gemäß der unter 1.4.1 beschriebenen Orientierung an der allgemeinen Intelligenz „g" wurden diese 7023 Drittkläßler mit drei Intelligenztests untersucht:

(a) *„Grundintelligenztest Skala 2"* (*CFT 20*, Teil I mit den Parallelformen A und B; Weiß 1987),

(b) *„Zahlen-Verbindungs-Test"* (*ZVT*; Oswald & Roth 1987),

(c) *„Sprachliche Analogien 3 / 4"* bzw. *5/6"* (*ANA*; Portmann 1974; 1975), ergänzt um 16 schwierige Aufgaben aus dem *„Frankfurter Analogie-Test 4–6"* (Belser, Anger, Bargmann 1972) bzw. aus dem *„Frankfurter Analogie-Test 7–8"* (Belser, Anger Bargmann & Raatz 1965).

Zur Identifikation der Hochbegabten schlossen wir alle Schüler aus, die nicht in *jedem* der drei Tests (*ZVT, ANA, CFT*) eine mindestens durchschnittliche Leistung (IQ > 99) erzielt hatten. Aus dieser Subgruppe wählten wir dann diejenigen Kinder aus, die in „g" (verstanden als komponentenanalytisch gewichtete Summe der drei Tests) zu den ca. 2% besten Schülern gehörten (IQ > 129). Diese Gruppe ergänzten wir um die Schüler, die *in einem* der drei Verfahren extrem gut (IQ > 129, sog. Testspitzen) abgeschlossen, in einem *zweiten* Verfahren mindestens einen Wert von IQ > 122 und im verbliebenen *dritten* Verfahren mindestens IQ > 107 erzielt hatten („g"-Wert mindestens IQ > 122). Diese so gewonnene Zielgruppe besteht aus 151 „West"-Kindern (43% Mädchen, 57% Jungen). Zur Bildung einer Vergleichsgruppe versuchten wir, jedem Zielgruppenkind ein durchschnittlich begabtes des gleichen Geschlechts, der gleichen Schule, der gleichen Klasse und mit möglichst ähnlichem sozioökonomischen Hintergrund zuzuordnen. Dieses gelang verständlicherweise nicht in jedem Fall, so daß die „West"- Vergleichsgruppe aus 136 Kindern besteht (43% Mädchen, 57% Jungen). In der Zielgruppe ist die Oberschicht, in der Vergleichsgruppe die Unterschicht stärker repräsentiert (genauer siehe Rost 1993b).

Die Befragung der Kinder, ihrer Eltern und ihrer Klassenlehrer fand in der II. Projektphase (1988 / 1989) statt. Durch eine intensive Stichprobenpflege ist es uns gelungen, über 98% der in Phase II befragten Familien für die Phase III (1994) erneut zur Mitarbeit zu bewegen (Zielgruppe: 100%; Vergleichsgruppe: 97%). Diese 284 Jugendlichen, zum Zeitpunkt der Erhebungen durchschnittlich 15 Jahre alt und in der 9. Jahrgangsstufe, haben wir – in konzeptueller Orientierung an die Erhebungen der ersten Phase im Jahre 1994 – mit folgenden vier Intelligenzverfahren getestet (vgl. 1.6.2.1):

(a) „Zahlen-Verbindungs-Test" (ZVT, Oswald & Roth 1987),
(b) Untertest „Zahlenreihen" (ZR) aus dem „Intelligenz-Struktur-Test 70" (I-S-T 70, Amthauer 1970),
(c) Untertest „Sprachliche Analogien" (AN) aus dem „Intelligenz-Struktur-Test 70" (I-S-T 70, Amthauer 1970),
(d) Untertest „Symbolreihen" (SR) aus dem „Leistungsprüfsystem" (LPS, Horn 1983).

Der Kennwert für die allgemeine Intelligenz „g" ergibt sich aus einer gewichteten Linearkombination der z-standardisierten Intelligenztestdaten (ZVT, AN, Summe ZR / SR). Die Gewichtungsfaktoren (0.40; 0.41; 0.51) haben wir anhand einer vom Projekt unabhängigen, jedoch im gleichen Zeitraum untersuchten Stichprobe von 919 Schülern und Schülerinnen der 9. Jahrgangsstufe durch eine Hauptkomponentenanalyse bestimmt (genauer siehe Hanses 1996).

Für die nachfolgenden Vergleiche definieren wir die aus den 151 Zielgruppenpersonen stammenden „stabil Hochbegabten" wie folgt: Diejenigen Jugendlichen, die in einem der vier Intelligenztests unterdurchschnittliche Leistungen erzielten (IQ < 100), wurden nicht berücksichtigt. Anschließend wählten wir nach der allgemeinen Intelligenz „g" aus: Alle verbleibenden Jugendlichen mit einem IQ > 124 bezeichnen wir als „stabil hochbegabt".[30] Eine Auswahl nach „Testspitzen" (analog zur Grundschulstudie) erübrigte sich, da die darüber identifizierbaren Schüler in der allgemeinen Intelligenz „g" mindestens einen Wert von IQ = 125 erreichten, also sowieso als „stabil hochbegabt" gelten. Insgesamt ergaben sich so 107 stabil hochbegabte Jugendliche, das sind 71% der Ausgangsstichprobe. Das entspricht einer Test-Retest-

---

[30] Die Reduktion des Kriteriums von IQ > 129 (Grundschulalter) auf IQ > 124 (Jugendlichenalter) trägt, da es sich um eine im dritten Schuljahr ausgewählte Extremgruppe handelt, dem zu erwartenden Effekt der statistischen Regression zur Mitte Rechnung.

Reliabilität (Zeitintervall sechs bis sieben Jahre) von $r_{tt} \approx 0.85$. Damit liegen wir mit unserer Studie genau in der in der einschlägigen Literatur thematisierten Größenordnung für die Stabilität der allgemeinen Intelligenz „g" (vgl. Kap. 2).

Diejenigen 107 Kinder der in der II. Phase gebildeten Vergleichsgruppe, die auch in der III. Phase als Jugendliche, in ihrem „g"-Wert möglichst nahe am Durchschnitt (IQ = 100) liegen, bilden die Vergleichsgruppe der „stabil durchschnittlich Begabten". Tabelle 1.2 zeigt die Anteiligkeiten von Jungen und Mädchen in beiden Gruppen. Das Geschlechtsverhältnis in der Zielgruppe entspricht dem in der Vergleichsgruppe und hat sich gegenüber der ersten Identifikation und im Grundschulalter (Phase II) praktisch nicht verändert. Die Jungen sind leicht überrepräsentiert, ein Ergebnis, das sich in der Hochbegabtenforschung immer dann einstellt, wenn unausgelesene Stichproben zugrunde liegen. (Eine detaillierte Stichprobenbeschreibung findet sich in Rost et al. 1997; 1998.)

Tab. 1.2: Verteilung der Jungen (J) und Mädchen (M) auf die Zielgruppe (ZG) der stabil Hochbegabten (HB) und die Vergleichsgruppe (VG) der stabil durchschnittlich Begabten (DB)

GRUPPE	JUNGEN	MÄDCHEN	J+M
ZG-HB	62 (57.9%)	45 (42.1%)	107 (100%)
VG-DB	60 (56.1%)	47 (43.9%)	107 (100%)
Summe	122 (57.0%)	92 (43.0%)	214 (100%)

In der Tabelle 1.3 sind die Resultate der Intelligenztests aufgeführt. Im Kombinationswert „g" überschneiden sich die beiden Verteilungen der hoch- und durchschnittlich Begabten trivialerweise nicht, da „g" das Kriterium der Gruppenbildung war ($d = 3.76 / d = 2.26$).[31] Nur kleine Überlappungen zeigen sich in den drei Einzelindikatoren der kognitiven Leistungsfähigkeit (minimales $d = 2.00 / d = 1.67$; maximales $d = 2.58 / d = 1.80$), so daß die intendierte Trennung der beiden Gruppen in allen Einzelindikatoren gut gelungen ist. Weiterhin ist der Tabelle zu entnehmen, daß Jungen und Mädchen in der für das Projekt zentralen Definitionsvariablen „g" weder in der Zielgruppe ($p = 0.50$; $d = 0.14 / d = 0.08$) noch in der Vergleichsgruppe ($p = 0.34$; $d = 0.19 / d = 0.12$) voneinander differieren. Nur im *ZVT* (d.h. nicht in *AN* und *ZR / SR*) findet sich ein statistisch signifikanter Geschlechtsunterschied zugunsten der Mädchen ($p < .001$; $d = -0.47 / d = -0.39$), ein Befund, der sich im Marburger Hochbegabtenprojekt schon im Grundschulalter gezeigt hatte. Eine statistisch signifikante und praktisch bedeutsame Wechselwirkung der jeweils zweigestuften

---

[31] Für alle auf Intelligenzdifferenzen bezogene Effektstärkenmaße d gilt: Mittelwertsdifferenz relativiert an der gepoolten Streuung (1. Wert) / Mittelwertsdifferenz relativiert an der Populationsstreuung S = 15 (2. Wert).

Faktoren „Begabung" und „Geschlecht" war in keiner der Intelligenzvariablen feststellbar (p = 0.25 bis p = 0.88; eta^2 < 0.01).

Tab. *1.3*: Mittelwerte und Standardabweichungen (IQ-skaliert) in den Intelligenzvariablen „*g*", AN, ZR/SR[a] und ZVT für die Zielgruppe (ZG) stabil Hochbegabter (HB; N = 107; n = 62 Jungen, n = 45 Mädchen) und für die Vergleichsgruppe (VG) stabil durchschnittlich Begabter (DB; N = 107; n = 60 Jungen, n = 47 Mädchen)

VARIABLE	GRUPPE	GESCHLECHT	M	S
„*g*"	ZG – HB	männlich	137	8.1
		weiblich	135	8.9
		Gesamt	136	8.4
	VG – DB	männlich	102	9.7
		weiblich	103	9.5
		Gesamt	102	9.6
AN – IQ	ZG – HB	männlich	133	10.8
		weiblich	128	10.8
		Gesamt	131	11.1
	VG – DB	männlich	106	14.5
		weiblich	105	12.3
		Gesamt	106	13.5
ZR/SR – IQ[a]	ZG – HB	männlich	128	7.8
		weiblich	125	7.8
		Gesamt	127	8.6
	VG – DB	männlich	100	12.0
		weiblich	99	11.7
		Gesamt	100	11.8
ZVT – IQ	ZG – HB	männlich	123	12.3
		weiblich	129	12.7
		Gesamt	126	12.7
	VG–DB	männlich	98	11.9
		weiblich	104	10.5
		Gesamt	100	11.7

[a] Kombinationswert aus den Untertests „Zahlenreihen" (ZR) und „Symbolreihen" (SR). AN = verbale Analogien; ZVT = Zahlen-Verbindungs-Test.

Es wurde bereits erläutert, daß in Phase II die Familien der hoch- und durchschnittlich begabten Grundschulkinder im sozioökonomischen Status nicht vergleichbar waren. Es verwundert deshalb nicht, daß die beiden stabilen Begabungsgruppen ebenfalls in dem für das Bildungsverhalten relevanten sozialen Status (*BRSS* nach Bauer 1972; vgl. 1.6.2.2) statistisch signifikant differieren (Tab. 1.4). Bei vergleichbaren Gesamtmittelschichtsanteiligkeiten (je 50%) sind in der Zielgruppe die Oberschicht und obere Mittelschicht, in der Vergleichsgruppe die Unterschicht stärker vertreten (p < 0.001; w = 0.32). Bei der Auswertung und Interpretation der Befunde ist diesem Sachverhalt angemessen Rechnung zu tragen (vgl. 1.7).

Tab.1.4: Bildungsrelevanter sozialer Status (BRSS nach Bauer 1972) der Familien der Zielgruppe (ZG) der stabil Hochbegabten (HB) und der Vergleichsgruppe (VG) der stabil durchschnittlich Begabten (DB)

	ANZAHL DER FAMILIEN IN	
BRSS – KATEGORIEN	ZG-HB	VG-DB
1 – Oberschicht	41 (38%)	25 (23%)
2 – Obere Mittelschicht	23 (22%)	7 (7%)
3 – Mittlere Mittelschicht	16 (15%)	29 (27%)
4 – Untere Mittelschicht	14 (13%)	17 (16%)
5 – Obere Unterschicht	10 (9%)	23 (21%)
6 – Untere Unterschicht	3 (3%)	6 (6)
Summe	107 (100%)	107 (100%)

Nur der Vollständigkeit halber möchte ich noch erwähnen, daß zum Zeitpunkt der Befragung (1994) die stabil hochbegabten Jugendlichen zu 95% das Gymnasium und nur zu 4% eine Realschule besuchten (1% Hauptschule). Bei den stabil durchschnittlich Begabten liegen die entsprechenden Prozentzahlen bei 52% (Gymnasium,) 32% (Realschule) und 13% (Hauptschule). Für die Zielgruppe überraschen diese Zahlen nicht. Stabil Hochbegabte sollten fast ausschließlich das Gymnasium besuchen. Aber auch der relativ hohe Anteil der Gymnasiasten in der Vergleichsgruppe sollte angesichts der Auswahlprozedur nicht verwundern: Bei den stabil durchschnittlich Begabten finden sich zwar keine überdurchschnittlich intelligenten, aber auch keine unterdurchschnittlich kognitiv leistungsfähigen Schüler. Im 9. Schuljahr kann auch eine nur durchschnittlich ausgeprägte kognitive Leistungsfähigkeit – in Kombination mit entsprechender Leistungsmotivation und effektivem Arbeitsverhalten – noch zu durchaus akzeptablen Schulleistungen führen. Später, wenn die zur Verfügung stehende Lernzeit kleiner als die benötigte Lernzeit wird (ca. ab 11. Klasse), spielt der Faktor „Begabung" eine prominentere Rolle (vgl. auch Fußnote 13 im Abschn. 1.4.1).

Die in diesem Buch in den Kapiteln 3 bis 8 berichteten Vergleiche zwischen hoch- und durchschnittlich begabten Jugendlichen beziehen sich also stets auf die so gewonnene Stichprobe der N = 107 „stabil hochbegabten" und N = 107 „stabil durchschnittlich begabten" Jugendlichen.

1.5.2
Leistungsstichproben „Ost"

Die Jugendlichen der „West"-Stichprobe (Phase III, 1994) wurden, wie bereits dargelegt, ausschließlich aufgrund ihrer psychometrisch erfaßten exzellenten intellektuellen Befähigung (*Kompetenzkriterium*) rekurriert. Für die ein Jahr später (Phase IV, 1995) gebildete „Ost"-Vergleichsstichprobe wählten wir einen anderen Weg, in dem wir die Auswahl nach der exzellenten schulischen Leistung trafen, so wie sie sich in den Schulzensuren widerspiegelt *(schulisches Performanzkriterium)*. Nun ist die psychometrische Qualität der auf einer Klassenarbeit basierenden Einzelschulnote bekanntlich deutlich verbesserungsbedürftig. Auch die Zeugniszensuren in einzelnen Schulfächern genügen nicht den üblichen psychometrischen Kriterien, obwohl sich ihre Kennwerte gegenüber den einzelnen Noten bei einer Klassenarbeit schon merklich verbessert haben, da Zeugniszensuren nicht, wie Noten einer Klassenarbeit, ein kurzfristiges Abbild des Leistungsstandes, sondern – als ein über die Leistung eines halben Schuljahres aggregierter Wert – reliablere Leistungsindikatoren darstellen (vgl. zur Problematik der Zensurengebung Ingenkamp 1971; 1989; Tent 1998). Für doppelt aggregierte Werte wie das arthmetische Mittel von Zeugniszensuren kann angenommen werden, daß sie einen hinreichend reliablen und zeitstabilen Indikator der allgemeinen Schulleistungen darstellen (Süllwold 1983). Allerdings bleibt das Manko bestehen, daß Schulzensuren, streng genommen, nur innerhalb des schulfachspezifischen-klasseninternen Bezugsrahmens zu interpretierten sind. Diese Problematik entschärft sich auf dem Gymnasium etwas, da dort die Fachlehrkräfte jeweils mehrere Schulklassen unterrichten und sich so auf eine breitere Vergleichsbasis stützen können. Und es entschärft sich noch mehr, bildet man einen Mittelwert über verschiedene Schulfächer.

Außerdem – und das ist der zentrale Grund, warum wir die allgemeine Schulleistung in Form eines Zensurendurchschnitts als Auswahlkriterium heranziehen – sind die Zeugnisnoten nicht nur logisch valide (der Schulerfolg mißt sich *per definitionem* an den Zensuren), sondern sie besitzen auch eine sehr hohe „ökologische" Validität: Die Schulnoten entscheiden wesentlich über den zünftigen Lebensweg. Die Studienleistungen an Universitäten und Fachhochschulen lassen sich immerhin mit durchschnittlich r = 0.40 bis r = 0.50 aufgrund der Schulzeugnisse prognostizieren; die Berufsprognose liegt darunter, erreicht aber immerhin noch Werte zwischen r = 0.20

und r = 0.30 (Baron-Boldt, Schuler & Funke 1988; Baron-Boldt, Funke & Schuler 1989; vgl. Schuler 1998).

In allen fünf „neuen" Bundesländern wurden insgesamt 156 zufällig ausgewählte Gymnasien angeschrieben (Schulen im Einzugsgebiet von noch vorhandenen Spezialgymnasien für besonders leistungsstarke Schüler wurden wegen der dadurch bedingten Vorselektion nicht kontaktiert). Die Direktoren der Gymnasien erhielten einen Brief, in dem das Projekt ausführlich vorgestellt wurde. Sie wurden zugleich gebeten, uns bei der Auswahl der jeweils klassen- und jahrgangsstufenbesten Zielschüler (männlich oder weiblich) und eines höchstens durchschnittlich leistenden Vergleichsschülers aus der 9. Jahrgangsstufe behilflich zu sein. Das Vorgehen bei der Auswahl war in einem beiliegenden Begleitschreiben an die Klassenlehrkräfte im einzelnen erläutert, und ein entsprechend vorbereitetes Formular führte die Lehrkräfte Schritt für Schritt durch die Auswahlprozedur, um eine Standardisierung zu erreichen. Zur Ermittlung der klassenbesten Zielpersonen sollte schließlich der Mittelwert der Fächer „Deutsch", „Mathematik", „1. Fremdsprache", „Physik" (wenn nicht unterrichtet, ersatzweise „Chemie") und – falls unterrichtet – „Biologie" gebildet werden.

Bei gleichem Zensurendurchschnitt war diejenige Person zu benennen, deren Gesamtzensurenmittelwert (auf allen Fächern basierend) der bessere war. Die Lehrer wurden zudem gefragt, ob die Zielpersonen zu den drei leistungsstärksten Schülern der gesamten 9. Jahrgangsstufe gehörten. Außerdem sollte zu jeder Zielperson eine Vergleichsperson aus der gleichen Klasse mit gleichem Geschlecht und, soweit möglich, mit ähnlichem sozioökonomischen Hintergrund nominiert werden. Diese Vergleichsschüler durften in den fünf benannten Fächern keine sehr gute Note (= 1) und nach Möglichkeit auch keine gute Note (= 2) im Versetzungszeugnis des 8. / 9. Schuljahres haben. Wichtig war auch, daß die Vergleichspersonen im letzten Schuljahr nicht aktuell versetzungsgefährdet war, und die höchstens durchschnittlichen Leistungen dieser Personen sollten nach Einschätzung der Lehrkräfte nicht hauptsächlich aus einer extremen „Faulheit" der Jugendlichen (bei sehr guter intellektueller Begabung) resultieren.

Von den 156 angeschriebenen Gymnasien antworteten 38 Schulen nicht, was einer Rücklaufquote von 75.6% entspricht. Die untersuchungsunspezifische Ausfallquote (z.B. Ausschluß von Schulen, die lediglich Schüler mit einem Notendurchschnitt schlechter als 2.0 meldeten), betrug 12.2%. Weitere 8.3% (13 Schulen) fielen aus, weil die Direktoren aus gut nachvollziehbaren Gründen (beispielsweise Überbelastung durch zeitlich parallel laufende und schon zugesagte andere Forschungsvorhaben) uns baten, auf eine Teilnahme zu verzichten, oder weil nur die Hälfte oder weniger als die Hälfte der Lehrkräfte der 9. Jahrgangsstufen antwortete.

Zur endgültigen Bestimmung der Zielgruppenschüler „Ost" (Leistungsbeste) dienten folgende Hauptkriterien (differenzierter siehe Rost & Hanses 1996):

(a) Jeder Schüler mit einem Notendurchschnitt von 1.0 bis 1.4 wurde als Zielperson akzeptiert.

(b) Gab es keine Person mit diesem exzellenten Zensurenschnitt, wählten wir diejenige aus, die den besten Notendurchschnitt hatte (wobei Schüler mit einem Notenmittel von 1.9 oder schlechter prinzipiell nicht in Frage kamen).

(c) Bei mehreren in Frage kommenden Zielpersonen mit einem Notendurchschnitt von 1.4 oder schlechter entschied die Zusatzfrage, ob diese Person nach Meinung der Schule zu den drei Leistungsbesten der 9. Jahrgangsstufe zählte.

(d) Sollten auch jetzt noch mehrere potentielle Zielpersonen übrigbleiben, wurde diejenige als Jahrgangsstufenbeste definiert, die das beste Gesamtnotenmittel über alle Fächer im letzten Versetzungszeugnis aufwies.

Insgesamt erfüllten 134 Jugendliche der 9. Jahrgangsstufe aus 86 „Ost"-Gymnasien die Kriterien (a) bis (d). Um für eventuelle Vergleiche der Hochleistenden mit den Hochbegabten hinsichtlich der Intelligenz möglichst distinkte Gruppen zu gewinnen, wurden für die in den Kapiteln 3 bis 8 dieses Buches vorgenommenen Auswertungen unter Berücksichtigung des Geschlechtsverhältnisses in der Ausgangsstichprobe diejenigen hochleistenden Jugendlichen nicht weiter berücksichtigt, deren „g"-IQ > 131 ausgefallen war (10 Mädchen, 6 Jungen). Insgesamt besteht also die Analysezielgruppe der Hochleistenden (ZG-HL) aus N = 118 Jugendlichen der 9. Klasse.

Tab. 1.5: Verteilung der Jungen (J) und Mädchen (M) auf die Zielgruppe (ZG) der Hochleistenden (HL) und die Vergleichsgruppe (VG) der stabil durchschnittlich Leistenden (DL)

GRUPPE	JUNGEN	MÄDCHEN	J+M
ZG-HL	49 (42%)	69 (58%)	118 (100%)
VG-DL	47 (42%)	65 (58%)	112 (100%)
Summe	96 (42%)	134 (58%)	230 (100%)

Nicht immer konnten wir – aus diversen Gründen – eine passende Vergleichsperson finden. Die Ausgangsstichprobe der Vergleichsgruppe der durchschnittlich Leistenden bestand aus 122 Personen. Wie bereits erwähnt, hatten die Lehrkräfte die Aufgabe, uns diejenigen durchschnittlich leistenden Schüler zu benennen, deren durchschnittliche Leistungen ihrer Einschätzung nach nicht lediglich mangelnder Arbeitsmotivation und mangelnder Anstrengungsbereitschaft bei sehr guter Intelligenz geschuldet ist. Wenn mittelmäßige oder schlechte Schulleistungen mit sehr guter Intelligenz zusammen beobachtet werden, spricht man in der pädagogisch-psychologischen Literatur von „Underachievement". Aus der Literatur ist bekannt, daß „Underachiever" eine spezielle Problemgruppe darstellen. Diese sog. Minderleister unterscheiden sich von durchschnittlich leistenden „Achievern" teilweise dramatisch im Persönlichkeitsbereich (vgl. z.B. Butler-Por 1993; McCall 1994; Hanses & Rost 1998). Es erscheint geraten, diese Underachiever deshalb in die in den nachfolgenden Kapiteln 3 bis 8 durchgeführten Gruppenvergleiche nicht einzubeziehen. Dies betrifft sieben Mädchen und drei Jungen. Die Analysevergleichsgruppe der durchschnittlich Leistenden (VG-DL) setzt sich demnach aus N = 112 Neuntkläßlern zusammen.

Die Gesamt-Analysestichprobe „Ost" beinhaltet also N = 230 Schüler mit 58% Mädchen und 42% Jungen, was in etwa der tatsächlichen Geschlechtsverteilung an ostdeutschen Gymnasien im in Frage kommenden Zeitraum entspricht (vgl. Statistisches

Bundesamt Wiesbaden 1994, 403) und damit für die „neuen" Bundesländer repräsentativ ist. Über die Verteilung von Jungen und Mädchen auf die Analysezielgruppe der Hochleistenden (ZG-HL) und Analysevergleichsgruppe der durchschnittlich Leistenden (VG-DL) gibt Tabelle 1.5 Auskunft.

Analog zur „West"-Stichprobe wurde auch im Osten ein (auf die Verhältnisse der ehemaligen DDR abgestimmter) Kennwert für den für das Bildungsverhalten relevanten sozialen Status (*BRSS*-Ost) gebildet (zur genauen Begründung und Operationalisierung siehe Rost & Hanses 1996, 222–232). Wie in der „West"-Stichprobe kann auch in der „Ost"-Stichprobe nicht von hinsichtlich des *BRSS*-Ost vergleichbaren Gruppen ausgegangen werden (vgl. Tab. 1.6).

Tab.1.6: Bildungsrelevanter sozialer Status (BRSS-Ost nach Bauer 1972, modifiziert) der Familien der Zielgruppe (ZG) der Hochleistenden (HL) und der Vergleichsgruppe (VG) der durchschnittlich Leistenden (DL)

BRSS - KATEGORIEN	ANZAHL DER FAMILIEN IN	
	ZG-HL	VG-DL
1 - Oberschicht	78 (66%)	29 (26%)
2 - Obere Mittelschicht	20 (17%)	20 (18%)
3 - Mittlere Mittelschicht	10 (8%)	34 (30%)
4 - Untere Mittelschicht	8 (7%)	23 (20%)
5 - Obere Unterschicht	2 (2%)	4 (4%)
Nicht klassifizierbar		2 (2%)
Summe	118 (100%)	112 (100%)

Die Oberschicht ist in der Zielgruppe der Hochleistenden (ZG-HL) deutlich stärker vertreten, während die Mittelschicht in der Vergleichsgruppe der durchschnittlich Leistenden (VG-DL) überrepräsentiert ist. Unterschichtsfamilien gibt es in der „Ost"-Stichprobe praktisch nicht, was wohl auch auf die Vorselektion (lediglich Gymnasiasten bilden die Grundgesamtheit) zurückzuführen ist. Dieser Gruppenunterschied fällt statistisch signifikant aus ($p < 0.001$) und ist von mittlerer praktischer Bedeutsamkeit ($w = 0.45$). Wie auch beim Vergleich der Hochbegabten mit den durchschnittlich Begabten, muß diese Statusdifferenz bei der Auswertung berücksichtigt werden (vgl. 1.7).[32] Die in den nachfolgenden Kapiteln 3 bis 8 vorgenommenen Vergleiche zwischen Hochleistenden und durchschnittlich Leistenden beziehen sich also auf Gruppengrößen von N = 118 (ZG-HL) und N = 112 (VG-DL).

---

[32] In allen einschlägigen Studien zeigt sich, daß Hochbegabte und Hochleistende aus sozioökonomisch besser gestellten, bildungsbewußteren Familien stammen (Humphreys 1985b; Rost & Albrecht 1985; Rost 1993b; vgl. Miles 1946; Hogan 1980).

In Tabelle 1.7 sind die Schulleistungen der untersuchten Gymnasiasten wiedergegeben. Zu beachten ist, daß sich die dort aufgeführten Schulnotenmittelwerte auf die
Zensuren im Halbjahreszeugnis der 9. Jahrgangsstufe beziehen, die bei den Hausbe-
suchen erhoben wurden. Ein halbes Jahr nach der Auswahl erzielen 71% der damals
Leistungsbesten außergewöhnlich exzellente Schulleistungen (Zensurendurchschnitt
zwischen 1.0 und 1.4), und 26% erreichten einen Zensurendurchschnitt zwischen 1.5
und 2.0, sind also ebenfalls als hervorragend leistende Schüler zu bezeichnen (der
Anteil der Jugendlichen mit einem Zensurendurchschnitt von 2.0 und besser beläuft
sich also auf 97%). Nur drei der Leistungsbesten (3%) sind in diesem halben Jahr auf
einen noch guten Zensurenschnitt zwischen 2.1 und 2.5 abgesackt.

Die durchschnittlich Leistenden haben zu 75% ein Zensurenmittel schlechter als 3,
und 21% zeigen Schulleistungen, die im Durchschnitt zwischen 2.6 bis 3.0 liegen.
Lediglich vier Jugendliche dieser Gruppe stoßen mit ihrem Zensurenschnitt in den
Bereich zwischen 2.1 und 2.5 vor. Hinsichtlich des Auswahlkriteriums „Schulzensuren" kann demnach von einer sehr guten Gruppentrennung bei nur minimaler Über-
lappung ausgegangen werden (d = 5.59). Dieser extrem hohe d-Wert resultiert natürlich aus der durch den Selektionsprozeß bedingten und gewollten starken Ingergrup-
pen-Leistungsdifferenzierung (ZG-HL: M = 1.4; VG-DL: M = 3.2) und Intragruppen-
Leistungshomogenisierung (ZG-HL: S = 0.3; VG-DL: S = 0.4). Eine adäquate Bewertung der mittleren Zensurendifferenz (d = 2.04) ergibt sich, setzt man eine realistische Schätzung der Zensurenvarianz (z.B. S = 0.9) ein.

Tab. 1.7: Anzahl der Gymnasiasten in der Zielgruppe (ZG) der Hochleistenden (HL) und der Vergleichsgruppe (VG) der durchschnittlich Leistenden (DL) mit der jeweils aufgeführten Durchschnittszensur (gebildet aus den Zensuren der Fächer „Deutsch", „Mathematik", „erste
Fremdsprache", „Physik" bzw. „Chemie", „Biologie") im 1. Halbjahreszeugnis der 9. Jahrgangsstufe

GRUPPE	ANZAHL PERSONEN MIT ZENSURENDURCHSCHNITT					SUMME
	1.0-1.5	1.6-2.0	2.1-2.5	2.6-3.0	>3.0	
ZG-HL	84 (71%)	31 (26%)	3 (3%)			118 (100%)
VG-DL			4 (4%)	24 (21%)	84 (75%)	112 (100%)

1.5.3
Intelligenzverteilungen „Ost" und „West"

Für unser Forschungsvorhaben ist die Frage von besonderem Interesse, wie die beiden „Ost"-Gruppen in ihrer Intelligenz liegen. Schulleistungen und intellektuelle Leistungsfähigkeit sind nicht dasselbe, da eine exzellente Schulleistung in dieser Jahr-

gangsstufe teilweise oder auch überwiegend durch erhöhte Anstrengung und durch ein prodtives und kontinuierlich intensiviertes Arbeitsverhalten erzielt werden kann, auch wenn eine nur überdurchschnittliche Intelligenz zugrunde liegt.

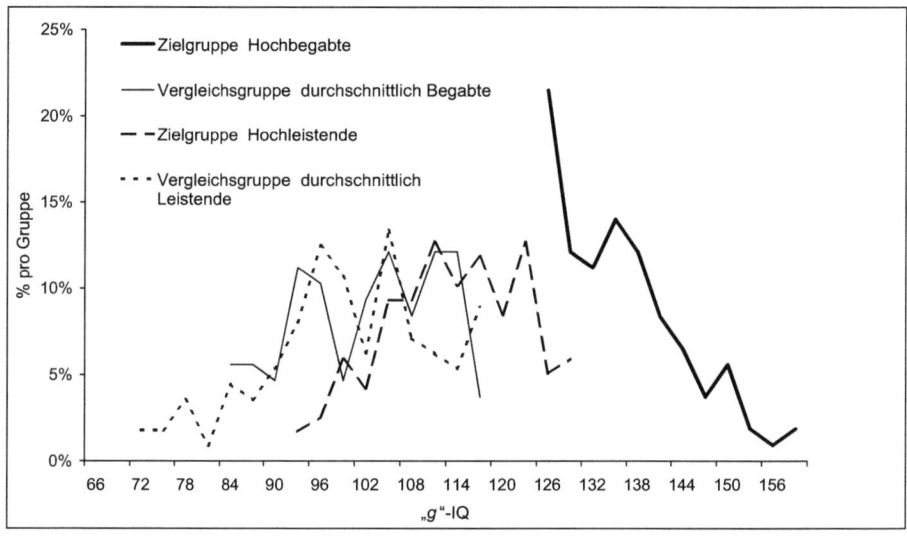

Abb. 1:   Verteilung der „*g*"-Intelligenzquotienten („*g*"-IQ) der Zielgruppen „Hochbegabte" (N = 107) bzw. „Hochleistende" (N = 118) sowie der Vergleichsgruppen „durchschnittlich Begabte" (N = 107) bzw. „durchschnittlich Leistende" (N = 112)

Die in Abbildung 1 aufgeführten Verteilungen der allgemeinen Intelligenz „*g*", in der Oststichprobe genauso wie in der Weststichprobe bestimmt, bestätigen dies. Während die Gruppe der durchschnittlich Leistenden in ihrer „*g*"-Intelligenzverteilung mit der Gruppe der durchschnittlich Begabten praktisch zusammenfällt, liegt die „*g*"-Intelligenzverteilung der Hochleistenden zwischen den Gruppen der durchschnittlich Begabten und Hochbegabten. Der Mittelwert der Gesamtstichprobe der Hochleistenden (N = 134) liegt bei IQ = 116.9 (S = 11.5). Der der Gesamtstichprobe der durchschnittlich Leistenden (N = 122) bei IQ = 102.0 (S = 12.6). Durch die vorgenommene Stichprobenreduzierung verringern sich die Mittelwerte und Streuungen leicht (Hochleistende: N = 118; IQ = 114.1, S = 9.2; durchschnittlich Leistende: N = 112; IQ = 100, S = 11.2). Die Effektstärke des Intelligenzunterschieds zwischen den beiden Leistungsgruppen beträgt für die Gesamtstichprobe „Ost" d = 1.24 / 0.99 (p < 0.001, N = 256), für die reduzierte Stichprobe „Ost", die den nachfolgenden Analysen (Kap. 3 bis 8) zugrunde liegt, d = 1.38 / d = 0.94 (p < 0.001, N = 230). Die Größenordnung der Differenz zwischen den beiden Leistungsgruppen hat sich also praktisch nicht verändert. Zum Vergleich teile ich hier nochmals die entsprechenden Angaben für die Stichprobe „West" (Hochbegabte: N = 107; IQ = 136, S = 8.4; durchschnittlich Begabte: N = 107; IQ = 102, S = 9.6) mit (d = 3.76 / d = 2.26).

Eine multivariate zweigestufte-zweifaktorielle Varianzanalyse (Gruppierungsfaktoren: „Leistung" und „Geschlecht", abhängige Variable: *„ZVT"*, *„AN"* und *„ZR / SR"*) sowie eine analoge univariate Varianzanalyse (abhängige Variable: *„g"*) geben keinerlei Anlaß, in der Analysestichprobe „Ost" von einer Interaktion „Leistungsgruppe × Geschlecht") auszugehen (MANOVA: p = 0.204, eta^2 = 0.020; ANOVA: p = 0.248, eta^2 <0.01), wohl aber wegen der Korrelation von Schulleistung und Begabung von einem zu erwartenden Leistungsgruppenunterschied (siehe oben) und von einem kleinen multivariat statistisch signifikanten Geschlechtsunterschied (p = 0.016). Dieser Geschlechtsunterschied dokumentiert sich univariat lediglich in den *„verbalen Analogien"* (*AN*) zugunsten der Jungen (p = 0.004, d = 0.31 / d = 0.29), nicht aber an den zwei anderen Intelligenzindikatoren (*ZVT*: p = 0.396, d = − 0.12 / d = − 0.09; *ZR / SR*: p = 0.254, d = 0.13 / d = 0.11) oder in der allgemeinen Intelligenz *„g"* (p = 0.094, d = 0.17 / d = 0.14).

1.6
UNTERSUCHUNGSPHASEN III UND IV

Im vorausgegangenen Teilkapitel erfolgte die Beschreibung der Auswahlprozeduren zur Stichprobengewinnung sowie eine kurze Charakterisierung der Stichproben. In diesem Subkapitel werden die bei den Familien- und Lehrkräftebesuchen in „West-" und „Ost-" Deutschland erhobenen Variablen vorgestellt, und zwar getrennt nach den vier unterschiedlichen Datenquellen „Jugendliche", „Eltern", „Lehrkräfte" und „Untersucherinnen".

1.6.1
Kontaktaufnahme mit Familien und Lehrkräften

Wie bereits erwähnt, suchten wir in der III. Untersuchungsphase (1994, neun „alte" Bundesländer, „West"-Stichprobe) die Familien der hoch- und durchschnittlich Begabten sowie die Deutsch- und Mathematiklehrkräfte der Jugendlichen auf, in der IV. Phase (1995, alle fünf „neuen" Bundesländer, „Ost"-Stichprobe) die Familien und Klassenlehrkräfte der hoch- und durchschnittlich Leistenden. Die Kontaktaufnahmen erfolgten problemlos, Jugendliche, Eltern und Lehrkräfte waren engagiert bereit, Auskunft zu erteilen und die Erhebungen aktiv zu unterstützen (zu den Einzelheiten der Kontaktaufnahmen und der Kontaktpflege siehe Rost & Hanses 1995a, 5–36, 286–336, 379–381; 1996, 7–68, 276–353). In beiden Untersuchungswellen (III; IV) verwendeten wir einen vergleichbaren Satz psychologisch-pädagogischer Variablen im Rahmen mehrstündiger Familien- und Lehrerbesuche (aus organisatorischen Gründen war es manchmal notwendig, eine Familie innerhalb eines Fünf-Tage-Zeitraums zweimal [z.B. Terminprobleme wegen Berufstätigkeit der Eltern] zu besuchen).

Obwohl in diesem Buch nur wenige selektive Fragestellungen des Projekts anhand ausgewählter Indikatoren bearbeitet werden, stelle ich in diesem Kapitel *alle* in den Phasen III bzw. IV erhobenen Variablen kurz dar, um den Gesamtrahmen des seit 1987 laufenden Projekts zu verdeutlichen. Diese Variablen sind, wie bereits erwähnt, detaillierter – einschließlich ihres theoretischen Hintergrundes – in den Forschungsberichten Nr. 3 und Nr. 4 des Marburger Projekts beschrieben (Rost & Hanses 1995a; 1996). In diesen beiden Forschungsberichten finden sich auch die Tests, Fragebogen, Interviewleitfäden in der Originalfassung, also so, wie sie im Projekt verwendet wurden. Den ausführlichen psychometrischen Analysen aller Instrumente ist der Forschungsbericht Nr. 5 gewidmet (Rost et al. 1997). Auswertungen zu zahlreichen zusätzlichen – hier nicht behandelten – Fragestellungen sind im Abschlußbericht der Erhebungswellen bei den Jugendlichen (Rost et al. 1998) dokumentiert. Über die in den Phasen I und II eingesetzten Verfahren informieren die Forschungsberichte von Rost & Czeschlik (1988), Rost (1989b) und Rost & Dörner (1989) sowie die Bücher von Wild (1991), Rost (1993a) und Tettenborn (1996).

1.6.2
Variablen

1.6.2.1

Datenquelle „Jugendliche"

Einige wenige Fragebogen verschickten wir im Zeitraum zwischen der II. Phase (1988 / 1989) und der IV. Phase (1995) per Post. Die Rücklaufquoten lagen stets zwischen 98% und 100%. Die anderen Variablen wurden im persönlichen Kontakt mit den Jugendlichen während der Familienbesuche erhoben.

(a) Untertests *„Zahlenreihen"* (*ZR*) und *„Sprachliche Analogien"* (*AN*) des *Intelligenz-Struktur-Tests* (*I-S-T 70*) von Amthauer (1970).
   Der *I-S-T 70* erfaßt als Weiterentwicklung des *IST* von Amthauer (1953) die intellektuelle Leistungsdisposition einer Person, so wie sie sich in den Testleistungen widerspiegelt. Der Gesamtwert des *I-S-T 70* gilt gemeinhin – wie alle Gesamtsummen differentieller Intelligenztests – als guter Indikator der allgemeinen Intelligenz „*g*". Die beiden Untertests *„Sprachliche Analogien"* (*AN*) und *„Zahlenreihen"* (*ZR*) korrelieren am höchsten mit dem *I-S-T 70*-Gesamtwert: Beide Aufgabengruppen sind ziemlich reine Indikatoren für den Faktor *„reasoning"*, insbesondere für das – an verbalen und numerischen Materialien gebundene – indtve Denken, und sie stellen gute Indikatoren für die allgemeine intellektuelle Leistungsfähigkeit *(„g")* dar (ausführlicher siehe Kap. 2).

(b) Untertest *„Symbolreihen"* (*SR*) des *Leistungsprüfsystems* (*LPS*) von Horn (1983).
   Der *LPS* orientiert sich in seinem Konzept an den *„Primary Mental Abilities"* (*PMA*) von Thurstone & Thurstone (1941). Aus den 13 Subtests des *LPS* haben wir *„Symbolreihen"* (*SR*) der

Form A eingesetzt, da er das schon mit dem *I-S-T 70* mit verbalem und numerischem Material erfaßte Merkmal „*inductive reasoning*" mit figuralen Aufgabenstellungen mißt. Dieser relativ unspezifische und „*culture fair*" Subtest erlaubt es, die grundlegende Denkfähigkeit im Sinne von Spearmans „*g*" bzw. Cattells „*general fluid intelligence*" (g_f) zu ermitteln (ausführlicher siehe Kap. 2).

(c) *Zahlen-Verbindungs-Test (ZVT)* von Oswald & Roth (1987).

Der *ZVT* hatte sich schon in der I. (1987 / 1988) und II. Projektphase (1988 / 1989) bei den Grundschulkindern der 3. und 4. Jahrgangsstufen hervorragend bewährt (vgl. Rost 1993b, 9, 16; Rost & Hanses 1993a) und wird erneut verwendet. Als sprachfreier Test mit anregender Aufgabengestaltung stellt er eine empfehlenswerte Ergänzung der gängigen Intelligenztests dar und dient der Erfassung der basalen (biologisch verwurzelten) Informationsverarbeitungsgeschwindigkeit, die allen kognitiven Leistungen zugrunde liegt. Die *ZVT*-Vorgabe erfolgt leicht modifiziert: Die von uns eingeführte Zeitbegrenzung von 30 Sekunden entspricht der im Manual für Gruppentestungen angeführten Zeitschranke für über zehn Jahre alte Vpn (ausführlicher siehe dazu Kap. 2).

(d) *Junior Eysenck Personality Questionnaire (JEPQ)* von Eysenck & Eysenck (1975) in der Kurzform *JEPQ-K* von Rost & Hartmann (1993).

Mit dem *JEPQ* liegt ein multidimensionaler Persönlichkeitsfragebogen für Kinder im Alter von sieben bis 15 Jahren vor, der die drei als orthogonal postulierten Breitband-Persönlichkeitsdimensionen „*Extraversion*" *(E)*, „*Neurotizismus*" *(N)* und „*Psychotizismus*" *(P)* messen will; zusätzlich enthält er auch eine „*Lügenskala*" *(L)*. Eingesetzt wird die in umfangreichen Erhebungen an mehr als 1000 Schülern und Schülerinnen von Rost & Hartmann (1993) neu entwickelte und vom Ehepaar Eysenck autorisierte deutsche Kurzform *JEPQ-K*, die 38 Items beinhaltet und im Vergleich zur Originalform bessere psychometrische Kennwerte aufweist. Weil der im Original vorgesehene binäre Antwortmodus („Ja" oder „Nein") nicht den bei 15jährigen schon vorhandenen differenzierten Einstellungen von Jugendlichen zu den durch die Items abgefragten Inhalten entspricht, haben wir das dichotome Antwortformat durch eine sechsstufige Zustimmungsskala substituiert (nur der „West"-Stichprobe vorgegeben; postalische Befragung).

(e) *Persönlichkeitsfragebogen für Kinder (PFK 9–14)* von Seitz & Rausche (1976) (projektinterne Kurzform, *PFK-K*).

Als multidimensionaler Fragebogen will der *PFK 9–14* anhand seiner drei Teile „*Verhaltensstile*" *(VS)*, „*Motive*" *(MO)* und „*Selbstbild*" *(SB)* mit insgesamt 203 Items Verhaltensaspekte, Motive für das Handeln und auch Urteile und Meinungen über die eigene Person erfassen. Er wurde schon in der Grundschuluntersuchung vorgegeben (Rost 1993d). Aus ökonomischen Gründen haben wir den *PFK 9–14* – basierend auf den in der Phase II gewonnenen 14 Skalen – gekürzt (pro Phase II-Skala fünf Items). Außerdem sind einige Items sprachlich modifiziert, um sie dem Alter der Jugendlichen anzupassen. Somit besteht die projektinterne Kurzform *(PFK-K)* aus 14 Skalen mit je fünf Items (vier *VS*-Skalen, sechs *MO*-Skalen und vier *SB*-Skalen; ausführlicher siehe Kap. 3).

(f) *Streß- / Copingskalen (SCOPE)* von Brengelmann (1993) (projektinterne Kurzform *SCOPE-K-J*).

Die von Brengelmann in zahlreichen Analyseschritten entwickelten *Streß- / Copingskalen (SCOPE)* stellen ein thematisch heterogenes Instrumentarium zur Erfassung eines breiten Spektrums positiver und negativer Merkmale der Lebensbewältigung dar. Aus den 50 Primärfaktoren, die sich zu zehn Sekundär- und drei Tertiärfaktoren gruppieren lassen, haben wir aus inhaltlichen Gründen aus dem Tertiärbereich „Erfolgsorientierung" 20 Items ausgewählt. Diese Items stammen aus den Sekundärbereichen „*Erfolgserleben*" (Primärfaktoren „Leistungsorientierung", „Berufsleben", „Entschlußkraft", „Selbstvertrauen"), „*Selbstbestimmung*" (Primärfaktoren „Freiheit", „Selbstbestimmung", „Offenheit") sowie „*Ärgerkontrolle*" (Primärfaktoren

„Gelassenheit", „Selbstbeherrschung", „Reizbarkeit"). Das von uns vorgegebene Kurzverfahren für Jugendliche (*SCOPE-K-J*) besteht somit aus 20 zufällig angeordneten Aussagen, die auf einer sechsstufigen Skala hinsichtlich ihres Zutreffens zu bewerten sind (ausführlicher siehe dazu Kap. 5).

(g) *Fragebogen zur Erfassung des Selbstkonzepts schulischer Leistungen und Fähigkeiten (SKSLF)* von Rost & Lamsfuß (1992).

Als ökonomische Kurzskala an Oberschülern entwickelt, beinhaltet der *SKSLF* zehn Aussagen, die sowohl leistungsorientierte wie fähigkeitsorientierte Facetten des „akademischen" Selbstkonzepts thematisieren. Als Antwortformat wird eine sechsstufige Zutreffensskala vorgegeben („West"-Stichprobe: postalische Befragung; „Ost"-Stichprobe: Erhebung in Familien; ausführlicher siehe Kap. 4).

(h) *Piers-Harris-Selbstkonzeptskala für Kinder (PHCSCS)* von Piers & Harris (1969) (projektinterne Kurzform *PHCSCS-K).*

Aus den schon in der Phase II eingesetzten 80 Items der *PHCSCS*, die um 14 Aussagen zum Bereich „Kreativität und Phantasie" in Anlehnung an die von Ewert (1979) vorgelegte deutsche Version der *„Sears Self-Concept Inventory Scale" (SSCI)* erweitert worden sind (vgl. Rost & Hanses 1995b), haben wir (in Orientierung an den Originalskalen des Fragebogens) unter inhaltlichen Gesichtspunkten 36 – teilweise sprachlich leicht modifizierte, um sie den Jugendstichproben anzupassen – Items ausgewählt. In der Originalversion *PHCSCS* thematisieren diese Aussagen folgende Aspekte des Selbstkonzepts: *„Verhalten", „Intellektueller und schulischer Status", „Angst", „Beliebtheit",* und *„Glück und Zufriedenheit".* Die projektinterne Kurzform umfaßt pro Aspekt fünf Items, *„Phantasie und Kreativität"* ist mit sechs Aussagen vertreten. Ein zusätzliches Item spricht das Gefühl der *„Andersartigkeit"* an. Die Antwort erfolgt auf einer fünfstufigen Zustimmungsskala („West"-Stichprobe: postalische Befragung; „Ost"-Stichprobe: Erhebung in Familien; ausführlicher siehe Kap. 4).

(i) *Selbstbeschreibungsbogen für Schüler und Studenten – akademisches und soziales Selbstkonzept (SDQ-III-G)* von Hörmann (1986) (projektinterne Kurzform *SDQ-K).*

Bei diesem Verfahren handelt es sich um eine Itemauswahl aus dem *„Self-description Questionnaire III" (SDQ-III)* von Marsh & O'Neill (1984). Auf dem Hintergrund des hierarchischen Selbstkonzeptmodells von Shavelson, Hubner & Stanton (1976) beinhaltet das Instrument diverse Skalen zu Subfacetten des Selbstkonzepts. Auf der Grundlage von Vorversuchen an 128 Schülern und Studenten haben wir für die Projektkurzform *SDQ-K* nach psychometrischen und inhaltlichen Kriterien insgesamt 48 Items zusammengestellt (sechsstufiges Zustimmungsrating), die sich auf folgende sechs Bereiche verteilen: *„Selbstkonzept mathematischer Fähigkeiten", „Selbstkonzept sprachlicher Fähigkeiten", „Selbstkonzept Kreativität und Problemlösen", „Selbstkonzept soziale Beziehungen zum anderen Geschlecht", „Selbstkonzept soziale Beziehungen zum eigenen Geschlecht"* und *„Selbstkonzept Beziehungen zu den Eltern"* (postalische Befragung; ausführlicher siehe Kap. 4).

(j) *Geschlechtsrollenorientierung (GRO-K-J)* (Projektentwicklung).

Der *GRO-K-J*-Fragebogen differenziert zwischen *„Maskulinität" (MAS)* und *„Femininität" (FEM).* Seine Items stammen aus einschlägigen englischsprachigen Fragebogen (*ASRI*, Thomas & Robinson 1981; *CSRSCI*, Stericker & Kurdek 1982; *CSRI*, Boldizar 1991) sowie aus der von Bierhoff-Alfermann, Kaluza & Lüffe (1984) vorgelegten deutschen Adaptation *(DT-CBAQ)* des *CBAQ* von Hall & Halberstadt (1980). Der *GRO-K-J* besteht aus 24 Aussagen mit sechsstufiger Zutreffensskalierung (ausführlicher siehe Kap. 5).

(k) *Attributions- und Kontrollerwartungsfragebogen für Jugendliche (AKFJ)* (Projektentwicklung).

Der *AKFJ* stellt eine geringfügig erweiterte Version eines von Hanses (1995) nach dem Vorbild des von Widdel (1979) entwickelten *„Attribuierungs-Fragebogens für Erfolg und Mißerfolg"*

(AEM) dar. Mit dem *AKFJ* können Ursachenzuschreibung bei Erfolg und Mißerfolg (jeweils 15 Aussagen für die Fächer „Deutsch" und „Mathematik", sechsstufige Zustimmung) getrennt erhoben werden. Inhaltlich kombinieren die Items die Attributionsdimension „external" bzw. „internal" und „relativ stabil" bzw. „relativ variabel". Zusätzlich gibt es Items, die die Attribuierung auf die Lehrkraft als schulisch besonders relevante Variante externaler Attribution umschreiben. Insgesamt werden Attributionen auf *„Begabung", „Aufgabenschwierigkeit", „Glück bzw. Zufall", „Lehrkraft"* sowie die *„Erwartung von Mißerfolg"* thematisiert (ausführlicher siehe dazu Kap. 6).

(l) *Fragebogen zur Erfassung schulspezifischer Kompetenz-, Unterstützungs- und Kontrollerwartungen (SE)* (Projektentwicklung).

Dieses Verfahren, das hauptsächlich in Ansätzen der Attributions- und Kontrollüberzeugungsforschung wurzelt, basiert auf dem bereits bei Grundschulkindern in der Projektphase II verwendeten *SE* (vgl. Rost 1989b, Kap. 6.1.4; Dörner 1993). Ausgehend von den dort gewonnenen Erfahrungen haben wir 25 Items zu fünf *a-priori*-Skalen gruppiert: *„Kompetenz- und Unterstützungserwartung", „Einschätzung der Unterstützung durch andere", „Zufalls- und Glückserwartungen bei der Bewältigung schulischer Anforderungen"* und *„Kontrollerwartung"* sowie *„Hilflosigkeitserwartung"* (vierstufige Zustimmung; ausführlicher siehe Kap. 6).

(m) *Fragebogen zur Erfassung intrinsischer vs. extrinsischer Orientierung* nach Harter (1988) (projektinterne Kurzform *IEOr-K*).

Harters (1981; 1988) *„Skala zur Erfassung intrinsischer vs. extrinsischer Orientierung" (IEO)* besteht in der Originalfassung aus fünf Skalen mit je sechs bipolaren Items, wobei jedes Item durch einen „intrinsischen" und „extrinsischen" Pol gekennzeichnet ist. Die Antwortskala verlangt zunächst eine Entscheidung darüber, welche Richtung („intrinsisch" oder „extrinsisch") zutrifft; für jede Richtung besteht dann die Möglichkeit, zwischen verschiedenen Ausprägungsgraden zu wählen. Aus jeder der fünf Originalskalen (*„Herausforderung", „Neugierde und Interesse", „Meistern / Bewältigen von Problemen", „Vertrauen in die eigene Meinung und Urteilsfähigkeit", „Kriterien für Erfolg / Mißerfolg"*) der *IEO* haben wir drei besonders typische und für deutsche Verhältnisse passende Items entnommen, so daß der gesamte Fragebogen 15 Items enthält. Wichtige, in den nicht ausgewählten Items angesprochene inhaltliche Aspekte haben wir in die Formulierung der ausgewählten Items integriert. Die von den Jugendlichen erbetene Selbsteinschätzung erfolgt auf einer sechsstufigen Skala, deren Endpole jeweils mit einer umfassenden Formulierung gekennzeichnet sind.

(n) *Generelle Interessen-Skala (GIS)* von Brickenkamp (1990).

Die *Generelle Interessen-Skala (GIS)* eignet sich zur Einschätzung der Breite und Intensität individueller Interessen bei Jugendlichen. Diverse Interessenbereiche werden durch jeweils drei Items (sechsstufige Ratingskala) erfaßt: *„Musik", „Kunst", „Architektur", „Literatur", „Politik", „Handel", „Erziehung", „Medizin", „Kommunikationstechnologie", „Naturwissenschaft", „Ernährung", „Natur und Landwirtschaft", „Biologie", „Sport"* und *„Unterhaltung".* Von den drei Items eines jeden Interessenbereichs repräsentiert eins das *„rezeptive Interesse"*, eins das *„reprodtive Interesse"* und eins das *„kreative Interesse"* am jeweiligen Sachverhalt. Die *GIS* wurde in der „West"-Stichprobe per Post zugesandt, in der „Ost"-Stichprobe persönlich erhoben (ausführlicher Kap. 7).

(o) *Familienfragebogenbatterie – Version für Jugendliche (FamFB-J)* (Projektzusammenstellung).

Diese Fragebogenbatterie soll diverse – für Jugendliche relevante – Familienvariablen aus der Sicht aller Familienmitglieder erfassen (neben der Version für Jugendliche gibt es auch eine erweiterte für Väter und Mütter). Die fünf Skalen des *FamFB-J* stammen – teilweise gekürzt – aus drei verschiedenen Instrumenten, nämlich aus der *„Family Adaptability and Cohesion Scale" (Faces III)* von Olson, Sprenkle & Russel (1979) in der schon in der II. Projektphase verwendeten Fassung (Tettenborn 1993; 1996), aus dem *„Family Assessment Measure" (FAM III)* von

Skinner, Steinhauer & Santa-Barbara (1983) in der Eindeutschung von Cierpka (1987) und aus den *„Familienklimaskalen" (FKS)* von Schneewind (1986). Die 37 Items mit fünfstufiger Zustimmungsskalierung verteilen sich auf fünf Bereiche: *„Kohäsion", „Adaptabilität", „Kommunikation", „Organisation"* und *„Leistungsorientierung"*.

(p) *Ostfragebogen – Version für Jugendliche (OF-J)* (Projektentwicklung).
Der *Ostfragebogen (OF-J)* soll die subjektive Bewertung der Wiedervereinigung bei Jugendlichen der neuen Bundesländer erfassen, wobei eine Eingrenzung auf wesentliche Leistungsbereiche der Jugendlichen – Schule, Alltagsleben, Zunftsperspektiven – vorgenommen wird. Die Instrtion betont, daß nur diejenigen Veränderungen bewertet werden sollen, die auf die Wiedervereinigung (nicht jedoch auf irgendwelche anderen Einflüsse) zurückzuführen sind. Der *OF-J* besteht aus elf Items, die Beantwortung erfolgt auf einer sechsstufigen bipolaren Skala (Verschlechterung vs. Verbesserung).

(q) *Jugendlicheninterview (I-J)* (Projektentwicklung).
Das ausführliche standardisierte Jugendlicheninterview (Dauer ca. 1 Stunde) wurde in den Familien durchgeführt. Eine Reihe der darin enthaltenen Fragen haben wir – ggf. modifiziert – aus der Studie „Jugend `92" des Jugendwerkes der Deutschen Shell (1992) entnommen, einige Items aus dem *„Fragebogen zur Geschlechtsrollenorientierung im Jugendalter"* von Bierhoff-Alfermann et al. (1984) und dem von Holz-Ebeling (1993a) entwickelten Fragebogen *„Arbeitszeit und Arbeitseffektivitätsprobleme"*. Das Interview enthält sieben offene Fragen und 15 geschlossene Frageserien, die diverse Bereiche abdecken (je nach Sachlage als vierstufige Häufigkeitsabstufung, vierstufige Zustimmung oder vierstufige Wichtigkeitseinschätzung zu beantworten). Die letzte Interviewfrage ermittelt die Meinung der Jugendlichen zu dieser Befragung. Folgende Bereiche umfaßt das Interview:

- *Zielstrebigkeit* (ZS-J).
  Die acht von Holz-Ebeling (1993) formulierten Items erfassen, inwieweit Jugendliche bereit sind, Anforderungen an sich selbst zu stellen und diese beharrlich zu verfolgen (vierstufige Zustimmung; ausführlicher siehe Kap. 5).

- *Kulturelles Interesse* (KI).
  Wir haben das kulturelles Interesse mit offenen und geschlossenen Fragen anhand bevorzugter Musikeinrichtungen, der Fernsehgewohnheiten und der Anzahl eigener Bücher erfragt.

- *Freizeitverhalten (FV)* und *Zeitgestaltung (ZG)*.
  Eine offene und 32 geschlossene Fragen (vierstufige Häufigkeitsvorgaben), die sich an die Shell-Jugendstudie anlehnen, sprechen an, mit welchen Beschäftigungen wie häufig die Jugendlichen ihre Freizeit verbringen. Zwölf weitere Fragen thematisieren diverse Aktivitäten (Stundenanzahl für jede einzelne Aktivität in der letzten „normalen" Woche vor dem Interview).

- *Lebenseinstellung (LE)* und *Anpassungsbereitschaft (AN)*.
  17 geschlossene Fragen (vierstufige Zustimmung) erfassen, inwieweit die Jugendlichen in der Gegenwart verhaftet bleiben oder ob sie ihr Handeln nach zünftigen Zielen ausrichten *(LE)*. Außerdem wird die Bereitschaft der Jugendlichen, sich den Wünschen der Eltern und anderer Erwachsener unterzuordnen, angesprochen.

- *Zunftsperspektiven (ZP)* und *Berufsvorstellung (BV)*.
  In Orientierung an Items aus dem Geschlechtsrollenfragebogen von Bierhoff-Alfermann et al. (1984) haben wir von den Jugendlichen Auskunft über ihre Zunftsziele erbeten (acht geschlossene Fragen, vierstufiges Wichtigkeitsrating). Die erfragten Perspektiven beziehen sich auf Familienplanungsprobleme und auf gesellschaftlichen Erfolg. Eine offene Frage zielt auf eventuell schon vorhandene Berufswünsche, weitere 14 Items (geschlossene Fragen, vierstufiges Wichtigkeitsrating) thematisieren die Relevanz diverser Tätigkeitsaspekte (Selbstverwirklichung, Führungsstreben und geregelte Sicherheit) für eine spätere Berufsausübung (ausführlicher siehe Kap. 5).

- *Jugendzentrismus (JZ)* und *Subgruppenzugehörigkeit (SGZ)*.
  Mit diesem Interviewteil soll das Verhältnis der Jugendlichen gegenüber der von Erwachsenen geprägten Gesellschaft erfaßt werden. Hier interessiert, wie sehr die Jugendlichen eine eigene Identität innerhalb ihrer sozialen Gruppe entwickelt haben und wie sie dem Jugendalter verhaftet sind. Außerdem wird gefragt, ob sie sich einer Clique zugehörig fühlen und welche Rolle sie dort spielen (vierstufiges Rating). Zum Jugendzentrismus gibt es neun geschlossene Fragen, die aus der Shell-Studie stammen (vierstufige Zustimmung).
- *Gleich- und gegengeschlechtliche Kontakte (GGK)*.
  Mit drei der Shell-Studie entnommenen Fragen haben wir Auskünfte über gleich- und gegengeschlechtliche Freundschaften eingeholt. Zusätzliche Informationen betreffen das Alter eines „festen" Freundes und einer „festen" Freundin (soweit vorhanden).
- *Andersartigkeit (ANDA)*.
  Da in der Literatur zur Hochbegabung immer wieder behauptet wird, Hochbegabte nähmen sich häufiger als „andersartig" wahr und würden darunter leiden, haben wir gefragt, wie oft sie dächten, sie seien „anders" (vierstufige Häufigkeitsangabe) und wie sie dieses „Anderssein" bewerten (vierstufige Wertigkeitsskalen).
- *Körperlicher Entwicklungsstand (KÖE)*.
  Zum Abschluß des Jugendicheninterviews haben wir Auskunft über körperliche Reifemerkmale (Menarche bei Mädchen, Stimmbruch und Bartwuchs bei Jungen), über das Gewicht und die Körpergröße notiert.

(r) *Zensuren (ZEN)*.
Versetzungszeugnis in die 9. Jahrgangsstufe.

(s) *Bild malen (BM)* (Projektentwicklung).
In Anlehnung an übliche Verfahren zur Erfassung der sogenannten zeichnerischen Kreativität baten wir die Jugendlichen, ein mit ein paar Strichen „angefangenes" Bild in fünf Minuten zu vervollständigen (gleiche Bildvorlage wie in der II. Projektphase).

(t) *Fragebogen zur Akzeptanz von Fördermaßnahmen – Version für Jugendliche (FAF-J)* (Projektentwicklung).
Dieser Fragebogen ist eine Weiterentwicklung des schon in der II. Phase Eltern und Lehrkräften vorgelegten *„Fragebogen zur Akzeptanz von Fördermaßnahmen für besonders begabte Kinder" (FAF*, Rost 1991a; Rost 1993c). Neue und für Jugendliche relevante Fördervorschläge – wie z.B. die Teilnahme an Wettbewerben und Olympiaden – haben wir hinzugenommen und die Formulierung der bereits vorhandenen präzisiert. Die 22 Items sprechen immer wieder angeführte Vorschläge zur Förderung besonders Begabter an (bipolare fünfstufigen Akzeptanzskala).

(u) *Sozialfragebogen für Schüler (SFS 4–6)* von Petillon (1984) (projektinterne und ergänzte Kurzform *(SFS-Ü)*.
Der *SFS-Ü* besteht aus 20 Items des *SFS 4–6* und sechs Items des *„Fragebogen zum Unterrichtsklima" (F)* von Dreesmann (1982). Aufbauend auf den Erfahrungen mit dem *SFS 4–6* in Phase II (1988 / 89) und den auf Jugendlichenstichproben basierenden empirischen Analysen von Grieger (1988) zum *F* wählten wir aus den vier Skalen des *SFS* je fünf Items aus. Der Dimension *„Kameradschaft vs. Konkurrenz"*, des *F* entnahmen wir sechs Fragen (jeweils vierstufiges Häufigkeitsantwortformat). Die 26 Items des *SFS-Ü* verteilen sich auf fünf Inhaltsbereiche *„Kontaktbereitschaft"*, *„Soziales Interesse an Mitschülern"*, *„Sozialerfahrung mit dem Lehrer – Strenge"*, *„Sozialerfahrung mit dem Lehrer – Wertschätzung"* und *„Kameradschaft vs. Konkurrenz"*.

(v) *Photographie (PH)*.
Wie in der II. Phase, haben wir auch in der III. Phase zwei Photos von den hoch- und durchschnittlich begabten Jugendlichen angefertigt. Es handelt sich um ein Vollbild und um ein

Portraitphoto. Zur Standardisierung wurden die Aufnahmen vor einem neutralem hellen Hintergrund, z.B. weiße Wand oder Tür, angefertigt.

1.6.2.2
Datenquelle „Eltern"

Die Zielsetzung des Marburger Projekts, ein möglichst umfassendes Bild der Jugendlichen der Ziel- bzw. Vergleichsgruppen zu zeichnen, verlangt nicht nur, die Jugendlichen selbst intensiv pädagogisch-psychologisch zu untersuchen und zu befragen, sondern auch ihre Väter und Mütter einzubeziehen, um deren Sichtweise über den Jugendlichen innerhalb und außerhalb der Familie zu erheben. Nachfolgend erläutere ich in aller Kürze die „Elternvariablen".

(a) *Entwicklungsfragebogen (EW-F)* (Projektentwicklung).

Den Entwicklungsfragebogen haben wir nur der „Ost"-Stichprobe vorgegeben, um ausgewählte Entwicklungsaspekte, die wir in der „West"-Stichprobe schon in der Phase II (1988 / 89) im Rahmen eines Elterninterviews erfragt hatten, zu erheben. Er besteht im wesentlichen aus halboffenen und offenen Fragen, nur eine Frage (nach den Gründen für eine eventuelle verspätete Einschulung der Kinder) läßt eine offene Beantwortung zu. Der *EW-F* spricht folgende Inhaltsbereiche an:

- *Alter der Eltern bei der Geburt des Kindes (ALT).*
- *Entwicklung und Sozialverhalten im Vorschulalter (EWSV).*
- *Einschulung und Entwicklung im Grundschulalter (EEGRU).*
- *Angaben zum Verhalten in der Grundschule (VERGRU).*
- *Bildungsaspiration der Eltern (BILAS).*

(b) *Persönlichkeitsbeurteilung durch Eltern (PB-E)* nach Block & Block (1980) (projektinterne Kurzform).

Wie die Eltern die Persönlichkeit ihrer Söhne und Töchter beurteilen, ist besonders aufschlußreich, da sie über eine vieljährige enge tagtägliche Umgangserfahrung mit ihnen verfügen. Der *PB-E* basiert auf dem schon in der II. Projektphase eingesetzten Verfahren *„Persönlichkeitsbeurteilung des Kindes durch die Eltern" (PBK-E)*, einer von Göttert & Asendorpf (1989) vorgenommenen Eindeutschung des *„California-Child-Q-Sort" (CQS)* von Block & Block (1980; vgl. Block 1978). In Abweichung vom Q-Sort-Modus werden die Verhaltensbeschreibungen hier mit einer sechsstufigen Ratingskala vorgelegt. Die projektinterne Kurzform *PB-E* (III. und IV. Projektphasen) besteht aus 34 (in Phase II bewährten) Items (Beantwortung von Müttern und Vätern ohne gegenseitige elterliche Abstimmung; ausführlicher siehe Kap. 3).

(c) *Kompaktverfahren zur Erfassung von Persönlichkeitsdimensionen* – Elternversion *(PI-E)*.

Dieses Kompaktverfahren ist von Holz-Ebeling (1993b) als ökonomisches Selbstbeurteilungsverfahren konzipiert worden. Es will die neun Eigenschaftsdimensionen des *FPI-A1* (Fahrenberg, Hampel & Selg 1984) in komprimierter Form durch je ein Item mit entsprechender komplexer Verbalisierung der Endpole auf einer siebenstufigen Ratingskala erfassen. Zur Beurteilung der Söhne und Töchter durch die Erwachsenen (Fremdbeurteilung) haben wir die Endpole umformuliert. Der *PI-E* besteht also aus neun umfassenden Aussagen, von denen jede eine der im FPI vertretenen Persönlichkeitsdimensionen umschreibt. Auch hier gibt es eine Väter- und Mütterversion.

(d) *Intrinsische vs. extrinsische Orientierung – Fremdbeurteilung durch die Eltern (IEOr-E)* (projektinterne Kurzform).

Auf dem Hintergrund der fünf in der Jugendlichenversion *IEOr-K* vertretenen Skalen werden im *IEOr–E* diese Aspekte auf umfassender Ebene (also auf Skalenebene, nicht auf Itemebene) abgefragt. Die komplexere Umschreibung der Skaleninhalte in je einer Formulierung nimmt dabei auf die den Jugendlichen vorgegebenen 15 Items Bezug und berücksichtigt zugleich die Konstruktbeschreibungen in Harter (1981). Die von uns entwickelte Kurzversion besteht somit aus fünf Formulierungen (pro Harterskala eine umfassende Beschreibung von *„Herausforderung"*, *„Neugierde und Interesse"*, *„Meistern und Bewältigen von Problemen"*, *„Vertrauen in eigene Meinung und Urteilsfähigkeit"*, *„Kriterien für Erfolg / Mißerfolg"*). Die Einschätzungen erfolgen auf einer sechsstufigen Skala, deren Endpunkte durch je eine in „extrinsische" bzw. „intrinsische" Richtung weisende komplexe Beschreibung gebildet werden. Väter und Mütter haben die Einschätzung unabhängig voneinander vorgenommen.

(e) *Familienfragebogenbatterie – für Eltern (FamFB-E)* (Projektzusammenstellung).

Die Elternversion der Familienfragebogenbatterie *(FamFB-E)* – unabhängig voneinander von den Vätern und Müttern ausgefüllt – enthält alle Items der Jugendlichenversion *(FamFB-J)* und umfaßt also dieselben fünf Bereiche *(„Kohäsion"* und *„Adaptabilität"* aus der Phase II; *„Kommunikation"*, *„Organisation"* und *„Leistungsorientierung"* sind neu hinzugekommen). Zusätzlich sind noch sechs Items zur *„kulturellen Orientierung"* aus den *„Familienklimaskalen" (FKS)* von Schneewind (1986) enthalten.

(f) *Elternfragebogen (EF)* (Projektentwicklung).

Wie bei der Untersuchung im Grundschulbereich (Phase II, vgl. Rost 1989b, 71–78; Rost & Dörner 1989, A.18) gibt es einen umfassenden Elternfragebogen. Soweit für die Altersstufe der Jugendlichen noch angemessen, haben wir Fragen wörtlich bzw. nur leicht verändert aus dem Elternfragebogen der Phase II entnommen. Neu hinzugekommene Items thematisieren *„Zielstrebigkeit"*. Insgesamt besteht der Elternfragebogen aus 42 Fragen(gruppen) mit geschlossenem Antwortformat. Inhaltlich beziehen sich die Fragen (bis auf eine die Eltern betreffende Frage zu ihrer eigenen Situation [z.B. Zunftsperspektive, Sozialkontakte]) auf sechs Bereiche, die kurz vorgestellt werden sollen:

- *Temperamentsbeurteilung (TB-E).*
  15 Items beziehen sich auf diverse Temperamentsfacetten der Jugendlichen (z.B. Geselligkeit, Schüchternheit, Nervosität) und drei auf deren Arbeitsverhalten.

- *Gesundheit (GS).*
  Schulische Fehltage wegen Krankheit im letzten Schuljahr.

- *Sozialkontakte (SK).*
  Neben einer Frage zur Integration in der Klasse gibt es fünf Fragen zu den Freunden bzw. Freundinnen (Alter; Anzahl persönlich bekannter Freunde / Freundinnen; Existenz zumindest eines guten Freundes / einer guten Freundin; Übernachtungen bei anderen; Übernachtungen von anderen in der Familie).

- *Zielstrebigkeit (ZS-E).*
  Die Items entsprechen den acht den Jugendlichen vorgegebenen Zielstrebigkeitsitems *(ZS-J).*

- *Leistungsverhalten (LV)* und *sich sorgen um die Zunft der Kinder (SORG).*
  Eine Frage nach der durchschnittlich für schulische Belange aufgewendeten täglichen Zeit sowie zwei Fragen zum Engagement für das schulische Weiterkommen (siebenstufiges Antwortformat) sprechen das Leistungsverhalten der Jugendlichen an, eine andere, ob sich die Eltern über die Zunft ihres Kindes Sorgen machen.

- *Begabungseinschätzung (BEGA)* und *Leistung (LEI).*
  Hier haben wir die Eltern gebeten, die Begabung aller ihrer Kinder auf einer fünfstufigen Skala einzuschätzen. Weiterhin haben wir erhoben: Zufriedenheit der Eltern mit dem letzten Abschlußzeugnis (vierstufige Beurteilung), worauf sie die von ihrem Kind erzielten Noten

zurückführen (Begabung, Anstrengung, Interesse, Pech, Verhältnis zu den Lehrern, pädagogische Befähigung der Lehrkraft, Gesundheitszustand des Kindes; jeweils fünfstufige bipolare Skalen) und wie oft sie die Leistungen ihres Sohnes oder ihrer Tochter mit den Leistungen der Klassenkameraden zu vergleichen pflegen.

- *Interesse der Eltern am schulischen Fortkommen ihres Kindes (SCHULINT).*
Drei Fragen tangieren das elterliche Interesse am Schulschicksal ihres Kindes (regelmäßige Nachfrage nach der Erledigung der Hausaufgaben; Häufigkeit von Gesprächen über die Schule; Besuch von Elternabenden und Wahrnehmung von Elternsprechstunden der Lehrkräfte).

(g) *Ostfragebogen – Version für Eltern (OF-E)* (Projektentwicklung).
Zielsetzung und Gestaltung der Elternversion des Ostfragebogens *(OF-E,* je eine Version für Väter und Mütter) entsprechen dem schon vorgestellten *„Ostfragebogen – Version für Jugendliche" (OF-J).* Er enthält jedoch weniger – insgesamt nur fünf – Items (sechstufig bipolar), die sich auf das Alltagsleben der Eltern, ihre eigenen Zunftschancen sowie auf die Zunftschancen ihres Sohnes oder ihrer Tochter beziehen.

(h) *Elterninterview (I-E)* (Projektentwicklung).
Das ausführliche Elterninterview (Dauer bis zu 45 Minuten) orientiert sich an dem schon in Phase II (1988 / 1989) durchgeführten Elterninterview. Er besteht aus zahlreichen offenen, halboffenen und geschlossenen Fragen zu diversen die Jugendlichen betreffenden Aspekten:

- *Eigenschaften und Verhalten (EIGEN).*
- *Wohnsituation des Kindes (WOSIT).*
- *Bisherige Schullaufbahn (LAUF).*
- *Beziehung zu den Peers (PEERS).*
- *Tatsächliches Engagement in Vereinen und Gruppen (VEREIN).*

Außerdem wurde noch ermittelt, ob und inwieweit sich die Familienverhältnisse in den letzten fünf Jahren verändert haben. Das Antwortformat für die halboffenen und geschlossenen Fragen variiert je nach Inhaltsbereich (Ja / Nein, Auswahl aus mehreren vorgeschlagenen Alternativen).

(j) *Fragebogen zur Akzeptanz von Fördermaßnahmen – Version für Eltern (FAF-E)* (Projektentwicklung).
Die Items des für die Eltern vorgesehenen Förderfragebogens *(FAF-E)* entsprechen den Items der Jugendlichenversion *(FAF-J)* und basieren in der Konzeption auf den in Phase II gewonnenen Erfahrungen. Während die Jugendlichenversion pro Item nur eine fünfstufige Akzeptanzeinschätzung enthält, gibt es in den Väter- und Mütterversionen der Gruppe der Hochbegabten bzw. Hochleistenden zwei Akzeptanzbewertungen: „prinzipiell wünschbar" und „wünschbar für mein Kind". Bei den Eltern der durchschnittlich begabten bzw. durchschnittlich leistenden Vergleichsgruppenjugendlichen wird nur – wie bei den Jugendlichen – nach der „prinzipiellen" Wünschbarkeit gefragt (wiederum getrennte Väter- und Mütterbeurteilungen).

(k) *Für das Bildungsverhalten relevanter sozialer Status (BRSS)* nach Bauer (1972) (projektinterne Modifikation).
Aus den Informationen „Zugehörigkeit zu den Berufsklassen", „Schulbildung des Vaters" und „Schulbildung der Mutter" wird im *BRSS* von Bauer (1972) ein gewichteter Gesamtpunktwert ermittelt, der den bildungsverhaltensrelevanten sozialen Status abbildet und eine Einstufung in eine von sechs Kategorien gestattet. In Modifikation des Verfahrens von Bauer (1972), das wir schon in der II. Phase verwendet hatten, wird in der Phase III bei neuen Partnerschaften der Beruf des aktuellen Partners dann berücksichtigt, wenn der neue Partner zum Untersuchungszeitpunkt bereits länger als ein halbes Jahr in der befragten Familie gelebt hat. Der Schulbildung liegen die in Phase II erhobenen Elterndaten zugrunde. Bei Alleinerziehenden erfolgt eine entsprechende Modifikation der Gewichtung, um eine Vergleichbarkeit zu sichern. Die Berufstätigkeit der Mutter geht – anders als bei Bauer – dann in die Berechnung ein, wenn die Mutter alleinerziehend ist bzw. wenn sie einen höheren Berufsstatus als der Vater bzw. der Partner hat

(ausführlicher siehe auch Kap. 2). Für die „Ost"-Stichprobe (Phase IV) haben wir nach intensiver Diskussion mit DDR-Bildungsexperten und unter Heranziehen der einschlägigen Literatur (z.B. Anweiler 1990; Geißler 1992) sowie Berücksichtigung der Erfahrungen anderer „Ost"-„West"-Studien (z.B. Noack, Hofer, Kracke & Klein-Allermann 1995) in Orientierung an den *BRSS* ein eigenes Verfahren entworfen, das die besondere Schul-, Studien-, Ausbildungs- und Berufssituation der ehemaligen DDR in Rechnung stellt und einen inhaltlich vergleichbaren Kennwert liefert (siehe ausführlich dazu Rost & Hanses 1996, 222–233; Rost, Freund-Braier, Schilling & Schütz 1997, 411–419).

1.6.2.3
Datenquelle „Lehrkräfte"

Neben den Jugendlichen und den Vätern und Müttern haben wir in den „alten" Bundesländern („West"-Stichprobe) auch die Lehrkräfte für die Fächer „Deutsch" und „Mathematik" sowie in den „neuen" Bundesländern („Ost"-Stichprobe) die Klassenlehrkräfte befragt:

(a) *Persönlichkeitsbeurteilung durch die Lehrkraft (PB-L)* nach Block & Block (1980) (projektinterne Kurzform).
Die Lehrkraftversion *(PB-L)* entspricht mit seinen 34 (in Phase II bewährten) Items der schon vorgestellten *„Persönlichkeitsbeurteilung durch die Eltern" (PB-E)* mit entsprechend adaptierter Instruktion (ausführlicher siehe Kap. 3).

(b) *Kompaktverfahren zur Erfassung von Persönlichkeitsdimensionen – Lehrkraftversion (PI-L)*.
Abgesehen von der adaptierten Instruktion ist *PI-L* mit dem entsprechenden Elternverfahren *(PI-E)* identisch.

(c) *Intrinsische versus extrinsische Orientierung – Fremdbeurteilung durch die Lehrkraft (IEOr-L)*.
Die den Lehrkräften vorgegebenen bipolaren Items zur Erfassung der intrinsischen versus extrinsischen motivationalen Orientierung sind – bei modifizierter Instruktion – mit denen der Elternversion *(IEOr-E)* identisch.

(d) *Lehrkraftinterview (I-L)* (Projektentwicklung).
Das *„Lehrkraftinterview" (I-L)* stammt aus der II. Projektphase (1988 / 1989, mit kleinen Änderungen aufgrund des Alters der Jugendlichen). Das 45 Minuten dauernde Interview besteht aus fünf offenen und 35 geschlossenen Fragen. (Antwortmöglichkeit je nach Frage fünf- oder siebenstufige Zustimmung, siebenstufige Ausprägung oder fünfstufige Bevorzugung.) Inhaltlich befaßt sich das Lehrkräfteinterview – bis auf einige die Lehrkräfte selbst betreffende Fragen nach ihrem Unterrichtsfach, ihrem Alter, ihrem Geschlecht und ihren Schulerfahrungen – mit folgenden Inhaltsbereichen:
- *Verhalten des Jungen oder Mädchen in Schule und Unterricht (VERSU)*.
- *Sozialverhalten und Beziehung zu ihren Peers (SOZPEER)*.
- *Mitarbeit in der Schülerselbst- und Schülermitverwaltung (SMV)*.
- *Leistungsspitzen (LSP)*.
- *Leistungsschwächen (LSS)*.
- *Temperamentsbeurteilung (TB-L)*.
Modifikation der den Eltern vorgegebenen *„Temperamentsbeurteilung" (TB-E)*.

- *Zielstrebigkeit (ZSL).*
  Diese Items entsprechen der den Eltern vorgelegten *„Zielstrebigkeit"* (ZS-E).
- *Arbeitsverhalten (AV).*
- *Intelligenzeinschätzung (INTEL).*
  Außerdem wurde die Lehrkraft noch gefragt, wie gern sie den jeweiligen Schüler oder die jeweilige Schülerin in ihrer Klasse hat.

(e) *Fragebogen zur Akzeptanz von Fördermaßnahmen – Version für Lehrkräfte (FAF-L)* (Projektentwicklung).
  Bei den Lehrkräften der hochbegabten und hochleistenden Jugendlichen unterscheidet sich der Förderfragebogen *(FAF-L)* nur in einem Aspekt von der Elternversion *(FAF-E):* Im Antwortformat steht bei den 22 Fördermaßnahmen anstelle der Wünschbarkeitsangabe „Kind" (Elternversion) die Formulierung „im speziellen Fall". Die Version für die Lehrkräfte der durchschnittlich Begabten und durchschnittlich Leistenden unterscheidet sich nicht von der für die Vergleichsgruppeneltern (jeweils mit entsprechend angepaßten Instruktionen).

1.6.2.4
Datenquelle „Untersucherinnen"

Auf einer gesonderten *„Checkliste zur Einschätzung der Untersuchungssituation" (CEU)* hielten die Untersucherinnen fest, in welchen Räumen die Untersuchung stattfand und ob möglicherweise weitere Personen bei der Befragung anwesend waren. Als ergänzende Information wurde weiterhin erhoben:

(a) *Untersuchungsbedingungen (UB-U).*
  Zur Einschätzung der Untersuchungsbedingungen dienten sechsstufige Ratings mit jeweils zwei verbal umschriebenen Endpolen. Die „Atmosphäre" wurde auf einer Skala mit den Ankern „unfreundlich" bis „freundlich" eingeschätzt, die Durchführungszeit mit „nicht hinreichend" bis „ausreichend".
(b) *Wohnverhältnisse (WV-U).*
  Die familiären Wohnverhältnisse erfaßten die Untersucherinnen auf verschiedene Weise: durch die Art der Wohnung (Haus oder Mietwohnung), ergänzt durch die geschätzte Wohnfläche in qm und durch drei Ratings (Größe, Gepflegtheit, „Gemütlichkeit").
(c) *Intellektueller Anregungsgehalt (IA-U).*
  Zur Beschreibung des intellektuellen Anregungsgehaltes dienten zwei Items (geschätzte Anzahl vorhandener Bücher; geschätzte Anzahl vorhandener Bilder).
(d) *Einschätzung der anwesenden Personen (EAP-U).*
  Zusätzlich zur Untersuchungssituation haben die Untersucherinnen die anwesenden Personen (Jugendliche, Väter, Mütter) hinsichtlich ihrer Persönlichkeit sowie ihrer Interaktion in der Untersuchungssituation eingeschätzt. Einschätzungen wurden für diese Personen jeweils für die Bereiche *„Interesse", „Aufgeschlossenheit", „Selbstsicherheit", „Schüchternheit", „Instruktionsverständnis", „Konzentrationsfähigkeit", „Ausdauer", „Ausdrucksweise"* und *„Kommunikationsbereitschaft"* vorgenommen (sechsstufige Skalen).

Abschließend wurde noch vermerkt, ob und wenn ja mit welcher Ausführlichkeit die Eltern das von den Mitarbeiterinnen des Projekts angebotene Erziehungsberatungsgespräch in Anspruch genommen hatten, insbesondere die jeweiligen Themen dieser

Beratungsgespräche. Andere Besonderheiten während der Untersuchungssituation, die mit den Skalen nicht erfaßt werden konnten, wurden formlos festgehalten.

1.7
AUSWERTUNG

Im letzten Abschnitt des 1. Kapitels skizziere ich kurz die in den nachfolgenden Kapiteln 2 bis 8 verwendeten allgemeinen Prinzipien der statistischen Datenanalyse. Da nicht davon ausgegangen werden kann, daß jeder Leser zuerst dieses Rahmenkapitel liest, ergeben sich notwendigerweise einige Redundanzen: Jedes einzelne Kapitel soll unabhängig von dieser Einführung und von den anderen Kapiteln lesbar sein; deshalb werden bestimmte Auswertungsschritte hier wie dort parallel angesprochen, bestimmte Erläuterungen zu den eingesetzten Verfahren wiederholt. Der methodisch versiertere Leser kann entweder diesen Abschnitt oder die entsprechenden Abschnitte in den nachfolgenden Kapiteln überspringen. Für die in forschungsmethodisch-statistischen Fragen weniger Bewanderten mag diese Redundanz eine willkommene Strukturierungshilfe darstellen.

Die Auswertungsmethodik orientiert sich wegen der vergleichbaren Versuchsanlage an dem zur Analyse der Daten der II. Projektphase gewählten – und bewährten – Vorgehen, über das Rost (1993b, 21–24) kurz berichtet hat. Vorab sei angemerkt, daß es für den deskriptiven Einsatz der nachfolgend erwähnten statistischen Verfahren kaum Einschränkungen und Voraussetzungen gibt, wohl aber für den methodenorientiert-inferenzstatistischen Gebrauch. Das Marburger Projekt stellt jedoch keine statistisch-methodische Studie dar, die jenseits aller durch das pädagogisch-psychologische Feld bedingten Restriktionen an der idealen Einhaltung aller Voraussetzungen, wie es noch nicht einmal bei höchst kontrollierten Laboratoriumsstudien die Regel ist, gemessen werden kann. Deshalb sei hier ausdrücklich klargestellt, daß wir die eingesetzten statistischen Verfahren vor allem als ökonomische Hilfe zur Reduktion und Verdichtung sowie als Interpretationsstütze der unter Alltagsbedingungen gewonnenen Daten, so wie sie aufgrund der inhaltlichen Bewältigung unseres Forschungsvorhabens angefallen sind, verwenden. Wert und Leistungsfähigkeit umfassender Feldstudien sollten und können nicht an der Erfüllung formal-statistischer Voraussetzungen gemessen werden, wie es bei theorieüberprüfenden Entscheidungsexperimenten und bei statistisch-forschungsmethodisch geleiteten Studien angemessen erscheint. Aus dem gleichen Grund orientiert sich die in den nachfolgenden Kapiteln vorgenommene Analyse und Bewertung konstatierter Gruppenunterschiede und Variablenzusammenhänge durchgängig und vorzugsweise an sogenannten Effektstärkenmaßen (vgl. Bredenkamp 1970; Cohen 1969; Bortz & Döring 1995; Wolf 1998), die nicht nur einen besonders anschaulichen Eindruck über die Relevanz beobachteter Effekte liefern, sondern auch – unabhängig von der Anzahl der den statistischen Tests zugrundeliegenden Versuchspersonenzahlen – die praktische Bedeutung von Befunden abzuschätzen gestatten. Damit schließen wir uns den von verschiedenen Autoren (z.B. Carver 1978; 1993; Cohen 1990; 1994, Shaver 1993) und von der „American Psychological Association" in der vierten Auflage ihres „Publication Manual" (1994, 18) erhobenen Forderung an, stets entsprechende Effektstärkeninformation bereitzustellen. Zusätzlich teilen wir die Ergebnisse üblicher statistischer Signifikanzprüfungen mit.

Die Daten wurden in Computer eingegeben. In einem ersten Schritt haben wir eine PC-gestützte Datenkontrolle zur Identifizierung unplausibler Eingaben vorgenommen. In einem zweiten Schritt haben nicht mit der Eingabe befaßte Personen alle Daten mit den Untersuchungsmaterialien (Urlisten) verglichen, so daß den in den nachfolgenden Kapiteln dargestellten statistischen Analysen ein nahezu fehlerfreier Rohdatenkorpus zugrunde liegt.

Die Datenanalyse erfolgte mit Standard-Softwarepaketen (z.B. SPSS), für spezielle Auswertungen wurden Sonderprogramme erstellt. Zur zusammenfassenden Beschreibung der Daten teilen wir die eingeführten deskriptiven Kennwerte (z.B. Gruppenmittelwerte und Gruppenstreuungen) mit, Variablenzusammenhänge werden durch Produkt-Moment-Korrelationen bzw. Rangkorrelationen abgebildet. Jeden eingesetzten Fragebogen – nicht nur die selbstentworfenen oder von uns modifizierten, sondern auch die aus der Literatur unverändert übernommenen – haben wir einer psychometrischen Analyse unterzogen.

Zur Deskription der Dimensionalität der eingesetzten Instrumente sowie zur empirischen Skalenbildung dienen varimax-rotierte Hauptkomponentenanalysen (PCA, Hotelling 1933), die – verglichen mit komfirmatorischen Faktorenanalysen – das konservativere und weniger manipulationsanfälligere Verfahren darstellen (vgl. Gorsuch 1988).

Die Dimensionierung der eingesetzten Fragebogen beginnt mit der Interkorrelation der zu analysierenden Items und der Überprüfung der resultierenden Interkorrelationsmatrix auf ihre Abweichung von der Einheitsmatrix (vgl. Steiger 1980) als Voraussetzung zur Durchführung einer PCA. Aus Gründen der Interpretationsökonomie wird prinzipiell varimax rotiert. Bei der Komponentenidentifikation ordnet man üblicherweise ein Item derjenigen Komponente zu, mit der es am höchsten korreliert. Allerdings reicht diese Zuordnungsprozedur häufig nicht aus. Um möglichst prägnante und inhaltlich gut zu interpretierende Komponenten zu extrahieren, kommt in Annäherung an Rost & Schermer (1986; 1997) folgende Kriterienkombination zur Anwendung:

(a) absolute Größe der Eigenwerte ($e > 1$, vgl. Guttmann 1954),
(b) Inspektion des Eigenwertverlaufs (SCREE-Test, Cattell 1966),
(c) Parallelanalyse nach Horn (1965) unter Verwendung der von Lautenschlager, Lance und Flaherty (1989) entwickelten Regressionsgleichungen,
(d) Anzahl der Markiervariablen (mindestens drei Markiervariablen pro Komponente, wobei eine Markiervariable durch eine bedeutsame absolute Ladungshöhe [$a > 0.34$] und damit durch eine nennenswerte Kommunalität [$a^2 > 0.12$], durch eine wesentliche Ladung im Sinne Fürntratts [1969; $a^2/h^2 > 0.49$] und durch eine relative Eindimensionalität im Sinne von Rost & Haferkamp [1979; $\{a_1^2 - a_2^2\}/h^2 > 0.24$] gekennzeichnet ist,
(e) Anteil an aufgeklärter Totalvarianz (mindestens 5% pro rotierter Komponente),

(f) inhaltliche Interpretierbarkeit als wichtigster Faktor und schließlich – bei mehreren Substichproben –

(g) die Stichprobeninvarianz der Komponentenstruktur, quantifiziert durch den von Burt (1948; vgl. Wrigley & Neuhaus 1955) eingeführten Kongruenzkoeffizienten r_c ($r_c > 0.89$).

(h) Bei konkurrierenden gut interpretierbaren Lösungen wird diejenige gewählt, die durch ein Maximum von Markiervariablen (Rost 1983) gekennzeichnet ist, wobei wir im Zweifelsfall die kleinere Lösung bevorzugen.

Ergänzende Informationen liefern klassische Itemanalysen (Lienert & Raatz 1994) mit den üblichen Kennwerten wie Itemmittelwerten und Itemstreuungen, Itemtrennschärfen und Skalenhomogenitäten (Cronbachs α) usw. Neben der beobachteten α-Homogenität bei jeweils vorgegebener Itemanzahl berichten wir die Homogenität, die sich ergäbe, standardisierte man jede Skala auf eine Länge von zehn Items (α_{10}): Da die numerische Höhe von α auch wesentlich von der Skalenlänge (Itemanzahl) mitbestimmt wird, ermöglicht dies einen besseren skalenübergreifenden Vergleich. In fast allen Fällen resultieren aus diesen Analysen neue Skalenzusammenzusetzungen, die teilweise deutlich von *a-priori*-Erwartungen oder von den Vorschlägen der Skalenautoren abweichen. Damit tragen wir der in Projekten vielfach nicht hinreichend beachteten Tatsache Rechnung, daß die üblichen psychometrischen Item- und Skalenkennwerte eben keine Kennwerte sind, die die Items und Skalen als solche – invariant – beschreiben, ihnen also gewissermaßen von der Sache her ein für allemal zukämen, sondern psychologische Kennzahlen sind, die nur und ausschließlich für die den jeweiligen statistischen Analysen zugrundeliegenden Stichproben gelten.

Aus Platzgründen teilen wir die Resultate der Dimensions- und Itemanalysen lediglich in tabellarischer Form zusammengefaßt mit; für detailliertere Angaben sei auf den Forschungsbericht Nr. 5 (Rost et al. 1997) verwiesen. In vielen Fällen werden die „Ost"- und „West"-Stichproben separat analysiert (also Vergleiche innerhalb der Leistungsgruppen bzw. innerhalb der Begabungsgruppen angestellt); dort, wo es gerechtfertigt erscheint, erfolgt auch eine gemeinsame Analyse über alle vier Substichproben (Vergleich zwischen Begabungs- und Leistungsgruppen). Die Überprüfung von Gruppenunterschieden orientiert sich in der Regel an den nachfolgenden Schritten:

(a) Zunächst wird die Erfüllung der Voraussetzungen für statistische Signifikanzprüfungen bei multi- und univariaten Varianzanalysen kontrolliert (z.B. Berechnung von „Schiefe" und „Exzeß" sowie Prüfung einer Normalverteilungsabweichung via Kolmogorov-Smirnov; Homogenitätsprüfung der Varianz-Kovarianzmatrizen durch Box-M-Test beziehungsweise Bartlett-Box-Test). Die in der statistischen Literatur immer wieder betonten Voraussetzungen zur Durchführung uni- und multivariater Tests können zwar theoretisch als sehr begründet, in ihren Auswertungen aber in vielen Fällen als praktisch weniger bedeutsam angesehen werden, da sich diese Verfahren recht robust gegen Voraussetzungsverletzungen – einzeln oder in Kombination – erwiesen haben. Bei hinreichend großer Zellbesetzung ($N > 30$) scheinen auch multiple Voraussetzungsverletzungen das α-Fehlerrisiko oder die Teststärke der Verfahren nicht wesentlich zu beeinflussen. Als Konsequenz thematisieren wir etwaige Voraussetzungsverletzungen nur dann, wenn mehrere in der Literatur geforderten Bedingungen simultan als nicht erfüllt angesehen werden müssen und deshalb eine zurückhaltende Interpretation angemessen erscheint, insbesondere dann, wenn die beobachtete Wahrscheinlichkeit für Gruppendifferenzen unter H_0-Bedingung nahe bei den klassischen Signifikanzgrenzen liegt. In diesen Fällen nehmen wir eine zusätzliche Effektkontrolle durch ein analoges non-parametrisches Verfahren vor. Die Ergebnisse dieser ergänzenden Prüfungen teilen wir jedoch nur dann mit, wenn parametrische und non-parametrische Analysen zu divergierenden (und damit die Interpretation beeinflussenden) Ergebnissen führen.

(b) Die Testung der Begabungs-, Leistungs- und Geschlechtsdifferenzen folgt einem hierarchischen Vorgehen: Zunächst schalten wir multivariate zweifaktorielle Varianzanalysen (MANOVAs) vor, wobei wir den Empfehlungen von Stevens (1992) bzw. Diehl & Arbinger (1992) für ein nicht-orthogonales Design folgen und die regressionsbasierte Variante wählen, in der jeder Effekt statistisch um die übrigen zu prüfenden Effekte bereinigt wird. Im Falle der kombinierten Ost-West-Vergleiche wird also eine 4×2 MANOVA mit dem viergestuften Gruppenfaktor A (Begabungs- und Leistungsgruppen HB, DB, HL, DL) und den zweigestuften Geschlechtsfaktor B (Jungen, Mädchen) gerechnet, bei Analysen innerhalb der Begabungs- bzw. innerhalb der Leistungsgruppen lediglich 2×2 MANOVAs mit dem zweigestuften Gruppenfaktor A (Begabungsgruppen HB vs. DB oder Leistungsgruppen HL vs. DL) und dem ebenfalls zweigestuften Geschlechtsfaktor B. Ergeben sich bei den multivariaten Analysen keine statistisch bedeutsamen Geschlechts-, Begabungs- / Leistungs- oder Wechselwirkungseffekte, wird mit der inferenzstatistischen Analyse abgebrochen, also auf univariate inferenzstatistische Nachfolgeanalysen verzichtet. Zeigen sich jedoch multivariate statistisch signifikante Haupt- und / oder Wechselwirkungseffekte, schließen wir analoge zweifaktorielle univariate Nachfolgevarianzanalysen (ANOVAs) an, um zu ermitteln, in welchen der in die multivariaten Analyse eingegangenen abhängigen Variablen sich univariat die Effekte schwerpunktmäßig widerspiegeln. Im Falle zweigestufter zweifaktorieller ANOVAs (also bei Analysen *innerhalb* der Begabungsgruppen bzw. *innerhalb* der Leistungsgruppen) erübrigen sich an die Varianzanalysen anschließende weitergehende Spezifizierungen, da die Inspektion der Mittelwerte zweifelsfrei zeigt, zugunsten welcher der beiden Gruppen die jeweiligen Effekte ausfallen. Im Falle der 4×2 ANOVAs (also bei begabungs- / leistungsgruppenübergreifenden statistischen Analysen) schließen wir bei denjenigen Variablen, bei denen laut ANOVA statistisch signifikante Effekte zu verzeichnen sind, Nachfolgeberechnungen an, um zu ermitteln, welche der vier Begabungs- / Leistungsgruppen (HB, DB, HL, DL) sich im einzelnen hinsichtlich der Ausprägung auf der interessierenden Variablen voneinander statistisch signifikant unterscheiden. Für diese *a-posteriori*-Vergleiche bedienen wir uns des konservativen Scheffé-Test bzw. des weniger konservativen Tey-Kramer-Tests (vgl. z.B. Diehl & Arbinger 1990, 237–240).

(c) Um eine von den divergierenden Stichprobengrößen unabhängige Einschätzung der „praktischen Relevanz" beobachteter Mittelwertunterschiede vorzunehmen, teilen wir bei MANOVAs „eta$^2_{multi}$" mit (Faktoreffekt bei Kombination mehrerer Variablen), bei univariaten ANOVAs „eta^2" (Faktoreffekt einer Variable). Dieses standardisierte Effektstärkenmaß, das zwischen Null und Eins schwanken kann, informiert darüber, wieviel Prozent der abhängigen Variablenvarianz im multi- bzw. univariaten Fall durch die jeweiligen Faktoren (Begabungs- / Leistungs- gruppen; zugehöriges Geschlecht) und deren Interaktion aufgeklärt werden kann. Dieser Index der statistischen Assoziation, wie „eta^2" auch genannt wird, läßt sich mit der Intraklassenkorrelation vergleichen, da er, mit 100 multipliziert, die Höhe der Beziehung zwischen der unabhängigen Variablen (z.B. Gruppeneinteilung) und der abhängigen Variablen (z.B. Fragebogenwert) – in Überlappungsprozen- ten ausgedrückt – angibt. Im Zweigruppenvergleich wird üblicherweise das Ef- fektstärkenmaß „d" berichtet, da seine Berechnung einfacher nachvollzogen wer- den kann und da „d" als besonders anschaulich gilt: Es beschreibt den Über- schneidungsbereich der beiden zu vergleichenden Variablenverteilungen. Wir leiten „d" aus „eta^2" ab und geben – im Sinne einer Analogie – auch bei multiva- riatem Zweigruppenvergleich eine Schätzung von „d" an (vgl. Fußnote 3 in 7.2.3). Zur Klassifizierung beobachteter Effektgrößen stützen wir uns auf die von Cohen (1969) eingeführte Sprachregelung: Ein kleiner Effekt erfordert d > 0.20 (d.h. höchstens 92% Überschneidungsbereich), ein mittlerer Effekt d > 0.50 (höchstens 80% Überschneidungsbereich), und ein großer Effekt erfordert d > 0.80 (höchstens 69% Überschneidungsbereich). Die entsprechenden eta^2- Werte lauten eta^2 > 1.5% (kleiner Effekt, entspricht im Zweigruppenfall einer punktbiserialen Korrelation der Variablen „Gruppenzuweisung" mit dem Tester- gebnis von mindestens r_{pbis} = 0.12), eta^2 > 5.0% (mittlerer Effekt, entspricht einer punktbiserialen Korrelation von mindestens r_{pbis} = 0.23) und eta^2 > 20% (großer Effekt, entspricht einer punktbiserialen Korrelation von mindestens r_{pbis} = 0.45).

(d) Bei denjenigen Variablen, in denen sich zum für Bildungsverhalten relevanten sozialen Status (*BRSS*) Korrelationen in der Größenordnung r > 0.15 ergeben, rechnen wir zusätzliche Kovarianzanalysen mit dem *BRSS* als Kovariable. Da- durch prüfen wir, inwieweit etwaige zu beobachtende Gruppendifferenzen auch bei Kontrolle des Faktors „sozioökonomischer Status" erhalten bleiben. Ergeb- nisse dieser kovarianzanalytischen Überprüfungen teilen wir jedoch nur dann mit, wenn sich dadurch ein divergierendes Befundmuster andeutet. Auf die Auflistung adjustierter Mittelwerte verzichten wir. Ausdrücklich sei an dieser Stelle darauf verwiesen, daß eine bedeutsame Korrelation der Kovariablen *„BRSS"* mit der all- gemeinen Intelligenz *„g"* die Interpretation kovarianzanalytischer Befunde er- schwert: Gruppenunterschiede in den sogenannten abhängigen Variablen werden dann nicht nur – wie erwünscht – um den Einfluß des für Bildungsverhalten rele- vanten sozialen Status bereinigt, sondern es wird parallel dazu auch – uner- wünscht – ein gewisser Anteil des interessierenden Einflusses der Gruppierungs- variablen „Begabung" bzw. „Leistung" auspartialisiert. Dies ist bei der Interpre- tation zu beachten.

(e) In einigen Kapiteln finden sich spezifische statistische Analysen, die hier nur kurz erwähnt werden sollen. Die im Kapitel 7 gerechnete Diskriminanzanalyse stellt die Ergebnisse der multivariaten Varianzanalyse anschaulich unter anderem Aspekt dar und informiert darüber, wieviel Prozent der jeweiligen Subgruppen aufgrund der interessierenden Interessenvariablen richtig ihrer eigenen Gruppe zugeordnet werden können. Zur Auswertung von kategorialen Daten werden in Kapitel 9 – je nach Sachlage – Chi^2 (bei zweifaktoriellen Analysen) bzw. Logit-Modelle (Mehrweghäufigkeitsanalysen) gerechnet (vgl. Langeheine 1980; Agresti 1990; Tabachnick & Fidell 1996). Wie bei allen querschnittlichen Analysen, in denen „unabhängige" und „abhängige" Variablen unterschieden werden, gelten auch hier die üblichen Vorbehalte, was eine kausale Interpretation angeht. Ansonsten zeichnen sich Mehrwegsequenzanalysen (wie viele andere non-parametrische statistische Techniken) durch eine bemerkenswerte Voraussetzungslosigkeit aus und gestatten es, sowohl Haupteffekte als auch Interaktionseffekte zu spezifizieren und zu überprüfen.

LITERATUR

Abeel, L., Callahan, C.M. & Hunsaker, S. (1991). The use of published instruments in the identification of gifted students. Charlottesville, VA: National Research Center on the Gifted and Talented.

Abroms, K.I. (1985). Social giftedness and its relationship with intellectual giftedness. In Freeman, J. (Ed.). The psychology of gifted children. Chichester, : Wiley & Sons, 201–208.

Agresti, A. (1990). Categorical data analysis. New York: Wiley.

Aiken, L.R. (1971). Intellective variables and mathematics achievement: Directions for research. Journal of School Psychology, 9, 201–212.

Aiken, L.R. (1972). Ability and creativity in mathematics. Review of Educational Research, 42, 405–434.

Albrecht, H.T. & Rost, D.H. (1983). Über den Zusammenhang von Wohnqualität und Hochbegabung. Psychologie in Erziehung und Unterricht, 30, 281–289.

Alliger, G.M. (1988): Do zero correlations really exist among measures of different intellectual abilities? Educational and Psychological Measurement, 48, 275–280.

Alvino, J. McDonnel, R.C. & Richert, S. (1981). National survey of identification in gifted and talented education. Exceptional Children, 48, 124–132.

Amelang, M. (1987). An investigation of the factorial structure and external validity of tests of social intelligence. Institutsbericht No. 59. Heidelberg: Psychologisches Institut der Universität Heidelberg.

Amelang, M. (1995). Intelligenz. In Amelang, M. (Hrsg.). Verhaltens- und Leistungsunterschiede. Enzyklopädie der Psychologie, Themenbereich C, Serie VIII, Band 2. Göttingen: Hogrefe, 245–328.

Amelang, M. & Bartussek, D. (1997). Differentielle Psychologie und Persönlichkeitsforschung (4. Aufl.). Stuttgart: Kohlhammer.

American Psychological Association (1994). Publication manual of the American Psychological Association (4th ed.). Washington, DC.: American Psychological Association.

American Psychological Association Board of Scientific Affairs (1996). Intelligence: Knowns and unknowns. American Psychologist, 51, 77–101.

Amthauer, R. (1953). Intelligenz-Struktur-Test (I-S-T). Göttingen: Hogrefe.

Amthauer, R. (1970). Intelligenz-Struktur-Test 70 (I-S-T 70). Göttingen: Hogrefe.

Anderson, M. (1992). Intelligence and development: A cognitive theory. Oxford, : Blackwell.

Anderson, M. (1999). Project development – taking stock. In Anderson, M. (Ed.). The development of intelligence. Hove: Psychology Press, 311–332.

Anweiler, O. (1990). Deutsche Demokratische Republik. In Anweiler, O., Kuebart, F., Liegle, L., Schäfer, H.P. & Süssmuth, R. (Hrsg.). Bildungssysteme in Europa. Struktur- und Entwicklungsprobleme (3. Aufl.). Weinheim: Beltz, 65–82.

Asendorpf, J. (1996). Psychologie der Persönlichkeit. Grundlagen. Berlin: Springer.

Austin, A.B. & Draper, D.C. (1981). Peer relationships of the academically gifted: A review. Gifted Child Quarterly, 25, 129–133.

Austin, F.J. & Hanisch, K.A. (1990). Occupational attainment as a function of abilities and interests. A longitudinal analysis using project TALENT data. Journal of Applied Psychology, 75, 77–86.

Ausubel, D.P. (1974). Psychologie des Unterrichts. Band 1. Band 2. Weinheim: Beltz.

Bachtold, L. M. & Werner, E.E. (1970). Personality profiles of gifted women psychologists. American Psychologist, 25, 234–243.

Bachtold, L. M. & Werner, E.E. (1973). Personality characteristics of creative women. Perceptual and Motor Skills, 36, 311–319.

Baron-Boldt, J., Funke, U. & Schuler, H. (1989). Prognostische Validität von Schulnoten. Eine Metaanalyse der Prognose des Studien- und Ausbildungserfolgs. In Jäger, R.S., Horn, R. & Ingenkamp, K. (Hrsg.). Tests und Trends 7. Weinheim: Beltz, 11–39.

Baron-Boldt, J., Schuler, H. & Funke, U. (1988). Prädiktive Validität von Schulabschlußnoten: Eine Metaanalyse. Zeitschrift für Pädagogische Psychologie, 2, 79–90.

Barron, F. (1969). Creative person and creative process. New York: Holt, Rinehart & Winston.

Barron, F. & Harrington, D.M. (1981). Creativity, intelligence, and personality. In Rosenzweig, M.R. & Porter, L.W. (Eds.). Annual Review of Psychology. Vol. 32. Palo Alto, CA: Annual Reviews, 439–476.

Barry, A.M. (1997). Visual intelligence: Perception, image, and manipulation in visual communication. Albany, N.Y.: State University of New York.

Bastian, H.G. (1989). Leben für Musik. Eine Biographie-Studie über musikalische (Hoch-)Begabung. Mainz: Schott.

Bastian, H.G. (1991). Musikalische Hochbegabung: Findung und Förderung. Mainz: Schott.

Bastian, H.G. (1993). Begabungsforschung und Begabtenförderung in der Musik. Mainz: Schott.

Bastian, H.G. (2000). Musik(erziehung) und ihre Wirkung. Eine Kompetenzstudie an Berliner Grundschulen. Mainz: Schott.

Bauer, A. (1972). Ein Verfahren zur Messung des für das Bildungsverhalten relevanten sozialen Status (BRSS). Frankfurt: Deutsches Institut für Internationale Pädagogische Forschung.

Baxter, D.J., Moti, L.L. & Fortin, S. (1995). Intelligence and personality in criminal offenders. In Saklofske, D.H. & Zeidner, M. (Eds.). International handbook of personality and intelligence. New York: Plenum Press, 673–686.

Bee, H. (1989). The developing child (5th ed.). New York: Harper & Row.

Belser, H., Anger, H., Bargmann, R. & Raatz, U. (1965). Frankfurter Analogietest FAT 7–8. Begabungstest für 7. bis 8. Klassen. Weinheim: Beltz.

Belser, H., Anger, H. & Bargmann, R. (1972). Frankfurter Analogietest FAT 4–6. Begabungstest für 4. bis 6. Klassen. Weinheim: Beltz.

Benbow, C.P. & Stanley, J.C. (1983) (Eds.). Academic precocity: Aspects of its development. Baltimore, MD: The Johns Hopkins University Press.

Bickley, P.G., Keith, T.Z. & Wolfle, L.M. (1995). The three-stratum theory of cognitive abilities: Test of the structure of intelligence across the life span. Intelligence, 20, 309–328.

Bierhoff-Alfermann, D., Kaluza, G. & Lüffe, E. (1984). Geschlechtsrollenorientierung im Jugendalter und ihre Beziehung zu Intelligenz, beruflicher und familiärer Planung, familiärem Hintergrund und Sportaktivitäten. Gießen: Institut für Sportwissenschaften, Universität Gießen.

Billhardt, J. (1996). Hochbegabte: Die verkannte Minderheit. München: Lexika.

Birx, E. (1988). Mathematik und Begabung. Evaluation eines Förderprogramms für mathematisch besonders befähigte Schüler. Hamburg: Krämer.

Blaha, J. & Wallbrown, F.H. (1982). Hierarchical factor structure of the WAIS-Revisited. Journal of Consulting & Clinical Psychology, 50, 652–660.

Bleidick, U. (1969). Lernbehinderung, Lernbehinderte. In Heese, G. & Wegener, J. (Hrsg.). Enzyklopädisches Handbuch der Sonderpädagogik und ihrer Grenzgebiete. Berlin: Marhold, 3921–3929.

Block, J. (1978). The Q-sort method in personality assessment and psychiatric research. Palo Alto, CA: Consulting Psychologists Press.

Block, J.-H. & Block, J. (1980). The role of ego-control and ego-resiliency in the organization of behavior. In Collins, W.A. (Ed.). Minnesota symposium on child psychology. Vol. 13. Hillsdale, NJ: Erlbaum, 39–101.

Boehm, A.E. (1985). Educational applications of intelligence testing. In Wolman, B.J. (Ed.). Handbook of intelligence. Theories, measurements, and applications. New York: Wiley & Sons, 933–964.

Boldizar, J.P. (1991). Assessing sex typing and androgyny in children: The Children's Sex Role Inventory. Developmental Psychology, 27, 505–515.

Borman, W.C., Hanson, M.A. & Hedge, J.W. (1997). Personnel selection. In Spence, J.T., Darley, J.M. & Foss, D.J. (Eds.). Annual review of psychology. Vol. 48. Palo Alto, CA: Annual Reviews, 299–337.

Bornstein, M.H. & Sigman, M.D. (1986). Continuity in mental development from infancy. Child Development, 57, 251–274.

Bortz, J. & Döring, N. (1995). Forschungsmethoden und Evaluation. Berlin: Springer.

Bouchard, T.J. Jr. (1984). (Book review „Frames of the mind: The theory of multiple intelligences".) American Journal of Orthopsychiatry, 54, 506–508.

Bracht, H.G. (1970). Experimental factors related to aptitude-treatment interactions. Review of Educational Research, 40, 627-645.

Brackenbury, A. (1976). Round the clock with gifted musicians. In Gibson, J. & Chennells, P. (Eds.). Gifted children. London, : Latimer, 73–87.

Braden, J.P. (1995). Intelligence and personality in school and educational psychology. In Saklofske, D.H. & Zeidner, M. (Eds.). International handbook of personality and intelligence. New York: Plenum Press, 621–650.

Braden, J.P. (1997). The practical impact of intellectual assessment issues. School Psychology Review, 26, 242–248.

Brahn, M. (Hrsg.)(1919). Anweisungen für die psychologische Auswahl der jugendlichen Begabten von Ausschüssen für Begabungsprüfungen im Institut des Leipziger Lehrervereins. Leipzig: Dürr.

Brand, C. (1987). The importance of general intelligence. In Modgil, S. & Modgil, C. (Eds.). Arthur Jensen: Consensus and controversy. New York: Falmer, 251–265.

Brand, C. (1996a). The g factor. General intelligence and its implications. Chichester, : Wiley & Sons.

Brand, C. (1996b). The importance of intelligence in western societies. Journal of Bio-Social Sciences, 28, 387–404.

Bredenkamp, J. (1970). Über Maße der praktischen Signifikanz. Zeitschrift für Psychologie, 177, 310–318.

Brengelmann, J.C. (1993). Erfolg und Streß. Weinheim: Psychologie Verlags Union.

Brickenkamp, R. (1990). Die Generelle Interessen-Skala (GIS). Göttingen: Hogrefe.

Brody, N. (1985). The validity of tests of intelligence. In Wolman, B.J. (Ed.). Handbook of intelligence. New York: Wiley & Sons, 353–389.

Brody, N. (1992). Intelligence (2nd ed.). New York: Academic Press.

Broom, M.E. (1928). A note on the validity of a test of social intelligence. Journal of Applied Psychology, 12, 425–428.

Broom, M.E. (1930). A further study of the validity of a test of social intelligence. Journal of Educational Research, 22, 403–405.

Brown, R.T. (1989). Creativity: What are we to measure? In Glover, J.A., Ronning, R.R. & Reynolds, C.R. (Eds.). Handbook of creativity. New York: Plenum Press, 3–32.

Bundesministerium für Bildung und Forschung (Hrsg.)(1999). Begabte Kinder finden und fördern. Bonn: Bundesministerium für Bildung und Forschung.

Burks, R.S., Jensen, D. & Terman, L.M. (1930). The promise of youth: Follow-up studies of a thousand gifted children. Genetic studies of genius. Vol. 3. Stanford, CA: Stanford University Press.

Burt, C.L. (1948). The factorial study of temperament traits. British Journal of Psychology, Statistical Section, 1, 178–203.

Burt, C.L. (1970). Critical notice. In Vernon, P.E. (Ed.). Creativity. Harmondsworth, : Penguin Books, 203–216.

Burt, C.L. (1975). The gifted child. London: Hodder & Stoughton.

Butcher, H.J. (1970). Human intelligence. Its nature and assessment. London: Methuen & Co.

Butler-Por, N. (1993). Underachieving gifted students. In Heller, K.A., Mönks, F.J. & Passow, A.H. (Eds.). International handbook of research and development of giftedness and talent. Oxford, : Pergamon-Press, 649–668.

Callahan, C.M. (2000). Intelligence and giftedness. In Sternberg, R.J. (Ed.). Handbook of intelligence. Cambridge: Cambridge University Press, 159–175.

Cantor, N. & Kihlstrom, F.J. (1989). Social intelligence and cognitive assessment of personality. In Wyer, R.S. Jr. & Srull, T.K. (Eds.). Advances in social cognition. Vol. 2. Hillsdale, N.J.: Erlbaum, 1–59.

Carroll, J.B. (1993). Human cognitive abilities. A survey of factor-analytic studies. Cambridge, : Cambridge University Press.

Carroll, J.B. (1997a). Psychometrics, intelligence, and public perception. Intelligence, 24, 25–52.

Carroll, J.B. (1997b). Theoretical and technical issues in identifying a factor of general intelligence. In Devlin, B., Fienberg, S.E., Resnick, D.P. & Roeder, K. (Eds.). Intelligence, genes, and success. Scientists respond to The Bell Curve: New York: Copernicus, 125–156.

Carver, R. (1978). The case against statistical significance testing. Harvard Educational Review, 48, 378–399.

Carver, R.P. (1993). The case against statistical significance testing, revisited. The Journal of Experimental Education, 61, 287–292.

Cascio, W.F. (1998). Applied psychology in human resource management (5th ed.). Upper Saddle River, NJ: Prentice Hall.

Cascio, W.F. (1991). Applied psychology in personnel management (4th ed.). Englewood Cliffs, N.J.: Prentice Hall.

Cattell, R.B. (1966). The scree-test for the number of factors. Multivariate Behavioral Research, 1, 245–276.

Cattell, R.B. (1971). Abilities: Their structure, growth and action. Boston, Mass.: Houghton-Mifflin.

Cattell, R.B. (1987). Intelligence: Its structure, growth and action. Amsterdam: North-Holland.

Chopra, D. (1995). Creating health: How to wake up the body's intelligence. New York: Houghton-Mifflin.

Cicirelli, V.G. (1965). Form of the relationship between creativity, IQ, and academic achievement. Journal of Educational Psychology, 57, 303–308.

Cierpka, M. (Hrsg.)(1987). Familiendiagnostik. Heidelberg: Springer.

Cline, V.B., Richards, J.M. & Abe, C. (1962). The validity of a battery of creativity tests in a high school sample. Educational and Psychological Measurement, 22, 781–784.

Cohen, J. (1969). Statistical power analysis for the behavioral sciences. New York: Academic Press.

Cohen, J. (1990). Things I have learned (so far). American Psychologist, 45, 1304–1312.

Cohen, J. (1994). The earth is round ($p < .05$). American Psychologist, 49, 997–1003.

Cohn, S.J. (1977). A model for a pluralistic view of giftedness and talent. Unpublished paper prepared for the United States Office of Education.

Cohn, S.J. (1981). What is giftedness? A multidimensional approach. In Kramer, A.H. (Ed.). Gifted children – challenging their potential. New York: Trillium Press, 33–45.

Coleman, M.R. & Gallagher, J.J. (1995). State identification policies: Gifted students from special populations. Roeper Review, 17, 268–275.

Coles, R. (1998). The moral intelligence of children: How to raise a moral child. London, : Plume Books.

Colombo, J. (1993). Infant cognition: Predicting childhood intelligence. Newsbury Park, CA.: Sage.

Colombo, J. & Frick, J. (1999). Recent advances and issues in the study of preverbal intelligence. In Anderson, M. (Ed.). The development of intelligence. Hove: Psychology Press, 43–71.

Conger, A., Conger, J.C., Farrell, A.D. & Ward, D. (1979). What can the WISC-R measure? Applied Psychological Measurement, 3, 431–436.

Cooley, J. (1961). A study of the relation between certain mental and personality traits and ratings of musical ability. Journal of Research in Musical Education, 9, 108–117.

Cooper, R.K. & Sawaf, A. (1998). EQ. Emotionale Intelligenz für Manager. München: Heyne.

Cox, C. (1926). The early mental traits of three hundred geniuses. Genetic studies of genius. Vol. 2. Stanford, CA: Stanford University Press.

Crano, W.D., Kenny, D.A. & Campbell, D.T. (1972). Does intelligence cause achievement? A cross-lagged panel analysis. Journal of Educational Psychology, 63, 258–275.

Crockenberg, S.B. (1972). Creativity tests: A boom or boondoggle for education. Review of Educational Research, 42, 27–45.

Cronbach, L.J. & Snow, R.E. (1977). Aptitudes and instructional methods: A handbook for research on interactions. New York: Irvington.

Cropley, A.J. & Clapson, L. (1971). Long term test-retest reliability of creativity tests. British Journal of Educational Psychology, 41, 206–209.

Cropley, A., McLeod, J. & Dehn, D. (1988). Begabung und Begabungsförderung: Entfaltungschancen für alle Kinder! Heidelberg: Asanger.

Cythonia Institute (2000). Types of intelligence. (http://www.cthonia.com/lyceum/typeintel.html).

Czeschlik, T. (1992). The Middle Childhood Temperament Questionnaire: Factor structure in a German sample. Personality and Individual Differences, 13, 205–210.

Czeschlik, T. (1993a). General intelligence, temperament, and the Matching Familar Figures Test. European Journal of Personality, 7, 379–386.

Czeschlik, T. (1993b). Temperamentsfaktoren hochbegabter Kinder. In Rost, D.H. (Hrsg.). Lebensumweltanalyse hochbegabter Kinder. Das Marburger Hochbegabtenprojekt. Göttingen: Hogrefe, 105–137.

Czeschlik, T. & Rost, D.H. (1988). Hochbegabte und ihre Peers. Zeitschrift für Pädagogische Psychologie, 2, 1–23.

Czeschlik, T. & Rost, D.H. (1994). Socio-emotional adjustment in elementary school boys and girls: Does giftedness make a difference? Roeper Review, 16, 294–297.

Czeschlik, T. & Rost, D.H. (1995). Sociometric types and children's intelligence. British Journal of Developmental Psychology, 13, 177–189.

Dahme, G. (1993). Harmonische Hochbegabte. (Buchbesprechung „Lebensumweltanalyse hochbegabter Kinder".) Zeitschrift für Sozialpsychologie, 24, 298–300.

De Beauport, E., Diaz, A.S. & De Beauport, E. (1996). The three faces of mind: Developing your mental, emotional, and behavioral intelligences. Wheaton, IL.: Theosophical Publishing House.

De Mille, R. & Merrifield, P.R. (1962). (Book review: „Creativity and intelligence. Explorations with gifted children".) Educational and Psychological Measurement, 22, 803–808.

Detterman, D.K. (1979). Detterman's laws of individual differences research. In Sternberg, R.J. & Detterman, D.K. (Eds.). Human intelligence. Perspectives on its theory and measurement. Norwood, NJ: Ablex, 165–175.

Detterman, D.K., Gabriel, L.T. & Ruthsatz, J.M. (2000). Intelligence and mental retardation. In Sternberg, R.J. (Ed.). Handbook of intelligence. Cambridge, : Cambridge University Press, 141–158.

Deutsche Forschungsgemeinschaft (1977). Schwangerschaftsverlauf und Kindesentwicklung. Forschungsbericht. Boppard: Boldt.

Diehl, J.M. & Arbinger, R. (1990). Einführung in die Inferenzstatistik. Frankfurt: Klotz.

Dörner, D. (1986). Diagnostik der operativen Intelligenz. Diagnostica 32, 290–308.

Dörner, D. (1989). Die Logik des Mißlingens. Reinbek: Rohwohlt.

Dörner, D. & Kreuzig, W. (1983). Problemlösefähigkeit und Intelligenz. Psychologische Rundschau, 34, 185–192.

Dörner, D., Kreuzig, H., Reither, F. & Stäudel, T. (1983). Lohausen: Vom Umgang mit Unbestimmtheit und Komplexität. Bern: Huber.

Dörner, D., Schaub, H. & Strohschneider, S. (1999). Komplexes Problemlösen – Königsweg der theoretischen Psychologie? Psychologische Rundschau, 50, 198–205.

Dörner, H. (1993). Leistungsbezogenes Denken hochbegabter Grundschulkinder. In Rost, D.H. (Hrsg.). Lebensumweltanalyse hochbegabter Kinder. Das Marburger Hochbegabtenprojekt. Göttingen: Hogrefe, 159–196.

Dreesmann, H. (1982). Fragebogen zum Unterrichtsklima Klasse 7–10 (F 7–10). Unveröffentlichtes Manuskript. Landau: Universität Koblenz-Landau.

Drevdahl, J.E. & Cattell, R.B. (1958). Personality and creativity in artists and writers. Journal of Clinical Psychology, 14, 107–111.

Dunette, M.D. (1964). Critics of psychological tests: Basic assumptions: How good? Psychology in the Schools, 1, 63–69.

Earles, J.A. & Ree, M.J. (1992). The predictive validity of the ASVAB for training grades. Educational and Psychological Measurement, 52, 721–725.

Eckardt, H.-H. (1970). Der gegenwärtige Stand der Forschung zur mathematischen Begabung. Literaturbericht Psychologie, 1, 1–33.

Edwards, M.P. & Tyler, L.E. (1965). Intelligence, creativity, and achievement in a nonselective public junior high school. Journal of Educational Psychology, 56, 96–99.

Ehlers, T., & Merz, F. (1983). Psychologische Längsschnittuntersuchungen an Kindern aus dem Schwerpunktsprogramm „Schwangerschaftsverlauf und Kindesentwicklung". Unveröffentlichter Zwischenbericht. Marburg: Fachbereich Psychologie, Philipps-Universität.

Elliott, C.D. (1983). The British Ability Scales. Manual 1: Introductory handbook. Manual 2: Technical handbook. Windsor, : NFER-Nelson.

Elliott, C.D. (1990). Differential Ability Scales: Introductory and technical handbook. San Antonio, Tx.: Psychological Corporation.

Elliott, C.D. (1997). The Differential Ability Scales. In Flanagan, D.P., Genshaft, J.L. & Harrison, P.L. (Eds.). Contemporary intellectual assessment. Theories, tests, and issues. New York: Guilford Press, 183–208.

Engel, W. (1990). Entdeckung und Förderung mathematischer Begabung in der DDR. Zentralblatt für Didaktik der Mathematik, 21 (1), 23–34.

Evans, K. (1996 / 1997). Policy for the identification of students for gifted programms. The Journal of Secondary Gifted Education, 8, 74–86.

Ewert, O. (1979). Eine deutsche Version der Sears Self-Concept Inventory Scale (SSCI). In Filipp, S.-H. (Hrsg.). Selbstkonzept-Forschung: Probleme, Befunde, Perspektiven. Stuttgart: Klett-Cotta, 191–202.

Eysenck, H.J. (1979). The structure and measurement of intelligence. Berlin: Springer.

Eysenck, H.J. (1985). The nature and measurement of intelligence. In Freeman, J. (Ed.). The psychology of gifted children. Perspectives on development and education. Chichester: Wiley & Sons, 115–140.

Eysenck, H.J. (1988). The concept of „intelligence": Useful or useless? Intelligence, 12, 1–16.

Eysenck, H.J. (1993a). Creativity and personality: Suggestions for a theory. Psychological Inquiry, 4, 147–178.

Eysenck, H.J. (1993b). (Book review „Lebensumweltanalyse hochbegabter Kinder".) Personality and Individual Differences, 15, 119–120.

Eysenck, H.J. (1995). Genius. The natural history of creativity. Cambridge, : Cambridge University Press.

Eysenck, H.J. & Eysenck, S. (1975). Manual of the Eysenck Personality Questionnaire (Junior & Adult). London, : Hodder & Stoughton.

Fahrenberg, J., Hampel, R. & Selg, H. (1984). Das Freiburger Persönlichkeitsinventar FPI. Revidierte Fassung, FPI-R und teilweise geänderte Fassung FPI-A1 (4. Aufl.). Göttingen: Hogrefe.

Faulkner, D. & Lewis, V. (1995). Psychological intervention: Down's syndrome and autism. In Bancroft, D. & Carr, R. (Eds.). Influencing children's development. Milton Keynes, / Oxford, : Open University / Blackwell, 225–270.

Feger, B. (1988). Hochbegabung. Chancen und Probleme. Bern: Huber.

Feger, B. & Prado, T. (1998). Hochbegabung. Die normalste Sache der Welt. Darmstadt: Primus.

Feldman, D. (1979). Toward a nonelite conception of giftedness. Phi Delta Kappa, 60, 660–663.

Flammer, A. & Keller, B. (1978). Overachievement and underachievement. In Klauer, K. (Hrsg.). Handbuch der Pädagogischen Diagnostik. Düsseldorf: Schwann, 1037–1044.

Flanagan, J.C., Dailey, J.T., Shaycroft, M.F., Gorham, W.A., Orr, D.B. & Goldberg, I. (1962). Design for a study of American youth. Boston, MA: Houghton Mifflin.

Flynn, J.R. (1984). The mean IQ of Americans: Massive gains 1932 to 1978. Psychological Bulletin, 95, 29–51.

Flynn, J.R. (1987). Massive IQ gains in 14 nations: What IQ tests really measure. Psychological Bulletin, 101, 171–191.

Flynn, J.R. (1999). IQ gains over time. Toward finding the causes. In Neisser, U. (Ed.). The rising curve. Long-term gains in IQ and related measures. Washington, DC: American Psychology Association, 25–66.

Fölsch, G. (1977). Die Stellung der begabten Schüler im Mathematikunterricht. Zentralblatt für Mathematik, 9, 13–20.

Ford, M.E. (1979). The construct validity of egocentrism. Psychological Bulletin, 86, 1169–1188.

Ford, M.E. & Tisak, M.S. (1983). A further search for social intelligence. Journal of Educational Psychology, 75, 196–206.

Fox, H.H. (1963). A critique on creativity in science. In Coler, M.A. (Ed.). Essays on creativity in the sciences. New York: New York University Press, 123–152.

Fox, L.H. (1974a). Facilitating educational development of mathematically precocious youth. In Stanley, J.C., Keating, D.P. & Fox, L.H. (Eds.). Mathematical talent. Discovery, description, and development. Baltimore, MD: Johns Hopkins University Press, 47–69.

Fox, L.H. (1974b). A mathematic program for fostering precocius achievement. In Stanley, J.C., Keating, D.P. & Fox, L.H. (Eds.). Mathematical talent. Discovery, description, and development. Baltimore, MD: Johns Hopkins University Press, 101–125.

Fox, M.N. (1981). Creativity and intelligence. Childhood Education, 57, 227–232.

Fraser, B.J., Walberg, H.J., Welch, W.W. & Hattie, J.A. (1987). Syntheses of educational productivity research. International Journal of Educational Research, 11, 147–252.

Frederiksen, N., Carlson, S. & Ward, W.C. (1984). The place of social intelligence in a taxonomy of cognitive abilities. Intelligence, 8, 315–337.

Freeman, J. (1978). Gifted children. Their identification and development in a social context. Lancaster, : MTP Press.

Fuchs-Beauchamp, K.D., Karnes, M.B. & Johnson, L.J. (1993). Creativity and intelligence in preschoolers. Gifted Child Quarterly, 37, 113–117.

Fürntratt, E. (1996). Zur Bestimmung der Anzahl interpretierbarer gemeinsamer Faktoren in Faktorenanalysen psychologischer Daten. Diagnostica, 15, 62–75.

Funke, J. (1992). Wissen über dynamische Systeme: Erwerb, Repräsentation und Anwendung. Berlin: Springer.

Funke, J. (1999). Komplexes Problemlösen – Ein Blick zurück und ein Blick nach vorne. Psychologische Rundschau, 50, 194–197.

Gagné, F. (1985). Giftedness and talent: Reexamining a reexamination of the definitions. Gifted Child Quarterly, 29, 103–112.

Gardner, H. (1983). Frames of mind. The theory of multiple intelligences. New York: Basic Books.

Gardner, H. (1993). Multiple intelligences: The theory in practice. New York: Basis Books.

Gardner, H. (2000). Intelligence reframed: Multiple intelligences for the 21st century. New York: Basic Books.

Gebauer, T. (1965). Vergleichende Untersuchung über den Voraussagewert von Aufnahmeprüfungen und Testuntersuchungen für den Erfolg auf weiterführende Schulen. In Ingenkamp, K.H. (Hrsg.). Schulkonflikt und Schülerhilfe. Weinheim: Beltz, 97–141.

Geißler, R. (1992). Die Sozialstruktur Deutschlands. Ein Studienbuch zur gesellschaftlichen Entwicklung im geteilten und vereinten Deutschland. Opladen: Westdeutscher Verlag.

Geng, U. & Mehl, J. (1969). Über die Beziehungen zwischen Intelligenz und Spezialbefähigungen. Zeitschrift für Psychologie, 176, 103–128.

Getzels, J. & Jackson, P.W. (1962). Creativity and intelligence: Explorations with gifted children. New York: Wiley.

Ghiselli, E.E. (1966). The validity of occupational aptitude tests. New York: Wiley.

Ginsburg, G.P. & Whitemore, R.G. (1968). Creativity and verbal ability. A direct examination of their relationship. British Journal of Educational Psychology, 38, 133–139.

Glutting, J.J., McDermott, P.A. & Konold, T.R. (1997). Ontology, structure, and diagnostic benefits of a normative subtest taxonomy from the WISC-III standardization sample. In Flanagan, D.P., Genshaft, J.L. & Harrison, P.L. (Eds.). Contemporary intellectual assessment. Theories, tests, and issues. New York: Guilford Press, 349–372.

Glutting, J.J., McDermott, P.A., Konold, T.R., Snelbaker, A.J. & Watkins, M.W. (1998). More ups and downs of subtest analysis: Criterion validity of the DAS with an unselected cohort. School Psychology Review, 27, 599–612.

Göttert, R. & Asendorpf, J. (1989). Eine deutsche Version des California Child-Q-Sort. Kurzform. Zeitschrift für Entwicklungspsychologie und Pädagogische Psychologie, 21, 70–82.

Goleman, D. (1995). Emotional intelligence. New York: Bantam.

Goody, E.N. (Ed.)(1995). Social intelligence and interaction: Expressions and implications of the social bias in human intelligence. Cambridge, : Cambridge University Press.

Gordon, R.A. (1987). SES versus IQ in the race-IQ-delinquency model. International Journal of Sociology and Social Policy, 7, 30–96.

Gordon, R.A. (1997). Everyday life as an intelligence test: Effects of intelligence and intelligence context. Intelligence, 24, 203–320.

Gorsuch, R.L. (1988). Exploratory factor analysis. In Nesselroade, J.R. & Cattell, R.B. (Eds.). Handbook of multivariate experimental psychology. New York: Plenum Press, 231–258.

Gottfredson, L.S. (1986). Societal consequences of the g factor in employment. Journal of Vocational Behavior, 29, 379–410.

Gottfredson, L.S. (1997a). Mainstream science on intelligence: An editorial with 52 signatories, history, and bibliography. Intelligence, 24, 13–23.

Gottfredson, L.S. (1997b). Why g matters: The complexity of everybody life. Intelligence, 24, 79–132.

Gottfredson, L.S. (1999). Der Generalfaktor der Intelligenz. Spektrum der Wissenschaft, Spezial 3/1999: Intelligenz, 24–30.

Graf, J. (Hrsg.)(1992). Planspiele – simulierte Realitäten für den Chef von morgen. Speyer: Gabal.

Grieger, R. (1988). Unterrichtsklima, Prüfungsangst und Persönlichkeitsstärke. Unveröffentlichte Diplomarbeit. Marburg: Fachbereich Psychologie, Philipps-Universität.

Gruber, H.E. (1974). Darwin on man: A psychological study of scientific creativity. New York: Dutton.

Gustafsson, J.-E. (1984). A unifying model for the structure of intellectual abilities. Intelligence, 8, 179–203.

Gustafsson, J.-E. (1988). Hierarchical model of individual differences in cognitive abilities. In R.J. Sternberg (Ed.). Advances in the psychology of human intelligence. Vol. 4. Hillsdale, NJ: Erlbaum, 35–71.

Gustafsson, J.-E. & Snow, R.E. (1997). Ability profiles. In Dillon, R.F. (Ed.). Handbook on testing. Westport, CT: Greenwood Press, 107–135.

Gustafsson, J.-E. & Undheim, J.O. (1996). Individual differences in cognitive functions. In Berliner, D.C. & Calfee, R.C. (Eds.). Handbook of Educational Psychology. New York: Simon & Schuster Macmillan, 186–233.

Guthke, J. (1992). Intelligenzdaten. In Jäger, R.S. & Petermann, F. (Hrsg.). Psychologische Diagnostik. Ein Lehrbuch (2. Aufl.). Weinheim: Psychologie Verlags Union, 396–412.

Guttmann, L.C. (1954). Some necessary conditions for common-factor analysis. Psychometrica, 19, 149–161.

Haensley, P.A. & Reynolds, C.R. (1989). Creativity and intelligence. In Glover, J.A., Ronning, R.R. & Reynolds, C.R. (Eds.). Handbook of Creativity. New York: Plenum Press, 111–132.

Hale, R.L. (1979). The utility of WISC-R subtest scores in discrimining among adequate and underachieving children. Multivariate Behavioral Research, 14, 245–253.

Hall, A.J. & Halberstadt, A.G. (1980). Masculinity and femininity in children: Development of the Children's Personal Attributes Questionnaire. Developmental Psychology, 16, 270–280.

Hanses, P. (1995). Attribuierungsfragebogen. Unveröffentlichtes Manuskript, Marburg: Fachbereich Psychologie, Philipps-Universität.

Hanses, P. (1996). Normierung und Auswertung der im Marburger Hochbegabtenprojekt eingesetzten Intelligenzverfahren. Unveröffentlichtes Manuskript. Marburg: Fachbereich Psychologie, Philipps-Universität.

Hanses, P. (1998). Wahlen und Zahlen. Methodische Probleme, paradoxe Effekte und Artefakte bei der Korrelierung von Nominierungsdaten. Zeitschrift für Pädagogische Psychologie / German Journal of Educational Psychology, 12, 167–178.

Hanses. P. & Rost, D.H. (1994). Selbstkonzeptprobleme bei hochbegabten Grundschulkindern? In Olechowski, R. & Rollett, B. (Hrsg.). Theorie und Praxis. Aspekte empirisch-pädagogischer Forschung – quantitative und qualitative Methoden. Bern: Lang, 475–478.

Hanses, P. & Rost, D.H. (1998). Das „Drama" der hochbegabten Underachiever. „Gewöhnliche" oder „außergewöhnliche" Underachiever? Zeitschrift für Pädagogische Psychologie / German Journal of Educational Psychology, 12, 53–71.

Hanson, R.K., Hunsley, J. & Parker, C.H. (1988). The relationship between WAIS subtest reliability, g loadings, and meta-analytically derived validity estimates. Journal of Clinical Psychology, 44, 557–563.

Hany, E.A. (1987a). Psychometrische Probleme bei der Identifikation Hochbegabter. Zeitschrift für Differentielle und Diagnostische Psychologie, 8, 173–191.

Hany, E.A. (1987b). Modelle und Strategien zur Identifikation hochbegabter Schüler. Unveröffentlichte Dissertation. München: Universität München.

Hany, E.A. & Heller, K.A. (1991). Gegenwärtiger Stand der Hochbegabungsforschung. Replik zum Beitrag Identifizierung von Hochbegabung. Zeitschrift für Entwicklungspsychologie und Pädagogische Psychologie, 23, 241–249.

Harrison, P.L., Flanagan, D.P. & Genshaft, J.L. (1997). An integration and synthesis of contemporary theories, tests, and issues in the field of intellectual assessment. In Flanagan, D.P., Genshaft, J.L. & Harrison, P.L. (Eds.). Contemporary intellectual assessment. Theories, tests, and issues. New York: Guilford Press, 533–561.

Harter, S. (1981). A new self-report scale intrinsic versus extrinsic orientation in the classroom: Motivational and informational components. Developmental Psychology, 17, 300–312.

Harter, S. (1988). In the classroom. Pupil's form. Denver, Co.: University of Denver.

Hartigan, R.J. & Wigdor, A.K. (Eds.)(1989). Fairness in employment testing: Validity generalization, minority issues, and the General Aptitude Test Battery. Washington, DC: National Academic Press.

Hasan, P. & Butcher, H.J. (1966). Creativity and intelligence: A partial replication with Scottish children of Getzels & Jackson's study. British Journal of Psychology, 57, 129–135.

Hasebrook, J. (1998). Aptitude-Treatment-Interaction (ATI). In Rost, D.H. (Hrsg.). Handwörterbuch Pädagogische Psychologie. Weinheim: Psychologie Verlags Union, 10–13.

Hasselmann, D. (1993). Computersimulierte komplexe Problemstellungen in der Management-Diagnostik. Hamburg: Windmühle.

Hawk, J. (1986). Real world implications of *g*. Journal of Vocational Behavior, 29, 411–414.

Heckhausen, H. (Hrsg.)(1980). Fähigkeit und Motivation erwartungswichtiger Schulleistung. Göttingen: Hogrefe.

Heilmann, K. (1999). Begabung – Leistung – Karriere. Die Preisträger im Bundeswettbewerb Mathematik 1971–1995. Göttingen: Hogrefe.

Heinbokel, A. (1996). Überspringen von Klassen. Münster: Lit.

Helbig, P. (1988). Begabung im pädagogischen Denken. Weinheim: Juventa.

Heller, K.A. (1976). Intelligenz und Begabung. München: Reinhardt.

Heller, K.A. (1992)(Hrsg.). Hochbegabung im Kindes- und Jugendalter. Göttingen: Hogrefe.

Heller, K., Nickel, H. & Neubauer, W. (1978). Verhalten und Lernen. Stuttgart: Klett-Cotta.

Helmke, A. (1993). (Buchbesprechung „Lebensumweltanalyse hochbegabter Kinder".) Zeitschrift für Pädagogische Psychologie / German Journal of Educational Psychology, 7, 155–157.

Helson, R. (1971). Women mathematicians and the creative personality. Journal of Consulting and Clinical Psychology, 36, 210–211, 217–220.

Helson, R. & Crutchfield, R. (1970). Mathematicians: The creative researcher and the average Ph.D. Journal of Consulting and Clinical Psychology, 34, 250–257.

Herrnstein, R.J. (1982). IQ testing and the media. The Atlantic Monthley, August 1982, 68–74.

Herrnstein, R.J. & Murray, C. (1994). The bell curve. Intelligence and class structure in American life. New York: Free Press.

Hessisches Kultusministerium (Hrsg.)(1999). „Hilfe, mein Kind ist hochbegabt." IQ 130 – Förderung von besonderen Begabungen in Hessen. Heft 1: Grundlagen. Wiesbaden: Hessisches Kultusministerium.

Hirshi, T. & Hindelang, M.J. (1977). Intelligence and delinquency: A revisionist view. American Sociological Review, 47, 571–587.

His, W. (1928). Über die natürliche Ungleichheit der Menschen. Berlin: R. van Decker's Verlag, G. Schenck.

Hitpass, J. (1963). Bericht über eine sechsjährige Bewährungskontrolle von Aufnahmeprüfung und Testprüfung. Schule und Psychologie, 10, 75–94.

Hitt, W.D. & Stock, J.R. (1965). The relationship between psychological characteristics and creative behavior. Psychological Record, 15, 133–140.

Hocevar, D. (1981). Measurement of creativity: Review and critique. Journal of Personality Assessment, 45, 450–464.

Hocevar, D. & Bachelor, P. (1989). A taxonomy and critique of measurements used in the study of creativity. In Glover, J.A., Ronning, R.R. & Reynolds, C.R. (Eds.). Handbook of creativity research. New York: Plenum Press, 53–75.

Höhler, G. (1997). Herzschlag der Sieger. Die EQ-Revolution. Düsseldorf: Econ.

Hoepfner, R. (1974). The validity of tests of social intelligence. In Eckensberger, L.H. & Eckensberger, U.S. (Hrsg.). Bericht über den 28. Kongreß der Deutschen Gesellschaft für Psychologie in Saarbrücken 1972. Band 3: Gruppendynamik und soziale Kognitionen. Göttingen: Hogrefe, 321–338.

Hörmann, H.J. (1986). SDQ-III. Selbstbeschreibungsfragebogen für Schüler und Studenten. In Schwarzer, R. (Hrsg.). Skala zur Befindlichkeit und Persönlichkeit. Forschungsbericht 5. Berlin: Institut für Psychologie, Freie Universität.

Hoffman, D.D. (2000). Visual intelligence: How we create what we see. New York: W.W. Norton & Company.

Hofstätter, P.R. (1957). Psychologie. Frankfurt: Fischer Bücherei.

Hofstätter, P.R. (1971). Differentielle Psychologie. Stuttgart: Kröner.

Hogan, R. (1980). The gifted adolescent. In Adelson, J. (Ed.). Handbook of adolescent psychology. New York: Wiley.

Holahan, C.K. & Sears, R.R. in association with Cronbach, L.E. (1995). The gifted group in later maturity. Stanford, Ca.: Stanford University Press.

Holling, H. & Kanning, U.P. (1999). Hochbegabung. Forschungsergebnisse und Fördermöglichkeiten. Göttingen: Hogrefe.

Hollingworth, L.S. (1920). The psychology of subnormal children. New York: MacMillan.

Hollingworth, L.S. (1926). Gifted children: Their nature and nurture. New York: Macmillan.

Hollingworth, L.S. (1942). Children above 180 IQ Stanford-Binet: Origin and development. Yonkers-on-Hudson, NY: World Book.

Holz-Ebeling, F. (1993a). Fragebogen zu Arbeitszeit- und Arbeitseffektivitätsproblemen. Unveröffentlichtes Manuskript. Marburg: Fachbereich Psychologie, Philipps-Universität.

Holz-Ebeling, F. (1993b). Kompaktverfahren zur Erfassung von Persönlichkeitsdimensionen. Unveröffentlichtes Manuskript. Marburg: Fachbereich Psychologie, Philipps-Universität.

Horn, J.L. (1965). A rationale and test for the number of factors in factor analysis. Psychometrika, 30, 179–185.

Horn, J.L. (1976). Human abilities: A review of research and theory in the early 1970's. In Rosenzweig, M.R. & Porter, L.W. (Eds.). Annual review of psychology. Vol. 27. Palo Alto, CA: Annual Reviews, 432–485.

Horn, W. (1983). Leistungsprüfsystem (LPS). Göttingen: Hogrefe.

Horowitz, F.D. (1994). Giftedness. In Sternberg, R.J. (Ed.). Encyclopedia of human intelligence. Vol. 1. New York: Macmillan, 491–496.

Horowitz, F.D. & O'Brien, M. (1987). Gifted and talented children. State of knowledge and directions for research. American Psychologist, 41, 1147–1152.

Hotelling, H. (1933). Analysis of a complex of statistical variables into principal components. Journal of Educational Psychology, 24, 417–441, 498–520.

Hough, L.M. & Oswald, F.L. (2000). Personnel selection: Looking toward the future – Remembering the past. In Fiske, S.T., Schacter, D.L. & Zahn-Waxler, C. (Eds.). Annual review of psychology. Vol. 51. Palo Alto, CA: Annual Reviews, 631–664.

Howard, R.W. (1999). Preliminary real-world evidence that average human intelligence really is rising. Intelligence, 27, 235–250.

Howieson, N. (1981). A longitudinal study of creativity 1965–1975. Journal of Creative Behavior, 15, 117–134.

Humphreys, L.G. (1962). The organization of human abilities. American Psychologist, 17, 475–483.

Humphreys, L.G. (1985a). General intelligence: An integration of factor, test, and simplex theory. In Wolman, B.J. (Ed.). Handbook of intelligence. New York: Wiley & Sons, 201–224.

Humphreys, L.G. (1985b). A conceptualization of intellectual giftedness. In Horowitz, F.D. & O'Brien, M. (Eds.). The gifted and talented. Developmental perspectives. Washington, DC: American Psychological Association, 331–360.

Hunt, T. (1928). The measurement of social intelligence. Journal of Applied Psychology, 12, 317–334.

Hunter, J.E. (1983). Test validation for 12.000 jobs: An application of job classification and validity generalization analysis to the General Aptitude Test Battery. USES Test Research Report. No. 45. Washington, DC: US Department of Labor.

Hunter, J.E. (1986). Cognitive ability, cognitive aptitude, job knowledge, and job performance. Journal of Vocational Behavior, 29, 340–362.

Hunter, J.E. & Hirsh, H.R. (1987). Applications of meta-analysis. In Cooper, C.L. & Robertson, T. (Eds.). International review of industrial and organisational psychology. Vol. 2. Chichester, : Wiley, 321–357.

Hunter, J.E. & Hunter, R.F. (1984). Validity and utility of alternative predictors of job performance. Psychological Bulletin, 96, 72–98.

Im, H.J. (1975). Die Entwicklung eines europäischen Schlüsselwortes: Intelligenz und seine Bedeutung in der Wissenschaftssprache. Unveröffentlichte Dissertation, Bonn.

Ingenkamp, K. (1971). Die Fragwürdigkeit der Zensurengebung. Weinheim: Beltz.

Ingenkamp, K. (1989). Forschungsstand und „Restauration" der Zensurengebung. In Ingenkamp, K. Diagnostik in der Schule. Weinheim: Beltz, 55–94.

Jäger, A.O. (1984). Intelligenzstrukturforschung: Konkurrierende Modelle, neue Entwicklungen, Perspektiven. Psychologische Rundschau, 35, 21–35.

Jäger, A.O., Süß, H.-M. & Beauducel, A. (1997). Berliner Intelligenzstruktur-Test. BIS-Test, Form 4. Göttingen: Hogrefe.

Jarecky, R.K. (1975). Identification of the socially gifted. In Barbe, W.B. & Renzulli, J.S. (Eds.). Psychology and education of the gifted (2nd ed.). New York: Irvington, 256–263.

Jarell, R.H. & Borland, J.H. (1990). The research base for Renzulli's three-ring conception of giftedness. Journal for the Education of the Gifted, 13, 288–308.

Jellen, H. (1983). Renzulli-itis: A national disease in gifted education. Paper presented at the Illinois State Conference on the Gifted, November 14, 1983, Peoria, IL.

Jellen, H. (1985). Renzulli's enrichment scheme for the gifted: Educational accommodation of the gifted in the American context. Gifted Education International, 3 (1), 12–17.

Jellen, H. & Verduin, J.R. (1989). Differentielle Erziehung besonders Begabter. Köln: Böhlau.

Jencks, C.H., Smith, M., Acland, H., Bane, M.J., Cohen, D., Gintis, H., Heyns, B. & Michelson, S. (1972). Inequality – A reassessment of the effect of family and schooling in America. New York: Basic Books.

Jensen, A.R. (1980). Bias in mental testing. London, : Methuen.

Jensen, A.R. (1981). Straight talk about mental tests. London, : Methuen.

Jensen, A.R. (1983). The definition of intelligence and factor score indeterminacy. Behavioral and Brain Sciences, 6, 313–315.

Jensen, A.R. (1985). The nature of the black-white difference on various psychometric tests: Spearman's hypothesis. Behavioral and Brain Sciences, 2, 193–219.

Jensen, A.R. (1987a). Intelligence as a fact of nature. Zeitschrift für Pädagogische Psychologie, 1, 157–169.

Jensen, A.R. (1987b). The g beyond factor analysis. In Ronning, R.R., Glover, J.A., Conoley, J.C. & Witt, J.C. (Eds.). The influence of cognitive psychology on testing. Hillsdale, NJ: Erlbaum, 87–142.

Jensen, A.R. (1992a). Commentary: Vehicles of g. Psychological Science, 3, 275–278.

Jensen, A.R. (1992b). Understanding g in terms of information processing. Educational Psychology Review, 4, 271–308.

Jensen, A.R. (1993). Psychometric g and achievement. In Gifford, R.B. (Ed.). Policy perspectives on educational achievement. Norwell, NJ: Kluwer, 1–100.

Jensen, A.R. (1998). The g factor. The science of mental ability. Westport, CT: Praeger.

Jensen, A.R. & Weng, L.-J. (1994). What is a good g? Intelligence, 18, 231–258.

Jugendwerk der Deutschen Shell (Hrsg.)(1992). Jugend '92: Lebenslagen, Orientierungen und Entwicklungsperspektiven im vereinigten Deutschland. Bd. 4: Methodenberichte, Tabellen, Fragebogen. Opladen: Leske & Buderich.

Kahaner, L.C. (1998). Competitive intelligence: How to gather, analyse, and use information to move your business to the top. New York: Touchstone Press.

Kamphaus, P.W. (1993). Clinical assessment of children's intelligence. Boston, MA: Allyn & Bacon.

Karnes, F.A. & Collins, E.C. (1978). State definitions of the gifted and talented: A report and analysis. Journal for the Education of the Gifted, 1, 44–62.

Karnes, F.A. & Koch, S.F. (1987). State definitions of the gifted and talented: An update and analysis. Journal for the Education of the Gifted, 8, 285–306.

Kasten, H.K. (1993). (Buchbesprechung „Lebensumweltanalyse hochbegabter Kinder".) Zeitschrift für Familienforschung, 5, 298–300.

Kaufman, A.S. (1994). Intelligence testing with the WISC-III. New York: Wiley & Sons.

Kaufman, A.S. & Kaufman, N.L. (1997). The Kaufman Adolescent and Adult Intelligence Test. In Flanagan, D.P., Genshaft, J.C. & Harrison, D.L. (Eds.). Contemporary intellectual assessment. Theories, tests, and issues. New York: Guilford Press, 209–229.

Kavale, K.A. & Forness, S.R. (1984). A meta-analysis of the validity of Wechsler scale profiles and recategorizations: Patterns or parodies? Learning Disabilities Quarterly, 7, 136–156.

Keating, D.P. (1974). The study of mathematically precocious youth. In Stanley, J.C., Keating, D.P. & Fox, L.H. (Eds.). Mathematical talent. Discovery, description, and development. Baltimore, MD: Johns Hopkins University Press, 23–46.

Keating, D.P. (Ed.)(1976). Intellectual talent: Research and development. Baltimore, MD: The Johns Hopkins University Press.

Keating, D.P. (1978). A search for social intelligence. Journal of Educational Psychology, 70, 218–223.

Keith, T.Z. (1990). Confirmatory and hierarchical confirmatory analysis of the Differential Ability Scales. Journal of Psychoeducational Assessment, 8, 391–405.

Keith, T.Z. (1997). Using confirmatory factor analysis to aid in understanding the constructs measured by intelligence tests. In Flanagan, D.P., Genshaft, J.L. & Harrison, D.L. (Eds.). Contemporary intellectual assessment. Theories, tests, and issues. New York: Guilford Press, 373–402.

Keith, T.Z. & Bickley, P.G. (1992). Confirmatory factor analysis of the Stanford-Binet IV. Unpublished manuscript.

Keith, T.Z. & Witta, E.L. (1997). Hierarchical and cross-age confirmatory factor analysis of the WISC-III: What does it measure? School Psychology Quarterly, 12, 89–107.

Kersting, M. (1999). Diagnostik und Personalauswahl mit computergestützten Problemlöseszenarien? Zur Kriteriumsvalidität von Problemlöseszenarien und Intelligenztests. Göttingen: Hogrefe.

Klauer, K.J. (1966), Lernbehindertenpädagogik. Berlin: Marhold.

Klauer, K.J. (1975). Intelligenztraining im Kindesalter. Weinheim: Beltz.

Klausmeier, K., Mishra, S.P. & Maker, C.J. (1987). Identification of gifted learners: A national survey of assessment practices and training needs of school psychologists. Gifted Child Quarterly, 31, 135–137.

Klix, F. (1979). Analoges Schließen: Kognitive Analysen einer Intelligenzleistung. In Ueckert, H. & Rhenius, D. (Hrsg.). Komplexe menschliche Informationsverarbeitung. Beiträge zur Tagung „Kognitive Psychologie" in Hamburg 1978. Bern: Huber.

Klix, F. (1983). Begabungsforschung – ein neuer Weg in der kognitiven Intelligenzdiagnostik. Zeitschrift für Psychologie, 191, 360–387.

Klix, F. (1990). Wissensrepräsentationen und geistige Leistungsfähigkeit im Lichte neuer Forschungsergebnisse der kognitiven Psychologie. Zeitschrift für Psychologie,. 198, 165–187.

Klix, F. & Landerl, H.-J. (1967). Die Strukturanalyse von Denkprozessen als Mittel der Intelligenzdiagnostik. In Klix, F., Gutjahr, W. & Mehl, J. (Hrsg.). Intelligenzdiagnostik. Berlin: Deutscher Verlag der Wissenschaften, 245–271.

Kluwe, R.H., Schilde, A., Fischer, C. & Oellerer, N. (1991). Problemlöseleistungen beim Umgang mit komplexen Systemen und Intelligenz. Diagnostica, 37, 291–313.

Knoche, W. (1977). Das Erbe-Umwelt-Problem: Begriffliches und Klärendes zur Begabung und Intelligenzerblichkeit. Weinheim: Beltz.

König, G. (1986). Begabung und Begabungsförderung. Ein Literaturüberblick über neuere Ergebnisse unter besonderer Berücksichtigung der mathematischen Begabung. Zentralblatt für Didaktik der Mathematik, 18 (3), 81–98.

Kogan, N. & Pankove, E. (1974). Long-term predictive validity of divergent-thinking tests: Some negative evidence. Journal of Educational Psychology, 66, 808–810.

Kohlberg, L. (1984). The psychology of moral development. San Francisco, CA: Harper & Row.

Kontos, S., Carter, K.R., Ormrod, J.E. & Cooney, J.B. (1983). Reviewing the revolving door: A strict interpretation of Renzulli's definition of giftedness. Roeper Review, 6, 35–38.

Kovaltcho, O.L. (1998). Hochbegabte Jugendliche und ihre Peer-Beziehungen. Regensburg: Roderer.

Kramer, J.J., Henning-Stout, M., Ullman, D.P. & Schellenberger, R.P. (1987). The viability of scatter analysis on the WISC-R and SBIS: Examining a vestige. Journal of Psychoeducational Assessment, 5, 37–47.

Kranzler, J.H. (1997). Eduational and policy issues related to the use and interpretation of intelligence tests in the schools. School Psychology Review, 26, 150–162.

Kranzler, J.H. & Keith, T.Z. (1999). Independent confirmatory factor analysis of the Cognitive Assessment System (CAS): What does the CAS measure? School Psychology Review, 28, 117–144.

Kranzler, J.H., Whang, P.A. & Jensen, A.R. (1994). Task complexity and the speed and efficiency of elemental information processing: Another look at the nature of intellectual giftedness. Contemporary Educational Psychology, 19, 447–459.

Krapp, A. (1986). Begabung. In Sarges, W. & Fricke, R. (Hrsg.). Psychologie für die Erwachsenenbildung. Göttingen: Hogrefe, 79–84.

Kröner, S. (2000). MultiFlux – Entwicklung und Validierung eines simulationsbasierten Intelligenzdiagnostikums. Unveröffentlichte Dissertation. Erfurt: Pädagogische Hochschule Erfurt.

Kühn, R. (1994). (Buchbesprechung „Lebensumweltanalyse hochbegabter Kinder".) Zeitschrift für internationale erziehungs- und sozialwissenschaftliche Forschung, 11, 191–194.

Kuhn, D. (1976). Relation of two Piagetian stage transitions to IQ. Developmental Psychology, 12, 157–161.

Kurth, E. & Streibhardt, U. (1998). Kognitive Behinderung und biosoziales Bedingungsgefüge bei lernbeeinträchtigten Kindern. In Greisbach, M., Kullik, U. & Souvignier, E. (Hrsg.). Von der Lernbehindertenpädagogik zur Praxis schulischer Lernförderung. Lengerich: Pabst, 22–36.

Kurtz, B.E. & Weinert, F.E. (1989). Metamemory, memory performance, and causal attributions in gifted and average children. Journal of Experimental Child Psychology, 48, 45–61.

Kurtzman, L.A. (1967). A study of school attitudes, peer acceptance, and personality of creative adolescents. Exceptional Children, 34, 157–162.

Kyllonen, P.C. (1993). Aptitude testing inspired by information processing: A test of the four-sources model. The Journal of General Psychology, 120, 375–405.

Kyllonen, P.C. & Christal, R.E. (1990). Reasoning ability is (little more than) working-memory capacity?! Intelligence, 14, 389–433.

Langeheine, R. (1980). Log-lineare Modelle zur multivariaten Analyse qualitativer Daten. Eine Einführung. München: Oldenbourg.

Langley, P., Simon, H.A., Bradshaw, G.L. & Zytkow, J.M. (1987). Scientific discovery: Computational explorations of the creative processes. Cambridge, MA: MIT Press.

Larson, G.E. & Saccuzzo, D.P. (1989). Cognitive correlates of general intelligence: Toward a process theory of g. Intelligence, 15, 5–31.

Larson, G.E. & Wolfe, J.H. (1995). Validity results for g from an expanded test base. Intelligence, 20, 15–25.

Lautenschlager, G.J., Lance, C.E. & Flaherty, V.L. (1989). Parallel analysis criteria: Revised equations for estimating the latent roots of random data collection matrices. Educational and Psychological Measurement, 49, 339–345.

Lavin, D.E. (1965). The prediction of academic performance. New York: Wiley.

Levine, M. (1997). Why race matters. Westport, CT: Praeger.

Levine, E.L., Spector, P.E., Menon, S., Narayanan, L. & Cannon-Bowers, J. (1996). Validity generalization for cognitive psychomotor, and perceptual tests for craft jobs in the utility industry. Human Performance, 9, 1–22.

Lienert, G.A. & Raatz, U. (1994). Testaufbau und Testanalyse. Weinheim: Psychologie Verlags Union.

Löschenkohl, E. (1975). Über den prognostischen Wert von Schulreifetests. Stuttgart: Klett.

Lohman, D.F. (1989). Human intelligence: An introduction to advances in theory and research. Review of Educational Research, 59, 333–373.

Lovell, K. & Shields, J.B. (1967). Some aspects of a study of the gifted child. British Journal of Educational Psychology, 37, 201–208.

Lubinski, D. & Humphreys, L.G. (1990). A broadly based analysis of mathematical giftedness. Intelligence, 14, 327–355.

Lubinski, D. & Benbow, C.P. (1995). An opportunity for empirism. (Book review „Multiple intelligences: The theory in practice".) Contemporary Psychology, 40, 935–938.

Lubinski, D. & Dawis, R.V. (1992). Aptitude, skills, and proficiencies. In Dunnette, M.D. & Hough, L.M. (Eds.). The handbook of industrial / organizational psychology (2nd ed.). Palo Alto, CA: Consulting Psychologists Press, 1–59.

Lubinski, D. & Humphreys, L.G. (1997). Incorporating general intelligence into epidemiology and the social sciences. Intelligence, 24, 159–201.

Lynam, D., Moffitt, T. & Stouthamer-Loeber, M. (1993). Explaining the relation between IQ and delinquency: Class, race, test, motivation, school failure, or self-control. Journal of Abnormal Psychology, 102, 187–196.

Lynn, R. Wilson, R.G. & Gault, A. (1989). Simple musical tests as measures of Spearman's g. Personality and Individual Differences, 10, 25–28.

Mackintosh, N.J. (1998). IQ and human intelligence. Oxford, : Oxford University Press.

Mackuth, T. (1981). Intelligenzorganisation mathematischer Begabungen in der Sekundarstufe II. In Klauer, K.J. & Konradt, H.-J. (Hrsg.). Jahrbuch für empirische Entwicklungswissenschaft 1981. Düsseldorf: Schwann, 97–123.

Macmann, G.M. & Barnett, D.W. (1992). Redefining the WISC-R: Implications for professional practice and practice and public policy. Journal of Special Education, 26, 139–161.

Mähler, B. & Hofmann, G. (1998). Ist mein Kind hochbegabt? Hamburg: Rowohlt.

Magnusson, D. & Backteman, G. (1978). Longitudinal stability of person characteristics: Intelligence and creativity. Applied Psychological Measurement, 2, 481–490.

Marsh, H.W. (1964). A statistical re-analysis of Getzels and Jackson's data. British Journal of Educational Psychology, 34, 91–93.

Marsh, H.W. & O'Neill, R. (1984). Self-Description Questionnaire III (SDQ-III): The construct validity of multidimensional self-concept ratings by late adolescents. Journal of Educational Measurement, 21, 153–174.

Matarazzo, J.D. (1972). Wechsler's measurement and appraisal of adult intelligence. Baltimore, MD: Williams & Wilkins.

McCabe, M.P. (1991). Influence of creativity and intelligence on academic performance. The Journal of Creative Behavior, 25, 116–122.

McCall, R.B. (1977). Childhood IQ's as predictors of adult educational and occupational status. Science, 197, 482–489.

McCall, R.B. (1994). Academic underachievers. Current Directions in Psychological Science, 3, 15–19.

McCall, R.B. & Carriger, M.S. (1993). A meta-analysis of infant habituation and recognition memory performance as predictors of later IQ. Child Development, 64, 57–79.

McClatchy, V.R. (1929). A theoretical and statistical critique of the social intelligence and of attempts to measure such a process. Journal of Abnormal and Social Psychology, 24, 217–220.

McDermott, P.A., Fantuzzo, J.W. & Glutting, J.J. (1990). Just say no to subtest analysis: A critique on Wechsler's theory and practice. Journal of Psychoeducational Assessment, 8, 209–302.

McDermott, P.A., Fantuzzo, J.W., Glutting, J.J., Watkins, M.W. & Baggaley, A.R. (1992). Illusions of meaning in the ipsative assessment of children's abilities. Journal of Special Education, 25, 504–526.

McDermott, P.A. & Glutting, J.J. (1997). Informing stylistic learning behavior, disposition, and achievement through ability subtests – or, more illusions of meaning. School Psychology Review, 26, 163–175.

McGrew, K.S. (1994). Clinical interpretation of the Woodcock-Johnson Test of Cognitive Ability – Revised. Boston, MA: Allyn & Bacon.

McGrew, K.S., Keith, T.Z., Flanagan, D.P. & Vanderwood, M. (1997). Beyond g: The impact of G_{f-} G_c specific cognitive abilities research on the future use and interpretation of intelligence tests in schools. School Psychology Review, 26, 189–210.

McGrew, K.S., Werder, J.K. & Woodcock, R.W. (1991). WJ-R technical manual. Chicago, IL: Riverside.

McLeod, J. & Kluckmann, I. (1985). A trans-Canada survey of programming for gifted children. A preliminary report. Saskatoon, Canada: University of Saskatchewan, Institute of Child Guidance and Development.

McNemar, Q. (1964). Lost: Our intelligence – why? American Psychologist, 19, 871–882.

Mednick, M.T. & Andrews, F.M. (1967). Creative thinking and level of intelligence. Journal of Creative Behavior, 1, 428–431.

Meer, E. v. d. (1994). (Buchbesprechung „Lebensumweltanalyse hochbegabter Kinder".) Zeitschrift für Psychologie, 202, 216.

Meili, R. (1951). Lehrbuch der psychologischen Diagnostik. Bern: Huber.

Messick, S. (1982). Multiple intelligences or multilevel intelligences? Selective emphasis on distinctive properties of hierarchy: On Gardner's Frames of Mind and Sternberg's Beyond IQ in the context of theory and research on the structure of human abilities. Psychological Inquiry, 3, 365–384.

Mietzel, G. (1998). Pädagogische Psychologie des Lernens und Lehrens. Göttingen: Hogrefe.

Miles, C.C. (1946). Gifted children. In Charmichael, L. (Ed.). Manual of child psychology. New York: Wiley, 886–953.

Ministerium für Bildung, Wissenschaft, Forschung und Kultur Schleswig-Holstein (Hrsg.)(1998). Kinder mit besonderen Begabungen: Erkennen, Beraten, Fördern. Kiel: Minister für Bildung, Wissenschaft, Forschung und Kultur.

Ministerium für Kultur, Jugend und Sport Baden-Württemberg (Hrsg.)(1998). Begabungen fördern. Hochbegabte Kinder in der Grundschule. Stuttgart: Ministerium für Kultur, Jugend und Sport.

Mitchell, D.W. & Colombo, J. (1997). Infant cognition and general intelligence. In Kingma, J. & Tomic, W, (Ed.). Advances in cognition and education. Vol. 4: Reflections on the concept of intelligence. Greenwich, CT: JAI Press, 101–108.

Mönks, F.J. (1963). Beiträge zur Begabtenforschung im Kindes- und Jugendalter. Archiv für die gesamte Psychologie, 115, 362–382.

Mönks, F.J. (1985). Hoogbegaafden: Een situatieschets. In Mönks, F.J. & Span, P. (Ed.). Hoogbegaafden in de samenleving. Nijmegen: Dekker & van de Vegt, 17–23.

Mönks, F.J. (1991). Kann wissenschaftliche Argumentation auf Aktualität verzichten? Replik zum Beitrag Identifizierung von Hochbegabung. Zeitschrift für Entwicklungspsychologie und Pädagogische Psychologie, 23, 232–240.

Mönks, F.J. & Knoers, A.M.P. (1996). Lehrbuch der Entwicklungspsychologie. München: Reinhardt.

Moffitt, T.E., Caspi, A., Harkness, A.R. & Silva, P.A. (1993). The natural history of change in intellectual performance: Who changes? How much? It is meaningful? Journal of Child Psychology and Psychiatry, 34, 455–506.

Moffitt, T.E., Caspi, A., Silva, P.A. & Stouthamer-Loeber, M. (1995). Individual differences in personality and intelligence are linked to crime: Cross-context evidence from nations, neighbourhoods, genders, races, and age cohorts. In Hagan, J. (Ed.). Current perspectives on aging and the life cicle. Vol. 4. Delinquency and dispute in the life course: Contextual and dynamic analyses. Greenwood, CT: JAI Press, 1–34.

Moffitt, T.E., Gabrielli, W.F., Mednick, S.A. & Schulsinger, F. (1981). Socioeconomic status, IQ, and delinquency. Journal of Abnormal Psychology, 90, 152–156.

Moffitt, T.E. & Silva, P.A. (1988). IQ and delinquency: A direct test of the differential detection hypothesis. Journal of Abnormal Psychology, 97, 330–333.

Mogel, H. (1993). (Buchbesprechung „Lebensumweltanalyse hochbegabter Kinder".) Schweizerische Zeitschrift für Psychologie, 52, 289–290.

Moses, B. (1998). Career intelligence: The 12 new rules for work and life success. San Francisco, Ca.: Berrett-Koehler.

Moskovitz, D.S. & Schwartzman, A.E. (1989). Life paths of aggressive and withdrawn children. In Buss, D.M. & Cantor, N. (Eds.). Personality psychology. New York: Springer, 99–114.

Moss, F.A. & Hunt, T. (1927). Are you socially intelligent? Scientific American, 137, 108–110.

Mühle, G. (1969). Definitions- und Methodenprobleme der Begabungsforschung. In Roth, H. (Hrsg.). Begabung und Lernen. Stuttgart: Klett, 69–97.

Neisser, U. (1998). The rising curve. Long-term gains in IQ and related measures. Washington, DC: American Psychological Association.

Neisser, U., Boodoo, G., Bouchard, T.J. Jr., Boykin, A.W., Brody, N., Ceci, S.J., Halpern, D., Loehlin, J., Perloff, R., Sternberg, R.J. & Urbina, S. (1996). Intelligence: Knowns and unknowns. American Psychologist, 51, 77–101.

Nettelbeck, T. (1999). Savant syndrome – rhyme without reason. In Anderson, M. (Ed.). The development of intelligence. Hove, : Psychology Press, 247–273.

Neubauer, A.C. & Knorr, E.N. (1998). Three paper- and pencil tests for speed of information processing: Psychometric properties and correlations with intelligence. Intelligence, 26, 123–151.

Nihira, K. (1985). Assessment of mentally retarded individuals. In Wolman, B.B. (Ed.). Handbook of intelligence. Theories, measurements, and applications. New York: Wiley & Sons, 801–824.

Noack, P., Hofer, M., Kracke, B. & Klein-Allermann, E. (1995). Adolescents and their parents facing social change: Families in East and West Germany after unification. In Noack, P., Hofer, M. & Youniss, J. (Eds.). Psychological response for social change. Berlin: De Gruyter, 129–148.

O'Connor, N. & Hermelin, B. (1981). Intelligence and learning: Specific and general handicaps. In Friedman, M., Das, I.P. & O'Connor, N. (Eds.). Intelligence and learning. New York: Plenum Press, 51–65.

O'Connor, N. & Hermelin, B. (1983). The role of general and specific talents in information processing. British Journal of Developmental Psychology, 4, 389–403.

Ohnmacht, F.W. (1966). Achievement, anxiety, and creative thinking. American Educational Research Journal, 3, 131–138.

Olea, M.M. & Ree, J.M. (1994). Predicting pilot and navigator criteria: Not much more than g. Journal of Applied Psychology, 79, 845–851.

Ollendick, T.H., Weist, M.D., Borden, M.C. & Greene, R.W. (1992). Sociometric status and academic behavioral and psychological adjustment: A five-year longitudinal study. Journal of Consulting and Clinical Psychology, 60, 80–87.

Olson, D.H., Sprenkle, D.H. & Russell, C.S. (1976). Circumplex model of mental and family systems I: Cohesion and adaptability dimensions, family types, and clinical observations. Family Process, 18, 3–28.

Orlik, P. (1982). Soziale Intelligenz. In Klauer, K.J. (Hrsg.). Handbuch der Pädagogischen Diagnostik. Studienausgabe. Band 1. Düsseldorf: Schwann, 341–354.

Oswald, W.D. & Roth, E. (1987). Der Zahlen-Verbindungs-Test (ZVT). Göttingen: Hogrefe.

Panzer, R. (1998). Relationship intelligence: Why your RQ is more important to your success and happiness than your IQ. Westwood, NJ: Center for the Educational Media.

Parkyn, W.G. (1948). Children of high intelligence. Oxford, : Oxford University Press.

Perleth, C. (1993). Anhang: Zur Methodik der Münchner Hochbegabungsstudie. In Heller, K.A. (Hrsg.). Hochbegabung im Kindes- und Jugendalter. Göttingen: Hogrefe, 351–381.

Petillon, H. (1984). Sozialfragebogen für Schüler SF 4–6. Weinheim: Beltz.

Piers, E.V., Daniels, J.M. & Quakenbush, J.F. (1960). The identification of creativity in adolescents. Journal of Educational Psychology, 51, 346–351.

Piers, E.V. & Harris, D.B. (1969). Manual for the Piers-Harris Children's Self-Concept Scale. Nashville: Counselor Recordings and Tests.

Pintner, R. & Upshall, C.C. (1928). Some results of social intelligence tests. School and Society, 27, 369–370.

Pollmer, K. (1992). Intellektuelle Hochbegabung und mathematische Spezialbegabung – Theoretische Auffassungen, empirische Befunde, Konsequenzen für die Förderung. In Urban, K.K. (Hrsg.). Begabungen entwickeln, erkennen, fördern. Hannover: Fachbereich Erziehungswissenschaften I, Universität Hannover, 273–286.

Portmann, R. (1974). Stufentests. Sprachliche Analogien 5 / 6. Weinheim: Beltz.

Portmann, R. (1975). Stufentests. Sprachliche Analogien 3 / 4. Weinheim: Beltz.

Preiser, S. (1976). Kreativitätsforschung. Darmstadt: Wissenschaftliche Buchgesellschaft.

Probst, P. (1982). Empirische Untersuchungen zum Konstrukt der „sozialen" Intelligenz. In Pawlik, K. (Hrsg.). Multivariate Persönlichkeitsforschung. Bern: Huber, 201–226.

Putz-Osterloh, W. (1981). Über die Beziehung zwischen Testintelligenz und Problemlöseerfolg. Zeitschrift für Psychologie, 189, 79–100.

Rahn, H. (1985). Talente finden – Talente fördern. Die Bundessieger im Bundeswettbewerb Mathematik 1971–1983. Göttingen: Hogrefe.

Rahn, H. (1986). Jugend forscht. Die Landes- und Bundessieger im Bundeswettbewerb Jugend forscht 1966–1984. Göttingen: Hogrefe.

Ree, M.J. & Earles, J.A. (1991a). Predicting training success: Not much more than g. Personnel Psychology, 44, 321–332.

Ree, M.J. & Earles, J.A. (1991b). The stability of g across different methods of estimation. Intelligence, 15, 271–278.

Ree, M.J. & Earles, J.A. (1992). Intelligence is the best predictor of job performance. Current Directions in Psychological Science, 1, 86–89.

Ree, M.J. & Earles, J.A. (1993). g is to psychology what carbon is to chemistry: A reply to Sternberg and Wagner, McClelland, and Calfee. Current Directions in Psychological Science, 2, 11–12.

Ree, M.J. & Earles, J.A. (1994). The ubiquitous predictiveness of g. In Rumsey, M.G., Walker, C.B. & Harris, J.H. (Eds.). Personnel selection and classification. Hillsdale, NJ: Erlbaum.

Ree, M.J. & Earles, J.A. & Teachout, M.S. (1994). Predicting job performance: Not much more than g. Journal of Applied Psychology, 79, 518–524.

Renzulli, J.S. (1978). What makes giftedness? Reexamining a definition. Phi Delta Kappan, 60, 180–185, 261.

Renzulli, J.S. (2000). What is this thing called giftedness, and how do we develop it? A twenty-five year perspective. Journal for the Education of the Gifted, 23, 3–54.

Rest, J.R. (1979a). Development in judging moral issues. Minneapolis: Moral Research Project.

Rest, J.R. (1979b). Revised manual for the Defining Issues Test. Minneapolis: Moral Research Project.

Reynolds, C.R. & Kaiser, S.M. (1990). Test bias in psychological assessment. In Gutkin, T.B. & Reynolds, C.R. (Eds.). The handbook of school psychology (2nd ed.). New York: Wiley, 487–525.

Richert, S.E. (1985). The state of the art of identification of gifted students in the United States. Gifted Education International, 3, 47–51.

Riggio, R.E., Messamer, J. & Throckmorton, B. (1991). Social and academic intelligence: Conceptually distinct but overlapping constructs. Personality and Individual Differences, 12, 695–702.

Ripple, R.E. & May, F.B. (1962). Caution in comparing creativity and IQ. Psychological Reports, 10, 229–230.

Roe, A. (1953). Making of a scientist. New York: Dodd, Mead & Co.

Roedell, W.C., Jackson, N.E. & Robinson, H.B. (1989). Hochbegabung in der Kindheit. Besonders begabte Kinder im Vor- und Grundschulalter. Heidelberg: Asanger.

Rösler, F. (1988). Personalauslese, Training und Personalentwicklung in Organisationen. In Frey, D., Hoyos, C. Graf von & Stahlberg, D. (Hrsg.). Angewandte Psychologie. München: Psychologie Verlags Union, 65–91.

Rost, D.H. (1983). Maximierung von Markiervariablen als Kriterium zur Entscheidung über die Faktorenzahl. Unveröffentlichtes Manuskript. Marburg: Fachbereich Psychologie, Philipps-Universität.

Rost, D.H. (1989a). Zum Thema „Hochbegabung". In Der Oberkreisdirektor des Kreises Neuss (Hrsg.). Bundesmodell Begabtenförderung im Kreis Neuss. Neuss: Kreis Neuss, 5–30.

Rost, D.H. (Hrsg.)(1989b). Lebensumweltanalyse besonders begabter Grundschulkinder. Forschungsbericht Nr. 2, Band I: Durchführung der Untersuchung und Beschreibung der Forschungsinstrumente der 2. Projektphase. Marburg: Fachbereich Psychologie, Philipps-Universität.

Rost, D.H. (1990). Identificatie van hoogbegaafdheit. Nederlands tijdschrift voor opvoeding, vorming, en onderwijs, 6, 122–151.

Rost, D.H. (1991a). Sonderklassen für besonders Begabte? Fördermaßnahmen für Grundschulkinder im Urteil von Eltern und Lehrenden. Die Deutsche Schule, 83, 284–295.

Rost, D.H. (1991b). Effect size vs. statistical significance. A warning against the danger of small samples. European Journal of High Ability, 2, 236–243.

Rost, D.H. (1991c). Identifizierung von „Hochbegabung". Zeitschrift für Entwicklungspsychologie und Pädagogische Psychologie, 23, 197–231.

Rost, D.H. (1991d). „Belege", „Modelle", Meinungen, Allgemeinplätze. Anmerkungen zu den Repliken von E.A. Hany & K.A. Heller und F. Mönks. Zeitschrift für Entwicklungspsychologie und Pädagogische Psychologie, 23, 197–231.

Rost, D.H. (1991e). Der hochbegabte Schüler / die hochbegabte Schülerin. In Roth, L. (Hrsg.). Pädagogik. Handbuch für Studium und Praxis. München: Ehrenwirth, 833–858.

Rost, D.H. (Hrsg.)(1993a). Lebensumweltanalyse hochbegabter Kinder. Das Marburger Hochbegabtenprojekt. Göttingen: Hogrefe.

Rost, D.H. (1993b). Das Marburger Hochbegabtenprojekt. In Rost, D.H. (Hrsg.). Lebensumweltanalyse hochbegabter Kinder. Göttingen: Hogrefe, 1–33.

Rost, D.H. (1993c). Fördermaßnahmen für hochbegabte Kinder. In Rost, D.H. (Hrsg.). Lebensumweltanalyse hochbegabter Kinder. Das Marburger Hochbegabtenprojekt. Göttingen: Hogrefe, 197–213.

Rost, D.H. (1993d). Persönlichkeitsmerkmale hochbegabter Kinder. In Rost, D.H. (Hrsg.). Lebensumweltanalyse hochbegabter Kinder. Das Marburger Hochbegabtenprojekt. Göttingen: Hogrefe, 105–137.

Rost, D.H. (1993e). Attraktive Grundschulkinder. In Hassebrauck, M. Niketta, R. (Hrsg.). Physische Attraktivität. Göttingen: Hogrefe, 271–306.

Rost, D.H. (1998). Hochbegabung. In Rost, D.H. (Hrsg.). Handwörterbuch Pädagogische Psychologie. Weinheim: Psychologie Verlags Union, 177–182.

Rost, D.H. & Albrecht, H.T. (1983). „Wer hat, dem wird gegeben ...". Berichte und Arbeiten aus dem Institut für Grundschulforschung Nr. 37. Nürnberg: IfG – Institut für Grundschulforschung, Universität Erlangen-Nürnberg.

Rost, D.H. & Albrecht, H.T. (1985). Expensive homes: Clever children? School Psychology International, 6, 5–12.

Rost, D.H. & Albrecht, H.T. (1988). Hochbegabung. In Asanger, R. & Wenninger, G. (Hrsg.). Handwörterbuch der Psychologie. München: Psychologie Verlags Union, 294–300.

Rost, D.H. & Czeschlik, T. (Hrsg.)(1988). Lebensumweltanalyse besonders begabter Grundschulkinder. Projektbericht Nr. 1. Marburg: Fachbereich Psychologie, Philipps-Universität.

Rost, D.H. & Czeschlik, T. (1994a). Beliebt und intelligent? Abgelehnt und dumm? Zeitschrift für Sozialpsychologie, 25, 170–176.

Rost, D.H. & Czeschlik, T. (1994b). The psycho-social adjustment of gifted children in middle childhood. European Journal of Psychology of Education, 9, 15–25.

Rost, D.H. & Dörner, H. (Hrsg.)(1989). Lebensumweltanalyse besonders begabter Grundschulkinder. Forschungsbericht Nr. 2, Bd. II. Briefe und Erhebungsinstrumente. Marburg: Fachbereich Psychologie, Philipps-Universität.

Rost, D.H., Freund-Braier, I., Schilling, S. & Schütz, C. (Hrsg.)(1997). Hochbegabte und hochleistende Jugendliche – Instrumentation. Forschungsbericht Nr. 5. Marburg: Fachbereich Psychologie, Philipps-Universität.

Rost, D.H., Freund-Braier, I., Schilling, S. & Schütz, C. (Hrsg.)(1998). Hochbegabte und hochleistende Jugendliche – Ergebnisse. Abschlußbericht. Marburg: Fachbereich Psychologie, Philipps-Universität.

Rost, D.H. & Haferkamp, W. (1979). Zur Brauchbarkeit des AFS (Angstfragebogen für Schüler). Eine empirische Analyse und eine vergleichende Darstellung vorliegender Untersuchungen. Zeitschrift für Empirische Pädagogik, 3, 183–210.

Rost, D.H. & Hanses, P. (1992). Spielzeugbesitz und Spielzeugnutzung bei hochbegabten Jungen und Mädchen. Zeitschrift für Entwicklungspsychologie und Pädagogische Psychologie, 24, 91–114.

Rost, D.H. & Hanses, P. (1993a). Zur Brauchbarkeit des ZVT im Grundschulalter. Diagnostica, 38, 80–95.

Rost, D.H. & Hanses, P. (1993b). Bezit en gebruik van speelgoed bij hoogbegaafde kinderen. Nederlands tijdschrift voor opvoeding, vorming, en onderwijs, 9, 2–16.

Rost, D.H. & Hanses, P. (1993c). Spielzeugbesitz und Spielzeugnutzung bei hochbegabten Jungen und Mädchen. In Rost, D.H. (Hrsg.). Lebensumweltanalyse hochbegabter Kinder. Das Marburger Hochbegabtenprojekt. Göttingen: Hogrefe, 75–105.

Rost, D.H. & Hanses, P. (1994). The possession and use of toys in elementary-school boys and girls: Does giftedness make a difference? Educational Psychology, 14, 181–194.

Rost, D.H. & Hanses, P. (1995a). Hochbegabte Jugendliche. Forschungsbericht Nr. 3. Marburg: Fachbereich Psychologie, Philipps-Universität.

Rost, D.H. & Hanses, P. (1995b). Besonders begabt, besonders glücklich, besonders zufrieden? Zeitschrift für Psychologie, 203, 379–403.

Rost, D.H. & Hanses, P. (Hrsg.)(1996). Hochleistende Jugendliche. Forschungsbericht Nr. 4. Marburg: Fachbereich Psychologie, Philipps-Universität.

Rost, D.H. & Hanses, P. (1997). Wer nichts leistet, ist nicht begabt? Zur Identifikation hochbegabter Underachiever durch Lehrkräfte. Zeitschrift für Entwicklungspsychologie und Pädagogische Psychologie, 29, 167–177.

Rost, D.H. & Hartmann, A. (1993). Überprüfung der deutschen Version des Junior Eysenck. Personality Questionnaire an 1000 Kindern: Faktorielle Struktur, psychometrische Kennwerte, Entwicklung einer Kurzform. Zeitschrift für Differentielle und Diagnostische Psychologie, 14, 165–176.

Rost, D.H. & Hoberg, K. (1998). Besondere Jugendliche mit besonderen Interessen? Zeitschrift für Entwicklungspsychologie und Pädagogische Psychologie, 30, 183–199.

Rost, D.H. & Lamsfuß, S. (1992). Entwicklung und Erprobung einer ökonomischen Skala zur Erfassung des Selbstkonzepts schulischer Leistungen und Fähigkeiten (SKSLF). Zeitschrift für Pädagogische Psychologie / German Journal for Educational Psychology, 6, 239–250.

Rost, D.H. & Schermer, F.J. (1986). Strategien der Prüfungsangstverarbeitung. Zeitschrift für Differentielle und Diagnostische Psychologie, 7, 127–139.

Rost, D.H. & Schermer, F.J. (1997). Differentielles Leistungsangst Inventar DAI. Handbuch (mit Normtabellen). Frankfurt: Swets Test Services.

Rost, D.H. & Witt, M. (1993). Erziehungsziele von Eltern hochbegabter Kinder. In Rost, D.H. (Hrsg.). Lebensumweltanalyse hochbegabter Kinder. Das Marburger Hochbegabtenprojekt. Göttingen: Hogrefe, 75–104.

Roth, H. (1961). Der Wandel des Begabungsbegriffs. In Roth, H. (Hrsg.). Jugend und Schule zwischen Reform und Restauration. Hannover: Schroedel, 81–113.

Roth, I. (Ed.)(1990). The Open University's introduction to psychology. Vol. 1. Hove, / Milton Keynes, : Erlbaum / Open University.

Rothenberg, B. (1970). Social sensitivity and the relationship to interpersonal competence, intrapersonal comfort, and intellectual level. Developmental Psychology, 2, 335–350.

Rubinstein, S.L. (1971). Grundlagen der allgemeinen Psychologie (7. Aufl.). Berlin: Volk und Wissen.

Runco, M.A. & Albert, R.S. (1985). The reliability and validity of ideational originality in the divergent thinking of academically gifted and nongifted children. Educational and Psychological Measurement, 45, 483–501.

Runco, MA. & Albert, R.S. (1986). The threshold theory regarding creativity and intelligence: An empirical test with gifted and nongifted children. The Creative Child and Adult Quarterly, 11, 212–218.

Salovey, P. & Mayer, J.D. (1990). Emotional intelligence. Imagination, Cognition, and Personality, 9, 185–211.

Sanders, C.E., Lubinski, D. & Benbow, C.P. (1995). Does the Defining Issues Test measure psychological phenomena distinct from verbal ability? An examination of Lykken's query. Journal of Personality and Social Psychology, 69, 498–504.

Santrock, J.W. (1996). Child development (7th ed.). Dubuque, IA: Brown & Benchmark.

Santrock, J.W. & Yussen, S.R. (1989). Child development (4th ed.). Dubuque, IA.: Wm. C. Brown.

Sattler, J.M. (1988). Assessment of children's intelligence (2nd ed.). Boston, MA: Allyn & Bacon.

Sattler, J.M. (1992). Assessment of children: WISC III and WPPSI-R supplement. San Diego, CA: Sattler.

Scarr, S. (1985). An author's frame of mind: (Book review „Frames of mind: The theory of multiple intelligences"). New Ideas in Psychology, 3, 95–100.

Scarr, S. (1989). Protecting general intelligence: Constructs and consequences for interventions. In Linn, R.J. (Ed.). Intelligence: Measurement, theory, and public policy. Urbana, IL: University of Illinois Press, 74–118.

Schlömerkemper, J. (1994). (Buchbesprechung „Lebensumweltanalyse hochbegabter Kinder".) Die Deutsche Schule, 86, 747–748.

Schmidt, F.L. & Hunter, J.E. (1977). Development of a general solution to the problem of validity generalisation. Journal of Applied Psychology, 62, 529–540.

Schmidt, F.L. & Hunter, J.E. (1998a). Meßbare Personenmerkmale: Stabilität, Variabilität und Validität zur Vorhersage zünftiger Berufsleistung und berufsbezogenen Lernens. In Kleinmann, M. & Strauß, B. (Hrsg.). Potentialfeststellung und Personalentwicklung. Göttingen: Verlag für Angewandte Psychologie, 15–43.

Schmidt, F.L. & Hunter, J.E. (1998b). The validity and utility of selection methods in personnel psychology: Practical and theoretical implications of 85 years of research findings. Psychological Bulletin, 124, 262–274.

Schmidt, F.L., Hunter, J.E. & Outerbridge, A.N. (1986). Impact of job experience and ability on job knowledge, work sample performance, and supervisory ratings of job performance. Journal of Applied Psychology, 71, 432–439.

Schmidt, F.L., Hunter, J.E., Outerbridge, A.N. & Goff, S. (1988). Joint relation of experience and ability with job performance: Test of three hypotheses. Journal of Applied Psychology, 73, 46–57.

Schmidt, F.L., Ones, D.S. & Hunter, J.E. (1992). Personnel selection. In Rosenzweig, M.R. & Porter, L.W. (Eds.). Annual Review of Psychology. Vol. 43. Palo Alto, CA: Annual Reviews, 627–670.

Schmitt, N., Gooding, R.Z., Noe, R.A. & Kirsch, M. (1984). Meta-analysis of validity studies published between 1964 and 1982 and the investigation of study characteristics. Personnel Psychology, 37, 407–422.

Schneewind, K.A. (1986). Die Familienklimaskalen (FKS). Forschungsbericht 3. München: Institutsbereich Persönlichkeitspsychologie und Psychodiagnostik, Universität München.

Schneider, W. (1993). Gifted children: How different are they? (Book review „Lebensumweltanalyse hochbegabter Kinder".) Contemporary Psychology, 38, 1086–1087.

Schubert, A. (1973). Intelligence is necessary but not sufficient for creativity. Journal of Genetic Psychology, 122, 45–47.

Schuler, H. (1998). Noten und Studien- und Berufserfolg. In Rost, D.H. (Hrsg.). Handwörterbuch Pädagogische Psychologie. Weinheim: Psychologie Verlags Union, 370–374.

Schuler, H. (1999). Glaubenssätze und Hypothesen. Anmerkungen zur Schwierigkeit, eine gute und zugleich nützliche Wissenschaft abzugeben. In Hoyos, C. Graf v. & Frey, D. (Hrsg.). Arbeits- und Organisationspsychologie. Weinheim: Psychologie Verlags Union, 705–711.

Schwartzman, A.E., Gold, D., Andres, D., Arbuckle, T.Y. & Chaikelson, J. (1987). Stability of intelligence: A forty-year follow up. Canadian Journal of Psychology, 41, 244–256.

Schwarz, C. (1985). Zur Spezifik von Erkennungsprozessen bei mathematisch Hochbegabten. Dissertation A. Berlin: Humboldt-Universität.

Schweizer, K. (1989). Relating reaction time components and intelligence. Personality and Individual Differences, 10, 701–707.

Schweizer, K. (1995). Kognitive Korrelate der Intelligenz. Göttingen: Hogrefe.

Seashore, C.E. (1938). Psychology of music. New York: McGraw-Hill.

Sefer, J. (1991). Measuring divergent abilities. Paper, presented at the educational research workshop on gifted children and adolescents – Research and education in Europe. Nijmegen, July, 23–26.

Seitz, W. & Rausche, A. (1976). Persönlichkeitsfragebogen für Kinder 9–14. Braunschweig: Westermann.

Shanley, L.A., Walker, R.E. & Foley, J.M. (1971). Social intelligence: A concept in search of data. Psychological Reports, 29, 1123–1132.

Shapiro, L. (1997). Emotionale Intelligenz für Kinder. Beliebt und glücklich, nicht nur schlau. München: Scherz.

Shavelson, R.J., Hubner, J.J. & Stanton, G.C. (1976). Self-concept: Validation of construct interpretations. Review of Educational Research, 46, 407–441.

Shaver, P. (1993). What significance testing is, and what it is not. The Journal of Experimental Education, 61, 293–316.

Shuter-Dyson, R. (1981). The psychology of musical ability (2nd ed.). London, : Methuen.

Siegler, R.S. & Richards, D.D. (1982). The development of intelligence. In Sternberg, R.J. (Ed.). Handbook of human intelligence. Cambridge, : Cambridge University Press, 897–971.

Sinetar, M. (2000). Spiritual intelligence: What we can learn from the early awakening child. New York: Orbis Books.

Skinner, E.A., Chapman, M. & Baltes, P.B. (1988). Control, means-ends, and agency beliefs: A new conceptualization and its measurement during childhood. Journal of Personality and Social Psychology, 54, 117–133.

Skinner, H.A., Steinhauer, P.D. & Santa-Barbara, J. (1983). The Family Assessment Measure. Canadian Journal of Community Mental Health, 2, 91–105.

Snow, R.E. (1985). (Book review „Frames of mind: The theory of multiple intelligences".) American Journal of Education, 88, 109–112.

Snow, R.E. (1992). Aptitude theory: Yesterday, today, and tomorrow. Educational Psychologist, 27, 5–32.

Snow, R.E. & Lohmann, D.F. (1984). Toward a theory of cognitive aptitude for learning from instruction. Journal of Educational Psychology, 76, 347–376.

Snow, R.E. & Yalow, E. (1982). Education and intelligence. In Sternberg, R.J. (Ed.). Handbook of human intelligence. Cambridge: Cambridge University Press, 493–585.

Snyderman, M. & Rothman, S. (1987). Survey of expert opinion of intelligence and aptitude testing. American Psychologist, 42, 137–144.

Sonntag, K. & Schaper, N. (1999). Personale Verhaltens- und Leistungsbedingungen. In Hoyos, C. Graf v. & Frey, D. (Hrsg.). Arbeits- und Organisationspsychologie. Weinheim: PVU, 298–312.

Spahn, C. (1997). Wenn die Schule versagt: Vom Leidensweg hochbegabter Kinder. Asendorf: Mut.

Spearman, C. (1904). General intelligence, objectively determined and measured. American Journal of Psychology, 15, 201–293.

Spearman, C. (1923). The nature of „intelligence" and the principles of cognition. London: Macmillan.

Spearman, C. (1927). The abilities of man. New York: Macmillan.

Spence, S.H. (1987). The relationship between social-cognitive skills and peer sociometric status. British Journal of Developmental Psychology, 5, 347–356.

Stapf, A. & Stapf, K. (1998). Hochbegabung, intellektuelle. In Häcker, H. & Stapf, K. (Hrsg.). Dorsch Psycholgisches Wörterbuch. Bern: Huber, 358–360.

Statistisches Bundesamt Wiesbaden (1994)(Hrsg.). Statistisches Jahrbuch 1994 für die Bundesrepublik Deutschland. Stuttgart: Kohlhammer.

Staufenbiel, T. & Rösler, F. (1999). Personalauswahl. In Hoyos, C. Graf v. & Frey, D. (Hrsg.). Arbeits- und Organisationspsychologie. Weinheim: PVU, 488–509.

Stauffer, J.M., Ree, M.J. & Carretta, T.R. (1996). Cognitive-component tests are not much more than g: An extension of Kyllonen's analyses. The Journal of General Psychology, 123, 193–205.

Steiger, J.H. (1980). Tests for comparing elements of a correlation matrix. Psychological Bulletin, 87, 245–251.

Steinberg, R. & Schubert, J. (1974). Verbal regulation of behaviour, cognitive development and IQ of Canadian Indian Children (abstract). Bulletin of the British Psychological Society, 27, 150.

Stericker, A.B. & Kurdek, L.A. (1982). Dimensions and correlations of third through eigth grader's sex-role self-concepts. Sex Roles, 8, 915–929.

Stern, W. (1916). Psychologische Begabung und Begabungsdiagnose. In Petersen, P. (Hrsg.). Der Aufstieg der Begabten. Leipzig: Teubner, 105–120.

Sternberg, R.J. (1977). Component processes in analogical reasoning. Psychological Review, 84, 353–378

Sternberg, R.J. (1994). Commentary: Reforming school reform: Comments on Multiple intelligences: The theory in practice. Teachers College Record, 95, 561–569.

Sternberg, R.J. (1986). Intelligence, wisdom, and creativity. Educational Psychologist, 21, 175–190.

Sternberg, R.J. (1996). Successful intelligence: How practical and creative intelligence determines success in life. New York: Simon & Schuster.

Sternberg, R.J. (2000). Practical intelligence in everday life. Cambridge, : Cambridge University Press.

Sternberg, R.J. & Davidson, J.E. (1985). Cognitive development in the gifted and talented. In Horowitz, F.D. & O'Brien, M. (Eds.). The gifted and talented. Developmental perspectives. Washington, D.C.: American Psychological Association, 34–74.

Sternberg, R.J. & Davidson, J.E. (1986)(Eds.). Conceptions of giftedness. Cambridge, : Cambridge University Press.

Sternberg, R.J. & Lubart, T. (1991). An investment theory of creativity and its development. Human Development, 34, 1–31.

Stevens, J. (1996). Applied multivariate statistics for the social sciences (3rd ed.). Mahwah, NJ: Erlbaum.

Stone, B.J. (1992). Joint confirmatory factor analyses of the DAS and WISC–R. Journal of School Psychology, 30, 185–195.

Strauß, B. & Kleinmann, M. (1998). Validity and implementation of computer-simulated scenarios in personnel assessment. International Journal of Selection and Assessment, 6, 97–105.

Styles, J. (1999). The study of intelligence – the interplay between theory and measurement. In Anderson, M. (Ed.). The development of intelligence. Hove, : Psychology Press, 19–42.

Stüven, N. (1988). Arbeitsgemeinschaft zur Förderung mathematisch besonders begabter Schüler am Gymnasium Neu Wulmstorf. In Wambach, H. (Hrsg.). Die Förderung mathematischer Begabung in der Sekundarstufe I: Tagungsbericht mit Praxisbeispielen und Fördermöglichkeiten. Bad Honnef: Bock, 57–63.

Styles, J. & Andrich, D. (1994). Linking psychometric and cognitive-developmental variables of intellectual functioning. Paper presented at the 23rd International Conference of Applied Psychology, Madrid..

Süllwold, F. (1976a). Einführung. In Süllwold, F. (Hrsg.). Begabung und Leistung. Hamburg: Hofmann & Campe, 7–12.

Süllwold, F. (1976b)(Hrsg.). Begabung und Leistung. Hamburg: Hofmann & Campe.

Süllwold, F. (1983). Pädagogische Diagnostik. In Groffmann, K.J. & Michel, L. (Hrsg.). Intelligenz- und Leistungsdiagnostik. Enzyklopädie der Psychologie, Themenbereich B., Serie II, Band 2. Göttingen: Hogrefe, 307–386.

Süß, H.-M. (1996). Intelligenz, Wissen und Problemlösen: Kognitive Voraussetzungen für erfolgreiches Handeln bei computersimulierten Problemen. Göttingen: Hogrefe.

Süß, H.-M. (1998). Diagnostik der operativen Intelligenz oder: Brauchen wir ein neues Fähigkeitskonstrt? Zeitschrift für Differentielle und Diagnostische Psychologie, 19, 65–66.

Süß, H.-M. (1999a). Intelligenz und komplexes Problemlösen. Psychologische Rundschau, 50, 220–228.

Süß, H.-M. (1999b). Intelligence assessment with elementary cognitive tasks or: A self-imposed reduction and its consequences. Paper read at the 5th European Conference on Psychological Assessment. University of Patras, Greece, August 25–29.

Süß, H.-M., Kersting, M. & Oberauer, K. (1991). Intelligenz und Wissen als Prädiktoren für Leistungen bei computersimulierten komplexen Problemen. Diagnostica, 37, 334–352.

Süß, H.-M., Oberauer, K. & Kersting, M. (1993). Intellektuelle Fähigkeiten und die Steuerung komplexer Systeme. Sprache & Kognition, 12, 83–97.

Süß, H.-M., Kersting, M. & Oberauer, K. (1993). Zur Vorhersage von Steuerungsleistungen an computersimulierten Systemen durch Wissen und Intelligenz. Zeitschrift für Differentielle und Diagnostische Psychologie, 14, 189–203.

Tabachnick, B. & Fidell, L.S. (1996). Using multivariate statistics. New York: Harper Collins College Publishers.

Taylor, C.L., Brown, F.G. & Michael, W.B. (1976). The validity of cognitive, affective, and demographic variables in the prediction of achievement in high school algebra and geometry: Implications. Educational and Psychological Measurement, 36, 971–982.

Tent, L. (1984). Intelligenz und Problemlösefähigkeit. Psychologische Rundschau, 35, 152–153.

Tent, L. (1998). Hochbegabungsdiagnostik. In Langfeldt, H.-P. & Tent, L. (Hrsg.). Pädagogisch-psychologische Diagnostik. Band 2. Anwendungsbereiche und Praxisfelder. Göttingen: Hogrefe, 189–198.

Terman, L.M. (1916). The measurement of intelligence. Boston, MA: Houghton Mifflin.

Terman, L.M. (1954). The discovery and encouragement of exceptional talent. American Psychologist, 9, 221–230.

Terman, L.M. et al. (1925). Mental and physical traits of a thousand gifted children. Genetic studies of genius. Vol. 1. Stanford, CA: Stanford University Press.

Terman, L.M., Oden, M.H. et al. (1947). The gifted child grows up. Twenty-five years' follow-up of a superior group. Genetic studies of genius. Vol. 4. Stanford, CA: Stanford University Press.

Terman, L.M. & Oden, M.H. (1959). The gifted group at mid-life. Thirty-five years' follow-up of the superior child. Genetic studies of genius. Vol. 5. Stanford, CA: Stanford University Press.

Tettenborn, A. (1993). Familien mit hochbegabten Kindern. In Rost, D.H. (Hrsg.). Lebensumweltanalyse hochbegabter Kinder. Das Marburger Hochbegabtenprojekt. Göttingen: Hogrefe, 34–37.

Tettenborn, A. (1996). Familien mit hochbegabten Kindern. Münster: Waxmann.

Tewes, U. & Wildgrube, K. (1992). Psychologie-Lexikon. München: Oldenbourg.

Thomas, S. & Robinson, M. (1981). Development of a measure of androgyny for young adolescents. Journal of Early Adolescence, 1, 195–209.

Thomas, W. (1997). Mein Kind ist hochbegabt. Düsseldorf: Econ.

Thorndike, R.L. (1920). Intelligence and its uses. Harper's Magazine, 140, 227–235.

Thorndike, R.L. (1936), Factor analysis of social and abstract intelligence. Journal of Educational Psychology, 27, 231–233.

Thorndike, R.L. (1963). The concept of over- and underachievement. New York: Teachers College, Columbia University.

Thorndike, R.L. (1975). Mr Binet's test 70 years later. Educational Researcher, 4 (5), 3–7.

Thorndike, R.L. (1985). The central role of general ability in prediction. Multivariate Behavioral Research, 20, 241–254.

Thorndike, R.L. (1986). The role of general ability in prediction. Journal of Vocational Behavior, 29, 332–339.

Thorndike, R.L. (1994). g (Editorial). Intelligence, 19, 145–155.

Thorndike, R.L. & Stein, S. (1937). An evaluation of attempts to measure social intelligence. Psychological Bulletin, 34, 279–284.

Thurstone, L.L. (1938). Primary mental abilities. Chicago, IL: The University of Chicago Press.

Thurstone, L.L. & Thurstone, T.G. (1941). Factoral structure of intelligence. Chicago, IL: The University of Chicago Press.

Torff, B. & Gardner, H. (1999). The vertical mind – the case for multiple intelligences. In Anderson, M. (Ed.). The development of intelligence. Hove, : Psychology Press, 139–159.

Torrance, E.P. (1970). Broadening concepts of giftedness in the 70's. Gifted Child Quarterly, 14, 199–208.

Torrance, E.P. (1984). The role of creativity in identification of the gifted and talented. Gifted Child Quarterly, 28, 153–156.

Torrance, E.P. & Wu, T.H. (1981). A comparative longitudinal study of the adult creative achievements of elementary school children identified as highly intelligent and as highly creative. Creative Child and Adult Quarterly, 6, 71–76.

Touhey, J.C. (1972). Intelligence, machiavellianism and social mobility. British Journal of Social and Clinical Psychology, 12, 34–37.

Tuddenham, R.D. (1970). A „Piagetian" test of cognitive development. In Dockrell, W.B. (Ed.). On intelligence: The Toronto symposium on intelligence 1969. London, : Methuen, 49–70.

Tyler, L.E. (1974). Individual differences. Abilities and motivational directions. Englewood Cliffs, NJ: Prentice Hall.

Tyler, L.E. (1986). Back to Spearman? Journal of Vocational Behavior, 29, 445–450.

Undheim, J.O. (1981a). On intelligence. I: Broad ability factors in 15-year-old-children in Cattell's theory of fluid and crystallized intelligence. Scandinavian Journal of Psychology, 22, 171–179.

Undheim, J.O. (1981b). On intelligence. II: A neo-Spearman model to replace Cattell's theory of fluid and crystallized intelligence. Scandinavian Journal of Psychology, 22, 181–187.

Undheim, J.O. (1981c). On intelligence. III: Examining development implications of Cattell's broad ability theory and of an alternative neo-Spearman model. Scandinavian Journal of Psychology, 22, 243–249.

Undheim, J.O. (1981d). On intelligence IV: Toward a restoration of general intelligence. Scandinavian Journal of Psychology, 22, 251–265.

Undheim, J.O. & Gustafsson, J.-E. (1987). The hierarchical organization of cognitive abilities: Restoring general intelligence through the use of linear structural relations (LISREL). Multivariate Behavioral Research, 22, 149–171.

Ulmann, G. (1968). Kreativität. Weinheim: Beltz.

U.S. Department of Education (1993). National excellence: A case for developing America's talent. Washington, DC: U.S. Department of Education.

Valeria, A.C. (1999). Astrological intelligence: A practical system for illuminating life's everyday choices. New York: Three Rivers Press.

Vernon, P.E. (1961). The structure of human abilities (2nd ed.). London, : Methuen.

Vernon, P.E. (1964). Creativity and intelligence. Educational Researcher, 6, 163–169.

Vernon, P.E. (1989). The nature-nurture problem in creativity. In Glover, J.A., Ronning, R.R. & Reynolds, C.R. (Eds.). Handbook of Creativity. New York: Plenum Press.

Vernon, P.A. (1993). Der Zahlen-Verbindungs-Test and other trail-making correlates of general intelligence. Personality and Individual Differences, 14, 35–40.

Vernon, P.A. & Weese, S.E. (1993). Predicting intelligence with multiple speed of information-processing tests. Personality and Individual Differences, 14, 413–419.

Wagner, H. (1994). Commentary on „Identification of the gifted". In Heller, K.A. & Hany, E.A. (Eds.). Competence and responsibility. The Third European Conference of The European Council for High Ability. Vol. 2: Proceedings of the conference. Seattle: Hogrefe & Huber, 270–273.

Wagner, H., Zimmermann, B. & Stüven, N. (1986). Identifizierung und Förderung mathematisch besonders befähigter Schüler. Bericht über einen Modellversuch. In Bundesminister für Bildung und Wissenschaft (Hrsg.). Hochbegabung – Gesellschaft – Schule. Ausgewählte Beiträge aus der 6. Weltkonferenz über hochbegabte und talentierte Kinder in Hamburg vom 5.–9. August 1985. Bonn: Bundesminister für Bildung und Wissenschaft, 239–251.

Walker, R.E. & Foley, J.M. (1973). Social intelligence: Its history and measurement. Psychological Reports, 33, 839–864.

Wallach, M.A. (1970). Creativity. In Mussen, P. (Ed.). Carmichael's manual of child psychology. Vol. 1. New York: Wiley, 1211–1272.

Wallach, M.A. (1976). Tests tell us little about talent. American Scientist, 64 (January–February), 57–63.

Wallach, M.A. (1985). Creativity testing and giftedness. In Horowitz, F. & O'Brien, M. (Eds.). The gifted and talented. Developmental perspectives. Washington, D.C.: American Psychological Association, 99–123.

Wang, M.C., Haertel, D.G. & Walberg, H.J. (1993). Toward a knowledge base for school learning. Review of Educational Research, 63, 249–294.

Ward, W.C. (1968). Creativity in young children. Child Development, 39, 737–754.

Watkins, M.W. & Kush, C. (1994). Wechsler subtest analysis: The right way, the wrong way, or no way? School Psychology Review, 23, 640–651.

Weber, H. (1953). Untersuchungen über die Faktorenstruktur numerischer Aufgaben. Zeitschrift für experimentelle und angewandte Psychologie, 1, 336–393.

Weber, H. & Westmeyer, H. (1997). Emotionale Intelligenz: Kritische Analyse eines populären Konstrts. Vortrag, gehalten auf der 4. Arbeitstagung der Fachgruppe „Differentielle Psychologie, Persönlichkeitspsychologie und Psychologische Diagnostik" in Bamberg am 30.10.1997.

Wechsler, D. (1958). The measurement and appraisal of adult intelligence. Baltimore, MD: Williams & Wilkins.

Weinert, F.E. (1990). Der aktuelle Stand der psychologischen Kreativitätsforschung und einige daraus ableitbare Schlußfolgerungen für die Praxis. In Hofschneider, H.P. & Mayer, K.U. (Hrsg.). Gruppendynamik und Innovation in der Grundlagenforschung. München: Max-Planck-Gesellschaft, 21–44.

Weinert, F.E. & Waldmann, M. (1990). Intelligenz und Denken. Perspektiven der Hochbegabungsforschung. Göttingen: Hogrefe.

Weisberg, R. W. (1988). Problem solving and creativity. In Sternberg, R.J. (Ed.). The nature of creativity. Cambridge, : Cambridge University Press, 148–176.

Weisberg, R.W. (1989). Kreativität und Begabung. Heidelberg: Spektrum.

Weisberg, R.W. (1993). Creativity: Beyond the myth of genius. New York: Freeman.

Weiß, R.H. (1987). Grundintelligenztest Skala 2 CFT 20 (3. Aufl.). Göttingen: Hogrefe.

Weiss, V. (2000). Die IQ-Falle. Intelligenz, Sozialstruktur und Politik. Graz: Stocker.

White, K.R. (1982). The relation between socioeconomic status and academic achievement. Psychological Bulletin, 91, 461–481.

Whitener, E.M. (1989). A meta-analytic review of the effect on learning of the interaction between prior achievement and instructional support. Review of Educational Research, 59, 65–86.

Widdel, H. (1977). Attributionsfragebogen für Erfolg und Mißerfolg in der Schule für 5.–7. Klassen. (AEM 5–7). Weinheim: Beltz.

Wieczerkowski, W. & Wagner, H. (Hrsg.)(1981). Das hochbegabte Kind. Düsseldorf: Schwann.

Wieczerkowski, W., Wagner, H. & Birx, E. (1987). Die Erfassung mathematischer Begabung über Talentsuchen. Zeitschrift für Differentielle und Diagnostische Psychologie, 8, 217–226.

Wiegman, O., Kuttschreuter, M. & Baarda, B. (1992). A longitudinal study of the effects of television viewing on aggressive and prosocial behaviors. British Journal of Social Psychology, 31, 147–164.

Wild, K.-P. (1991). Identifikation hochbegabter Schüler. Lehrer und Schüler als Datenquellen. Heidelberg: Asanger.

Wild, K.-P. (1993). Hochbegabtendiagnostik durch Lehrer. In Rost, D.H. (Hrsg.). Lebensumweltanalyse hochbegabter Kinder. Das Marburger Hochbegabtenprojekt. Göttingen: Hogrefe, 236–261.

Wild, K.-P. & Rost, D.H. (1995). Klassengröße und Genauigkeit von Schülerbeurteilungen. Zeitschrift für Entwicklungspsychologie und Pädagogische Psychologie, 27, 78–90.

Wilks, S.S. (1938). Weighting systems for linear functions of correlated variables when there is no dependent variable. Psychometrika, 3, 23–40.

Willermann, L. (1979). The psychology of individual and group differences. San Francisco, Ca.: W.H. Freeman.

Wing, C.W. & Wallach, M.A. (1971). College admissions and the psychology of talent. New York: Holt, Rinehart & Winston.

Wilson, J.O. & Herrnstein, R.J. (1985). Crime and human nature. New York: Simon & Schuster.

Wolf, B. (1998). Effektstärkenmaße. In Rost, D.H. (Hrsg.). Handwörterbuch Pädagogische Psychologie. Weinheim: Psychologie Verlags Union, 72–75.

Wrigley, C. & Neuhaus, J.C. (1955). The matching of two sets of factors. American Psychologist, 10, 418–419.

Yamamoto, K.A. (1965). Effects of restriction of range and test unreliability on correlations between measures of intelligence and creative thinking. British Journal of Educational Psychology, 35, 300–305.

Yarborough, B.H. & Johnson, R.A. (1983). Identifying the gifted: A theory-practice gap. Gifted Child Quarterly, 27, 135–138.

Yule, W., Gold, R.D. & Busch, C. (1982). Long-term predictive validity of the WPPSI: An 11 year follow-up study. Personality and Individual Differences, 3, 65–71.

Ziegler, E. & Farber, E.A. (1985). Commonalities between the intellectual extremes: Giftedness and mental retardation. In Horowitz, F.D. & O'Brien, M. (Eds.). The gifted and talented. Developmental perspectives. Washington: American Psychological Association, 387–408.

Zoch, H.-D. (1974). Untersuchungen über Kriterien von Tests zur Messung der sozialen Intelligenz. Diagnostica, 20, 95–106.

Zohar, D. & Marshall, I. (2000). SQ. Spirituelle Intelligenz. München: Scherz.

2. Kapitel

Stabilität von Hochbegabung

Petra Hanses

2.1 AUSGANGSLAGE UND FRAGESTELLUNG 95
    2.1.1 Stabilität des Intelligenzquotienten.. 95
    2.1.2 Determinanten, Antezedenzen und Risikofaktoren der Intelligenzentwicklung 99
    2.1.3 Epochale Akzeleration bei Intelligenztestleistungen („IQ-Gewinne")................ 102
    2.1.4 Fragestellung... 105
2.2 STUDIE I – STABILITÄT DER HOCHBEGABUNGSKLASSIFIKATION: METHODE................... 106
    2.2.1 Stichproben.. 106
        2.2.1.1 Normierungsstichprobe 106
        2.2.1.2 Ausgangsstichprobe des Marburger Hochbegabtenprojekts.................. 108
    2.2.2 Erfassung der allgemeinen kognitiven Leistungsfähigkeit................................ 109
        2.2.2.1 Untertests „sprachliche Analogien" und „Zahlenreihen" des Intelligenz-
               Struktur-Tests (I-S-T 70) 110
        2.2.2.2 Untertest „Symbolreihen" des Leistungsprüfsystems (LPS) 110
        2.2.2.3 Zahlen-Verbindungs-Test (ZVT) 111
    2.2.3 Auswertung.. 112
2.3 STUDIE I – STABILITÄT DER HOCHBEGABUNGSKLASSIFIKATION: ERGEBNISSE 113
    2.3.1 Psychometrische Evaluation der Intelligenzverfahren 113
        2.3.1.1 Normierungsstichprobe: Skalenanalysen 114
        2.3.1.2 Vergleich mit den Handbuchnormen 116
    2.3.2 Faktorenanalytische Ermittlung von „g" 117
        2.3.2.1 Jugendliche der Normierungsstichprobe 117
        2.3.2.2 Jugendliche des Marburger Hochbegabtenprojekts 119
    2.3.3 Stabilität der Zuordnung zur Gruppe der Hochbegabten................................. 119
        2.3.3.1 Verteilung der in der Re-Identifikationsphase erhobenen Intelligenzwerte
               für die ursprüngliche Hochbegabtengruppe..................................... 119
        2.3.3.2 Kriterien für die Zusammenstellung der Begabungsgruppen 122
        2.3.3.3 Beschreibung und Kontrolle der Gruppenzusammensetzung................. 123
    2.3.4 Zusammenfassung wichtiger Ergebnisse... 127
2.4 STUDIE II – PRÄDIKTOREN DER STABILITÄT VON HOCHBEGABUNG: METHODE 128
    2.4.1 Stichproben.. 129
    2.4.2 Variablen... 129
        2.4.2.1 Bildungsrelevanter Sozialstatus (BRSS)... 130
        2.4.2.2 Piers-Harris-Selbstkonzeptskala für Kinder (PHCSCS) 130
        2.4.2.3 Differentieller Interessentest für Kinder (DIT-K).............................. 132
        2.4.2.4 Sonstige schulbezogene Variablen (Noten, Ehrgeiz, Interessen)............ 134
    2.4.3 Auswertung.. 135
2.5 STUDIE II – PRÄDIKTOREN DER STABILITÄT VON HOCHBEGABUNG: ERGEBNISSE........... 136
    2.5.1 Psychosoziale Risikofaktoren.. 136
    2.5.2 Personale Entwicklungsbedingungen 140
    2.5.3 „Kreuzvalidierung" der Ergebnisse („IQ-Aufsteiger") 145
    2.5.4 Zusammenfassung wichtiger Ergebnisse... 149
2.6 DISKUSSION.. 150
LITERATUR.. 154

2.1
AUSGANGSLAGE UND FRAGESTELLUNG

2.1.1
Stabilität des Intelligenzquotienten

Mit der Entwicklung psychometrischer Intelligenztests zu Beginn des 20. Jahrhunderts wurde die Grundlage für einige umfangreiche Längsschnittuntersuchungen mit Zeiträumen von bis zu drei Jahrzehnten gelegt, die sich unter anderem mit der Frage der Stabilität der allgemeinen Intelligenz befaßten (*Child-Research-Council-Study*: Beginn 1923, Hilden 1949; *Berkeley-Growth-Study*: Beginn 1928, Bayley 1940a; 1940b; 1949; 1955; 1957; 1968, Bayley & Jones 1937, Jones & Bayley 1941; *Berkeley-Guidance-Study*: Beginn 1928, MacFarlane 1938, Honzik 1940, Honzik, MacFarlane & Allen 1948; *Fels-Study*: Beginn 1929, Kagan, Sontag, Baker & Nelson 1958; Moss & Kagan 1958; 1961; Sontag, Baker & Nelson 1958; Kagan & Moss 1959; 1962; *Oakland-Growth-Study*: Beginn 1931, Jones 1938; 1939a; 1939b; 1940; *Brush-Foundation-Study*: Beginn 1931, Ebert & Simmons 1943; zusammenfassende Beschreibungen: Jones, MacFarlane & Eichorn 1960; Kagan 1964).

Eine komprimierte Darstellung der Ergebnisse dreier immer wieder in diesem Zusammenhang zitierter Studien (Berkeley-Growth-Study, Bayley 1949; Child-Research-Council-Study, Hilden 1949; California-Guidance-Study, Honzik et al. 1948) ist in Abbildung 2.1 wiedergegeben. In ihr sind die Beziehungen der Intelligenztestwerte in jedem Lebensalter mit den Testwerten im Kriteriumsalter von 16 bzw. 18 Jahren (Reifealter) aufgeführt. Obwohl die Untersuchungen zu verschiedenen Zeitpunkten und unter ganz unterschiedlichen Bedingungen durchgeführt wurden, weisen die Resultate eine vergleichsweise hohe Ähnlichkeit auf: Nach einer Periode schnell zunehmender Korrelationen bis zum Alter von 9 Jahren folgt ein Zeitraum langsamen Anwachsens der Korrelationen von 9 bis 16 Jahren. Bloom (1971, 65–66) spricht in diesem Zusammenhang von einer „generellen Entwicklungskurve der Intelligenz".

Die Grafik verdeutlicht nicht nur eine studienübergreifende Ähnlichkeit der Stabilitätsverläufe, sondern zeigt auch, daß die Test-Retest-Korrelationen zwischen Intelligenztestwerten in direktem Verhältnis zum Zeitintervall abnehmen. Aus der Intelligenz im Alter von 14 Jahren läßt sich eine sehr gute Prognose für die vermutliche Intelligenz im Alter von 16 oder 18 Jahren stellen. Eine Vorhersage für die Intelligenz im Reifealter auf der Basis der Intelligenztestergebnisse im Alter von beispielsweise fünf Jahren ist hingegen nur mit größerer Unsicherheit möglich. Daß die Stabilität der Intelligenz nicht nur mit dem Intervall zwischen Test und Retest zusammenhängt, sondern auch mit dem Alter, deutet sich schon im Kurvenverlauf der Abbildung 2.1 an, der zwar stetig aber nicht linear ist. Da in der Ergebnisdarstellung (Abb. 2.1) das Lebensalter und das Zeitintervall zwischen Test und Retest konfundiert

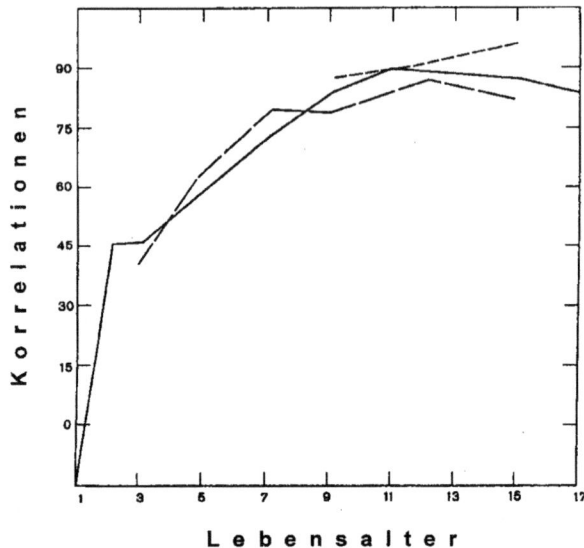

Berkeley-Growth-Study (Bayley 1949)
Child-Research-Council-Study (Hilden 1949)
Berkeley-Guidance-Study (Honzik, MacFarlane & Allen 1948)

Abb. 2.1: Korrelationen zwischen der Intelligenz in jedem Lebensalter
und der Intelligenz im Reifestadium (modifiziert nach Bloom
1971, 65).

sind (der Retest bezieht sich immer auf den IQ im Alter von 16 bzw. 18 Jahren), tritt
nicht so deutlich hervor, daß für ein konstantes Test-Retest-Intervall die Stabilitätskoeffizienten von Intelligenztestwerten mit zunehmendem Alter steigen. Dieser Zusammenhang wird durch die in Abbildung 2.2 dargestellten Kurvenverläufe veranschaulicht. In Abbildung 2.2 sind jeweils die Test-Retest-Intervalle konstant gehalten
(2, 3, 4 oder 5 Jahre), das Alter bei der Ersttestung (2 bis 16 Jahre) variiert hingegen.

In Abbildung 2.2 ist der Bereich, der für die vorliegende Studie besonders relevant
ist, durch einen Pfeil hervorgehoben: Im Marburger Hochbegabtenprojekt wurden
Kinder als *Neunjährige* erstmals untersucht und sechs Jahre später als *Fünfzehnjährige* erneut einer Intelligenztestung unterzogen. Betrachtet man genau diesen Zeitraum, so ergeben sich in verschiedenen Längsschnittstudien folgende Stabilitätskoeffizienten für die allgemeine Intelligenz:

– $r_{9J, 14-15J}$ = 0.91 (Honzik et al. 1948, 323)
– $r_{9J, 14J}$ = 0.87 (Honzik et al. 1948, 323)

- $r_{9J, 16J}$ = 0.80 (Hilden 1949, 203)
- $r_{9J, 15J}$ = 0.82 (Bayley 1949, 183)
- $r_{8/9/10J, 14/15/16J}$ = 0.92 (Bayley 1949, 181)
- $r_{10J, 14J}$ = 0.75 (Meyer-Probst, Teichmann & Piatkowski 1990, 1578)

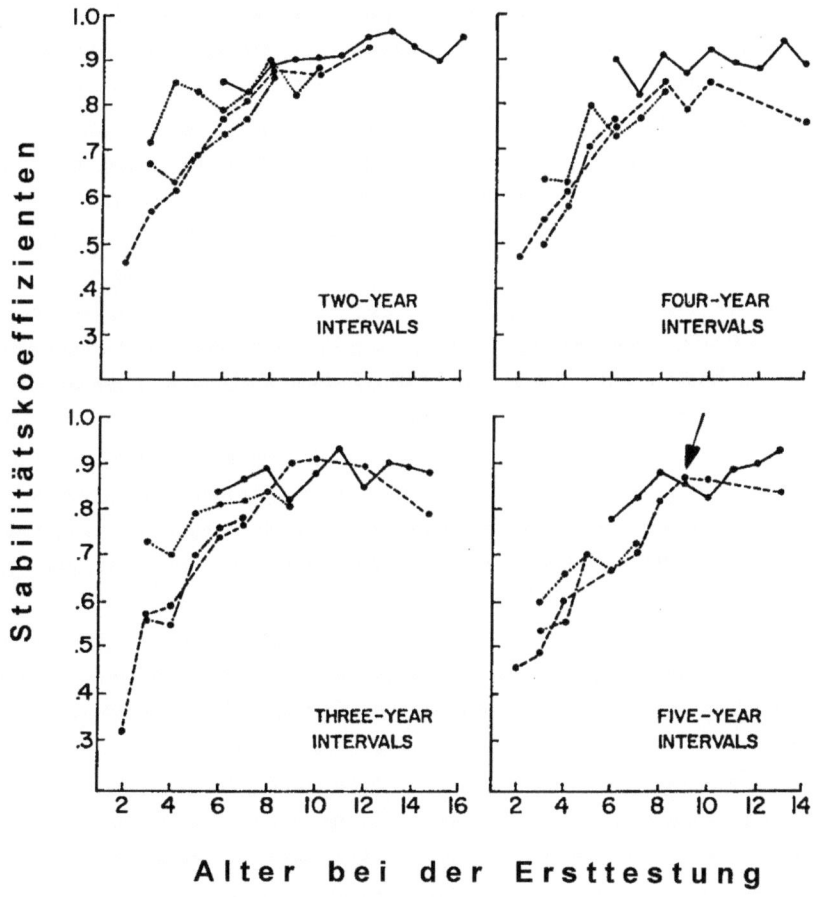

Alter bei der Ersttestung

—————————— Berkeley-Growth-Study (Bayley 1949)
- - - - - - - - - Berkeley-Guidance-Study (Honzik, MacFarlane & Allen 1948)
· · · · · · · · · · Fels-Study (Sontag, Baker & Nelson 1958)
- · - · - · - · - · Brush-Foundation-Study (Ebert & Simons 1943)

Abb. 2.2: Stabilität des Intelligenzquotienten bei variierenden Test-Retest-Intervallen als Funktion des Alters bei der Ersttestung (modifiziert nach Wohlwill 1980, 384).

Die Stabilität des Intelligenzkoeffizienten für das Sechsjahresintervall von 9 bis 15 Jahren liegt also in etwa zwischen r = 0.80 und r = 0.90, im Durchschnitt bei ca. r = 0.85. Der Stabilitätskoeffizient von r = 0.92 (Bayley 1949) fällt deshalb so hoch aus, weil die Intelligenztestwerte jeweils über drei Meßzeitpunkte hinweg gemittelt und somit wesentlich zuverlässiger erfaßt wurden.

Im Marburger Hochbegabtenprojekt ist die Frage der Stabilität von Hochbegabung ein wichtiger Aspekt, da im längsschnittlich konzipierten Untersuchungsdesign die in der Identifikationsphase (Phase I, 1987 / 88) diagnostizierte Hochbegabung in der Re-Identifikationsphase (Phase III, 1994) erneut überprüft werden soll. Von Interesse ist also weniger die Stabilität des Intelligenzquotienten allgemein, als vielmehr die wiederholte (zeitlich „stabile") Zuordnung zur Gruppe der Hochbegabten. Bei Kenntnis des Stabilitätskoeffizienten läßt sich der Anteil derjenigen Kinder, die sowohl bei der Ersttestung als auch bei der Zweittestung in den oberen Extrembereich der Intelligenzwerteverteilung fallen, d.h. derjenigen Kinder, die in beiden Testungen etwaige Hochbegabungskriterien erfüllen, a priori abschätzen: Die im folgenden berichteten Schätzungen basieren auf der Verteilungsfunktion der bivariaten Normalverteilung. Als Ergebnis der Berechnungen erhält man den geschätzten Anteil stabil Hochbegabter.[1] Die Resultate für verschiedene – in der einschlägigen Literatur benutzte – Hochbegabungskriterien sowie für variierende Stabilitätskoeffizienten sind in Tabelle 2.1 aufgeführt.

Die a-priori-Berechnungen zeigen, daß der Anteil stabil Hochbegabter – trivialerweise – zunimmt, je retest-stabiler die Tests sind und / oder je mehr das Hochbegabungskriterium im Retest gelockert wird. Als Fazit bleibt festzuhalten, daß bei längsschnittlichen Untersuchungen an Extremgruppen bei dem Versuch der Re-Identifikation aus rein statistisch-methodischen Gründen mit einem erheblichen „natürlichen" Stichprobenschwund gerechnet werden muß. Und zwar selbst dann, wenn das die Extremgruppe konstituierende Merkmal relativ stabil ist – wie im Falle der Intelligenz. Bei einem für Test und Retest gewählten Cut-off-Score von IQ ≥ 130 (Hochbegabungskriterium) läßt sich bei einer angenommenen Retest-Reliabilität von $r_{tt} = 0.85$

---

[1]   Die Berechnungen zur Abschätzung der Stabilität der Hochbegabungsdiagnose erfolgen über die Verteilungsfunktion der bivariaten Standardnormalverteilung:

$$p\,(x > a,\ y > b) = \int_{a}^{\infty} \int_{b}^{\infty} \frac{1}{2 * \pi * \sqrt{1 - r^2}} * e^{-\left(\frac{1}{2 * (1 - r^2)}\right) * (x^2 + y^2 - (2 * r * x * y))}\ dy\ dx$$

wobei r = Stabilitätskoeffizient, a = Grenzwert für das Kriterium Hochbegabung im Ersttest, b = Grenzwert für das Kriterium Hochbegabung im Retest. Der berechnete p-Wert liefert die Wahrscheinlichkeit für das simultane Auftreten beider Merkmale (x > a und y > b) bei gegebenem Stabilitätskoeffizienten. Bei a > 30/15 (entspricht IQ > 130), b > 25/15 (entspricht IQ > 125) und $r_{tt} = 0.85$ ergibt sich p (x > a, y > b) = 0.01631, d.h. 1.631% einer unselegierten Ausgangsstichprobe und somit 72% (1.631 / 2.275) der ursprünglichen Hochbegabten-Stichprobe können bei einer angenommenen Retest-Korrelation von $r_{tt} = 0.85$ als stabil hochbegabt identifiziert werden.

(für die Zeitspanne 9 bis 15 Jahren) gerade einmal für ca. 50% der ursprünglich als hochbegabt identifizierten Kinder die Hochbegabungsdiagnose nach einem Zeitraum von sechs Jahren erneut bestätigen. Bei einer Aufweichung des Hochbegabungskriteriums bzw. einer Herabsetzung des Cut-off-Scores im Retest auf IQ ≥ 125 steigt die Re-Identifikationsrate auf etwa 72%.

Tab. 2.1: Prozentsatz der bei erster und zweiter Testung stabil Hochbegabten in Abhängigkeit von variierenden Selektionsquoten (≈ Kriterien für „Hoch"-Begabung) und Stabilitätskoeffizienten

ERSTE TESTUNG		ZWEITE TESTUNG		PROZENTSATZ STABIL HOCHBEGABTER				
				Retest-Stabilität (r_{tt})				
Kriterium	Quote	Kriterium	Quote	0.70	0.75	0.80	0.85	0.90
IQ ≥ 130	2.28%	IQ ≥ 130	2.28%	32%	37%	43%	50%	59%
IQ ≥ 130	2.28%	IQ ≥ 125	4.78%	49%	56%	63%	72%	81%
IQ ≥ 130	2.28%	IQ ≥ 120	9.12%	67%	73%	81%	88%	94%
IQ ≥ 125	4.78%	IQ ≥ 125	4.78%	39%	44%	49%	56%	63%
IQ ≥ 125	4.78%	IQ ≥ 120	9.12%	56%	62%	69%	76%	84%

Ablesebeispiel: Werden bei der Erst- und Zweittestung jeweils IQ ≥ 130 als Hochbegabungskriterium gewählt, so läßt sich bei einer Retest-Stabilität von r_{tt} = 0.85 die Hochbegabungsdiagnose bei etwa 50% der in der Ersttestung als hochbegabt Identifizierten in der Zweittestung bestätigen. Wird das Hochbegabungskriterium in der Zweittestung auf z.B. IQ ≥ 125 herabgesetzt, so kann die Hochbegabungsdiagnose bei etwa 72% der ursprünglich als hochbegabt Identifizierten im Retest erneut verifiziert werden.

2.1.2
Determinanten, Antezedenzen und Risikofaktoren der Intelligenzentwicklung

Die Frage nach Determinanten und Antezedenzen der Intelligenzentwicklung ist seit dem Aufkommen psychometrischer Intelligenzverfahren und den eingangs benannten umfangreichen Längsschnittuntersuchungen immer wieder Gegenstand von Untersuchungen gewesen (z.B. Teichmann & Meyer-Probst 1991; zusammenfassend Bloom 1971). Im Vordergrund stand dabei die Suche nach „Umweltvariablen" und sozialen Bedingungen, die die kindliche intellektuelle Entwicklung fördern und unterstützen oder aber behindern. Ein Problem bei der Exploration dieser Art (komplexer) Variablen besteht darin, daß die „Messung" der Umwelt erhebliche methodische und untersuchungstechnische Schwierigkeiten bereitet. Obwohl angenommen wird, daß der konkreten sozialen Interaktion eine größere Bedeutung zukommt als irgendwelchen Globalindizes zum sozioökonomischen familiären Status, sind gerade Schichtmaße und deren Beziehung zur kindlichen Intelligenz und Intelligenzentwicklung besonders häufig untersucht worden. In diesem Sinne ist der sozioökonomische Status des Elternhauses als Trägervariable zu verstehen, der die kognitive Entwicklung in vielfältiger

Weise beeinflußt. Unmittelbarere Indikatoren für die geistige Stimulation in der Umwelt des Kindes und das „geistig-kulturelle" Klima in der Familie wie etwa „Bücher in der häuslichen Umgebung" (Meyer-Probst et al. 1990) sind in hohem Maße mit dem Sozialstatus korreliert.

Exemplarisch für eine Vielzahl von Studien, die sich mit dem Einfluß des sozioökonomischen Hintergrundes auf die Intelligenzentwicklung beschäftigt haben, sei im folgenden ausführlicher auf die Untersuchung von Rees & Palmer (1970) eingegangen. Die Studie zeichnet sich durch das ausgesprochen umfangreiche Datenmaterial aus: Rees & Palmer reanalysierten die Daten von fünf – eingangs schon erwähnten – Längsschnittuntersuchungen (Fels-Study, Child-Research-Council-Study, Berkeley-Growth-Study, Berkeley-Guidance-Study, Oakland-Growth-Study) mit einem Gesamtstichprobenumfang von N = 622. Hauptanliegen der Studie war es, die Beziehungen zwischen Intelligenzveränderungen über das Alter mit dem familiären sozioökonomischen Hintergrund und demographischen Faktoren (z.B. Alter und Berufstätigkeit der Mutter, Familienform, Familiengröße, Geschwisterposition, Religionszugehörigkeit) näher zu analysieren. Die Studie von Rees & Palmer (1970) war die erste ihrer Art, die auf der Basis einer sehr umfangreichen, längsschnittlich untersuchten Stichprobe Hypothesen zu den sozialen Antezedenzen der Entwicklung von Intelligenztestleistungen überprüft hat. Näher analysiert wurde die Intelligenzentwicklung im Alter von 6 bis 12 Jahren (N = 476) und von 12 bis 17 Jahren (N = 429). Für N = 283 Kinder / Jugendliche lagen Untersuchungsergebnisse für alle drei Zeitpunkte vor.

Tabelle 2.2 gibt einen Überblick über die Resultate zum Einfluß des sozioökonomischen Hintergrundes auf die Intelligenztestleistungen im Alter von 6, 12 und 17 Jahren sowie auf Veränderungen der kognitiven Leistungsfähigkeit im Alter von 6 bis 12 bzw. 12 bis 17 Jahren. Als familiäre Statusvariablen wurden der Bildungsabschluß der Mutter und des Vaters sowie die Berufstätigkeit des Vaters erfaßt. Der „sozioökonomische Status" („socio-economic status" SES) wurde über die gewichtete Kombination des Bildungsabschlusses des Vaters (Gewichtungsfaktor 5) und seiner beruflichen Stellung (Gewichtungsfaktor 9) ermittelt.

Für alle vier Statusvariablen ergaben sich die jeweils höchsten Zusammenhänge zur kindlichen Intelligenz im Alter von 12 Jahren. Betrachtet man den Bildungsabschluß der Mutter und des Vaters vergleichend, so zeigen sich – zumindest für den hier untersuchten Altersbereich ab sechs Jahren – jeweils höhere Korrelationen zum väterlichen als zum mütterlichen Bildungshintergrund. Die berufliche Stellung des Vaters spielt im Vergleich zu seinem Bildungsabschluß zur Vorhersage der kindlichen Intelligenztestleistungen eine etwas geringere Rolle. Der sozioökonomische Hintergrund insgesamt korreliert in allen drei Altersstufen zu r = 0.40 bis r = 0.50 mit der kognitiven Leistungsfähigkeit des Kindes. In einschlägigen Überblicksarbeiten wird als „Schätzwert" häufig ein Zusammenhang von r = 0.30 bis r = 0.40 angegeben (z.B. Jencks et al. 1973; Vernon 1979; Argyle 1994; Williams & Ceci 1997).

Tab. 2.2: Korrelation familiärer Statusvariablen (Bildungsabschluß der Eltern, berufliche Tätigkeit des Vaters, sozioökonomischer Status) mit der Intelligenz der Kinder im Alter von 6, 12 und 17 Jahren und der Differenz der Intelligenz im Alter von 6 bis 12 Jahren sowie 12 bis 17 Jahren (nach Rees & Palmer 1970) [a]

VARIABLEN	STATUSVARIABLEN			
	BA-Mu	BA-Va	Ber-Va	SES
IQ im Alter von 6 Jahren (N=476) [b]	0.37	0.43	0.35	0.44
IQ im Alter von 12 Jahren (N=622)	0.41	0.48	0.38	0.49
IQ im Alter von 17 Jahren (N=429)	0.34	0.42	0.36	0.46
IQ-Differenz (12J.- 6J.; N=474)	0.00	0.05	0.03	0.06
oberhalb Median (6J.: IQ>118; N=234)	-0.04	0.10	0.03	0.05
unterhalb Median (6J.: IQ<118; N=240)	0.30	0.21	0.25	0.31
IQ-Differenz (17J.-12J.; N=271)	-0.11	-0.12	0.06	-0.02
oberhalb Median (12J.: IQ>116; N=126)	0.02	-0.03	0.11	0.06
unterhalb Median (12J.: IQ<116; N=145)	-0.12	-0.01	-0.15	-0.18

BA-Mu = Bildungsabschluß der Mutter; BA-Va = Bildungsabschluß des Vaters; Ber-Va = Berufliche Tätigkeit des Vaters; SES = Sozioökonomischer Status

[a] Die aufgeführten Korrelationen sind in der Form in der Arbeit von Rees & Palmer (1970) nicht zu finden, da dort eine feingliedrige Auswertung mit geschlechts- und intelligenztestspezifischen Korrelationen benutzt wurde. Die hier berichteten Zusammenhänge wurden über gewichtete durchschnittliche Korrelationen berechnet.
[b] Aufgrund von fehlenden Daten schwankt das angegebene N hier und nachfolgend je nach Statusvariable.

Aus dem unteren Teil der Tabelle 2.2, in dem Leistungsdifferenzen in Intelligenztests mit den Statusvariablen korreliert sind, ist ersichtlich, daß der Sozialstatus der Eltern nicht nur mit der kindlichen Intelligenz allgemein (im Sinne einer Punktmessung) sondern auch mit der weiteren Ausformung intellektueller Fähigkeiten in Beziehung steht. Betrachtet man jeweils nur die (Sub-)Stichproben, deren Intelligenztestwerte zum Zeitpunkt der Ausgangsmessung unterhalb des Medians[2] liegen, so zeigen sich für die Altersspanne sechs bis zwölf Jahre positive Korrelationen mittlerer Größenordnung ($r = 0.21$ bis $r = 0.31$). Kinder aus Elternhäusern mit einem höherem sozioökonomischen Hintergrund weisen in bezug auf Rangplatzverschiebungen bei Intelligenztestleistungen über das Alter hinweg eher einen Aufwärtstrend auf, bei Kindern aus Familien mit geringerem Sozialstatus ist eher ein Abwärtstrend zu verzeichnen. Dieser Einfluß hält jedoch nicht an; die diesbezüglichen Korrelationen liegen für die

---

[2] Der Median liegt in der Stichprobe von Rees & Palmer (1970) im Alter von 6 Jahren bei IQ = 118 und im Alter von 12 Jahren bei IQ = 116. Wegen dieses hohen Medians scheint es wenig sinnvoll, die Zusammenhänge für die oberhalb des Medians liegende (Sub-)Stichprobe zu interpretieren, da dort erhebliche Deckeneffekte zu erwarten sind und die Variabilität der Intelligenztestwerte eingeschränkt ist. Beides sind Faktoren, die Korrelationen reduzieren und verzerren.

Altersspanne von 12 bis 17 Jahren bei Null oder fallen leicht negativ aus. Das heißt, in der Phase der kindlichen Entwicklung, in der die Intelligenz noch gut formbar ist bzw. keine ausgesprochen hohen Stabilitätswerte erreicht und in der das Elternhaus für das Kind von zentraler Bedeutung ist, spielt der elterliche Sozialstatus eine wichtige Rolle zur Vorhersage der intellektuellen Entwicklung.

Im Hinblick auf die weiteren bei Rees & Palmer (1970) untersuchten demographischen Faktoren lassen sich die Ergebnisse wie folgt zusammenfassen: Bei den insgesamt 198 mitgeteilten Korrelationen zwischen kindlicher Intelligenz und Familienmerkmalen wie „Familiengröße", „Geschwisterposition", „Familienform" etc. ließ sich kein statistisch bedeutsamer Zusammenhang ausmachen, der für beide Geschlechter auch nach Auspartialisierung des Sozialstatus zufallskritisch abgesichert ist. Je nach Alter, Geschlecht und / oder Art des Intelligenzverfahrens zeigen sich in einigen Variablen leicht unterschiedliche Zusammenhangsmuster. So weisen beispielsweise Abweichungen von der traditionellen Familienstruktur (etwa Trennung der Eltern, Scheidung) bei Jungen einen negativen Zusammenhang zur kognitiven Leistungsfähigkeit auf.

2.1.3
Epochale Akzeleration bei Intelligenztestleistungen („IQ-Gewinne")

Seit der Publikation der revidierten Version des Hamburg-Wechsler-Intelligenztests für Kinder (HAWIK-R; Tewes 1983, siehe auch Titze & Tewes 1984) haben sich auch im deutschsprachigen Raum einige Arbeiten mit der „Normenfrage" bei Intelligenztests befaßt (z.B. Schallberger 1987; 1991). Ausgangspunkt dieser Diskussionen waren empirische Hinweise darauf, daß die Normen des HAWIK zu einer gravierenden Überschätzung des Intelligenzquotienten von etwa 10 bis 20 IQ-Punkten führen (Schubert & Berlach 1982; Eggert, Liman & Schirmacher 1984; Boehnke 1986; Schallberger 1987; Bründler & Schallberger 1988; Gutezeit 1989; Titze 1989; zusammenfassend siehe Schallberger 1991). Als Ursache dieser „Normverschiebungen" wird ein Kohorteneffekt angenommen, d.h. eine beachtliche Leistungsverbesserung nachfolgender Geburtskohorten, so daß der IQ des durchschnittlich leistenden Kindes bei Zugrundelegung der HAWIK-Normen aus dem Jahre 1956 (Hardesty & Priester) nicht mehr bei 100, sondern deutlich darüber liegt. Flynn (1984a; 1984b; 1987; 1994; 1996; 1998) bezeichnet das Phänomen der Normverschiebung bei Intelligenztests bzw. die Leistungszuwächse späterer Geburtskohorten als „IQ-Gewinn" („IQ-gain"). Ohne auf die mittlerweile zahlreichen internationalen Arbeiten zu „IQ-Gewinnen" im Detail einzugehen, sollen die wichtigsten Ergebnisse kurz aufgeführt werden (Flynn 1984a; Lynn & Hampson 1986; Lynn, Hampson & Mullineux 1987; Lynn & Pagliari 1994; Howard 1999; zusammenfassend Flynn 1987; Storfer 1990; Neisser 1998; siehe auch Rodgers 1999):

(a) Je nach Art der Intelligenztestaufgaben zeigen sich unterschiedlich große „IQ-Gewinne". Die Leistungsverbesserungen in nicht-verbalen („culture-fair") Tests wie z.B. den Standard-Progressive-Matrizen fallen größer aus als in den stärker verbal geprägten Intelligenztests wie beispielsweise den Wechsler- oder Stanford-Binet-Tests.

(b) Verschiedene Autoren geben übereinstimmend als Schätzwert Leistungszuwächse von drei IQ-Punkten pro Jahrzehnt in verbalen und solche von sieben IQ-Punkten in nonverbalen, stärker auf die *Reasoning*-Komponente abzielenden Intelligenztests an (Flynn 1998, 27, 35–37, 61; Neisser 1998, 4, 9, 12–14). Das entspricht einer Leistungsverbesserung von 0.3 bis 0.7 IQ-Punkten pro Jahr. Storfer (1990, 95, 110) geht als Grobschätzung von 0.2 bis 0.3 IQ-Punkten pro Jahr aus.

(c) Die „IQ-Gewinne" scheinen länderspezifisch zu variieren. Eine herausragende Rolle nimmt Japan mit Leistungsverbesserungen von 0.8 bis 1.0 IQ-Punkten pro Jahr ein.

(d) Im deutschsprachigen Raum schwanken die jährlichen „IQ-Gewinne" zwischen 0.6 bis 0.7 IQ-Punkten im HAWIK (Schallberger 1991, 24), 0.5 bis 0.6 im LPS (Schallberger, Vetsch, Orth, Schädelin & Wiederkehr 1981; Huldi 1991; zit. nach Stoll & Schallberger 1992, 195-196) und 1.0 bis 1.4 im Progressive-Matrizen-Test (Mehlhorn 1981; Mehlhorn & Mehlhorn 1981; siehe auch Flynn 1987, 177–178)

Normverschiebungen dieses gravierenden Ausmaßes sind einerseits für die diagnostische Praxis bedeutungsvoll und werfen andererseits die intelligenztheoretisch und entwicklungspsychologisch relevante Frage auf, wie solche Leistungssteigerungen zu erklären sind. „IQ-Gewinne" sind in diagnostischen Zusammenhängen von zentraler Bedeutung, da die Interpretation des IQ nur Sinn macht, wenn die Verteilungsparameter des Merkmals bekannt sind. Kann man nicht sicher sein, daß die durchschnittliche Leistung einem IQ von 100 entspricht, so können beispielsweise Diagnosen wie unterdurchschnittliche oder überdurchschnittliche intellektuelle Leistungsfähigkeit nicht mehr zutreffend gestellt werden. Als Ursachen für die beachtenswerten und weltweit zu beobachtenden Leistungsverbesserungen beim Lösen fast aller Arten von Intelligenztestaufgaben werden vor allem die Faktoren „Zunahme der Testgewandtheit", „sozioökonomische Veränderungen in modernen Gesellschaften", „Verbesserung der vorschulischen Förderung und der schulischen Bildung", „stärkere kognitive Stimulierung aufgrund zunehmender Umweltkomplexität" sowie die „Verbesserung der Ernährung" diskutiert (Ceci, Rosenblum & Kumpf 1998; Greenfield 1998; Lynn 1990; 1998; Martorell 1998; Schooler 1998; Sigman & Whaley 1998; Williams 1998; zusammenfassend siehe Flynn 1987; 1998; Schallberger 1991; Stoll & Schallberger 1992). Die Bedeutung der einzelnen Faktorenbündel und ihr Zusammenspiel untereinander ist bislang letztendlich nicht geklärt.

Schallberger (1991, 28–30) formuliert als Resümee seiner Analysen und Überlegungen zu „IQ-Gewinnen" im deutschsprachigen Raum unter anderem folgende zwei Leitsätze, die nicht nur den HAWIK, sondern alle Intelligenztests betreffen, sofern diese nicht in relativ kurzen Abständen (5 bis 10 Jahre) neu geeicht werden:

(a) „Die Interpretation von IQs älterer Intelligenztests ist ein riskantes Unterfangen",

(b) „Forschung mit älteren Intelligenztests ohne Kontrollgruppe ist wertlos und irreführend".

Wie riskant und irreführend die Verwendung „veralteter" Normen sein kann, sei am Beispiel der Hochbegabungsdiagnose veranschaulicht. In Tabelle 2.3 sind die Klassifikationsraten im oberen Intelligenzwertebereich bei variierenden „IQ-Gewinnen" aufgeführt. Die Tabelle verdeutlicht, daß der Prozentsatz „tatsächlich" Hochbegabter unter den „vermeintlich" als hochbegabt Identifizierten um so mehr sinkt, je höher der angenommene „IQ-Gewinn" ist und je strengere Hochbegabungskriterien angelegt werden.

In der Hochbegabungsforschung wird sehr häufig das Kriterium IQ ≥ 130 zur Operationalisierung von intellektueller Hochbegabung verwendet. Bei zutreffenden Normen können nach diesem Kriterium etwa 2.28% einer unselegierten Stichprobe als hochbegabt identifiziert werden. Basiert der ermittelte Intelligenzquotient jedoch auf veralteten Normen, die um 10 IQ-Punkte zu gut messen („IQ-Gewinn" von 10 IQ-Punkten), so lassen sich nicht 2.28% sondern 9.12% einer unselegierten Stichprobe als hochbegabt identifizieren, nämlich all diejenigen, die einen „tatsächlichen" IQ ≥ 120 erzielen. Die so ermittelte Hochbegabtengruppe bestünde dann lediglich zu 25% aus „tatsächlich" Hochbegabten (mit einem IQ ≥ 130) und zu 75% aus gut Begabten (mit einem IQ zwischen 120 und 130). Ginge man gar von einem „IQ-Gewinn" von 20 IQ-Punkten aus, würde bei Zugrundelegung veralteter Normen eine Hochbegabtengruppe identifiziert, die zu lediglich 9% aus im Sinne des Kriteriums (IQ ≥ 130) Hochbegabten bestünde und zu 91% aus solchen, die einen IQ zwischen 110 und 130 erzielen. In diesem Fall kämen also auf einen „tatsächlich" Hochbegabten zehn „vermeintlich" als hochbegabt Identifizierte.

Tab. 2.3: Einfluß von Normverschiebungen („IQ-Gewinn") auf Klassifikationsraten im oberen Intelligenzbereich: Prozentsatz der als vermeintlich hochbegabt Identifizierten ($\%_{Id}$) und Prozentsatz der tatsächlich Hochbegabten unter den Identifizierten ($\%_{HB/ID}$)

IQ-LEVEL	IQ-NORM $\%_{HB}$	IQ-GEWINN: 5 IQ-PUNKTE		IQ-GEWINN: 10 IQ-PUNKTE		IQ-GEWINN: 15 IQ-PUNKTE		IQ-GEWINN: 20 IQ-PUNKTE	
		$\%_{ID}$	$\%_{HB/ID}$	$\%_{ID}$	$\%_{HB/ID}$	$\%_{ID}$	$\%_{HB/ID}$	$\%_{ID}$	$\%_{HB/ID}$
IQ ≥ 120	9.12	15.87	57.49	25.25	36.12	36.94	24.69	50.00	18.24
IQ ≥ 125	4.78	9.12	52.40	15.87	30.12	25.25	18.93	36.94	12.94
IQ ≥ 130	2.28	4.78	47.60	9.12	24.94	15.87	14.34	25.25	9.01
IQ ≥ 140	0.38	0.98	39.03	2.28	16.84	4.78	8.02	9.12	4.20
IQ ≥ 150	0.04	0.13	31.79	0.38	11.20	0.98	4.37	2.28	1.89

Ablesebeispiel: Wird als Hochbegabungskriterium IQ ≥ 130 gewählt, so lassen sich im Normalfall (bei zutreffenden Normen) 2.28% einer unselegierten Stichprobe als „hochbegabt" klassifizieren. Bei Zugrundelegung veralteter Normen, die um 10 IQ-Punkte nach oben verschoben sind, würden jedoch 9.12% - nämlich all diejenigen, die einen tatsächlichen IQ ≥ 120 aufweisen - als vermeintlich „hochbegabt" identifiziert. Die so gewonnene Hochbegabtengruppe würde nur zu 24.94% aus tatsächlich Hochbegabten bestehen, d.h. auf einen Hochbegabten kämen drei fälschlicherweise als hochbegabt Identifizierte.

Dies verdeutlicht, daß es für eine solide Hochbegabungsdiagnostik und für die Hochbegabungsforschung allgemein zwingend notwendig ist, sicherzustellen, daß die ermittelten Intelligenzquotienten tatsächlich zutreffend sind und nicht aufgrund von „IQ-Gewinnen" die intellektuelle Kompetenz gravierend überschätzen. Aus letzterem resultiert zwangsläufig ein erheblicher Prozentsatz fehlklassifizierter, lediglich „vermeintlich" Hochbegabter. Daraus folgt, daß jede Hochbegabtenstudie aktuelle (am besten zeitlich parallel erhobene) Normen zur Identifikation verwenden sollte. Das Marburger Hochbegabtenprojekt hat dies berücksichtigt und deshalb eine eigene Normierungsstichprobe Jugendlicher erhoben.

2.1.4
Fragestellung

Auf dem Hintergrund der eben berichteten Befunde widmen sich die nachfolgenden zwei Studien den Fragen:

(a) Wieviel Prozent einer Ausgangsstichprobe hochbegabter Kinder können nach sechs Jahren erneut als hochbegabt klassifiziert werden?
(b) Hängt die Stabilität der Klassifizierung als hochbegabt mit familiären Strukturvariablen (Schulbildung und berufliche Tätigkeit der Eltern, Sozialstatus) zusammen?
(c) Unterscheiden sich die Kinder, die in späteren Jahren nicht mehr als hochbegabt bezeichnet werden können, schon in der Identifikationsphase von solchen Kindern, deren Hochbegabung stabil bleiben wird, hinsichtlich
   – ihres Selbstkonzepts,
   – ihrer generellen Interessen,
   – ihres schulischen Ehrgeizes und
   – ihrer schulischen Leistungen und Interessen?
Bei diesen Entwicklungsbedingungen dürfte es sich vorzugsweise um intelligenzstabilisierende bzw. -fördernde Merkmale handeln. Sie sollten es Kindern ermöglichen, intellektuell anregende Angebote aktiv zu nutzen und Herausforderungen selbständig zu bewältigen.

Die Fragestellung (a) wird in Studie I behandelt („Stabilität der Hochbegabungsklassifikation", Kap. 2.2 und 2.3). Den Fragestellungen (b) und (c) wird in Studie II nachgegangen („Prädiktoren der Stabilität von Hochbegabung", Kap. 2.4 und 2.5).

2.2
STUDIE I – STABILITÄT DER HOCHBEGABUNGSKLASSIFIKATION:
METHODE

Dem Marburger Hochbegabtenprojekt liegt ein Verständnis „besonderer Begabung" zugrunde, das die allgemeine Intelligenz im Sinne des Spearmanschen Generalfaktors „g" (Spearman 1904; 1927) als wichtigstes Kriterium zur Definition kognitiver Hochbegabung betont. Für diese traditionelle und bewährte Auffassung von Hochbegabung als „außergewöhnlich hohe allgemeine intellektuelle Leistungsfähigkeit", die auf die berühmte Längsschnittuntersuchung von Terman und Mitarbeitern (1925) zurückgeht, sprechen viele gute inhaltlich-psychologische, statistisch-methodische und erfassungspraktische Gründe (z.B. hohe Zuverlässigkeit, Stabilität, breite externe und prädiktive Validität), die bei Rost (1989; 1991a; 1991b; 1993; vgl. auch Kap. 1) ausführlich diskutiert werden.

2.2.1
Stichproben

Wegen der Effekte der epochalen Akzeleration bei Intelligenztestleistungen und der dadurch bedingten Überschätzung des Anteils Hochbegabter bei der Verwendung veralteter Normen ist es für Untersuchungen, die sich mit der Frage der Stabilität von Hochbegabung befassen, notwendig, auf repräsentative und aktuelle Normen als Vergleichsbasis zurückzugreifen. Bei der Erstidentifikation Hochbegabter im Grundschulalter (Phase I des Marburger Hochbegabtenprojekts) stellte sich die Normierungsfrage nicht, da die Ausgangsstichprobe mit über 7000 Kindern der dritten Jahrgangsstufe eine exzellente Normierungsstichprobe darstellte. Für die Re-Identifikationsphase im Jugendalter (Phase III des Marburger Hochbegabtenprojekts) werden die eingesetzten Intelligenztests anhand einer aktuellen Normierungsstichprobe evaluiert.

2.2.1.1
Normierungsstichprobe

Die Normierungsstichprobe für die später (vgl. Kap. 2.2.2) näher beschriebene Intelligenztestbatterie basiert auf Erhebungen in 42 Klassen (9 Hauptschul-, 16 Realschul-, 17 Gymnasialklassen) der neunten Jahrgangsstufe an insgesamt 15 niedersächsischen Schulen (3 Hauptschulen, 6 Realschulen und 6 Gymnasien). Bei einem der Gymnasien mit zwei teilnehmenden Klassen handelte es sich um eine reine Mädchenschule. Im Regelfall nahmen alle neunte Klassen einer Schule an der Befragung teil. Aufgrund organisatorischer Schwierigkeiten und / oder fehlender Zustimmung der Klassenlehrkräfte wurden in einer Schule nur eine, in einer weiteren Schule nur zwei der insgesamt je vier neunten Klassen befragt.

Die Gesamtzahl der Schülerinnen und Schüler lag bei N = 1033. Von dieser Ausgangsstichprobe liegen für 919 Jugendliche auswertbare Ergebnisse zu den kognitiven Leistungstests vor. Die Ausfälle sind zum überwiegenden Teil (8.2%) auf nicht untersuchungsspezifische Gegebenheiten wie Erkrankung am Untersuchungstag und Sprachschwierigkeiten zurückzuführen.

Untersuchungsspezifische Ausfälle von lediglich 2.8% (20 Jungen, 9 Mädchen) ergeben sich aufgrund fehlender Zustimmung der Eltern, Teilnahmeverweigerung der Jugendlichen und des nachträglichen Ausschlusses von sieben Jungen wegen offensichtlich unzureichender Teilnahmemotivation während der Bearbeitung der Tests.

Die Stichprobe der 919 Jugendlichen setzt sich aus 423 Jungen (46.0%) und 496 Mädchen (54.0%) zusammen. Die Hauptschule besuchen 155 (16.9%; 89 Jungen, 66 Mädchen), die Realschule 379 (41.2%; 171 Jungen, 208 Mädchen) und das Gymnasium 385 (41.9%; 163 Jungen, 222 Mädchen) der Jugendlichen (Hanses 1996).

Der Anteil von Jungen und Mädchen in den drei Schulformen muß als disproportional angesehen werden (p = 0.006, C_{korr} = 0.15),[3] mit einem im Vergleich zu den Mädchen höheren Anteil von Jungen in Hauptschulen (57.4% vs. 42.6%) und einem geringeren Anteil von Jungen in Realschulen (45.1% vs. 54.9%) und Gymnasien (42.3% vs. 57.7%). Dieser Zusammenhang zwischen dem Geschlecht und der besuchten Schulform bleibt auch dann erhalten, wenn die zwei Klassen (mit 21 bzw. 22 Mädchen) des reinen Mädchengymnasiums unberücksichtigt bleiben (p = 0.034, C_{korr} = 0.12). Die leichten Unterschiede zwischen Jungen und Mädchen hinsichtlich der besuchten Schulform stellen jedoch nur zu einem geringen Teil eine stichprobenspezifische Besonderheit dar, sondern repräsentieren in etwa faktische Unterschiede.

Im niedersächsischen Schulsystem, in dem 93.5% der Neuntkläßler (bei insgesamt ausgewogenem Geschlechterverhältnis; 50.3% Jungen, 49.7% Mädchen) im traditionellen dreigliedrigen Schulsystem zu finden sind, liegt das Geschlechterverhältnis für Hauptschulen bei 55.5% Jungen gegenüber 44.5% Mädchen. Die entsprechen Anteile für Realschulen bzw. Gymnasium belaufen sich auf 48.8% bzw. 46.3% Jungen gegenüber 51.2% bzw. 53.7% Mädchen (Statistisches Bundesamt 1995).

Der in der Stichprobe insgesamt vergleichsweise geringe Anteil von Jugendlichen auf Hauptschulen und der relativ hohe Anteil Jugendlicher auf Gymnasien stellt hingegen eine stichprobenspezifische Besonderheit dar. Bezogen auf das Bundesland Niedersachsen beträgt die Schulbesuchsquote der Neuntkläßler bei ausschließlicher Berücksichtigung der Schulformen des dreigliedrigen Schulsystems 33.5% für die Hauptschule, 36.8% für die Realschule und 29.7% für das Gymnasium (Statistisches Bundesamt 1995).

Das Alter der befragten Jugendlichen liegt zwischen 14 (20.6% der Jugendlichen) und 17 Jahren (0.8%), mit einem Altersschwerpunkt bei 15 Jahren (66.6%). Das Durchschnittsalter beträgt 15.4 Jahre (S = 0.5).

---

[3]   Bei den hier mitgeteilten korrigierten Kontigenzkoeffizienten C_{korr} wurde C an dem maximal erreichbaren Kontingenzkoeffizienten C_{max} relativiert (vgl. Clauß & Ebner 1982, 297).

2.2.1.2

Ausgangsstichprobe des Marburger Hochbegabtenprojekts

Die Ausgangsstichprobe Hochbegabter, deren herausragende intellektuelle Befähigung nach einem Zeitintervall von sechs Jahren erneut verifiziert werden soll (Re-Identifikationsphase), basiert auf der Gruppenbildung der Phase I (Identifikationsphase) des Marburger Hochbegabtenprojekts (vgl. Rost 1993). In der ersten Projektphase wurde die kognitive Leistungsfähigkeit von 7023 unausgelesenen Schülern und Schülerinnen aus 390 Klassen der 3. Jahrgangsstufe aus neun „alten" Bundesländern mittels dreier standardisierter Tests erfaßt (sprachliche Analogien ANA von Portmann 1974; 1975; CFT 20, Subtests Serien und Matrizen von Weiß 1987; ZVT von Oswald & Roth 1987). Aufgrund einer im Sinne der allgemeinen Intelligenz *„g"* sensu Spearman (1927) gewichteten Kombination der drei Verfahren (Komponentenwerte auf der ersten unrotierten Hauptkomponente) sind folgende Stichproben, die in mehreren Erhebungsphasen im Marburger Hochbegabtenprojekt längsschnittlich untersucht wurden, gebildet worden:

(a) Zielgruppe der hinsichtlich der allgemeinen Intelligenz Hochbegabten (HB): N = 151 (86 Jungen, 65 Mädchen); Intelligenz: M = 135, S = 6, Range: 126–156;
(b) Vergleichsgruppe der hinsichtlich der allgemeinen Intelligenz durchschnittlich Begabten (DB): N = 136 (78 Jungen, 58 Mädchen); Intelligenz: M = 102, S = 6, Range: 85–114).

Die Kinder der Vergleichsgruppe waren danach ausgewählt worden, daß sie in bezug auf die Variablen „Schule", „Klasse", „Geschlecht" und „sozioökonomischer Status" mit den Zielgruppenkindern möglichst vergleichbar waren (individuelle „Kind-zu-Kind-Parallelisierung"), jedoch hinsichtlich ihrer intellektuellen Leistungsfähigkeit im Durchschnittsbereich lagen (detaillierte Stichprobenbeschreibung siehe Rost 1993).

Zum Zeitpunkt der Identifizierung als hochbegabt bzw. durchschnittlich begabt (Phase I) lag das Alter der insgesamt 287 Drittkläßler bei durchschnittlich 9.2 Jahren (S = 0.4). Sechs Jahre später wurden 283 dieser Kinder, die nun zumeist die neunte Jahrgangsstufe besuchten, einer erneuten Intelligenztestung unterzogen. Zum Zeitpunkt der Re-Identifikation (Phase III) waren die Jungen und Mädchen im Durchschnitt 15.3 Jahre alt (S = 0.4).[4]

---

[4]   Die für sozialwissenschaftliche Längsschnittuntersuchungen über einen Zeitraum von 6 Jahren extrem niedrige Ausfallquote von nur 1.4% ist auf die intensive Panelpflege zurückzuführen, die unter anderem einen kontinuierlichen brieflichen Kontakt umfaßt (z.B. jährliche Weihnachts- und Geburtstagsbriefe; vgl. Rost & Hanses 1995; Rost, Freund-Braier, Schilling & Schütz 1997).

2.2.2
Erfassung der allgemeinen kognitiven Leistungsfähigkeit

Zur Erfassung der kognitiven Leistungsfähigkeit bei Jugendlichen wurde eine aus vier Tests zusammengestellte Intelligenztestbatterie administriert. Die Auswahl der Verfahren erfolgte dabei in Orientierung an frühere im Rahmen des Marburger Hochbegabtenprojekts benutzte Intelligenztests (siehe Rost & Czeschlik 1988; Wild 1991).

Schon in der Identifikationsphase des Projekts „Lebensumweltanalyse hochbegabter Grundschulkinder" (Phase I) kam eine Testbatterie zur Anwendung, die unterschiedliche Facetten der allgemeinen Intelligenz erfaßte. Ähnlich wie in Phase I enthält die Testbatterie der Phase III

(a) einen Test, der anhand der Bearbeitung sprachlicher Analogien die verballogische Denkfähigkeit, d.h. die Fähigkeit, an verbalem Material Gesetzmäßigkeiten zu erkennen und anzuwenden, erhebt (Untertest *„sprachliche Analogien"* des *I-S-T 70*; Amthauer 1970),

(b) einen Test, der im nichtverbalen Bereich die Fähigkeit, komplexe Beziehungen in figuralem Material wahrzunehmen und analysieren zu können, mißt (*„Symbolreihen"*, Untertest 3 des *LPS*; Horn 1983) und

(c) ein Instrument, das primär die individuelle Informationsverarbeitungsgeschwindigkeit erfaßt (*„Zahlen-Verbindungs-Test"*; Oswald & Roth 1987).

Ergänzend zu (b) wurde im nichtverbalen Bereich

(d) ein zusätzlicher Test, der auf das Erkennen von Gesetzmäßigkeiten in numerischem Material abzielt, eingesetzt (Untertest *„Zahlenreihen"* des *I-S-T 70*; Amthauer 1970). Dieses Verfahren hat – im Gegensatz zu den oben aufgeführten Tests – keine unmittelbare inhaltlich-konzeptuelle Entsprechung zu den in Phase I des Marburger Hochbegabtenprojekts verwendeten Instrumenten und wurde vor allem deshalb in die Testbatterie aufgenommen, da Voruntersuchungen zur Phase III auf die Gefahr eines Deckeneffektes bei den *„Symbolreihen"* in der Gruppe der hochbegabten Jugendlichen hingewiesen hatten.

Die Bestandteile der Testbatterie, die – wie eingangs begründet – primär auf die Erfassung der allgemeinen Intelligenz („*g*"; Spearman 1927) abzielen, werden im folgenden kurz dargestellt. Die Durchführungsobjektivität aller vier Verfahren ist aufgrund der einheitlichen Durchführungsvorschriften, der schriftlich festgelegten bzw. der mündlich in standardisierter Form vorgetragenen Instruktionen und der mit Stoppuhr kontrollierten Testzeiten gesichert. Die Auswertungsobjektivität kann – bedingt durch die Art der Auswertungsmethode (computerunterstützt) und die sorgfältige Nachkontrolle aller eingegebenen Daten – als gesichert angesehen werden.

2.2.2.1
Untertests „sprachliche Analogien" und „Zahlenreihen"
des Intelligenz-Struktur-Tests (I-S-T 70)

Aus den neun Untertests des *I-S-T 70* von Amthauer (1970) wurde aus dem sprachlichen Bereich der Subtest *„sprachliche Analogien"* und aus dem Bereich der rechnerischen Aufgaben der Subtest *„Zahlenreihen"* ausgewählt. Die *„sprachlichen Analogien"* erfassen primär verbales *reasoning*. Die *„Zahlenreihen"* zielen in erster Linie auf schlußfolgerndes Denken an numerischem Material ab.

Bei den *„sprachlichen Analogien"* werden je Aufgabe drei Wörter vorgegeben, von denen die ersten beiden eine bestimmte Beziehung zueinander aufweisen. Diese Beziehung soll erkannt und auf ein neues Wortpaar übertragen werden, indem aus fünf Wahlwörtern das Wort herauszufinden ist, das zu dem dritten vorgegebenen Wort in vergleichbarer Beziehung steht. Der Subtest beinhaltet 20 Aufgaben, für deren Bearbeitung sieben Minuten zur Verfügung stehen. Bei den *„Zahlenreihen"* wird je Aufgabe eine nach einer bestimmten Regel aufgebaute, aus sieben Zahlen bestehende Zahlenreihe vorgegeben. Die dieser Zahlenreihe zugrundeliegende Gesetzmäßigkeit ist zu erkennen und die Zahlenreihe entsprechend dieser Regel fortzusetzen. Dieser Untertest umfaßt ebenfalls insgesamt 20 Aufgaben, deren Bearbeitungszeit zehn Minuten beträgt.

Im Gegensatz zur Durchführung des *I-S-T 70* laut Testmanual, bei der die Subtestinstruktionen inklusive Beispiele sowie die Aufgaben selbst einem Testheft zu entnehmen, die Lösungen jedoch auf einem separaten Antwortbogen zu markieren sind, wurde der Antwortmodus insofern verändert, als daß die Antworten direkt auf die Aufgabenblätter geschrieben werden konnten. Jeder Untertest besteht aus zwei Blättern, wobei das erste jeweils die Instruktionen sowie Beispielaufgaben und das zweite die zu bearbeitenden Wortanalogien bzw. Zahlenreihen enthält. Die Instruktionen entsprechen bis auf geringfügige Modifikationen, die die veränderte Antwortmodalität betreffen, den im Testhandbuch des *I-S-T 70* aufgeführten Instruktionen (vgl. Rost & Hanses 1995, 37–43).

2.2.2.2
Untertest „Symbolreihen" des Leistungsprüfsystems (LPS)

Das Leistungsprüfsystem (LPS) von Horn (1962; 1983) ist, ähnlich wie *der I-S-T 70*, ein in Anlehnung an die *„Primary Mental Abilities"* (PMA; Thurstone 1938; Thurstone & Thurstone 1941) entwickeltes ökonomisches Intelligenztestverfahren. Aus dem LPS wurde für die vorliegende Untersuchung der Subtest 3 *„Symbolreihen"* ausgewählt, der dem Primärfaktor *„reasoning"* zuzuordnen ist. Dieser sprachfreie

Untertest eignet sich besonders gut zur Erfassung der grundlegenden Denkfähigkeit („*inductive reasoning*") und mißt in erster Linie „fluide Intelligenz" (Cattell 1971).

Der Subtest „*Symbolreihen*" besteht aus 40 Zeilen mit je acht Zeichen bzw. Symbolen (z.B. Striche, Pfeile, Quadrate). Die Symbole jeder Zeile sind nach einer bestimmten Gesetzmäßigkeit aufgebaut. Aufgabe der Probanden ist es, die der Reihe zugrundeliegende Gesetzmäßigkeit zu erkennen und dasjenige Zeichen einer Reihe anzukreuzen, das nicht zu dieser Reihe gehört, da es nicht der Gesetzmäßigkeit der Reihe entspricht. Die Aufgabenstellung wird vor Testbeginn anhand zweier Beispiele erläutert.

Die Durchführung erfolgte im wesentlichen entsprechend der Vorgaben im Manual des LPS. Der eher autokratische Anordnungsstil wurde teilweise durch etwas freundlicher formulierte Aufforderungen ersetzt. Außerdem wurde in der Instruktion ergänzt, wie Fehler zu korrigieren seien und daß im Zweifelsfall die wahrscheinlichste Lösung anzukreuzen ist (vgl. Rost & Hanses 1995, 44–46). Für die Aufgabenlösung stand eine Testzeit von fünf Minuten zur Verfügung.

Für die Auswahl des Subtests „*Symbolreihen*" sprechen sowohl die hohe Korrelation dieses Untertest mit der Gesamtleistung im LPS ($r = 0.81$; Horn 1983, 24) als auch die faktorenanalytischen Ergebnisse. Beide Aspekte weisen darauf hin, daß sich dieser Untertest – ähnlich gut wie die zwei IST-Subtests „*sprachliche Analogien*" und „*Zahlenreihen*" – dazu eignet, die allgemeine Denkfähigkeit zu erfassen. Aufgrund des Testmaterials (Symbolreihen) stellt dieser Test eine sinnvolle Ergänzung zu dem verbalen bzw. numerischen Material der ausgewählten IST-Subtests dar.

2.2.2.3
Zahlen-Verbindungs-Test (ZVT)

Der *Zahlen-Verbindungs-Test* (*ZVT*; Oswald & Roth 1978; 1987) ist ein sprachfreies Verfahren zur Messung der „kognitiven Leistungsgeschwindigkeit" und soll den basalen kognitiven Grundprozeß der Informationsverarbeitungsgeschwindigkeit erfassen. Der *ZVT* erhebt den Anspruch, durch Messung der kognitiven Leistungs- und Verarbeitungsgeschwindigkeit ein – wenn auch spezifischer – Intelligenztest zu sein, der trotz seiner geringen Bearbeitungszeit als Schätzverfahren für die allgemeine Intelligenz annähernd gleich gut abschneidet wie wesentlich umfangreichere andere Intelligenztestverfahren (Oswald & Roth 1987, 5–6).

Der *ZVT* besteht aus vier Aufgabenblättern mit je einer Zahlen-Matrize. Jede Matrize beinhaltet unterschiedlich angeordnete, von einem Kreis umschlossene Zahlen von 1 bis 90, die entsprechend der Zählweise mit einem Strich verbunden werden sollen. Je zwei aufeinanderfolgende Zahlen befinden sich in unmittelbarer Nachbarschaft. Zur

Bearbeitung jeder Matrize stehen 30 Sekunden zur Verfügung. Als Auswertungs-
grundlage dient der Durchschnittswert der erreichten vier Endzahlen.[5] Der unter
anderem durch den Untertitel der Erstauflage des *ZVT* (Oswald & Roth 1978) sugge-
rierte sehr umfassende Gültigkeitsanspruch, „ein sprachfreier Intelligenz-Schnell-
Test" zu sein, ist im strengen Sinne nicht gerechtfertigt. Vielmehr erfaßt der *ZVT* nur
eine (allerdings grundlegende) kognitive Leistungskomponente. Der *ZVT* ist somit
auch nicht als Alternative zu den gängigen (in der Regel sprach-, milieu- und stärker
motivationsabhängigen) Intelligenztests anzusehen, sondern als ökonomische Ergänzung, da er sich in Kombination mit anderen bewährten Intelligenztests zur Schätzung der allgemeinen Intelligenz „*g*" eignet. Als alleiniger Indikator für die allgemeine intellektuelle Leistungsfähigkeit sollte er nicht eingesetzt werden (Rost &
Hanses 1993, 91).

Zusammenfassend bleibt festzuhalten, daß sich die vier Bestandteile der Testbatterie
gut dazu eignen, einen testübergreifenden und im Sinne der allgemeinen Intelligenz
„*g*" zu interpretierenden Gesamtwert zu bilden. Die Tests zielen primär auf die
Erfassung des *Reasoning*-Faktors – in verbaler, numerischer und figuraler Form –,
speziell des induktiven Schlußfolgerns (das synthetisierende, vom einzelnen zum allgemeinen führende Denken), ab. Die Normen aller verwendeten Testverfahren müssen als relativ veraltet und zumindest überprüfungsbedürftig angesehen werden. Aus
diesem Grunde wurde die Rekurrierung einer Normierungsstichprobe als zwingend
notwendig betrachtet. Die hier verwendete Testbatterie wurde für die Normierungsstichprobe in einer A- und in einer B-Version erstellt, um ein Abschreiben (Gruppen-
situation) zu erschweren. Die A-Version umfaßt die Form B 2 der „*sprachlichen
Analogien*" sowie jeweils die A-Formen der „*Zahlenreihen*" bzw. „*Symbolreihen*".
Die B-Version beinhaltet die Form A 1 der „*sprachlichen Analogien*" sowie jeweils
die B-Formen der „*Zahlenreihen*" bzw. „*Symbolreihen*". Die A-Version ist mit der
in Phase III des Marburger Hochbegabtenprojekts administrierten Testbatterie identisch (vgl. Rost & Hanses 1995). Der „*Zahlen-Verbindungs-Test*", für den keine
Parallelformen vorliegen, wurde jeweils in der vorgesehenen Reihenfolge „Matrize
A", „Matrize B", „Matrize C", „Matrize D" vorgegeben.

2.2.3

Auswertung

Zur psychometrischen Analyse der administrierten Intelligenztests werden die üblichen statistischen
Verfahren verwendet. Als Grundlage der Skalenanalysen und testtheoretischen Überprüfung dient

---

[5]   Die von Oswald & Roth (1987) vorgesehene umständliche informationstheoretische Auswer-
       tung (Informationsmaß „Bit pro Sekunde") weist gegenüber dem Leistungsmaß „Durchschnitts-
       wert der zuletzt bearbeiteten Zahlen" keinen inhaltlichen oder methodischen Vorteil auf, da bei-
       de Leistungsmaße zu r > 0.99 korrelieren (Rost & Hanses 1993, 83).

ausschließlich die Normierungsstichprobe von N = 919 Neuntkläßlern. Gruppenunterschiede in den vier Einzelindikatoren der kognitiven Leistungsfähigkeit werden zunächst über eine dreifaktorielle ($3 \times 2 \times 2$) multivariate Varianzanalyse (MANOVA mit dem dreigestuften Gruppenfaktor „Schulform" und den jeweils zweigestuften Klassifikationsvariablen „Version" und „Geschlecht") getestet.

Zur Spezifizierung derjenigen Variablen, die einen relevanten Beitrag zur Gruppentrennung liefern, werden entsprechende univariate dreifaktorielle Varianzanalysen (ANOVAs) berechnet. Die Analyse von Gruppenunterschieden ist unter anderem auch für die Erstellung angemessener Normen wichtig, da die Gruppierungsvariablen „Schulform" und „Geschlecht" in der Normierungsstichprobe einen leichten Bias im Vergleich zu einer repräsentativen Zufallsstichprobe aufweisen (vgl. Kap. 2.2.1.1). Sofern sich in diesen Klassifikationsvariablen inferenzstatistisch abgesicherte Unterschiede zeigen, sollen die Normen mit bias-kompensierender Gewichtung erstellt werden.

Die Bestimmung der Homogenität erfolgt über Maße der inneren Konsistenz (Split-half-Reliabilität, Cronbachs α). Zur Abschätzung der Konstruktvalidität der Leistungsverfahren werden die Beziehungen der Tests untereinander ermittelt sowie eine Hauptkomponentenanalyse (PCA) durchgeführt. Die Berechnung der erreichten Leistungswerte anhand der – vermutlich veralteten – Handbuchnormen gibt Aufschluß über das Ausmaß etwaiger Normverschiebungen und die Notwendigkeit der Rekurrierung einer eigenen Normierungsstichprobe.

Der zentralen Frage der Stabilität von Hochbegabung wird mittels Bestimmung entsprechender Re-Klassifikationsraten nachgegangen, wobei verschiedene IQ-Grenzwertsetzungen (Kriterien für Hochbegabung) in der Re-Überprüfung der Hochbegabungsdiagnose näher analysiert werden.

Weiterhin werde ich die zwei unterschiedlichen in der Erstidentifikation benutzten Hochbegabungskriterien (nach der allgemeinen Intelligenz ausgewählte „Kerngruppe", „Test-Spitzen-Kriterium") im Hinblick auf die Re-Klassifikationsraten vergleichend betrachten.

Die praktische Relevanz der Ergebnisse verdeutlichen die Effektstärkemaße „eta^2_{multi}" bzw. „eta^2". Im Zweigruppenfall wird zusätzlich die an der gepoolten Streuung relativierte Mittelwertdifferenz „d" (Cohen 1988) mitgeteilt. Bei der Überprüfung von Häufigkeitsunterschieden mittels χ^2-Test verwende ich den korrigierten Kontingenzkoeffizient C_{korr} zur Abschätzung der praktischen Bedeutsamkeit der Resultate.

2.3
STUDIE I – STABILITÄT DER HOCHBEGABUNGSKLASSIFIKATION: ERGEBNISSE

2.3.1
Psychometrische Evaluation der Intelligenzverfahren

Im Ergebnisteil berichte ich zunächst die deskriptiven Kennwerte der Intelligenzverfahren, und zwar getrennt für Jungen und Mädchen sowie für die verschiedenen Schulformen. Anschließend stelle ich die Zuverlässigkeit der eingesetzten Tests dar. Sodann führe einen Vergleich mit den in den Testmanualen berichteten Normen durch.

2.3.1.1

Normierungsstichprobe: Skalenanalysen

Um zu überprüfen, inwieweit die Rohwerte der vier Intelligenztestverfahren vom besuchten Schultyp, der Testform und dem Geschlecht abhängen, wurde eine dreifaktorielle multivariate Varianzanalyse (MANOVA: „Schulform" × „Version" × „Geschlecht") mit den vier Begabungstests *„sprachliche Analogien"*, *„Zahlenreihen"*, *„Symbolreihen"* und *„Zahlen-Verbindungs-Test"* als abhängige Variablen berechnet. Die multivariate Analyse verweist auf einen statistisch signifikanten Effekt des Schultyps ($F_{8,1806} = 64.41$, $p < 0.001$, $eta^2_{multi} = 0.222$), der Testform ($F_{4,904} = 19.48$, $p < 0.001$, $eta^2_{multi} = 0.079$) und des Geschlechts ($F_{4,904} = 13.61$, $p < 0.001$, $eta^2_{multi} = 0.057$). Die zweifachen und dreifachen Wechselwirkungen sind dabei weder praktisch noch statistisch bedeutsam ($F_{[max]} = 1.13$ bei $df_{8,1806}$ bzw. $df_{4,904}$, $p_{[max]} = 0.337$, $eta^2_{multi[max]} = 0.005$).

Die univariaten Nachfolgeanalysen belegen, daß sich die *Schulformen* in allen vier Tests statistisch signifikant unterscheiden, wobei die schultypspezifischen Differenzen bei den *„sprachlichen Analogien"* besonders hoch sind ($p < 0.001$, $eta^2 = 0.278$). Die Unterschiede in Abhängigkeit von der besuchten Schulform fallen demgegenüber bei den *„Zahlenreihen"* ($p < 0.001$, $eta^2 = 0.162$), dem *„Zahlen-Verbindungs-Test"* ($p < 0.001$, $eta^2 = 0.095$) und den *„Symbolreihen"* ($p < 0.001$, $eta^2 = 0.084$) deutlich geringer aus. Erwartungsgemäß werden in allen vier Tests mit steigendem Bildungsniveau bessere Ergebnisse erzielt. Die Unterschiede zwischen den Jugendlichen auf Realschulen vs. Gymnasien sind tendenziell etwas größer als die zwischen Jugendlichen auf Hauptschulen vs. Realschulen (*„sprachliche Analogien"*: $d_{RS-GY} = -0.85$, $d_{HS-RS} = -0.74$; *„Zahlenreihen"*: $d_{RS-GY} = -0.57$, $d_{HS-RS} = -0.57$; *„Zahlen-Verbindungs-Test"*: $d_{RS-GY} = -0.49$, $d_{HS-RS} = -0.41$; *„Symbolreihen"*: $d_{RS-GY} = -0.45$, $d_{HS-RS} = -0.34$). Eine stärkere Bildungsabhängigkeit der Leistungen in den *„Zahlenreihen"* und vor allem in den *„sprachlichen Analogien"* ist aufgrund der Testkonzeption durchaus erwartungskonform. Der multivariate *Versionseffekt* ist, univariat betrachtet, in erster Linie auf den Subtest *„sprachliche Analogien"* zurückzuführen ($p < 0.001$, $eta^2 = 0.073$, $d_{A-B} = 0.49$). Zusätzlich sind bei den *„Symbolreihen"* in Abhängigkeit von der Testform leichte Unterschiede feststellbar ($p < 0.001$, $eta^2 = 0.019$, $d_{A-B} = -0.31$). Demgegenüber können die Versionen A und B der *„Zahlenreihen"* ($p = 0.294$, $eta^2 = 0.001$, $d_{A-B} = -0.06$) und des (in beiden Formen identischen) „Zahlen-Verbindungs-Tests" ($p = 0.891$, $eta^2 < 0.001$, $d_{A-B} = -0.03$) als gleich schwierig betrachtet werden. Bei den *„sprachlichen Analogien"* ist die A-Form die leichtere Version, bei der durchschnittlich anderthalb Aufgaben mehr gelöst werden als mit der Alternativform. Bei den *„Symbolreihen"* ist die B-Form mit im Durchschnitt 1.4 mehr richtig bearbeiteten Aufgaben etwas leichter zu lösen als die A-Form. Der multivariate *Geschlechtseffekt* zeigt sich univariat primär in den varianzanalytischen Ergebnissen der *„Zahlenreihen"* ($p < 0.001$, $eta^2 = 0.038$, $d_{Ju-Mä} = 0.32$) und, in deutlich abgeschwächter Form mit einer als niedrig zu bezeichnenden Effektstärke, auch bei den „*sprachlichen Analogien*" (p < 0.001, eta^2 = 0.015, d$_{Ju-Mä}$ = 0.17). In beiden Tests schneiden die Jungen besser ab als die Mädchen. Im „*Zahlen-Verbindungs-Test*" (p = 0.120, eta^2 = 0.003, d$_{Ju-Mä}$ = –0.16) und im Subtest „*Symbolreihen*" (p = 0.462, eta^2 = 0.001, d$_{Ju-Mä}$ = –0.02) sind keine statistisch signifikanten Geschlechtsunterschiede zu beobachten.

Die *Homogenitätskoeffizienten* der vier Leistungsverfahren sind in Tabelle 2.4 aufgeführt sind. Die „*Zahlenreihen*" (A-Form: r$_{tt}$ = 0.92, B-Form: r$_{tt}$ = 0.88) und der „*Zahlen-Verbindungs-Test*" (r$_{tt}$ = 0.91) stellen sich als die Verfahren mit der höchsten Split-half-Reliabilität dar. Geringere Homogenitätskennwerte erzielen die „*sprachlichen Analogien*". Die je nach Form bzw. Reliabilitätsmaß von der Höhe her variierenden Zuverlässigkeitsangaben erreichen bei diesem Test maximal r$_{tt}$ = 0.67. Diese für Leistungstests als niedrig zu bezeichnende Reliabilität liegt deutlich unter der von Amthauer (1970) im Testmanual angegebenen, reicht aber für die hier angestellten Gruppenvergleiche aus. Die übrigen drei kognitiven Leistungstests fallen in etwa so reliabel aus, wie aufgrund der Angaben in den Testmanualen zu erwarten war. Beim „*Zahlen-Verbindungs-Test*" liegen die Reliabilitätsmaße etwas über dem von Oswald & Roth (1987) mitgeteilten Zuverlässigkeitskoeffizienten (α = 0.83) und entsprechen den Werten, die Rost & Hanses (1993, 86) im Zusammenhang der Neustandardisierung des Tests für Drittkläßler angeben (r$_{tt}$ = 0.89 bis r$_{tt}$ = 0.92). Bei dem Vergleich der hier ermittelten Homogenität der „*Symbolreihen*" (A-Form: r$_{tt}$ = 0.82, B-Form: r$_{tt}$ = 0.86) mit den entsprechenden Angaben von Horn (1983) ist zu berücksichtigen,

Tab. 2.4: Ergebnisse der testtheoretischen Überprüfung der vier Tests zur Erfassung der kognitiven Leistungsfähigkeit für 919 Schüler und Schülerinnen der 9. Jahrgangsstufe

KENNWERTE	AN		ZR		SR		ZVT
	Form A (N=467)	Form B (N=452)	Form A (N=452)	Form B (N=467)	Form A (N=452)	Form B (N=467)	(N=919)
Aufgaben	20	20	20	20	40	40	4
M	8.37	6.84	10.54	10.80	27.30	28.66	47.16
S	3.04	3.24	5.08	4.25	4.43	4.53	7.23
r$_{tt}$ [a]	0.63	0.67	0.92	0.88	0.82	0.86	0.91
α	0.64	0.67	0.88	0.83	0.79	0.81	0.90
r$_{tt}$ / α laut Testmanual	0.86 [b]		0.96 [b]		0.90 [c]		0.83 [d]

AN = Sprachliche Analogien des IST 70; ZR = Zahlenreihen des IST 70; SR = Symbolreihen des LPS; ZVT = Zahlen-Verbindungs-Test

[a] r$_{tt}$: nach Spearman-Brown aufgewertete Split-half-Reliabilität
[b] Split-half-Reliabilität nach Amthauer (1970, 28)
[c] Split-half-Reliabilität nach Horn (1983, 20) für den Kombinationswert aus Untertest 3+4 („Symbolreihen" + „Zahlen-/Buchstabenreihen")
[d] innere Konsistenz nach Oswald & Roth (1987, 15)

daß im Testmanual lediglich Konsistenzwerte für die aus zwei Tests zusammenge-
setzten, kombinierten Skalen berichtet werden. Wird die auf Tests doppelter Länge
basierende Zuverlässigkeitsschätzung Horns (1983, 20; $r_{tt} = 0.90$) entsprechend der
Spearman-Brown-Formel korrigiert, so ist von einer Einzeltest-Reliabilität von
$r_{tt} = 0.82$ auszugehen.

2.3.1.2

Vergleich mit den Handbuchnormen

Die in den Testmanualen angegebenen Normen basieren auf Eichstichproben, deren
Testung zum Zeitpunkt der Erhebung der Normierungsstichprobe im Jahre 1995
durchschnittlich 25 Jahre zurücklag (Erstpublikation der Normen: 1962 [LPS], 1970
[IST 70], 1978 [ZVT]). Wie schon erwähnt (vgl. Kap. 2.1.3) muß mit deutlichen Leistungssteigerungen nachfolgender Geburtskohorten gerechnet werden, so daß die Bezugnahme auf veraltete Normen in der Regel zu einer drastischen Leistungsüberschätzung führt. Epochale Normwertverschiebungen zeigen sich auch in vorliegender
Studie.

Tab. 2.5: Vergleich der Werte der Normierungsstichprobe (N = 919) mit
den Handbuchnormen (jeweils IQ-normierte Angaben)

NORMEN	AN		ZR		SR		ZVT	
	M	S	M	S	M	S	M	S
Handbuchnorm (ungew.)	100.8	15.2	110.8	19.5	114.6	11.8	113.0	13.7
Stichprobe (ungew.)	102.9	14.8	102.1	14.9	101.6	14.7	101.8	14.9
Handbuchnorm (gew.)	97.8	15.4	107.9	19.5	113.3	12.2	111.1	14.0
Stichprobe (gew.)	100.0	15.0	100.0	15.0	100.0	15.0	100.0	15.0

AN = Sprachliche Analogien des IST 70; ZR = Zahlenreihen des IST 70;
SR = Symbolreihen des LPS; ZVT = Zahlen-Verbindungs-Test

Tabelle 2.5 informiert über die IQ-normierten durchschnittlichen Leistungen, die sich
ergeben, legt man die in den Testmanualen angegebenen Altersnormen zugrunde. Als
Vergleich werden die ebenfalls IQ-normierten Werte angegeben, die aufgrund der
Stichprobenparameter (M, S) der Normierungsstichprobe über entsprechende Trans-
formationen ermittelt wurden. Das geringfügig variierende Alter blieb bei der stich-
probeninternen Normierung unberücksichtigt. Da die vorliegende Normierungsstichprobe einen Bias hinsichtlich der Repräsentativität der Schulformen und in bezug auf
das Geschlechterverhältnis aufweist (vgl. Kap. 2.2.1.1) sind in Tabelle 2.5 zusätzlich
die sich ergebenden Werte bei einer diesen Bias kompensierenden Gewichtung aufgeführt (siehe hierzu Erläuterungen in Kap. 2.3.2.1). Bezogen auf die gewichtete Ge-

samtstichprobe sind bei den *„Zahlenreihen"* (M = 107.9), den *„Symbolreihen"*
(M = 113.3) und dem *„Zahlen-Verbindungs-Test"* (M = 111.1) deutliche Verschiebungen in erwarteter Richtung, d.h. eine Leistungsüberschätzung bei Zugrundelegung
der in den Manualen publizierten Normen zu verzeichnen, die 53%, 89% und 74%
einer Standardabweichung betragen. Lediglich bei den *„sprachlichen Analogien"*
(M = 97.8) liegen Handbuchnormwerte und Stichprobennormwerte relativ eng bei-
einander.

2.3.2

Faktorenanalytische Ermittlung von *„g"*

2.3.2.1

Jugendliche der Normierungsstichprobe

Aufgrund der gefundenen statistisch signifikanten Unterschiede der „Schulform" und
des „Geschlechts" und weil die Normierungsstichprobe bezüglich dieser beiden Variablen nicht repräsentativ ist (vgl. Kap. 2.2.1.1), soll durch eine Gewichtung die Unterrepräsentanz Jugendlicher auf Hauptschulen (17.4% vs. 33.5%) und die der Jungen
(46.2% vs. 50.3%) sowie die Überrepräsentanz Jugendlicher auf Realschulen (41.2%
vs. 36.8%) bzw. Gymnasien (41.4% vs. 29.7%) und die der Mädchen (53.8% vs.
49.7%) kompensiert werden. Mit einer Gewichtung entsprechend des Anteils im Niedersächsischen Schulsystem vertretener Mädchen und Jungen in den drei Schulformen (Angaben des Statistischen Bundesamtes 1995) wird erreicht, daß die Segmente
„Geschlecht" und „Schultyp" einen angemessenen proportionalen Anteil in der Normierungsstichprobe bilden. Die einzelnen Tests wurden – wegen der teils signifikanten Versionsunterschiede – getrennt für die beiden Formen unter Einbeziehung der
Gewichtungsfaktoren zunächst z-transformiert. Für die Tests *„Zahlenreihen"* und
„Symbolreihen" wurde ein Kombinationswert gebildet, indem der Mittelwert der beiden z-Werte berechnet und dieser Kombinationswert wieder unter Einbeziehung der
Gewichtungsfaktoren z-transformiert wurde.[6]

Die Bestimmung eines globalen Indikators der kognitiven Leistungsfähigkeit erfolgte
über eine Hauptkomponentenanalyse mit den z-transformierten Variablen *„sprachliche Analogien"* (*AN*), Kombinationswert *„Zahlen- / Symbolreihen"* (*ZR / SR*) und
„Zahlen-Verbindungs-Test" (*ZVT*). Die Interkorrelationen der drei Tests betragen
$r_{AN,ZR/SR} = 0.44$, $r_{AN,ZVT} = 0.16$ und $r_{ZR/SR,ZVT} = 0.43$. Der erste unrotierte Faktor klärt
als optimale Zusammenfassung der Gemeinsamkeiten der drei Verfahren 56.8% der

---

[6]   Die Tests *„Zahlenreihen"* und *„Symbolreihen"* wurden zu einem Kombinationswert zusam-
    mengefaßt, um ein Übergewicht des von beiden Tests erfaßten Intelligenzfaktors „nonverbales
    reasoning" zu vermeiden und darüber hinaus eine weitestgehende Vergleichbarkeit mit der in
    Phase I des Marburger Hochbegabtenprojekts eingesetzten Testbatterie zu gewährleisten.

Gesamtvarianz auf. Die Ladungen auf ihm betragen für AN a = 0.70, für den Kombinationswert ZR / SR a = 0.86 und für ZVT a = 0.69. Die Komponentenwerte (M = 0, S = 1) auf diesem Faktor können im Sinne der allgemeinen Intelligenz „g" interpretiert werden. Wie den Koeffizienten (FS) der Faktorscorematrix zu entnehmen ist ($FS_{AN} = 0.41$, $FS_{ZR/SR} = 0.51$, $FS_{ZVT} = 0.40$), geht in die Berechnung der Komponentenwerte (Linearkombination der mit FS_{Test} gewichteten z-transformierten Testwerte) der Kombinationswert „Zahlen- / Symbolreihen" – entsprechend seiner etwas höheren Ladung – mit einem geringfügig größeren Gewicht ein.[7] Die z-standardisierten Faktorwerte wurden des besseren Verständnisses wegen in IQ-Normwerte (M = 100, S = 15) transformiert.

Bei vergleichbarer Streuung des Gesamtwertes der kognitiven Leistungsfähigkeit (im Sinne der allgemeinen Intelligenz) für die verschiedenen Schulformen betragen die Differenzen zum nächst höheren Bildungsniveau etwa zehn IQ-Punkte (Hauptschule: M = 89.8, S = 12.6; Realschule: M = 99.8, S = 12.4; Gymnasium: M = 111.6, S = 11.6). In dem etwas über 100 liegendem Mittelwert für die Gesamtstichprobe (M = 103.0, S = 14.5) kommt zum Ausdruck, daß die leistungsstärkste Gruppe der Jugendlichen auf Gymnasien etwas überrepräsentiert, die leistungsschwächste Gruppe der Jugendlichen auf Hauptschulen unterrepräsentiert ist.

Würde man den Gesamt-IQ auf der Basis der (veralteten) Handbuchnormen schätzen, so ergäbe sich für die Normierungsstichprobe ein mittlerer Globalwert von M = 113.2 (S = 15.1; gewichtete Stichprobe: M = 110.0, S = 15.7). Die „IQ-Gewinne" belaufen sich also für einen Zeitraum von ca. 25 Jahren auf 10 IQ-Punkte, das entspricht einem jährlichen Zuwachs von 0.40 IQ-Punkten. Diese Schätzung entspricht etwa der von Schallberger (1991, 24) für den HAWIK angegebenen (0.56) und liegt im Bereich des „IQ-Gewinns" pro Jahr von 0.45, der sich nach Flynn (1987, 185) unter Zugrundelegung der „besser" konzipierten 12 internationalen Studien als Durchschnittswert ergibt. Diese Leistungsverbesserungen sind praktisch höchst bedeutungsvoll: „Falschmessungen" dieses Ausmaßes bei Zugrundelegung veralteter Normen sind in etwa mit dem Leistungsunterschied zwischen 15jährigen und zwei bis drei Jahre jüngeren Kindern oder dem zwischen Hauptschul- und Realschulkindern vergleichbar. Als besonders gravierend würden sich diese Normverschiebungen bei der Identifikation von Hochbegabten erweisen. Bei einem Hochbegabungskriterium von IQ ≥ 130 ließen sich nicht 2.28% sondern 9.12% als „hochbegabt" identifizieren. Die so identifizierte Gruppe bestünde also nur zu etwa 25% aus Personen, die „tatsächlich" (d.h. bei Zugrundelegung aktueller Normen) – entsprechend dem Kriterium – als hochbegabt

---

[7]   Es sei angemerkt, daß es keine Rolle spielt, mit *welcher* Methode die drei Testwerte zu einem globalen Index „kognitive Leistungsfähigkeit" zusammengefaßt werden. Der (ungewichtete) Durchschnittswert der drei Variablen korreliert mit den aufgrund einer (aus theoretischen Gründen vorzuziehenden) faktorenanalytischen Gewichtung gebildeten Komponentenwerten zu r > 0.99. Auch der Durchschnittswert aller vier Tests, bei dem die Zahlen- und Symbolreihen nicht zu einem Kombinationswert zusammengefaßt sind, korreliert mit dem Globalkennwert zu r > 0.99.

gelten können und zu 75% aus lediglich „gut Begabten" mit einem IQ zwischen 120 und 130 (vgl. hierzu Tab. 2.3). Das im Marburger Projekt von Anfang an bevorzugte Vorgehen, jeweils nur aktuelle (zeitgleich erhobene) Normen zu verwenden, erfährt hier eine nachträgliche empirische Grundlage.

2.3.2.2

Jugendliche des Marburger Hochbegabtenprojekts

Die Anzahl richtig gelöster Aufgaben in den Tests *AN*, *ZR* und *SR* sowie der Durchschnittswert in den vier *ZVT*-Matrizen wurden mittels der in der (gewichteten) Normierungsstichprobe berechneten Mittelwerte und Standardabweichungen z-transformiert. Der über eine Mittelung der z-Werte im ZR und SR gebildete Kombinationswert wurde ebenfalls nochmals z-transformiert. Eine Linearkombination dieser z-transformierten Testwerte mit den Koeffizienten (FS) der Faktorscorematrix, die im Rahmen der Analyse der Normierungsstichprobe gewonnen wurde, liefert die Komponentenwerte für die Stichprobe des Marburger Hochbegabtenprojekts. Auch hier wurden die Faktorwerte in IQ-Normwerte transformiert. Dieses Vorgehen entspricht exakt der Berechnung der Intelligenzwerte für die Normierungsstichprobe.[8]

2.3.3

Stabilität der Zuordnung zur Gruppe der Hochbegabten

2.3.3.1

Verteilung der in der Re-Identifikationsphase erhobenen Intelligenzwerte
für die ursprüngliche Hochbegabtengruppe

Betrachtet man die Verteilung des in der Re-Identifikationsphase erzielten Intelligenzquotienten für die ursprüngliche Hochbegabtengruppe, d.h. für diejenigen Kinder, die als Drittkläßler als hochbegabt identifiziert wurden (N = 151), so ergibt sich das in Abbildung 2.3 wiedergegebene Blockdiagramm. Die vier unterschiedlich schraffierten Flächen sind durch die IQ-Grenzwerte 130, 125 und 120 gekennzeichnet.

---

[8]   Für interessierte Leser, die die hier beschriebene (normierte) Testbatterie als Intelligenzdiagnostikum für Jugendliche der 9. Jahrgangsstufe verwenden möchten, sei angeführt, daß sich der IQ bei Zugrundelegung der Rohwerte (RW) wie folgt auf einfache Weise berechnen läßt:
Version A: $RW_{AN} * 1.873 + RW_{ZR} * 0.906 + RW_{SR} * 1.016 + RW_{ZVT} * 0.851 + 13.031$,
Version B: $RW_{AN} * 1.998 + RW_{ZR} * 1.043 + RW_{SR} * 0.964 + RW_{ZVT} * 0.814 + 8.851$,
wobei RW_{AN}, RW_{ZR}, RW_{SR} jeweils Anzahl richtig gelöster Aufgaben in den Tests und RW_{ZVT} Durchschnittswert der erreichten Endzahl in den vier Matrizen.
Zur näheren Beschreibung der Versionen A und B der Testbatterie sei auf Kapitel 2.2.2 verwiesen.

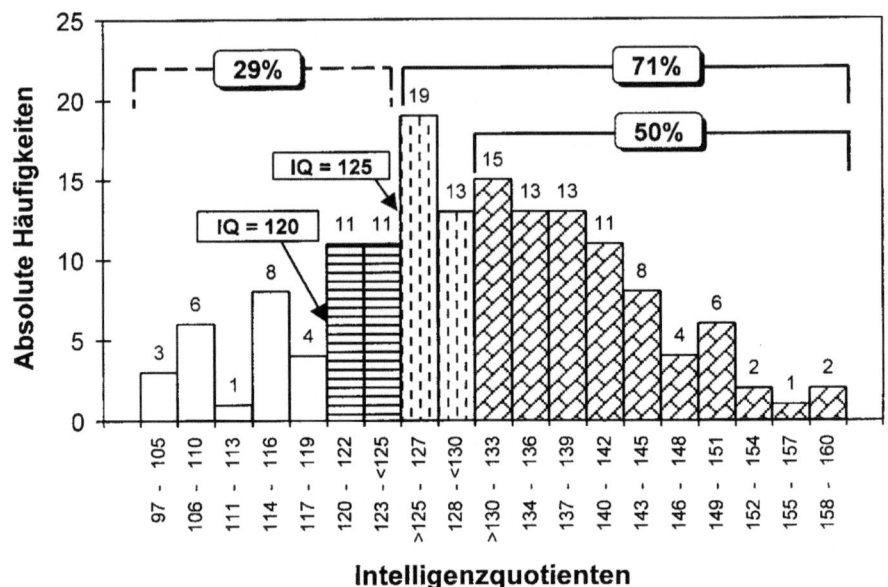

Abb. 2.3: Verteilung des in der Re-Identifikationsphase ermittelten Intelligenzquotienten für die ursprüngliche Hochbegabtenstichprobe von N = 151 Drittkläßlern.

Von den ursprünglich als hochbegabt Identifizierten erreichen N = 75 (entspricht 50%) bzw. N = 107 (entspricht 71%) in der Re-Identifikationsphase einen IQ > 130 bzw. IQ > 125 (vgl. Tab. 2.6). Diese Prozentsätze sind mit den *a-priori*-Schätzungen bei einer angenommenen Retest-Stabilität des IQ von r_{tt} = 0.85 (50% bzw. 72%; vgl. Tab. 2.1) nahezu identisch. Die Übereinstimmung der empirisch ermittelten Prozentsätze mit den a priori geschätzten Anteilen spricht sowohl für die Adäquatheit der im Grundschulalter vorgenommenen Auswahl der Gruppen, für die psychometrische Brauchbarkeit und vergleichbare Validität der eingesetzten Verfahren als auch für die Angemessenheit der von uns verwendeten Normen.

In der ursprünglichen Identifikationsphase (3. Schuljahr) beruhte die Definition „Hochbegabung" auf zwei Kriterien (vgl. hierzu ausführlicher Kap. 2.3.3.2):

(a) „Kerngruppen-Kriterium": Auswahl auf der Basis des Gesamt-IQ (IQ > 130) bei über dem Durchschnitt liegenden Leistungen in allen Intelligenzindikatoren (Analogien, CFT Serien + Matrizen, Zahlen-Verbindungs-Test).

(b) „Test-Spitzen-Kriterium": Herausragende Leistungen in einem Intelligenztest bei sehr guter (aber nicht exzellenter) allgemeiner Intelligenz (IQ > 122.5) und überdurchschnittlichen Leistungen in den übrigen Intelligenzindikatoren.

Von den N = 151 hochbegabten Kindern der Phase I waren N = 120 über das „Kern-gruppen-Kriterium" und N = 31 über das „Test-Spitzen-Kriterium" als hochbegabt identifiziert worden. Tabelle 2.6 gibt einen Überblick über die Verteilung der Intelli-genzwerte der Re-Identifikation für diese beiden Gruppen.

Die oben angegebene Prozentsätze (50% bzw. 71%) ändern sich nur geringfügig (56% bzw. 78%), wenn ausschließlich diejenigen Kinder berücksichtigt werden, die in der Identifikationsphase über das „Kerngruppen-Kriterium" (IQ > 130) als hoch-begabt klassifiziert worden sind. Von den „Test-Spitzen-Kindern" der Phase I erziel-ten hingegen lediglich 26% bzw. 45% in der Re-Identifikation IQ-Werte größer 130 bzw. größer 125.

Tab. 2.6: Verteilung der Intelligenzwerte der Re-Iden-tifikationsphase in Abhängigkeit von dem bei der Erst-Identifikation verwendeten Hochbegabungskriterium

	ERST-IDENTIFIKATION					
	Kriterium „Kerngruppe" (N=120)		Kriterium „Test-Spitze" (N=31)		Gesamt (N=151)	
RE-IDENTIFIKATION	N	%	N	%	N	%
IQ > 130	67	56	8	26	75	50
IQ > 125	93	78	14	45	107	71
IQ ≥ 120	107	89	22	71	129	85
IQ ≤ 125	27	22	17	55	44	29
IQ < 120	13	11	9	29	22	15

Bezogen auf die in der Identifikationsphase verwendeten Intelligenzverfahren ergibt sich folgendes Bild: Von den dreizehn CFT-Spitzen erzielten drei (23%), von den sieben Testspitzen in den sprach-lichen Analogien erreichten fünf (71%) und von den elf ZVT-Spitzen erlangten sechs (55%) Jugend-liche erneut sehr gute Intelligenzwerte (IQ > 125). Die Variable „Stabilität der Identifikation als hochbegabt" hängt somit auch mit der Art des Kriteriums („Kerngruppe" bzw. „Test-Spitze") der ur-sprünglichen Auswahlprozedur zusammen (p < 0.001, C_{korr} = 0.39). Dieser Zusammenhang ist in er-ster Linie auf die vergleichsweise ungünstige Verteilung der Test-Spitzen im CFT zurückzuführen.[9] Berücksichtigt man, daß alle „Test-Spitzen-Kinder" definitionsgemäß zur Gruppe derjenigen Kinder mit eher grenzwertigem „g"-Wert in bezug Hochbegabung gehören, so überrascht dieses Ergebnis nicht. Zudem dürfte der Effekt der Regression zur Mitte, der bei wiederholter Extremgruppen-Te-stung auftritt, hier besonders stark wirksam geworden sein. Kinder mit extremer Hochbegabung (z.B. IQ = 150) werden im Retest auch dann noch als hochbegabt identifiziert, wenn ein Leistungsabfall

---

[9]   Die Tatsache, daß sich gerade bei den CFT-Testspitzen und nicht etwa bei den Test-Spitzen des „mogelanfälligeren" ZVT ungünstigere Re-Klassifikationsraten ergeben, spricht gegen die prin-zipiell denkbare Hypothese, bei der Auswahl nach dem Test-Spitzen-Kriterium seien Kinder aufgrund ihres erfolgreichen Mogelns in die Hochbegabtenstichprobe gelangt.

von beispielsweise zehn IQ-Punkten zu verzeichnen ist. Bei ursprünglich „schwächerer" Leistung (z.B. IQ = 125) ließe sich bei vergleichbarem Leistungsabfall hingegen die Diagnose „hochbegabt" nicht mehr aufrecht erhalten.

2.3.3.2
Kriterien für die Zusammenstellung der Begabungsgruppen

Die *Definition der Hochbegabungsgruppe* für die Phase III im Marburger Hochbegabtenprojekt lehnt sich in weiten Teilen an die Kriterien an, die bei der ursprünglichen Identifikationsphase von Grundschulkindern mit breiter intellektueller Leistungsfähigkeit angelegt wurden (siehe Rost 1989; 1993):

(a) Ausschluß derjenigen Jugendlichen, die in einem der vier z-standardisierten Intelligenzindikatoren (*AN, ZR / SR, ZVT, „g"*) einen Wert $z < 0$ erhielten, d.h. in einem der vier Indizes lediglich unterdurchschnittliche Leistungen erbrachten.
(b) Auswahl der „Kerngruppe" hochbegabter Jugendlicher nach der allgemeinen Intelligenz. Aus der *„g"*-Rangreihe wurden diejenigen Jugendlichen ausgewählt, die einen IQ von mindestens 125 ($z > 25/15$) erzielten.
(c) Erweiterung der Kerngruppe um diejenigen Jugendlichen, die in einem der drei Intelligenzindikatoren extrem gute Leistungen erbrachten („Test-Spitzen", $z > 2.0$), dabei aber gleichzeitig einen *„g"*-Wert von mindestens $z = 20/15$ (entspricht einem IQ von 120) erzielten. Zusätzlich sollte in einem der beiden anderen Verfahren mindestens ein Wert von $z = 1.0$ und im dritten Verfahren mindestens ein Wert von $z = 0.5$ erreicht worden sein.
(d) Es werden für die Hochbegabtengruppe nur diejenigen Jugendlichen berücksichtigt, die auch schon in der ursprünglichen Auswahlphase (Phase I des Marburger Hochbegabtenprojekts) als hochbegabt identifiziert worden waren.

Gegenüber der ursprünglichen Identifikation hochbegabter Grundschulkinder sind die obigen Kriterien etwas „weicher" formuliert: Der Grenzwert für den „Mindest-IQ" (Kriterium [b]) lag ursprünglich bei 130 ($z > 2.02$), der Grenzwert für den „Mindest-IQ" bei vorhandener Testspitze (Kriterium c) bei 122.5 ($z > 1.5$). Die Lockerung des Hochbegabungskriteriums auf IQ > 125 ist gerechtfertigt, da die außerordentliche Begabung (zu den fünf Prozent Besten gehörend) über einen längeren Zeitraum besteht und auch in anderen Studien dieser Grenzwert zur Hochbegabungsdefinition häufig herangezogen wird. Die Zugrundelegung der „härteren" Kriterien hätte außerdem dazu geführt, daß lediglich 82 Jugendliche (48 Jungen, 34 Mädchen; 75 „Kerngruppen-Jugendliche", 7 „Test-Spitzen-Jugendliche") als stabil hochbegabt hätten definiert werden können. Da für viele Fragestellungen des Marburger Hochbegabtenprojekts auch eine Aufsplittung der Begabungsgruppen nach dem Geschlecht geplant ist, erschien dieser Stichprobenumfang als zu gering.

Insgesamt wurden 107 Jugendliche, das entspricht 70.9% der Ausgangsstichprobe hochbegabter Grundschulkinder für die weiteren Analysen als „stabil hochbegabt" identifiziert, wobei alle Jugendlichen über das Kriterium [b] („Kerngruppe") in die Zielgruppe „hochbegabter Jugendlicher" gelangten.[10]

Die *Bildung der Vergleichsgruppe* der „stabil durchschnittlich Begabten" zu den 107 Jugendlichen der Hochbegabtengruppe erfolgte nach der *„g"*-Rangreihe, indem die 107 Jugendlichen der ursprünglichen Vergleichsgruppe ausgewählt wurden, die die geringsten Abweichungen zu IQ = 100 aufwiesen, bezogen auf den Gesamt-IQ demzufolge am ehesten als durchschnittlich begabt zu bezeichnen sind.

Neben den „stabil Hochbegabten" und den „stabil durchschnittlich Begabten" wurde als weitere Gruppe die der *„instabil Hochbegabten"* gebildet. Als „instabil hochbegabt" werden diejenigen Jugendlichen bezeichnet, die in Phase I des Marburger Projekts als hochbegabt identifiziert worden waren und in der Re-Identifikationsphase lediglich einen IQ < 120 erreichten (N = 22). Diese Grenzwertsetzung wird wie folgt begründet: Legt man um den IQ von 125 ein Vertrauensintervall mit einer Irrtumswahrscheinlichkeit von 10%, so ist dieses Intervall im unteren Bereich durch den IQ von 120 gekennzeichnet.[11] Jugendliche, die hinsichtlich ihres IQ unterhalb von 120 liegen, haben also mit mindestens 90%iger Sicherheit *keinen* „wahren" IQ, der die Diagnose „hochbegabt" rechtfertigen würde.

Bei denjenigen Kindern, die ursprünglich als hochbegabt identifiziert worden waren und in der Re-Identifikationsphase einen IQ zwischen 120 und 125 erreichten (N = 22), scheint eine Zuordnung zu den Gruppen „stabil hochbegabt" vs. „instabil hochbegabt" fraglich. Aus diesem Grund wird diese Gruppe bei den folgenden Auswertungen nicht berücksichtigt.

2.3.3.3

Beschreibung und Kontrolle der Gruppenzusammensetzung

Tabelle 2.7 gibt einen Überblick über zentrale Charakteristika der „stabil Hochbegabten" (HB_{ST}), der „instabil Hochbegabten" (HB_{IS}) und der „stabil durchschnittlich Begabten" (DB_{ST}). Zur Kontrolle der Gruppenzusammenstellung ist in Tabelle 2.7

---

[10]   Die Kriterien a) bis c) trafen – das sei an dieser Stelle erwähnt – zusätzlich auch auf sechs Jugendliche (drei Jungen, drei Mädchen) der ursprünglichen Vergleichsgruppe zu.

[11]   Bei der Berechnung des Vertrauensintervalls wurde eine Zuverlässigkeit von $r_{tt} = 0.92$ (entspricht einem Standardmeßfehler von 5.4 IQ-Punkten bei einer Irrtumswahrscheinlichkeit von 10%) zugrunde gelegt. Amthauer (1970, 28) gibt beispielsweise für den IST-Gesamtwert Reliabilitätskoeffizienten von $r_{tt} = 0.97$ (Teilungsmethode) und $r_{tt} = 0.95$ bzw. $r_{tt} = 0.91$ (Paralleltestmethode, Testintervall: 3 bis 5 Tage bzw. ein Jahr) an. Oswald & Roth (1987, 50) ermittelten für den im Einzelversuch durchgeführten ZVT $r_{tt} = 0.95$. Horn (1983, 19–20) berichtet für die Gesamtleistung im LPS Zuverlässigkeitskoeffizienten, die zwischen $r_{tt} = 0.95$ und $r_{tt} = 0.98$ schwanken.

zunächst das *Geschlechtsverhältnis* in den drei Begabungsgruppen wiedergegeben. Auch nach der auf die IQ-Werte der Re-Identifikation basierenden Gruppenzusammenstellung bleibt die leichte Unterrepräsentanz der Mädchen in allen drei Gruppen in etwa gleichem Ausmaß wie bei der ursprünglichen Identifikation bestehen (vgl. Rost 1993, 13–14). Das Verhältnis von Jungen zu Mädchen ist in allen drei Gruppen jedoch proportional (p = 0.946, C_{korr} = 0.03). Von den in Phase I als hochbegabt identifizierten Jungen (N = 86) konnten 72.1% (N = 62) erneut als hochbegabt klassifiziert werden, bei den Mädchen 69.2% (N = 45 von ursprünglich N = 65). Dieser prozentuale Unterschied ist gering und statistisch nicht bedeutungsvoll (p = 0.702, C_{korr} = 0.04). Bei gegebenem Geschlechterverhältnis in der ursprünglichen Hochbegabtengruppe der Phase I wäre zu erwarten gewesen, daß in der neu zusammengestellten Hochbegabtengruppe der Phase III bei einem Gesamtumfang von 107 hochbegabten Jugendlichen 61 Jungen und 46 Mädchen vertreten sind. Die Stabilität der Diagnose „hochbegabt" hängt demnach *nicht* mit dem Geschlecht zusammen.

Vergleicht man die drei Gruppen hinsichtlich der *schulischen Umwelt*, so ist der statistisch höchst signifikante Unterschied in der Variable *„besuchte Schulform"* durchaus erwartungsgemäß (p < 0.001, C_{korr} = 0.54; wegen zu geringer erwarteter Häufigkeiten erfolgt der Vergleich hier und nachfolgend lediglich hinsichtlich der Schulformen Haupt- / Realschule vs. Gymnasium). Während die stabil hochbegabten Jugendlichen überwiegend (95.3%) das Gymnasium und lediglich fünf (4.7%) die Realoder Hauptschule besuchen, sind bei den durchschnittlich begabten Jugendlichen 52.3% auf dem Gymnasium und 44.9% auf Haupt- oder Realschulen. Im Hinblick auf die Schulbildung unterscheiden sich die instabil Hochbegabten, die zu 63.6% das Gymnasium und zu 27.3% die Haupt- oder Realschule besuchen, nicht statistisch signifikant von den durchschnittlich Begabten (p = 0.182, C_{korr} = 0.17), jedoch deutlich von den stabil Hochbegabten (p < 0.001, C_{korr} = 0.44).

Legt man Bundesstatistiken (Statistisches Bundesamt 1995) zugrunde, so besuchen die Jugendlichen unserer Stichprobe insgesamt wesentlich häufiger als im Bundesdurchschnitt zu erwarten (28.8% der Neuntkläßler im Jahre 1993) das Gymnasium. Dieses ist zum Teil sicherlich darauf zurückzuführen, daß nicht nur in der Hochbegabten-Stichprobe, sondern – aufgrund der Parallelisierungprozedur in Phase I – auch in der Vergleichsgruppe der durchschnittlich Begabten im Vergleich zum Bundesdurchschnitt die oberen Sozialstatusgruppen überrepräsentiert sind. Erwartungsgemäß unterscheiden sich die drei Gruppen nicht nur hinsichtlich der Schulformen, sondern auch in bezug auf die Variable *„Klassenwiederholung"* (p < 0.001, C_{korr} = 0.32). Gegenüber nur 3.7% „Sitzenbleibern" in der Gruppe der stabil Hochbegabten, haben von den durchschnittlich Begabten 17.8% und von den instabil Hochbegabten 27.3% eine Klasse wiederholt. Auch hinsichtlich dieses schulischen Merkmals ist die Gruppe der instabil Hochbegabten mit der der durchschnittlich Begabten vergleichbar (p = 0.304, C_{korr} = 0.13) und unterscheidet sich deutlich von der Gruppe der stabil Hochbegabten (p < 0.001, C_{korr} = 0.44). Ein ähnliches Bild ergibt sich bei Analyse der *schulischen Leistungen* zum Zeitpunkt der Re-Identifikation. Sowohl bezüglich des

Tab. 2.7: Gruppencharakteristika der drei Begabungsgruppen zum Zeitpunkt der Re-Identifikation und Intelligenzwerte zum Zeitpunkt der
Erst-Identifikation

		BEGABUNGSGRUPPE		
VARIABLEN		stabil Hochbegabte (N=107)	instabil Hochbegabte (N=22)	durchschnitt- lich Begabte (N=107)
Geschlechterverhältnis:				
Jungen:	N (%)	62 (58%)	13 (59%)	60 (56%)
Mädchen:	N (%)	45 (42%)	9 (41%)	47 (44%)
besuchte Schulform:				
Hauptschule:	N (%)	1 (1%)	1 (4%)	14 (13%)
Realschule:	N (%)	4 (4%)	5 (23%)	34 (32%)
Gymnasium:	N (%)	102 (95%)	14 (64%)	56 (52%)
Sonstige:	N (%)	0 (0%)	2 (9%)	3 (3%)
besuchte Klassenstufe:				
7. Klasse:	N (%)	0 (0%)	0 (0%)	1 (1%)
8. Klasse:	N (%)	4 (4%)	6 (27%)	17 (16%)
9. Klasse:	N (%)	102 (95%)	16 (73%)	88 (82%)
10. Klasse:	N (%)	1 (1%)	0 (1%)	0 (0%)
Sonstige:	N (%)	0 (0%)	0 (0%)	1 (1%)
Klassenwiederholung:				
ja:	N (%)	4 (4%)	6 (27%)	19 (18%)
nein:	N (%)	103 (96%)	16 (73%)	88 (83%)
Schulleistungen (Phase III):				
Notendurchschnitt:	M (S)	2.35 (0.71)	3.13 (0.82)	3.16 (0.70)
Note - Deutsch:	M (S)	2.48 (0.84)	3.05 (0.84)	3.14 (0.86)
Note - Mathematik:	M (S)	2.13 (0.98)	3.14 (1.17)	3.29 (0.93)
Note - Fremdspr.:	M (S)	2.49 (0.92)	3.36 (1.00)	3.23 (0.92)
Note - Naturwiss.:	M (S)	2.31 (0.79)	2.98 (0.97)	2.94 (0.85)
IQ im Alter von etwa 15 Jahren (Phase III):				
Gesamtwert:	M (S)	136.1 (8.4)	112.1 (5.9)	102.3 (9.6)
	Range	125 — 160	97 — 119	83 — 118
Sprachl. Analogien:	M (S)	130.6 (11.1)	117.4 (8.9)	105.9 (13.5)
Zahlenreihen:	M (S)	121.8 (8.9)	100.1 (12.2)	101.1 (13.6)
Symbolreihen:	M (S)	121.4 (9.9)	107.0 (10.6)	98.1 (11.8)
Zahlen-Verb.-Test:	M (S)	125.5 (12.8)	106.8 (11.4)	100.3 (11.7)
IQ im Alter von etwa 9 Jahren (Phase I):				
Gesamtwert:	M (S)	135.7 (6.0)	132.2 (5.7)	102.1 (6.3)
	Range	127 — 156	126 — 152	85 — 114
Sprachl. Analogien:	M (S)	127.7 (9.1)	121.6 (9.0)	103.1 (9.6)
CFT Serien+Matrizen:	M (S)	124.9 (9.2)	128.5 (9.4)	98.1 (9.6)
Zahlen-Verb.-Test:	M (S)	128.2 (12.3)	121.6 (12.7)	101.1 (11.2)
IQ-Differenzen:				
Phase III - Phase I:	M (S)	0.4 (8.2)	-20.1 (7.6)	0.2 (8.6)
	Range	-21 — 24	-37 — -9	-22 — 20
absolute Differenz:	M (S)	6.4 (5.1)	20.1 (7.6)	7.0 (4.8)

Gesamtnotendurchschnitts als auch hinsichtlich der Zensuren in „Deutsch", „Mathematik", „Fremdsprachen" und „Naturwissenschaften" schneiden die instabil Hochbegabten deutlich schlechter ab als die stabil Hochbegabten ($p_{max} = 0.005$, $d_{min} = 0.68$), unterscheiden sich aber nicht von den durchschnittlich Begabten ($p_{min} = 0.503$, $|d_{max}| = 0.16$).

Definitionsgemäß überlappen sich die beiden Verteilungen der „stabil Hochbegabten" und der „stabil durchschnittlich Begabten" im zentralen Kriteriumswert „g" nicht (DB: $IQ_{max} = 118$, HB: $IQ_{min} = 125$). Der überschneidungsfreie Bereich im „g"-Wert ist allerdings nicht mehr so groß wie bei der ursprünglichen Identifikation der Begabungsgruppen (DB: $IQ_{max} = 114$, HB: $IQ_{min} = 126$; vgl. Rost 1993, 14), was den vergleichsweise „schwächeren" Kriterien bei der Auswahl der Gruppen in Phase III geschuldet wird. Die Unterschiede zwischen den DB und HB der Phase III sind statistisch und praktisch höchst bedeutsam. Die größte Mittelwertdifferenz ist hinsichtlich des „g"-Wertes zu verzeichnen (33.8 IQ-Punkte entspricht d = 2.25 bei Zugrundelegung von S = 15). Aber auch bezüglich der anderen drei Intelligenzindikatoren sind beide Gruppen – bei nur leichten Überlappungen der Meßwerte – deutlich trennbar. In Effektstärken ausgedrückt betragen die Unterschiede etwa anderthalb Standardabweichungen (*ZVT*: d = 1.68, *IST-AN*: d = 1.65, *LPS-SR*: d = 1.55, *IST-ZR*: d = 1.38).

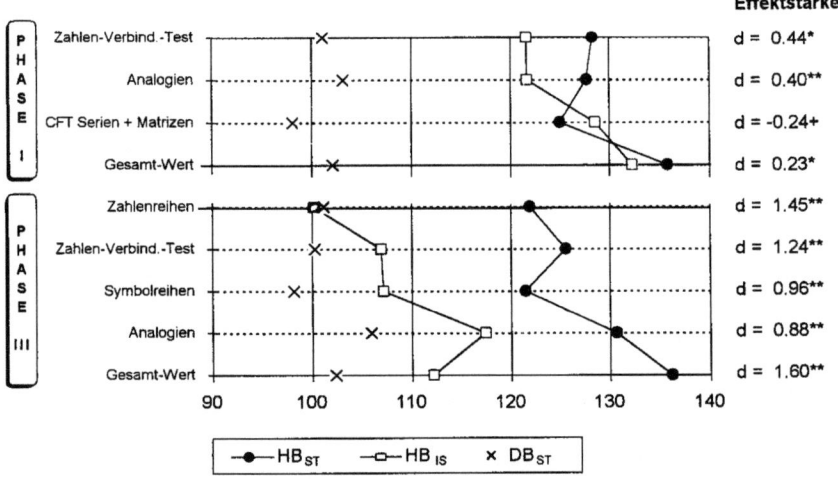

Abb. 2.4: Durchschnittliche Leistungen in den in Phase I und Phase III erhobenen kognitiven Leistungstests für die Gruppen „stabil Hochbegabte" (HB_ST), „instabil Hochbegabte" (HB_IS) und „stabil durchschnittlich Begabte" (DB_ST) sowie Effektstärken d beim Vergleich der Gruppen HB_ST vs. HB_IS (Signifikanzniveau: + p < 0.10, * p < 0.05, ** p < 0.01).

Die in Tabelle 2.7 (vgl. auch Abb. 2.4) dargestellten Werte für die in Phase III erhobenen Verfahren belegen die (trivialerweise zu erwartenden) großen Unterschiede zwischen „stabil" und „instabil" Hochbegabten in allen Intelligenzindikatoren. Da die Gruppen primär nach dem zentralen Kriteriumswert „g" ausgewählt wurden, erstaunt es nicht, daß die größte Mittelwertsdifferenz in diesem Globalwert zu verzeichnen ist (24.0 IQ-Punkte entspricht d = 1.60). Die Differenzen in den Einzelindikatoren der kognitiven Leistungsfähigkeit betragen ein bis anderthalb Standardabweichungen (*IST-ZR*: d = 1.45, *ZVT*: d = 1.24, *LPS-SR*: d = 0.96, *IST-AN*: d = 0.88). Hervorzuheben ist, daß die Unterschiede in den numerischen Subtests besonders deutlich sind. Nicht ganz so trivial sind hingegen die Differenzen zwischen den „stabil" und „instabil" Hochbegabten bezüglich der in Phase I erhobenen Intelligenzverfahren. In drei der vier Indizes gibt es statistisch signifikante Unterschiede zugunsten der „stabil Hochbegabten" („g": Differenz von 3.5 IQ-Punkten, p = 0.013, d = 0.23; *ANA*: p = 0.005, d = 0.40; *ZVT*: p = 0.023, d = 0.44). Beim *CFT* findet sich hingegen ein tendenzieller Mittelwertsunterschied zugunsten der „instabil Hochbegabten" (*CFT*: p = 0.099, d = −0.24; vgl. hierzu die Ausführungen hinsichtlich des Auswahlkriteriums „Test-Spitze" in Kap. 2.3.3.1). Bei den „instabil Hochbegabten" handelt es sich demnach gehäuft um Jugendliche, die bei der ursprünglichen Auswahlprozedur die Hochbegabungskriterien eher (nur) knapp erreichten und / oder über das Kriterium „Test-Spitze" als hochbegabt identifiziert worden waren. Berücksichtigt man zusätzlich den Effekt der Regression zur Mitte, wird verständlich, daß eine nennenswerte Anzahl ehemals als hochbegabt identifizierter Kinder in der Re-Überprüfung die – wenn auch „schwächeren" – Hochbegabungskriterien verfehlt.

Abschließend sei noch darauf hingewiesen, daß bei Zugrundelegung der (überwiegend veralteten) Testmanual-Normen die in Phase III identifizierte Gruppe „stabil Hochbegabter" eher als „extrem hochbegabt" zu bezeichnen wäre. Laut Handbuchnormen ergäbe sich für die Hochbegabtengruppe ein IQ von M = 143.3 (S = 8.5; „instabil Hochbegabte": M = 118.5, S = 6.7; „durchschnittlich Begabte": M = 111.1, S = 11.1).

2.3.4
Zusammenfassung wichtiger Ergebnisse

Die zentralen Resultate der vorangehenden Abschnitte lassen sich wie folgt zusammenfassen:
(a) Die Skalenanalysen und die testtheoretische Überprüfung der eingesetzten Intelligenztestbatterie an einer Normierungsstichprobe von N = 919 Neuntkläßlern belegt die psychometrische Brauchbarkeit der kognitiven Leistungstests zur Bestimmung eines Globalwertes im Sinne der allgemeinen Intelligenz „g". Hierauf verweisen sowohl die guten Reliabilitäts- als auch die guten Validitätskennwerte.
(b) Die Rekurrierung einer Normierungsstichprobe eigens für die Phase III des Marburger Hochbegabtenprojekts hat sich als äußerst sinnvoll erwiesen. Eine Bezugnahme auf die publizierten

Normen hätte zu einer gravierenden Leistungsüberschätzung von durchschnittlich 10 IQ-Punkten geführt.

(c) Nach einem Intervall von etwa sechs Jahren konnten N = 107 Jugendliche von ursprünglich N = 151 besonders begabten Drittkläßlern erneut als hochbegabt identifiziert werden, wobei zur Re-Identifikation ein etwas schwächeres Hochbegabungskriterium als bei der Erstidentifikation zugrunde gelegt wurde (IQ > 125 vs. IQ > 130).

(d) Die empirisch ermittelte Re-Klassifikationsrate von 71% entspricht der zu erwartenden und a priori berechenbaren, die sich bei Annahme einer Reteststabilität des Intelligenzquotienten von $r_{tt} = 0.85$ in einem Zeitintervall von sechs Jahren ergibt. Die hervorragende Übereinstimmung des a posteriori berechneten mit dem a priori geschätzten Anteil stabil Hochbegabter kann als Beleg sowohl für die Angemessenheit der ursprünglichen Auswahl der Gruppen, für die psychometrische Qualität der Daten als auch für die Adäquatheit der verwendeten Normen gewertet werden.

(e) Von den N = 151 ursprünglich als hochbegabt identifizierten Drittkläßlern lassen sich N = 22 (entspricht 14.6% der Ausgangsstichprobe) als „instabil hochbegabt" klassifizieren, d.h. bei diesen Jugendlichen kann infolge eines deutlichen Leistungsabfalls im Re-Test die Hochbegabungsdiagnose nicht mehr aufrecht erhalten werden.

(f) Die „stabil Hochbegabten" unterscheiden sich von den „instabil Hochbegabten" nicht nur in ihrer besseren kognitiven Leistungsfähigkeit zum Zeitpunkt der Re-Identifikation, sondern auch im Hinblick auf ihr schulisches Umfeld (höheres Bildungsniveau) und ihre besseren schulischen Leistungen. Die instabil hochbegabten Jugendlichen sind in den schulischen Merkmalen „besuchte Schulform", „Klassenwiederholung" und „schulische Leistungen" den durchschnittlich Begabten ähnlicher als ihren stabil hochbegabten Peers.

(g) Das Geschlecht beeinflußt die Stabilität der Hochbegabungsdiagnose nicht. Der Anteil von Jungen und Mädchen, die als „stabil hochbegabt" einerseits und „instabil hochbegabt" andererseits klassifiziert wurden, ist nahezu identisch.

(h) Schon zum Zeitpunkt der Erstidentifikation unterscheiden sich die Drittkläßler, deren Hochbegabungsdiagnose nach sechs Jahren verifiziert werden kann, von den Kindern, deren Hochbegabungsdiagnose nicht aufrechterhalten werden kann, in drei von vier kognitiven Leistungsmaßen in statistisch signifikanter Weise. Die (später) instabil Hochbegabten sind schon als Drittkläßler den stabil Hochbegabten in der allgemeinen Intelligenz „g" (d = 0.23), in der verballogischen Denkfähigkeit und Analogiebildungskompetenz (d = 0.40) sowie in der Schnelligkeit der Informationsverarbeitung (d = 0.44) etwas unterlegen.

2.4
STUDIE II – PRÄDIKTOREN DER STABILITÄT VON HOCHBEGABUNG: METHODE

Nachdem ich mich bislang überwiegend mit der Frage der Stabilität der Hochbegabungsdiagnose befaßt habe, beschäftige ich mich in den folgenden zwei Abschnitten mit frühen Indikatoren und Determinanten der Stabilität der Hochbegabungsdiagnose. Im Gegensatz zu den vorherigen Abschnitten, bei denen in erster Linie Informationen, die zum Zeitpunkt der Re-Identifikation (Phase III) gewonnen wurden, als Grundlage der Analysen dienten, beziehen sich die nachfolgenden Resultate auf Merkmale, die in Phase II (ein Jahr nach der Erstidentifikation in Phase I) des Marburger Hochbegabtenprojekts erhoben worden sind. Es soll also der Zeitpunkt näher betrachtet werden, zu dem noch nicht absehbar war, welche hochbegabten Drittkläßler später auch weiterhin als hochbegabt klassifiziert werden können und welche Kinder einen starken – die Hochbegabungsdiagnose nicht mehr rechtfertigenden – Leistungsabfall zeigen werden. Insofern liegt diesem Teil der Studie ein *prospektiver* Ansatz zugrunde.

2.4.1
Stichproben

Die folgenden Analysen zu den Bereichen „sozioökonomischer Hintergrund des Elternhauses", „Selbstkonzept", „Interessen" und „Schulleistungen, Ehrgeiz und schulische Interessen" beziehen sich auf folgende (Sub-)Stichproben von insgesamt N = 236 Grundschulkindern (vgl. auch Tab. 2.7):

(a) *Stabil Hochbegabte* (HB_{ST}; N = 107; 45 Mädchen, 62 Jungen; Intelligenz im Alter von 9 Jahren: M = 136, S = 6; Intelligenz im Alter von 15 Jahren: M = 136, S = 8)

(b) *Instabil Hochbegabte* (HB_{IS}; N = 22; 9 Mädchen, 13 Jungen; Intelligenz im Alter von 9 Jahren: M = 132, S = 6; Intelligenz im Alter von 15 Jahren: M = 112, S = 6)

(c) *Stabil durchschnittlich Begabte* (DB_{ST}; N = 107; 47 Mädchen, 60 Jungen; Intelligenz im Alter von 9 Jahren: M = 102, S = 6; Intelligenz im Alter von 15 Jahren: M = 102, S = 10)

Zur quasi „Kreuzvalidierung" der Ergebnisse werden zusätzlich die

(d) *„IQ-Aufsteiger" der ehemals durchschnittlich Begabten* (DB_{IQ-A}; N = 13; 4 Mädchen, 9 Jungen; Intelligenz im Alter von 9 Jahren: M = 105, S = 6; Intelligenz im Alter von 15 Jahren: M = 126, S = 4)

mit den stabil Hochbegabten und den stabil durchschnittlich Begabten verglichen (siehe Kap. 2.5.3). Für die Gruppe der DB_{IQ-A} wurde ein Mindest-IQ im Re-Test von 120 festgesetzt. In dieser Gruppe erzielten sieben Jugendliche IQ-Werte von 120 bis 124, fünf solche zwischen 125 und 128 und einer erreichte einen IQ von 138.

2.4.2
Variablen

Die hier dargestellten Variablen beziehen sich – wie eingangs erwähnt – allesamt auf die Phase II des Marburger Hochbegabtenprojekts. Die hochbegabten und durchschnittlich begabten Kinder besuchten zu dem Zeitpunkt die vierte Jahrgangsstufe (Alter: M = 10.3, S = 0.5). Die nachfolgend berichteten Ergebnisse beziehen sich also auf einen Zeitabschnitt, zu dem noch keine (gravierenden) Intelligenzunterschiede zwischen den Gruppen der stabil und instabil Hochbegabten feststellbar waren.

Es werden folgende Verfahren bzw. Bereiche näher analysiert:

(a) der *„Bildungsrelevante soziale Status"* (*BRSS*),
(b) die *„Piers-Harris-Selbstkonzeptskala für Kinder"* (*PHCSCS*),
(c) der *„Differentielle Interessentest für Kinder"* (*DIT-K*),
(d) sonstige schulbezogene Variablen (Noten, schulischer Ehrgeiz, schulische Interessen).

2.4.2.1
Bildungsrelevanter Sozialstatus (BRSS)

Das von Bauer (1972) entwickelte *„Verfahren zur Messung des für Bildungsverhalten relevanten sozialen Status"* (*BRSS*) liefert einen sozioökonomischen Schichtindex, dessen Schwerpunkt auf „familiales, primär von Eltern initiiertes und gesteuertes Bildungsverhalten" (Bauer 1972, 1) liegen soll. Bei dem bildungsrelevanten Sozialstatus nach Bauer handelt es sich um einen (gewichteten) Kombinationswert (sog. Schichtindex) aus den jeweils mehrfach gestuften Variablen „Bildungsabschluß des Vaters", „Bildungsabschluß der Mutter" und „Berufstätigkeit des Haushaltsvorstands", der eine Einstufung in eine von sechs Kategorien des „bildungsrelevanten Sozialstatus" gestattet. Mit dem BRSS werden folgende Variablen erhoben:

(a) *„Schulbildung des Vaters"* (SB_V; Range: 1–20).
(b) *„Schulbildung der Mutter"* (SB_M; Range: 1–20).
(c) *„Berufstätigkeit des Haushaltsvorstandes"* – d.h. in der Regel die des Vaters, bei Ledigen und Geschiedenen die der Mutter (BT; Range: 2–30).
(d) *„Schichtindex"* (SI; bei „vollständigen" Familien: Mittelwert aus SB_V, SB_M und BT; Range: 1.3–23.3).
(e) *„bildungsrelevanter Sozialstatus"* (*BRSS*, Zuordnung des Schichtindexes zu den sechs Sozialstatus-Gruppen).

2.4.2.2
Piers-Harris-Selbstkonzeptskala für Kinder (PHCSCS)

Zur Erfassung des Selbstkonzepts wurde in Phase II eine projektintern übersetzte (und leicht modifizierte) Form der in der anglo-amerikanischen (Hoch-)Begabungsforschung sehr häufig eingesetzten *„Piers-Harris-Selbstkonzeptskala für Kinder"* (*PHCSCS*; Piers & Harris 1969; Piers 1984) vorgegeben. Der Selbstkonzeptfragebogen, der in der ursprünglichen Form sechs Selbstkonzeptfacetten umfaßt (siehe unten [a] bis [f]), wurde um 15 – teilweise aus der deutschen Adaptation des „Sears Self Concept Inventory" SSCI (Ewert 1979) stammende – Items zum Selbstkonzept der „Phantasie und Kreativität" ergänzt (vgl. Rost 1989, 53–56; Rost & Dörner 1989; siehe auch Rost & Hanses 1994).

Im Gegensatz zur Originalversion des Piers-Harris-Selbstkonzeptfragebogens, die lediglich eine Alternativbeantwortung („ja" / „nein") vorsieht, wird in der von uns modifizierten deutschen Version eine dem Alter der Kinder angemessene, differenziertere fünfstufige Zustimmungsskala (von [1] „stimmt gar nicht" bis [5] „stimmt genau" reichend) verwendet. Etwa die Hälfte der 93 Items ist negativ formuliert, d.h. eine höhere Zustimmung zu den Aussagen weist auf ein negativeres Selbstkonzept hin.

Mit der erweiterten Form des *PHCSCS* werden die im folgenden näher beschriebenen sieben Selbstkonzeptbereiche erhoben:

(a) *„(Unproblematisches) Verhalten"* (*VER*, 16 Items, $\alpha = 0.85$).
      Itembeispiele: „Ich benehme mich zu Hause schlecht (–)", „Ich bin oft gemein zu anderen Leuten (–)".[12]
(b) *„Intellektueller und schulischer Status"* (*INT*, 17 Items, $\alpha = 0.79$).
      Itembeispiele: „In der Schule melde ich mich oft freiwillig", „Ich bin in der Schule gut".
(c) *„Aussehen und Einstellungen zum eigenen Körper"* (*AUS*, 12 Items, $\alpha = 0.76$)
      Itembeispiele: „Mein Aussehen bedrückt mich (–)", „Ich habe ein nettes Gesicht".
(d) *„(Wenig) Angst"* im Sinne von *„emotionaler Stabilität"* (*EMO*, 14 Items, $\alpha = 0.82$)
      Itembeispiele: „Ich mache mir viele Sorge (–)", „Ich habe häufig Angst (–)".
(e) *„Beliebtheit"* (*BEL*, 12 Items, $\alpha = 0.79$),
      Itembeispiele: „Es ist schwierig für mich, Freunde zu finden (–)", „Ich habe viele Freunde".
(f) *„Glück und Zufriedenheit"* (*GLZ*, 10 Items, $\alpha = 0.77$),
      Itembeispiele: „Ich bin fröhlich", „Ich mag mich so, wie ich bin".
(g) *„Phantasie und Kreativität"* (*PHA*, 12 Items, $\alpha = 0.82$)
      Itembeispiele: „Ich habe mehr Phantasie und mir fällt immer etwas Neues ein", „Ich löse Probleme so, wie es andere noch nicht probiert haben".

Die angegebenen inneren Konsistenzen wurden für die *PHCSCS* (und auch für die in den nachfolgenden Kapiteln dargestellten Verfahren) anhand der Daten der Gesamtstichprobe der Phase II (hochbegabte und durchschnittlich begabte Viertkläßler, N = 287) ermittelt.

---

[12] Ein (–) verweist darauf, daß dieses Item bei der Skalenbildung invertiert verrechnet wurde.

2.4.2.3
Differentieller Interessentest für Kinder (DIT-K)

Der in Phase II zur Erfassung der Interessen vorgegebene „*Differentielle Interessentest für Kinder*" (*DIT-K*; Todt 1987) wurde von Todt eigens für das Marburger Hochbegabtenprojekt konzipiert und soll einen Überblick über Breite, Vielfältigkeit und Intensität individueller Interessen bei Kindern ermöglichen. Der Fragebogen legt unter anderem einen besonderen Schwerpunkt auf die Interessen Hochbegabter. Todt (1978, 206) definiert Interesse als „Verhaltens- und Handlungstendenzen, die relativ überdauernd und relativ verallgemeinert sind, die in ihrer Entwicklung in enger Beziehung zur Entwicklung des Selbstbildes stehen, die gerichtet sind auf verschiedene Gegenstands-, Tätigkeits- oder Erlebnisbereiche und in ihrem Ausprägungsgrad stark von der jeweils akzeptierten Geschlechtsrolle abhängig sind". Ausgangspunkt für die Neuentwicklung des *DIT-K* waren vorhergehende *DIT-K*-Versionen, Literatur zum Bereich Interessen und motivationale Charakteristika Hochbegabter sowie eine 1986 durchgeführte Hobbyumfrage der Genossenschaftsbanken. Der *DIT-K* besteht aus drei Teilen:

(a)   Teil A enthält je fünf Items – größtenteils aus früheren *DIT-K*-Formen übernommen – zu den Interessengebieten „*Sport*", „*Literatur und Sprache*", „*Musik*", „*Kunst*", „*Technik*", „*Biologie*", „*Wirtschaft*", „*Sozialpflege*" und „*Mathematik*".

(b)   Teil B, der im folgenden näher beschrieben wird, ist besonders auf die publizierten Merkmale Hochbegabter abgestellt.

(c)   Teil C erfaßt einerseits die Unterrichtsinteressiertheit und andererseits Freizeitinteressen.

Für die vorliegende Fragestellung wird lediglich Teil B des *DIT-K* sowie die im Teil C erfaßte allgemeine Unterrichtsinteressiertheit (vgl. Kap. 2.4.2.4) berücksichtigt. Der Teil B des *DIT-K* orientiert sich vor allem an den in der Literatur berichteten motivationalen Merkmalen Hochbegabter wie „breit gestreute Interessen", „umfassende Neugier", „theoretisch / wissenschaftliche Ausrichtung der Interessen", „besonderer Ehrgeiz", „besondere Ausdauer", „besondere Selbständigkeit".

Insgesamt besteht der B-Teil des Interessenfragebogens aus neun thematischen Gebieten (Interessenklassen), zu denen je sechs Items formuliert sind.[13] Die einzelnen Bereiche sind durch eine kleine Zeichnung illustriert. Der Intensitätsgrad des Interesses (Antwort auf die Frage: „Wie gerne würdest Du die beschriebenen Dinge tun?") war auf einem separaten Blatt einzuschätzen. Als Antwortformat wurde eine fünfstu-

---

[13]   Der Vollständigkeit halber sei erwähnt, daß zu jedem der neun Interessengebiete zusätzlich zwei Items erhoben wurden, die das Ausmaß der Erfahrung mit dem Thema / Problem sowie das Zutrauen, mit dem Thema umgehen zu können, beinhalten. Diese Zusatzfragen werden im folgenden nicht weiter analysiert.

fige, vollständig verbal umschriebene (von [1] „sehr ungern" über [3] „weder gern noch ungern" bis [5] „sehr gern" reichend) und zusätzlich durch „Smileys" visualisierte Ratingskala vorgegeben. Die neun Themengebiete decken das üblicherweise auch in anderen Interesseninventaren erhobene Interessenspektrum weitestgehend ab:

(a) *„Technik"* (*TEC*, 6 Items $\alpha = 0.91$).
   Itembeispiel: „Besonders schwierige Aufgaben ausdenken und dann mit einem Technikbaukasten bauen".
(b) *„Umwelt"* (*UMW*, 6 Items, $\alpha = 0.87$),
   Itembeispiel: „Beobachten, was mit Tieren und Pflanzen geschieht, wenn das Wasser eines Baches verunreinigt ist".
(c) *„Natur"* (*NAT*, 6 Items, $\alpha = 0.88$)
   Itembeispiel: „Versuchen, immer wieder Neues an und in einem Teich zu entdecken und zu verstehen".
(d) *„Zeichnen / Malen"* (*ZEI*, 6 Items, $\alpha = 0.88$)
   Itembeispiel: „Mit immer neuen Methoden etwas zu zeichnen oder zu malen versuchen".
(e) *„Musik"* (*MUS*, 6 Items, $\alpha = 0.91$)
   Itembeispiel: „Neue Musikstücke selbst aussuchen und selbständig einüben".
(f) *„Mathematik"* (*MAT*, 6 Items, $\alpha = 0.94$)
   Itembeispiel: „Bei schwierigen Mathematikaufgaben mich erst recht bemühen, sie zu lösen".
(g) *„Geschichte"* (*GES*, 6 Items, $\alpha = 0.93$)
   Itembeispiel: „Erfahren, welche Könige und Regierungen früher bei uns herrschten, wie Staaten entstanden sind usw.".
(h) *„Fremdsprachen"* (*SPR*, 6 Items, $\alpha = 0.88$)
   Itembeispiel: „Bücher über das Leben in dem Land lesen, dessen Sprache ich lerne (zum Beispiel über das Leben in England)".
(i) *„Lesen"* (*LES*, 6 Items, $\alpha = 0.89$),
   Itembeispiel: „Bei einem Buch weiterlesen, auch wenn ich manchmal zunächst nicht alles verstehe".

Die je Themengebiet vorgegebenen sechs Items umfassen jeweils:

(1) *„Allgemeines Interesse"* (sich [nur] mit dem Thema / Problem beschäftigen wollen; s.o. Itembeispiel *UMW* bzw. *GES*).
(2) *„Informationsaufnahme / Informationsvertiefung"* (mehr über das Thema / Problem lernen und erfahren wollen; s.o. Itembeispiel *SPR*).
(3) *„Ausdauer"* (bei Schwierigkeiten dabei bleiben, nicht aufgeben wollen; s.o. Itembeispiel *MAT* bzw. *LES*).
(4) *„Anspruchsniveau"* (sich besonders schwierige Aufgaben zu dem Thema aussuchen; s.o. Itembeispiel *TEC*).

(5) „Neugier / Phantasie" (das Thema von immer neuen Aspekten aus bearbeiten wollen, neue Fragen und Probleme ausdenken; s.o. Itembeispiel *NAT* bzw. *ZEI*).

(6) „Selbständigkeit" (den Inhalt ganz selbständig bearbeiten wollen, die Lösung allein finden wollen; s.o. Itembeispiel *MUS*).

Die zusätzlich zur konventionellen Aufgliederung nach Inhaltsklassen (Interessengebiete) vorgenommene Einteilung nach verschiedenen „Niveaus" des Interesses, die durch die in der Literatur immer wieder betonten Merkmale Hochbegabter inspiriert war (z.b. theoretisch / wissenschaftliche Ausrichtung der Interessen, besondere Selbständigkeit), weist gewisse Analogien zu den von Brickenkamp (1990) als Verhaltensmodalitäten bezeichneten Verhaltensklassen „rezeptives", „reproduktives" und „kreatives" Verhalten auf (vgl. auch Kap. 7).

2.4.2.4
Sonstige schulbezogene Variablen (Noten, Ehrgeiz, Interessen)

Die *Noten* der Hauptfächer „Deutsch" (*NO-D*), „Mathematik" (*NO-M*) und „Sachkunde" (*NO-S*) aus dem 2. Halbjahreszeugnis (Versetzungszeugnis) der 3. Klasse wurden in der Regel von den Eltern während des Familienbesuchs – in Ausnahmefällen ersatzweise von den Klassenlehrkräften – erfragt.

Zur Operationalisierung des *schulischen Ehrgeizes* wird die gleichlautende Motiv-Skala aus dem Persönlichkeitsfragebogen für Kinder (PFK 9–14; Seitz & Rausche 1976) verwendet. Sie besteht aus 12 Items, die überwiegend Ehrgeiz und Erfolgsstreben im engeren Sinne erfassen (z.B. „Es macht mir Spaß, für die Schule zu arbeiten", „Ich habe den Ehrgeiz, unter den Besten meiner Klasse zu sein"), teilweise jedoch auch das Verhältnis zur Lehrkraft als Bezugsperson thematisieren (z.B. „Beim Spaziergang mit der Klasse gehe ich oft neben dem Lehrer / der Lehrerin", „Ab und zu bringe ich einem Lehrer oder einer Lehrerin ein Geschenk mit"). Die Aussagen sind anhand eines dichotomen Antwortformats („stimmt nicht" / "stimmt") zu beurteilen. Die Reliabilität fällt in der Projektstichprobe der Phase II ($KR_{20} = 0.59$) geringfügig niedriger aus als im Testmanual angegeben ($KR_{20} = 0.66$).

Das *Interesse* an den Hauptfächern „Deutsch" (*IN-D*), „Mathematik" (*IN-M*) und „Sachkunde" (*IN-S*) wurde im Teil C des „Differentiellen Interessentest für Kinder" (*DIT-K*; Todt 1987) in Form einer allgemeinen Unterrichtsinteressiertheit erhoben. Die Frage „Wie gern hast Du die folgenden Unterrichtsfächer?" sollte anhand einer fünfstufigen, verbal verankerten (von [1] „sehr ungern" über [3] „weder gern noch ungern" bis [5] „sehr gern" reichend) und zusätzlich durch „Smileys" visualisierten Ratingskala beantwortet werden.

2.4.3
Auswertung

Die Gruppenvergleiche zum *„bildungsrelevanten Sozialstatus"* (*BRSS*) erfolgen sowohl in kategorialer Form mittels χ^2-Test als auch auf der Basis der – laut Bauer (1972) intervallskalierten – Rohwertpunkte mittels F-Test. Für die Analyse der eingesetzten Fragebogen zu den Bereichen „Selbstkonzept", „Interessen" und „Schulleistungen, Ehrgeiz und schulische Interessen" werden die Skalenwerte bzw. Itemrohwerte je Skala bzw. je Item auf der Basis der Gesamtstichprobe des Marburger Hochbegabtenprojekts (N = 287 Viertkläßler in Phase II) z-transformiert. Die durchschnittlichen z-Werte der (Sub-)Stichproben werden graphisch dargestellt. Die Differenz der mittleren z-Werte zweier Gruppen entspricht in etwa Cohens (1988) standardisiertem Mittelwertunterschied „d".

Da schon zum Zeitpunkt der Erstidentifikation kleine – aber statistisch signifikante – Unterschiede zwischen den „stabil Hochbegabten" und „instabil Hochbegabten" vorlagen (3.5 IQ-Punkte; d = 0.23), erfolgt eine zusätzliche Kontrolle etwaiger Gruppenunterschiede über Kovarianzanalysen mit der Variable „Intelligenzquotient zum Zeitpunkt der Erstidentifikation" als Kovariate.

Um die Effektstärkemaße bei der einfachen und bei der kovarianzanalytisch bereinigten Testung auf Gruppenunterschiede vergleichen zu können, wird die Effektstärke „d" einheitlich aus „eta²" berechnet. Der Betrag der Effektstärke informiert über die *Größe* des beobachteten Unterschieds, das Vorzeichen über die *Richtung* des Unterschieds: Eine positive Effektstärke weist beim Vergleich der Gruppen HB_{ST} vs. HB_{IS} (bzw. DB_{IQ-A} vs. DB_{ST}) jeweils darauf hin, daß die HB_{ST} (bzw. DB_{IQ-A}) hinsichtlich der betreffenden Variable eine stärkere Ausprägung aufweisen als die entsprechende Vergleichsgruppe. Umgekehrt zeigt eine negative Effektstärke einen Mittelwertunterschied zugunsten der HB_{IS} (bzw. DB_{ST}) an.

Wegen des teilweise sehr kleinen Umfangs der Substichproben und des eher explorativen Charakters dieser Studie erfolgt die Interpretation der Ergebnisse in erster Linie anhand der ermittelten Effektstärken. Als Orientierung sei angeführt, daß in Anlehnung an Cohen (1988) Effektstärken von $|d| \geq 0.2$ als klein, von $|d| \geq 0.5$ als mittel und von $|d| \geq 0.8$ als groß interpretiert werden können. Bewußt wird auf eine Alpha-Adjustierung und auf – den univariaten Gruppenunterschiedstestungen vorgeschobene – multivariate Analysen verzichtet. Für die univariaten Analysen werden zwar auch immer die entsprechenden H_0-Überschreitungswahrscheinlichkeiten in den Grobkategorien $p < 0.10$ („+"), $p < 0.05$, („*") und $p < 0.01$ („**") angegeben, allerdings ist hierbei zu berücksichtigen, daß aufgrund der zum Teil kleinen Substichproben nur Effekte mittlerer Größenordnung inferenzstatistisch abgesichert werden können. Dieser Aspekt ist insofern bedeutungsvoll, als daß der geringe Umfang der Substichproben HB_{IS} und DB_{IQ-A} *nicht* auf eine unzureichende Versuchsplanung zurückzuführen, sondern in der Sache begründet ist. Aufgrund der vergleichsweise hohen Stabilität des Intelligenzquotienten sind diese Gruppen zwangsläufig – auch bei sorgfältigster Versuchsplanung – extrem klein: So war in vorliegender Studie die Testung von über 7000 Grundschulkindern notwendig, um 22 Kinder zu ermitteln, deren Hochbegabung nach einen Zeitintervall von sechs Jahren nicht erneut verifiziert werden konnte.

2.5
STUDIE II – PRÄDIKTOREN DER STABILITÄT VON HOCHBEGABUNG: ERGEBNISSE

2.5.1
Psychosoziale Risikofaktoren

Tabelle 2.8 zeigt die Ergebnisse zu den psychosozialen Risikofaktoren „Bildungsabschluß der Eltern", „Berufliche Tätigkeit des Haushaltsvorstandes" und „Sozialstatus". Die Analysen basieren einerseits auf Häufigkeitsvergleichen der jeweiligen kategorialen Unterteilungen und andererseits auf Skalenunterschiedstestungen der (intervallskalierten) Rohwertpunkte bzw. des Schichtindexes.

Tab. 2.8: Ergebnisse der Analysen der Kategorien und der Rohwertpunkte in den Variablen des bildungsrelevanten Sozialstatus; jeweils Angabe des Signifikanzniveaus (p) und der Effektstärke (C_{Korr} bzw. d) für den Zweigruppenvergleich

	GRUPPENVERGLEICH					
	HB_{ST} vs. HB_{IS}		HB_{IS} vs. DB_{ST}		HB_{ST} vs. DB_{ST}	
ANALYSE DER KATEGORIEN	p	C_{Korr}	p	C_{Korr}	p	C_{Korr}
Bildungsabschluß des Vater[a]	0.008	0.35	0.641	0.11	0.002	0.31
Bildungsabschluß der Mutter[a]	0.092	0.25	0.865	0.06	0.032	0.23
Berufliche Tätigkeit[b]	0.024	0.31	0.362	0.16	0.012	0.26
Sozialstatus[c]	<0.001	0.42	0.073	0.26	0.020	0.25
ANALYSE DER ROHWERTPUNKTE	p	d	p	d	p	d
Bildungsabschluß des Vater	0.007	0.49	0.608	-0.09	<0.001	0.52
Bildungsabschluß der Mutter	0.070	0.33	0.630	-0.09	0.025	0.31
Berufliche Tätigkeit	0.039	0.37	0.634	-0.08	0.005	0.39
Sozialstatus	0.011	0.46	0.588	-0.10	0.001	0.48

[a] Für die Häufigkeitsvergleiche wurden die in Abb. 2.5 aufgeführten Kategorien 3 und 4 zusammengefaßt.
[b] Für die Häufigkeitsvergleiche wurden die in Abb. 2.6 aufgeführten Kategorien 3 und 4 zusammengefaßt.
[c] Für die Häufigkeitsvergleiche wurden die in Tab. 2.9 aufgeführten Kategorien 2 und 3 sowie 4, 5 und 6 jeweils zu einer Kategorie zusammengefaßt.

Die Eltern der „stabil durchschnittlich Begabten" (DB_{ST}) sowie der „instabil Hochbegabten" (HB_{IS}) sind bei den niedrigeren Bildungsabschlüssen „Hauptschule" bzw. „Berufsschule" häufiger vertreten als die der „stabil Hochbegabten" (HB_{ST}). Für die höheren Bildungsabschlüsse mit mindestens Abitur kehrt sich das Verhältnis zugunsten der Eltern der HB$_{ST}$ um. Mittlere Bildungsabschlüsse wie „Realschule" oder „Berufsfachschule" sind in allen drei Gruppen in etwa vergleichbar häufig (vgl. Abb. 2.5). Diese Gruppendifferenzen sind für beide Elternteile feststellbar, fallen jedoch für die Väter akzentuierter aus als für die Mütter. Für den väterlichen Bildungsabschluß ist der Effekt sowohl beim Vergleich der Gruppen HB$_{ST}$ vs. HB$_{IS}$ als auch beim Vergleich der HB$_{ST}$ mit den DB$_{ST}$ mindestens auf dem 1%-Niveau inferenzstatistisch abgesichert (p = 0.008, C$_{korr}$ = 0.35 bzw. p = 0.002, C$_{korr}$ = 0.31). Die Gruppen HB$_{IS}$ und DB$_{ST}$ unterscheiden sich hingegen nicht statistisch bedeutsam im Bildungsabschluß der Väter (p = 0.641, C$_{korr}$ = 0.11). Ein ähnliches Bild ergibt sich bei Analyse der Häufigkeitsunterschiede im mütterlichen Bildungsabschluß. Die Mütter der HB$_{ST}$ unterscheiden sich in diesem Merkmal statistisch signifikant von denen der

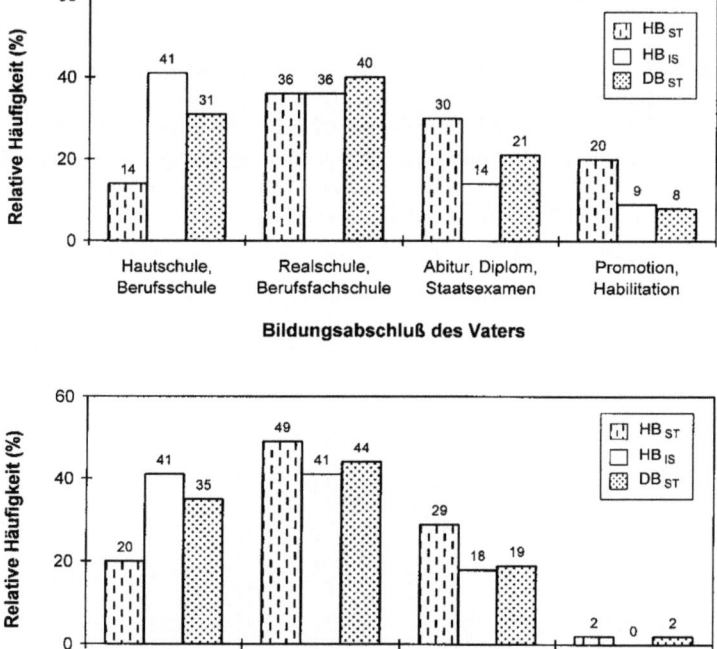

Abb. 2.5:   Häufigkeitsverteilung des Bildungsabschlusses des Vaters und der Mutter für die Gruppen „stabil Hochbegabte" (HB$_{ST}$), „instabil Hochbegabte" (HB$_{IS}$) und „stabil durchschnittlich Begabte" (DB$_{ST}$) (zusammengefaßte Kategorien; numerische Angaben beziehen sich auf die relative Häufigkeit in der jeweiligen Begabungsgruppe).

DB_{ST} und lediglich tendenziell von denen der HB_{IS} ($p = 0.032$, $C_{korr} = 0.23$ bzw. $p = 0.092$, $C_{korr} = 0.25$). Die Gruppen HB_{IS} und DB_{ST} unterscheiden sich wiederum in bezug auf den erreichten Bildungsabschluß der Mütter nicht signifikant voneinander ($p = 0.865$, $C_{korr} = 0.06$). Analysiert man nicht die einzelnen Kategorien des Bildungsabschlusses, sondern die von 1 bis 20 reichenden Rohwertpunkte, ändert sich die Aussage nicht. Die Effektstärken für den Vergleich HB_{ST} vs. HB_{IS} betragen $d = 0.49$ bzw. $d = 0.33$, die für den Vergleich HB_{ST} vs. DB_{ST} liegen bei $d = 0.52$ bzw. $d = 0.31$ (jeweils väterlicher bzw. mütterlicher Bildungsabschluß; vgl. Tab. 2.8).

Die berufliche Tätigkeit des Haushaltsvorstandes (d.h. in der Regel die des Vaters) für die drei Begabungsgruppen veranschaulicht Abbildung 2.6. Aus Gründen der Übersichtlichkeit sind die einzelnen Tätigkeitsbereiche zu vier Berufstatusgruppen zusammengefaßt. Wie beim elterlichen Bildungsabschluß differieren die Gruppen der „instabil Hochbegabten" und „stabil durchschnittlich Begabten" kaum ($p = 0.362$, $C_{korr} = 0.16$), jedoch unterscheiden sich beide von den „stabil Hochbegabten" ($p = 0.024$, $C_{korr} = 0.31$ bzw. $p = 0.012$, $C_{korr} = 0.26$). Die „instabil Hochbegabten" kommen zum überwiegenden Teil (zu 55%) aus Elternhäusern, in denen der Hauptverdiener Arbeiter oder Angestellter bzw. Beamter der untersten Ebene ist. Betrachtet man den Berufsstatus nicht in kategorialer Form, sondern auf der Basis der den beruflichen Tätigkeiten zugeordneten Rohwertpunkte, zeigen sich diese Differenzen noch deutlicher. Zwischen den HB_{ST} und den HB_{IS} bzw. DB_{ST} sind Unterschiede der Größenordnung $d = 0.37$ bzw. $d = 0.39$ zu verzeichnen.

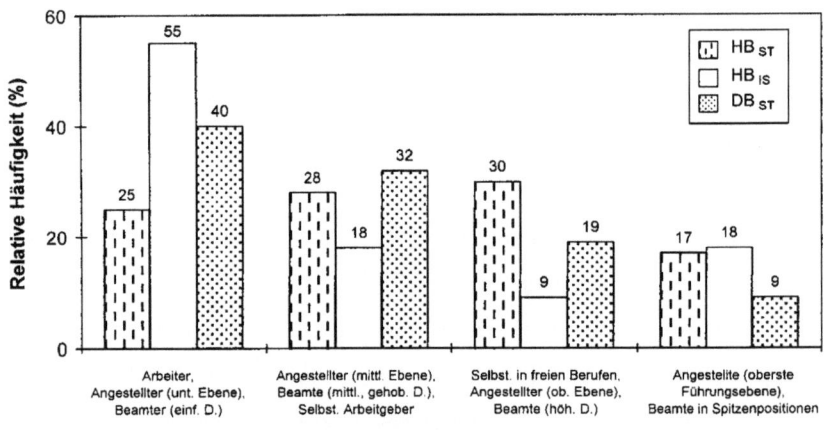

Abb. 2.6:   Häufigkeitsverteilung der beruflichen Tätigkeit – in der Regel des Vaters – für die Gruppen „stabil Hochbegabte" (HB_{ST}), „instabil Hochbegabte" (HB_{IS}) und „stabil durchschnittlich Begabte" (DB_{ST}) (zusammengefaßte Kategorien; numerische Angaben beziehen sich auf die relative Häufigkeit in der jeweiligen Begabungsgruppe).

Tab. 2.9: Bildungsrelevanter Sozialstatus (BRSS) der Familien der „stabil Hochbegabten" (HB $_{ST}$, N=107), der „instabil Hochbegabten" (HB $_{IS}$, N=22) und der „stabil durchschnittlich Begabten" (DB $_{ST}$, N=107)

BRSS-KATEGORIEN	HB $_{ST}$		HB $_{IS}$		DB $_{ST}$	
	N	%	N	%	N	%
1 - Oberschicht	39	36.5	6	27.3	28	26.2
2 - Obere Mittelschicht	22	20.6	1	4.5	4	3.7
3 - Mittlere Mittelschicht	20	18.7	1	4.5	30	28.0
4 - Untere Mittelschicht	13	12.1	8	36.4	17	15.9
5 - Obere Unterschicht	10	9.3	5	22.7	18	16.8
6 - Untere Unterschicht	3	2.8	1	4.5	10	9.3

Die Aufteilung der drei Gruppen bzw. deren Familien in die für Bildungsverhalten relevanten Sozialstatusgruppen ist in Tabelle 2.9 wiedergegeben (vgl. auch entsprechende Angaben zu Signifikanztests in Tab. 2.8). Wie aus Tabelle 2.9 und Abbildung 2.7, in der die Sozialstatusgruppen zu drei Kategorien zusammengefaßt sind, ersichtlich ist, entstammen die HB$_{ST}$ häufiger als die anderen beiden Gruppen aus der „Oberschicht" (HB$_{ST}$: 37%; HB$_{IS}$: 27%; DB$_{ST}$: 26%) und deutlich seltener aus den

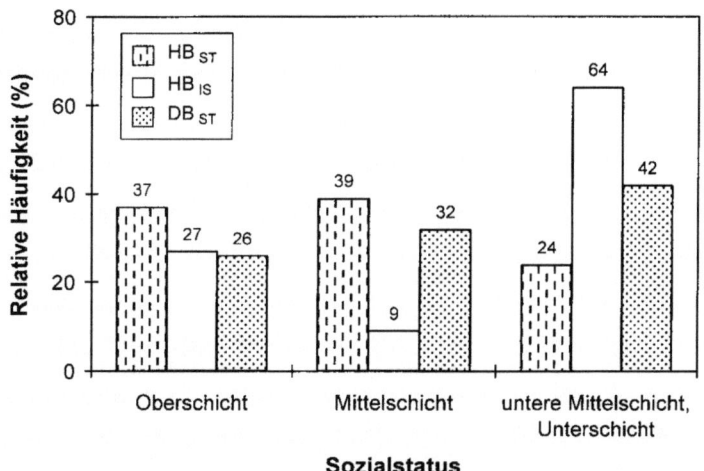

Abb. 2.7: Häufigkeitsverteilung des bildungsrelevanten Sozialstatus (BRSS) für die Gruppen „stabil Hochbegabte" (HB$_{ST}$), „instabil Hochbegabte" (HB$_{IS}$) und „stabil durchschnittlich Begabte" (DB$_{ST}$) (zusammengefaßte Kategorien; numerische Angaben beziehen sich auf die relative Häufigkeit in der jeweiligen Begabungsgruppe).

unteren drei Statusgruppen „untere Mittelschicht", „obere Unterschicht" und „untere Unterschicht" (HB_{ST}: 24%; HB_{IS}: 64%; DB_{ST}: 42%). Kategorial lassen sich die Häufigkeitsunterschiede zwischen den HB_{ST} einerseits und sowohl den HB_{IS} als auch den DB_{ST} andererseits inferenzstatistisch absichern ($p < 0.001$, $C_{korr} = 0.42$ bzw. $p = 0.020$, $C_{korr} = 0.25$). Bei nichtkategorialer Auswertung, d.h. bei Analyse des Schichtindexes ergeben sich Effektstärken von $d = 0.46$ bzw. $d = 0.48$.

Die Stabilität von Hochbegabung kovariiert also mit dem familiären sozioökonomischen Status: Die „instabil Hochbegabten" gehören häufiger Familien der unteren drei Sozialstatusgruppen an (HB_{ST}: 24%; HB_{IS}: 64%), die „stabil Hochbegabten" stammen demgegenüber häufiger aus Familien der „Mittelschicht" (HB_{ST}: 39%; HB_{IS}: 9%) und „Oberschicht" (HB_{ST}: 37%; HB_{IS}: 27%). Betrachtet man die drei Statusmerkmale „Bildungsabschluß des Vaters", „Bildungsabschluß der Mutter" und „berufliche Tätigkeit", die in die Berechnung des Schichtindexes eingehen, vergleichend, so scheint für die familiären Sozialstatusunterschiede zwischen den „stabil" und „instabil" Hochbegabten der väterliche Bildungsabschluß am bedeutungsvollsten zu sein.

2.5.2
Personale Entwicklungsbedingungen

Selbstkonzept. In Tabelle 2.10 sind die Mittelwerte der sieben z-transformierten Selbstkonzeptskalen für die drei Begabungsgruppen wiedergegeben. Die mittleren Ausprägungen in den Selbstkonzeptvariablen sowie die Effektstärken beim Vergleich der beiden Gruppen „stabil Hochbegabte" und „instabil Hochbegabte" veranschaulicht Block A der Abbildung 2.8. Alle Skalen sind so gepolt, daß ein höherer Wert einem positiveren Selbstkonzept entspricht. Die Unterschiede zwischen „stabil" und „instabil Hochbegabten" – in Effektstärken ausgedrückt – schwanken zwischen $d = 0.17$ (Skala *„Glück und Zufriedenheit"*) und $d = -0.12$ (Skala *„Aussehen"*). In keiner der sieben Selbstkonzeptfacetten sind zwischen den beiden Hochbegabtengruppen Unterschiede zu verzeichnen, die statistisch signifikant oder tendenziell bedeutsam wären ($p_{min} = 0.327$). Das Selbstkonzept im Grundschulalter hat somit keinen Einfluß darauf, ob eine zu dem Zeitpunkt festgestellte intellektuelle Hochbegabung über einen Zeitraum von sechs Jahren stabil bleiben wird. Insbesondere haben die (später) „instabil Hochbegabten" kein negativeres Selbstkonzept als die (auch fortan) „stabil Hochbegabten", auch nicht in den eher begabungs- und leistungsnahen Selbstkonzeptfacetten *„intellektueller und schulischer Status"* und *„Kreativität und Phantasie"*. In diesen zwei Selbstkonzeptbereichen unterscheiden sich beide Hochbegabtengruppen erwartungsgemäß von der Gruppe der „stabil durchschnittlich Begabten" ($d = 0.51 / d = 0.28$ und $d = 0.36 / d = 0.35$; vgl. auch Rost & Hanses 1994; 1995; Hanses & Rost 1998).

Tab. 2.10: Mittelwerte und Streuungen in den Piers-Harris-Selbstkonzeptskalen, im Differentiellen Interessentest, in den Hauptfachnoten, im schulischen Ehrgeiz und in den schulfachbezogenen Interessen für die Gruppen „stabil Hochbegabte" (HB_{ST}), „instabil Hochbegabte" (HB_{IS}) und „stabil durchschnittlich Begabte" (DB_{ST}); als Orientierung zusätzlich Angabe der Rohwertverteilungsparameter für die Gesamtstichprobe der Phase II, die als Grundlage für die z-Transformation dienten

			Z-TRANSFORMIERTE WERTE[b]					
	ROHWERTE[a] (N=287)		HB_{ST} (N=107)		HB_{IS} (N=22)		DB_{ST} (N=107)	
VARIABLEN	M	S	M	S	M	S	M	S
Selbstkonzept:								
Glück u. Zufriedenheit	4.25	0.51	0.09	0.86	-0.11	1.06	0.01	1.14
Verhalten	4.03	0.55	0.12	0.80	-0.05	1.16	-0.02	1.07
intellekt./schul. Status	3.80	0.49	0.27	0.89	0.15	1.02	-0.23	1.05
seelische Stabilität	4.12	0.57	0.13	0.88	0.08	1.11	-0.02	1.06
Beliebtheit	3.89	0.57	0.05	0.96	0.10	0.75	0.10	1.02
Kreativität u. Phantasie	3.52	0.61	0.16	0.99	0.26	0.80	-0.19	1.01
Aussehen	3.51	0.54	0.01	0.98	0.17	0.85	0.02	1.03
Interessen:								
Mathematik	3.90	1.01	0.28	0.88	-0.18	1.03	-0.26	1.00
Fremdsprachen	3.96	0.74	0.17	0.94	-0.30	0.75	-0.13	1.10
Geschichte	3.83	0.92	0.10	0.99	-0.38	1.00	-0.01	0.99
Natur	4.07	0.73	-0.05	1.02	-0.48	1.43	0.09	0.91
Technik	3.99	0.87	0.05	0.90	-0.24	0.93	-0.07	1.07
Umwelt	3.92	0.80	0.03	0.92	-0.28	1.34	-0.05	1.00
Musik	3.59	1.03	0.11	0.95	-0.14	0.94	-0.08	1.07
Malen/Zeichnen	4.28	0.70	-0.03	0.95	-0.22	1.11	0.01	1.04
Lesen	4.07	0.75	0.18	0.96	0.10	0.86	-0.24	1.06
Schulische Leistungen, Motivation u. Interessen:								
Note: Mathematik	2.02	0.81	0.55	0.75	0.02	0.78	-0.50	0.98
Note: Deutsch	2.07	0.77	0.47	0.84	0.16	0.87	-0.40	0.94
Note: Sachkunde	1.95	0.76	0.39	0.84	0.00	0.98	-0.39	0.96
Schulischer Ehrgeiz	0.59	0.20	0.22	0.94	-0.19	0.83	-0.23	1.07
Interesse: Mathematik	4.12	1.08	0.28	0.88	-0.32	1.28	-0.27	1.03
Interesse: Deutsch	3.66	1.02	0.11	0.97	-0.20	0.72	-0.11	1.06
Interesse: Sachkunde	4.18	0.95	0.02	0.94	0.00	0.70	-0.04	1.07

[a] theoretischer Range: Selbstkonzept = 1 bis 5; Interessen = 1 bis 5; schulische Leistungen = 1 bis 6 (invertierte Verrechnung bei z-Transformation!); schulischer Ehrgeiz = 0 bis 1; schulische Interessen = 1 bis 5
[b] höhere z-Werte weisen auf ein positiveres Selbstkonzept, ausgeprägtere Interessen, bessere schulische Leistungen sowie ein höheres Ausmaß an schulischem Ehrgeiz hin

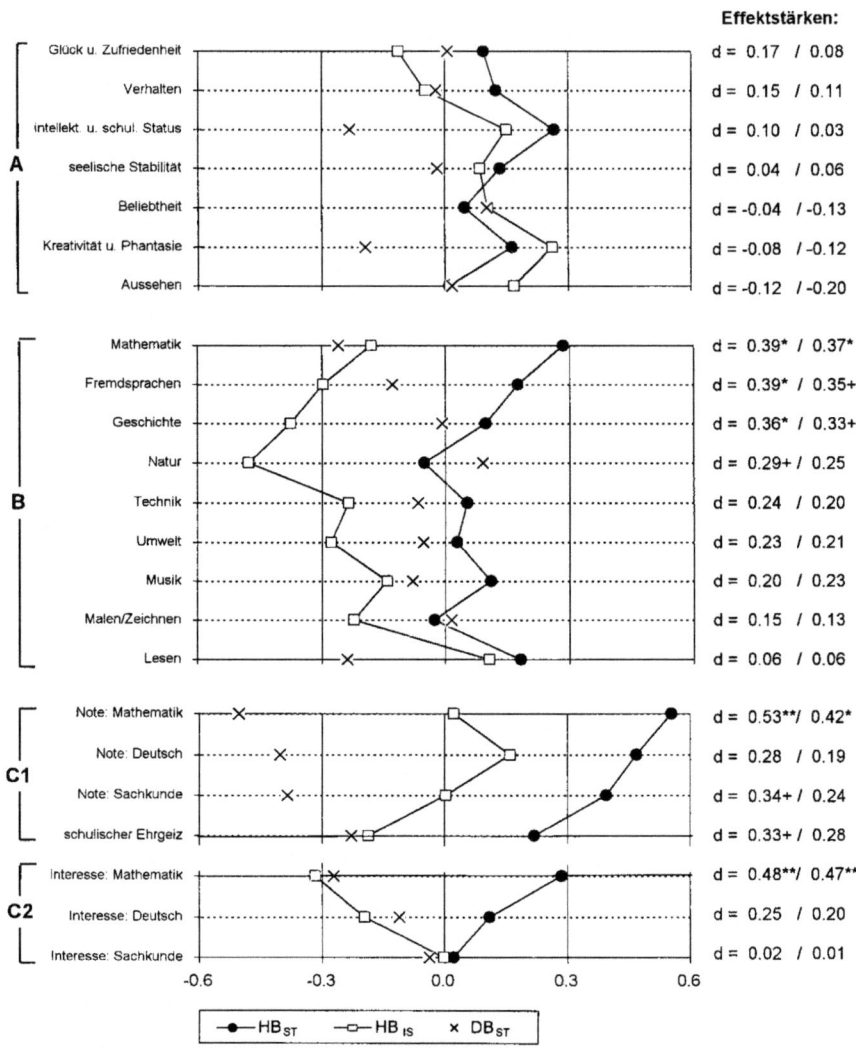

Abb. 2.8: Durchschnittliche z-Werte in den Piers-Harris-Selbstkonzeptskalen (Block A), im Differentiellen Interessentest (Block B) sowie in den Hauptfachnoten, im schulischen Ehrgeiz (Block C1) und in den schulfachbezogenen Interessen (Block C2) für die Gruppen „stabil Hochbegabte" (HB_{ST}), „instabil Hochbegabte" (HB_{IS}) und „stabil durchschnittlich Begabte" (DB_{ST}) sowie Effektstärken d (bzw. d_{IQ} nach Auspartialisierung der Intelligenzunterschiede in Phase I) beim Vergleich der beiden Gruppen HB_{ST} vs. HB_{IS} (Signifikanzniveau: + $p < 0.10$, * $p < 0.05$, ** $p < 0.01$). *Beachte*: Höhere z-Werte weisen auf ein positiveres Selbstkonzept, ausgeprägtere Interessen, bessere schulische Leistungen sowie ein höheres Ausmaß an schulischem Ehrgeiz hin.

Interessen. Die mittleren Ausprägungen in den neun Inhaltsklassen des Differentiellen Interessentests sind Block B der Abbildung 2.8 zu entnehmen (vgl. auch Tab. 2.10). In den Interessenpräferenzen zeigt sich beim Vergleich der beiden Hochbegabtengruppen ein klares Muster: *„Stabil Hochbegabte"* erzielen im Vergleich zu *„instabil Hochbegabten" in allen Interessenbereichen – rein numerisch betrachtet – günstigere Werte.* Mit Ausnahme der Skalen *„Interesse an Malen / Zeichnen"* und *„Interesse an Lesen"* erreichen die Unterschiede ein Niveau, das nach Cohen (1988) als kleiner bis mittlerer Effekt zu bezeichnen ist (d ≥ 0.20). Die Effektstärken verringern sich nur unwesentlich, stellt man in Rechnung, daß die HB$_{ST}$ und HB$_{IS}$ schon zum Zeitpunkt der Erstidentifikation leicht unterschiedliche Werte in der allgemeinen Intelligenz aufweisen (siehe zweite Spalte der Effektstärken in Abb. 2.8). Mithin können die gefundenen Differenzen im bekundeten Interesse nicht auf die (geringen) IQ-Unterschiede in Phase I zurückgeführt werden.

Die größten Interessendifferenzen zwischen den „stabil" und „instabil Hochbegabten", die auch inferenzstatistisch abgesichert werden können, gibt es in *„Mathematik"* (d = 0.39), *„Fremdsprachen"* (d = 0.39) und *„Geschichte"* (d = 0.36). In den naturwissenschaftlichen Interessenbereichen *„Natur"* (d = 0.29), *„Technik"* (d = 0.24) und *„Umwelt"* (d = 0.23) bestehen kleine Unterschiede.

Hervorhebenswert ist, daß die „instabil Hochbegabten" in ihren Interessenausprägungen in den meisten Bereichen (mit Ausnahme des Interesses an *„Mathematik"* und *„Lesen")* hinter den „stabil durchschnittlich Begabten" zurückfallen, d.h. die „instabil Hochbegabten" weisen nicht nur im Vergleich zu den „stabil Hochbegabten" ungünstigere Interessenwerte auf, sondern auch im Vergleich zu den „stabil durchschnittlich Begabten". Allerdings heißt dies nicht, daß die HB$_{IS}$ generell durch ein geringes Interesse an allem oder durch eine gravierende Einengung des Interessenspektrums gekennzeichnet wären. Wie aus Tabelle 2.10 zu entnehmen ist, bewegen sich die mittleren Ausprägungen aller Interessenskalen für die Gesamtstichprobe der Phase II im deutlich positiven Bereich (M = 3.59 bis M = 4.28; theoretischer Skalenrange 1 bis 5; theoretische Skalenmitte von 3). Hinter dem „geringen" Interesse der HB$_{IS}$ beispielsweise an der *„Natur"* (z = –0.48) verbirgt sich ein durchschnittlicher Skalenrohwert von immerhin M = 3.72, d.h. das Ausmaß an Interesse liegt deutlich über [3] „ich möchte es weder gern noch ungern tun" und etwas unter [4] „ich möchte es gern tun". Die z-transformierten Werte können also nicht dahingehend interpretiert werden, daß negative z-Werte auf generell wenig Interesse hinweisen. Vielmehr besagen niedrige z-Werte lediglich, daß im *Vergleich zu Alterskamerden dieser Interessenbereich weniger stark ausgeprägt ist.* Auch für die „instabil Hochbegabten" liegen die Rohwerte aller Interessenskalen zwischen M = 3.44 (*„Interesse an Musik")* und M = 4.14 (*„Interesse an Lesen").*

Analysiert man die Interessen nicht nach den Inhaltsklassen, sondern nach dem Niveau, so ergibt sich beim Vergleich der beiden Hochbegabtengruppen ein recht einheitliches Bild. Für alle – von Todt (1987) postulierten – Interessenniveaus liegen die

Effektstärken zwischen d = 0.32 und d = 0.44, was bei inferenzstatistischer Überprüfung H_0-Überschreitungswahrscheinlichkeiten von p_{min} = 0.016 bis p_{max} = 0.079 entspricht. Im einzelnen ergeben sich folgende Differenzen zwischen den HB_{ST} und HB_{IS}: Im *„allgemeinen Interesse"* zeigt sich ein Effekt von d = 0.44 (nach kovarianzanalytischer Berücksichtigung der Intelligenzunterschiede zum Zeitpunkt der Erstidentifikation beträgt $d_{.IQ}$ = 0.40), in *„Informationsaufnahme / -vertiefung"* d = 0.32 ($d_{.IQ}$ = 0.30), in *„Ausdauer"* d = 0.32 ($d_{.IQ}$ = 0.29), in *„Anspruchsniveau"* d = 0.34 ($d_{.IQ}$ = 0.32), in *„Neugier / Phantasie"* d = 0.39 ($d_{.IQ}$ = 0.36) und in *„Selbständigkeit"* d = 0.33 ($d_{.IQ}$ = 0.29). Die vergleichsweise einheitlichen und stets zugunsten der „stabil Hochbegabten" ausfallenden Effektstärken weisen darauf hin, daß die in den inhaltlichen Interessenbereichen feststellbaren Unterschiede zwischen HB_{ST} und HB_{IS} nicht primär zu Lasten der niveaumäßig höheren Interessenmodalitäten wie beispielsweise *„Anspruchsniveau"* (sich besonders schwierige Aufgaben zu dem Thema aussuchen) oder *„Selbständigkeit"* (ein Thema oder Problem ganz selbständig bearbeiten wollen) gehen. Insbesondere ist keine Tendenz zu erkennen, daß mit steigendem Niveau des Interesses die Differenzen zugunsten der „stabil Hochbegabten" zunehmen.

Schulnoten und schulischer Ehrgeiz. Die Mittelwerte in den z-transformierten Schulnoten für die Hauptfächer „Mathematik", „Deutsch" und „Sachkunde" sowie für die Skala *„schulischer Ehrgeiz"* sind in Block C1 der Abbildung 2.8 wiedergegeben (siehe auch entsprechende Angaben in Tab. 2.10). In allen vier Merkmalen fallen die Differenzen beim Vergleich der beiden Hochbegabtengruppen stets *zugunsten der „stabil Hochbegabten"* aus. Der größte Unterschied ergibt sich in „Mathematik" (d = 0.53, $d_{.IQ}$ = 0.42). In den Fächern „Deutsch" (d = 0.28, $d_{.IQ}$ = 0.19) und „Sachkunde" (d = 0.34, $d_{.IQ}$ = 0.24) sind hingegen deutlich kleinere Schulleistungsdifferenzen zu verzeichnen. Hervorzuheben ist, daß die Effektstärken $d_{.IQ}$, die hinsichtlich der schon zum Zeitpunkt der Erstidentifikation bestehenden Intelligenzunterschiede zwischen den Gruppen HB_{ST} und HB_{IS} bereinigt sind, jeweils deutlich niedriger ausfallen. Zumindest ein Teil der Notenunterschiede ist somit auf die – wenn auch kleinen, so doch statistisch signifikanten – IQ-Differenzen in Phase I zurückzuführen. Lediglich in „Mathematik" bleibt ein substantieller „IQ-bereinigter" Effekt erhalten: Die (später) „instabil Hochbegabten" erzielen – bei vergleichbarer Intelligenz – schlechtere Mathematikleistungen als die (fortan) „stabil Hochbegabten". Allerdings erreichen die „instabil Hochbegabten" signifikant oder tendenziell bessere Zensuren als die „stabil durchschnittlich Begabten" (Mathematik: d = 0.41, Deutsch: d = 0.45, Sachkunde: d = 0.30), was angesichts der deutlichen Intelligenzunterschiede zwischen den Gruppen HB_{IS} und DB_{ST} erwartungskonform ist. Was den „schulischen Ehrgeiz" anbelangt, so differieren „instabil Hochbegabte" nicht von „stabil durchschnittlich Begabten" (d = 0.03), wohl aber tendenziell von „stabil Hochbegabten" (d = 0.33, $d_{.IQ}$ = 0.28).

Schulische Interessen. Ein etwas anderes Bild ergibt sich, betrachtet man die Interessen an den Schulfächern (siehe Block C2 der Abb. 2.8). *Insbesondere im Interesse am*

Fach „Mathematik" unterscheiden sich die „instabil Hochbegabten" in nennenswer-
ter Weise von den „stabil Hochbegabten" (d = 0.48, d_{IQ} = 0.47). Allerdings reduzieren sich die Unterschiede im mathematischen Interesse, berücksichtigt man, daß
schulisches Interesse gerade im Grundschulalter zu einem erheblichen Teil von den
Schulnoten abhängt. Werden die Interessenunterschiede kovarianzanalytisch um die
Notenunterschiede in Mathematik bereinigt, sinkt die Effektstärke beim Vergleich der
Gruppen HB_{ST} und HB_{IS} von d = 0.48 auf d = 0.35. Erhalten bleibt ein kleiner Effekt
zugunsten der „stabil Hochbegabten", der nicht auf die besseren Mathematikzensuren
zurückgeführt werden kann. „Instabil Hochbegabte" differieren im Ausmaß des be-
kundeten Interesses an den drei Hauptfächern nicht von „stabil durchschnittlich Begabten" (d = –0.06 bis d = 0.03), obwohl sie deutlich bessere Leistungen erzielen.
Auch für das schulische Interesse gilt natürlich, daß ungünstigere oder auch negative
z-Werte nicht in Richtung schulischen Desinteresses zu werten sind. Wie aus den
Rohwerten für die Gesamtstichprobe ersichtlich ist (vgl. Tab. 2.10), erfolgte die z-
Transformation für die schulfachbezogenen Interessen auf der Basis deutlich im positiven Bereich liegender Mittelwerte (M = 3.66 bis M = 4.18; theoretischer Skalenrange 1 bis 5). Auch die „instabil Hochbegabten", die im Fach „Deutsch" die niedrigsten Rohwerte erzielen (M = 3.45), liegen noch über der theoretischen Skalenmitte
von M = 3.00 („dieses Fach habe ich weder gern noch ungern").

2.5.3
„Kreuzvalidierung" der Ergebnisse („IQ-Aufsteiger")

Die oben berichteten Resultate zu den psychosozialen Risikofaktoren und personalen
Entwicklungsbedingungen lassen sich anhand der Daten des Marburger Hochbegabtenprojekts in gewisser Weise „kreuzvalidieren": Die in den vorangehenden Kapiteln
dargestellten Ergebnisse legen nahe, daß sich ein niedriger sozioökonomischer Status
des Elternhauses, geringer ausgeprägte Interessen insbesondere im mathematisch-
naturwissenschaftlichen und fremdsprachlichen Bereich sowie schlechtere Schulleistungen und geringerer schulischer Ehrgeiz ungünstig auf die weitere intellektuelle
Entwicklung auswirken. In diesen Bereichen unterscheiden sich diejenigen Grundschulkinder, deren Hochbegabung nicht erhalten bleibt („instabil Hochbegabte") in
ungünstiger Weise von den hochbegabten Peers, deren besondere intellektuelle Befähigung nach einem Zeitraum von sechs Jahren erneut nachgewiesen werden kann
(„stabil Hochbegabte").

Überträgt man diese Ergebnisse auf die Gruppe der zum Zeitpunkt der Erstidentifikation durchschnittlich Begabten, so sollten sich diejenigen Grundschulkinder, bei denen in späteren Jahren erhebliche – in Richtung Hochbegabung gehende – Rangplatzverschiebungen nach oben zu verzeichnen sind, gerade in diesen Merkmalen in
positiver Weise von denjenigen Kindern unterscheiden, die auch noch nach sechs

Jahren hinsichtlich ihrer intellektuellen Befähigung im Durchschnittsbereich liegen. Dieses Kapitel befaßt sich also mit der Frage, ob sich beim Vergleich der „stabil durchschnittlich Begabten" (DB_{ST}) mit den „IQ-Aufsteigern der ehemals durchschnittlich Begabten" (DB_{IQ-A}) ein ähnliches Ergebnismuster wie in den vorangehenden Kapiteln zeigt. Da sich die Gruppen DB_{IQ-A} und DB_{ST} nicht bezüglich der allgemeinen Intelligenz zum Zeitpunkt der Erstidentifikation unterscheiden („g": Differenz von 2.8 IQ-Punkten, p = 0.130, d = 0.19 [bei Zugrundelegung von S = 15]) werden im folgenden lediglich die einfachen Effektstärken „d" (nicht aber kovarianzanalytisch bereinigte Effekte „$d_{.IQ}$") berechnet.

Psychosoziale Risikofaktoren. Das Bildungsniveau der Väter und Mütter der „IQ-Aufsteiger" der ehemals durchschnittlich Begabten unterscheidet sich weder von dem der Eltern der „stabil durchschnittlich Begabten" noch von dem der „stabil Hochbegabten" in nennenswerter Weise (p_{min} = 0.417, maximales C_{korr} = 0.16). Auch im Hinblick auf die berufliche Tätigkeit des Haushaltsvorstandes unterscheiden sich die DB_{IQ-A} weder von den DB_{ST} (p = 0.456, C_{korr} = 0.15) noch von den HB_{ST} (p = 0.257, C_{korr} = 0.20). Bezüglich des Schichtindexes, in den sowohl die Schulbildung des Vaters und der Mutter als auch der Berufsstatus eingehen, sind ebenfalls keine Unterschiede zwischen den „IQ-Aufsteigern" und den „stabil durchschnittlich Begabten" feststellbar (d = 0.04). Allerdings bestehen hier leichte Unterschiede zwischen den DB_{IQ-A} und den HB_{ST} (d = 0.26) zugunsten der „stabil Hochbegabten". Von den DB_{IQ-A} entstammen 30.8% der Oberschicht, 30.8% der oberen oder mittleren Mittelschicht und 38.4% der unteren Mittelschicht oder der Unterschicht. Vergleicht man diese Anteiligkeiten mit denen der anderen beiden Gruppen (siehe Abb. 2.7 und Tab. 2.9), so sind weder beachtenswerte Unterschiede zur Gruppe der DB_{ST} (p = 0.936, C_{korr} = 0.04) noch zur Gruppe der HB_{ST} (p = 0.543, C_{korr} = 0.13) zu verzeichnen. Insgesamt läßt sich festhalten, daß sich die „IQ-Aufsteiger" der ehemals durchschnittlich Begabten, was ihren familiären sozioökonomischen Hintergrund betrifft, nicht in herausragender Weise von den „stabil durchschnittlich Begabten" unterscheiden und – wenn überhaupt – nur geringfügig von den „stabil Hochbegabten". Da beim Vergleich der HB_{ST} mit den DB_{ST} in allen den sozioökonomischen Status betreffenden Merkmalen deutliche Differenzen zugunsten der HB_{ST} zu verzeichnen waren (vgl. Kap. 2.5.1), die DB_{IQ-A} sich jedoch kaum von den HB_{ST} unterscheiden, kann der Schluß gezogen werden, daß der familiäre bildungsrelevante Sozialstatus der DB_{IQ-A} zwischen dem der DB_{ST} und dem der HB_{ST} einzuordnen ist. So ergibt sich jeweils für die quantitativ abgestuften Merkmale „Schulbildung", „Berufsstatus" und „Schichtindex" rein numerisch die Reihenfolge HB_{ST} > DB_{IQ-A} > DB_{ST}.

Personale Entwicklungsbedingungen. In Block A der Abb. 2.9 sind die mittleren Ausprägungen der sieben *Selbstkonzeptskalen* sowie die Effektstärken beim Vergleich der beiden Gruppen „IQ-Aufsteiger" der ehemals durchschnittlich Begabten und „stabil durchschnittlich Begabte" wiedergegeben. Die Differenzen zwischen den Gruppen schwanken zwischen d = –0.22 (Skala *„Beliebtheit"*) und d = 0.30 (Skala *„Kreativität und Phantasie"*). Bei inferenzstatistischer Überprüfung der Gruppendifferenzen wäre keiner der Unterschiede tendenziell oder statistisch signifikant ($p_{min} = 0.106$). Hierbei ist allerdings zu beachten, daß im Falle der DB_{IQ-A} den Analysen lediglich ein N von 13 zugrunde liegt, mithin kleine Unterschiede nicht zufallskritisch abgesichert werden können. Insgesamt läßt sich festhalten, daß die DB_{IQ-A} über ein etwas besser ausgeprägtes intellektuelles und schulisches Selbstkonzept verfügen ($d = 0.25$) und ihre Kreativität und Phantasie positiver einschätzen ($d = 0.30$) als die

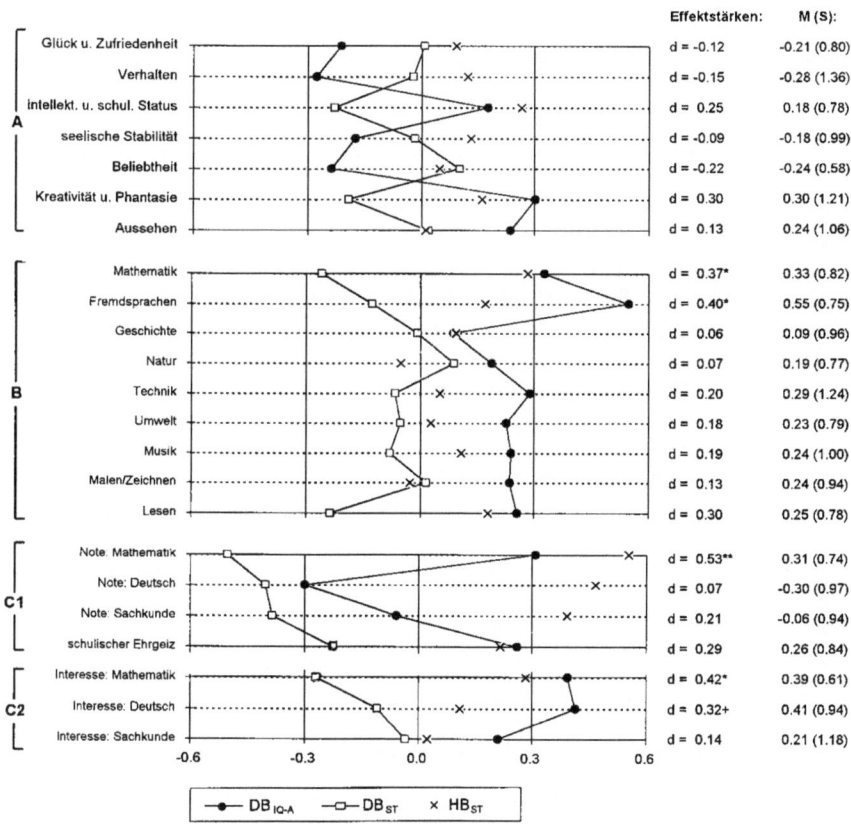

Abb. 2.9: Durchschnittliche z-Werte in den Piers-Harris-Selbstkonzeptskalen (Block A), im Differentiellen Interessentest (Block B) sowie in den Hauptfachnoten, im schulischen Ehrgeiz (Block C1) und in den schulfachbezogenen Interessen (Block C2) für die Gruppen „IQ-Aufsteiger der ehemals durchschnittlich Begabten" (DB_{IQ-A}), „stabil durchschnittlich Begabte" (DB_{ST}) und „stabil Hochbegabte" (HB_{ST}) sowie Effektstärken d beim Vergleich der Gruppen DB_{IQ-A} vs. DB_{ST} (Signifikanzniveau: $+ p < 0.10$, $* p < 0.05$, $** p < 0.01$) und Skalenkennwerte (M, S) für die Gruppe DB_{IQ-A}. *Beachte*: Höhere z-Werte weisen auf ein positiveres Selbstkonzept, ausgeprägtere Interessen, bessere schulische Leistungen sowie ein höheres Ausmaß an schulischem Ehrgeiz hin.

DB_{ST}. Ein kleiner Selbstkonzeptunterschied zugunsten der „stabil durchschnittlich Begabten" zeichnet sich lediglich in der Einschätzung der eigenen Beliebtheit ab (d = –0.22).

Die Mittelwerte in den neun Skalen des Differentiellen *Interessentest* sind in Block B der Abbildung 2.9 graphisch veranschaulicht (siehe auch Tab. 2.10 und die zweite Zahlenspalte der Abb. 2.9).

Ähnlich wie beim Vergleich der beiden Hochbegabtengruppen HB_{ST} und HB_{IS} dokumentiert sich auch beim Vergleich der DB_{ST} mit den DB_{IQ-A} ein relativ klares Ergebnismuster: Die DB_{IQ-A} erreichen in allen Interessenbereichen – rein numerisch betrachtet – die positiveren Werte. *Wie auch beim Vergleich der beiden Hochbegabtengruppen bestehen die größten – und auch inferenzstatistisch abgesicherten – Unterschiede im „Interesse an Mathematik" (d = 0.37) und im „Interesse an Fremdsprachen" (d = 0.40).* Darüber hinaus zeigen sich weitere, jeweils zugunsten der DB_{IQ-A} ausfallende Differenzen in den Skalen *„Interesse an Lesen"* (d = 0.30) und *„Interesse an Technik"* (d = 0.20).

Beachtenswert ist, daß die DB_{IQ-A} in fast allen Interessenskalen (mit Ausnahme von *„Interesse an Geschichte"*) nicht nur – numerisch – höhere Werte als die DB_{ST} erzielen, *sondern auch höhere als die HB_{ST}.* Beim Vergleich der „stabil Hochbegabten" mit den „IQ-Aufsteigern" der ehemals durchschnittlich Begabten ergibt sich der größte Unterschied in der Skala *„Interesse an Fremdsprachen"* (d = 0.26). Bei Analyse der Interessen nach den sechs Niveauskalen ergeben sich zwischen den DB_{IQ-A} und DB_{ST} Unterschiede der Größenordnung d = 0.20 (*„Selbständigkeit"*; p = 0.270) bis d = 0.42 (*„allgemeines Interesse"*; p = 0.025), die stets zugunsten der „IQ-Aufsteiger" der ehemals durchschnittlich Begabten ausfallen. Ein Zusammenhang derart, daß mit steigendem Niveau des Interesses die Gruppenunterschiede größer werden, zeigt sich allerdings bei diesen Vergleichen – wie auch schon beim Vergleich der beiden Hochbegabtengruppen – nicht.

Die mittleren Ausprägungen in den z-transformierten *Noten der Hauptfächer*, in der Skala *„schulischer Ehrgeiz"* sowie in den *schulfachbezogenen Interessen* sind in Block C1 und C2 der Abbildung 2.9 aufgeführt.

Ähnlich wie bei den Interessenskalen lassen sich die in Kapitel 2.5.2 berichteten Resultate auch in diesen Aspekten relativ gut auf die Differenzen zwischen den DB_{IQ-A} und DB_{ST} übertragen. Die „IQ-Aufsteiger" der ehemals durchschnittlich Begabten zeichnen sich gegenüber den „stabil durchschnittlich Begabten" vor allem durch ihre besseren Schulnoten in Mathematik (d = 0.53) und Sachkunde (d = 0.21) sowie durch ihren ausgeprägteren schulischen Ehrgeiz (d = 0.29) und ihr größeres Interesse an den Schulfächern Mathematik (d = 0.42) und Deutsch (d = 0.32) aus.

2.5.4

Zusammenfassung wichtiger Ergebnisse

Die oben ausführlicher dargestellten Resultate, wie psychosoziale Risikofaktoren und personale Entwicklungsbedingungen mit der Stabilität von Hochbegabung kovariieren, fasse ich wie folgt zusammen:

(a) Differenzen zwischen den stabil und instabil Hochbegabten in den familiären Statusvariablen sind durchweg statistisch signifikant und von mittlerer Größenordnung (Schulbildung der Eltern: d = 0.49 / 0.33; Berufliche Tätigkeit: d = 0.37; Sozialstatus: d = 0.46). „Instabil Hochbegabte" entstammen überwiegend aus den unteren Sozialstatusgruppen, die stabil Hochbegabten kommen hingegen häufiger aus Mittelschichts- oder Oberschichtsfamilien. Niedrigere Bildungsabschlüsse der Eltern, ein geringerer beruflicher Status des Hauptverdieners und insgesamt ein niedrigerer familiärer sozioökonomischer Hintergrund gehen mit einer eher ungünstigen Prognose einer im Grundschulalter festgestellten Hochbegabung einher. In diesem Sinne kann ein niedriger bildungsrelevanter Sozialstatus als Risikofaktor gewertet werden, der die Stabilität einer einmal diagnostizierten Hochbegabung ungünstig beeinflußt.

(b) Es besteht kein Unterschied zwischen stabil und (später) instabil Hochbegabten hinsichtlich ihres Selbstkonzepts zum Zeitpunkt der Erstidentifikation (maximales |d| = 0.17). Dies gilt auch für die begabungs- und leistungsnahen Selbstkonzeptdimensionen „intellektueller und schulischer Status" (d = 0.10) und „Kreativität und Phantasie" (d = –0.08). Das Selbstkonzept im Grundschulalter hat also keinen Einfluß auf die Stabilität von Hochbegabung.

(c) Die Differenzen in den Interessen sind als klein bzw. mittelhoch zu bezeichnen und sind in den Bereichen „Interesse an Mathematik" und „Interesse an Fremdsprachen" (jeweils d = 0.39) am stärksten ausgeprägt. Insgesamt nehmen die stets zugunsten der „stabil Hochbegabten" ausfallenden Unterschiede je stärker ab, je mehr die Interessen dem musisch-ästhetischen Bereich zuzuordnen sind. Ausgeprägte Interessen insbesondere im mathematisch-naturwissenschaftlichen und fremdsprachlichen Bereich beeinflussen die Prognose einer im Grundschulalter festgestellten Hochbegabung somit positiv.

(d) Gute Schulnoten, ausgeprägter schulischer Ehrgeiz und großes Interesse an den Schulfächern „Mathematik" und „Deutsch" sind für die Stabilität von Hochbegabung förderlich.

(e) Auffällig ist insgesamt der mathematische Bereich. Hier zeigen sich die größten Differenzen zugunsten der „stabil Hochbegabten" überhaupt (Schulnote Mathematik: d = 0.53; Interesse am Schulfach Mathematik: d = 0.48; Interesse an Mathematik: d = 0.39).

Die hier skizzierten Unterschiede zwischen den „stabil Hochbegabten" und „instabil Hochbegabten" spiegeln sich – zumindest was die personalen Entwicklungsbedingungen betrifft – größtenteils auch in den Resultaten der quasi „Kreuzvalidierung" wieder, bei der die (späteren) „IQ-Aufsteiger" der zum Zeitpunkt der Erstidentifikation durchschnittlich Begabten mit den „stabil durchschnittlich Begabten" verglichen wurden.

2.6

DISKUSSION

Dieses Kapitel hat sich zunächst mit der Stabilität der Hochbegabungsklassifikation befaßt (Studie I). Im Vordergrund stand dabei die Frage, wieviel Prozent einer Ausgangsstichprobe hochbegabter Grundschulkinder nach einem Sechsjahresintervall erneut als hochbegabt klassifiziert werden können. Die ermittelte *Re-Klassifikationsrate* von 71% entspricht dabei nahezu exakt dem a priori – aufgrund der Reteststabilität von Intelligenztestwerten – zu erwartenden Prozentsatz. Trotz der vergleichsweise hohen Stabilität des Intelligenzquotienten konnte bei 29% der Ausgangsstichprobe die im Grundschulalter gestellte Hochbegabungsdiagnose nicht (oder nicht eindeutig) erneut verifiziert werden. Bei 22 ursprünglich hochbegabten Kindern nahm der Abfall der Intelligenztestwerte ein derart großes Ausmaß an, daß das Vorliegen einer (auch) im Retest stabilen Hochbegabung mit großer Wahrscheinlichkeit zu verneinen war. Der Frage, durch welche psychosozialen Rahmenbedingungen und personalen Merkmale sich diese „instabil" hochbegabten Kinder im Vergleich zu „stabil" hochbegabten Peers auszeichnen, hat sich Studie II gewidmet. Im Vordergrund stand dabei die Analyse von möglichen Prädiktoren der intellektuellen Entwicklung.

Als wichtiges Merkmal, das eine Vorhersage der Stabilität der Hochbegabungsdiagnose erlaubt, hat sich das *Interessenspektrum* erwiesen. Die Unterschiede in den Interessenskalen weisen darauf hin, daß die „instabil Hochbegabten" schon in Phase II im Vergleich zu den „stabil Hochbegabten" weniger Interesse an *Mathematik* und überhaupt intellektuellen Tätigkeiten hatten und zudem vergleichsweise weniger „Drang" verspürten, ihre Interessen zu vertiefen und sich in dem Punkt auch als weniger ausdauernd, weniger neugierig und weniger selbständig einschätzten. Ihr Anspruchsniveau setzten sie eher niedriger an als die (später) stabil hochbegabten Kinder. Dieses deutet zusammen genommen darauf hin, daß die „stabil Hochbegabten" eher fähig und motiviert sind, sich selbst anregungsreiche Umwelten zu suchen, sich sozusagen als „Selbstgänger" entwickeln. In diesem Kontext ist auch der ausgeprägtere schulische Ehrgeiz der stabil Hochbegabten zu sehen. Die „stabil Hochbegabten" sind vermutlich insgesamt kognitiv reger als die „instabil Hochbegabten". Es liegt somit der Schluß nahe, daß die im breiten Interessenspektrum der „stabil Hochbegabten" zum Ausdruck kommende kontinuierliche Auseinandersetzung mit vielfältigen Themen als „Quasi-Intelligenztraining" aufgefaßt werden kann. Ob hier auch die Gruppendifferenzen im sozioökonomischen Status durchschlagen (z.B. in Form unterschiedlicher Motivierung im Elternhaus), müßte näher analysiert werden.

Die durchweg zu konstatierenden *Unterschiede im mathematischen Bereich* – sei es in Form mathematischer Interessen oder Schulleistungen im Fach Mathematik – belegen einerseits die Bedeutung mathematischer Fähigkeiten und Kenntnisse für die kognitive Entwicklung allgemein und andererseits für eine stabilere (weil vermutlich reliablere) Hochbegabungsklassifikation. Stärkeres Interesse an Mathematik und größeres Vergnügen daran, mathematische Fragestellungen zu bearbeiten, sollten sich – unterstellt man einen Zusammenhang zwischen Interesse und Verhalten – in einer intensiveren und / oder häufigeren Auseinandersetzung mit mathematischen Problemen widerspiegeln und insofern zu einem verstärkten Training des logischen Denkens führen.

Inwiefern *Beschulungseffekte* für die ungünstige Intelligenzentwicklung der „instabil Hochbegabten", die seltener als die „stabil Hochbegabten" das Gymnasium und häufiger die Realschule / Hauptschule besuchen, verantwortlich sind, läßt sich anhand der im Marburger Hochbegabtenprojekt erhobenen Daten nur näherungsweise explorieren: In der Gesamtstichprobe zeigt sich ein kleiner – jedoch statistisch bedeutsamer – Effekt des Schultyps auf die Differenz der Intelligenzwerte als 9jährige vs. 15jährige (eta^2 = 0.041). Da sich die Gesamtstichprobe zu über 50% aus Hochbegabten zusammensetzt, die einerseits kaum Entwicklungsmöglichkeiten nach oben hin haben (Deckeneffekt) und die andererseits überwiegend das Gymnasium besuchen, dürfte die oben angegebene Effektstärke eine ganz erhebliche Unterschätzung darstellen. Bei ausschließlicher Analyse derjenigen Kinder, die zum Zeitpunkt der Ersttestung durchschnittliche Intelligenzleistungen erbrachten (durchschnittlich Begabte mit einem IQ zwischen 85 und 114), zeigt sich dann auch ein sehr deutlicher – und statistisch höchst bedeutsamer – Effekt der besuchten Schulform auf die intellektuelle Entwicklung (eta^2 = 0.215): Bei Kindern, die die Hauptschule besuchen, ist ein Abfall der Intelligenztestwerte von durchschnittlich 5 IQ-Punkten zu verzeichnen; bei Realschulkindern ist ein Minus von 3 IQ-Punkten zu konstatieren. Kinder, die das Gymnasium besuchen, zeigen hingegen eine Verbesserung ihrer intellektuellen Fähigkeiten um durchschnittlich 7 IQ-Punkte. Hieraus kann geschlußfolgert werden, daß die Verschlechterung der intellektuellen Begabung der „instabil Hochbegabten" zu einem (geringen) Teil auch auf Beschulungseffekte zurückzuführen ist (zum Einfluß der Schulform siehe z.B. Baumert, Köller & Schnabel 1999).

Die beim Vergleich der „stabil" mit den „instabil" Hochbegabten gefundenen Ergebnisse – insbesondere zu den personalen Entwicklungsbedingungen – ließen sich in der Quasi-„Kreuzvalidierung", bei der die (späteren) „IQ-Aufsteiger" der zum Zeitpunkt der Erstidentifikation durchschnittlich Begabten mit den „stabil durchschnittlich Begabten" verglichen wurden, weitestgehend replizieren. Auch die Analyse der Unterschiede zwischen „IQ-Absteigern" der ehemals Hochbegabten („instabil Hochbegabte") und „IQ-Aufsteigern" der ehemals durchschnittlich Begabten bestätigt die zentralen Resultate dieser Studie: Hier zeigen sich bei den Selbstkonzeptfacetten – mit Ausnahme der etwas ungünstigeren Beliebtheitseinschätzung der „IQ-Aufsteiger" (d = –0.49) – wiederum keine systematischen Gruppenunterschiede (|d| < 0.25). In den Interessenskalen sind hingegen nahezu durchweg (einzige Ausnahme: „*Interesse am Lesen*" d = 0.18) mittlere bis große (d > 0.40) Differenzen zu verzeichnen, die stets *zugunsten der „IQ-Aufsteiger"* ausfallen. Die größten Unterschiede im geäußerten Interesse zeigen sich bei den Inhaltsklassen „*Fremdsprachen*" (d = 1.12), „*Biologie*" (d = 0.54) und „*Mathematik*" (d = 0.53). Die „IQ-Aufsteiger" zeichnen sich gegenüber den „instabil Hochbegabten" des weiteren durch stärkeren schulischen Ehrgeiz (d = 0.53) sowie größeres Interesse an den Schulfächern „Deutsch" (d = 0.75) und „Mathematik" (d = 0.65) aus. Sie zeigen schlechtere Schulleistungen in „Deutsch" (d = –0.50) und etwas bessere in „Mathematik" (d = 0.37). Berücksichtigt man hierbei allerdings die gravierenden Intelligenzunterschiede zwischen beiden Gruppen zum Zeitpunkt der Ersttestung, indem die Intelligenzeffekte auf die Schulleistung kovarianzanalytisch herausgerechnet werden, so zeigen sich in beiden Fächern Notenunterschiede zugunsten der „IQ-Aufsteiger" ($d_{.IQ} = 0.66$ bzw. $d_{.IQ} = 1.25$). Dies bedeutet, daß die „IQ-Aufsteiger" gemessen an ihrer (zum Zeitpunkt der Ersttestung durchschnittlichen) Intelligenz erheblich bessere Leistungen zeigen als die (zum Zeitpunkt der Ersttestung hochbegabten) „IQ-Absteiger".

Abschließend sei noch auf den Aspekt des sozioökonomischen familiären Hintergrundes näher eingegangen. Der *Sozialstatus des Elternhauses* hat sich als relevante Variable zur Vorhersage der Stabilität einer im Grundschulalter diagnostizierten Hochbegabung erwiesen. Insbesondere bei hochbegabten Kindern aus den unteren Statusgruppen besteht vermehrt die Gefahr, daß sie ihre außergewöhnlich guten intellektuellen Fähigkeiten nicht langfristig über das Grundschulalter hinaus halten können. Welchen Einfluß der sozioökonomische Hintergrund auf die Intelligenzentwicklung hat, verdeutlicht Tabelle 2.11, in der die Korrelationen zwischen kindlicher Intelligenz und verschiedenen Sozialstatusmerkmalen aufgeführt sind. Die Analysen basieren dabei ausschließlich auf der Gruppe der zum Zeitpunkt der Ersttestung durchschnittlich begabten Grundschulkinder.

Im Alter von neun Jahren zeigen sich in der Marburger Stichprobe eher geringe Korrelationen zwischen Intelligenztestwerten der Kinder und Elternmerkmalen. Diese geringen Korrelationen sind vermutlich auf die Varianzeinschränkung (S = 6) der Intelligenztestwerte zurückzuführen, die sich aus dem Design der Marburger Studie ergibt (siehe hierzu insbesondere Kap. 2.2.1.2, vgl. auch Kap. 1). So fallen dann auch zum

Tab. 2.11: Korrelation familiärer Statusvariablen (Bildungsabschluß der Eltern, berufliche Tätigkeit, bildungsrelevanter Sozialstatus) mit der Intelligenz der Kinder und der Differenz der Intelligenz im Alter von 9 bis 15 Jahren (N = 132; ursprünglich durchschnittlich Begabte mit einem IQ 85-114)

VARIABLEN	STATUSVARIABLEN			
	BA-Mu	BA-Va	Beruf	BRSS
IQ mit 9 Jahren (M = 102, S = 6)	0.18	0.10	0.16	0.15
IQ mit 15 Jahren (M = 104, S = 13)	0.30	0.18	0.26	0.27
IQ-Differenz (15 J. - 9 J.)	0.24	0.15	0.21	0.22

BA-Mu = Bildungsabschluß der Mutter; BA-Va = Bildungsabschluß des Vaters; Beruf = Berufliche Tätigkeit; BRSS = Bildungsrelevanter Sozialstatus

Zeitpunkt der Retestung nach sechs Jahren die Zusammenhänge bei erhöhter Variabilität der Intelligenztestwerte enger aus. Entscheidend für den Einfluß des Sozialstatus auf die *Entwicklung* der Intelligenz sind jedoch die in Zeile drei von Tabelle 2.11 aufgeführten Korrelationen zwischen *Intelligenztestwertdifferenzen* und elterlichen Statusvariablen. Diese fallen durchweg positiv aus und liegen bei etwa r = 0.22, d.h. je höher der Sozialstatus ist, desto positiver entwickeln sich die Intelligenztestleistungen der Kinder im hier analysierten Sechsjahresintervall. Angesichts der Tatsache, daß einerseits die Intelligenztest- und Sozialstatuswerte versuchsplanbedingt varianzeingeschränkt sind, und andererseits Differenzwerte eine vergleichsweise unreliable Messung darstellen, sind Korrelationen dieser Größenordnung beachtenswert.

Abbildung 2.10 verdeutlicht anschaulich, daß diese numerisch eher geringen Korrelationen von den praktischen Konsequenzen her keineswegs unbedeutsam sind: Im Grundschulalter unterscheiden sich die (durchschnittlich begabten) Unterschichtskinder nur geringfügig (3 IQ-Punkte) von den (ebenfalls durchschnittlich begabten) Oberschichtskindern (IQ = 100 vs. IQ = 103), was – wie oben erwähnt – überwiegend auf die Auswahlprozedur im Marburger Hochbegabtenprojekt zurückzuführen ist, mithin gewollt ist. Bei unselegierten Stichproben sind die schichtspezifischen Intelligenzunterschiede normalerweise erheblich größer. Entscheidend ist jedoch, daß sich diese Differenz im Sechsjahresintervall auf 14 IQ-Punkte vergrößert (IQ = 95 vs. IQ = 109), d.h. daß sich die sozialstatusabhängige „Intelligenzschere" weiter öffnet.

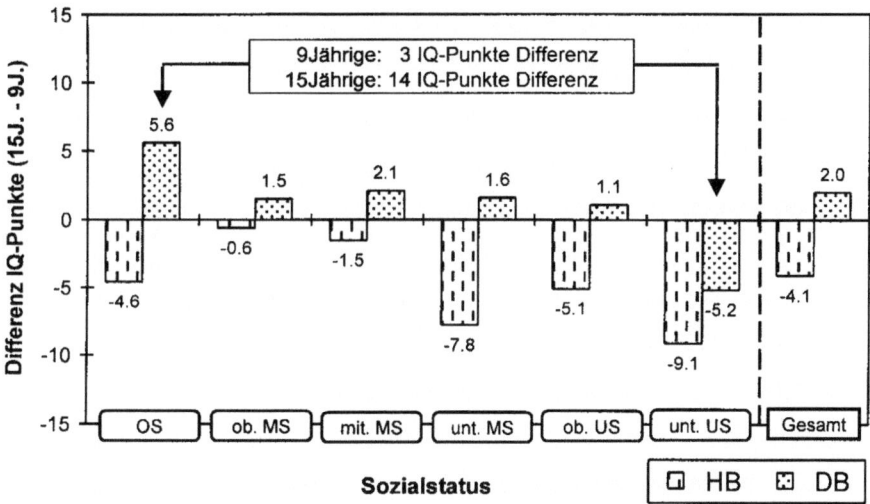

Abb. 2.10: Durchschnittliche IQ-Differenzen zwischen Ersttestung und Re-Testung nach sechs Jahren in Abhängigkeit von der Schichtzugehörigkeit für die in Phase I (Ersttestung) gebildeten Gruppen „Hochbegabte" (HB, N = 151) und „durchschnittlich Begabte" (DB, N = 132).

Obgleich dieses Ergebnis aufgrund der Art der Stichprobenzusammensetzung und wegen der kleinen Stichprobengrößen (N = 33 bzw. N = 12) nur als grober Anhaltspunkt gelten kann, ist das Ausmaß des „Auseinanderdriftens" der Intelligenztestwerte mit den Ergebnissen anderer Untersuchungen vergleichbar. Die in Kapitel 2.1.2 ausführlicher dargestellte Studie von Rees & Palmer (1970) zeigte beispielsweise, daß im Alter von sechs Jahren ein IQ-Unterschied von 16 Punkten zwischen dem ersten und vierten Sozialstatus-Quartil bestand. Dieser Unterschied vergrößerte sich bis zum 12. Lebensjahr auf 23 Punkte.

Hervorhebenswert ist, daß die *Bildungschancen* bei ähnlichen Eingangsvoraussetzungen – durch die Schulleistungen operationalisiert – nicht mit dem sozioökonomischen Status kovariieren. Dieses zeigt sich in unserer Stichprobe daran, daß die durchschnittlichen Leistungen in den Hauptfächern im Grundschulalter zwar mit der später besuchten Schulform zusammenhängen (eta^2 = 0.504), jedoch für die einzelnen Sozialstatusgruppen in etwa vergleichbar ausfallen (keine Wechselwirkung „Schultyp" × „sozioökonomischer Status"). Spätere Gymnasialschulkinder haben im vierten Schuljahr im Mittel einen Notendurchschnitt von 1.7 bzw. 1.8 (Oberschicht bzw. Mittelschicht / Unterschicht), spätere Realschulkinder weisen in der vierten Klassenstufe einen Notenschnitt von 2.4 bzw. 2.5 auf (Oberschicht / Unterschicht bzw. Mittelschicht). Gleichwohl gibt es einen Zusammenhang zwischen dem sozioökonomischen Status des Elternhauses und der später besuchten Schulform (C$_{korr}$ = 0.49), der aber mit den besseren Schulleistungen bei höherem elterlichen Sozialstatus erklärbar ist (eta^2 = 0.138). Bei all den hier durchgeführten Analysen gilt es zu beachten, daß der sozioökonomische Status des Elternhauses zwar ein wichtiger Prädiktor für die intellektuelle Begabung der Kinder, für die Entwicklung der kindlichen Intelligenz (unter anderem auch der Stabilität der Hochbegabungsdiagnose) sowie für schulische Leistungen ist, der Sozialstatus selbst aber keinen *unmittelbaren* Erklärungsansatz bietet. Vielmehr fungiert er als „Trägervariable" einer Vielzahl von Merkmalen wie „Anregungsreichtum im Elternhaus", „Zugang zu kulturellen Bildungsgütern", „Bildungsaspiration der Eltern", „intellektuelle Erwartungen der Eltern", „finanzielle Ressourcen" (z.B. für Förderung, kulturelle Bildung) etc. (vgl. auch Rost & Albrecht 1985). Weitere Forschung sollte das Augenmerk verstärkt auf diese unmittelbarer wirkenden Komponenten legen und sich insbesondere der Frage widmen, welche *spezifischen* elterlichen Verhaltensweisen und familiären Variablen Einfluß auf die intellektuelle Entwicklung der Kinder nehmen.

LITERATUR

Amthauer, R. (1970). I-S-T 70. Intelligenz-Struktur-Test (3., überarb. Aufl.). Göttingen: Hogrefe.
Argyle, M. (1994). The psychology of social class. London: Routledge.
Bauer, A. (1972). Ein Verfahren zur Messung des für das Bildungsverhalten relevanten sozialen Status (BRSS). Frankfurt: Institut für Internationale Pädagogische Forschung.
Baumert, J., Köller, O. & Schnabel, K. (1999). Schulformen als differentielle Entwicklungsmilieus

– eine ungehörige Fragestellung? Erwiderung auf die Expertise „Zur Messung sozialer Motivation in der BIJU-Studie" von Georg Lind. Berlin: Max-Planck-Institut für Bildungsforschung.

Bayley, N. (1940a). Mental growth in young children. In Whipple, G.M. (Ed.). The Thirty-Ninth Yearbook of the National Society for the Study of Education. Intelligence: Its nature und nurture. Part II. Original studies and experiments. Bloomington, IL: Public School Publishing Company, 11–47.

Bayley, N. (1940b). Factors influencing the growth of intelligence in young children. In Whipple, G.M. (Ed.). The Thirty-Ninth Yearbook of the National Society for the Study of Education. Intelligence: Its nature und nurture. Part II. Original studies and experiments. Bloomington, IL: Public School Publishing Company, 49–79.

Bayley, N. (1949). Consistency and variability in the growth of intelligence from birth to eighteen years. Journal of Genetic Psychology, 75, 165–196.

Bayley, N. (1955). On the growth of intelligence. American Psychologist, 10, 805–818.

Bayley, N. (1957). Data on the growth of intelligence between 16 and 21 years as measured by the Wechsler-Bellevue Scale. Journal of Genetic Psychology, 90, 3–15.

Bayley, N. (1968). Behavioral correlates of mental growth: Birth to thirty-six years. American Psychologist, 23, 1–17.

Bayley, N. & Jones, H.E. (1937). Environmental correlates of mental and motor development: A cumulative study from infancy to six years. Child Development, 8, 329–341.

Bloom, B.S. (1971). Stabilität und Veränderung menschlicher Merkmale. Weinheim: Beltz.

Boehnke, K. (1986). Probleme der Intelligenzmessung bei Kindern mit dem HAWIK-R. Praxis der Kinderpsychologie und Kinderpsychiatrie, 35, 34–41.

Brickenkamp, R. (1990). Die Generelle Interessen-Skala (GIS). Göttingen: Hogrefe.

Bründler, M. & Schallberger, U. (1988). HAWIK-R. Ergänzungsband für die deutschsprachige Schweiz. Bern: Huber.

Cattell, R.B. (1971). Abilities: Their structure, growth and action. Boston, MA: Houghton Mifflin.

Ceci, S.J., Rosenblum, T.B. & Kumpf, M. (1998). The shrinking gap between high- and low-scoring groups: Current trends and possible causes. In Neisser, U. (Ed.). The rising curve. Long-term gains in IQ and related measures. Washington, DC: Amercian Psychological Association, 287–302

Clauß, G. & Ebner, H. (1982). Statistik für Soziologen, Pädagogen, Psychologen und Mediziner. Band 1 Grundlagen. Frankfurt: Harri Deutsch.

Cohen, J. (1988). Statistical power analysis for the behavioral sciences (2nd ed.). Hillsdale, NJ: Lawrence Erlbaum.

Ebert, E. & Simmons, K. (1943). The Brush Foundation study of child growth and development. I. Psychometric Tests. Monographs of the Society for Research in Child Development, 8 (2, Serial no. 35).

Eggert, D., Liman, E. & Schirmacher, A. (1984). Vergleich des Hamburg-Wechsler-Intelligenztests für Kinder (HAWIK) mit der revidierten Version (HAWIK-R) bei sprachbehinderten Kindern. Zeitschrift für Heilpädagogik, 35, 54–58.

Ewert, O. (1979). Eine deutsche Version der Sears Self-Concept Inventory Scale (SSCI). In Filipp, S.-H. (Hrsg.). Selbstkonzept-Forschung: Probleme, Befunde, Perspektiven. Stuttgart: Klett-Cotta, 191–202.

Flynn, J.R. (1984a). The mean IQ of Americans: Massive gains 1932 to 1978. Psychological Bulletin, 95, 29–51.

Flynn, J.R. (1984b). IQ gains and the Binet decrements. Journal of Educational Measurement, 21, 283–290.

Flynn, J.R. (1987). Massive IQ gains in 14 nations: What IQ tests really measure. Psychological Bulletin, 101, 171–191.

Flynn, J.R. (1994). IQ gains over time. In Sternberg, R.J., Ceci, S.J., Horn, J., Hunt, E., Matarazzo, J.D. & Scarr, S. (Eds.). Encyclopedia of human intelligence. New York: Macmillan, 617–623.

Flynn, J.R. (1996). What environmental factors affect intelligence: The relevance of IQ gains over time. In Detterman, D.K. (Ed.). The environment. Norwood, NJ: Ablex, 17–29.

Flynn, J.R. (1998). IQ gains over time: Toward finding the causes. In Neisser, U. (Ed.). The rising curve. Long-term gains in IQ and related measures. Washington, DC: Amercian Psychological Association, 25–66.

Greenfield, P.M. (1998). The cultural evolution of IQ. In Neisser, U. (Ed.). The rising curve. Long-term gains in IQ and related measures. Washington, DC: Amercian Psychological Association, 81–123.

Gutezeit, G. (1989). Ergebnisse mit der Revision des Hamburg-Wechsler-Intelligenztests für Kinder von 1983 (HAWIK-R) bei Schülern mit schweren Lesestörungen. Zeitschrift für Kinder- und Jugendpsychiatrie, 17, 70–78.

Hanses, P. (1996). Normierung und Auswertung der im Marburger Hochbegabtenprojekt eingesetzten Intelligenzverfahren. Unveröffentlichtes Manuskript. Marburg: Fachbereich Psychologie, Philipps-Universität.

Hanses, P. & Rost, D.H. (1998). Das „Drama" der hochbegabten Underachiever – „Gewöhnliche" oder „außergewöhnliche" Underachiever? Zeitschrift für Pädagogische Psychologie, 12, 53–71.

Hardesty, F.P. & Priester, H.J. (1956). Handbuch für den Hamburg-Wechsler-Intelligenztest für Kinder. Bern: Huber.

Hilden, A.H. (1949). A longitudinal study of intellectual development. Journal of Psychology, 28, 187–214.

Honzik, M.P. (1940). Age changes in the relationship between certain environmental variables and children's intelligence. In Whipple, G.M. (Ed.). The Thirty-Ninth Yearbook of the National Society for the Study of Education. Intelligence: Its nature und nurture. Part II. Original studies and experiments. Bloomington, IL: Public School Publishing Company, 185–205.

Honzik, M.P., MacFarlane, J.W. & Allen, L. (1948). The stability of mental test performance between two and eighteen years. Journal of Experimental Education, 17, 309–324.

Horn, W. (1962). Leistungsprüfsystem L-P-S (1. Aufl.). Göttingen: Hogrefe.

Horn, W. (1983). Leistungsprüfsystem L-P-S (2., erw. u. verb. Aufl.). Göttingen: Hogrefe.

Howard, R.W. (1999). Preliminary real-world evidence that average human intelligence really is rising. Intelligence, 27, 235–250.

Huldi, M. (1991). PSB-Horn. Schweizer Eichung 90/91. Zürich: Schriftenreihe des Schweizerischen Verbandes für Berufsberatung, Nr 43.

Jencks, C., Smith, M., Acland, H., Bane, M.J., Cohen, D., Gintis, H., Heyns, B. & Michelson, S. (1973). Chancengleichheit. Hamburg: Rowohlt.

Jones, H.E. (1938). The California adolescent growth study. Journal of Educational Research, 31, 561–567.

Jones, H.E. (1939a). Principles and methods of the adolescent growth study. Journal of Consulting Psychology, 3, 157–159.

Jones, H.E. (1939b). Procedures of the adolescent growth study. Journal of Consulting Psychology, 3, 177–180.

Jones, H.E. (1940). Observational methods in the study of individual development. Journal of Consulting Psychology, 4, 234–238.

Jones, H.E. & Bayley, N. (1941). The Berkeley growth study. Child Development, 12, 167–173.

Jones, H.E., MacFarlane, J.W. & Eichorn, D.H. (1960). A progress report on growth studies at the University of California. Vita Humana, 3, 17–31.

Kagan, J. (1964). American longitudinal research on psychological development. Child Development, 35, 1–32.

Kagan, J. & Moss, H.A. (1959). Parental correlates of child's IQ and height: A cross-validation of the Berkeley Growth Study results. Child Development, 30, 325–332.

Kagan, J. & Moss, H.A. (1962). Birth to maturity. A study in psychological development. New York: Wiley.

Kagan, J., Sontag, L.W., Baker, C.T. & Nelson, V.L. (1958). Personality and IQ change. Journal of Abnormal and Social Psychology, 56, 261–266.

Lynn, R. (1990). The role of nutrition in secular increases in intelligence. Personality and Individual Differences, 11, 273–285.

Lynn, R. (1998). In support of the nutrition theory. In Neisser, U. (Ed.). The rising curve. Long-term gains in IQ and related measures. Washington, DC: Amercian Psychological Association, 207–215.

Lynn, R. & Hampson, S. (1986). The rise of national intelligence: Evidence from Britain, Japan and the U.S.A. Personality and Individual Differences, 7, 23–32.

Lynn, R., Hampson, S.L. & Mullineux, J.C. (1987). A long-term increase in the fluid intelligence of English children. Nature, 328, 797.

Lynn, R. & Pagliari, C. (1994). The intelligence of American children is still rising. Journal of Biosocial Science, 26, 65–67.

MacFarlane, J.W. (1938). Studies in child guidance. I. Methodology of data collection and organization. Monographs of the Society for Research in Child Development, 3 (6, Serial no. 19).

Martorell, R. (1998). Nutrition and the worldwide rise in IQ scores. In Neisser, U. (Ed.). The rising curve. Long-term gains in IQ and related measures. Washington, DC: Amercian Psychological Association, 183–206.

Mehlhorn, H.-G. (1981). Intellektuelles Potential der Jugend zur Nutzung für kreative Leistungen. In Internationales Wissenschaftliches Kolloquium. Ilmenau: Technische Hochschule Ilmenau, 161–164.

Mehlhorn, G. & Mehlhorn, H.-G. (1981). Intelligenz-Tests und Leistung. Wissenschaft und Fortschritt, 31, 346–351.

Meyer-Probst, B., Teichmann, H. & Piatkowski, J. (1990). Biologische und psychosoziale Entwicklungsrisiken im Kindesalter nach 15 Jahren Verlaufskontrolle (Rostocker Längsschnittstudie). Der Kinderarzt, 21, 1577–1584.

Moss, H.A. & Kagan, J. (1958). Maternal influences on early IQ scores. Psychological Reports, 4, 655–661.

Moss, H.A. & Kagan, J. (1961). Stability of achievement and recognition seeking behaviors from early childhood through adulthood. Journal of Abnormal and Social Psychology, 62, 504–513.

Neisser, U. (1998). Introduction: Rising test scores and what they mean. In Neisser, U. (Ed.). The rising curve. Long-term gains in IQ and related measures. Washington, DC: Amercian Psychological Association, 3–22.

Oswald, W.D. & Roth, E. (1978). Der Zahlen-Verbindungs-Test (ZVT). Ein sprachfreier Intelligenz-Schnell-Test (1. Aufl.). Göttingen: Hogrefe.

Oswald, W.D. & Roth, E. (1987). Der Zahlen-Verbindungs-Test (ZVT). Ein sprachfreier Intelligenz-Test zur Messung der „kognitiven Leistungsgeschwindigkeit". Handanweisung (2., überarb. u. erw. Aufl.). Göttingen: Hogrefe.

Piers, E.V. (1984). Piers-Harris Children's Self-Concept Scale. Revised Manual 1984. Los Angeles, CA: Western Psychological Services.

Piers, E.V. & Harris, D.B. (1969). Manual for the Piers-Harris Children's Self-Concept Scale. Nashville: Counselor Recordings and Tests.

Portmann, R. (1974). Stufentests. Sprachliche Analogien 3/4. 308/408 Beiheft. Weinheim: Beltz.

Portmann, R. (1975). Stufentests. Sprachliche Analogien 5/6. 508/608 Beiheft. Weinheim: Beltz.

Rees, A.H. & Palmer, F.H. (1970). Factors related to change in mental test performance. Developmental Psychology Monograph, 3 (no. 2, Part 2), 1–57.

Rodgers, J.L. (1999). A critique of the flynn effect: Massive IQ gains, methodological artifacts, or both? Intelligence, 26, 337–356.

Rost, D.H. (Hrsg.)(1989). Lebensumweltanalyse besonders begabter Grundschulkinder. Forschungsbericht Nr. 2, Band I. Durchführung der Untersuchung und Beschreibung der Erhebungsinstrumente der 2. Projektphase. Marburg: Fachbereich Psychologie, Philipps-Universität.

Rost, D.H. (1991a). Identifizierung von „Hochbegabung". Zeitschrift für Entwicklungspsychologie und Pädagogische Psychologie, 23, 197–231.

Rost, D.H. (1991b). „Belege", „Modelle", Meinungen, Allgemeinplätze. Anmerkungen zu den Repliken von E.A. Hany & K.A. Heller und F. Mönks. Zeitschrift für Entwicklungspsychologie und Pädagogische Psychologie, 23, 250–262.

Rost, D.H. (1993). Das Marburger Hochbegabtenprojekt. In Rost, D.H. (Hrsg.). Lebensumweltanalyse hochbegabter Kinder. Göttingen: Hogrefe, 1–33.

Rost, D.H. & Albrecht, H.T. (1985). Expensive homes; clever children? On the relationship between giftedness and housing quality. School Psychology International, 6, 5–12.

Rost, D.H. & Czeschlik, T. (Hrsg.)(1988). Lebensumweltanalyse besonders begabter Grundschulkinder. Projektbericht Nr. 1. Marburg: Fachbereich Psychologie, Philipps-Universität.

Rost, D.H. & Dörner, H. (Hrsg.)(1989). Lebensumweltanalyse besonders begabter Grundschulkinder. Forschungsbericht Nr. 2, Band II. Briefe und Erhebungsinstrumente. Marburg: Fachbereich Psychologie, Philipps-Universität.

Rost, D.H., Freund-Braier, I., Schilling, S. & Schütz, C. (Hrsg.)(1997). Hochbegabte und hochleistende Jugendliche – Instrumentation. Forschungsbericht Nr. 5. Marburg: Fachbereich Psychologie, Philipps-Universität.

Rost, D.H. & Hanses, P. (1993). Zur Brauchbarkeit des Zahlen-Verbindungs-Tests (ZVT) bei Kindern der 3. Jahrgangsstufe – psychometrische Überprüfung und Neustandardisierung –. Diagnostica, 39, 80–95

Rost, D.H. & Hanses, P. (1994). Besonders begabt: besonders glücklich, besonders zufrieden? Zum Selbstkonzept hoch- und durchschnittlich begabter Kinder. Zeitschrift für Psychologie, 202, 379–403.

Rost, D.H. & Hanses, P. (Hrsg.)(1995). Hochbegabte Jugendliche. Forschungsbericht Nr. 3. Marburg: Fachbereich Psychologie, Philipps-Universität.

Schallberger, U. (1987). HAWIK und HAWIK-R: Ein empirischer Vergleich. Diagnostica, 33, 1–13.

Schallberger, U. (1991). Das Ausmaß des „IQ-Gewinns" im deutschen Sprachraum von ca. 1956 bis ca. 1983. Zur Diskussion um die HAWIK-R-Normen. Zürich: Psychologisches Institut Zürich, Universität Zürich.

Schallberger, U., Vetsch, M., Orth, P. Schädelin, I. & Wiederkehr, J. (1981). Schweizer Eichung des PSB-Horn. Zürich: Schriftenreihe des Schweizerischen Verbandes für Berufsberatung, Nr 39.

Schooler, C. (1998). Environmental complexity and the Flynn effect. In Neisser, U. (Ed.). The rising curve. Long-term gains in IQ and related measures. Washington, DC: Amercian Psychological Association, 67–79.

Schubert, M.T. & Berlach, G. (1982). Neue Richtlinien zur Interpretation des Hamburg-Wechsler-Intelligenztests für Kinder (HAWIK). Zeitschrift für Klinische Psychologie, 11, 253–279.

Seitz, W. & Rausche, A. (1976). Persönlichkeitsfragebogen für Kinder 9–14. Handanweisung. Braunschweig: Westermann.

Sigman, M. & Whaley, S.E. (1998). The role of nutrition in the development of intelligence. In Neisser, U. (Ed.). The rising curve. Long-term gains in IQ and related measures. Washington, DC: Amercian Psychological Association, 155–182.

Sontag, L.W., Baker, C.T. & Nelson, V.L. (1958). Mental growth and personality development. A longitudinal study. Monographs of the Society for Research in Child Development, 23 (2, Serial no. 68).

Spearman, C. (1904). „General intelligence": Objectively determined and measured. American Journal of Psychology, 15, 201–292.

Spearman, C. (1927). The abilities of man. New York: Macmillan.

Statistisches Bundesamt (Hrsg.)(1995). Bildung und Kultur, Fachserie 11, Reihe 1, Allgemeinbildende Schulen, 1993. Stuttgart: Metzler-Poeschel.

Stoll, F. & Schallberger, U. (1992). Auch Schweizer Jugendliche lösen Intelligenztest-Aufgaben immer besser. In Gerhard, U. (Hrsg.). Psychologische Erkenntnisse zwischen Philosophie und Empirie. Bern: Huber, 194–205.

Storfer, M.D. (1990). Intelligence and giftedness: The contributions of heredity and early environment. San Francisco, CA: Jossey-Bass.

Teichmann, H. & Meyer-Probst, B. (1991). Individuelle Langzeitentwicklungsverläufe und Individualprognose der individuellen Entwicklung. In Teichmann, H., Meyer-Probst, B. & Röther, D. (Hrsg.). Risikobewältigung in der lebenslangen psychischen Entwicklung. Berlin: Verlag Gesundheit, 45–69.

Terman, L.M. & et al. (1925). Genetic studies of genius. Vol. I. Mental and physical traits of a thousand gifted children. Stanford, CA: Stanford University Press.

Tewes, U. (1983). HAWIK-R. Hamburg-Wechsler-Intelligenztest für Kinder. Revision 1983. Bern: Huber.

Thurstone, L.L. (1938). Primary mental abilities. Chicago, IL: University of Chicago Press.

Thurstone, L.L. & Thurstone, T.G. (1941). Factorial studies of intelligence. Chicago, IL: University of Chicago Press.

Titze, I. (1989). Über den Zusammenhang von Persönlichkeitsmerkmalen und Intelligenz bei Kindern. Zeitschrift für Differentielle und Diagnostische Psychologie, 10, 91–101.

Titze, I. & Tewes, U. (1984). Messung der Intelligenz bei Kindern mit dem HAWIK-R. Bern: Huber.

Todt, E. (1978). Das Interesse. Bern: Huber.

Todt, E. (1987). Konzeption des DIT (K). Unveröffentlichtes Manuskript.

Vernon, P.E. (1979). Intelligence: Heredity and environment. San Francisco, CA: W.H. Freeman.

Weiß, R.H. (1987). Grundintelligenztest Skala 2 CFT-20 (3. verb. u. erw. Aufl.). Göttingen: Hogrefe.

Wild, K.-P. (1991). Identifikation hochbegabter Schüler. Lehrer und Schüler als Datenquellen. Heidelberg: Asanger.

Williams, W.M. (1998). Are we raising smarter children today? School- and home-related influences on IQ. In Neisser, U. (Ed.). The rising curve. Long-term gains in IQ and related measures. Washington, DC: Amercian Psychological Association, 125–154.

Williams, W.M. & Ceci, S.J. (1997). Are americans becoming more or less alike? Trends in race, class, and ability differences in intelligence. American Psychologist, 52, 1226–1235.

Wohlwill, J.F. (1980). Cognitive development in childhood. In Brim, O.G. & Kagan, J. (Eds.). Constancy and change in human development. Cambridge, MA: Harvard University Press, 359–444.

3. Kapitel

Persönlichkeitsmerkmale

INEZ FREUND-BRAIER

3.1 Ausgangslage 163
    3.1.1 Persönlichkeit Hochbegabter 164
        3.1.1.1 Psychische Auffälligkeiten.. 164
        3.1.1.2 Persönlichkeitsunterschiede 167
    3.1.2 Hochleistende 171
        3.1.2.1 Korrelationsstudien an unausgelesenen Stichproben 171
        3.1.2.2 Erwartungswidrige Schulleistungen...................................... 172
        3.1.2.3 Untersuchungen Leistungsexzellenter.................................... 173
    3.1.3 Fragestellung.. 174
3.2 Methode... 175
    3.2.1 Stichprobe 175
    3.2.2 Variablen.. 176
        3.2.2.1 Datenquelle „Jugendliche" 176
        3.2.2.2 Datenquelle „Eltern" 178
        3.2.2.3 Datenquelle „Lehrkräfte" 178
3.3 Ergebnisse 179
    3.3.1 Psychometrische Analysen des „Persönlichkeitsfragebogens für Kinder –
        Kurzform (PFK-K)".. 179
        3.3.1.1 Motive 179
        3.3.1.2 Selbstbild... 181
        3.3.1.3 Verhaltensstile 182
    3.3.2 Psychometrische Analysen der „Persönlichkeitsbeurteilung des Jugendlichen
        durch die Eltern und Lehrkraft – Kurzversion (PB-M / PB-V / PB-L)"...............183
    3.3.3 Interkorrelationen 187
    3.3.4 Gruppenvergleiche... 190
        3.3.4.1 Datenquelle „Jugendliche" 190
        3.3.4.2 Datenquelle „Eltern" 195
        3.3.4.3 Datenquelle „Lehrkräfte" 199
        3.3.4.4 Zusammenfassung wichtiger Ergebnisse 200
3.4 Diskussion... 201
    3.4.1 Hochbegabte 202
    3.4.2 Hochleistende 205
Literatur 207

3.1

AUSGANGSLAGE

Bis zum Aufkommen der exakten Intelligenzmessung zu Beginn dieses Jahrhunderts herrschte die allgemeine Expertenmeinung vor, eine hohe Begabung ginge mit einer gewissen psychischen Abnormalität einher. Diese als „Genie-Verrücktheits-Korrelation" (Rost 1993b, 105) verstandene Auffassung hat eine lange Tradition und kann im Prinzip bis zu Aristoteles zurückverfolgt werden (Hofstätter 1971, zit. nach Rost 1993b). Erst mit der Entwicklung standardisierter Intelligenztests wurde der Grundstein für die systematische Überprüfung dieses postulierten Zusammenhanges gelegt.

Terman mit seiner berühmten Längsschnittstudie, die in den zwanziger Jahren begann und über fünfzig Jahre lang weitergeführt wurde (Terman 1925; Burks, Jensen & Terman 1930; Terman & Oden 1947; 1959; Oden 1968; Holahan & Sears 1995), war sicherlich einer der berühmtesten Forscher, der das Feld in dieser Art und Weise analysierte. Er fand, ganz im Gegenteil zu bisherigen Annahmen, daß sich die von ihm untersuchten Hochbegabten positiv von den Durchschnittsamerikanern abhoben: Terman resümierte, Hochbegabte seien sowohl physisch als auch psychisch gesünder und im sozialen Bereich besser angepaßt.

Die Veröffentlichung dieser Ergebnisse löste eine bis heute andauernde Debatte aus, wobei die Anhänger der „Genie-Verrücktheits-Hypothese" anscheinend in der Überzahl sind. Dies zeigt sich zumindest bei Becker (1978), der über 50 Veröffentlichungen der Jahre 1836 bis 1950 zu diesem Thema gegenüberstellte und auszählte. Dabei ergab sich mit 71% der 59 zitierten Autoren ein deutliches Übergewicht der Vertreter der These, mit dem Persönlichkeitsmerkmal „Hochbegabung" sei eine größere Vulnerabilität für psychische Auffälligkeiten und Verhaltensstörungen verbunden. Offensichtlich hat sich das auch in den Veröffentlichungen nach 1950 nicht wesentlich geändert (vgl. Rost 1993b).

Darüber hinaus scheint diese Einstellung auch in der Meinung der Normalbevölkerung fest verwurzelt zu sein. Dabei ist der Fokus vor allem auf hochbegabte Kinder und Jugendliche gerichtet, bei denen, anhand vieler vorwissenschaftlicher Berichte, „Fachbücher" und Artikel mit Titeln wie „Die Entwicklung hochbegabter Kinder im Vorschul- und Schulalter oder: Warum es für viele Hochbegabte nach der 4. Klasse schon zu spät ist" (Stapf 1988) oder „Der Leidensweg hochbegabter Kinder" (Spahn 1997) auf ihre ungünstigen Entwicklungsbedingungen hingewiesen wird.

An die Stelle fundierter Forschungsarbeiten zur Begabung allgemein und zur Hochbegabung im Besonderen treten dabei nicht selten Schilderungen diverser Einzelfälle Hoch- und Höchstbegabter, von denen aus leichtfertig auf die Gesamtgruppe „der Hochbegabten" geschlossen wird. In nicht wenigen dieser Veröffentlichungen werden fehlende Entwicklungs- und Entfaltungsmöglichkeiten hochbegabter Kinder und Jugendlicher angeprangert. Sie werden als mißverstanden, falsch oder gar nicht gefördert und von der Umwelt verkannt, nicht integriert und unglücklich, also als bedauernswert beschrieben.

Solche Berichte in „Fachbüchern" zur Hochbegabung (z.B. Urban 1982; Bartenwerfer 1988; Spahn 1997) lassen jedoch keine Generalisierung zu, da sie sehr subjektiv gefärbt sind. Letztlich scheint jedoch diese vorwissenschaftliche Art der Betrachtung Eingang in viele Köpfe gefunden zu haben. Bei der Betrachtung empirischer Arbeiten zu diesem Thema ergibt sich ein anderes Bild.

3.1.1

Persönlichkeit Hochbegabter

Gemäß der erwähnten Kontroverse treten auch die empirischen Arbeiten mit unterschiedlicher Zielsetzung an: Einmal mit der erklärten Absicht, die Förderungs- bzw. sogar Therapiebedürftigkeit hochbegabter Kinder und Jugendlicher nachweisen zu wollen, andererseits mit der Intention, Hochbegabte auf dem Hintergrund der normalen Population in ihrer Unterschiedlichkeit zu beschreiben. Die dem wissenschaftlichen Arbeiten angemessene Neutralität findet sich seltener.

3.1.1.1

Psychische Auffälligkeiten

Die Untersuchungen zur Frage nach psychischen Auffälligkeiten bei Hochbegabten lassen sich wiederum hinsichtlich ihres methodischen Ansatzes unterscheiden. So finden sich Studien, die zur Klärung des Zusammenhanges klinische bzw. hochselektive Stichproben (z.B. Klientel von Beratungsstellen, Mitglieder von Organisationen für hochbegabte Kinder) verwenden. Schmidt (1977; 1982) z.B. sichtete insgesamt 197 Krankengeschichten von Patienten der Kinder- und Jugendpsychiatrie im Alter von 4 bis 18 Jahren; die Intelligenz wurde mit dem „Hamburg-Wechsler-Intelligenztest für Kinder" (HAWIK, Wechsler 1966) oder „für Erwachsene" (HAWIE, Wechsler 1964) bzw. mit dem „Binet-Kramer" (Kramer 1972) gemessen. Dabei fand er – im Gegensatz zur erwarteten Häufigkeit – hochbegabte Kinder und Jugendliche (IQ > 120) in seiner Stichprobe überproportional vertreten. Gleichzeitig vermerkt Schmidt einen hohen Bildungs- und Berufsstatus der untersuchten Familien, jedoch versäumt er, dies bei seinen Folgerungen zu beachten. Damit kann nicht ausgeschlossen werden, daß die Häufung Hochbegabter in der klinischen Stichprobe – auch und vor allem – als Ergebnis dieser Überrepräsentation von Ober- und Mittelschichtkindern gesehen werden muß. Die umgekehrte Folgerung, hochbegabte Kinder und Jugendliche seien häufiger von psychischen Störungen betroffen als normalbegabte, kann jedoch so nicht belegt werden. Bei Kindern und Jugendlichen aus besseren sozialen Schichten kommt es vermutlich lediglich häufiger zu beraterischen oder therapeutischen Interventionen.

In diesem Zusammenhang will ich auf die Untersuchung von Freeman (1982) hinweisen. Sie nahm zunächst mit 70 Mitgliedern der National Association for Gifted Children (NAGC), einer nationalen Organisation von Eltern hochbegabter Kinder in Mittel-England, Kontakt auf. Deren intellektuell hochbegabte Kinder im Alter zwischen 5 und 15 Jahren, die Eltern selbst und die Lehrkräfte wurden eingehend und unabhängig voneinander befragt. Die Ergebnisse verglich Freeman mit an zwei Kontrollgruppen gewonnenen Befunden: die erste Gruppe war nach Intelligenz (Coloured Progressive Matrices, Raven 1962), Alter, Geschlecht und Klasse, die zweite Gruppe nur nach Alter, Geschlecht und Klassenzugehörigkeit parallelisiert worden. Sowohl die Ziel- als auch die Kontrollkinder wurden bei persönlichen Besuchen ein zweites Mal mit dem „Standford-Binet" (Terman & Merill 1960) getestet, und es zeigte sich, daß die erste Kontrollgruppe im Stanford-Binet-IQ etwas hinter der Zielgruppe zurückblieb (IQ = 134 vs. IQ = 147). Beim Vergleich dieser beiden Gruppen konstatierte die Forscherin, daß sowohl die Eltern als auch die Lehrer der Zielgruppenkinder statistisch signifikant häufiger Verhaltensprobleme dieser Kinder nannten und daß diese hochbegabten Kinder, den Eltern- und Lehrerangaben zufolge, häufiger von körperlichen Problemen betroffen waren.

Zunächst könnte man aufgrund dieser Ergebnisse auf den Gedanken kommen, die höhere Intelligenz sei für diesen Unterschied verantwortlich. In den weiteren Analysen gelang es Freeman jedoch zu zeigen, daß hohe Intelligenz (allein) nicht die Ursache für die Schwierigkeiten der Zielgruppe darstellte: überproportional viele Kinder der Zielgruppe stammten aus besonderen Familienverhältnissen (z.B. Trennung, Scheidung, Geschwister mit großem Altersunterschied). Außerdem waren deren Mütter ehrgeiziger und häufiger unzufrieden mit dem eigenen Erziehungsverhalten.

Es bleibt festzuhalten, daß vielen Studien verzerrte Stichproben zugrunde liegen. So suchen einerseits Eltern aus höheren Schichten vermehrt Hilfe bei entsprechenden Institutionen, und somit sind die Merkmale „Schicht" und „Intelligenz" konfundiert. Andererseits wenden sich fast ausschließlich Eltern, die Schwierigkeiten mit ihren Kindern haben, an entsprechende Stellen, so daß das Merkmal „problematisches Kind" häufig die Zugehörigkeit zu einer (Selbsthilfe-)Organisation definiert. Neben solchen konzeptionellen Problemen stellt die große Altersspanne bei den untersuchten Kindern einen weiteren Kritikpunkt an vielen Studien dar. Bei Freeman beispielsweise lag das Alter der Kinder zwischen 5 und 15, bei Schmidt zwischen 4 und 18 Jahren; eine nach Altersstufen getrennte Auswertung ist wegen der dann zu kleinen Fallzahlen in den Altersstufen nicht erfolgt. Angemessener scheinen dagegen Studien zu sein, die auf psychopathologisch unauffälligen Gruppen basieren.

Gallucci (1988) untersuchte 65 Teilnehmer eines Sommercamps für Hochbegabte (Standford-Binet-IQ > 135) im Alter von 13 bis 16 Jahren und befragte deren Tutoren mit der „Child Behavior Checklist" und deren Lehrer mit der „Child Behavior Checklist – Teacher's Report Form" (beide Tests: Achenbach & Edelbrock 1983). Vergleiche mit der Normstichprobe zeigten jedoch keine statistisch signifikanten Abweichungen der Hochbegabtengruppe von der Altersnorm.

Auch in einer Untersuchung von Beer (1991), der 27 leistungsstarken (PR > 95) Hochbegabten im Alter von 12 bis 18 Jahren (Intelligenz-PR > 97) das „Children's Depression Inventory" von Kovacs (1983, zit. n. Beer 1991), das „Beck Depression Inventory" (Beck, Ward, Mendelson, Mock & Erbaugh 1961) und zwei unterschiedliche Angstfragebogen („Test Anxiety Scale" und „General Anxiety Scale", beide von Sarason, Davidson, Lighthall, Waite & Ruebush 1960) vorlegte, lagen die Gruppenmittelwerte weit unter dem als therapiebedürftig angesehenen Bereich.

Aufwendiger gestalten sich gut geplante Vergleichsgruppenstudien wie die von Metha & McWhirter (1997) oder Rost & Czeschlik (1990; 1994).
Metha & McWhirter verglichen 44 Hochbegabte / Hochleistende eines Förderungsprogrammes mit 38 zufällig ausgewählten durchschnittlich Begabten. Dazu legten sie den Jugendlichen die „Adolescent Life-Change Event Scale" (Yeaworth et al. 1980; Ferguson 1981; zit. n. Metha & McWhirter 1997), das „Beck Depression Inventory" und einen Fragebogen zur Abklärung der Suizidgefährdung vor. Die Autorinnen fanden auf keiner der Skalen signifikante Unterschiede zwischen den beiden Gruppen.

Analoge Befunde berichteten Rost & Czeschlik (1990; 1994), die eine filigrane Reanalyse eines umfangreichen Datensatzes aus dem Projekt „Schwangerschaftsverlauf und Kindesentwicklung" (Ehlers & Merz 1983) leisteten. Hier wurden die Kinder mit dem „Hamburger Neurotizismus- und Extraversionsfragebogen" (HANES, Buggle & Baumgärtel 1972) und dem „Angstfragebogen für Schüler" (AFS, Wieczerkowski, Nickel, Janowski, Fittkau & Rauer 1974) befragt. Die Eltern beantworteten die Marburger Verhaltensliste von Ehlers, Ehlers & Makus (1978) und Fragen zur Wahrnehmung des Kindes als „schwierig" sowie zur kindlichen Anpassungsleistung. Rost & Czeschlik (1990) bestimmten aus einer Teilstichprobe (N = 574, Alter: 10 Jahre) die 50 Kinder mit den höchsten Intelligenztestleistungen (ermittelt mit dem „Grundintelligenztest Skala 2 CFT-20" von Weiß [1987] und dem „Kognitiven Fähigkeitstest KFT" von Heller, Gaedicke & Weinländer [1985]; $IQ_{CFT20} > 127$; $IQ_{KFT} > 117$). Als Vergleichsgruppe dienten 50 sehr sorgfältig nach den Variablen „Alter" und „Geschlecht" parallelisierte Projektkinder mit durchschnittlicher Intelligenz. In keiner der diversen Skalen und Fragen ergaben sich statistisch signifikante und praktisch bedeutsame Unterschiede zwischen den beiden Gruppen. Dabei lagen die Kinder mit sehr guter Intelligenztestleistung in fast allen Skalen numerisch günstiger als die Vergleichsgruppe.

In keiner der eben genannten Untersuchungen mit unselegierten Stichproben konnte also ein gehäuftes Auftreten psychopathologischer Probleme bei Hochbegabten beobachtet werden. Lediglich in Studien, die sich auf ein ausgelesen-auffälliges Klientel beziehen, waren Gut- bzw. Hochbegabte überrepräsentiert. (Auf die Bedeutung des sozioökonomischen Status als Moderatorvariable innerhalb der Beziehungen von Persönlichkeitsunterschieden zwischen Hochbegabtengruppen und Vergleichsgruppen, die in nur wenigen Studien [z.B bei Rost & Czeschlik 1990; 1994] kontrolliert wurde, werde ich weiter unten noch genauer eingehen.) Aufgrund des skizzierten Forschungsstands kann nicht davon ausgegangen werden, daß das Merkmal „Hochbegabung" einen Prädiktor für psychische Probleme darstellt.

3.1.1.2
Persönlichkeitsunterschiede

Grundlegend für Studien, die auf „normalen" Grundgesamtheiten basieren, sind die bereits oben erwähnten *Genetic Studies of Genius* von Terman, die weltweit bedeutendsten Untersuchungen zum Bereich „Hochbegabung". Ihre letzte Veröffentlichung zum Thema „Persönlichkeit" stammt von Tomlinson-Keasey & Little aus dem Jahre 1990. Es begann damit, daß Terman und Mitarbeiter zu Beginn der 20er Jahre unseres Jahrhunderts zunächst über 1500 hochbegabte Schülerinnen und Schüler (Standford-Binet-IQ > 140) im Alter von damals 5 bis 15 Jahren anhand von Lehrernomination und anschließender Intelligenztestung identifizierten. Diese wurden in den folgenden Jahren und Jahrzehnten vielfältigen psychologischen und medizinischen Untersuchungen unterzogen. Aus den ersten Jahren der Studie stammen Daten von Lehrer- und Elternratings bezüglich verschiedener Persönlichkeitsmerkmale der Kinder (vgl. Burks, Jensen & Terman 1930). Zu diesem Meßzeitpunkt (1927 bis 1928) konnten die Ergebnisse der Erhebung sechs Jahre zuvor (1921 bis 1922) repliziert werden:

Bezüglich Lehrereinschätzungen fanden sich zwischen Hochbegabten und durchschnittlich Begabten keine Unterschiede im Bereich der sozialen Fähigkeiten (z.B. „Beliebtheit" oder „Führung"). Erwartungstreu war die Überlegenheit der Hochbegabten in Leistungsskalen („Ausdauer", „Wissensdurst" und „allgemeine Leistungsfähigkeit"). Aber auch in Variablen wie „geringe Arroganz", „Mitgefühl" und „Echtheit" wurden die Hochbegabten deutlich günstiger als die Kinder der Kontrollgruppe beschrieben. Die Einschätzungen der Eltern bezüglich der Hochbegabten lagen auf ähnlichem Niveau wie die der Lehrkräfte, leider wurde hier aber auf eine Vergleichsgruppe verzichtet.

Im Jahre 1923 befragten die Autoren auch die Jugendlichen selbst (damals 11 bis 18 Jahre alt) mit dem „Woodworth-Cady Questionnaire" (Burks, Jensen, & Terman 1930), einem Persönlichkeitstest zur Feststellung abnormaler Verhaltenstendenzen und emotionaler Labilität. Burks et al. (1930) berichten, die Hochbegabtengruppe hätte gegenüber den Vergleichsnormen um eine halbe Standardabweichung günstiger gelegen.

Im Fall der Lehrerratings wurde, wie erwähnt, eine Kontrollgruppe herangezogen; ansonsten jedoch verglichen Terman und Mitarbeiter die Daten der Hochintelligenten mit Fragebogennormen. Aus ökonomischen Gründen wurde dieses Design auch in zahlreichen Folgeuntersuchungen gewählt, was natürlich problematisch ist, weil Normstichproben wesentlich größere Varianzen aufweisen und auch bereits gut und sehr gut Begabte beinhalten. Finden sich dennoch Differenzen, ist nicht ganz klar, auf was sie zurückzuführen sind, denn oft fehlen Aussagen über die Auswahl und letztlich über die Qualität, sprich Repräsentativität, dieser Normstichproben.

Einige Untersuchungen mit Normvergleichen werden dennoch anschließend beispielhaft angeführt.

Powers, Douglas & Choroszy (1986) untersuchten 112 Jugendliche im Alter von 12 bis 18 Jahren mit dem 16PF von Cattell, Eber & Tatsuoka (1970). Sie konnten – neben verschiedenen Geschlechterunterschieden – für die Gesamtgruppe der Hochbegabten nur in zwei Skalen Unterschiede zur Norm ausmachen: Trivialerweise schätzten sich die Hochbegabten als kognitiv leistungsfähiger ein; außerdem sprachen sie sich mehr Dominanz zu.

Werner & Bachthold (1969) testeten drei Hochbegabten-Stichproben mit dem CPQ und verglichen diese mit den entsprechenden Altersnormen. Es handelte sich zum einen um eine Gruppe (N = 43) von acht- bis zwölfjährigen Teilnehmern eines Sommercamps für naturwissenschaftlich, literarisch, künstlerisch und musisch Begabte und eine altersgleiche Gruppe von 211 hochintelligenten Kindern, die an einem Wochenendzusatzunterricht mit ähnlicher inhaltlicher Schwerpunktsetzung teilnahmen.

Im „Children's Personality Questionnaire" zeigten sich in fast allen Skalen günstigere Selbstbeurteilungen der Hochbegabten gegenüber der Normgruppe. So beschrieben sich die Hochintelligenten beider Gruppen als intelligenter, emotional stabiler, waghalsiger, natürlicher, selbstbewußter und selbstdisziplinierter. Die Autoren mutmaßten, das Alter der Kinder beeinflusse diesen Zusammenhang, da Werner & Bachthold in einer dritten Gruppe 113 hochleistender Hochbegabter im Alter von 13 bis 15 Jahren, die an wöchentlichen Gruppentreffen mit einem Tutor teilnahmen, nur noch wenige Unterschiede zur Normgruppe aufzeigen konnten: Lediglich auf den Skalen „Intelligenz" und „Individualität" fanden sich statistisch signifikant günstigere Beurteilungen der Hochbegabten.

Auch in der Untersuchung von Scholwinski & Reynolds (1985: 584 hochbegabte Kinder im Alter von 7 bis 18 Jahren) fand sich eine geringere Ängstlichkeit der Hochbegabten gegenüber dem Durchschnitt der Normgruppe. Dagegen ermittelten Karnes & Wherry (1983) bei 97 sehr gut Begabten der 4. bis 6. Jahrgangsstufe keinerlei signifikante Abweichungen zu den CPQ-Normen.

Insgesamt erbringen Vergleiche von hoch- und durchschnittlich Begabten nur wenige Unterschiede. Werden dennoch Diskrepanzen festgestellt, so fallen diese in der Regel *zugunsten der Hochintelligenten* aus. Zum Teil überschneiden sich dabei die Befunde der zitierten Studien, zum Teil finden sie jedoch keine Bestätigung. Ob dies aus den oben bereits erwähnten methodischen Problemen resultiert oder seine Gründe möglicherweise auch in den Kriterien zur Definition von Hochbegabung hat, kann aufgrund dieser Befunde nicht gesagt werden.

Um diesen Nachteilen zu entgehen und besser interpretierbare Ergebnisse zu erbringen, wurden aufwendigere Vergleichsgruppenstudien durchgeführt. Dazu gehört die Untersuchung von Kirkendall & Ismail (1970): Die Autoren unterteilten 205 Kinder im Alter von 10 bis 13 Jahren in drei Intelligenzgruppen (Hochintelligente: IQ > 122, durchschnittlich Intelligente: IQ = 102 - 113, niedrig Intelligente: IQ < 95) und ermittelten mit Hilfe einer Diskriminanzanalyse, welche der Persönlichkeitsskalen des CPQ am besten zwischen den drei Gruppen differenzierten. Es stellte sich heraus, daß die Skalen „Emotionale Wärme", „Emotionale Stabilität", „Begeisterungsfähigkeit" und „Natürlichkeit" die besten Diskriminatoren darstellten und sich hier die Hochbegabten günstiger als ihre Vergleichsgruppe bewerteten.

Schlichting (1967) kommt der Verdienst zu, in diesem Zusammenhang auf die Bedeutung des sozioökonomischen Status als Moderatorvariable aufmerksam gemacht zu haben. 20 besonders begabten Akademikersöhnen (IQ > 127, klassifiziert mit dem IST von Amthauer 1955) stellte sie eine hinsichtlich des sozioökonomischen Status und anderer Merkmale (Klassenstufe, Geschlecht, Schulform) parallelisierte Vergleichsgruppe (N = 20) gegenüber. Dabei verwendete sie den „Neurotizismus- und Extraversionsfragebogen" von Brengelmann & Brengelmann (1960). Zusätzlich wurden auch Angaben zum Schulzweig (altsprachlicher Zweig, neusprachlicher Zweig, mathematisch-naturwissenschaftlicher Zweig) und zur Klassenwiederholung erhoben. Schlichting fand in keiner Persönlichkeitsskala statistisch signifikante Unterschiede zwischen den beiden Intelligenzgruppen. Bei den weiteren Analysen konnte sie darüber hinaus Zusammenhänge zwischen den Neurotizismuswerten und den beiden Merkmalen „Sitzenbleiben" und „Schultyp" feststellen: Sitzenbleiber hatten erhöhte Neurotizismuswerte, ein Befund, der angesichts der Problemhäufigkeit bei diesen Schülern nicht verwundert. Bezüglich des Schultyps wurden die höchsten Neurotizismuswerte im neusprachlichen Zweig gefunden.

Auch Killian (1983) berücksichtigte den sozioökonomische Status der Familie. Die Autorin verglich 63 leistungsstarke Hochbegabte der 7. bis 12. Jahrgangstufe, die an einem Hochbegabtenförderprogramm teilnahmen, mit einer randomisierten Kontrollgruppe aus den gleichen Schulen. Auch in dieser Untersuchung fanden sich in diversen Persönlichkeitsskalen keine statistisch abgesicherten Unterschiede zwischen den beiden Begabungsgruppen, wenn der sozioökonomischen Status mit Hilfe einer Kovarianzanalyse auspartialisiert wurde.

Es liegt also der Verdacht nahe, daß mögliche Unterschiede beim Vergleich Hochbegabter mit durchschnittlich Begabten vor allem Artefakte und das Ergebnis der Konfundierung von Gruppenzugehörigkeit und sozioökonomischem Status darstellen. In diesem Zusammenhang sind die Befunde des Marburger Hochbegabtenprojekts (Rost 1993a) besonders relevant und aussagekräftig. Innerhalb dieses Längsschnittprojektes wurden 151 Hochbegabte der 3. Jahrgangsstufe aus einer Stichprobe von über 7000 Schülern aufgrund ihres überragenden Abschneidens in zwei nonverbalen (Grundintelligenzskala 2 – CFT 20, Weiß 1987, und Zahlenverbindungstest, Oswald & Roth 1987) und in einem verbalen Intelligentest (Sprachliche Analogien 3/4, Portmann 1974) ausgewählt. Der mittlere Gesamt-IQ der Stichprobe lag deutlich über 130. Die Hochbegabtengruppe wurde mit einer hinsichtlich des sozioökonomischen Status, Geschlecht und Klassenzugehörigkeit ähnlichen Gruppe (verbliebene Restunterschiede im sozioökonomischen Status wurden statistisch kontrolliert) von 136 durchschnittlich Begabten (mittlerer IQ ≈ 100) anhand unterschiedlichster Merkmale verglichen. Es wurden verschiedene Persönlichkeitsvariablen als Selbsteinschätzung gemessen, darüber hinaus lieferten sowohl die Eltern als auch die Lehrkräfte Einschätzungen der kindlichen Persönlichkeit. Insgesamt fand Rost (1993b) nur wenige – aber dennoch statistisch abgesicherte – Unterschiede: Die Hochbegabten beschrieben sich als weniger furchtsam in Bewertungssituationen, und auch im Erleben allgemeiner Angst und Unsicherheit stellten sie sich günstiger dar. Außerdem empfanden sie häufiger als durchschnittlich Begabte ein Überlegenheitsgefühl gegenüber anderen und bezeichneten sich darüber hinaus als stärker leistungsmotiviert und weniger elternabhängig.

Dieses positive Bild der Hochbegabten von sich selbst wird vor allem durch die Bewertungen der Lehrkräfte unterstützt, die die Hochintelligenten als sozial-emotional reifer und mit weniger Angst und Unsicherheit ausgestattet ansahen. Die kognitive Leistungsfähigkeit der Hochbegabten wurde von allen Bezugsgruppen mehr als eine Standardabweichung höher als die der durchschnittlich Begabten eingeschätzt.

Letztlich lassen die angeführten Untersuchungen große Unterschiede erkennen. In diesem Zusammenhang möchte ich auf die Literaturübersicht von Olszewski-Kubilius, Kulieke & Krasney (1988) verweisen, die angesichts der Literatur resümieren, zahlreiche Stichproben seien mitunter zu klein und viele Vergleichsstichproben zu heterogen, um abgesicherte Ergebnisse zu erbringen. Außerdem reklamieren die Autoren, die Untersuchungen unterschieden sich drastisch in der Definition von Hochbegabung. Über die Kritik dieser Autoren hinaus läßt sich feststellen, daß die verwendeten Intelligenzmaße und deren Administration (z.B. Einzel- vs. Gruppentestung) in den zitierten Untersuchungen stark variieren. Weitere Schwierigkeiten beim Vergleich der Untersuchungsergebnisse stellt die Tatsache dar, daß die Stichproben häufig aus Hochbegabtenförderprogrammen stammen. Hier spielt der Schulerfolg eine nicht unwesentliche Rolle bei der Qualifizierung; darüber hinaus kann die Rolle der Etikettierung bzw. des Prestigezuwachses durch solch eine Sonderbehandlung nicht abgeschätzt werden. Auf die Bedeutung des sozioökonomischen Status muß in diesem Zusammenhang erneut verwiesen werden. Nur die Marburger Hochbegabtenstudie stellt eine positive Ausnahme dar, da fast alle untersuchungsmethodischen Schwächen dort vermieden wurden.

Eine abschließende bewertende Stellungnahme scheint schwierig, aber nicht gänzlich unmöglich. So zeichnet sich – über die Studien hinweg – ab, daß sich Hochbegabte in Leistungsvariablen (wie z.B. allgemeine intellektuelle Leistungsfähigkeit, Durchhaltevermögen) deutlich positiv von durchschnittlich Begabten unterscheiden. Dies scheint zunächst trivial, läßt sich aber auf dem Hintergrund der Underachiever-Diskussion näher erläutern: Von einigen Forschergruppen wird vermutet, ein großer Teil der Hochbegabten setze ihr außergewöhnliches Potential nicht in (Schul-) Leistung um. Dieses Argument konnte allerdings von Rost & Hanses (1997) überzeugend entkräftet werden. Sie fanden in der Hochbegabtengruppe des Marburger Projekts (Rost 1993a) unter den Viertkläßlern lediglich 12% Underachiever. Wird die Höhe des Zusammenhanges zwischen Schulerfolg und Begabung zugrunde gelegt, liegt dieser Prozentsatz nicht über der erwarteten Häufigkeit.

In keiner der gut kontrollierten Studien wird dagegen von systematischen Unterschieden innerhalb sozialer Variablen (z.B. soziale Kompetenz, Anpassungsbereitschaft) berichtet, so daß sich die wiederholt behauptete Außenseiterrolle von Hochbegabten nicht belegen läßt. Auch für die häufig geschilderte emotionale Labilität finden sich in den genannten Studien keine stichhaltigen Argumente. Insgesamt folgt aus diesen

Betrachtungen, daß, wie bereits von Rost (z.B. 1993b, 109) gefordert, „gut geplante, hinreichend groß angelegte, sorgfältig durchgeführte und statistisch adäquat ausgewertete" Vergleichsgruppenstudien durchgeführt werden müssen, um letztlich die Frage zu beantworten, in welchen Bereichen die Unterschiede zwischen hoch- und durchschnittlich Begabten liegen.

3.1.2
Hochleistende

Eine grundsätzliche Frage der pädagogisch-psychologischen Forschung stellt die Bewährung des Kindes in der Schule dar. Dabei interessiert, ob und wie die vorhandene (hohe oder niedrige) Begabung (Potential) in schulische Leistung (Performanz) umgesetzt wird. Im Hinblick auf die Hochbegabtenforschung ist zu klären, ob die genannten Unterschiede zwischen hoch- und durchschnittlich Begabten im Zusammenhang mit ihren Schulleistungen zu sehen sind. Letztlich wurde in empirischen Untersuchungen immer wieder festgestellt, daß die Korrelation zwischen Intelligenz und Schulleistung nicht perfekt ist. Weitere Personenvariablen des Schülers, des Lehrers und Umgebungsvariablen moderieren diesen Zusammenhang. Diese Variablen zu identifizieren und die Zusammenhänge zu klären, stellt eine Aufgabe der Forschung dar.

Bisher näherte man sich auf verschiedenen Wegen dieser Frage: zunächst mit Korrelationsuntersuchungen an unausgelesenen Stichproben, dann mit Untersuchungen zum Underachiever-Overachiever-Problem und schließlich mit der Betrachtung leistungsexzellenter Schüler.

3.1.2.1
Korrelationsstudien an unausgelesenen Stichproben

Ältere empirische Studien gingen rein korrelativ vor, wie beispielsweise Sarason (1957). Dieser untersuchte rund 300 Studenten und stellte eine schwach-negative Korrelation zwischen Prüfungsängstlichkeit, nicht jedoch allgemeiner Ängstlichkeit, und Schulleistung zu Beginn der universitären Laufbahn fest. Interessanterweise ließ sich dieser Zusammenhang bereits im zweiten Studienjahr nicht mehr finden. Inzwischen kann aufgrund umfassender Meta-Analysen von einer schwachen Korrelation zwischen Angst und Leistung ausgegangen werden (r = 0.21, vgl. Seipp & Schwarzer 1991).

Neuere Studien versuchen umfassendere Beschreibungen der Persönlichkeit. Zu ihnen gehört die Arbeit von Allik & Realo (1997), die 1164 estnische Studenten im Alter von 17 bis 39 Jahren mit diversen Leistungstests und einer estnischen Version des NEO-PI, einem auf das Fünf-Faktoren-Modell von McCrae & Costa (1983) zurückgehenden Persönlichkeitstest, untersuchten. Es bestanden nur geringe Beziehungen zwischen Intelligenz und Leistung; mit r = 0.2 zeigten sich darüber hinaus vergleichsweise niedrige Zusammenhänge sowohl zwischen Intelligenz bzw. Leistung und Persönlichkeitsmerkmalen.

Dieses Ergebnis wird durch die Untersuchung von Butcher, Ainsworth & Nesbitt (1963) an 12 bis 14 Jahre alten amerikanischen (N = 277) und britischen Jugendlichen (N = 370) unterstützt. Die Persönlichkeitsvariablen wurden bei den Jugendlichen mit dem HSPQ (High School Personality Questionnaire, Cattell & Beloff 1962) erhoben, die Leistungsvariablen mit einem standardisierten Schulleistungstest. Übereinstimmend für die verschiedenen (Sub-)Stichproben (ländlich vs. städtische Bevölkerung, britische und amerikanische Jugendliche) fanden sich zwar Zusammenhänge; sie betrafen aber vor allem die für die Leistung relevanten und beeinflußten Teile der Selbsteinschätzung. So konnten mittelhohe Korrelationen (r ≈ 0.5) des Faktors B „Intelligenz" mit den Schulleistungen und kleinere Korrelationen (r ≈ 0.2) mit dem Faktor G „Verantwortungsbewußtsein" beobachtet werden. Darüber hinaus machten die Autoren in zwei Stichproben statistisch signifikante Korrelationen (r ≈ 0.2) zum Faktor Q2 „Selbstgenügsamkeit" aus.

In einer weiteren Untersuchung von Kálmánchey & Kozéki (1982) an 642 ungarischen Kindern im Alter von 10 bis 14 mit dem „Progressiven Matrizen Test" von Raven (1947) und einer ungarischen Version des „Neurotizismus und Extraversionsfragebogens" von Eysenck (Eysenck, Kozéki & Kálmánchey 1980; zit. n. Kálmánchey & Kozéki 1982) fanden sich geringe negative Korrelationen (r ≈ −0.14) zwischen Intelligenz und „Neurotizismus" bzw. „Psychotizismus". Außerdem konnte in der Gesamtstichprobe von 2162 Schülerinnen und Schülern (7 bis 15 Jahre) eine negative Korrelation zwischen „Psychotizismus" und Schulleistung auf der einen Seite und durch die Lehrkräfte beurteiltes Verhalten auf der anderen Seite beobachtet werden.

3.1.2.2
Erwartungswidrige Schulleistungen

Eine Art des Extremgruppenvergleichs stellt die Betrachtung von Schülern dar, die weitaus weniger leisten, als sie aufgrund ihrer Begabung zu leisten in der Lage wären (sog. Underachiever), und Schülern, die weitaus mehr leisten, als ihnen aufgrund ihrer Begabung zuzutrauen wäre (sog. Overachiever).

Weinert (1965) faßt die ältere Literatur zusammen und schlußfolgert, Overachiever seien insgesamt mit einer größeren „intellektuellen Effektivität" ausgestattet. Sie werden als aktiver, gesteuerter, leistungsbezogener und allgemein angepaßter gegenüber den Underachievern beschrieben. Olszweski-Kubilius et al. (1988) resümieren die Literatur zu dem Thema der hochbegabten „Achiever" und hochbegabten „Underachiever" und kommen zu vergleichbaren Ergebnissen. Darüber hinaus schreiben sie den guten Schülern ein hohes Maß an Unabhängigkeit und Selbstsicherheit zu.

Letztlich krankt diese Forschungsrichtung aber an Schwierigkeiten, die sich bei der Identifikation sogenannter Under- und Overachiever ergeben (vgl. Schlee 1976, Wahl 1975). Eindeutiger scheint sich die „erwartungswidrige" Leistung jedoch bei Hochbegabten feststellen zu lassen, so daß das Konzept in diesem Forschungsbereich Sinn macht (vgl. Rost & Hanses 1997, Hanses & Rost 1998). Die Studien zu „gifted underachievers" ihrerseits scheitern jedoch häufig an der Vermischung von Intelligenz und Leistung, die eine saubere Definition von erwartungswidriger Schulleistung unmöglich macht (vgl. Butler-Por 1993).

Lediglich Hanses & Rost (1998) haben zur Analyse des Underachievement-Syndroms verschiedene Leistungs- / Intelligenzgruppen gebildet: „Höchstbegabte Achiever", „hochbegabte Achiever", „durchschnittlich begabte Achiever", „hochbegabte Underachiever" und „durchschnittlich begabte Overachiever". Im Vergleich zu den anderen Gruppen ergab sich dabei für die „hochbegabten Underachiever" ein überwiegend negatives Bild.

3.1.2.3
Untersuchungen Leistungsexzellenter

Leider ist auch bei der Untersuchung leistungsstarker Schüler in den meisten Studien eine Konfundierung von Intelligenz und Schulerfolg zu verzeichnen, da als Identifikationskriterium häufig auf Teilnehmer an Förderungsprogrammen für Hochbegabte zurückgegriffen wurde (vgl. 3.1.1.2).

So auch in einer Untersuchung von D'Heurle, Cummins, Mellinger & Haggard (1959), die 76 überdurchschnittlich intelligente und überdurchschnittlich leistende Drittkläßler (in beiden Bereichen lagen die Kinder über einem Prozentrang von 90) untersuchten. Die Leistungsdaten wurden mit einem standardisierten Schulleistungstest erhoben, die Intelligenzwerte mit Hilfe verschiedener anerkannter Intelligenztests. Die Persönlichkeitsdaten erfragten die Forscher anhand von Elternratings, und zusätzlich erfolgte eine standardisierte Verhaltensbeobachtung über ein Jahr hinweg in der Schule und zu Hause. Für die Analyse teilten sie die Kinder in unterschiedliche Leistungsgruppen („general achiever", „arithmetic achiever", „reading achiever", „spelling achiever") ein und versuchten eine Charakterisierung jeder Gruppe auf der Grundlage von Korrelationen. Abgesehen von den methodischen Problemen bei diesem Vorgehen (z.B. Scheinkorrelationen), kann jedoch resümiert werden, daß konsistent über alle Leistungsgruppen die Variable „Ausdauer" die höchsten Korrelationen mit der Schulleistung aufwies. Dies gilt überraschenderweise aber auch für die Variable „seinen Geschwistern zugeneigt sein". Die Autoren enthalten sich einer Interpretation.

Einen anderen Weg gingen Weiner & Robinson (1986) mit ihrer Untersuchung an 139 Kindern der siebten und achten Klasse, die an einem Sommercamp für Mathematik teilnahmen. Die Kinder wurden ausschließlich aufgrund ihrer sehr guten Leistung (Prozentrang ≥ 85) in einem mathematischen Schulleistungstest ausgewählt. Die Autoren konnten belegen, daß mathematisch begabte Jungen signifikant häufiger exzellente nonverbale Problemlösefähigkeiten aufwiesen als mathematisch begabte Mädchen. Für die Mädchen dagegen waren verbale kognitive Fähigkeiten der beste Prädiktor für den Erfolg in Mathematik. (Diese Befunde können übrigens auch als Beleg für die Relevanz der allgemeinen Intelligenz „g" gewertet werden.) Die beiden

Persönlichkeitsmerkmale „Generelle Anpassung" und „Soziales Vertrauen und Antrieb" trugen dagegen nicht zur Aufklärung der Leistungsvarianz bei. Leider verzich-
teten die Autoren auf eine Vergleichsgruppe durchschnittlich Leistender, so daß
letztlich nicht klar ist, inwieweit die Geschlechterunterschiede für die Hochleistendengruppe charakteristisch sind.

Die einzige der Verfasserin in diesem Zusammenhang bekannt gewordene größere
Vergleichsgruppenuntersuchung stellt die umfassend angelegte Studie von Brody &
Benbow (1986) dar. Hier wurden insgesamt 340 (mathematisch bzw. sprachlich) sehr
leistungsstarke Schüler (beide mit einem Prozentrang > 99) und eine Vergleichsgruppe von 111 durchschnittlichen Jugendlichen bezüglich ihres Selbstbewußtseins,
ihrer Kontrollüberzeugung, ihrer Labilität und ihrer Beliebtheit untersucht. Es stellte
sich heraus, daß sich die Gesamtgruppe der Hochleistenden durch eine höhere internale Kontrollüberzeugung und durch eine geringere Neigung zur Depressivität auszeichnete. Dagegen fanden sich keine statistisch signifikanten Unterschiede im
Merkmal „Selbstbewußtsein" zwischen Ziel- und Vergleichsgruppe. Herauszuheben
ist jedoch der Befund, daß sich die Hochleistenden als weniger beliebt beschreiben,
wobei es sich dabei mit einer Effektstärke von $d = 0.44$ um einen praktisch bedeutsamen Effekt handelt.

Zusammenfassend kann man festhalten, daß Studien, die Vergleiche zwischen Hoch-
und Niedrigleistenden unter gleichzeitiger Berücksichtigung der Intelligenz ziehen,
fehlen. Um Determinanten von außerordentlichen Schulleistungen zu analysieren,
müssen die Konzepte „hochbegabt" und „hochleistend" sauber voneinander getrennt
werden, was in der nachfolgend berichteten Teilstudie des Marburger Hochbegabtenprojekts versucht wird.

3.1.3
Fragestellung

In diesem Kapitel sollen folgende Fragestellungen bearbeitet werden:

(a) Heben sich hochbegabte Jugendliche von ihren durchschnittlich begabten Altersgleichen in den Selbstbeurteilungen und Fremdbeurteilungen (Mutter, Vater,
Lehrkraft) hinsichtlich ausgewählter Persönlichkeitsmerkmale positiv ab?
Hier erwarte ich zunächst in leistungsverwandten Variablen (z.B. schulischer
Ehrgeiz, kognitive Leistungsfähigkeit) einen Unterschied, weniger jedoch in lei-
stungsfernen sozialen Variablen. Hochbegabte sollten darüber hinaus weniger
ängstlich und emotional stabiler sein.
(b) Lassen sich auch bei hochleistenden Jugendlichen gegenüber einer Vergleichsgruppe durchschnittlich Leistender Unterschiede in ausgewählten selbst- und
fremdbeurteilten Persönlichkeitsmerkmalen ausmachen?

Ähnlich wie bei den Hochbegabten erwarte ich einen Unterschied in leistungsverwandten Persönlichkeitsmerkmalen. Möglicherweise lassen sich darüber hinaus auch noch in sozialen Variablen (z.B. Bedürfnis nach Alleinsein, Soziale Kompetenz) Unterschiede ausmachen. Ebenso wie Hochbegabte sollen Hochleistende weniger ängstlich und emotional stabiler sein.

3.2
METHODE

3.2.1
Stichprobe

Den nachfolgenden psychometrischen Analysen liegt zum einen eine Gesamtstichprobe von 539 Jugendlichen zugrunde. Diese setzt sich zum einen aus 283 hochbegabten und durchschnittlich begabten Jugendlichen im Alter von 14 bis 17 Jahren aus neun westlichen Bundesländern zusammen. Zum anderen wurde eine altersgleiche Stichprobe (N = 256) in allen fünf „östlichen" Bundesländern gezogen. Über die erstgenannte Gruppe von Jugendlichen wurden Persönlichkeitseinschätzungen durch ihre Mütter, ihre Väter, ihre Deutschlehrkräfte und ihre Mathematiklehrkräfte erhoben. Analog dazu wurden auch im „Osten" Mütter, Väter und Klassenlehrer über Persönlichkeitsmerkmale der Jugendlichen befragt.

Die Gruppenvergleiche beziehen sich in der Begabungsstichprobe „West" (N = 214) auf folgende Daten:

(a) Selbsteinschätzungen von 107 stabil Hochbegabten (45 Mädchen, 62 Jungen) und 107 stabil durchschnittlich Begabten (47 Mädchen, 60 Jungen),
(b) Elterneinschätzungen von 211 Müttern (davon 104 Mütter von Hochbegabten und 107 Mütter von durchschnittlich Begabten) und 198 Vätern (davon 96 Väter von Hochbegabten und 102 Väter von durchschnittlich Begabten) und
(c) Lehrereinschätzungen von 212 Deutschlehrern (davon Lehrkräfte von 107 Hochbegabten und 105 durchschnittlich Begabten).

Dazu kommt eine Leistungsstichprobe „Ost" (N = 230) mit

(a) Selbsteinschätzungen von 118 Hochleistenden (69 Mädchen, 49 Jungen) und 112 durchschnittlich Leistenden (64 Mädchen, 48 Jungen),
(b) Elterneinschätzungen von 227 Müttern (davon 118 Mütter von Hochleistenden und 109 Mütter von durchschnittlich Leistenden) und 214 Vätern (davon 108 Väter von Hochleistenden, 106 Väter von durchschnittlich Leistenden), sowie
(c) Lehrereinschätzungen von 228 Klassenlehrern (davon 117 Lehrkräfte Hochleistender und 111 Lehrkräfte durchschnittlich Leistender).

Eine ausführliche Beschreibung der Stichproben findet sich in Kapitel 1.

3.2.2
Variablen

3.2.2.1

Datenquelle „Jugendliche"

Mithilfe eines mehrdimensionalen Persönlichkeitsfragebogens sollte ein differen-
ziertes Bild der Jugendlichen gezeichnet werden. Die Wahl fiel dabei auf den im
deutschsprachigen Raum sehr gebräuchlichen „Persönlichkeitsfragebogen für Kinder
(PFK 9–14)" von Seitz & Rausche (1976). Dieser Fragebogen erfaßt anhand seiner
drei Testteile „Motive" (MO), „Selbstbild" (SB) und „Verhaltensstile" (VS) die Per-
sönlichkeitsstruktur von Kindern der Altersgruppe 9 bis 14 Jahre, so daß er für die
angezielte Altersgruppe (15 Jahre) zunächst einmal als nicht optimal angesehen werden mußte. Jedoch hatte sich das Verfahren in Phase II des Projekts bewährt, und
auch die Möglichkeit, in den Phasen II und III identische Skalen zu bilden, war ein
gutes Argument für den erneuten Einsatz.

Das Testkonzept des PFK 9–14 fußt auf einer Systematisierung von Seitz (1977). In
dieser Veröffentlichung präzisiert der Autor die Persönlichkeitsdimensionen, die seiner Einschätzung nach sowohl in der bisherigen persönlichkeitspsychologischen Forschung als auch zur Erklärung der bereits gefundenen Gruppenunterschiede (z.B. Ge-
schlechterunterschied bei Ängstlichkeit) von Bedeutung sind. Innerhalb seines Systems der „Persönlichkeit im engeren Sinne" unterscheidet Seitz vier Bereiche (Verhaltensstile, Motive, Selbstbild und Gefühle) mit weiteren Unterkategorien. Zu beachten ist, daß der Auffassung des Autors zufolge Gefühle nicht stabil genug sind, als
daß sie einer Messung mit Hilfe eines Persönlichkeitsfragebogens zugänglich wären.
Außerdem entsprächen sie sachlich und inhaltlich dem Bereich der Bedürfnisse (Motive), so daß sie nicht extra erfaßt werden müßten. Nach Auffassung von Seitz läßt
sich mit Hilfe der genannten drei Bereiche die Persönlichkeit eines Schülers in adäquater Weise abbilden. Seiner Meinung nach liegt es in der Natur der Sache, daß die
innerhalb eines Bereichs aufgeführten Merkmale weitgehend unabhängig sind, dagegen aber verschiedene Dimensionen aus unterschiedlichen Bereichen einen stärkeren
Zusammenhang aufweisen können. Letztlich hat dies vor allem Konsequenzen für die
zu wählenden Auswertungsmethoden (Dimensionsanalysen getrennt für die drei Bereiche, Itemüberlappungen).

Inhaltlich werden von Seitz & Rausche (1976) unter „Motiven" sowohl Wünsche und
Bedürfnisse verstanden als auch die Einstellung zu den Mitmenschen und der Umge-
bung. „Selbstbild" bezeichnet die Sichtweise der Jugendlichen von sich selbst im
Hinblick auf ihr Verhalten und ihre Motive. „Verhaltensstile" kennzeichnen diverse

Verhaltensmuster und äußerlich erkennbare Eigenarten der Jugendlichen. Der PFK 9-14 wurde mit einer schriftlichen Instruktion vorgegeben, die Auswertung ist standardisiert, so daß von einer hohen Objektivität des Verfahrens ausgegangen werden kann.

Die von Seitz & Rausche (1976; 1992) mitgeteilten psychometrischen Itemkennwerte sind befriedigend. Dagegen ergaben sich bei Berg & Imhof (1997) deutlich niedrigere Koeffizienten (50% der Koeffizienten lagen unterhalb einer Trennschärfe von r_{it} = 0.35). Auch im Marburger Hochbegabtenprojekt (Phase II) fanden sich Trennschärfen unterhalb der von Seitz & Rausche angegebenen Größenordnung (vgl. Rost 1993b, 115–118). Bezüglich der inneren Konsistenz der Skalen verfügt der PFK 9–14 nach Angaben der Testautoren über gute bis ausreichende Werte. Dies wird sowohl von unseren Daten (Phase II, Rost 1993b) als auch von Berg & Imhof (1997) bestätigt. Die Skalen der Neufassung des PFK 9–14 (Seitz & Rausche 1992) und auch die von uns gebildeten verkürzten Skalen (Rost 1993b) erreichen ein ähnlich hohes Niveau. Hinweise auf die Validität geben Seitz & Rausche (1976; 1992), in dem sie eine Reihe empirischer Untersuchungen zitieren: So zeigen sich Zusammenhänge zwischen den verschiedenen Dimensionen des PFK 9–14, weiteren Persönlichkeitsmerkmalen (z.b. Ängstlichkeit, Anstrengungsvermeidung) und Außenkriterien (z.b. Rechtschreibleistung, Berufsinteresse, Mitarbeit bei kieferorthopädischen Behandlungen).

Für die Datenerhebungen der Phase III und IV war es aus Ökonomiegründen notwendig, das Verfahren zu kürzen. So konzipierten wir, auf dem Hintergrund der von Rost (1993b) berichteten Erfahrungen mit dem PFK 9–14 in der Phase II, eine Kurzform (im folgenden mit *PFK-K* bezeichnet) mit insgesamt 70 Items in 14 Skalen. Jede Skala besteht aus den fünf Items, die, den statistischen Analysen der Phase II zufolge, die Skalenkonzepte besonders gut repräsentieren. Einige Items wurden darüber hinaus sprachlich modifiziert (vgl. dazu Rost & Hanses 1995; Kap. 5.5).

Die 14 Skalen des *PFK-K* wurden zunächst folgendermaßen bezeichnet:

(a) Motive (MO; 30 Items):
   Skala *MO1*: *„Aggressives Bedürfnis nach Ich-Durchsetzung"*,
   Skala *MO2*: *„Bedürfnis nach Alleinsein"*,
   Skala *MO3*: *„Schulischer Ehrgeiz"*,
   Skala *MO4*: *„Bereitschaft zu sozialem Engagement"*,
   Skala *MO5*: *„Gehorsam gegenüber Erwachsenen"*,
   Skala *MO6*: *„Maskulinität der Einstellung"*.

(b) Selbstbild (SB; 20 Items):
   Skala *SB1*: *„Angst und Unsicherheit"*,
   Skala *SB2*: *„Selbstüberzeugung bezüglich Kompetenz"*,
   Skala *SB4*: *„Selbstaufwertung"*,
   Skala *SB5*: *„Selbsterleben von Unterlegenheit"*.

(c) Verhaltensstile (VS; 20 Items):
   Skala *VS1*: *„Soziale Bewertungsängstlichkeit"*,
   Skala *VS2*: *„Fehlende Willenskontrolle"*,
   Skala *VS3*: *„Aktiv – Extravertiert"*,
   Skala *VS4*: *„Ernst – Introvertiert"*.

3.2.2.2
Datenquelle „Eltern"

Unter Verwendung der von Göttert & Asendorpf (1989) übersetzten Items des „California-Child-Q-Sort" (Block & Block 1980), erstellten wir – ähnlich wie beim *PFK-K* – aufgrund des Datenmaterials von Phase II eine Kurzform. Von den ursprünglich 54 Items wurden diejenigen 34 Items ausgewählt, die in der Datenanalyse von Phase II (vgl. Rost 1993b) als am besten geeignet beeindruckten. Diese wurden, wie in Phase II, jedoch anders als im Original, als Ratingverfahren (Paper-Pencil-Test) mit einem sechsstufigen Antwortformat vorgegeben.

Für die Mütter und Väter wurden aus 30 Items vier gemeinsame Kurzskalen gebildet.

(a) *„Sozial-emotionale Unreife"* (acht Items),
(b) *„Kognitive Leistungsfähigkeit"* (acht Items),
(c) *„Soziale Kompetenz"* (sieben Items),
(d) *„Autonomie und Ich-Stärke"* (sieben Items).

Die *„Persönlichkeitsbeurteilung des Jugendlichen durch die Eltern"* kann hinsichtlich der Durchführung und Auswertung als objektiv bezeichnet werden. Die in Phase II ermittelten Skalenkennwerte (Trennschärfe, Konsistenzkoeffizient) sind für Gruppenvergleiche ausreichend (vgl. dazu Rost 1993b, 123).

3.2.2.3
Datenquelle „Lehrkräfte"

Um die Sichtweise der Lehrkräfte bezüglich einzelner Persönlichkeitsmerkmale der Jugendlichen zu ermitteln, haben wir ebenfalls die eben beschriebene Kurzform des modifizierten „California-Child-Q-Sort" eingesetzt.

Bei den Lehrern wurden aufgrund der Erfahrungen in Phase II drei Skalen gebildet:

(a) *„Sozial-emotionale Unreife"* (acht Items),
(b) *„Kognitive Leistungsfähigkeit"* (acht Items),
(c) *„Angst und Unsicherheit"* (sechs Items).

Ähnlich wie für die *„Persönlichkeitsbeurteilung des Jugendlichen durch die Eltern"* (*PB-E*) gilt auch für die *„Persönlichkeitsbeurteilung des Jugendlichen durch die Lehrkraft"* (*PB-L*), daß die Durchführungs- und Auswertungsobjektivität gegeben ist. In den Analysen der Phase II zeigten sich gute Skalenkennwerte (Trennschärfen, Konsistenzkoeffizienten, vgl. dazu Rost 1993b, 126).

3.3

ERGEBNISSE

3.3.1

Psychometrische Analysen
des „Persönlichkeitsfragebogens für Kinder – Kurzform (PFK-K)"

Zur Überprüfung der postulierten dimensionellen Struktur habe ich, gemäß der Vorgabe von Seitz, für die Testteile „Motive", „Selbstbild" und „Verhaltensstile" getrennte Hauptkomponentenanalysen mit anschließender Varimax-Rotation gerechnet, und zwar zunächst für die „West-" und dann für die „Ost"-Stichprobe" (N_{Ost} = 256, N_{West} = 283).

3.3.1.1
Motive

Für die Motiv-Items erweist sich in der „West"-Stichprobe" eine Sechser- und in der „Oststichprobe" eine Fünferlösung als markant und gut interpretierbar. Von den insgesamt 30 Items markieren in der „West"-Stichprobe 27 und in der „Ost"-Stichprobe immerhin noch 22 die entsprechenden Komponenten, wobei die Varianzaufklärung zwischen 41% („West") und 37% („Ost") liegt. Die Höhe der Komponentenkongruenzkoeffizienten ($r_{c\,max}$ = 1.00, $r_{c\,min}$ = 0.87) dokumentiert eine sehr gute bis zufriedenstellende Ähnlichkeit der Sechskomponentenstruktur im „Westen" mit der Fünfkomponentenstruktur im „Osten" (vgl. Rost, Freund-Braier, Schilling & Schütz 1997, 49), so daß fünf gemeinsame Skalen (*PFK$_{MO1}$* bis *PFK$_{MO5}$*) gebildet werden konnten (vgl. Tab. 3.1).

PFK$_{MO1}$ wird durch fünf Items definiert und beschreibt aggressives Verhalten mit dem Ziel, seinen Willen auf „Biegen und Brechen" durchzusetzen. Die Bezeichnung wird daher analog zu Seitz & Rausche (1976) und Rost (1993b) als *„Aggressives Bedürfnis nach Ich-Durchsetzung"* gewählt.
Itembeispiel: „Wenn ich mich ärgere, schlage ich aus Wut die Türen zu".

PFK$_{MO2}$ kennzeichnet mit fünf Items die meisten Aspekte der Skala *„Bedürfnis nach Alleinsein"* von Seitz & Rausche sowie Rost, so daß auch hier die Skalenbezeichnung beibehalten werden kann. Hier wird die Sehnsucht nach Einsamkeit und das Vermeiden von Geselligkeit erfragt.
Itembeispiel: „Ich bin froh, wenn ich von anderen in Ruhe gelassen werde".

Auch beim *PFK$_{MO3}$* wird, ebenso wie bei den ersten beiden Skalen dieses Bereichs, die ursprüngliche Bezeichnung *„Schulischer Ehrgeiz"* von Seitz & Rausche, die auch

Rost verwendete, aufrechterhalten. Hier repräsentieren fünf Items die Freude an schulischen Leistungen.
Itembeispiel: „Es macht mir Spaß, für die Schule zu arbeiten".

Beim *PFK$_{MO4}$* gruppieren sich lediglich drei Items in beiden Stichproben übereinstimmend. Es handelt sich hierbei um Items, die soziale Aspekte im schulischen Kontext erfassen. Auch hier halte ich an der ursprüngliche Bezeichnung *„Bereitschaft zu sozialem Engagement"* fest.
Itembeispiel: „Ich freue mich über den Erfolg anderer".

PFK$_{MO5}$ enthält vier Items und erfragt die Fügsamkeit bei (elterlichen) Anweisungen. Rost wies auf die Akzentverschiebung durch die damals vorgenommene Verkürzung hin, wobei nun bei der erneuten Kürzung nicht von einer tiefgreifenden inhaltlichen Verschiebung ausgegangen werden muß. So bezeichne ich diese Skala – wie bei Rost – als *„Gehorsam gegenüber Erwachsenen"* (gegenüber Seitz & Rausche: *„Neigung zu Erwachsenen-Abhängigkeit"*).
Itembeispiel: „Kinder sollen ihren Eltern gehorchen, ohne zu widersprechen".

Tab. 3.1.: Ergebnisse der komponentenanalytisch-testtheoretischen Überprüfung der empirisch gewonnenen Skalen für den Bereich „Motive" des Persönlichkeitsfragebogen für Kinder - Kurzform (PFK-K-„Motive") für 532 Schülerinnen und Schüler der Gesamtstichprobe

	MOTIVE				
KENNWERTE	PFK$_{MO1}$	PFK$_{MO2}$	PFK$_{MO3}$	PFK$_{MO4}$	PFK$_{MO5}$
Itemzahl	5	5	5	3	4
a_{max}	0.64	0.64	0.84	0.84	0.70
a_{min}	0.36	0.49	0.40	0.50	0.59
$\bar{a}$	0.50	0.58	0.61	0.72	0.67
$r_{it\ max}$	0.33	0.37	0.62	0.52	0.47
$r_{it\ min}$	0.23	0.26	0.22	0.28	0.35
$\bar{r}_{it}$	0.30	0.33	0.43	0.44	0.44
α	0.54	0.56	0.65	0.60	0.65
α_{10}	0.70	0.72	0.79	0.83	0.79
M	0.4	0.2	0.3	0.9	0.4
S	0.3	0.2	0.3	0.3	0.3

PFK$_{MO1}$ = Aggressives Bedürfnis n. Ich-Durchsetzung;
PFK$_{MO2}$ = Bedürfnis nach Alleinsein; PFK$_{MO3}$ = Schulischer Ehrgeiz; PFK$_{MO4}$ = Bereitschaft zu sozialem Engagement;
PFK$_{MO5}$ = Gehorsam gegenüber Erwachsenen

Beachte: M und S jeweils an Itemzahl relativiert
(M: theoretischer Range = 0 bis 1, theoretische Mitte = 0.5)

3.3.1.2
Selbstbild

Bei der komponentenanalytischen Überprüfung der insgesamt 20 Items findet sich im „Selbstbild" bei der „Oststichprobe" eine Dreikomponentenstruktur mit 13 Markieritems, bei der „Weststichprobe" eine Vierkomponentenlösung mit 16 Markiervariablen. Die Lösungen klären jeweils 30% bzw. 35% der Varianz auf.

Obwohl die Komponentenkongruenzkoeffizienten niedriger ausfallen ($r_{c\,max} = 0.87$, $r_{c\,min} = 0.71$; vgl. Rost et al. 1997, 49) und nicht alle Items übereinstimmend den einzelnen Komponenten zugeordnet werden können, ist es möglich, drei inhaltlich übereinstimmende Skalen (PFK_{SB1}, PFK_{SB4} und PFK_{SB5}) zu bilden (vgl. Tab. 3.2).

Tab. 3.2.: Ergebnisse der komponentenanalytisch-testtheoretischen Überprüfung der empirisch gewonnenen Skalen für den Bereich „Selbstbild" des Persönlichkeitsfragebogen für Kinder - Kurzform (PFK-K-„Selbstbild") für 530 Schülerinnen und Schüler der Gesamtstichprobe

	SELBSTBILD		
KENNWERTE	PFK_{SB1}	PFK_{SB4}	PFK_{SB5}
Items	5	4	3
a_{max}	0.69	0.69	0.68
a_{min}	0.41	0.35	0.64
$\bar{a}$	0.56	0.51	0.66
$r_{it\,max}$	0.44	0.29	0.49
$r_{it\,min}$	0.18	0.15	0.36
$\bar{r}_{it}$	0.31	0.23	0.42
α	0.52	0.41	0.60
α_{10}	0.68	0.63	0.83
M	0.1	0.3	0.1
S	0.2	0.3	0.2

PFK_{SB1} = Angst und Unsicherheit; PFK_{SB4} = Selbstaufwertung; PFK_{SB5} = Selbsterleben von Unterlegenheit

Beachte: M und S jeweils an Itemzahl relativiert
(M: theoretischer Range = 0 bis 1, theoretische Mitte = 0.5)

PFK_{SB1} setzt sich aus fünf Ängstlichkeitsitems zusammen, wobei durch die Verkürzung der Skala die ursprünglich von Seitz & Rausche angezielten Aspekte „Erleben von allgemeiner (existentieller) Angst" auf Angst in alltäglichen Situation reduziert

werden. Ich behalte daher die bereits bei der Erstellung der Kurzform gewählte Bezeichnung *„Angst und Unsicherheit"* bei.
Itembeispiel: „Ich kann nicht einschlafen, wenn ich weiß, daß niemand zu Hause ist".

In PFK_{SB4} gruppieren sich vier Items. Sie beschreiben die *„Tendenz zu Selbstaufwertung, Selbstüberschätzung und Selbstbeschönigung"* (Seitz & Rausche 1976), was bei Rost (1993b) zusammenfassend als *„Selbstaufwertung"* gekennzeichnet wurde und auch hier als Benennung beibehalten wird.
Itembeispiel: „Meine Meinung ist oft richtiger als die Meinung der anderen".

PFK_{SB5} beschreibt mit drei Items das Empfinden, anderen unterlegen zu sein. Rost wählte dafür die Kurzbezeichnung *„Selbsterleben von Unterlegenheit"*. Dieser Bezeichnung schließe ich mich an.
Itembeispiel: „Den anderen gelingt meistens alles besser als mir".

3.3.1.3

Verhaltensstile

In beiden Subpopulationen erbringt die Hauptkomponentenanalyse eine gut interpretierbare Vierkomponentenlösung. In der „Weststichprobe" markieren 16 und in der „Oststichprobe" 18 der insgesamt 20 Items die jeweiligen Komponenten. In den beiden Lösungen können zwischen 38% und 40% der Varianz aufgeklärt werden. Allerdings fällt sowohl für PFK_{VS2} als auch PFK_{VS3} die Zuordnung der Items in beiden Stichproben unterschiedlich aus, was sich in teilweise niedrigen Komponentenkongruenzkoeffizienten dokumentiert ($r_{c\,max} = 0.96$, $r_{c\,min} = 0.71$; vgl. Rost et al. 1997, 50). Daher bilde ich lediglich drei gemeinsame Skalen (PFK_{VS1}, PFK_{VS3} und PFK_{VS4}, vgl. Tab. 3.3):

Die Skala PFK_{VS1} wird durch vier Items definiert und enthält Aspekte von Prüfungsangst und Irritierbarkeit durch andere. Rost (1993b) wählte für die aus Items unterschiedlicher PFK-Original-Skalen zusammengestellte Skala die Bezeichnung *„Soziale Bewertungsängstlichkeit"*, die auch hier beibehalten wird.
Itembeispiel: „Ich lasse mich durch andere leicht verwirren".

Die Items von PFK_{VS3} gehen alle auf *„Aktiv-extravertiertes Temperament"* im Sinne von Seitz & Rausche zurück. Dabei kennzeichnen die Items Initiative und aktive Problembewältigung. Für die Skalenbenennung wird an Rosts Bezeichnung *„Aktiv und extravertiert"* festgehalten.
Itembeispiel: „Ich mache viele Vorschläge, was man alles tun könnte".

PFK_{VS4} besteht lediglich aus drei Items, die aus der Skala *„Zurückhaltung und Scheu vor Sozialkontakt"* (Seitz & Rausche) stammen. Inhaltlich bilden die Items einen ge-

wissen Gegensatz zur Skala PFK_{VS3}, und daher soll auch hier die von Rost gewählte Benennung *„Ernst und introvertiert"* übernommen werden.
Itembeispiel: „Es fällt mir schwer, schnell Freundschaft zu schließen".

Tab. 3.3.: Ergebnisse der psychometrischen Überprüfung der empirisch gewonnenen Skalen für den Bereich „Verhaltensstile" des Persönlichkeitsfragebogen für Kinder – Kurzform (PFK-K-„Verhaltensstile") für 538 Schülerinnen und Schüler der Gesamtstichprobe

	VERHALTENSSTILE		
KENNWERTE	PFK_{VS1}	PFK_{VS3}	PFK_{VS4}
Items	4	4	3
a_{max}	0.73	0.57	0.82
a_{min}	0.58	0.47	0.49
$\bar{a}$	0.65	0.52	0.71
$r_{it\ max}$	0.45	0.27	0.67
$r_{it\ min}$	0.36	0.21	0.28
$\bar{r}_{it}$	0.40	0.24	0.53
α	0.62	0.43	0.68
α_{10}	0.80	0.65	0.88
M	0.4	0.5	0.3
S	0.3	0.3	0.4

PFK_{VS1} = Soziale und Bewertungsängstlichkeit; PFK_{VS3} = Aktiv und Extravertiert; PFK_{VS4} = Ernst und Introvertiert

Beachte: M und S jeweils an Itemzahl relativiert (M: theoretischer Range = 0 bis 1, theoretische Mitte = 0.5)

3.3.2
Psychometrische Analysen der „Persönlichkeitsbeurteilung des Jugendlichen durch die Eltern und Lehrkraft – Kurzversion (PB-M / PB-V / PB-L)"

Zunächst wird auch hier die Struktur überprüft (Hauptkomponentenanalyse, Varimax-Rotation). Obwohl sowohl in der Vätergruppe als auch in der Müttergruppe mehrere Lösungen sinnvoll und interpretierbar sind, entscheide ich mich für eine Viererstruktur in beiden Personengruppen. Die Komponentenkongruenzkoeffizienten belegen eine ausreichend hohe Übereinstimmung zwischen den „Ost-" und „Weststichproben" ($r_{c\ max}$ = 0.96, $r_{c\ min}$ = 0.84; vgl. Rost et al. 1997, 315) Bei den Müttern markieren 30 von insgesamt 34 Items, bei 47% Gesamtvarianzaufklärung. In der

Stichprobe der Väter resultieren in der Viererlösung 27 Markieritems, der aufgeklärte Gesamtvarianzanteil beläuft sich auf 49%. Somit können, unabhängig von der Personengruppe (Vater oder Mutter) und von der zugrunde gelegten Stichprobe („West" oder „Ost"), vier identische Skalen gebildet werden (vgl. Tab. 3.4 und 3.5).

Tab. 3.4.: Ergebnisse der psychometrischen Überprüfung der empirisch gewonnenen Skalen für die „Persönlichkeitsbeurteilung durch die Mutter" (PB-M) für 533 Mütterurteile über ihre Kinder (Gesamtstichprobe)

KENNWERTE	MUTTER			
	$EMUN_{MU}$	$KOLEI_{MU}$	$SOKO_{MU}$	$SOAN_{MU}$
Items	8	8	7	6
a_{max}	0.71	0.79	0.71	0.70
a_{min}	0.53	0.42	0.45	0.41
$\bar{a}$	0.65	0.69	0.62	0.52
$r_{it\ max}$	0.65	0.69	0.60	0.53
$r_{it\ min}$	0.51	0.35	0.29	0.32
$\bar{r}_{it}$	0.59	0.61	0.50	0.43
α	0.85	0.85	0.76	0.69
α_{10}	0.88	0.88	0.82	0.79
M	2.7	4.7	4.9	2.8
S	1.0	0.8	0.6	0.8

EMUN = Emotionale Unreife; KOLEI = Kognitive Leistungsfähigkeit; SOKO = Soziale Kompetenz; SOAN = Soziale Ängstlichkeit

Beachte: M und S jeweils an Itemzahl relativiert (M: theoretischer Range = 1 bis 6; theoretische Mitte = 3.5)

Auch in der Lehrergruppe zeigt sich eine analoge Viererlösung: Von den 34 Items markieren 32 die entsprechenden Komponenten (aufgeklärter Gesamtvarianzanteil: 64%). Die Übereinstimmung zwischen „West"- und „Ostgruppe" ist sehr hoch, was die Komponentenkongruenzkoeffizienten von $r_{c\ max} = 0.97$ und $r_{c\ min} = 0.94$ (vgl. Rost et al. 1997, 315) belegen. Die für die Skalenbildung schließlich ausgewählten Items wurden mit den Elterngruppen abgestimmt (vgl. Rost et al. 1997); es werden für alle beurteilenden Bezugsgruppen der Jugendlichen identische Skalen gewonnen.

Die erste Skala wird durch insgesamt acht Items repräsentiert, die eine labile Persönlichkeit kennzeichnen und das daraus resultierende unreife, auf eine unmittelbare Bedürfnisbefriedigung ausgerichtete Verhalten charakterisieren. Alle Items entstammen der Skala *„Sozial-emotionale Unreife"* von Rost (1993b). Durch die Verkürzung der

Skala wird weniger stark auf soziale Aspekte abgehoben, so daß ich diese Skala als *„Emotionale Unreife"* (*EMUN*) bezeichne.

Itembeispiele: „Reagiert übertrieben auf kleinere Enttäuschungen, ist schnell irritiert oder wütend" oder „Hat Angst zu kurz zu kommen, fürchtet, nicht genug abzubekommen".

Tab. 3.5: Ergebnisse der psychometrischen Überprüfung der empirisch gewonnenen Skalen für die „Persönlichkeitsbeurteilung durch den Vater" (PB-V) für 500 Väterurteile über ihre Kinder (Gesamtstichprobe)

KENNWERTE	VATER			
	$EMUN_{VA}$	$KOLEI_{VA}$	$SOKO_{VA}$	$SOAN_{VA}$
Items	8	8	7	6
a_{max}	0.77	0.81	0.73	0.68
a_{min}	0.61	0.54	0.46	0.42
$\bar{a}$	0.72	0.71	0.60	0.51
$r_{it\ max}$	0.71	0.74	0.60	0.54
$r_{it\ min}$	0.54	0.47	0.33	0.34
$\bar{r}_{it}$	0.64	0.64	0.51	0.45
α	0.88	0.87	0.78	0.71
α_{10}	0.90	0.89	0.84	0.80
M	2.8	4.7	4.7	2.8
S	1.0	0.8	0.7	0.8

EMUN = Emotionale Unreife; KOLEI = Kognitive Leistungsfähigkeit; SOKO = Soziale Kompetenz; SOAN = Soziale Ängstlichkeit

Beachte: M und S jeweils an Itemzahl relativiert
(M: theoretischer Range = 1 bis 6; theoretische Mitte = 3.5)

Die acht Items umfassende zweite Skala mißt die durch die Bezugspersonen wahrgenommene Arbeitshaltung bei kognitiven Anforderungen und die Einstellung des Jugendlichen zum Wissenserwerb. Alle Items entstammen der Skala *„Selbstbewußte (kognitive) Leistungsfähigkeit"* von Rost. Der Aspekt „Selbstbewußtsein" fällt durch die Kürzung der Skala weg, so daß ich sie im folgenden als *„Kognitive Leistungsfähigkeit"* (*KOLEI*) führe.

Itembeispiele: „Ist immer voll bei der Sache, vertieft sich in eigene Tätigkeit" oder „Ist aufmerksam und kann sich gut konzentrieren".

Die dritte Skala, die in Phase II nur für die Mütter- und Vätergruppe gebildet werden konnte, besteht aus sieben Items. Sie geben Auskunft über eingeschätzte Kontaktbereitschaft und Kooperationsfähigkeit des Jugendlichen. Alle sieben Items entstammen

der Skala *„Soziale Kompetenz"* (*SOKO*) von Rost. Die von Rost gewählte Bezeichnung in Phase II wird daher übernommen.
Itembeispiele: „Kommt gut mit anderen Jugendlichen aus" oder „Ist hilfsbereit und kooperativ".

Eine vierte Skala enthält sechs Items und beschreibt Aspekte von Angst im sozialen Kontext, daher erscheint die Bezeichnung *„Soziale Ängstlichkeit"* (*SOAN*) für diese Skala angemessen.
Itembeispiel: „Ist gehemmt, selten ungezwungen" oder „Bekommt Angst in schlecht überschaubaren und unklaren Situationen".

Insgesamt läßt sich die ursprüngliche Struktur – unabhängig von der Personengruppe und der Stichprobe – sehr gut replizieren. Die erzielten Itemkennwerte weisen das Instrument als hochwertig aus (vgl. Tab. 3.6): Die Skalen sind sehr homogen. Weder ein Boden- noch ein Deckeneffekt liegt vor.

Tab. 3.6: Ergebnisse der psychometrischen Überprüfung der empirisch gewonnenen Skalen für die „Persönlichkeitsbeurteilung durch die Lehrkraft" (PB-L) für 537 Lehrerurteile über die Jugendlichen (Gesamtstichprobe)

KENNWERTE	LEHRKRAFT			
	$EMUN_{LE}$	$KOLEI_{LE}$	$SOKO_{LE}$	$SOAN_{LE}$
Items	8	8	7	6
a_{max}	0.79	0.89	0.76	0.80
a_{min}	0.66	0.71	0.63	0.64
$\bar{a}$	0.73	0.82	0.71	0.68
$r_{it\,max}$	0.77	0.86	0.75	0.71
$r_{it\,min}$	0.61	0.71	0.58	0.39
$\bar{r}_{it}$	0.71	0.82	0.68	0.59
α	0.91	0.95	0.88	0.82
α_{10}	0.93	0.96	0.91	0.88
M	2.3	4.1	4.3	3.1
S	1.0	1.2	0.8	1.0

EMUN = Emotionale Unreife; KOLEI = Kognitive Leistungsfähigkeit;
SOKO = Soziale Kompetenz; SOAN = Soziale Ängstlichkeit

Beachte: M und S jeweils an Itemzahl relativiert
(M: theoretischer Range = 1 bis 6; theoretische Mitte = 3.5)

3.3.3
Interkorrelationen

Wie in Tabelle 3.7 ersichtlich, liegen die Skaleninterkorrelationen des PFK-K in allen drei Bereichen unter $r = 0.32$ ($\bar{r} = 0.11$), so daß die Skalen als weitgehend voneinander unabhängig betrachtet werden können.

Bezüglich der Persönlichkeitsbeurteilung durch die Bezugspersonen (vgl. Tab. 3.8) ergibt sich sowohl für die Mutter- als auch die Vaterbeurteilung eine mittlere Korrelation von $\bar{r} = 0.30$ ($r_{max} = -0.39$, $r_{min} = -0.16$). Die Interkorrelationen zwischen den Lehrerskalen fallen mit $r_{max} = -0.55$ und $r_{min} = 0.16$ noch größer aus. Dabei sind es die Skalen *EMUN*, *KOLEI* und *SOKO*, die in der Lehrergruppe den größten Zusammenhang aufweisen ($\bar{r} = 0.49$). Dies könnte einen Hinweis darauf geben, daß die beurteilenden Lehrer den Jugendlichen auf dem Hintergrund eines Merkmals (z.B. seiner schulischen Leistungen) einschätzen.
Wird nun die Übereinstimmung bei der Persönlichkeitsbeurteilung durch die Bezugspersonen betrachtet, so findet sich eine hohe Kongruenz der Mütter- und der Vätergruppe ($\bar{r} = 0.62$), während die Korrelation zwischen den beiden Elterngruppen und der Lehrergruppe lediglich bezüglich der Skala *„Kognitive Leistungsfähigkeit"* ein ähnliches hohes Niveau von $\bar{r} = 0.55$ erreicht. Demnach scheinen die Eltern ihre Kinder, was die *„Emotionale Unreife"*, die *„Soziale Kompetenz"* und die *„Soziale Ängstlichkeit"* angeht, anders einzuschätzen als die Lehrkräfte. Dies ist einsichtig, da die Eltern einen völlig anderen Verhaltensausschnitt betrachten als die Lehrer. Lediglich bei der *„Kognitiven Leistungsfähigkeit"* ist eine hohe Übereinstimmung feststellbar, wahrscheinlich ist dies auf die gemeinsame Urteilerbasis aufgrund der Noten zurückzuführen.

Es ergeben sich auch Hinweise auf die Validität der Persönlichkeitsskalen: So zeigt sich, daß die PFK-Skala *„Schulischer Ehrgeiz"* (PFK_{MO3}) mit der Persönlichkeitsbeurteilung erwartungsgemäß in allen Beurteilergruppen mit der Skala *„Kognitive Leistungsfähigkeit"* (*KOLEI*) korreliert ($\bar{r} = 0.40$), welche wiederum mit *„Selbsterleben von Unterlegenheit"* (PFK_{SB5}) in Höhe von $\bar{r} = 0.32$ zusammenhängt. Bei der Betrachtung der Durchschnittsnote als Außenkriterium findet sich erwartungsgetreu eine negative Beziehung zu der PFK-Skala *„Schulischer Ehrgeiz"* (PFK_{MO3}, $r = -0.36$) und eine positive Beziehung zu *„Selbsterleben von Unterlegenheit"* (PFK_{SB5}, $r = -0.30$). Bei den PB-Skalen ist die hohe negative Korrelation zur Skala *„Kognitive Leistungsfähigkeit"* (*KOLEI*, $\bar{r} = -0.68$) in allen Beurteilergruppen auffällig. Außerdem finden sich in den Elterngruppen niedrige positive Korrelationen im Bezug auf die *„Emotionale Unreife"* (*EMUN*, $\bar{r} = 0.24$). Was den für das Bildungsverhalten relevanten sozialen Status (*BRSS*) betrifft, so zeigen sich hier Zusammenhänge mit *„Kognitiver Leistungsfähigkeit"* (*KOLEI*) in allen Beurteilergruppen ($r \approx 0.29$). Zusätzlich findet sich auch noch ein Zusammenhang von $r = -0.16$ mit der Mutterskala

„Emotionale Unreife" ($EMUN_{MU}$). Diese Bezüge werde ich im weiteren Verlauf der varianzanalytischen Auswertung berücksichtigen (vgl. 3.3.4).

Tab. 3.7: Interkorrelationen der verschiedenen Skalen des Persönlichkeitsfragebogen für Kinder (PFK-K) sowie Korrelationen mit der Persönlichkeitsbeurteilung des Kindes durch die Eltern und Lehrkräfte - Kurzversion (PB-M / PB-V / PB-L) und mit dem für das Bildungsverhalten relevanten sozioökonomischen Status (BRSS) und der Durchschnittsnote

PERSÖNLICHKEITSFRAGEBOGEN FÜR KINDER (PFK-K)

	PFK_{MO1}	PFK_{MO2}	PFK_{MO3}	PFK_{MO4}	PFK_{MO5}	PFK_{SB1}	PFK_{SB4}	PFK_{SB5}	PFK_{VS1}	PFK_{VS3}	PFK_{VS4}
PFK_{MO1}											
PFK_{MO2}	.04										
PFK_{MO3}	-.18	.02									
PFK_{MO4}	-.12	-.18	.11								
PFK_{MO5}	-.10	.07	.03	.06							
PFK_{SB1}	.09	-.05	.04	-.04	.03						
PFK_{SB4}	.06	.08	.23	-.13	-.20	-.07					
PFK_{SB5}	.13	.19	-.23	-.13	.14	.08	-.10				
PFK_{VS1}	.18	.10	-.14	-.08	.13	.29	-.20	.29			
PFK_{VS3}	.17	.00	.25	.01	-.07	-.01	.32	-.16	-.09		
PFK_{VS4}	-.05	.28	-.03	-.17	.01	.10	-.11	.12	.16	-.21	
$EMUN_{Mu}$	.24	.02	-.14	-.07	.03	.07	.01	.08	.15	.01	.04
$KOLEI_{MU}$	-.21	.04	.40	.05	-.13	.02	.13	-.28	-.09	.07	.08
$SOKO_{MU}$	-.03	-.07	.09	.19	.06	.04	-.02	-.01	.02	.09	-.26
$SOAN_{MU}$	.02	.07	-.11	-.06	.11	.13	-.13	.11	.27	-.20	.24
$EMUN_{VA}$	.20	.06	-.13	-.04	.02	.03	.09	.09	.09	.05	-.02
$KOLEI_{VA}$	-.17	.01	.39	.02	-.10	.06	.04	-.30	-.12	.05	.08
$SOKO_{VA}$	.01	-.10	.07	.15	.03	.00	-.06	-.03	-.05	.11	-.26
$SOAN_{VA}$	.01	.06	-.13	-.03	.10	.11	-.05	.13	.24	-.18	.23
$EMUN_{LE}$	.19	.06	-.14	-.02	-.02	.01	.01	.10	.06	.13	-.04
$KOLEI_{LE}$	-.20	-.03	.40	.01	-.18	.08	.14	-.37	-.16	.02	.12
$SOKO_{LE}$	-.11	-.16	.10	.04	-.04	.06	-.05	-.04	.01	-.04	-.06
$SOAN_{LE}$	-.04	.06	-.18	.08	.21	.04	-.14	.26	.18	-.17	.11
BRSS	-.01	.10	.14	-.02	-.17	.03	.10	-.05	-.01	.05	.13
ØNote	.16	-.02	-.36	.04	.17	-.10	-.05	.30	.10	.04	-.20

N $_{Jugendliche}$ ≈ 539
N $_{Mütter}$ ≈ 533
N $_{Väter}$ ≈ 501
N $_{Lehrkräfte}$ ≈ 537

PFK_{MO1} = Bedürfnis n. Ich-Durchsetzung; PFK_{MO2} = Bedürfnis nach Alleinsein; PFK_{MO3} = Schulischer Ehrgeiz; PFK_{MO4} = Bereitschaft zu soz. Engagement; PFK_{MO5} = Gehorsam geg. Erwachsenen; PFK_{SB1} = Angst und Unsicherheit; PFK_{SB4} = Selbstaufwertung; PFK_{SB5} = Selbsterleben von Unterlegenheit; PFK_{VS1} = Soziale und Bewertungsängstlichkeit; PFK_{VS3} = Aktiv und Extravertiert; PFK_{VS4} = Ernst und Introvertiert; EMUN = Emotionale Unreife; KOLEI = Kognitive Leistungsfähigkeit; SOKO = Soziale Kompetenz; SOAN = Soziale Ängstlichkeit

Beachte: $|r| \geq 0.09$ entspricht $p < 0.05$. $|r| \geq 0.12$ entspricht $p < 0.01$. $|r| \geq 0.15$ entspricht $p < 0.001$.

Tab. 3.8: Interkorrelationen der Persönlichkeitsbeurteilung des Kindes durch die Eltern und Lehrkräfte – Kurzversion (PB-M / PB-V / PB-L) sowie Korrelationen mit dem für das Bildungsverhalten relevanten sozioökonomischen Status und der Durchschnittsnote

	PB-M				PB-V				PB-L			
	EMUN$_{MU}$	KOLEI$_{MU}$	SOKO$_{MU}$	SOAN$_{MU}$	EMUN$_{VA}$	KOLEI$_{VA}$	SOKO$_{VA}$	SOAN$_{VA}$	EMUN$_{LE}$	KOLEI$_{LE}$	SOKO$_{LE}$	SOAN$_{LE}$
EMUN$_{MU}$												
KOLEI$_{MU}$	-.39											
SOKO$_{MU}$	-.35	.32										
SOAN$_{MU}$	.34	-.16	-.22									
EMUN$_{VA}$	.63	-.30	-.25	.19								
KOLEI$_{VA}$	-.25	.71	.21	-.10	-.35							
SOKO$_{VA}$	-.24	.22	.59	-.17	-.34	.37						
SOAN$_{VA}$	.16	-.15	-.13	.54	.33	-.21	-.16					
EMUN$_{LE}$	.27	-.30	-.08	.00	.24	-.28	-.08	.06				
KOLEI$_{LE}$	-.25	.56	.01	-.04	-.23	.53	.06	-.09	-.47			
SOKO$_{LE}$	-.24	.24	.19	-.03	-.19	.20	.19	-.05	-.55	.44		
SOAN$_{LE}$	.06	-.23	-.02	.20	.08	-.22	-.05	.20	.19	-.40	-.22	
BRSS	-.18	.29	.03	-.05	-.12	.19	-.03	-.08	-.14	.38	.11	-.13
ØNote	.24	-.59	.04	.05	.24	-.57	-.04	.15	.37	-.77	-.29	.32

N Mütter ≈ 533
N Väter ≈ 501
N Lehrkräfte ≈ 537

EMUN = Emotionale Unreife; KOLEI = Kognitive Leistungsfähigkeit; SOKO = Soziale Kompetenz; SOAN = Soziale Ängstlichkeit; BRSS = Bildungsstatus im Elternhaus; ØNote = Notendurchschnitt

Beachte: |r| ≥ 0.09 entspricht p < 0.05. |r| ≥ 0.12 entspricht p < 0.01. |r| ≥ 0.15 entspricht p < 0.001.

3.3.4
Gruppenvergleiche

Zum Vergleich von Hochbegabten mit durchschnittlich Begabten sowie Hochleistenden und durchschnittlich Leistenden wird eine 2×4 multivariate Varianzanalyse (MANOVA) mit den beiden Faktoren „Begabung / Leistung" und „Geschlecht" gerechnet. Anschließend spezifiziere ich die Unterschiede anhand univariater Nachfolgeanalysen (ANOVA) und unter Angabe der entsprechenden Effektstärkemaße (eta^2 bzw. d). Bei einer nennenswerten Korrelation ($r > 0.15$) der Skala mit dem für das Bildungsverhalten relevanten sozialen Status (*BRSS*) kontrolliere ich diesen Störfaktor kovarianzanalytisch.

3.3.4.1
Datenquelle „Jugendliche"

Für die drei PFK-Bereiche „Motive", „Selbstbild" und „Verhaltensstile" stelle ich die Ergebnisse getrennt dar. Bei einigen der PFK-Skalen kann nicht von einer Homogenität der Varianz-Kovarianz-Matrizen und der Normalverteilung ausgegangen werden. Deshalb wurde hier zur Kontrolle eine ergänzende Auswertung vorgenommen. Da die Ergebnisse vergleichbar ausfallen, wird hier auf eine differenzierte Darstellung verzichtet.

MOTIVE

Die 2×4 MANOVA über die fünf *PFK-K*-Motivskalen führt weder zu einem statistisch signifikanten Geschlechtseffekt ($F_{5;432} = 1.31$, $p = 0.257$, eta$^2_{multi} = 0.015$) noch zu einer bedeutsamen Wechselwirkung Begabung $\times$ Geschlecht ($F_{15;1302} = 0.98$, $p = 0.951$, eta$^2_{multi} = 0.006$). Demgegenüber tritt sehr wohl ein statistisch bedeutsamer multivariater Begabungs- bzw. Leistungseffekt auf ($F_{15;1302} = 6.96$, $p < 0.001$, eta$^2_{multi} = 0.074$).

Den univariaten Nachfolgeanalysen zufolge lassen sich in vier der fünf Skalen (*PFK$_{MO1}$*, *PFK$_{MO2}$*, *PFK$_{MO3}$* und *PFK$_{MO5}$*) statistisch signifikante Effekte feststellen (vgl. Tab. 3.9), wobei bezüglich der *„Bereitschaft zu sozialen Engagement"* (*PFK$_{MO4}$*) ein Deckeneffekt zu beobachten ist. Hier schätzt sich die überwiegende Zahl der Jugendlichen als wohlwollend und kooperativ anderen gegenüber ein.

Sowohl in *„Bedürfnis nach Ich-Durchsetzung"* (*PFK$_{MO1}$*) als auch bei *„Schulischer Ehrgeiz"* (*PFK$_{MO3}$*) differieren vor allem die Hochleistenden von ihrer Vergleichsgruppe. Gleichsinnig zu den Hochleistenden fallen auch die Unterschiede der Hochbegabten zu ihrer Vergleichsgruppe aus, wobei die Effekte hier kleiner sind (*PFK$_{MO1}$*: $d_{DB \text{ vs. } HB} = 0.23$; *PFK$_{MO3}$*: $d_{DB \text{ vs. } HB} = 0.32$). So sagen sowohl die Hochleistenden als auch die Hochbegabten, sie spürten nur selten ein Bedürfnis, Überlegenheit anderen gegenüber aggressiv zu zeigen ($d_{DL \text{ vs. } HL} = 0.41$), und erwartungsgemäß scoren sie bei der Lernfreude höher ($d_{DL \text{ vs. } HL} = 0.89$). In *„Gehorsam gegenüber Erwachsenen"* (*PFK$_{MO5}$*) heben sich durchschnittlich Leistende nicht nur von ihrer Zielgruppe der Hochleistenden ab, sondern unterscheiden sich durch eine deutlich größere Neigung zur Abhängigkeit von den Meinungen Erwachsener von allen anderen Gruppen ($d_{DL \text{ vs. } HB,DB,HL} \approx 0.57$). Da die letztgenannte Skala mit dem *BRSS* korreliert ($r = 0.17$), wird diese Variable kovarianzanalytisch auspartialisiert. Der Effekt hat weiterhin Bestand.

Tab. 3.9: Mittelwerte und Streuungen in den 5 Motiv-Skalen des Persönlichkeitsfragebogen für Kinder – Kurzform (PFK-K) für 444 Schülerinnen und Schüler, getrennt nach Hochbegabten (HB) und durchschnittlich Begabten (DB), Hochleistenden (HL) und durchschnittlich Leistenden (DL) sowie Ergebnisse der vierfaktoriellen Varianzanalyse „Gruppe (G)× Geschlecht (G)"

	MOTIVE									
	PFK$_{MO1}$		PFK$_{MO2}$		PFK$_{MO3}$		PFK$_{MO4}$		PFK$_{MO5}$	
GRUPPE	M	S	M	S	M	S	M	S	M	S
HB (N=107)	1.9	1.4	0.6	1.0	1.8	1.5	2.8	0.6	1.2	1.3
DB (N=107)	2.3	1.5	0.6	0.8	1.4	1.4	2.6	0.8	1.6	1.4
HL (N=118)	1.9	1.3	0.9	1.2	2.0	1.3	2.6	0.8	1.5	1.2
DL (N=112)	2.5	1.5	1.0	1.2	0.9	1.2	2.6	0.7	2.2	1.3
Ju (N=219)	2.1	1.4	0.8	1.1	1.4	1.4	2.6	0.8	1.6	1.3
Mä (N=225)	2.1	1.4	0.8	1.1	1.6	1.4	2.7	0.7	1.7	1.3
Alle	2.1	1.4	0.8	1.1	1.5	1.4	2.6	0.7	1.6	1.3
p (Gruppe)	0.008		0.008		<0.001		0.185		<0.001	
eta²	0.027		0.027		0.099		0.011		0.069	
p (Geschlecht)	0.824		0.322		0.107		0.040		0.839	
eta²	0.000		0.002		0.006		0.010		0.000	
d [a]	0.02		0.05		-0.13		-0.17		-0.08	
p (G × G)	0.990		0.634		0.807		0.513		0.762	
eta²	0.000		0.004		0.002		0.005		0.003	

PFK$_{MO1}$ = Bedürfnis n. Ich-Durchsetzung; PFK$_{MO2}$ = Bedürfnis nach Alleinsein; PFK$_{MO3}$ = Schulischer Ehrgeiz; PFK$_{MO4}$ = Bereitschaft zu sozialem Engagement; PFK$_{MO5}$ = Gehorsam gegenüber Erwachsenen

[a] eine negative Effektstärke d weist auf einen Unterschied zugunsten der Mädchen hin

Bei *„Bedürfnis nach Alleinsein"* (*PFK$_{MO2}$*) deutet sich ein „Ost-West"-Effekt an, der jedoch nicht für alle Leistungs- bzw. Begabungsgruppen gegenüber dem Zufall abgesichert werden kann ($d_{HL,DL \text{ vs. } HB,DB} \approx 0.31$). So scheinen die beiden „Ost"-Gruppen ein größeres Bedürfnis nach Selbstgenügsamkeit zum Ausdruck zu bringen. Sie geben häufiger an, mit nur wenigen Freunden zufrieden zu sein.

SELBSTBILD

Im Selbstbild zeigt sich multivariat sowohl ein statistisch signifikanter Geschlechtseffekt ($F_{3;434} = 17.08$; $p < 0.001$; $eta^2_{multi} = 0.106$) als auch ein Begabungs- bzw. Leistungseffekt ($F_{9;1056} = 18.33$; $p < 0.001$; $eta^2_{multi} = 0.111$). Die Wechselwirkung der beiden Gruppierungsmerkmale ist statistisch nicht überzufällig und praktisch irrelevant ($F_{9;1056} = 0.89$; $p = 0.537$; $eta^2_{multi} = 0.006$, vgl. Tab. 3.10).

Tab. 3.10: Mittelwerte und Streuungen in den 3 Selbstbild-Skalen des Persönlichkeitsfragebogen für Kinder – Kurzform (PFK-K) für 444 Schülerinnen und Schüler getrennt nach Hochbegabten (HB) und durchschnittlich Begabten (DB), Hochleistenden (HL) und durchschnittlich Leistenden (DL) sowie Ergebnisse der vierfaktoriellen Varianzanalysen „Gruppe (G) × Geschlecht (G)"

	SELBSTBILD					
	PFK_{SB1}		PFK_{SB4}		PFK_{SB5}	
GRUPPE	M	S	M	S	M	S
HB (N=107)	0.2	0.6	1.5	1.2	0.1	0.4
DB (N=107)	0.4	0.7	1.2	1.1	0.2	0.5
HL (N=118)	0.6	1.0	1.0	1.0	0.1	0.3
DL (N=112)	0.5	0.8	0.7	0.8	1.0	1.1
Ju (N=219)	0.2	0.5	1.3	1.1	0.3	0.7
Mä (N=225)	0.7	1.0	0.9	1.0	0.4	0.8
Alle	0.4	0.8	1.1	1.1	0.4	0.7
p (Gruppe)	<0.001		<0.001		<0.001	
eta²		0.103		0.119		0.111
p (Geschlecht)	<0.001		<0.001		0.922	
eta²		0.070		0.035		0.000
d[a]		-0.58		0.43		-0.06
p (G × G)	0.485		0.213		0.878	
eta²		0.006		0.010		0.002

PFK_{SB1} = Angst und Unsicherheit; PFK_{SB4} = Selbstaufwertung; PFK_{SB5} = Selbsterleben von Unterlegenheit

[a] eine negative Effektstärke d weist auf einen Unterschied zugunsten der Mädchen hin

Univariat finden sich Geschlechtsunterschiede sowohl in *„Angst und Unsicherheit"* (*PFK$_{SB1}$*) als auch in *„Selbstaufwertung"* (*PFK$_{SB4}$*). Erwartungsgemäß scoren die Mädchen höher im Bereich der allgemeinen Ängstlichkeit (d = −0.58) und zeigen eine geringere Tendenz, sich anderen gegenüber aufzuwerten (d = 0.43). Außerdem kann univariat ein kleiner Begabungseffekt auf der Skala *„Angst und Unsicherheit"* (*PFK$_{SB1}$*) beobachtet werden (d$_{HB\ vs.\ DB}$ = 0.30): Die Hochbegabten erreichen hier die geringsten Mittelwerte.

Ansonsten geht der multivariat gefundene Gruppeneffekt univariat einerseits darauf zurück, daß sich die durchschnittlich Leistenden sowohl auf der Skala *„Selbstaufwertung"* (*PFK$_{SB4}$*) als auch auf der Skala *„Selbsterleben von Unterlegenheit"* (*PFK$_{SB5}$*) deutlich von allen anderen Gruppen abheben (*PFK$_{SB4}$*: d$_{DL\ vs.\ HB,DB,HL}$ ≈ −0.60, *PFK$_{SB5}$*: d$_{DL\ vs.\ HB,DB,HL}$ ≈ −1.03). Die durchschnittlich Leistenden können mit einer geringen Neigung, sich anderen gegenüber hervorzutun, charakterisiert werden und äußern häufiger leistungsbezogene Minderwertigkeitsgefühle.

Dabei ist zu beachten, daß in allen Subgruppen, mit Ausnahme der durchschnittlich Leistenden, Bodeneffekte vorliegen, die für die Nivellierung potentieller Unterschiede verantwortlich sein können.

In *„Angst und Unsicherheit"* (*PFK$_{SB1}$*) heben sich die Hochbegabten von allen anderen Gruppen durch eine geringere Ausprägung allgemeiner Ängstlichkeit ab (d$_{HB\ vs.\ DB,HL,DL}$ ≈ 0.37). Die Hochleistenden dagegen haben hier die höchsten Werte. Mit M = 0.61 liegen sie jedoch weit unterhalb des theoretischen Mittels von M = 2.50 und können damit immer noch als wenig ängstlich charakterisiert werden.

VERHALTENSSTILE

Die MANOVA der drei Verhaltensstil-Skalen erbringt sowohl einen statistisch signifikanten Geschlechtseffekt (F$_{3;434}$ = 3.33; p = 0.020; eta²$_{multi}$ = 0.023) als auch einen statistisch signifikanten Gruppeneffekt (F$_{9;1056}$ = 10.58; p < 0.001; eta²$_{multi}$ = 0.068) bei Insignifikanz der Wechselwirkung beider Merkmale (F$_{9;1056}$ = 0.78; p = 0.640; eta²$_{multi}$ = 0.005).

Die nachfolgenden ANOVAs der Geschlechtsunterschiede weisen hauptsächlich auf *„Soziale und Bewertungsängstlichkeit"* (*PFK$_{VS1}$*) als unterschiedsstiftendes Merkmal hin. Die Differenz ist zwar mit d = 0.29 relativ klein, läßt sich aber auf dem 5%-Niveau statistisch sichern. Mädchen schreiben sich hier erwartungsgemäß mehr situationsspezifische Angst (z.B. in Leistungssituationen) zu und bezeichnen sich als in Streßsituationen irritierbarer (vgl. Tab. 3.11).

Werden die Mittelwertsunterschiede innerhalb der beiden Begabungs- bzw. Leistungsgruppen betrachtet, so differieren die durchschnittlich Leistenden in *„Sozialer und Bewertungsängstlichkeit"* von allen anderen Gruppen ($d_{DL \text{ vs. } HB,DB,HL} \approx 0.78$). Diese Jugendlichen stellen sich mit der höchsten Ausprägung an situationsspezifischer Angst dar, liegen damit aber genau im theoretischen Mittel der Skala.

In *„Ernst und introvertiert"* (*PFK$_{VS4}$*) sind es die durchschnittlich Begabten, die sich deutlich von allen anderen Gruppen unterscheiden ($d_{DB \text{ vs. } HB,HL,DL} \approx 0.62$). Sie beschreiben sich als besonders wenig schüchtern und zurückhaltend. Demgegenüber zeigen die Hochleistenden die höchste Ausprägung in diesem Merkmal.

Tab. 3.11: Mittelwert und Streuung in den 3 Verhaltensstil-Skalen des Persönlichkeitsfragebogen für Kinder – Kurzform (PFK-K) für 444 Schülerinnen und Schüler getrennt nach Hochbegabten (HB) und durchschnittlich Begabten (DB), Hochleistenden (HL) und durchschnittlich Leistenden (DL) sowie Ergebnisse der vierfaktoriellen Varianzanalysen „Gruppe (G) × Geschlecht (G)"

| | VERHALTENSSTILE | | | | | |
| | PFK$_{VS1}$ | | PFK$_{VS3}$ | | PFK$_{VS4}$ | |
GRUPPE	M	S	M	S	M	S
HB (N=107)	1.0	1.0	1.9	1.3	1.0	1.0
DB (N=107)	1.2	1.0	2.0	1.1	0.4	0.8
HL (N=118)	1.4	1.2	1.8	1.1	1.2	1.1
DL (N=112)	2.1	1.3	1.6	1.2	0.9	1.1
Ju (N=218)	1.2	1.2	1.9	1.3	0.9	1.0
Mä (N=226)	1.6	1.2	1.7	1.1	0.9	1.1
Alle	1.4	1.2	1.8	1.2	0.9	1.1
p (Gruppe)	<0.001		0.120		<0.001	
eta²	0.109		0.013		0.077	
p (Geschlecht)	0.019		0.184		0.301	
eta²	0.013		0.004		0.003	
d[a]	-0.29		0.16		0.05	
p (G × G)	0.266		0.742		0.874	
eta²	0.009		0.003		0.002	

PFK$_{VS1}$ = Soziale und Bewertungsängstlichkeit;
PFK$_{VS3}$ = Aktiv und Extravertiert;
PFK$_{VS4}$ = Ernst und Introvertiert

[a] eine negative Effektstärke d weist auf einen Unterschied zugunsten der Mädchen hin

ZUSAMMENFASSUNG WICHTIGER ERGEBNISSE

Nachfolgend werden kurz die wichtigsten Ergebnisse zusammengefaßt:

(a) Hochleistende Jugendliche unterscheiden sich in der Kurzform des Persönlichkeitsfragebogens für Kinder (PFK-K) erwartungsgemäß von durchschnittlich Leistenden vor allem bezüglich des Merkmales „Schulischer Ehrgeiz" (d = 0.89). Dies ist ein Hinweis auf die Validität der vorgenommenen Gruppenbildung. Ein weiterer Unterschied findet sich bei der gewaltsamen Durchsetzung von Bedürfnissen, die Hochleistende gegenüber ihrer Vergleichsgruppe seltener aggressiv vornehmen. Hochleistende weisen im Vergleich zu den anderen Subgruppen die höchsten Werte in der allgemeinen Ängstlichkeit auf. Es liegt jedoch keine extreme Ausprägung dieses Merkmals vor.

(b) Ähnlich wie in der Gruppe der Hochleistenden fallen die Unterschiede zwischen den Hochbegabten und den durchschnittlich Begabten bezüglich der Merkmale „Schulischer Ehrgeiz" und „Bedürfnis nach Ich-Durchsetzung" aus, können jedoch für die letztgenannte Skala nicht gegenüber dem Zufall abgesichert werden. Hochbegabte haben auch weniger allgemeine Angst. Zumindest tendenziell läßt sich dies auch für den Bereich der situationsspezifischen Ängste feststellen.

(c) Die Vergleichsgruppe durchschnittlich leistender Jugendlicher beschreibt sich gegenüber allen anderen Gruppen mit dem geringsten Drang, sich im sozialen Vergleich positiv darzustellen. Außerdem fühlen sie sich am häufigsten unterlegen („Den anderen gelingt meistens alles besser als mir") und leiden vermehrt unter Prüfungsangst. Sie stimmen häufiger zu, die Autorität der Eltern ungefragt anzuerkennen.

(d) Die durchschnittlich Begabten zeichnen sich mit der niedrigsten Neigung zur Introvertiertheit aus.

(e) In Übereinstimmung mit vielfältigen Befunden der Ängstlichkeitsforschung schreiben sich Mädchen generell höhere Angstwerte zu als Jungen. Jungen dagegen weisen eine stärkere Neigung auf, sich im sozialen Vergleich besonders positiv darzustellen („Meine Meinung ist oft richtiger als die Meinung von anderen").

3.3.4.2
Datenquelle „Eltern"

Die Eltern nehmen ihre Kinder sehr positiv wahr: Alle Subgruppenmittelwerte liegen oberhalb des theoretischen Mittelwertes. Wie aus Tabelle 3.8 des weiteren hervorgeht, gibt es in allen drei Beurteilergruppen eine bedeutsame Korrelation (r ≈ 0.29) mit dem für das Bildungsverhalten relevanten sozialen Status (*BRSS*) und mit „*Kognitive Leistungsfähigkeit*".

MÜTTER

Die 2 × 4 MANOVA mit den unabhängigen Variablen „Geschlecht" und „Gruppe" (Begabung / Leistung) und den vier Mutterskalen des PB als abhängige Variable erbringt bei einer statistisch insignifikanten Wechselwirkung „Geschlecht × Gruppe" ($F_{12;1287} = 1.71$; $p = 0.059$; $eta^2_{multi} = 0.016$) sowohl einen statistisch signifikanten Geschlechtseffekt ($F_{4;427} = 5.23$; $p < 0.001$; $eta^2_{multi} = 0.047$) als auch einen statistisch signifikanten Gruppeneffekt ($F_{12;1287} = 15.69$; $p < 0.001$; $eta^2_{multi} = 0.127$). Tabelle 3.12

dokumentiert die Mittelwerte und Streuungen sowie die Ergebnisse der univariaten Varianzanalysen.

Tab. 3.12: Mittelwerte und Streuungen in den 4 Skalen der „Persönlichkeitsbeurteilung durch die Mutter" (PB-M) für 438 Schülerinnen und Schüler getrennt nach Hochbegabten (HB) und durchschnittlich Begabten (DB), Hochleistenden (HL) und durchschnittlich Leistenden (DL) sowie die Ergebnisse der vierfaktoriellen Varianzanalysen „Gruppe (G) × Geschlecht (G)"

		MUTTER							
		$EMUN_{MU}$		$KOLEI_{MU}$		$SOKO_{MU}$		$SOAN_{MU}$	
GRUPPE		M	S	M	S	M	S	M	S
HB	(N=104)	21.7	7.3	38.8	4.9	33.2	4.2	16.3	5.0
DB	(N=107)	22.5	8.9	35.6	6.5	34.4	4.7	16.9	5.1
HL	(N=118)	18.8	6.4	42.5	3.9	34.1	3.6	16.2	4.9
DL	(N=109)	21.9	8.0	34.3	5.9	34.6	4.2	17.4	4.9
Ju	(N=213)	18.8	6.4	42.5	3.9	34.1	3.6	16.2	4.9
Mä	(N=225)	21.4	7.8	38.6	6.1	34.6	3.6	17.1	5.0
Alle	(N=438)	21.2	7.8	37.9	6.2	34.1	4.2	16.7	5.0
p (Gruppe)		<0.001		<0.001		0.106		0.189	
eta²		0.034		0.260		0.014		0.011	
p (Geschlecht)		0.213		0.005		0.023		0.081	
eta²		0.004		0.018		0.012		0.007	
d^a		-0.08		-0.26		-0.24		-0.17	
p (G × G)		0.358		0.341		0.121		0.414	
eta²		0.008		0.008		0.013		0.007	

EMUN = Emotionale Unreife; KOLEI = Kognitive Leistungsfähigkeit;
SOKO = Soziale Kompetenz; SOAN = Soziale Ängstlichkeit

[a] eine negative Effektstärke d weist auf einen Unterschied zugunsten der Mädchen hin

Geschlechtsunterschiede lassen sich hauptsächlich in *„Kognitive Leistungsfähigkeit"* (*KOLEI_{MU}*; d = −0.26) und *„Soziale Kompetenz"* (*SOKO_{MU}*; d = −0.24) beobachten. Mütter beschreiben Mädchen im Vergleich zu Jungen als fleißiger und mit einer positiveren Einstellung gegenüber dem Lernen. Außerdem nehmen die Mütter Mädchen als kooperationsbereiter wahr und sprechen ihnen mehr Interesse an Kontakt zu Gleichaltrigen zu.

Der multivariate Gruppeneffekt beruht univariat vor allem auf *„Kognitive Leistungsfähigkeit"* (*KOLEI_{MU}*). Erwartungsgemäß sind hier die Hochleistenden den durchschnittlich Leistenden prägnant überlegen (d = 1.66). Aber auch die Hochbegabten differieren mit d = 0.54 deutlich von den durchschnittlich Begabten. Beim Vergleich der „Ost-" mit den „Westgruppen" übertreffen die Hochleistenden die Hochbegabten, was ihre Arbeitshaltung und ihre Einstellung zum Lernen angeht (d = 0.85). Dagegen fällt der Unterschied zwischen den durchschnittlich Leistenden und den durchschnittlich Begabten nicht statistisch signifikant aus (d = 0.22).

Ein kleinerer Begabungs-/ Leistungseffekt findet sich auf der Skala *„Emotionale Unreife"* ($EMUN_{MU}$). Er verschwindet jedoch bei kovarianzanalytischer Kontrolle des für das Bildungsverhalten relevanten Sozialen Status (*BRSS*) und wird deshalb nicht weiter interpretiert.

VÄTER

Tab. 3.13: Mittelwerte und Streuungen in den 4 Skalen der „Persönlichkeitsbeurteilung durch den Vater" (PB-V) für 412 Schülerinnen und Schüler der achten und neunten Jahrgangsstufe, getrennt nach Hochbegabten (HB) und durchschnittlich Begabten (DB), Hochleistenden (HL) und durchschnittlich Leistenden (DL) sowie Ergebnisse der vierfaktoriellen Varianzanalysen „Gruppe (G) × Geschlecht (G)"

VATER

		$EMUN_{VA}$		$KOLEI_{VA}$		$SOKO_{VA}$		$SOAN_{VA}$	
GRUPPE		M	S	M	S	M	S	M	S
HB	(N= 96)	22.5	7.5	38.4	5.9	32.7	4.8	16.0	4.3
DB	(N=102)	24.2	8.1	34.9	6.1	33.6	4.5	17.5	4.8
HL	(N=108)	20.8	6.5	42.4	3.4	33.4	3.8	16.5	4.8
DL	(N=106)	23.0	8.0	34.0	6.2	33.1	4.3	17.5	4.9
Ju	(N=206)	22.4	7.7	36.6	6.8	32.8	4.7	16.7	4.5
Mä	(N=206)	22.8	7.5	38.3	6.0	33.6	3.9	17.0	4.9
Alle	(N=412)	22.6	7.6	37.5	6.4	33.2	4.4	16.9	4.7
p (Gruppe)		0.009		<0.001		0.582		0.026	
eta²		0.028		0.274		0.005		0.023	
p (Geschlecht)		0.367		0.008		0.070		0.710	
eta²		0.002		0.017		0.008		0.000	
d[a]		-0.05		-0.27		-0.19		-0.06	
p (G × G)		0.461		0.561		0.711		0.282	
eta²		0.006		0.005		0.003		0.009	

EMUN = Emotionale Unreife; KOLEI = Kognitive Leistungsfähigkeit; SOKO = Soziale Kompetenz; SOAN = Soziale Ängstlichkeit

[a] eine negative Effektstärke d weist auf einen Unterschied zugunsten der Mädchen hin

In der Vätergruppe gibt es multivariat einen kleineren statistisch signifikanten Geschlechtseffekt ($F_{4;401}$ = 3.13; p = 0.015; eta^2_{multi} = 0.030) und einen großen statistisch signifikanten Gruppeneffekt ($F_{12;1199}$ = 16.36; p < 0.001; eta^2_{multi} = 0.141) bei insignifikanter Wechselwirkung der beiden Merkmale ($F_{12;1199}$ = 1.06; p = 0.393; eta^2_{multi} = 0.010).

Wie die univariaten Analysen (vgl. Tab. 3.13) zeigen, beruht der multivariate Geschlechtseffekt hauptsächlich auf *„Kognitive Leistungsfähigkeit"* ($KOLEI_{VA}$) und *„Soziale Kompetenz"* ($SOKO_{VA}$). Väter (wie auch die Mütter) nehmen die Mädchen als fleißiger, arbeitsamer und kognitiv leistungsfähiger wahr (d = −0.27). Tendenziell beschreiben die Väter – ebenso wie die Mütter – die Mädchen als sozial kompetenter als die Jungen, wobei der Effekt nur knapp das 5%-Niveau verfehlt (d = −0.19).

Ursächlich für den Begabungs- / Leistungseffekt ist, den univariaten Analysen zufolge, vor allem die Skala *„Kognitive Leistungsfähigkeit"* ($KOLEI_{VA}$): Hochleistende und durchschnittlich Leistende unterscheiden sich um mehr als 1.5 Standardabweichungen voneinander (d = 1.70), Hochbegabte und durchschnittlich Begabte im Bereich einer halben Standardabweichung (d = 0.58).

Die Größe der Effektstärkenmaße entspricht dabei fast genau der in der Müttergruppe. Beim Vergleich von „Ost-" und „Westgruppen" zeigt sich auch in der Väter- wie in der Müttergruppe ein identisches Bild: Hochleistende schneiden auch gegenüber den Hochbegabten deutlich besser ab (d = 0.85), und zwischen durchschnittlich Begabten und durchschnittlich Leistenden läßt sich kein statistisch signifikanter Unterschied feststellen (d = 0.14).

In *„Emotionale Unreife"* gibt es einen kleineren Gruppeneffekt. Folgende Rangfolge deutet sich an:

HL > HB > DL ≈ DB.

Ein ebenfalls kleiner Leistungs-/ Begabungseffekt dokumentiert sich in *„Ängstlichkeit"* ($SOAN_{VA}$) und geht in erster Linie auf den Unterschied zwischen den Hochbegabten und ihrer Vergleichsgruppe zurück (d = 0.32, nicht statistisch zu sichern).

Der Vergleich von „Ost"- und „West"-Gruppen bezüglich der Skalen *„Emotionale Unreife"* und *„Ängstlichkeit"* dagegen erbringt kein eindeutig zu interpretierendes Ergebnis. So läßt sich in diesen Skalen kein „Ost-West"-Effekt ausmachen. Daher wird auf eine weitergehende Analyse verzichtet.

3.3.4.3

Datenquelle „Lehrkräfte"

Für die Persönlichkeitsbeurteilung durch die Lehrkraft zeigt sich multivariat sowohl ein signifikanter Geschlechtsunterschied ($F_{4;429} = 7.35$; $p < 0.001$; $eta^2_{multi} = 0.064$) als auch ein signifikanter Begabungs- bzw. Leistungseffekt ($F_{12;1135} = 38.92$; $p < 0.001$; $eta^2_{multi} = 0.262$). Eine Wechselwirkung beider Merkmale tritt dagegen nicht auf ($F_{12;1135} = 0.85$; $p = 0.596$; $eta^2_{multi} = 0.008$).

Tab. 3.14: Mittelwerte und Streuungen in den 4 Skalen der „Persönlichkeitsbeurteilung durch die Lehrkraft" (PB-L) für 441 Schülerinnen und Schüler getrennt nach Hochbegabten (HB) und durchschnittlich Begabten (DB), Hochleistenden (HL) und durchschnittlich Leistenden (DL) sowie die Ergebnisse der vierfaktoriellen Varianzanalysen „Gruppe (G) × Geschlecht (G)"

		LEHRKRAFT							
		$EMUN_{LE}$		$KOLEI_{LE}$		$SOKO_{LE}$		$SOAN_{LE}$	
GRUPPE		M	S	M	S	M	S	M	S
HB	(N=107)	19.6	7.2	36.0	7.0	30.5	5.1	17.1	5.7
DB	(N=106)	22.5	8.2	29.1	8.7	27.9	6.5	19.6	6.4
HL	(N=117)	16.0	7.3	42.9	3.7	32.3	5.4	15.8	4.6
DL	(N=111)	21.7	8.2	23.7	6.2	30.1	5.4	21.7	5.8
Ju	(N=217)	20.3	8.5	32.0	10.1	29.2	6.3	17.9	6.2
Mä	(N=224)	19.5	7.7	34.1	9.5	31.3	5.2	19.1	6.0
Alle	(N=441)	19.9	8.1	33.1	9.8	30.3	5.8	18.5	6.1
p (Gruppe)		<0.001		<0.001		<0.001		<0.001	
eta²		0.101		0.560		0.067		0.138	
p (Geschlecht)		0.534		0.001		<0.001		0.040	
eta²		0.001		0.025		0.028		0.010	
d[a]		0.09		-0.21		-0.37		-0.20	
p (G × G)		0.513		0.154		0.566		0.336	
eta²		0.005		0.012		0.005		0.008	

EMUN = Emotionale Unreife; KOLEI = Kognitive Leistungsfähigkeit; SOKO = Soziale Kompetenz; SOAN = Soziale Ängstlichkeit

[a] eine negative Effektstärke d weist auf einen Unterschied zugunsten der Mädchen hin

Bei den Lehrkräften dokumentiert sich der multivariate Geschlechtseffekt univariat hauptsächlich in „*Soziale Kompetenz*" (*$SOKO_{LE}$*) und in „*Kognitive Leistungsfähigkeit*" (*$KOLEI_{LE}$*). Die Mädchen werden deutlich mehr interessiert am Kontakt mit anderen beschrieben als die Jungen ($d = -0.37$). Außerdem kennzeichnen die Lehrkräfte die Mädchen als arbeitsamer und schreiben ihnen einen höheren Wissensdurst zu ($d = -0.21$). Einen weiteren Effekt ($d = -0.20$) gibt es – wiederum zugunsten der Mädchen – in *„Soziale Ängstlichkeit"* ($SOAN_{LE}$) (vgl. Tab. 3.14).

Beide Zielgruppen (Hochbegabte bzw. Hochleistende) heben sich erwartungsgemäß prägnant von ihrer jeweiligen Vergleichsgruppe (durchschnittlich Begabte bzw. Leistende) in *„Kognitiver Leistungsfähigkeit"* ab ($d_{HL\,vs.\,DL} = 3.76$; $d_{HB\,vs.\,DB} = 0.88$). Der Unterschied zwischen Hochleistenden und durchschnittlich Leistenden ist durch die Stichprobenselektion bedingt und kann in diesem Zusammenhang als Validitätshinweis für die Stichprobenauswahl gewertet werden. Der Unterschied zwischen den beiden nach Begabungskriterien selegierten Gruppen ist ein Beleg dafür, daß die Leistungsfähigkeit der Hochbegabten gegenüber den durchschnittlich Begabten auch durch die Lehrkräfte wahrgenommen wird. Wie zuvor dargestellt, findet sich auch in dieser Beurteilergruppe eine bedeutsame Korrelation mit dem *BRSS*. Bei kovarianzanalytischer Auspartialisierung verschwindet der Effekt nicht.

In den übrigen drei Skalen lassen sich ebenfalls deutliche Begabungs- und Leistungsgruppenunterschiede beobachten. Die Lehrkräfte heben in *„Emotionale Unreife"*, *„Soziale Kompetenz"* und *„Ängstlichkeit"* die Hochleistenden gegenüber ihrer Vergleichsgruppe deutlich positiv hervor ($d_{HL\,vs.\,DL} \approx 0.76$). Ähnliches gilt auch für die Hochbegabtengruppe, wobei die Effekte hier etwas niedriger ausfallen ($d_{HB\,vs.\,DB} \approx 0.41$). Damit werden sowohl die Hochleistenden als auch die Hochbegabten als emotional belastbarer, mehr an Kontakten interessiert und sozial aktiver sowie als weniger ängstlich geschildert. Dabei ist zu bedenken, daß einiges dafür spricht, daß die Lehrkräfte die Jugendlichen auf dem Hintergrund der erreichten Noten beurteilen, so daß diese Befunde auch im Sinne eines Halo-Effekts interpretierbar sind.

3.3.4.4
Zusammenfassung wichtiger Ergebnisse

Im folgenden sollen noch einmal wichtige Ergebnisse wiedergegeben werden:

(a) Hinsichtlich der Unterschiede zwischen hoch- und durchschnittlich leistenden Jugendlichen ist es in allen drei Beurteilergruppen erwartungsgemäß die Skala *„Kognitive Leistungsfähigkeit"*, die beide Gruppen deutlich trennt. Außerdem finden sich Unterschiede in der Elternbeurteilung auf der Skala *„Emotionale Unreife"*. Sie fallen zugunsten der Hochleistenden aus. Insgesamt bewerten die Lehrkräfte die Hochleistenden in allen Merkmalen deutlich günstiger als die Jugendlichen ihrer Vergleichsgruppe.

(b) Auch die Hochbegabten heben sich im Urteil aller Bezugsgruppen vor allem hinsichtlich ihrer *„Kognitiven Leistungsfähigkeit"* von ihrer Vergleichsgruppe ab, jedoch sind die Effekte hier etwas geringer. Die Unterschiede zwischen den beiden Begabungsgruppen fallen in der Lehrerbeurteilung ähnlich aus wie bei den beiden Leistungsgruppen.

(c) Alle drei Beurteilergruppen (Mütter, Väter und Lehrkräfte) stimmen darin überein, daß die Mädchen eifriger beim Wissenserwerb und arbeitsamer sind als die Jungen. Dies deckt sich mit den

Befunden in der Literatur und wird auch durch das Alltagswissen bestätigt. Außerdem werden die Mädchen sowohl durch ihre Eltern als auch durch ihre Lehrer übereinstimmend günstiger hinsichtlich ihrer sozialen Fertigkeiten (Kontaktfreude, Interesse an Gleichaltrigen) charakterisiert. Hinzu kommt, daß die Lehrkräfte die Ängstlichkeit der Mädchen im Zusammenhang mit schlecht überschaubaren sozialen Situationen höher einschätzen als die der Jungen. Insgesamt spricht die Replikation der in der Literatur vielfach berichteten Geschlechtsunterschiede für die Qualität der Stichprobe.

3.4
DISKUSSION

Auf dem Hintergrund der in der einschlägigen Literatur gehäuft geäußerten Vermutung, eine außergewöhnlich Begabung ginge mit einem erhöhten psychosozialen Risiko einher, wurden 107 Hochbegabte mit 107 durchschnittlich Begabten verglichen. Um weitere Hinweise zu erhalten, wie darüber hinaus die Persönlichkeitsvariablen mit dem Schulerfolg zusammenhängen, wurden 118 Hochleistende mit 112 durchschnittlich Leistenden kontrastiert.

Die Persönlichkeitsmerkmale der Jugendlichen haben wir mit Hilfe einer Kurzform des „Persönlichkeitsfragebogens für Kinder PFK 9–14" von Seitz & Rausche (1976) erfragt. Erhoben wurden des weiteren Mütter-, Väter- und Lehrkraftbeurteilungen anhand eines vier Skalen umfassenden Persönlichkeitsfragebogens (in Anlehnung an Block & Block [1980] und Göttert & Asendorpf [1989]). Bemerkenswert ist in diesem Zusammenhang, daß es auch in dieser Phase des Marburger Hochbegabtenprojekts gelang – ähnlich wie in der vorangegangenen Phase (vgl. Rost 1993a) – insgesamt von 99% der Jugendlichen Mütterbeurteilungen und von 93% Väterbeurteilungen zu erhalten. Für 99% der Jugendlichen liegen Lehrerurteile vor.

Die aufgrund der in der vorhergehenden Projektphase gewonnenen Erfahrungen postulierte Vierzehn-Komponentenstruktur des PFK konnte im Großen und Ganzen repliziert werden, jedoch unterschieden sich die Begabungs- und Leistungsgruppen geringfügig in der komponentenanalytisch vorgefundenen Struktur. Daher bildete ich elf gemeinsame Skalen, die bezüglich ihrer psychometrischen Qualität als für Gruppenvergleiche hinreichend bezeichnet werden können. Für die „Persönlichkeitsbeurteilung durch die Bezugspersonen" gelang es, für alle Gruppen übereinstimmend, vier Skalen zu bilden, die inhaltlich in etwa den Mütterskalen in Phase II (Rost 1993b) entsprechen.

Wie unter 3.1.1.2 dargestellt, gilt der sozioökonomische Status als eine den Zusammenhang von Persönlichkeitsmerkmalen und Begabung moderierende Variable. Dies wurde dann bei meiner Auswertung berücksichtigt, wenn die *BRSS*-Korrelation mit der abhängigen Variable als bedeutsam ($r > 0.15$) erachtet wurde.

3.4.1

Hochbegabte

Die beiden Begabungsgruppen (Hochbegabte vs. durchschnittlich Begabte) unterscheiden sich nur wenig. Dennoch sind die Tendenzen klar und stehen im Wesentlichen im Einklang mit den eingangs formulierten Hypothesen (vgl. 3.1.3).
Die Hochbegabten heben sich vor allem in den leistungsnahen Variablen prägnant von der Vergleichsgruppe durchschnittlich Begabter ab: Sie liegen, was die Freude an schulischem Arbeiten betrifft, um ein Drittel Standardabweichung höher als die hinsichtlich ihrer Begabung „normalen" Jugendlichen. Noch deutlicher ist der Unterschied in der Mütter- bzw. Väterbeurteilung: Die Eltern schätzen intellektuell herausragende Jugendliche im Vergleich zur Durchschnittsgruppe bezüglich ihrer Arbeitshaltung und der positiven Einstellung zum Wissenserwerb über eine halbe Standardabweichung höher ein. Dies deckt sich mit den Befunden in der Literatur (vgl. 3.1.1.2). Auch in Phase II des Marburger Hochbegabtenprojekts (Rost 1993b) deutete sich dieser Effekt an.

Mögliche Einwände, die Jugendlichen würden im normalen Schulkontext nicht genügend gefordert und setzten ihre hohe intellektuelle Potenz nicht erkennbar in Schulleistung um, kann ich – zumindest bezüglich unserer Stichprobe – nicht bestätigen. Denn, betrachtet man den Schulerfolg gemessen am Zeugnisnotendurchschnitt (gebildet über die Fächer Deutsch und Mathematik, sowie Durchschnitt des fremdsprachlichen und des naturwissenschaftlichen Bereichs), so muß von erfolgreichen Schülern gesprochen werden, da deren Notendurchschnitt bei einem Mittelwert von 2.35 ($S = 0.7$) liegt – gegenüber einem Notendurchschnitt von 3.2 ($S = 0.7$) bei den durchschnittlich Begabten. Das schließt natürlich nicht aus, daß es unter den Hochbegabten auch „Underachiever" gibt. In unserer Gruppe von 107 Hochbegabten finden sich vier Sitzenbleiber und zusätzlich zwei Jugendliche auf der Realschule und einer auf der Hauptschule (etwa 6.5% der Gesamtgruppe). Setzt man zur Identifikation als „Underachiever" ein schwächeres Kriterium (z.B. Notendurchschnitt unterhalb von 3.0), so finden sich in unserer Gruppe zusätzlich noch weitere neun Jugendliche mit schlechten Schulleistungen. Zusammen entspricht das 15% der Gesamtgruppe und liegt in etwa bei der von Rost & Hanses (1997) bzw. Hanses & Rost (1998) veranschlagten Quote (vgl. 3.1.1.2).

Letztlich kann also davon ausgegangen werden, daß die meisten der von uns untersuchten Jugendlichen im normalen Schulsystem integriert sind und auch entsprechend gute Schulleistungen erbringen. Darüber hinaus zeichnen sie sich durch Freude am Lernen, Wißbegierde und eine positive Arbeitshaltung aus. Die Ausprägung auf leistungsnahen Persönlichkeitsmerkmalen scheint bei den Hochbegabten stärker mit deren Leistungserfolg zusammenzuhängen als mit ihrer Begabung. So zeigt sich bei Auspartialisierung der Durchschnittsnote, daß sowohl in der Selbstbeurteilung (*„Schulischer Ehrgeiz"*, PFK_{MO3}) als auch in der Fremdbeurteilung durch Mütter und Väter (*„Kognitive Leistungsfähigkeit"*, PB-E_{KOLEI}) der gefundene Effekt verschwindet. (Um es an dieser Stelle bereits vorwegzunehmen: Partialisiert man umgekehrt die Begabung bei den Leistungsgruppen in den genannten PFK-K und PB-Skala aus, zeigt sich, daß sich die Effekte in keiner der Urteilergruppen nennenswert verändern.)

Hinsichtlich der selbstbeurteilten Geselligkeit gibt es zwischen beiden Begabungsgruppen lediglich kleine Unterschiede: Im eigenbeurteilten *„Sozialen Engagement"* liegen die Hochbegabten numerisch höher als die Vergleichsgruppe, wobei zu beachten ist, daß dieses Konzept relativ schulnah (z.b. als „sich über den Erfolg anderer freuen") erfragt wurde. Dagegen scoren die Hochbegabten bezüglich der Bereitschaft, Freundschaften einzugehen, niedriger als die durchschnittlich Begabten. Die Kontaktbereitschaft und Kooperation der Hochbegabten mit Gleichaltrigen beurteilen die Eltern zumindest numerisch etwas ungünstiger als die Eltern es für die durchschnittlich Begabten vornehmen. In Phase II (Rost 1993b) fanden sich dagegen weder hinsichtlich der selbsteingeschätzten noch der fremdeingeschätzten sozialen Variablen Gruppenunterschiede. Beide untersuchten Gruppen liegen aber oberhalb des theoretischen Mittels. Zwar sind diese Merkmale bei den durchschnittlich Begabten stärker positiv ausgeprägt, die Unterschiede sind jedoch klein und nicht überzufällig. Von einer Unbeliebtheit oder gar fehlenden Integration der Hochbegabten kann daher nicht gesprochen werden.

Die in früheren Studien gefundene geringere Ängstlichkeit von Hochintelligenten (vgl. 3.1.1.2) kann auch für die von uns untersuchten hochbegabten Jugendlichen festgestellt werden. So scoren die Zielgruppenjugendlichen sowohl in den Skalen, die die situationsspezifische als auch die allgemeine Ängstlichkeit messen, niedriger als die Jugendlichen der Vergleichsgruppe. Auch Väter nehmen die Hochintelligenten tendenziell als weniger ängstlich wahr, Mütter sehen dagegen keinen Unterschied zu den durchschnittlich Begabten. Bereits in Projektphase II wurde dies gefunden: Hier zeigten sich auf den PFK-Skalen *„Ängstlichkeit"* und *„Soziale Bewertung – Ängstlichkeit"* Effekte in ähnlicher Größenordnung. Beim Mutterrating bezüglich *„Autonomie und Ich-Stärke"* konnte ebenfalls kein Unterschied zwischen den Gruppen beobachtet werden (Rost 1993b); bei den Vätern dagegen wurde diese Skala damals nicht erhoben. Damit kann zusammenfassend festgestellt werden, daß die bereits im Kindesalter registrierte geringere Ängstlichkeit auch bei den Jugendlichen wieder festgestellt werden kann. Sucht man nach Erklärungen, so trifft man eigentlich immer nur auf Aussagen, die das Gegenteil, also eine größere Angstneigung der Hochbegabten, begründen wollen (z.B. „das Asynchronie-Syndrom", Terrassier 1982). Aufgrund der dargestellten Forschungslage, der Ergebnisse des Marburger Hochbegabtenprojekts im Grundschulalter (Rost 1993a) und unserer Ergebnisse bei den Jugendlichen ist das jedoch nicht haltbar. Weitere Forschung erscheint dringend angebracht: So könnte z.B. mit Hilfe eines differenzierten Angsttests (z.B. des Differentiellen Leistungsangst Inventars [DAI] von Rost & Schermer 1997) herausgefunden werden, in welchen Facetten der Ängstlichkeit (z.B. Angstbewältigung) die Hochbegabten anderen Schülern überlegen sind.

Was die angeblich problematische emotionale Verfassung der Hochbegabten angeht, so konnte ich dafür keine Anhaltspunkte finden. Auf keiner der entsprechenden Skalen („*Bedürfnis nach Ich-Durchsetzung*" und „*Selbsterleben von Unterlegenheit*" des *PFK-K*; „*Emotionale Unreife*" des *PB-Eltern*) zeigen sich Unterschiede zu*un*gunsten der Hochintelligenten, im Gegenteil, numerisch liegen die Hochbegabten in diesen Merkmalen sogar günstiger als die durchschnittlich Begabten und dokumentieren damit eine stabilere psychische Konstitution. In Phase II konnte Rost (1993b) für „*Selbsterleben von Unterlegenheit*" (PFK_{SB5}) einen überzufälligen Effekt zugunsten der Hochbegabten nachweisen. Dies kann nun jedoch nur tendenziell bei den Jugendlichen repliziert werden. Ein Grund dafür liegt wahrscheinlich im Bodeneffekt dieser Skala. Genau wie in Phase II sind die Hochbegabten deutlich weniger abhängig vom Urteil Erwachsener als die Vergleichsgruppe.

Bei der Lehrerbeurteilung hängen die Skalen überdurchschnittlich hoch miteinander zusammen und korrelieren darüber hinaus auch mit dem Notendurchschnitt. Partialisiert man den Durchschnittsnote aus, so verschwinden die Effekte auf den Skalen „*Emotionale Unreife*", „*Soziale Kompetenz*" und „*Ängstlichkeit*", so daß davon ausgegangen werden muß, daß die Beurteilung der Lehrkräfte auf diesen Dimensionen stärker von den Noten abhängig ist. Im übrigen hat der Effekt auf der Skala „*Kognitive Leistungsfähigkeit*" auch nach statistischer Kontrolle der Noten auf dem 5%-Niveau Bestand, wobei der Unterschied zwischen den Begabungsgruppen dann immerhin noch ein Drittel Standardabweichung beträgt. Wird aber darüber hinaus der sozioökonomische Status berücksichtigt, so fällt auch hier der Effekt unter die Signifikanzgrenze. Die Lehrer orientieren sich offensichtlich in ihrer Beurteilung neben dem Schulerfolg auch an der Schichtzugehörigkeit (vgl. dazu Tent, Fingerhut & Langfeldt 1976). Es kann daher gefolgert werden, daß die Lehrkräfte die „*Kognitive Leistungsfähigkeit*" nur dann erkennen können, wenn sie sich in entsprechenden Leistungen dokumentiert.

So zeigten auch Rost & Hanses (1997) die Abhängigkeit der Effektivität von Hochbegabtenidentifikationen von den erbrachten Schulzensuren. Die Autoren analysierten in der Zielgruppe des Marburger Hochbegabtenprojekts (N = 151 Hochbegabte; Erhebungphase I) die durch die Lehrerkräfte eingeschätzte intellektuelle Kompetenz (– 3 = „extrem schwach" bis +3 = „exzellent"). Dabei benötigten die Lehrkräfte beispielsweise eine Benennungsquote von 25%, um den überwiegenden Teil (92%) der Hochintelligenten mit guten Schulleistungen („Achiever") zu identifizieren. Dagegen wäre eine Nominierungsquote von über 60% erforderlich, um einen ähnlichen Prozentsatz hochbegabter Minderleistender („Underachiever") als zur Hochintelligentengruppe zugehörig zu entdecken.

Zusammenfassend können damit die Hochbegabten als im Schulsystem gut integriert und schulisch erfolgreich sowie sozial unauffällig, psychisch besonders stabil und selbstbewußt charakterisiert werden. Berücksichtigt man dazu noch die vergleichbaren Befunde des Marburger Hochbegabtenprojekts im Grundschulalter, lassen sich die in der (vorwiegend nicht-empirischen) Literatur immer wieder herausgestellten besonderen psychosozialen Probleme Hochbegabter als schlichte Vorurteile entlarven.

3.4.2
Hochleistende

Beim Vergleich der beiden nach Leistung ausgewählten Gruppen finden sich ebenfalls Unterschiede in den Persönlichkeitsmerkmalen, wobei offensichtlich die Gruppe der durchschnittlich Leistenden nach unten abweicht. So zeichnet sich diese Gruppe nicht nur gegenüber der Gruppe der Hochleistenden, sondern auch gegenüber den beiden Begabungsgruppen dadurch aus, daß ihnen wenig daran liegt, sich im sozialen Vergleich positiv darzustellen. Sie fühlen sich häufiger unterlegen, leiden deutlich mehr unter Prüfungsangst und sind erkennbar häufiger abhängig von der Meinung Erwachsener. Diese Gruppe sollte eigentlich hinsichtlich ihrer Persönlichkeitsmerkmale mit der Gruppe durchschnittlich Begabter vergleichbar sein, da sie sich weder hinsichtlich ihrer Intelligenz noch hinsichtlich ihrer Noten von diesen abheben. Unterschiede bestehen aber zum einen in der Beschulung der durchschnittlich Leistenden und zum anderen in regionalen Besonderheiten („Ostgruppe"). So besuchen weniger als die Hälfte der durchschnittlich Begabten das Gymnasium (45%), wogegen die durchschnittlich Leistenden sich allesamt in diesem höchsten Bildungszweig befinden. Auf welches der beiden genannten Merkmale die gefundenen Unterschiede zurückgeführt werden müssen, also auf die Art der Beschulung oder auf die Besonderheiten der östlichen Bundesländer (gesamtgesellschaftlicher Umbruch nach der Vereinigung, tiefgreifende Veränderungen im Schulsystem), kann nicht in jedem Fall entschieden werden. Darüber hinaus könnte man auch eine Wechselwirkung dieser beiden Merkmale vermuten.

Die Hochleistenden differieren erwartungsgemäß in den leistungsnahen Persönlichkeitsvariablen deutlich von ihrer Vergleichsgruppe. Dies war durch die Selektion intendiert und kann damit als Validitätshinweis bezüglich der Gruppenauswahl gewertet werden. So bescheinigen sich die Hochleistenden einen hohen schulischen Ehrgeiz: Dieser Eifer wird von vielen Forschern als eine Voraussetzung für gute Schulleistung angesehen. So argumentiert z. B. Bloom (1976; zit. n. Weinert & Petermann 1980), der als bedeutsame Schülermerkmale zur Erklärung von Lern- und Leistungsdifferenzen neben den kognitiven Fähigkeiten und dem Selbstkonzept eigener Tüchtigkeit vor allem auf die aufgabenrelevante Motivation und die allgemein positive Einstellung gegenüber der Schule und dem Lernen aufmerksam macht.

Auch in anderen Erklärungsmodellen spielen diese Persönlichkeitsmerkmale des Schülers eine wesentliche Rolle (siehe dazu Weinert & Petermann 1980). Daß darüber hinaus aber die hoch positive Eltern- und Lehrkrafteinschätzung der „Kognitiven Leistungsfähigkeit" als Ergebnis der erbrachten Schulleistung angesehen werden kann, wurde bereits im vorherigen Abschnitt (3.4.1) erläutert.

In „Ernst und introvertiert" (PFK_{VS4}) liegen die Hochleistenden – ähnlich wie die Hochbegabten – gegenüber ihrer Vergleichsgruppe etwas niedriger. In „Bereitschaft *zu sozialem Engagement"* (PFK_{MO4}) finden sich keine Unterschiede. Auch in der Mutterbeurteilung werden die durchschnittlich Leistenden im Hinblick auf sozialen Kontakt und Kooperationsbereitschaft („Kommt gut mit anderen Jugendlichen aus", „Ist hilfsbereit und kooperativ") positiver beurteilt. Die Väter dagegen stellen die Hochleistenden in diesem Merkmal günstiger dar. Demnach lassen sich zumindest Hinweise auf ein – gegenüber ihrer Vergleichsgruppe – geringeres Interesse Hochleistender an Kontakt und eine weniger stark ausgeprägte Bereitschaft, Freundschaften einzugehen, finden. Allerdings liegen die Hochleistenden, wie schon betont, weiterhin im positiven Bereich, und die Effekte sind nicht sehr deutlich. Brody & Benbow (1986) kommen zu einem sehr ähnlichen Ergebnis. Die Autoren mutmaßen, die geringere selbstbeurteilte Popularität der Hochleistenden wäre als eine Funktion ihrer überragenden Intelligenz zu sehen, die es ihnen schwer mache, sich in einer bestehenden Gruppe zu integrieren. Dies läßt sich jedoch aus unserer Sicht nicht untermauern. Wahrscheinlicher scheint uns – vor allem angesichts der größeren Differenzen in der Hochleistendengruppe –, daß dieser Effekt vielmehr auf die guten Schulleistungen zurückgeführt werden muß. Dabei besteht die Möglichkeit, daß sich die Jugendlichen von anderen als „Streber" betrachtet fühlen und / oder daß sie befürchten, nur wegen der guten Noten als Freund begehrt zu werden (vgl. dazu Kap. 8).

Die Hochleistenden selbst schreiben sich von allen betrachteten Gruppen – entgegen der Hypothese – zumindest tendenziell die höchste Ausprägung an allgemeiner Ängstlichkeit zu, wobei sie sich dabei immer noch im positiven Bereich bewegen. Anders fallen die Beurteilungen der Eltern aus, die den Hochleistenden – zumindest numerisch – geringere Ängstlichkeitswerte als den anderen Gruppen zuweisen. Für die Angst in Prüfungs- und Bewertungssituationen bleibt festzuhalten, daß diese bei den Hochleistenden deutlich geringer als bei den durchschnittlich Leistenden ausgeprägt ist. Dies ist verständlich: Auf dem Hintergrund der überragenden Noten sollte die Befürchtung, in Prüfungen zu versagen, deutlich geringer ausgeprägt sein.

Die schulisch leistungsexzellenten Jugendlichen sind wenig bestrebt, ihren Willen aggressiv durchzusetzen und können ihre Emotionen besser kontrollieren (z.B. geringe Zustimmung bei Items wie „Wenn ich mich ärgere, schlage ich aus Wut die Türen zu"). Das unterscheidet sie deutlich von ihrer Vergleichsgruppe (vgl. auch Kap. 5). Darüber hinaus werden die Hochleistenden gegenüber den durchschnittlich Leistenden von ihren Eltern in ihrem Verhalten als besonders reif und als emotional stabil angesehen. Auch Butcher et al. (1963) beobachteten in ihrer Stichprobe einen Zusammenhang zwischen Schulleistung und Verantwortungsbewußtsein. Hinzu kommen Befunde zu negativen Zusammenhängen zwischen Schulleistung und Neurotizismus bzw. Psychotizismus (vgl. 3.1.2.1). Letztlich kann aufgrund dieser Ergebnisse eine größere emotionale Stabilität und eine verantwortungsbewußtere Haltung Hochleistender angenommen werden.

Deutlicher als bei den Elternbeurteilungen fällt die Charakterisierung durch die Lehrkräfte zugunsten der Hochleistenden aus, was auch zu erwarten ist, da – wie bereits oben festgestellt – das Urteil der Lehrer durch die Noten beeinflußt wird. Aufgrund dieser Notenabhängigkeit des Lehrerurteils wird hier auf eine weitere Integration der Befunde verzichtet.

Zusammenfassend kann ich angesichts der Ergebnisse für leistungsbeste Schüler resümieren, daß diese Schüler als emotional besonders belastbar und verantwortungsbewußt charakterisiert werden können. In vielen Persönlichkeitsfacetten sind sie außerdem als unauffällig und damit als „völlig normal" zu bezeichnen.

LITERATUR

Achenbach, T.M. & Edelbrock, C. (1983). Manual for the Child Behavior Checklist and Revised Child Behavior Profile. Burlington, VT: University of Vermont.

Achenbach, T.M. & Edelbrock, C. (1983). Manual for the Child Behavior Checklist – Teacher's Report Form and Teacher Version of the Child Behavior Profile. Burlington, VT: University of Vermont.

Allik, J. & Realo, A. (1997). Intelligence, academic abilities, and personality. Personality and Individual Difference, 23, 809–814.

Amthauer, R. (1955). Intelligenz-Struktur-Test. Göttingen: Hogrefe.

Bartenwerfer, H. (Hrsg.)(1988). Besondere Begabung in der normalen Schule – Forschung, Beratung, pädagogischer Auftrag. Frankfurt / M.: Gesellschaft zur Förderung Pädagogischer Forschung.

Beck, A.T., Ward, C.H., Mendelson, M., Mock, J. & Erbaugh, J. (1961). An inventory for measuring depression. Archives of General Psychiatry, 4, 561–571.

Becker, G. (1978). The mad genius controversy: A study in the sociology of deviance. Beverly Hills, CA: Sage.

Beer, J. (1991). Depression, general anxiety, test anxiety, and rigidity of gifted junior high and high school children. Psychological Reports, 69, 1128–1130.

Berg, D. & Imhof, M. (1997). Validierungsstudie zum Persönlichkeitsfragebogen für Kinder PFK 9–14. Diagnostica, 43, 113–133.

Block, J. & Block, J. (1980). The role of ego-control and ego-resiliency in the organization of behavior. In Collins, W.A. (Ed.). Minnesota symposium on child psychology. Vol. 13. Hillsdale, NJ: Erlbaum, 39–101.

Brengelmann, J.C. & Brengelmann, L. (1960). Deutsche Validierung von Fragebogen der Extraversion, neurotischen Tendenzen und Rigidität. Zeitschrift für experimentelle und angewandte Psychologie, 7, 291–331.

Brody, L.-E. & Benbow, C.-P. (1986). Social and emotional adjustment of adolescents extremely talented in verbal or mathematical reasoning. Journal of Youth and Adolescence, 15, 1–18.

Buggle, F. & Baumgärtel, F. (1972). Hamburger Neurotizismus- und Extraversionsskala HANES K-J. Göttingen: Hogrefe.

Burks, B., Jensen, D. & Terman, L.M. (1930). The promise of youth: follow-up studies of a thousand gifted children. Genetic study of genius. Vol. 3. Stanford: Stanford University Press.

Butcher, H.J., Ainsworth, M. & Nesbitt, J.E. (1963). Personality factors and school achievement. British Journal of Educational Psychology, 33, 276–285.

Butler-Por, N. (1993). Underachieving gifted students. In Heller, K.A., Mönks, F.J. & Passow, A.H. (Eds.). International Handbook of Research and Development of Giftedness and Talent. Oxford: Pergamon, 649–668.

Cattell, R.B. & Beloff, H. (1962). Handbook for the IPAT Jr.-Sr. High School Personality Questionnaire – the HSPQ. Champaign, IL: Institute for Personality and Ability Testing.

Cattell, R.B., Eber, H.W. & Tatsuoka, M.M. (1970). Handbook for the Sixteen Personality Factor Questionnaire (16PF). Champaign, IL: Institute for Personality and Ability Testing.

D'Heurle, A., Mellinger, J.C. & Haggard, E.A. (1959). Personality, intellectual, and achievement patterns in gifted children. Psychological Monographs: General and Applied, 73 (Whole No. 483).

Ehlers, B., Ehlers, T. & Makus, H. (1978). Marburger Verhaltensliste MVL. Göttingen: Hogrefe.

Ehlers, T. & Merz, F. (1983). Psychologische Längsschnittuntersuchung an Kindern aus dem Schwerpunktprogramm „Schwangerschaftsverlauf und Kindesentwicklung". Unveröffentlichter Zwischenbericht. Marburg: Fachbereich Psychologie, Philipps-Universität.

Freeman, J. (1982). Ist hohe Intelligenz ein Handicap? In Urban, K.K. (Hrsg.). Hochbegabte Kinder. Heidelberg: Schindele, 123–130.

Gallucci, N.-T. (1988). Emotional adjustment of gifted children. Gifted Child Quarterly, 32, 273–276.

Göttert, R. & Asendorpf, J. (1989). Eine deutsche Version des California-Q-Sort. Kurzform. Zeitschrift für Entwicklungspsychologie und Pädagogische Psychologie, 11, 70–82.

Hanses, P. & Rost, D.H. (1998). Das „Drama" der hochbegabten Underachiever. „Gewöhnliche" und „außergewöhnliche" Underachiever. Zeitschrift für Pädagogische Psychologie, 12, 53–71.

Heller, K., Gaedicke, A.-K. & Weinländer, H. (1985). Kognitiver Fähigkeitstest KFT. Weinheim: Beltz.

Holahan, C.K. & Sears, R.R. (1995). The gifted group in later maturity. Stanford, CA: Stanford University Press.

Kálmánchey, G.M. & Kozéki, B. (1982). Relation of personality dimensions to social and intellectual factors in children. Personality and Individual Differences, 4, 237–243.

Karnes, F.-A. & Wherry, J.-N. (1983). CPQ personality factors of upper elementary gifted students. Journal of Personality Assessment, 47, 303–304.

Killian, J. (1983). Personality characteristics of intellectually gifted secondary students. Roeper Review, 5, 39–42.

Kirkendall, D.R. & Ismail, A.H. (1970). The ability of personality variables in discriminating among three intellectual groups of preadolescent boys and girls. Child Development, 41, 1173–1181.

Kramer, J. (1972). Intelligenztest. Arbeiten zur Psychologie, Pädagogik und Heilpädagogik. Bd.5. Solothurn.

McCrae, R.R. & Costa, P.T. (1983). Joint factors in self-reports and ratings: neurotizism, extraversion, and openess to experience. Personality and Individual Differences, 4, 245–255.

Metha, A. & McWhirter, E.H. (1997). Suicide ideation, depression, and stressful life events among gifted adolescents. Journal of the Education of the Gifted, 20, 284–304.

Oden, M.H. (1968). The fulfillment of promise: 40-year-follow-up of the Terman gifted group. Genetic Psychology Monographs, 77, 3–93.

Olszewski-Kubilius, P.-M., Kulieke, M.-J. & Krasney, N. (1988). Personality dimensions of gifted adolescents: A review of the empirical literature. Gifted Child Quarterly, 32, 347–352.

Oswald, W.D. & Roth, E. (1987). Der Zahlenverbindungstest: Handanweisung. 2. Auflage. Göttingen: Hogrefe.

Porter, R.B. & Cattell, R.B. (1963). The IPAT children's personality Questionnaire. Champaign, IL.: Institute for Personality and Ability Testing.

Portmann, R. (1974). Stufentest, Sprachliche Analogien 3/4. 308/408 Beiheft. Weinheim: Beltz.

Powers, S., Douglas, P. & Choroszy, M. (1986). Personality profiles of high ability boys and girls: A profile analysis. Journal of Social Behavior and Personality, 1, 631–638.

Raven, J.C. (1947). Progressive Matrices. London: Lewis.

Raven, J.C. (1962). Coloured Progressive Matrices, Sets A, A$_B$, B. London: Lewis.

Rost, D.H. (Hrsg.)(1993a). Lebensumweltanalyse hochbegabter Kinder. Göttingen: Hogrefe.

Rost, D.H. (1993b). Persönlichkeitsmerkmale hochbegabter Kinder. In Rost, D.H. (Hrsg.). Lebensumweltanalyse hochbegabter Kinder. Göttingen: Hogrefe, 105–137.

Rost, D.H. & Czeschlik, T. (1990). Überdurchschnittlich intelligente Zehnjährige: Probleme mit der psycho-sozialen Anpassung? Zeitschrift für Entwicklungspsychologie und Pädagogische Psychologie, 22, 284–295.

Rost, D.H. & Czeschlik, T. (1994). The psychosocial adjustment of gifted children in middle childhood. European Journal of Psychology of Education, 9, 15–25.

Rost, D.H., Freund-Braier, I., Schilling, S. & Schütz, C. (Hrsg.)(1997). Hochbegabte und hochleistende Jugendliche – Instrumentation. Forschungsbericht Nr. 5. Marburg: Fachbereich Psychologie, Philipps-Universität.

Rost, D.H. & Hanses, P. (Hrsg.)(1995). Hochbegabte Jugendliche, Forschungsbericht Nr. 3. Marburg: Fachbereich Psychologie, Philipps-Universität.

Rost, D.H. & Hanses, P. (Hrsg.)(1996). Hochleistende Jugendliche, Forschungsbericht Nr. 4. Marburg: Fachbereich Psychologie, Philipps-Universität.

Rost, D.H. & Hanses, P. (1997). Wer nichts leistet, ist nicht begabt? – Zur Identifikation hochbegabter Underachiever durch Lehrkräfte. Zeitschrift für Entwicklungspsychologie und Pädagogische Psychologie, 29, 167–177.

Rost, D.H. & Schermer, F.J. (1997). Differentielles Leistungsangst Inventar (DAI). Frankfurt: Swets Tests Services.

Sarason, I.G. (1957). Test anxiety, general anxiety, and intellectual performance. Journal of Consulting Psychology, 21, 485–490.

Sarason, S.B., Davidson, K.S., Lighthall, F.F., Waite, R.R. & Ruebush, B.K. (1960). Anxiety in elementary school children. New York: Wiley.

Schlee, J. (1976). Legasthenieforschung am Ende. München: Urban & Schwarzenberg.

Schlichting, U.U. (1967). Einige Persönlichkeitszüge von Gymnasiasten mit hoher Testintelligenz. Archiv für die gesamte Psychologie, 120, 125–150.

Schmidt, M.H. (1977). Verhaltensstörungen bei Kindern mit hoher Intelligenz. Bern: Huber.

Schmidt, M.H. (1982). Psychische Auffälligkeiten bei Kindern mit sehr hoher Testintelligenz. In Urban, K.-K. (Hrsg.). Hochbegabte Kinder. Psychologische, pädagogische, psychiatrische und soziologische Aspekte. Heidelberg: Schindele, 106–122.

Scholwinski, E. & Reynolds, C.-R. (1985). Dimensions of anxiety among high IQ children. Gifted Child Quarterly, 29, 125–130.

Seipp, B. & Schwarzer, C. (1991). Angst und Leistung – Eine Meta-Analyse empirischer Befunde. Zeitschrift für Pädagogische Psychologie, 5, 85–97.

Seitz, W. (1977). Persönlichkeitsbeurteilung durch Fragebogen. Eine Einführung in die diagnostische Praxis und in ihre theoretischen Grundlagen für Psychologen, Pädagogen, Heilpädagogen und Mediziner. Braunschweig: Westermann.

Seitz, W. & Rausche, A. (1976). Persönlichkeitsfragebogen für Kinder 9–14. Handanweisung für die Durchführung, Auswertung und Interpretation. Braunschweig: Westermann.

Seitz, W. & Rausche, A. (1992). Persönlichkeitsfragebogen für Kinder zwischen 9 und 14 Jahren: PFK 9–14. Handanweisung für die Durchführung, Auswertung und Interpretation. 3., überarbeitete und ergänzte Auflage. Göttingen: Hogrefe.

Spahn, C. (1997). Wenn die Schule versagt: vom Leidensweg hochbegabter Kinder. Asendorf: Mut.

Stapf, A. (1988). Die Entwicklung hochbegabter Kinder im Vorschul- und Schulalter oder: Warum es für viele Hochbegabte nach der 4. Klasse schon zu spät ist. Grillmayr, B., Hübl, W. & Pusch, G. (Hrsg.). Begabungen gefragt! Needed – The Gifted! Offizieller Konferenzbericht, Europäische Konferenz „Begabungen gefragt! Needed – The Gifted! Salzburg, 26. bis 28.9.1988. Salzburg: Landesschulrat, 86–92.

Tent, L., Fingerhut, W. & Langfeldt, H.-P. (1976). Quellen des Lehrerurteils. Untersuchung zur Aufklärung der Varianz von Schulnoten. Weinheim: Beltz.

Terman, L.M. et al. (1925). Mental and physical traits of a thousand gifted children. Genetic studies of genius. Vol. 1. Stanford, CA: Stanford University Press.

Terman, L.M. & Merill, M.A. (1960). Stanford-Binet Intelligence Scale. Manual for the Third Revision Form L-M, Boston.

Terman, L.M., Oden, M.H. et al. (1947). The gifted child grows up. Twenty-five years' follow-up of a superior group. Genetic studies of genius. Vol. 4. Stanford, CA.: Stanford University Press.

Terman, L.M. & Oden, M.H. (1959). The gifted group at mid-life. Thirty-five years' follow-up of the superior child. Genetic studies of genius. Vol. 5. Stanford, CA.: Stanford University Press.

Terrassier, J.-C. (1982). Das Asynchronie-Syndrom und der negative Pygmalion-Effekt. In Urban, K.K. (Hrgs.). Hochbegabte Kinder. Heidelberg: Schindele, 92–97.

Tomlinson-Keasey, C. & Little, T.D. (1990). Predicting educational attainment, occupational achievement, intellectual skill, and personal adjustment among gifted men and women. Journal of Educational Psychology, 82, 442–455.

Urban, K.K. (Hrsg.)(1982). Hochbegabte Kinder. Heidelberg: Schindele.

Wahl, D. (1975). Erwartungswidrige Schulleistungen. Untersuchungen zur Meßstabilität und zu den Geltungsbereichen des Konstrukts von Over- und Underachievement. Weinheim: Beltz.

Wechsler, D. (1964). Die Messung der Intelligenz Erwachsener. Bern: Huber.

Wechsler, D. (1966). Hamburg-Wechsler-Intelligenztest für Kinder (HAWIK). Bern: Huber.

Weiner, N.C. & Robinson, S.E. (1986). Cognitive abilities, personality and gender differences in math achievement of gifted adolescents. Gifted Child Quarterly, 30, 83–87.

Weinert, F. (1965). Schülerpersönlichkeit und Schulleistung. In Ingenkamp, K. (Hrsg.). Schulkonflikt und Schülerhilfe. Weinheim: Beltz, 19–31.

Weinert, F.E. & Petermann, F. (1980). Erwartungswidrige Schülerleistung oder unterschiedlich determinierte Schulleistung. In Heckhausen, H. (Hrsg.). Fähigkeiten und Motivation in erwartungswidriger Schulleistung. Göttingen: Hogrefe, 19–52.

Weiß, R.H. (1987). Grundintelligenztest Skala 2 CFT-20. 3. verbesserte Auflage. Göttingen: Hogrefe.

Werner, E.E. & Bachthold, L.M. (1969). Personality factors in gifted boys and girls in middle childhood and adolescence. Psychology in the schools, 6, 177–182.

Wieczerkowski, W., Nickel, A., Janowski, A., Fittkau, B. & Rauer, W. (1974). Angstfragebogen für Schüler AFS. Braunschweig: Westermann.

4. Kapitel

Selbstkonzept

DETLEF H. ROST & PETRA HANSES

4.1 AUSGANGSLAGE UND FRAGESTELLUNG 213
    4.1.1 Konzept 213
    4.1.2 Hochbegabung, Hochleistung und Selbstkonzept 217
        4.1.2.1 Allgemeines Selbstkonzept 219
        4.1.2.2 Spezifische Selbstkonzeptfacetten 222
    4.1.3 Geschlechtsunterschiede im Selbstkonzept 234
    4.1.4 Fragestellung 241
4.2 METHODE 241
    4.2.1 Stichprobe 241
    4.2.2 Variablen und Erhebungssituation 242
        4.2.2.1 Skala zur Erfassung des Selbstkonzepts schulischer Leistungen und
                Fähigkeiten (SKSLF) 243
        4.2.2.2 Piers-Harris-Selbstkonzeptskala für Kinder –
                Kurzversion (PHCSCS-K) 244
        4.2.2.3 Selbstbeschreibungsfragebogen – Akademisches und soziales
                Selbstkonzept (SDQ-K) 247
    4.2.3 Auswertung 249
4.3 ERGEBNISSE 251
    4.3.1 Selbstkonzeptdifferenzen bei unterschiedlichen Begabungsgruppen 251
        4.3.1.1 Selbstkonzept schulischer Leistungen und Fähigkeiten (SKSLF) 251
        4.3.1.2 Piers-Harris-Selbstkonzeptskala für Kinder –
                Kurzversion (PHCSCS-K) 253
        4.3.1.3 Selbstbeschreibungsfragebogen – Akademisches und soziales
                Selbstkonzept (SDQ-K) 254
        4.3.1.4 Zusammenfassung wichtiger Ergebnisse 256
    4.3.2 Selbstkonzeptdifferenzen bei unterschiedlichen Leistungsgruppen 257
        4.3.2.1 Selbstkonzept schulischer Leistungen und Fähigkeiten (SKSLF) 257
        4.3.2.2 Piers-Harris-Selbstkonzeptskala für Kinder –
                Kurzversion (PHCSCS-K) 258
        4.3.2.3 Selbstbeschreibungsfragebogen – Akademisches und soziales
                Selbstkonzept (SDQ-K) 259
        4.3.2.4 Zusammenfassung wichtiger Ergebnisse 261
4.4 DISKUSSION 262
LITERATUR 266

4.1

AUSGANGSLAGE UND FRAGESTELLUNG

4.1.1

Konzept

Den *selbstbezogenen* Einschätzungen von Kindern, Jugendlichen und Erwachsenen hinsichtlich des Erlebens und Verhaltens kommt offensichtlich eine besondere psychologische Bedeutung zu, da sie nicht unwesentlich zur Verhaltenssteuerung beitragen (Helmke 1994). In der einschlägigen psychologischen Literatur wird diese „relativ stabile Menge von Einstellungen zu sich selbst, die das eigene Verhalten und eigene Eigenschaften sowohl beschreiben als auch bewerten" (Piers 1984, 1; diese und alle weiteren Übersetzungen von uns) unter dem Begriff des Selbstkonzepts subsumiert. Die Abgrenzung des Konstrukts „Selbstkonzept" von dem der „Persönlichkeit" ist – sowohl auf der konzeptuellen wie auch erfassungspraktischen Ebene – nicht einfach. Mummendey (1987, 28) beispielsweise versteht unter dem Eigenschafts-Ausprägungs-Gefüge „Persönlichkeit" den *„Inbegriff der individuellen Merkmalsausprägungen eines Menschen "*. Unter „Selbstkonzept" faßt er *„die Gesamtheit der auf die eigene Person bezogenen, einigermaßen stabilen Kognitionen und Bewertungen"*[1] (S. 34) im Sinne einer *sozialen Einstellung* mit dem Gegenstand „eigene Person" (vgl. Strauman & Higgins 1993). Diese Abgrenzung scheint nur in denjenigen Bereichen relativ einfach zu sein, in denen „objektivierbare" – d.h. von der subjektiven Sichtweise eines Menschen unabhängige – Indikatoren für Persönlichkeitsfacetten vorliegen. So kann beispielsweise ein Schüler oder eine Schülerin zwar gute Schulleistungen erbringen (oder sehr kontaktfreudig erscheinen, z.B. häufig zu Parties gehen), sich selbst jedoch als wenig leistungsfähig (oder eher ungesellig) erleben, beschreiben und bewerten. In anderen Bereichen (z.B. Lebenszufriedenheit) dürfte es wesentlich problematischer sein, Persönlichkeitsvariablen und Selbstkonzeptfaktoren voneinander zu trennen.

Traditionelle Ansätze der Selbstkonzeptforschung gingen davon aus, es handle sich um ein *eindimensionales* Phänomen („holistischer" oder „monistischer" Ansatz, z.B. Piers & Harris 1964; Rosenberg 1965; Coopersmith 1967; Winne, Marx & Taylor 1977). Neuere Ansätze (z.B. Epstein 1979; Shavelson & Bolus 1982; Vallerand, Pelletier & Gagné 1991a, b; Marsh 1994; Stake 1994; zusammenfassend vgl. Marsh & Hattie 1996) konzeptualisieren, basierend auf inhaltlichen Überlegungen und auf Resultaten faktorenanalytischer Überprüfungen umfangreicher Selbstkonzept-Itempools, eine mehrdimensional-hierarchische Struktur (siehe Abb. 4.1), an deren Spitze oben das *generelle Selbstkonzept* (Ebene I) steht, welches sich auf Gruppenfaktorenebene in diverse Facetten (z.B. Leistungsselbstkonzept, physisches Selbstkonzept, soziales Selbstkonzept; Ebene II) aufspaltet. Noch eine Stufe tiefer (Ebene III) werden mehrere Subkomponenten unterschieden, die relativ enge inhaltliche Bereiche abdecken (beim Gruppenfaktor „Leistungsselbstkonzept" sind dies z.B. schulfachbezogene Aspekte wie Selbstkonzept der Leistungsfähigkeit in Deutsch oder Mathematik). Unterhalb dieser Subkomponentenebene stehen an tiefster Stelle der Hierarchie (Ebene IV, in Abb. 1 nicht enthalten) Selbsteinschätzungen bezüglich situationsspezifischer, konkreter Verhaltensweisen. Dieser „multidimensional-hierarchische" Ansatz

---

[1]   Hervorhebungen in Zitaten, sofern nicht anders angegeben, von uns.

definiert zugleich auch eine Stabilitäts- / Globalitätshierarchie: Konkrete Verhaltensweisen sind per definitionem situationsspezifisch und veränderbar; je höher man in
der Hierarchie aufsteigt, um so stabiler stellen sich die einzelnen Facetten des Selbstkonzepts dar. (Die Analogie zu hierarchischen Modellen der Intelligenz, wie sie z.B.
von der englischen Schule propagiert werden [vgl. beispielsweise Vernon 1961], ist
offensichtlich.)

Ist das globale Selbstkonzept im Sinne einer Hierarchiespitze als additives Resultat
spezifischer Selbstkonzeptkomponenten aufzufassen?

Verschiedene häufig eingesetzte Selbstkonzeptfragebogen bilden einen Kennwert
„generelles Selbstkonzept" durch die Aufsummierung über alle Items, völlig losgelöst
davon, ob Selbsteinschätzungen bezüglich der körperlichen Attraktivität, der sozialen
Beziehungen zum gleichen und anderen Geschlecht, der schulischen Leistungsfähigkeit etc. abgegeben werden (z.B. Piers & Harris 1969; Bracken & Howell 1991;
Asendorpf & van Aken 1993; Stake 1994). Dies kann problematisch sein, wenn die
inhaltlichen Facetten voneinander (relativ) unabhängig sind. Die diesem Vorgehen
implizit zugrunde liegende Annahme, alle Selbstkonzeptfacetten trügen mit gleichem
Gewicht zum allgemeinen Selbstkonzept bei und könnten sich somit gegenseitig vollständig kompensieren, ist bislang nicht überzeugend belegt und vermutlich auch nicht
zutreffend. Wenig sinnvoll ist eine Summenbildung immer dann, wenn sich in einzelnen Selbstkonzeptbereichen gegenläufige Tendenzen abzeichnen.

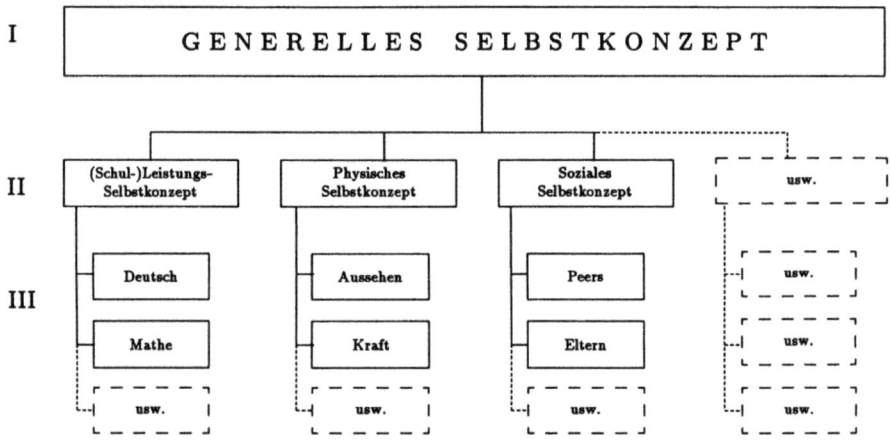

Abb. 4.1: Hierarchische Struktur des Selbstkonzepts.

Neuere Konzeptualisierungen betrachten das „generelle Selbstkonzept", zumeist verstanden als *allgemeines* Selbstwertgefühl (vgl. auch Wells & Marwell 1976; Blasco-

vich & Tomaka 1991), als ein von den einzelnen Inhaltsfacetten relativ unabhängiges – also eigenständiges – Phänomen, das mit einer separaten Skala zu erfassen ist (Harter 1982; Marsh & O'Neill 1984; Marsh, Parker & Barnes 1985; Byrne & Schneider 1988). Letztendlich ist nur empirisch anhand des Beziehungsgeflechts der einzelnen Selbstkonzeptsubskalen die Angemessenheit eines hierarchischen Modells zu beantworten.

Shavelson, Hubner & Stanton haben schon 1976 die Struktur des Selbstkonzepts durch sieben Attribute beschrieben. Das Selbstkonzept

(a) ist organisiert bzw. strukturiert (Menschen ordnen die große Menge an Informationen, die sie von sich selbst haben, in eine Struktur ein und setzen die einzelnen Kategorien zueinander in Beziehung),

(b) besteht aus diversen Facetten (diese spiegeln das Kategoriensystem wider, das eine Person von sich selbst gebildet hat),

(c) ist hierarchisch aufgebaut (mit dem allgemeinen Selbstkonzept an der Spitze),

(d) ist abnehmend stabil (oberste Ebene / Spitze: „Trait"; unterste Ebene / Basis: „State"),

(e) entwickelt sich (mit zunehmendem Alter lassen sich Facetten eindeutiger voneinander differenzieren),

(f) hat deskriptive und evaluative Anteile (die einzelnen Dimensionen erfahren noch eine subjektive Bewertung) und

(g) läßt sich von anderen Konstrukten abgrenzen (so z.B. von schulischer Leistung, Intelligenz, Motivation etc.).

Die um den Begriff „Selbst" kreisende Terminologie ist aber nicht einheitlich. In der Literatur findet man auch Bezeichnungen wie Selbstwert, Selbstakzeptanz, Selbstschema, Selbstbild usw., ohne daß eine explizite Abgrenzung von „Selbstkonzept" vorgenommen wird. Einig sind sich die meisten Autoren darin, daß sowohl deklarative als auch affektiv-evaluative Anteile das Selbstkonzept bestimmen (z.B. Filipp & Frey 1987; Helmke 1994; Rustemeyer 1993; zum aktuellen Forschungsstand vgl. Hattie & Marsh 1996).

Unabhängig von den oben erwähnten begrifflichen und konzeptuellen Schwierigkeiten besteht auch weitgehend Einigkeit darüber, daß das Selbstkonzept als „kognitive Repräsentanz der eigenen Person" (Heller & Nickel 1976, 206) für pädagogisch-psychologische Fragestellungen eine besonders relevante Variable darstellt (Pekrun & Jerusalem 1996; Krapp 1997; Moschner 1998), die sich zu nicht unbeträchtlichem Teil aus schulischen Erfolgs- und Mißerfolgserlebnissen speist. Daraus läßt sich ableiten, daß die gezeigte (Schul-)Leistung („Performanz") enger mit dem Selbstkonzept zusammenhängen sollte als die kognitive Leistungsfähigkeit („Kompetenz"). Das ist in der Tat auch so: Es werden überwiegend mittlere positive Beziehungen zwischen Schulleistungen einerseits und globalen und schulischen Selbstkonzeptwerten andererseits berichtet (Purkey 1970; Wylie 1979; Hansford & Hattie 1982). Im Vergleich dazu korreliert das Selbstkonzept mit Intelligenz etwas geringer. So fanden Brookover, Peterson & Thomas (1962, zitiert nach Tannenbaum 1983, 166) in ihrer Untersuchung an $N = 1050$ Kindern der 7. Klasse einen Zusammenhang von $r = 0.42$ (Jungen) bzw. $r = 0.39$ (Mädchen) zwischen Selbstkonzept und Leistung bei Auspartialisierung der Intelligenz, jedoch lediglich eine Beziehung von $r = 0.17$ zwischen Selbstkonzept und Intelligenz bei Auspartialisierung der Leistung.

Die Frage der Kausalbeziehung zwischen Selbstkonzept und Leistung ist noch nicht zufriedenstellend geklärt. Je nach theoretischer Orientierung wird angenommen,

(a) bessere Schulleistungen führten ursächlich zu einem besseren Selbstkonzept (*skill-development*-Ansatz) oder

(b) eine Stärkung des Selbstkonzepts würde eine verbesserte Schulleistung bedingen (*self-enhanced*-Ansatz).

Eine Klärung der Ursache-Wirkungs-Frage ist letztlich nur durch längsschnittlich angelegte Designs zu erwarten. Vermutlich sind beide Einflußrichtungen (in Abhängigkeit vom Alter wahrscheinlich mit unterschiedlichem Gewicht) zutreffend (vgl. Skaalvik & Hagtvet 1990; Kurtz-Costes & Schneider 1994; zusammenfassend siehe Byrne 1996).

Metaanalysen zur Klärung der Beziehungen zwischen Leistungsmaßen einerseits und Selbsteinschätzungen eigener Fähigkeiten andererseits belegen deutliche Zusammenhänge. Mabe & West (1982) ermittelten, auf 267 Korrelationen von 43 Studien basierend, im Durchschnitt $\bar{r} = 0.29$. Die vielzitierte, auf 128 Studien mit 1136 Einzelkorrelationen beruhende Metaanalyse von Hansford & Hattie (1982) zeigt, daß nur 2% der Koeffizienten nicht von Null verschieden sind und lediglich 15% negativ ausfallen. Der weitaus überwiegende Teil, nämlich 83% der Zusammenhangsmaße, ist positiv. Hansford & Hattie berichten über alle Studien hinweg eine mittlere Korrelation von $\bar{r} = 0.21$. Insgesamt fallen die Beziehungen enger aus, wenn durchschnittliche Schulleistungen (Noten) oder formelle und informelle Schulleistungstests verwendet werden ($\bar{r} = 0.34$) als bei Zugrundelegung der intellektuellen Leistungsfähigkeit, wie sie traditionell über allgemeine Intelligenztests operationalisiert wird ($\bar{r} = 0.18$). Bei differenzierter Betrachtung der Selbstkonzeptkomponenten steigt bei der Selbsteinschätzung der schulischen Leistungen und Fähigkeiten der Selbstkonzept-Leistungs-Zusammenhang auf $\bar{r} = 0.42$.

In ähnlicher Größenordnung liegen die Ergebnisse neuerer Untersuchungen, die auf Stichproben von Jugendlichen und jüngeren Erwachsenen basieren (z.B. Rost & Lamsfuß 1992; Mboya 1993). Bei fachspezifischer Betrachtungsweise können die Korrelationen deutlich höher ausfallen (Marsh, Byrne & Shavelson 1988; Byrne & Gavin 1996; vgl. auch Faber 1992, 68).

Zusammenfassend halten wir fest, daß das „akademische Selbstkonzept" also einen realistischen Bezug zu Schulleistungen aufweist (Chapman, Lambourne & Silva 1990). Deshalb erwarten wir, daß hochbegabte und hochleistende Jugendliche im Vergleich zu durchschnittlich begabten und durchschnittlich leistenden Peers über ein deutlich positiveres Leistungsselbstkonzept und – wegen der besonderen Relevanz des schulischen Bereichs – auch über ein besseres generelles Selbstkonzept verfügen.

4.1.2
Hochbegabung, Hochleistung und Selbstkonzept

Häufig wird angenommen bzw. berichtet, *hochbegabte* bzw. *hochleistende* Kinder und Jugendliche (auch Hochbegabte erzielen in der Regel bessere [Schul-]Leistungen und haben deswegen ein entsprechend gutes Schulleistungsselbstkonzept ausgebildet) besäßen ein überdurchschnittlich ausgeprägtes *positives allgemeines Selbstkonzept,* und zwar relativ unabhängig von den untersuchten Altersstufen bzw. Klassenstufen und dem Geschlecht (z.B. Ketcham & Snyder 1977; O'Such, Havertape & Pierce 1979; Karnes & Wherry 1981; Kelly & Colangelo 1984; Shore & Tsiamis 1986; Colangelo & Brower 1987; Karnes & D'Ilio 1990; Pyryt & Mendaglio 1994; Colangelo & Assouline 1995).

Seltener finden sich anderslautende Einschätzungen, wie z.B. „sich von den Peers zu unterscheiden, scheint sich auf das Selbstwertgefühl der Hochbegabten negativ auszuwirken" (Frey 1991, 38) oder „wegen ihrer Fähigkeiten und Charaktereigenschaften sind hochbegabte Kinder verglichen mit anderen Kindern in vielfältiger Weise verletzlich, wenn ihr Selbstwert angegriffen wird" (Lofgreen & Larson 1992, 172). Wie wir weiter unten noch zeigen werden, trifft diese Bemerkung nicht generell auf Hochbegabte bzw. Hochleistende zu, sondern scheint eher die Gruppe der minderleistenden Hochbegabten (sogenannte Underachiever) zu kennzeichnen. Bei ihnen werden häufiger Selbstkonzeptprobleme, vorwiegend im Bereich schulischer Leistungen und Fähigkeiten thematisiert (Shaw & Alves 1963; Yates 1975; Dean 1977; Colangelo & Pfleger 1979; Whitmore 1980; Saurenman & Michael 1980; Heller 1990; Perleth & Sierwald 1992; Rost & Hanses 1994; Hanses & Rost 1996; 1998; siehe auch Dowdall & Colangelo 1982).

Leider ist die Befundlage nicht so eindeutig, wie es auf den ersten Blick erscheinen mag. Raph, Goldberg & Passow (1966) beobachteten beispielsweise nur relativ geringe Fähigkeitsselbstkonzeptprobleme bei besonders begabten „Underachievern", und Davis & Connell (1985) konnten keine Beeinträchtigung des Selbstwertgefühls bei hochbegabten „Underachievern" finden. Zur Erklärung verweisen Davis & Connell auf die Möglichkeit, daß „Underachiever", wenn sie ihre schlechten Leistungen rückgemeldet bekommen, sich weniger anstrengten, so daß sie – ihr Selbstwertgefühl schonend – ihre schlechteren schulischen Leistungen schwerpunktmäßig auf ihre unzureichenden Bemühungen („Faulheit") attribuierten. Ziv, Rimon & Doni (1977), die das Selbstkonzept bei hochbegabten (IQ > 131) und durchschnittlich begabten (mittlerer IQ = 105) „Achievern" und „Underachievern" (pro Subgruppe n ≈ 33, genauere Angaben fehlen), die aus einer Stichprobe von über 2000 Kindern der Jahrgangsstufen 5 bis 8 gewonnen wurden, untersuchten, beobachteten bei hochbegabten „Underachievern" sogar einen signifikant höheren allgemeinen Selbstkonzeptwert als bei besonders begabten „Achievern"; die nur durchschnittlich begabten „Underachiever" lagen dagegen in ihren Selbstkonzeptwerten signifikant unter denen der durchschnittlich begabten „Achiever".

Ausmaß und vor allem Bereichsspezifität etwaiger Selbstkonzeptdifferenzen zwischen hochbegabten „Achievern" und hochbegabten „Underachievern" bedürfen also einer weiteren Klärung. Genau dieser Fragestellung sind Hanses & Rost (1996; 1998) im Rahmen des Marburger Hochbegabtenprojekts bei den 1988 untersuchten Grundschulkindern der vierten Jahrgangsstufe nachgegangen.

Zusätzlich zu den Gruppen der hochbegabten „Achiever" und „Underachiever" (jeweils mittlerer $\overline{IQ}$ = 132) haben sie in ihre Analyse noch durchschnittlich begabte „Achiever" ($\overline{IQ}$ = 103), durchschnittlich begabte „Overachiever" ($\overline{IQ}$ = 103) und höchstbegabte „Achiever" (durchschnittlicher $\overline{IQ}$ = 144) einbezogen. Die Ergebnisse waren so eindeutig, daß Hanses & Rost vom „Drama" der hochbegabten Underachiever sprechen. Diese erzielten in allen Facetten der Piers-Harris-Selbstkonzeptskala für Kinder (PHCSCS, Piers & Harris 1969; Piers 1984) die ungünstigsten Werte der fünf Gruppen. Besonders problematisch war ihr Selbstkonzept in den Bereichen „Glück und Zufriedenheit", „Verhalten", „Beliebtheit" und „seelische Stabilität". Auch in der Skala „intellektueller und schulischer Status" und sogar in „Aussehen" fand sich eine problematische Selbstbeschreibung. Einzig das zusätzlich erhobene Selbstkonzept „Kreativität und Phantasie" war unauffällig.

Als andere Gruppe, bei denen eine Beeinträchtigung des Selbstkonzepts thematisiert wird, gelten diejenigen Hochbegabten, die an stärker segregierenden Förderprogrammen (äußere Differenzierung) teilnehmen (Stopper 1979; Rodgers 1980; Olszewski, Kulieke & Willis 1987; Marsh, Chessor, Craven & Roche 1995). In der Regel bleiben aber auch in diesen Fällen die Werte (deutlich) über denen von Normstichproben (Coleman & Fults 1982; 1985). Wegen möglicherweise negativer Effekte auf das Selbstkonzept enthalten spezielle Programme für Hochbegabte zumeist auch Elemente, die auf eine Verbesserung des Selbstkonzepts abzielen (z.B. Kolloff & Moore 1989). Angemerkt sei, daß sich vergleichbare Curricula zur Förderung des Selbstwertgefühls auch in Förderprogrammen für besonders begabte „Underachiever" finden (vgl. z.B. Whitmore 1986; Supplee 1990)

Wir möchten an dieser Stelle ausdrücklich darauf hinweisen, daß sich die Forschungslage zum Selbstkonzept hochbegabter Kinder und Jugendlicher unter inhaltlichen und vor allem unter methodischen Gesichtspunkten als sehr unbefriedigend darstellt. Studien mit unzulänglicher Versuchsplanung, d.h. mit fehlenden oder unzureichend definierten Kontrollgruppen (z.B. Colangelo & Pfleger 1979; Ross & Parker 1980; Brown & Karnes 1982; Shore & Tsiamis 1986; Heller 1992a; Perleth & Sierwald 1992) und / oder mit (hoch)selektiven Stichproben (z.B. Harty, Adkins & Hungate 1984; Shore & Tsiamis 1986; Olshen & Matthews 1987; Heller 1992a) und / oder mit geringen Versuchspersonenzahlen (z.B. Lehman & Erdwins 1981; Olshen & Matthews 1987) und / oder mit unzulänglichen statistischen Datenanalysen (z.B. Klein & Cantor 1976), dominieren das Feld.

4.1.2.1

Allgemeines Selbstkonzept

Schneider (1987, 74) stellte in einer tabellarischen Übersicht 16 Forschungsarbeiten zum allgemeinen Selbstkonzept hochbegabter Kinder zusammen. In über 50% der Studien wurde danach bei den besonders Begabten ein positiveres allgemeines Selbstkonzept im Vergleich zu Kontrollgruppenkindern oder zu Normwerten beobachtet, und in keiner Untersuchung zeigte sich ein negativeres allgemeines Selbstkonzept bei besonders Begabten. Nimmt man die von Schneider nicht aufgeführten älteren sowie die seitdem erschienenen neueren Untersuchungen hinzu, verändert sich das Bild nicht. Tabelle 4.1 verdeutlicht, daß bei 61 Studien, die (auch) das generelle Selbstkonzept von Hochbegabten bzw. Hochleistenden analysiert haben, ein Unterschied zugunsten durchschnittlich Begabter den seltenen Ausnahmefall darstellt. Rund ein Drittel der Studien berichtet eindeutig von einem positiver ausgeprägten allgemeinem Selbstkonzept der Hochbegabten bzw. Hochleistenden, und rund ein Drittel konnte keine diesbezüglichen Unterschiede objektivieren. Bei den restlichen Studien gibt es nicht durchweg, sondern nur bei einigen Subgruppen – zum Teil auch instrumentenspezifisch – Unterschiede zugunsten der Hochbegabten bzw. Hochleistenden.

Eine auf 20 Studien basierende metaanalytische Zusammenfassung von Hoge & Renzulli (1993) berichtet für den Bereich des globalen Selbstkonzepts einen kleinen Effekt zugunsten der Hochbegabten bzw. Hochleistenden (mittlere gewichtete Effektstärke $\bar{d} = 0.19$; 95%-Vertrauensintervall: d = 0.06 bis d = 0.33).

In einer umfangreichen metaanalytisch orientierten Übersicht über 183 Untersuchungen zum Coopersmith Self-Esteem Inventory hat Hattie (1992, 154–159) (Sub-) Stichproben „hochbegabter", „normaler" und „auffälliger" Schüler und Schülerinnen analysiert. Die Variable „Art der Stichprobe" zeigte keine Auswirkungen auf den Selbstkonzeptglobalmittelwert (und auch nicht auf die Mittelwerte in einzelnen Selbstkonzeptsubskalen). Demgegenüber kommt Hattie (1992, 141–154) aufgrund der Analyse von 145 mit dem Piers-Harris-Selbstkonzeptfragebogen durchgeführten Studien, von denen sich aber nur elf dem Zusammenhang zwischen Selbstkonzept und besonderen Begabungen widmen, zu dem Ergebnis, hochbegabte Kinder wiesen einen höheren Selbstkonzeptgesamtwert auf als „normale" Kinder (M = 73.2 vs. M = 56.8, Standardabweichungen werden nicht mitgeteilt). Bedauerlicherweise, so Hattie, beziehen sich diese elf Studien aber lediglich auf Vergleiche hinsichtlich des Selbstkonzeptglobalwerts, „so daß es nicht möglich war einzuschätzen, wie sich die Selbstkonzeptprofile Hochbegabter von denen durchschnittlich Begabter unterscheiden" (Hattie 1992, 143).

Tab. 4.1: Überblick über 61 Untersuchungen zum Vergleich des generellen Selbstkonzepts hochbegabter / hochleistender und durchschnittlich begabter / durchschnittlich leistender Kinder und Jugendlicher

STUDIE	ALTER	ERGEBNIS
McIntosh (1967)	18-21 J.	0
Klein & Cantor (1976)	Kinderg.-4. Kl.	0 [a] (?)
Milgram, Milgram & Landau (1974)/	4.-8. Kl.	0
Milgram & Milgram (1976a)		
Dean (1977)	7.-8. Kl.	0 [b]
Ketcham & Snyder (1977)	2.-4. Kl.	+ [c]
Ziv, Rimon & Doni (1977)	5.-8. Kl.	0 [a] (?)
Leaverton & Herzog (1979)	3.-5. Kl.	− [a,c] (?)
O'Such, Havertape & Pierce (1979)	8-12 J.	+
Stopper (1979)	2., 4. u. 6. Kl.	0
Tidwell (1980a)	10. Kl.	0 u. + [c,d]
Bracken (1980)	ø 9.8 J.	0 [c]
Karnes & Wherry (1981)	4.-7. Kl.	+ [c]
Lehman & Erdwins (1981)	3. u. 6. Kl.	0 u. + [e]
McQuilkin (1981)	4.-5. Kl.	+
McEwin & Cross (1982)	5.-8. Kl.	0
Coleman & Fults (1982)	4.-6. Kl.	+ [a,c] (?)
Maddux, Scheiber & Bass (1982)	5.-6. Kl.	0 u. + [c,f]
Winne, Woodlands & Wong (1982)	4.-7. Kl.	0
Coleman & Fults (1983)	4. Kl.	+
Harty, Adkins & Hungate (1984)	2.-5. Kl.	0
Kelly & Colangelo (1984)	7.-9. Kl.	+
Stander (1984)	8-12 J.	+ [a]
Coleman & Fults (1985)	4. Kl.	+ [c]
Davis & Connell (1985)	4.-6. Kl.	0
Janos, Fung & Robinson (1985)	5-10 J.	+ [c]
Bartell & Reynolds (1986)	4.-5. Kl.	+ [g] u. − [h]
Brody & Benbow (1986)	12-15 J.	0
Chapman & Boersma (1986)	6. Kl.	+
Robison-Awana, Kehle & Jenson (1986)	7. Kl.	+
Shore & Tsiamis (1986)	4.-8. Kl.	+ [a,c]
Colangelo & Brower (1987)	19 J.	+
Colangelo, Kelly & Schrepfer (1987)	7.-9. Kl.	0 [g] u. + [h]
Forsyth (1987)	?	0 [h,c] u. − [g,c]
Loeb & Jay (1987)	4.-6. Kl.	0 [h] u. + [g]
Chan (1988)	5.-7. Kl.	0 u. + [f]
Holahan (1988)	11-13 J.	0
Li (1988)	4. u. 7. Kl.	0
Nielsen & Mortorff-Albert (1989)	3.-5. Kl.	+ [c] (?)
Schneider et al. (1989)	5., 8. u. 10. Kl.	0
Whalen & Csikszentmihalyi (1989)	9.-10. Kl.	0
Chiu (1990)	4.-5. Kl.	0 u. + [e]
Karnes & D'Ilio (1990)	4.-8. Kl.	+
Pearson & Beer (1990)	1.-4. Kl.	0 [a,c] (?)

Tab. 4.1 (Fortsetzung): Überblick über 61 Untersuchungen zum Vergleich des generellen Selbstkonzepts hochbegabter / hochleistender und durchschnittlich begabter /durchschnittlich leistender Kinder und Jugendlicher

STUDIE	ALTER	ERGEBNIS
Brounstein, Holahan & Dreyden (1991)	7. Kl.	0
Hoge & McSheffrey (1991)	5.-8. Kl.	0 [h] u. + [g]
Yong & McIntyre (1991)	8. Kl.	0
Perleth & Sierwald (1992)	8. u. 10. Kl.	0
Van Boxtel & Mönks (1992)	7.-9. Kl.	0
Garzarelli, Everhart & Lester (1993)	7.-8. Kl.	0
Tuchow (1993, zit. n. Joswig 1995)	8. Kl.	+
Pyryt & Mendaglio (1994)	8.-9. Kl.	+
Colangelo & Assouline (1995)	3.-11. Kl.	+ [a,c]
Lea-Wood & Clunies-Ross (1995)	7.-9. Kl.	- [i]
Li & Adamson (1995)	11-21 J.	0 [j]
Marsh, Chessor, Craven & Roche (1995)	4. Kl.	0
Peters, Ma, Mönks & Ye (1995)	10-11 J.	0 [k] u. + [l]
Chan (1996)	7. Kl.	0
Klein & Zehms (1996)	3.-8. Kl.	+ [g]
Mönks & Peters (1996)	11-16 J.	+ [l]
Tong & Yewchuk (1996)	10.-12. Kl.	0
Delcourt, Lyn & Rejskind (1997)	9. Kl.	0

+ = Hochbegabte/Hochleistende > Vergleichsgruppe
- = Vergleichsgruppe > Hochbegabte/Hochleistende
0 = kein signifikanter Gruppenunterschied
(?)= vermutliches Ergebnis
[a] Signifikanzniveau wird nicht berichtet; [b] Vergleich mit den Ergebnissen anderer Studien; [c] Vergleich mit Normstichprobe; [d] Unterschiedliche Ergebnisse in zwei Selbstkonzeptmaßen; [e] Unterschiedliche Ergebnisse bei zwei Vergleichsgruppen; [f] Unterschiedliche Ergebnisse bei zwei Hochbegabungsgruppen; [g] Mädchen; [h] Jungen; [i] Reine Mädchen-Stichprobe; [j] Vergleich mit Geschwistern; [k] Vergleich des obersten IQ-Quartils mit dem 2. u. 3. IQ-Quartil; [l] Vergleich des obersten IQ-Quartils mit dem untersten IQ-Quartil

Auch andere Autoren (z.B. Schneider 1987; Hoge & McSheffrey 1991) bedauern, daß im Bereich der Hochbegabungsforschung viele Studien lediglich das globale Selbstkonzept (Ebene I in Abb. 1) analysieren, obwohl – der Mehrdimensionalität des Phänomens entsprechend – eine adäquate Auswertung auf Gruppenfaktorniveau (Ebene II in Abb. 1) zu erfolgen hätte. Für den Piers-Harris-Selbstkonzeptfragebogen konstatiert Schneider (1987, 77): „die meisten Forscher ... haben ein gutes Instrument eingesetzt, aber sie haben es nicht optimal genutzt".

Auch Hoge & McSheffrey (1991, 238) kritisieren, daß sich der größte Teil der einschlägigen Forschung lediglich auf die Analyse des globalen Selbstkonzepts bezieht: „Relativ wenig Aufmerksamkeit ist der Struktur des Selbstkonzepts hochbegabter Kinder gewidmet worden".

4.1.2.2

Spezifische Selbstkonzeptfacetten

Mit der Verfügbarkeit über Fragebogen, die es gestatten, diverse Facetten des Selbstkonzepts zu messen, stieg auch die Anzahl der Arbeiten, die sich der geforderten strukturellen Betrachtung des Selbstkonzepts hochbegabter Kinder und Jugendlicher annahmen. In Tabelle 4.2 sind 31 Studien aufgeführt, die auch spezifische Selbstkonzeptaspekte (also unterhalb der allgemeinen Ebene I von Abb. 1 liegend) von hochbegabten und hochleistenden im Vergleich zu durchschnittlich begabten und durchschnittlich leistenden Kindern und Jugendlichen untersucht haben.

In Tabelle 4.2 haben wir diejenigen Studien nicht berücksichtigt,

(a) die besonders junge Kinder oder Erwachsene untersuchen, d.h. die den Altersbereich bis 10 Jahre (bis zur 5. Klassenstufe) umfassen oder auf Altersspannen basieren, die mehr als das junge Erwachsenenalter betreffen (Ringness 1961; Leaverton & Herzog 1979; Jacobs 1985; Janos, Fung & Robinson 1985; Nielsen & Mortorff-Albert 1989; Rost & Hanses 1994; Cornell, Delcourt, Goldberg & Bland 1995; Stoyanova 1995; Goldberg & Cornell 1998; Hanses & Rost 1996; 1998) und / oder

(b) denen zu kleine Stichproben zugrunde liegen, d.h. bei denen die Hochbegabtengruppe N = 20 nicht übersteigt (Anastasiow 1964; Chovan & Morrison 1984; Crittenden, Kaplan & Heim 1984; Olshen & Matthews 1987; Gross 1993) und / oder

(c) deren Versuchsplan mit groben Mängeln behaftet ist, d.h. die keine (angemessene) Vergleichsgruppe haben und auch keinen Vergleich mit Normen oder Ergebnissen anderer Studien durchführen (Sheldon 1957 / 58; Anastasiow 1964; Brown & Karnes 1982; Cohen & Cohen 1983; Olshen & Matthews 1987; Kelly & Jordan 1990; Dickens & Cornell 1993; Gross 1993) und / oder

(d) deren thematischer Schwerpunkt ausschließlich auf der Frage nach Selbstkonzeptveränderungen während eines Hochbegabtenprogrammes liegt (Kolloff & Feldhusen 1984; Olszewski et al. 1987; Kolloff & Moore 1989; Cornell et al. 1990; Marsh et al. 1995; Olenchak 1995; Wright & Leroux 1997; vgl. auch zusammenfassend Vaughn, Feldhusen & Asher 1991) und / oder

(e) die ausschließlich Selbstkonzeptunterschiede innerhalb einer oder mehrerer Hochbegabtengruppen untersuchen – z.B. Effekte des Intelligenzniveaus, des Leistungsniveaus, der Art der Beschulung, des Alters, des Geschlechts oder des Sozialstatus (so Shaw & Alves 1963; Anastasiow 1964; Gill & Messina 1973; Milgram & Milgram 1976b; Dean 1977; Ross & Parker 1980; Saurenman & Michael 1980; Tidwell 1980b; Coleman & Fults 1982; Delisle & Renzulli 1982; Coleman & Fults 1983; 1985; Olszewski et al. 1987; Waldron, Saphire & Rosenblum 1987; Kerr, Colangelo & Gaeth 1988; Feldhusen, Sayler, Nielsen & Kolloff 1990; Kelly & Jordan 1990; Richardson & Benbow 1990; VanTassel-Baska, Olszewski-Kubilius & Kulieke 1994; Lewis, Karnes & Knight 1995; Williams & Montgomery 1995; Klein & Zehms 1996; Worrell, Roth & Gabelko 1998) und / oder

(f) die primär auf eine (psychometrische) Evaluation von Selbstkonzeptinstrumenten in Hochbegabungsstichproben abzielen (Feldhusen & Kolloff 1981; Hollinger & Fleming 1985; Williams, Apenahier & Haynes 1987; Feldhusen & Willard-Holt 1992; Plucker, Taylor, Callahan & Tomchin 1997; Worrell 1997).

Im deutschen Sprachraum liegen für den hier interessierenden Altersbereich (Kinder älter als zehn Jahre und Jugendliche) nur zwei empirische Studien vor; über sie soll – obzwar in Tabelle 4.2 enthalten – etwas ausführlicher berichtet werden.

Tab. 4.2: Übersicht über 31 Studien zum Vergleich spezifischer Selbstkonzeptfacetten hochbegabter / hochleistender und durchschnittlich begabter / durchschnittlich leistender Kinder und Jugendlicher

STUDIE	STICHPROBE	VARIABLEN	ERGEBNIS
Anastasiow (1967)	*Aus 4. bis 6 Klassen:* HB: N=133 (IQ=?, obere 26%) VG: N=133 (IQ=?, untere 26%)	I/SL:- School and College Ability Test, 4-A SK: - Sears Self-Concept Scale (SSCS, 10 UT)	*Jungen:* HB>VG in den 2 UT „Intellektuelle Fähigkeiten" und „Schulleistungen". HB≈VG in den restlichen 8 UT. *Mädchen:* HB>VG in den 7 UT „Intellektuelle Fähigkeiten", „Schulleistungen", „Arbeitshaltung", „Glücksqualitäten", „Aussehen", „Beziehung zu Lehrkräften", „Soziale Tugenden". HB≈VG in den 3 UT „Körperliche Fähigkeiten", „Beziehung zu Jungen" und „Beziehung zu Mädchen".
Milgram et al. (1974) bzw. Milgram & Milgram (1976a)	*Aus 4. bis 6. bzw. 7. bis 8. Klassen:* HB: N=182 (øIQ=140, aus HB-Programm) VG: N=310 (øIQ=100, regulär Beschulte)	I/SL:- WISC - Milta - Raven SK: - Tennessee Self-Concept Scale (TSCS, 8 UT)	HB≈VG im UT „Familiäres Selbst". VG>HB im UT „Körperliches Selbst". HB≈VG in den 3 UT „Selbstzufriedenheit", „Verhalten", „Moralisches Selbst". WW Alter × Gruppe in den 3 UT „Identität" (nur bei älteren Kindern VG>HB), „Persönliches Selbst" (bei jüngeren Kindern HB>VG, bei älteren Kindern VG>HB), „Soziales Selbst" (vermutlich bei älteren Kindern VG>HB).
Winne, Woodlands & Wong (1982)	*Aus 4. bis 7. Klassen:* HB: N= 58 (øIQ=130) VG1: N= 60 (øIQ=108) VG2: N= 52 (øIQ=103, Lernbehinderte)	I/SL:- Peabody Picture Vocabulary Test SK: - Coopersmith Self-Esteem Inventory (CSEI, 3 UT) - Sears Self-Concept Scale, revised (SSCS, 9 UT)	*Vergleich nur zwischen HB und VG2:* HB>VG2 im CSEI-UT „Schulischer Selbstwert" und im SSCS-UT „(Konvergente) intellektuelle Fähigkeiten". VG2>HB in den 3 SSCS-UT „Körperliche Fähigkeiten", „Soziale Beziehungen" und „Soziale Tugenden". HB>VG2 in den 2 CSEI-UT „Beziehung zu Eltern", „Beziehung zu Peers" und in den 5 SSCS-UT „Aussehen", „Glücksqualitäten", „(Divergente) intellektuelle Fähigkeiten", „Schulleistungen", „Arbeitshaltung".
Kelly & Colangelo (1984)	*Aus 7. bis 9. Klassen:* HB: N= 57 (IQ: PR>89) VG1:N=184 (IQ=?, regulär Beschulte) VG2: N= 25 (IQ=?, Lernbehinderte)	I/SL:- WISC-R - IOWA Test of Basic Skills SK: - Tennessee Self-Concept Scale (TSCS, 8 UT) - Academic Self-Concept Scale (ASCS)	*Mädchen:* Nur Vergleich HB vs. VG1. HB≈VG1 in allen 8 UT des TSCS und im ASCS. *Jungen:* HB>VG2 und VG1>VG2 in allen 8 UT des TSCS („Identität", „Selbstzufriedenheit", „Verhalten", „Körperliches Selbst", „Moralisches Selbst", „Persönliches Selbst", „Familiäres Selbst", „Soziales Selbst") sowie im ASCS. HB>VG1 im akademischen SK.

Tab. 4.2 (Fortsetzung): Übersicht über 31 Studien zum Vergleich spezifischer Selbstkonzeptfacetten hochbegabter / hoch-leistender und durchschnittlich begabter / durchschnittlich leistender Kinder und Jugendlicher

STUDIE	STICHPROBE	VARIABLEN	ERGEBNIS
Chapman & Boersma (1986)	*Aus 6. Klassen:* HB1: N= 35 (øIQ=125, zumeist StL: PR>90) VG1: N= 74 (øIQ=101, StL: PR>30) VG2: N= 86 (øIQ=100, StL: PR<16)	I/SL: - WISC-R - Progressive Achievement Test - Student's Perception of Ability Scale (SPAS, 6 UT) SK:	HB>VG1>VG2 in den 5 UT „Allgemeine Begabung", „Rechnen", „Schulische Zufriedenheit", „Lesen und Rechtschreiben" und „Zuversicht". HB≈VG1≈VG2 im UT „Schönschreiben und Ordentlichkeit".
Pyryt (1986)	*Aus 5. bis 8. Klassen:* HB: N= 23 (IQ 124-139, aus HB-Programm) VG: N= 23 (IQ 92-110, regulär Beschulte)	I/SL: - Otis-Lennon Mental Ability Test SK: - Piers-Harris Children's Self-Concept Scale (PHCSCS, 6 UT)	Diskriminanzanalytische Auswertung. Einen signifikanten Beitrag zur Trennung der Gruppen HB und VG leisten die 3 UT „Intellektueller und schulischer Status" (HB>VG), „Aussehen und Einstellung zum eigenen Körper" (HB>VG) und „Glück und Zufriedenheit" (VG>HB). Insgesamt können 74% der Pb aufgrund der SK-Werte korrekt klassifiziert werden.
Colangelo & Brower (1987)	*19 und 20jährige:* HB1: N= 25 (=30% Rücklauf, IQ: PR>90 ehemalige HB-Programmteilnehmer) VG: N= 25 (=17% Rücklauf, IQ=?, Alter?, Geschwister der HB)	I/SL: - Iowa Test of Basic Skills - Durchschnittszensur - Begabungsratings SK: - Academic Self-Cocept Scale (ASCS) - Adjective Check List (ACL, 23 Items)	*5 Jahre nach der Identifikation und nach Teilnahme an HB-Programm:* HB>VG im „akademischen SK". VG>HB in den 2 ACT-Items „Persönliche Angepaßtheit" und „Ausdauer". HB≈VG in 21 Items der ACT.
Colangelo, Kelly & Schrepfer (1987)	*Aus 7. bis 9. Klassen:* HB: N= 61 (IQ=?) VG1: N= 16 (IQ=?, regulär Beschulte) VG: N= 20 (IQ=?, Lernbehinderte)	I/SL: - WISC-R - Iowa Test of Basic Skills SK: - School Attitude Measure (SAM, 2UT) - Tennessee Self-Concept Scale (TSCS, 8 UT)	*Mädchen:* Nur Vergleich HB vs. VG1. HB≈VG in den 2 SAM-UT zum akademischen SK. HB≈VG in den 8 UT des TSCS („Identität", „Selbstzufriedenheit", „Verhalten", „Körperliches Selbst", „Moralisches Selbst", „Persönliches Selbst", „Familiäres Selbst", „Soziales Selbst". *Jungen:* HB≈VG1>VG2 in den 2 SAM-UT zum akademischen SK und in den 7 UT des TSCS. HB≈VG1=VG2 im UT „Soziales Selbst".

Tab. 4.2 (Fortsetzung): Übersicht über 31 Studien zum Vergleich spezifischer Selbstkonzeptfacetten hochbegabter / hochleistender und durchschnittlich begabter / durchschnittlich leistender Kinder und Jugendlicher

STUDIE	STICHPROBE	VARIABLEN	ERGEBNIS
Chan (1988)	*Aus 7.Klassen:* HB1: N= 71 (IQ: PR>96; aus HB-Programm) VG1: N=188 (IQ=?, regulär Beschulte) *Aus 5. und 6. Klassen:* HB2: N= 46 (IQ: PR>95; aus HB-Programm) VG2: N=142 (IQ=?, regulär Beschulte)	I/SL: – Progressive Matrices – Test of Learning Ability SK: – Percieved Competence Scale for Children (PCSC, 3 UT)	*7.Klassen:* HB1>VG1 in den 2 UT „Kognitive Kompetenz" und „Physische Kompetenz". HB1≈VG1 im UT „Soziale Kompetenz. *5. und 6. Klassen:* HB2>VG2 im UT „Kognitive Kompetenz". HB2≈VG2 in den 2 UT „Physische Kompetenz" und „Soziale Kompetenz".
Holahan (1988)	*11- bis 13jährige:* HB1: N=152 (IQ=?) VG: N=106 (IQ=?)	I/SL: – ? SK: – Self-Description Questionnaire II (SDQII, 7 UT)	HB>VG in den 3 UT „Mathematische Fähigkeiten", „Verbale Fähigkeiten" und „Allgemeine Schulleistungen". VG>HB in den 4 UT „Beziehung zum eigenen Geschlecht", „Beziehung zum anderen Geschlecht", „Aussehen" und „Körperliche Fähigkeiten".
Li (1988)	*Aus 4. und 7. Klassen:* HB: N= 49 (IQ 130–158, aus HB-Programm) VG: N= 49 (regulär Beschulte)	I/SL: – WISC-R SK: – Self-Perception Profile for Children (SPPC, 5 UT)	HB>VG im UT „Verhalten". VG>HB im UT „Sportliche Fähigkeiten". HB≈VG in den 2 UT „Soziale Kompetenz" und „Aussehen. WW Geschlecht × Gruppe im UT „Schulische Kompetenz" (bei Mädchen HB>VG, bei Jungen HB≈VG).
Eccles, Bauman & Rotenberg (1989)	*Aus 2. bis 8. Klassen:* HB: N= 54 (IQ>129) VG: N=681 (IQ=?, Klassenkameraden)	I/SL: – ? SK: – Coopersmith Self-Esteem Inventory (CSEI, 3 UT)	HB>VG in den 2 UT „Beziehung zu Peers" und „Schulischer Selbstwert". HB≈VG im UT „Beziehung zu Eltern".
Schneider, Clegg, Byrne, Ledingham & Crombie (1989)	*Aus 5., 8. und 10. Klassen:* HB1: N=204 (ØIQ=132, regulär beschulte Hochbegabte) HB2: N=150 (ØIQ=135, aus Spezialklassen für Hochbegabte) VG1: N=197 (ØIQ=111, „matched" Kontrollgruppe regulär Beschulter) VG2: N=193 (ØIQ=112, Zufallskontrollgruppe regulär Beschulter)	I/SL: – Henmon-Nelson Test of Mental Ability – Canadian Cognitive Abilities Test SK: – Percieved Competence Scale for Children (PCSC, 3 UT) – Self-Description Questionnaire III (SDQIII, 5 UT)	*5. Klassen:* HB1>HB2≈VG1≈VG2 im PCSC-UT „Kognitive Kompetenz". HB1≈HB2≈VG1≈VG2 in den 2 PCSC-UT „Physische Kompetenz" und „Soziale Kompetenz". *8. Klassen:* HB1>HB2/VG1≈VG2 und HB2≈VG1 im PCSC-UT „Kognitive Kompetenz". HB1≈HB2≈VG1≈VG2 in den 2 PCSC-UT „Physische Kompetenz" und „Soziale Kompetenz". *10. Klassen:* HB1>VG1≈VG2 im SDQIII-UT „Akademische Fähigkeiten". HB1≈HB2≈VG1≈VG2 in den 4 SDQIII-UT „Beziehungen zum anderen Geschlecht", „Beziehungen zum eigenen Geschlecht", „Aussehen" und „Körperliche Fähigkeiten".

Tab. 4.2 (Fortsetzung): Übersicht über 31 Studien zum Vergleich spezifischer Selbstkonzeptfacetten hochbegabter / hochleistender und durchschnittlich begabter / durchschnittlich leistender Kinder und Jugendlicher

STUDIE	STICHPROBE	VARIABLEN	ERGEBNIS
Whalen & Csikszentmihalyi (1989)	*Aus 9. und 10. Klassen:* HB: N=177 (IQ=?, „besonders Talentierte") VG: N=218 (IQ=?)	I/SL: - Schulnoten - Urteil der Lehrkräfte - Schulleistungstests SK: - Offer Self-Image Questionaire (OSIQ, 12 UT)	VG>HB im UT „Attraktivität/Sicherheit im Umgang mit Personen des anderen Geschlechts". HB≈VG in allen übrigen 11 UT („Impulskontrolle", „Emotionalität", „Körperliches SK", „Soziales SK", „Moralisches SK", „Berufs- und Bildungsziele", „Familiäres SK", „Bewältigung", „Psychopathologisches Verhalten", „Anpassung", „Idealismus").
Brounstein, Holahan & Dreyden (1991)	*Aus 7. Klassen:* 3 Befragungen (A: zu Programmanfang, B: nach 4 Monaten, C: nach 8 Monaten) von regulär Beschulten (SL: PR<97) und von für ein HB-Programm Qualifizierten (SL: PR>96). HB: N=325 (=59% Rücklauf; A) N=218 (=39% Rücklauf; B) N=218 (=59% Rücklauf; C) VG: N=106 (=22% Rücklauf; A) N= 72 (=15% Rücklauf; B) N= 63 (=13% Rücklauf; C)	I/SL: - California Achievement Test (Altersnorm) - Scholastic Aptitude Test (College-Norm) SK: - Self-Description Questionaire II (SDQII, 10 UT)	*Befragung A:* HB>VG in den 4 UT „Mathematische Fähigkeiten", „Verbale Fähigkeiten", „Allgemeine Schulleistungen" und „Ehrlichkeit". VG>HB in den 4 UT „Körperliche Fähigkeiten", „Aussehen", „Beziehung zum anderen Geschlecht" und „Beziehung zum eigenen Geschlecht". HB≈VG in den 2 UT „Emotionale Reife" und „Beziehung zu den Eltern". *Befragungen B und C:* Nach 4 bzw.8 Monaten zeigten sich vergleichbare Gruppenunterschiede wie bei Welle A, auch wenn eine Teilstichprobe ein HB-Programm absolviert hatte.
Hoge & McSheffrey (1991)	*Aus 5. bis 8. Klassen:* HB: N=280 (aus HB-Programm) VG: keine (Normvergleich)	I/SL: - ? SK: - Self-Perception Profile for Children (SPPC, 5 UT)	HB≈Norm im UT „Schulische Kompetenz". HB<Norm in den 2 UT „Soziale Kompetenz" und „Sportliche Fähigkeiten". HB≈Norm in den 2 UT „Aussehen" und „Verhalten".
Yong & McIntyre (1991)	*Aus 8. Klassen:* HB: N= 40 (IQ: PR>90 oder SL: PR>84) VG: N= 40 (IQ=?)	I/SL: - WISC-R - Iowa Test of Basic Skills - Slosson Intelligence Test - Schulleistungen - Urteile der Eltern und Lehrkräfte SK: - Piers-Harris Children's Self-Concept Scale (PHCSCS, 6 UT)	HB>VG im UT „Verhalten". HB≈VG in den übrigen 5 UT „Intellektueller und schulischer Status", „Aussehen und Einstellungen zum eigenen Körper", „(wenig) Angst", „Beliebtheit und „Glück und Zufriedenheit".

Tab. 4.2 (Fortsetzung): Übersicht über 31 Studien zum Vergleich spezifischer Selbstkonzeptfacetten hochbegabter / hochleistender und durchschnittlich begabter / durchschnittlich leistender Kinder und Jugendlicher

STUDIE	STICHPROBE	VARIABLEN	ERGEBNIS
Heller (1990) bzw. Perleth & Sierwald (1992)	*Aus 8. und 10. Klassen:* 3 Gruppen (nach Kreativität) bzw. 4 Gruppen (nach IQ): HB1: N=? (IQ=2, "extrem") HB2: N=? (IQ=2, "hoch") VG1: N=? (IQ=2, K=2, "gut") VG2: N=? (PR>29,K=2, "ø", aber nicht ø der Gesamtpopulation)	I/SL: - KFT - Kreativitätsfragebogen (GIFFI) - Verbaler Kreativitäts-test (VKT) SK: "Akademisches" und "nicht-akademisches" SK (keine genaueren Angaben)	Graphische Ergebnisdarstellung, keine genaueren statistischen Angaben. *IQ-Gruppierung:* In beiden Klassenstufen "höheres akademisches SK der begabten und hochbegabten Schüler" (vermutlich HB1≈HB2>VG1>VG2). Im "nicht-akademischen SK" (vermutlich) keine Gruppenunterschiede. *K-Gruppierung:* Nur in 10. Klasse hatten "Hochbegabte" ein besseres "akademisches SK". In beiden Klassenstufen keine Gruppenunterschiede im "nicht-akademischen SK".
Van Boxtel & Mönks (1992)	*Aus 7. bis 9. Klassen:* HB1: N= 22 (øIQ=121, IQ: PR>75, K: PR>75, SL wie erwartet) HB2: N= 45 (øIQ=119, IQ: PR>75, K: PR<50, SL wie erwartet) HB3: N= 27 (øIQ=121, IQ: PR>75, SL signifikant schlechter als erwartet) VG: N= 74 (øIQ=100, IQ+K+SL: 30<PR<70)	I/SL: - IST-70 SK: - Selbstkonstruiertes Instrument (akademisches und soziales Selbstkonzept, 4 UT)	HB1≈HB2>VG>HB3 in den 2 UT "Akademisches Selbstkonzept" und "Kognitive Fähigkeiten". HB1>HB2/HB3≈VG und HB2>VG im UT "Soziale Akzeptanz". HB1>HB3≈VG und HB2>VG im UT "Soziale Kompetenz".
Tuchow (1993 zit. n. Joswig 1995)	*Aus 8 Klassen:* HB: N= 67 (IQ=2, mathematisch-natur-wissenschaftliche Spezialschüler) VG: N= 41 (IQ=2, reguläre Beschule)	I/SL: - ? SK: - Frankfurter Selbstkonzeptskalen (FSKN, 9 UT)	In allen 9 UT HB der VG numerisch überlegen. *Jungen:* HB>VG in den 4 UT "Leistungsfähigkeit", "Problembewältigung", "Verhaltens- und Entscheidungssicherheit", "Gefühle und Beziehungen zu anderen". HB≈VG in den 3 UT, "Standfestigkeit", "Wertschätzung durch andere", "Irritierbarkeit durch andere". Keine Sig.-Angaben zu den 3 UT "Soziale Kontakt- und Umgangsfähigkeit", "Ernsthaftigkeit und Selbstzufriedenheit", "Empfindlichkeit und Gestimmtheit: *Mädchen:* HB≈VG in allen 9 UT.

Tab. 4.2 (Fortsetzung): Übersicht über 31 Studien zum Vergleich spezifischer Selbstkonzeptfacetten hochbegabter / hochleistender und durchschnittlich begabter / durchschnittlich leistender Kinder und Jugendlicher

STUDIE	STICHPROBE	VARIABLEN	ERGEBNIS
Pyryt & Mendaglio (1994)	*Aus 8. und 9. Klassen:* HB: N= 42 (IQ>120, aus HB-Programm) VG: N= 46 (IQ=2, regulär Beschulte)	I/SL: - Canadian Cognitive Abilities Test SK: - Pyryt-Mendaglio Self-Perception Survey (PMSPS, 3 UT)	HB>VG in den 2 UT „Akademisches SK" und „Soziales SK". HB≈VG im UT „Physisches SK". Insgesamt können 76% der Pb aufgrund der SK-Werte (eine globale SK-Skala eingeschlossen) korrekt klassifiziert werden.
Colangelo & Assouline (1995)	*Aus 3. bis 11. Klassen:* HB1: N=163 (IQ=2, 3.-6. Klasse, aus HB-Programm) HB2: N=134 (IQ=2, 7.-8. Klasse, aus HB-Programm) HB3: N=261 (IQ=2, 9.-11. Klasse, aus HB-Programm) VG: Keine (Normvergleich)	I/SL: - ? SK: - Piers-Harris Children's Self Concept Scale (PHCSC, 6 UT)	Leicht unterdurchschnittliche Werte im UT „Beliebtheit" nur bei den Jungen von HB2 und HB3. In allen sonstigen Subgruppen in den restlichen 5 UT „Verhalten", „Intellektueller und schulischer Status", „Aussehen und Einstellung zum eigen Körper", „(wenig) Angst", „Beliebtheit", „Glück und Zufriedenheit" mindestens durchschnittlicher Werte, häufig sogar bessere.
Lea-Wood & Clunies-Ross (1995)	*Aus 7. bis 9. Klassen:* HB: N= 81 (IQ=2, nur Mädchen) VG: N= 77 (IQ=2, nur Mädchen)	I/SL: „Leistungen in Fähigkeitstests" - Urteil der Lehrkräfte SK: - Coopersmith Self-Esteem Inventory (CSEI, nur 1 UT ausgewertet)	VG>HB im „Sozialen SK". Die Unterschiede werden mit zunehmenden Alter größer.
Li & Adamson (1995)	*11- bis 21jährige:* HB: N= 30 (IQ>120) VG: N= 32 (=23% Rücklauf, IQ<120, Geschwister der HB)	I/SL: - WISC-R SK: - Self-Perception Profiles for Adolescents (SPPA, 8 UT)	HB≈VG in allen 8 UT („Schulische Kompetenz", „Soziale Akzeptanz", „Sportliche Fähigkeiten", „Aussehen", „Arbeitskompetenz", „Romantische Attraktion", „Verhalten", „Enge Freundschaften").
Peters, Ma, Mönks & Ye (1995)	*10- und 11jährige:* HB: N=131 (IQ: PR>75) VG1: N=156 (IQ: 50<PR<75) VG2: N=179 (IQ: 25<PR<50) VG3: N=156 (IQ: PR<25)	I/SL: - Raven SK: - Self-Description Questionnaire II (SDQII, 10 UT zusammengefaßt zu 4 sich teils überlappenden Bereichen)	HB≈VG1>VG2>VG3 im „Schulfachbezogenen SK" und im „Akademischen SK". HB≈VG1≈VG2≈VG3 im „Sozialen SK" und im „Nicht-akademischen SK".

Tab. 4.2 (Fortsetzung): Übersicht über 31 Studien zum Vergleich spezifischer Selbstkonzeptfacetten hochbegabter / hochleistender und durchschnittlich begabter / durchschnittlich leistender Kinder und Jugendlicher

STUDIE	STICHPROBE	VARIABLEN	ERGEBNIS
Chan (1996)	Aus 7. Klassen: HB: N=143 (IQ: PR>94) VG: N=133 (IQ=?, regulär Beschulte)	I/SL:- Progressive Achievement Tests - Reading SK:- Percieved Competence Scale for Children (PCSC, 3 UT)	HB>VG nur im UT „Kognitive Kompetenz". HB≈VG in den 2 UT „Physische Kompetenz" und „Soziale Kompetenz".
Klein & Zehms (1996)	Mädchen aus 3., 5. und 8. Klassen: HB1: N=104 (zumeist IQ>129 bzw. SL: PR>95) aus HB-Programm VG: N= 30 (IQ=?, regulär Beschulte)	I/SL:- Standardisierte Intelligenz- und Leistungstest - Nominierungen SK:- Piers-Harris Children's Self-Concept Scale (PHCSC, 6 UT)	*Mädchen der 3.Klassen:* HB≈VG (Richtung nicht angegeben) nur im UT „Verhalten". Kein Unterschied in den anderen 5 UT. *Mädchen der 5. Klassen:* HB≈VG in allen 6 UT. *Mädchen der 8. Klassen:* VG>HB in den 3 UT „Intellektueller und schulischer Status", „Beliebtheit" und „Glück und Zufriedenheit". Keine Differenz in den anderen 3 UT „Verhalten", „Aussehen und Einstellung zum eigenen Körper", „(wenig) Angst".
Mönks & Peters (1996)	11- bis 16jährige (aus N=1017): HB: N≈250 (IQ: PR>75) VG: N≈250 (IQ: PR<25)	I/SL:- Raven SK:- Self-Description Questionaire II (SDQII, 10 UT, teils zu übergeordneten Bereichen zusammengefaßt)	HB>VG im „Akademischen SK" und - vermutlich (hier unklare Ergebnisdarstellung) - im UT „Beziehung zu den Eltern". HB≈VG in den 3 UT „Beziehung zum anderen Geschlecht", „Beziehung zum eigenen Geschlecht" und „Soziales SK".
Tong & Yewchuk (1996)	Aus 10. bis 12. Klassen: HB: N= 39 (=85% Rücklauf, IQ=?, aus HB-Programm) VG: N= 39 (IQ=?, regulär Beschulte)	I/SL:- Schulleistung - Intelligenztests - Urteil der Lehrkräfte SK:- Piers-Harris Children's Self-Concept Scale (PHCSCS, 6 UT)	VG>HB in den 2 UT „(wenig) Angst" und „Glück und Zufriedenheit". HB≈VG in den übrigen 4 UT „Verhalten", „Intellektueller und schulischer Status", „Aussehen und Einstellung zum eigenen Körper", „Beliebtheit").

Tab. 4.2 (Fortsetzung): Übersicht über 31 Studien zum Vergleich spezifischer Selbstkonzeptfacetten hochbegabter / hochleistender und durchschnittlich begabter / durchschnittlich leistender Kinder und Jugendlicher

STUDIE	STICHPROBE	VARIABLEN	ERGEBNIS
Ablard (1997)	*Aus 7. Klassen:* HB1: N=129 (PR>98 in Verbal- und/oder Mathematikfähigkeit) VG: keine (Vergleich mit anderen Studien)	I/SL: - SAT? SK: - Multidimensional Self-Concept Scale (MSC, 2 UT)	SK-Untersuchung in der 8. Klasse. HB hatten ein positiveres akademisches SK als Schulkinder 8. Klassen einer anderen Studie. Im sozialen SK vergleichbar mit Norm.
Delcourt, Lyn & Rejskind (1997)	*Aus 9. Klassen:* HB: N= 95 (=4% Rücklauf, IQ=?, Eliteschüler) VG: N=111 (=66% Rücklauf, IQ=?, regulär Beschulte)	I/SL: - ? SK: - Selbstkonstruiertes Instrument (11 UT)	HB>VG in den 3 UT „Romantische Attraktion", „Familiäre Beziehung" und „Schulische Kompetenz". VG>HB im UT „Gutes Benehmen". HB≈VG in den anderen 7 UT („Sport", „Soziale Akzeptanz", „Aussehen", „Freundschaften", „Zukunftsaspiration", „Religiosität", „Materieller Besitz").

HB: Hochbegabtengruppe; I: Intelligenz- bzw. Leistungsmaß; K: Kreativitätsmaß; SK: Selbstkonzept(maß); SL: Schulleistung(en); UT: Untertest(s) bzw. Subskal(a)(en); VG: Vergleichsgruppe; WW: Wechselwirkung

In ihrer an der Universität Rostock vorgelegten Dissertation hat Tuchow (1993, zit. n. Joswig 1995; vgl. auch Joswig & Tuchow 1996) 67 Jugendliche aus Spezialschulen mathematisch-naturwissenschaftlich-technischer Richtung (12 Mädchen, 55 Jungen) mit 41 gleichaltrigen regulär Beschulten (20 Mädchen, 21 Jungen) hinsichtlich ihrer Werte in den „Frankfurter Selbstkonzeptskalen" (FSKN, Deusinger 1986) verglichen. Beide Gruppen besuchten die 8. Jahrgangsstufe. In allen neun spezifischen Selbstkonzeptfacetten (und auch in der allgemeinen Selbstwertschätzung) waren die Hochbegabten der Vergleichsgruppe numerisch überlegen. Statistisch signifikante Gruppendifferenzen (p < 0.05; genaue Zahlenangaben fehlen, Streuungen und Effektstärken werden von Joswig nicht mitgeteilt) zugunsten der Hochbegabten fanden sich in „Leistungsfähigkeit", „Problembewältigung" und „Verhaltens- und Entscheidungssicherheit". Geschlechtsspezifische Analysen bestätigen das Bild nur für die Jungen, hinzu kamen in dieser Subgruppe noch statistisch bedeutsame Mittelwertdifferenzen in „Gefühle und Beziehungen zu anderen".[2] Die Interpretation der Autorin, daß die „deutlichen Ausprägungen zugunsten der Jungen ... der geringen Mädchenpopulation bei den Begabten mathematisch-naturwissenschaftlich-technischer Richtung geschuldet" seien (Joswig 1995, 151), ist unverständlich und nicht nachvollziehbar. Vermutlich wird die Ursache banal darin liegen, daß sich in der Stichprobe nur 12 hochbegabte Mädchen, aber 55 hochbegabte Jungen befunden haben, also vergleichbar große Effekte bei den Mädchen wegen der deutlich reduzierten Freiheitsgrade statistisch nicht mehr als signifikant zu sichern sind.

Im Rahmen der größer angelegten „Münchner Hochbegabungsstudie" (vgl. Heller 1992a) sind Perleth & Sierwald (1992, 268–296) bzw. Heller (1990) der Frage nachgegangen, welche Rolle nicht-kognitive Persönlichkeitsmerkmale für die Begabungs- und Leistungsentwicklung spielen. Neben diversen Persönlichkeitsvariablen wie „Prüfungsangst", „Attributionen", „Leistungsmotivation" etc. wurde auch das akademische und allgemeine nicht-akademische Selbstkonzept erhoben. Die Autoren bildeten bei Jugendlichen der achten und zehnten Jahrgangsstufen Subgruppen bezüglich der Intelligenz (intellektuell „extrem Hochbegabte", „Hochbegabte", „Gutbegabte" und „durchschnittlich Begabte") und Kreativität (kreativ „Hochbegabte", „Begabte" und „durchschnittlich Begabte"). Nach Angaben von Perleth & Sierwald war der deutlichste und konsistenteste Unterschied zwischen den Intelligenzgruppen „das höhere akademische Selbstkonzept der begabten und hochbegabten Schüler, während beim allgemeinen bzw. nichtakademischen Selbstkonzept keine Unterschiede zu den durchschnittlich begabten Schülern feststellbar waren" (S. 269). Nur bei den Zehntkläßlern zeichneten sich die „kreativ Hochbegabten" durch ein besseres akademisches Selbstkonzept aus. In beiden Klassenstufen gab es keine Unterschiede zwischen den

---

[2] Die von Joswig (1995, 150) in Tabelle 20 berichteten Werte sind nicht eindeutig, da dort „Problembewältigung", der Logik der Tabellenanlage widersprechend, als einzige FSKN-Skala doppelt auftaucht, die in Abbildung 9 (S. 148) noch aufgeführte Skala „Empfindsamkeit und Gestimmtheit" jedoch fehlt.

über die Kreativitätswerte gebildeten Begabungsgruppen im nicht-akademischen Selbstkonzept.[3]

Kritisch ist jedoch anzumerken, daß viele elementare Angaben, die man in wissenschaftlichen Arbeiten erwartet, um die Befunde angemessen interpretieren zu können, fehlen. Die eingesetzten Verfahren sind z.b. unzulänglich beschrieben, über ihre psychometrischen Qualitäten wird kaum etwas mitgeteilt. Hinzu kommt, daß die Gesamtstichprobe der Münchner Längsschnittstudie zur Hochbegabung mit extrem hohen Ausfallquoten behaftet ist: ca. 80% der angeschriebenen Schulen haben ihre Mitarbeit – in länderspezifisch deutlich unterschiedlicher Weise – verweigert (Perleth 1992, 352–353; von Heller [1985, 9], Heller & Hany [1986, 74] sowie Hany [1987, 187] als „randomization" und von Heller [1986, 344; 1990, 88; 1992b, 22] wiederholt als „Zufallsauswahl" bezeichnet). Mit den verbliebenen 20% wurde eine Auswahl durch die Lehrkräfte (Screening) durchgeführt! Rund ein Drittel der Schulkinder wurde von den Lehrkräften als „potentiell hochbegabt" bezeichnet. Bei der nachfolgenden objektiven Testung zur Verifizierung der Hochbegabung sind rund 25% (rekonstruierbare Angabe nach Perleth 1992, 359–360; zahlreiche Rechenfehler in den einschlägigen Tabellen, so z.B. in Tab. 11, S. 360) dieser für die Hauptuntersuchung vorgeschlagenen Stichprobe ausgefallen. Bei den darauffolgenden Erhebungen zu Leistungs-, Persönlichkeits- und Umweltvariablen beträgt die Ausfallquote wiederum 18% (berechnet aus Heller 1992b, 22). Abgesehen von dieser hochselektiven und damit unrepräsentativen Stichprobe ist zu kritisieren, daß für die vier Intelligenz- und drei Kreativitätsgruppen weder die jeweiligen Gruppengrößen noch deren Intelligenz- bzw. Kreativitätsausprägung genauer angegeben werden. Hinzu kommen Inkonsistenzen bei den graphischen Darstellungen (z.B. differieren die für „intellektuell Hochbegabte" mitgeteilten Werte in den einzelnen Abbildungen; offensichtlich ist die Gruppe der „intellektuell Hochbegabten" von Abbildung zu Abbildung unterschiedlich definiert).

Beim Versuch, die Resultate zu spezifischen Selbstkonzeptfacetten Hochbegabter und Hochleistender bzw. durchschnittlich begabter und durchschnittlich leistender Jugendlicher,[4] wie sie in Tabelle 4.2 aufgeführt sind, zusammenzufassen, ergibt sich folgendes Bild:

(a) Hochbegabte und Hochleistende verfügen über ein deutlich positiver ausgeprägtes Selbstkonzept schulischer Leistungen und Fähigkeiten („akademisches Selbst-

---

[3]   Unklar bleibt, warum in einer späteren Tabelle (Perleth & Sierwald, 1992, 280), in der angeblich nur diejenigen nichtkognitiven Merkmale weiteranalysiert wurden, bei denen signifikante Begabungsgruppenunterschiede zu konstatieren waren, das allgemeine Selbstkonzept (bei Zehntkläßlern) als relevante Variable aufgeführt ist.

[4]   Bei (in Tab. 4.2 nicht aufgeführten Studien zu) Vor- und Grundschulkindern zeigen sich in aller Regel nur geringe Unterschiede; wenn systematische Gruppendifferenzen zu beobachten sind, fallen sie überwiegend zugunsten der Hochbegabten bzw. Hochleistenden aus (vgl. Ringness 1961; Janos et al. 1985; Nielsen & Mortorff-Albert 1989; Rost & Hanses 1994; Cornell et al. 1995; Hanses & Rost 1996; 1998).

konzept"), sowohl fachübergreifend wie fachspezifisch. Hoge & Renzulli (1993) berichten in ihrer metaanalytischen Zusammenfassung von 16 Gruppenunterschiede eine mittlere gewichtete Effektstärke $\bar{d} = 0.47$ (95%-Vertrauensintervall: 0.32 bis 0.62).

(b) In den nicht-akademischen Selbstkonzeptfacetten „Beziehungen zu Familienmitgliedern" und „Verhalten" werden zumeist keine bedeutsamen Gruppenunterschiede beobachtet. Nur in wenigen Studien waren Hochbegabte und Hochleistende den durchschnittlich Begabten und durchschnittlich Leistenden überlegen (Hoge & Renzulli: mittlere gewichtete Effektstärke $\bar{d} = 0.37$, basierend auf 6 Gruppenunterschieden zum „Verhalten", 95%-Vertrauensintervall: 0.05 bis 0.69).

(c) Im physischen und sozialen Selbstkonzept stellt man häufig Gruppenunterschiede fest. In Abhängigkeit von (vorausgelesener) Stichprobe und Erhebungsinstrument fallen diese mal zugunsten der einen, mal zugunsten der anderen Gruppe aus. Die auf 12 bzw. 15 Gruppenunterschieden basierende mittlere gewichtete Effektstärke wird deshalb von Hoge & Renzulli mit $\bar{d} = -0.08$ (95%-Vertrauensintervall: -0.26 bis 0.10) bzw. $\bar{d} = 0.02$ (95%-Vertrauensintervall: -0.15 bis 0.19) angegeben.

Wie hoch- und durchschnittlich Begabte jeweils die Gruppen der hoch- und durchschnittlich Leistenden sehen, haben Udvari & Rubin (1996) an einer umfangreichen Stichprobe 8- bis 14jähriger untersucht. Es zeigte sich, daß – hoch- *und* durchschnittlich Begabte zusammengenommen – die Einschätzungen bezüglich „Soziabilität" ($d = 0.79$), „Aggressivität" ($d = 0.55$), „Ablehnung" ($d = 0.44$) und „Aussehen" ($d = 0.40$) jeweils zugunsten der akademisch Hochleistenden ausfielen, wobei nur für „Soziabilität" eine Wechselwirkung zwischen den beiden Einschätzergruppen (hoch- vs. durchschnittlich Begabte) und den Einzuschätzenden (hoch- vs. durchschnittlich Leistende) beobachtet wurde: Hochbegabte nehmen die Unterschiede zwischen den beiden Leistungsgruppen deutlicher wahr als ihre durchschnittlich begabten Peers ($d \approx 1.02$ vs. $d \approx 0.57$).

Auf ein interessantes Ergebnis zum Bereich des sozialen Selbstkonzepts wollen wir hier noch aufmerksam machen. Kerr et al. (1988) bzw. Manaster, Chan, Watt & Wiehe (1994) befragten 184 bzw. 144 für ein Förderprogramm ausgewählte Jugendliche im Alter von 15 bis 17 Jahren nach hochbegabungsspezifischen Vor- und Nachteilen:

(a) „Was ist das Beste daran, hochbegabt zu sein?":
Übereinstimmend bezeichneten 33% (Kerr et al.) bzw. 28% (Manaster et al.) persönliche Erfahrungen als besonders positiv. Dies wurde durch Aussagen, die sich auf das persönliche Wachstum, größeres Selbstvertrauen, innere Harmonie etc. beziehen, evident. Im akademischen Bereich lagen für 37% (Kerr et al.) bzw. 6% (Manaster et al.) die besten Erfahrungen (leichtes Arbeiten, gute Zensuren, effektives Problemlösen, Stipendienmöglichkeiten etc.). 29% (Kerr et al.) bzw. 53% (Manaster et al.) der befragten Hochbegabten nannten soziale Erfahrungen – wie

Anerkennung erhalten, Freundschaftsbeziehungen, respektiert werden etc. – als besonders vorteilhaft.

(b) „Was ist das Schlechteste daran, hochbegabt zu sein?":
Bei den besonders bedeutsamen Nachteilen, die sich aus der Tatsache ergeben, hochbegabt zu sein, wurden übereinstimmend fast ausschließlich (90% bei Kerr et al. bzw. 87% bei Manaster et al.) soziale Aspekte genannt. Diese Nachteile betrafen Stereotypisierungen wie „Streber" oder „Snob" (39%), Eifersucht und Vorurteile (15%), soziale Isolation und Entfremdung (18%), zu hohe Erwartungen anderer (23%) und das Gefühl, mißverstanden und ausgenutzt zu werden (5%; jeweils Angaben aus Manaster et al.).

Der viele Facetten umfassende Bereich sozialer Beziehungen beinhaltet also je nach konkreter Spezifikation für Hochbegabte sowohl zahlreiche positiv als auch negativ bewertete Aspekte. Dies mag die unterschiedlichen und zum Teil widersprüchlichen Ergebnisse zum Bereich des sozialen Selbstkonzepts, wie sie in Tabelle 4.2 dokumentiert sind, erklären. Vermutlich hängen die differierenden Ergebnisse (auch) mit der spezifischen Art und Weise der Messung des sozialen Selbstkonzepts zusammen (z.B. Erfassung sozialer Anerkennung und Respektierung vs. sozialer Stereotypisierung und Ressentiments).

4.1.3
Geschlechtsunterschiede im Selbstkonzept

Die meisten Studien zum globalen Selbstkonzept (im Sinne des allgemeinen Selbstwertes) konnten keine oder nur geringe Unterschiede zwischen Jungen und Mädchen belegen (vgl. z.B. die Übersichten von Maccoby & Jacklin 1974, 134–163; Wylie 1979, 241–328; Hattie 1992, 176–180; Hattie & Marsh 1996, 442–445; siehe auch die Metaanalyse von Hattie & McInman 1991, zit. n. Hattie 1992, 178). Allerdings verweisen die folgenden Analysen auf einen, wenn auch geringen, so doch systematischen Effekt zugunsten der Jungen (vgl. auch Skaalvik 1986), der sich allerdings in der Regel nur bei umfangreichen Stichproben zufallskritisch absichern läßt:

(a) Maccoby & Jacklin (1974)[5] – Basierend auf 25 Publikationen im Zeitraum von 1958 bis 1974 wurde anhand von 34 Effektstärken ein durchschnittlicher Unterschied der Größenordnung $\bar{d} = 0.10$ ermittelt.

(b) Hall (1984) – Eine Analyse von 10 Studien des Zeitraumes 1975 bis 1983 erbrachte einen mittleren Effekt von $\bar{d} = 0.12$.

---

[5]   Die im folgenden angegebenen Effektstärken d sind der Reanalyse von Feingold (1994, 438) entnommen.

(c) Feingold (1994) – Bei 21 Publikationen des Zeitraumes 1984 bis 1992, aus denen insgesamt 27 Effektstärken berechnet wurden, ergab sich eine durchschnittliche Effektstärke von $\overline{d} = 0.16$.

Bei globalen Selbstkonzeptvariablen ist allerdings zu berücksichtigen, daß aufgrund der Zusammenfassung verschiedener Selbstkonzeptfacetten zu einem Summenwert die möglicherweise in einigen Selbstkonzeptbereichen beobachtbaren geschlechtsspezifischen Differenzen durch etwaige entgegengesetzte Unterschiede in anderen Bereichen aufgehoben werden.

In denjenigen Studien, die mehrdimensionale Selbstkonzeptinventare verwendeten, zeigen sich sowohl in nicht-akademischen als auch akademischen Selbstkonzeptfacetten Geschlechtsunterschiede, die den traditionellen Geschlechtsstereotypen entsprechen (Marsh 1989; Crain 1996): Mädchen haben positivere Selbstkonzepte im verbalen und sozialen Bereich, Jungen haben günstigere Selbstkonzepte in den Bereichen „mathematische Fähigkeiten", „Leistungs- / Führungseigenschaften" sowie „körperliche Fähigkeiten" und „Aussehen" (vgl. z.B. Dusek & Flaherty 1981; Marsh, Relich & Smith 1983; Marsh, Barnes, Cairns & Tidman 1984; Marsh 1985; 1987a; 1989; Marsh, Parker & Barnes 1985; Marsh, Smith & Barnes 1985; Fleming & Wahlen 1990; Marsh & Byrne 1991).

Allerdings lassen sich für die oben genannten Aspekte zumeist auch eine nennenswerte Anzahl von Studien anführen, die keine signifikanten Geschlechtsdifferenzen – der auch gegenteilige Unterschiede – ermittelt haben. Als mögliche Ursache für die Uneinheitlichkeit der Ergebnisse zu Geschlechtsunterschieden in spezifischen Selbstkonzeptfacetten kann man unter anderem interkulturelle Unterschiede, meßinstrumentspezifische Besonderheiten sowie die Altersstruktur der untersuchten Stichprobe heranziehen.

Betrachtet man den Bereich der schulfachspezifischen Selbstkonzepte, so dokumentieren sich hier noch am ehesten Geschlechtsdifferenzen, die relativ kulturunabhängig und meßinstrumentübergreifend nachweisbar sind: Mädchen neigen zu ungünstigeren Selbsteinschätzungen ihrer mathematischen Fähigkeiten als Jungen und zwar auch dann, wenn sie vergleichbar gute (Tiedemann & Faber 1995) oder sogar bessere Leistungen als Jungen erzielen (Marsh, Smith & Barnes 1985; Marsh et al. 1988). Jungen haben ein negativeres Selbstkonzept im Hinblick auf ihre sprachlichen Fähigkeiten, das zum Teil – aber nicht vollständig – auf ihre schlechteren Leistungen in diesem Bereich zurückführbar ist. Die Selbstkonzeptunterschiede zugunsten der Jungen im mathematischen Bereich sind offensichtlich ausgeprägter (und daher auch in der Mehrzahl der Studien inferenzstatistisch abgesichert) als die zugunsten der Mädchen im verbalen Bereich, die in einigen Studien (z.B. Fleming & Wahlen 1990) nicht signifikant ausfallen. Insgesamt scheinen sich die Selbstkonzeptunterschiede im mathematischen Bereich mit zunehmendem Alter, insbesondere bis zur Pubertät, zu akzentuieren (Meece, Parsons, Kaczala, Goff & Futterman 1982). Diese Sichtweise wird auch durch die Ergebnisse der Metaanalyse von Hyde, Fennema, Ryan, Frost & Hopp (1990; vgl. auch Beerman & Heller 1990, 81–85) gestützt: Die insgesamt 56 Effektstärken zu Geschlechtsunterschieden im mathematischen Selbstkonzept weisen auf eine systematische Beziehung zum Alter der untersuchten Stichprobe hin. Bei einem Gesamteffekt von $d = 0.16$ für alle Altersgruppen vergrößern sich die Unterschiede mit zunehmendem Alter (5–10 Jahre: $d = 0.08$; 11–14 Jahre: $d = 0.14$; 15–18 Jahre: $d = 0.26$; 19–25 Jahre: $d = 0.21$). Allerdings sind im direkten querschnittlichen Vergleich – wie in den Studien von Marsh et al. (1984), Marsh, Parker & Barnes (1985) oder Marsh (1985; 1989) – keine zufallskritisch abgesicherten Interaktionseffekte „Geschlecht × Klassenstufe" nachweisbar, mithin läßt sich der Effekt auseinanderdriftender Selbstkonzepte im mathematischen Bereich nicht durchgängig belegen.

Was das generelle schulische bzw. akademische Selbstkonzept betrifft, so sind die Untersuchungsergebnisse insgesamt widersprüchlich: Teils wird ein positiveres Selbstkonzept intellektueller und schulischer Fähigkeiten bei den Jungen vermutet bzw. nachgewiesen (z.B. Rost & Lamsfuß 1992; Ziegler & Schober 1996), teils bei den Mädchen (z.B. Marsh, Relich & Smith 1983; Marsh, Smith & Barnes 1983; Marsh et al. 1984; Marsh 1987a; Marsh et al. 1988; Marsh & Byrne 1991), teils sind keine Unterschiede feststellbar (z.B. Marsh 1985; Marsh, Parker & Barnes 1985; Marsh, Smith & Barnes 1985).

Hattie & McInman (1991, zit. n. Hattie & Marsh 1996, 443) kommen aufgrund ihrer Metaanalyse, die auf über 400 Effektstärken basiert, zu dem Schluß, die Selbstkonzeptwerte von Mädchen und Jungen unterschieden sich nur in drei Dimensionen. Danach haben Jungen positivere Selbstkonzepte im Hinblick auf mathematische und physische, Mädchen auf verbale Fähigkeiten.

Mit der speziellen Situation hochbegabter Mädchen und Frauen haben sich zahlreiche, überwiegend theoretisch ausgerichtete oder auf Einzelfallstudien basierende, Publikationen beschäftigt (z.B. Callahan 1979; 1986; 1991; Rodenstein & Glickauf-Hughes 1979; Grau 1982; Davis & Rimm 1985; Fox & Zimmerman 1985; Garrison, Stronge & Smith 1986; Reis 1987; Clark 1988; Reis & Callahan 1989; VanTassel-Baska 1989; Schuster 1990; Kerr 1991; 1994; Callahan, Cunningham & Plucker 1994; Arnold, Noble & Subotnik 1996). Nicht selten wird das Thema „Mädchen / Frauen und Hochbegabung" unter Überschriften wie „Anormalität?" (Callahan 1980), „Dilemma" (Noble 1987), „Problemgruppen" (Feger 1988; Khatena 1992), „Diskriminierung und Minoritäten" (Pendarius, Howley & Howley 1990) oder „Spezialfälle" (Schwartz 1994) erörtert. Allein dies verdeutlicht schon, daß angenommen wird, Hochbegabung bei Mädchen werfe spezielle Probleme auf und müsse in spezifischer Weise betrachtet werden.

Häufig finden sich in der einschlägigen Literatur Positionen, die betonen, insbesondere hochbegabte Mädchen seien mit sozialen Barrieren konfrontiert, die sich nachteilig auf das Selbstkonzept auswirkten und die Entfaltung des intellektuellen Potentials behinderten (Schwartz 1980; 1991; Hollinger & Fleming 1984; Eccles 1985; Hollinger 1991). Zu diesen Barrieren gehören nach Fox (1982;

vgl. auch Meece et al. 1982; Beerman, Heller & Menacher 1992) vor allem Geschlechtsrollenstereotype, wie sie von Eltern, Lehrkräften, Peers und den Medien vermittelt werden. Sie führen dazu, daß

(a) an Mädchen und Jungen unterschiedliche Erwartungen und Hoffnungen gerichtet werden, vor allem was ihre naturwissenschaftlich-mathematischen Leistungen und beruflichen Ziele betrifft,
(b) Mädchen eher entmutigt als ermutigt werden, intellektuelle Risiken einzugehen und sich im maskulin typisierten naturwissenschaftlich-mathematischen Bereich zu engagieren und
(c) weibliche Kreativität und Leistung eher diskriminiert als anerkannt wird.

Diese Stereotype sollen mit der Zeit internalisiert werden und somit zusätzlich als internale Barrieren wirken, die bei Mädchen die Bereitschaft zur Übernahme intellektueller Herausforderungen und Risiken sowie das Vertrauen in die eigene Leistungsfähigkeit verringern, ungünstige Attributionen und das Verhaltensmuster der „erlernten Hilflosigkeit" verstärken und eine Hinwendung ausschließlich zu den feminin typisierten sozialen und erzieherischen Aktivitäten fördern.

Insbesondere im Jugendalter, in dem eine stärkere Auseinandersetzung mit der eigenen Geschlechtsrolle und eine Antizipation der späteren Rolle als Frau stattfindet, sollen diese Barrieren besonders stark wirksam werden und zur Folge haben, daß Mädchen häufig ihre Begabung verstecken, verleugnen oder unterschätzen. Insgesamt verschlechtere sich das Selbstkonzept (Kline & Short 1991; Lea-Wood & Clunies-Ross 1995). Aufgrund des Rollenkonfliktes, der darin besteht, daß intellektuelle Hochleistung und allzu ausgeprägte Leistungsorientierung eher im Kontext des maskulinen Rollenklischees anzusiedeln sind und nicht selten als „unfeminin" betrachtet werden, sollen hochbegabte Mädchen stärker als hochbegabte Jungen dazu neigen, soziale Zurückweisung und Mißbilligung zu befürchten.

Als Beleg dafür, daß soziale Anerkennung und herausragende intellektuelle Befähigung und Leistung für Mädchen und Frauen teilweise inkompatibel sind, werden Studien angeführt, denen zufolge hochbegabte Jungen von ihren Peers lieber gemocht werden und weniger isoliert erscheinen als hochbegabte Mädchen. Vor allem bei Jungen sollen hochleistende Mädchen weniger beliebt sein als durchschnittlich leistende Mädchen. Statusverluste seien insbesondere in der Pubertät zu verzeichnen (Keislar 1955; Solano 1987; Austin & Draper 1981; Luftig & Nichols 1990; 1991).

Obgleich mittlerweile vielfältige Literatur zur speziellen Situation hochbegabter Frauen und Mädchen vorliegt, in der direkt oder indirekt Annahmen über Selbstkonzeptunterschiede zwischen hochbegabten Jungen und Mädchen formuliert sind, wurden Geschlechtsunterschiede im Selbstkonzept speziell bei Hochbegabten verhältnismäßig selten untersucht. In Tabelle 4.3 sind 35 Studien aufgeführt, die Selbstkonzeptunterschiede bei hochbegabten Mädchen und Jungen (mit-)analysiert haben (erster Teil) oder die mit Hilfe eines zweifaktoriellen Versuchsplans („Begabungsgruppe × Geschlecht") der Frage nachgegangen sind, ob sich etwaige Geschlechtsunterschiede im Selbstkonzept bei Hochbegabten in ähnlicher Form zeigen wie bei durchschnittlich Begabten (zweiter Teil).

Die aufgelisteten Studien weisen insgesamt darauf hin, daß kaum Wechselwirkungseffekte zu konstatieren sind. Wenn bei hochbegabten Jugendlichen Geschlechtsunterschiede inferenzstatistisch abgesichert werden konnten, so vor allem in denjenigen Facetten, die üblicherweise stärker mit dem Geschlecht assoziiert sind, nämlich im mathematischen und physischen Selbstkonzept (zugunsten der Jungen) und im sozialen Selbstkonzept (zugunsten der Mädchen). Hervorhebenswert scheint, daß bei Hochbegabten vermutlich keine Geschlechtsunterschiede im allgemeinen schulischen Selbstkonzept bestehen, daß aber die Unterschiede zugunsten der Jungen in der Einschätzung der mathematischen Fähigkeiten auch dann nachweisbar sind, wenn die Jungen keine signifikant besseren Leistungen erzielen als die Mädchen (siehe z.B. Williams & Montgomery 1995; Marsh et al. 1995).

Auf eine etwaige Wechselwirkung zwischen Begabungsgruppe und Geschlecht können prinzipiell auch diejenigen Studien hinweisen, die bei geschlechtsgetrennten Analysen Begabungsgruppeneffekte für das eine, nicht jedoch für das andere Geschlecht nachgewiesen haben (vgl. hierzu auch Tab. 4.1 und 4.2):

In der Untersuchung von Anastasiow (1967) zeigte sich bei den Mädchen in 7 von 10 Skalen ein Selbstkonzeptunterschied zugunsten der Hochbegabten, bei den Jungen jedoch nur in den zwei Skalen zum intellektuellen und schulischen Selbstkonzept. Diesen Ergebnissen folgend läge der Schluß nahe, daß sich hochbegabte Mädchen stärker im positiven Sinne von durchschnittlich begabten Mädchen abheben als hochbegabte Jungen von durchschnittlich begabten Jungen. Keine eindeutigen Tendenzen in diese Richtung finden sich allerdings in den Studien von Kelly & Colangelo (1984) bzw. Colangelo, Kelly & Schrepfer (1987), in denen 10 bzw. 11 Selbstkonzeptskalen getrennt für beide Geschlechter auf Begabungsgruppeneffekte hin untersucht worden sind. Dort unterschieden sich hochbegabte und durchschnittlich begabte Mädchen nicht bzw. nur im akademischen Selbstkonzept. Bei den Jungen konnten Gruppenunterschiede zusätzlich bzw. ausschließlich im generellen Selbstkonzept belegt werden. Bei der zusammenfassenden Bewertung der hier angeführten Untersuchungen ist zu berücksichtigen, daß den Hochbegabungsstudien häufig verhältnismäßig kleine Stichproben zugrunde liegen, so daß bei zusätzlicher Aufsplittung nach dem Geschlecht kleine bis mittlere Unterschiede zwischen Jungen und Mädchen nicht mehr inferenzstatistisch abzusichern sind. Allerdings ergeben sich auch in den größeren und / oder besser kontrollierten Studien (z.B. Milgram & Milgram 1976a; Schneider et al. 1989; Rost & Hanses 1994) keine Hinweise darauf, daß die Begabung etwaige Geschlechtsunterschiede im Selbstkonzept beeinflußt.

Hoge & Renzulli (1993) kommen aufgrund ihrer Metaanalyse zu dem Schluß, das Geschlecht übe keine moderierende Wirkung auf Selbstkonzeptunterschiede bei hoch- und durchschnittlich Begabten aus. Allerdings fallen die Differenzen zugunsten der Hochbegabten über alle Selbstkonzeptfacetten hinweg rein numerisch bei Mädchen etwas größer aus als bei Jungen (mittlere gewichtete Effektstärke beim Begabungsgruppenvergleich $d = 0.27$ bzw. $d = 0.18$, basierend auf 25 bzw. 26 Gruppenunterschieden in diversen Selbstkonzeptfacetten, 95%-Vertrauensintervall: 0.15 bis 0.40 bzw. 0.03 bis 0.33).

Tab. 4.3: Übersicht über 35 Studien zu Geschlechtsunterschieden im Selbstkonzept bei Hochbegabten (erster Teil: Studien, die ausschließlich Hochbegabte untersucht haben)

STUDIE	STICHPROBE	GESCHLECHTSUNTERSCHIEDE IN DEN SELBSTKONZEPTFACETTEN									
		GSK	AKA	MAT	SPR	VER	SOZ	PHY	AUS	EMO	GLÜ
Ketcham & Snyder (1977)	2.-4. Kl.; nur HB	ns									
Ross & Parker (1980)	5.-8. Kl.; nur HB		ns				ns				
Tidwell (1980b)	14-17 Ja.; nur HB	ns	ns								
Karnes & Wherry (1981)	4.-7. Kl.; nur HB	ns									
Coleman & Fults (1982)	4.-6. Kl.; nur HB	ns									
Coleman & Fults (1983)	4. Kl.; nur HB	ns									
Kolloff & Feldhusen (1984)	3.-6. Kl.; nur HB	ns	ns								
Janos et al. (1985)	5.-10. Ja.; nur HB	ns									
Shore & Tsiamis (1986)	4.-8. Kl.; nur HB	ns									
Olszweski et al. (1987)	11-15 Ja.; nur HB	ns	ns			M>J	ns	J>M	ns		
	11-14 Ja.; nur HB	ns	ns			M>J	ns	ns	ns		
Cornell et al. (1990)	5.-11. Kl.; nur HB		ns				ns	J>M	ns		
Richardson & Benbow (1990)	23 Ja.; nur HB	ns					ns				
Hoge & McSheffrey (1991)	5.-8. Kl.; nur HB	ns	ns			M>J	ns	J>M	J>M		
Feldhusen & Willard-Holt (1992)	3.-10. Kl.; nur HB		ns								
VanTassel-Baska et al. (1994)	7.-8. Kl.; nur HB	ns	ns			J>M	J>M	ns	ns		
Colangelo & Assouline (1995)	3.- 6. Kl.; nur HB	ns	ns			M>J	ns		ns	ns	ns
	7.- 8. Kl.; nur HB	ns	ns			ns	ns		ns	J>M	ns
	9.-11 Kl.; nur HB	ns	ns			ns	ns		ns	J>M	ns
Cornell et al. (1995)	2.-3. Kl.; nur HB		ns				ns				
Marsh et al. (1995)	4.-5. Kl.; nur HL	ns	ns	J>M	M>J		ns	J>M	ns		
Williams & Montgomery (1995)	13-15 Ja.; nur HB			J>M	ns						
Ablard (1997)	8. Kl.; nur HB		ns				M>J				
Worrell et al. (1998)	7.-11. Kl.; nur HB	J>M	ns				M>J	J>M			

Tab. 4.3 (Fortsetzung): Übersicht über 35 Studien zu Geschlechtsunterschieden im Selbstkonzept bei Hochbegabten (zweiter Teil: Studien mit zusätzlicher Vergleichsgruppe)

STUDIE	ART DER STICHPROBE	GESCHLECHTSUNTERSCHIEDE IN DEN SELBSTKONZEPTFACETTEN									
		GSK	AKA	MAT	SPR	VER	SOZ	PHY	AUS	EMO	GLÜ
Milgram & Milgram (1976a)	4.-8. Kl.; HB+VG: keine WW	ns				ns		ns			
Solano (1983)	13-16 Ja.; HB+VG: WW in GSK (bei VG: J>M)	ns									
Bartell & Reynolds (1986)	4.-5. Kl.; HB+VG: WW in GSK (VG: J>M)	M>J									
Brody & Benbow (1986)	12.-15. Ja.; HB+VG: keine WW	ns									
Robison-Awana et al. (1986)	7. Kl.; HB+VG: keine WW	ns									
Forsyth (1987)	ohne Altersangabe; HB+VG: WW in GSK (VG: J≈M)	J>M									
Chan (1988)	5.-6. Kl.; HB+VG: keine WW	ns	M>J				ns	J>M			
	7. Kl.; HB+VG: keine WW	ns	ns				ns	J>M			
Li (1988)	4. u. 7. Kl.; HB+VG: WW nur in AKA (bei VG: J≈M)	ns	M>J			ns	ns	ns	J>M		
Schneider et al. (1989)	5. Kl.; HB+VG: keine WW	ns	ns				ns	ns			
	8. Kl.; HB+VG: keine WW	J>M	ns				ns	J>M			
	10. Kl.; HB+VG: keine WW	J>M	ns				ns	J>M			
Chiu (1990)	4.-5. Kl.; HB+VG: keine WW	ns									
Kelly & Jordan (1990)	8. Kl.; HB+VG: WW in einer von zwei AKA (bei VG: J>M)		J>M			ns	ns	ns	ns		
Rost & Hanses (1994)	4. Kl.; HB+VG: keine WW	ns	J>M			M>J	M>J	ns	ns	ns	ns
Chan (1996)	7. Kl.; HB+VG: keine WW	ns	M>J				ns	J>M			
Tong & Yewchuk (1996)	10.-12. Kl.; HB+VG: keine WW	ns	ns			M>J	ns	ns	ns	J>M	ns

AKA = Akademisches / Schulisches Selbstkonzept; AUS = Aussehen und Einstellungen zum eigenen Körper; EMO = Emotionale Stabilität / wenig Angst; GLÜ = Glück und Zufriedenheit; GSK = Generelles Selbstkonzept; HB = Hochbegabtengruppe; HL = Hochleistendengruppe; J = Jungen; Ja. = Jahre; Kl. = Klasse; M = Mädchen; MAT = Mathematisches Selbstkonzept; ns = nicht signifikant; PHY = Physisches / Athletisches Selbstkonzept; SOZ = Soziales Selbstkonzept / Beliebtheit; SPR = Sprachliches Selbstkonzept; VER = (Unproblematisches) Verhalten; VG = Vergleichsgruppe; WW = Interaktion „Begabungsgruppe × Geschlecht".

4.1.4

Fragestellung

Vor dem Hintergrund der oben berichteten Befunde wird nachfolgend überprüft, ob sich das Selbstkonzept Hochbegabter und Hochleistender von dem durchschnittlich Begabter und durchschnittlich Leistender unterscheidet. Insbesondere sollen durch die nachfolgend geschilderte Studie folgende Fragen beantwortet werden:

(a) Können die vorwiegend amerikanischen Befunde, daß Hochbegabte ein wesentlich positiver ausgeprägtes globales Selbstkonzept schulischer Leistungen und Fähigkeiten als durchschnittlich Begabte besitzen, auch bei deutschen Jugendlichen der neunten Jahrgangsstufe bestätigt werden?
Gilt dies auch bei schulfachspezifischer Betrachtung?
Unterscheiden sich die beiden Begabungsgruppen darüber hinaus auch in spezifischen Selbstkonzeptfacetten, die nicht unter „schulisch-akademisch" subsumiert werden können?

(b) Ist – wegen der engen Beziehung von schulischem Selbstkonzept und schulischer Leistung – der Unterschied zwischen Hochleistenden und durchschnittlich Leistenden im globalen akademischen Selbstkonzept deutlich höher ausgeprägt als der zwischen den beiden Begabungsgruppen?
Trifft dies auch für schulfachspezifische Selbstkonzeptfacetten zu?
Gibt es Leistungsgruppenunterschiede im nicht-schulischen Selbstkonzept?

(c) Sind etwaige Geschlechtsunterschiede in den beiden Begabungsgruppen und Leistungsgruppen vergleichbar groß ausgeprägt?

4.2

METHODE

4.2.1

Stichprobe

Die faktorenanalytisch-psychometrische Überprüfung der drei im Marburger Hochbegabtenprojekt eingesetzten Selbstkonzeptfragebogen basiert – je nach Verfahren – auf Stichproben von $N = 531$ bis $N = 543$ Jugendlichen aus neun „alten" („West") und den fünf „neuen" („Ost") Bundesländern.

Die Analysen der Selbstkonzeptunterschiede in den zwei Begabungs- und Leistungsgruppen beziehen sich dagegen auf folgende – etwas reduzierte – (Sub-)Stichproben
von insgesamt N = 444 Schülern und Schülerinnen:[6]

(a) *Begabungsstichprobe „West"* (N = 214) mit 107 stabil Hochbegabten (45 Mäd-
    chen, 62 Jungen; Intelligenz: M = 136, S = 8) und 107 stabil durchschnittlich Be-
    gabten (47 Mädchen, 60 Jungen; Intelligenz: M = 102, S = 10).
(b) *Leistungsstichprobe „Ost"* (N = 230) mit 118 Hochleistenden (69 Mädchen, 49
    Jungen; Notendurchschnitt 9. Klasse Gymnasium: M = 1.4, S = 0.3; Intelligenz:
    M = 114, S = 9) und 112 durchschnittlich Leistenden (65 Mädchen, 47 Jungen;
    Notendurchschnitt 9. Klasse Gymnasium: M = 3.3, S = 0.4; Intelligenz: M = 100,
    S = 11).

Die (Sub-)Stichproben sind in Kapitel 1 detaillierter beschrieben.[7]

4.2.2
Variablen und Erhebungssituation

Zur Erfassung diverser Facetten des Selbstkonzepts gaben wir drei Verfahren vor:

(a) Die *„Skala zur Erfassung des Selbstkonzepts schulischer Leistungen und Fähig-
    keiten"* (*SKSLF*);
(b) die *„Piers-Harris-Selbstkonzeptskala für Kinder – Kurzversion"* (*PHCSCS-K*);
(c) den *„Selbstbeschreibungsfragebogen – Akademisches und soziales Selbstkon-
    zept"* (*SDQ-K*).

Der „West"-Stichprobe wurden diese Fragebogen Anfang 1993 (*SKSLF*; N = 287,
Durchschnittsalter 14.1 Jahre, überwiegend 8. Jahrgangsstufe), Anfang 1994
(*PHCSCS-K*; N = 285, Durchschnittsalter 15.1 Jahre, überwiegend 9. Jahrgangsstufe)
sowie im April 1997 (*SDQ-K*; N = 276, Durchschnittsalter 18.4 Jahre, überwiegend
12. Jahrgangsstufe) zugeschickt. Die Rücklaufquoten betrugen 100%, 99.3% sowie
97.5%. Die „Ost"-Stichprobe erhielt die Fragebogen *SKSLF* sowie *PHCSCS-K* im
Rahmen der persönlichen Erhebungen in den Familien der Jugendlichen im Frühjahr / Sommer 1995 (N = 256, Durchschnittsalter 15.4 Jahre, 9. Jahrgangsstufe, 100%
Teilnahme). Der *SDQ-K* wurde der „Ost"-Stichprobe Anfang 1996 postalisch zugesandt (N = 255, Durchschnittsalter 16.1 Jahre, überwiegend 10. Jahrgangsstufe). Die
Rücklaufquote lag bei 99.6%.

---

[6]   Die hier angegebenen Stichprobengrößen können je nach Selbstkonzeptverfahren aufgrund der
      Rücklaufquoten, die teils etwas unter 100% lagen (> 97%), geringfügig variieren.
[7]   Zum Marburger Hochbegabtenprojekt vergleiche Rost (1993).

4.2.2.1
Skala zur Erfassung des Selbstkonzepts schulischer Leistungen und Fähigkeiten (SKSLF)

Die *„Skala zur Erfassung des Selbstkonzepts schulischer Leistungen und Fähigkeiten"* (*SKSLF*) von Rost & Lamsfuß (1992; 1993; vgl. Lamsfuß & Rost 1993) erfaßt ökonomisch, reliabel und valide das Schulleistungs-Selbstkonzept bei Jungen und Mädchen der Sekundarstufe I und II (9. bis 12. Jahrgangsstufe).

Sie besteht aus zehn Aussagen, die entweder eher leistungsorientierte Themen (z.b. „Ich habe ein gutes Gefühl, was meine Arbeit in der Schule angeht") oder eher fähigkeitsorientierte Aspekte (z.b. „Es fällt mir leicht, Probleme zu lösen") beinhalten. Als Antwortformat wird eine sechsstufige Ratingskala vorgegeben (von [1] = „trifft gar nicht zu" über nicht verbal verankerte Zwischenstufen bis [6] = „trifft vollständig zu" reichend).

Tab. 4.4: Ergebnisse der dimensionsanalytisch-testtheoretischen Überprüfung der Skala zur Erfassung des Selbstkonzepts schulischer Leistungen und Fähigkeiten (SKSLF) und der Piers-Harris-Selbstkonzeptskalen (PHCSCS-K) für 543 Schüler und Schülerinnen der 8. und 9. Jahrgangsstufen

KENNWERTE	SKSLF	PHCSCS-K				
		PHA	BEL	AUS	VER	GSK
Items	10	9	7	7	6	36
a_{max}	0.81	0.72	0.75	0.69	0.69	
a_{min}	0.43	0.50	0.45	0.55	0.48	
$\bar{a}$	0.68	0.64	0.61	0.65	0.57	
$r_{it\ max}$	0.71	0.64	0.61	0.64	0.54	0.59
$r_{it\ min}$	0.35	0.39	0.46	0.41	0.37	0.24
$\bar{r}_{it}$	0.58	0.54	0.55	0.57	0.46	0.42
α	0.86	0.82	0.81	0.82	0.72	0.89
α_{10}	0.86	0.84	0.86	0.87	0.81	0.70
M [a]	4.0	3.5	4.1	3.7	4.0	3.8
S [a]	0.9	0.6	0.6	0.7	0.6	0.4

SKSLF = Selbstkonzept schulischer Leistungen und Fähigkeiten. PHCSCS-K Selbstkonzeptskalen: PHA = Phantasie, Kreativität und schulischer Status; BEL = Beliebtheit; AUS = Aussehen und Einstellungen zum eigenen Körper; VER = (Unproblematisches) Verhalten; GSK = Generelles Selbstkonzept

[a] an Itemzahl relativiert (SKSLF: theoretischer Range = 1 bis 6, theoretische Mitte = 3.5; PHCSCS-K: theoretischer Range = 1 bis 5, theoretische Mitte = 3.0)

Die dimensionsanalytische Kontrolle der Skalenstruktur verweist in beiden Stichproben („West" bzw. „Ost") auf eine Generalkomponentenlösung. Diese klärt in der Gesamtstichprobe (N = 543; vgl. Rost, Freund-Braier, Schilling & Schütz 1997) 46.0%, in der „West"-Stichprobe 42.5% und in der „Ost"-Stichprobe 49.7% der Gesamtvarianz auf.

Der Tabelle 4.4, in der die komponentenanalytischen und testtheoretischen Kennwerte zusammenfassend wiedergegeben sind, ist zu entnehmen, daß die entsprechenden Gütekriterien durchweg sehr gut ausfallen (*SKSLF*, 10 Items, $\alpha_{10} = 0.86$). Die zwei Items mit den höchsten (part-whole-korrigierten) Trennschärfen lauten „Ich weiß die Antwort auf eine Frage schneller als die anderen" ($r_{it} = 0.71$) und „Ich gehöre in der Schule zu den Besten" ($r_{it} = 0.69$).

Der Mittelwert der Skala (M = 4.0, S = 0.9) liegt deutlich *über* der theoretischen Skalenmitte von $M_{theoret.} = 3.5$ und damit erheblich höher als der von Rost & Lamsfuß (1992, 244) berichtete Wert (M = 3.2, S = 0.7).[8] Die Mittelwertsdifferenz, die einem großen Effekt von d = 1.04 entspricht, dürfte, ebenso wie der Unterschied in der Variabilität der Skalenwerte ($F_{542,967} = 1.58$, p < 0.001), in erster Linie auf die vergleichsweise heterogene – aber insgesamt weit überdurchschnittlich leistungsstarke – Stichprobe des Marburger Projekts zurückzuführen sein. Inwiefern *auch* Alterseffekte (die Stichprobe von Rost und Lamsfuß umfaßt überwiegend Elft- und Zwölftkläßler) für die Stichprobenunterschiede mitverursachend sind, kann aufgrund der vorliegenden Daten nicht entschieden werden.

4.2.2.2
Piers-Harris-Selbstkonzeptskala für Kinder – Kurzversion (PHCSCS-K)

Dieser Fragebogen stellt eine projektintern entwickelte Kurzform der für die Projektphase II übersetzten und leicht modifizierten *„Piers-Harris-Selbstkonzeptskala für Kinder"* (*PHCSCS*, Piers & Harris 1969; Piers 1984) dar. Das Instrument soll nach Piers & Harris das Selbstkonzept in den sechs Bereichen *„ (unproblematisches) Verhalten"*, *„Intellektueller und schulischer Status"*, *„Aussehen und Einstellungen zum eigenen Körper"*, *„ (wenig) Angst"*, *„Beliebtheit"* und *„ Glück und Zufriedenheit"* erfassen. Zusätzlich wurde die Projektversion um 15 Items zum Bereich *„Phantasie und Kreativität"* ergänzt, teils der deutschen Version des „Sears Self Concept Inventory" (SSCI) von Ewert (1979) entnommen, teils selbst entworfen. Aus den 93 Items der in der Phase II administrierten Langform (vgl. Rost 1989, 53–56; Rost & Dörner 1989) wählten wir nach verschiedenen inhaltlichen, testtheoretischen und faktoren-

---

[8]   Anhand der Angaben von Rost & Lamsfuß (1992, 244) wurde das – bezogen auf die unterschiedlichen Stichprobengrößen gewichtete – arithmetische Mittel der Durchschnittswerte bzw. der Varianzen unter Berücksichtigung der differierenden Skalenbandbreiten (1 bis 6 gegenüber 10 bis 60) gebildet.

analytischen Kriterien (ausführlicher siehe Rost & Hanses 1995, 96–100) je Skala fünf bis sechs Aussagen – insgesamt 36 – für die Kurzform aus sowie zusätzlich ein Item, das das Gefühl der Andersartigkeit thematisiert („Ich bin anders als andere").

Im Gegensatz zum dichotomen Antwortformat („ja" / „nein") der Originalform verwendeten wir (wie auch schon in Phase II) eine dem Alter der Jugendlichen angemessene differenziertere fünfstufige Zustimmungsskala (von [1] = „stimmt gar nicht" bis [5] = „stimmt genau" reichend). Bei einigen Items wurde die in Phase II verwandte Formulierung altersgemäß verändert (siehe Rost & Hanses 1995, 98). Etwa die Hälfte der Items ist negativ gepolt: Eine geringe Zustimmung weist bei diesen Items auf ein positiveres Selbstkonzept hin.

Empirisch konnten die sieben a priori Skalen – wie auch schon in Phase II (Rost & Hanses 1994) – *nicht* repliziert werden. Eigenwertverlauf und Scree-Test weisen auf eine Vierkomponentenlösung, die Parallelanalyse sensu Horn (1965) auf eine schwer interpretierbare und nur durch wenige Markiervariablen ausgezeichnete Fünfkomponentenlösung hin. Die Viererlösung, die insgesamt 44.1% der Gesamtvarianz aufklärt und sowohl beim Vergleich der „West"-Stichprobe mit der „Ost"-Stichprobe (Faktorkongruenzkoeffizienten: $r_{C1} = 0.95$, $r_{C2} = 0.91$, $r_{C3} = 0.92$, $r_{C4} = 0.80$; Kongruenz der Ladungsstrukturen als Ganzes: $FC = 0.89$; approximativer Signifikanztest: $p = 0.27$ nach Skakun, Maguire & Hakstian 1976; 1977) als auch beim Vergleich der Jungen mit den Mädchen ($r_{C1} = 0.96$, $r_{C2} = 0.93$, $r_{C3} = 0.95$, $r_{C4} = 0.92$; $FC = 0.94$; $p = 0.65$) weitestgehend kongruente Ladungsstrukturen aufweist, diente als Grundlage der nachfolgend kurz skizzierten Skalenbildung.

Ausgewählt wurden zunächst diejenigen Items, die in allen fünf subgruppenspezifischen Dimensionsanalysen (Gesamtgruppe, „West"-Stichprobe, „Ost"-Stichprobe, Jungen, Mädchen) die gleiche Komponente markieren,[9] was auf insgesamt 24 Items zutrifft. Im nächsten Schritt ergänzten wir die Skalen um diejenigen Items, die zwar lediglich in vier (betrifft zwei Items) oder drei (betrifft drei Items) der fünf subgruppenspezifischen Analysen die gleiche Komponente in markanter Weise kennzeichnen, aber in den übrigen Lösungen die höchste Ladung auf der entsprechenden Komponente aufweisen.

Die extrahierten vier Selbstkonzeptfacetten lassen sich, zu Skalen zusammengefaßt, wie folgt charakterisieren (vgl. auch Tab. 4.4):

---

[9]   Die hier verwendeten Kriterien zur Bestimmung von Markiervariablen sind in Kap. 1 ausführlicher beschrieben (vgl. auch Rost et al. 1997, Kap. 4).

(a) *„Phantasie, Kreativität und schulischer Status"* (*PHA*, 9 Items, $\alpha_9 = 0.82$, $\alpha_{10} = 0.84$).[10]
   Itembeispiele: „Ich habe gute Ideen", „Bei manchen Aufgaben oder Fragen fallen mir Lösungen oder Antworten ein, die andere nicht finden".

(b) *„Beliebtheit"* (*BEL*, 7 Items, $\alpha_7 = 0.81$, $\alpha_{10} = 0.86$).
   Itembeispiele: „Ich habe viele Freundschaften", „Ich bin unbeliebt (–)".[11]

(c) *„Aussehen und Einstellungen zum eigenen Körper"* (*AUS*, 7 Items, $\alpha_7 = 0.82$, $\alpha_{10} = 0.87$).
   Itembeispiele: „Mein Aussehen bedrückt mich (–)", „Ich habe ein nettes Gesicht".

(d) *„(Unproblematisches) Verhalten"* (*VER*, 6 Items, $\alpha_6 = 0.72$, $\alpha_{10} = 0.81$).
   Itembeispiele: „Ich gerate oft in Schwierigkeiten (–)", „Ich bin oft gemein zu anderen Leuten (–)".

Vergleicht man die vier empirisch ermittelten Komponenten mit den sieben a priori Skalen, bleibt festzuhalten, daß die beiden Facetten *„Intellektueller und schulischer Status"* und *„Phantasie und Kreativität"* in unserer Stichprobe dimensionell nicht trennbar sind, sondern eine gemeinsame Komponente bilden, die primär durch *„Phantasie und Kreativität"*-Items gekennzeichnet ist. Die Piers-Harris-Originalskalen *„(wenig) Angst"* und *„Glück und Zufriedenheit"* lassen sich nicht replizieren, sondern markieren – in inhaltlich plausibler Weise – andere Selbstkonzeptfacetten, so z.B. das Item „Ich mag mich so, wie ich bin" (Originalskala *„Glück und Zufriedenheit"*) die Komponente *„Aussehen und Einstellungen zum eigenen Körper"* oder das Item „Ich werde häufig von anderen nicht beachtet" (Originalskala *„(wenig) Angst"*) die Komponente *„Beliebtheit"*. Zusätzlich zu den obengenannten vier Skalen bildeten wir, weil in der Hochbegabungsforschung übliche – wenn auch nicht unproblematische – Praxis, auch einen Gesamtwert über alle vorgegebenen *PHCSCS-K*-Selbstkonzeptitems – mit Ausnahme der Einschätzung „Ich bin anders als andere", auf die in der Diskussion näher eingegangen werden soll. Er wird im folgenden als *„Generelles Selbstkonzept"* (*GSK*, 36 Items, $\alpha_{36} = 0.89$, $\alpha_{10} = 0.70$) bezeichnet. Die vier trennschärfsten Items dieser Skala („Ich wünschte, ich wäre anders (–)", „Ich bin ein glücklicher Mensch", „Ich bin unglücklich (–)", „Ich mag mich so, wie ich bin") entstammen der ursprünglichen – dimensionsanalytisch jedoch nicht replizierbaren – Skala *„Glück und Zufriedenheit"*.

An dieser Stelle sei schon darauf hingewiesen, daß dieses Vorgehen (Definition eines Selbstkonzept-Globalwertes durch die ungewichtete Addition einzelner Selbstkonzeptfacetten) methodisch und psychologisch fragwürdig sein kann. Wir erläutern dieses Problem näher bei der Darstellung der *PHCSCS-K*-Ergebnisse (vgl. Kap. 4.3.1.2).

---

[10]   Da die interne Konsistenz α auch von der Anzahl der Items einer Skala abhängt, wird aus Vergleichsgründen und zur besseren Bewertung der Skalenhomogenitäten ergänzend zum beobachteten α bei vorliegender Itemzahl (z.B. α_7 = alpha der aus sieben Items bestehenden Skala) immer auch die α_{10}-Homogenität bei Standardisierung der Skalenlänge auf 10 Items angegeben.

[11]   Ein (–) verweist darauf, daß dieses Item bei der Skalenbildung invertiert verrechnet wurde.

4.2.2.3

Selbstbeschreibungsfragebogen – Akademisches und soziales Selbstkonzept (SDQ-K)

Der „*Selbstbeschreibungsfragebogen – Akademisches und soziales Selbstkonzept*" (*SDQ-K*) stellt eine für die Erhebungen in den Phasen III und IV projektintern entwickelte Kurzform der von Hörmann (1986) vorgenommenen deutschen Adaptation des „Self-Description-Questionnaire III" (SDQ-III) von Marsh & O'Neill dar (1984; vgl. auch Marsh & Shavelson 1985; Marsh, Barnes & Hocevar 1985; Marsh, Richards & Barnes 1986; Shavelson & Marsh 1986; Marsh 1987b; 1989; Marsh & Byrne 1993).

Der SDQ-III – und entsprechend auch die deutsche Adaptation SDQ-III-G – ist thematisch auf Jugendliche in der späten Adoleszenz, insbesondere auf Schüler und Studenten, zugeschnitten. Basierend auf dem Selbstkonzeptmodell von Shavelson, Hubner & Stanton (1976) sollen verschiedene Facetten des Selbstkonzepts „als hierarchisch organisierte Systeme mit situationsspezifischen, leicht veränderbaren Konzepten an der Basis und relativ stabilen Konzepten auf höheren Generalisationsebenen" (Hörmann 1986, 47–48) erfaßt werden. Neben einer Skala zum allgemeinen Selbstwertgefühl („generelles Selbst" als Integral aller selbstbezogenen Bewertungen) und zwei Zusatzskalen („Religiösität", „Ehrlichkeit und Zuverlässigkeit") werden durch insgesamt zehn weitere Skalen diverse Selbstkonzeptfacetten des schulischen (Validitätshinweise hierzu siehe Byrne & Shavelson 1986; Marsh et al. 1988; Byrne 1988; Byrne & Gavin 1996) und nicht-schulischen Bereichs (physisches, emotionales und soziales Selbstkonzept) gemessen.

Von den 13 SDQ-III Skalen haben wir im Marburger Projekt lediglich diejenigen sechs Skalen vorgegeben, die auf die Erfassung des akademischen und sozialen Selbstkonzepts (je drei Skalen[12]) abzielen. Auf der Grundlage der von Hörmann (1986) mitgeteilten Itemkennwerte einer Stichprobe von 128 Schülern und Studenten im Alter zwischen 18 und 35 Jahren wählten wir nach den Kriterien der inhaltlichen Relevanz und Trennschärfe je Skala jeweils acht Items aus.

Die von uns vorgegebene Kurzversion des SDQ-III-G besteht somit aus 6 × 8 = 48 Items, deren Formulierungen teilweise geringfügig modifiziert wurden. Im Gegensatz zum achtstufigen Antwortformat der Originalform verwendeten wir ein sechsstufiges (von [1] = „trifft gar nicht zu" über verbal nicht näher spezifizierte Zwischenstufen bis [6] = „trifft sehr gut zu" reichend). Die Hälfte der vorgegebenen Items ist negativ gepolt.

---

[12] Die Skala „Generelles akademisches Fähigkeitskonzept", die im SDQ-III bzw. SDQ-III-G als vierte Facette den Bereich des schulisch-akademischen Selbstkonzepts konstituiert, wurde nicht vorgegeben, da diese Information schon im *SKSLF* enthalten ist.

Zur Überprüfung, ob die a priori Zuordnungen zu den sechs Skalen dimensionsanalytisch repliziert werden können, berechneten wir für die Gesamtstichprobe (N = 531) sowie für die Subgruppen „West'-Stichprobe", „Ost'-Stichprobe", „Jungen" und „Mädchen" jeweils Sechskomponentenlösungen. Dies wird in allen fünf (Sub-)Gruppen durch den Eigenwertverlauf, den Scree-Test und die Ergebnisse der Parallelanalyse nahegelegt. Bezogen auf die Gesamtstichprobe klären diese sechs Komponenten 58.1% der Totalvarianz auf. Bei sehr hoher Kongruenz der Ladungsstrukturen der „West"- und „Ost"-Stichprobe ($r_{C1} = 0.99$, $r_{C2} = 0.96$, $r_{C3} = 0.95$, $r_{C4} = 0.96$, $r_{C5} = 0.97$, $r_{C6} = 0.98$; FC = 0.97; p = 0.98) sowie in den geschlechtsgetrennten Analysen ($r_{C1} = 0.98$, $r_{C2} = 0.97$, $r_{C3} = 0.95$, $r_{C4} = 0.98$, $r_{C5} = 0.95$, $r_{C6} = 0.97$; FC = 0.97; p = 0.97) lassen sich die postulierten sechs Skalen perfekt replizieren (vgl. auch Tab. 4.5).

Mit Ausnahme eines Items, das in einer der gruppenspezifischen Analysen die Kriterien für Markiervariablen nur knapp verfehlt (Mädchen-Stichprobe: a = 0.51 bei Sekundärladung von a = 0.39) kennzeichnen alle übrigen Items in allen fünf Subgruppen-Lösungen die konstruktentsprechenden Selbstkonzeptfacetten. Sie werden nachfolgend zusammenfassend beschrieben.

Tab. 4.5: Ergebnisse der dimensionsanalytisch-testtheoretischen Überprüfung der sechs Selbstkonzeptskalen des Selbstbeschreibungsfragebogens (SDQ-K) für 531 Schüler und Schülerinnen der 10. und 12. Jahrgangsstufen

| | SDQ-K | | | | | |
| KENNWERTE | Akademisches Selbstkonzept | | | Soziales Selbstkonzept | | |
	MAT	SPR	KRE	SAG	SEG	SEL
Items	8	8	8	8	8	8
a_{max}	0.89	0.79	0.74	0.83	0.74	0.79
a_{min}	0.74	0.45	0.46	0.50	0.52	0.66
$\bar{a}$	0.84	0.70	0.63	0.77	0.66	0.74
$r_{it\ max}$	0.87	0.77	0.71	0.79	0.65	0.72
$r_{it\ min}$	0.70	0.44	0.42	0.45	0.41	0.56
$\bar{r}_{it}$	0.80	0.64	0.56	0.72	0.57	0.66
α	0.94	0.87	0.82	0.91	0.82	0.88
α_{10}	0.95	0.89	0.85	0.93	0.85	0.90
M [a]	4.2	4.6	4.3	4.4	4.7	4.6
S [a]	1.3	0.9	0.8	1.0	0.8	1.0

MAT = Mathematische Fähigkeiten; SPR = Sprachliche Fähigkeiten; KRE = Kreativität und Problemlösen; SAG = Soziale Beziehungen zum anderen Geschlecht; SEG = Soziale Beziehungen zum eigenen Geschlecht; SEL = Beziehungen zu den Eltern

[a] an Itemzahl relativiert (theoretischer Range = 1 bis 6, theoretische Mitte = 3.5)

(a) *„Selbstkonzept mathematischer Fähigkeiten"* (*MAT*, 8 Items, $\alpha_8 = 0.94$, $\alpha_{10} = 0.95$).

Itembeispiele: „Ich bin ziemlich gut in Mathematik und Rechnen", „Alles, was mit Mathematik und Rechnen zu tun hat, ist mir schwer verständlich (–)".

(b) *„Selbstkonzept sprachlicher Fähigkeiten"* (*SPR*, 8 Items, $\alpha_8 = 0.87$, $\alpha_{10} = 0.89$).

Itembeispiele: „Ich kann mich sprachlich gut ausdrücken", „Wenn Aufgaben ein hohes Maß an sprachlichen Fähigkeiten verlangen, schneide ich schlecht ab (–)".

(c) *„Selbstkonzept Kreativität und Problemlösen"* (*KRE*, 8 Items, $\alpha_8 = 0.82$, $\alpha_{10} = 0.85$).

Itembeispiele: „Ich habe häufig kluge Einfälle und Ideen", „Es macht mir Spaß, für Probleme neuartige Lösungswege auszudenken".

(d) *„Selbstkonzept soziale Beziehungen zum anderen Geschlecht"* (*SAG*, 8 Items, $\alpha_8 = 0.91$, $\alpha_{10} = 0.93$).

Itembeispiele: „Im Umgang mit Personen des anderen Geschlechts fühle ich mich unbeholfen und unzulänglich (–)", „Es fällt mir leicht, mit Personen des anderen Geschlechts Freundschaft zu schließen".

(e) *„Selbstkonzept soziale Beziehungen zum eigenen Geschlecht"* (*SEG*, 8 Items, $\alpha_8 = 0.82$, $\alpha_{10} = 0.85$).

Itembeispiele: „Ich kann mich gut mit Personen meines Geschlechts unterhalten", „Die meisten Menschen haben mehr Freunde ihres eigenen Geschlechts als ich (–)".

(f) *„Selbstkonzept Beziehungen zu den Eltern"* (*SEL*, 8 Items, $\alpha_8 = 0.88$, $\alpha_{10} = 0.90$).

Itembeispiele: „Meine Eltern verstehen mich", „Zwischen meinen Eltern und mir stehen eine Reihe ungelöster Konflikte (–)".

4.2.3
Auswertung

Da die Vorgabemodi der Selbstkonzeptfragebogen in der „West"- und „Ost"-Stichprobe variieren (postalisch vs. persönlich) und weil das Untersuchungsalter, durch die unterschiedlichen Erhebungszeitpunkte bedingt, zum Teil nennenswert differiert (Altersunterschied in der *SKSLF* 1.3 Jahre, in der *PHCSCS-K* 0.3 Jahre, im *SDQ-K* 2.3 Jahre), erfolgen separate Analysen für die beiden Begabungsgruppen („West"-Stichprobe) und für die beiden Leistungsgruppen („Ost"-Stichprobe).

Gruppendifferenzen in den Fragebogen *PHCSCS-K* und *SDQ-K* wurden – für „West"-Stichprobe und „Ost"-Stichprobe getrennt – über zweifaktorielle (2 × 2) multivariate Varianzanalysen (MANOVAs mit jeweils zweistufigem Gruppenfaktor [HB = Hochbegabte und DB = durchschnittlich Begabte einerseits sowie HL = Hochleistende und DL = durchschnittlich Leistende andererseits] und zweistufigem Geschlechtsfaktor) getestet. Die Analysen zur Spezifizierung derjenigen Variablen, die einen nennenswerten Beitrag zur Gruppentrennung liefern, erfolgten über entsprechende univariate Nachfolge-Varianzanalysen (ANOVAs). Die *SKSLF* sowie die zusammengefaßte Globalskala des *PHCSCS-K* werteten wir nur univariat aus. Für den Fall, daß sich nennenswerte Korrelationen ($r \geq 0.15$; vgl. Tab. 4.6) des für Bildungsverhalten relevanten sozialen Status (*BRSS*), wie er in Anlehnung an Bauer (1972) operationalisiert worden ist, mit den zu analysierenden abhängigen

Variablen ergeben, kontrollierten wir die gefundenen Effekte zusätzlich über univariate Kovarianzanalysen: Nur die Effekte, die auch kovarianzanalytisch Bestand haben, werden interpretiert.

Tab. 4.6: Interkorrelationen des Selbstkonzepts schulischer Leistungen und Fähigkeiten (SKSLF), der Piers-Harris-Selbstkonzeptskalen (PHCSCS-K) und des Selbstbeschreibungsfragebogen (SDQ-K) sowie Korrelationen mit dem sozioökonomischen Status (N = 529 bis N = 539)

| | SKSLF | PHCSCS-K | | | | | SDQ-K | | | | | |
		PHA	BEL	AUS	VER	GSK	MAT	SPR	KRE	SAG	SEG	SEL
PHA	**.47**											
BEL	-.04	*.22*										
AUS	.16	*.35*	*.46*									
VER	.16	*.13*	*.38*	*.32*								
GSK	.33	*.63*	*.71*	*.76*	*.61*							
MAT	**.38**	**.25**	.03	.12	.22	.28						
SPR	**.38**	**.45**	.17	.24	.19	.39	*.12*					
KRE	**.28**	**.52**	.22	.32	.18	.46	*.25*	*.47*				
SAG	.03	.27	.49	.35	.16	.44	*.02*	*.30*	*.33*			
SEG	.02	.17	.44	.28	.22	.39	*.07*	*.22*	*.29*	*.35*		
SEL	.15	.12	.25	.24	.39	.36	*.19*	*.22*	*.21*	*.09*	*.19*	
BRSS												
–Alle	.27	.14	-.12	-.02	.04	.04	.15	.17	.08	-.09	-.01	.15
–„West"	.27	.16	-.07	.05	.05	.09	.09	.19	.16	.03	.07	.15
–„Ost"	.32	.26	-.09	.07	.11	.15	.24	.18	.06	-.13	-.08	.14

SKSLF = Selbstkonzept schulischer Leistungen und Fähigkeiten. PHCSCS-K Selbstkonzeptskalen: PHA = Phantasie, Kreativität und schulischer Status; BEL = Beliebtheit; AUS = Aussehen und Einstellungen zum eigenen Körper; VER = (Unproblematisches) Verhalten; GSK = Generelles Selbstkonzept. SDQ-K Selbstkonzeptskalen: MAT = Mathematische Fähigkeiten; SPR = Sprachliche Fähigkeiten; KRE = Kreativität und Problemlösen; SAG = Soziale Beziehungen zum anderen Geschlecht; SEG = Soziale Beziehungen zum eigenen Geschlecht; SEL = Beziehungen zu den Eltern. BRSS = Bildungsrelevanter sozioökonomischer Status

Beachte: |r| ≥ 0.09 entspricht p < 0.05, |r| ≥ 0.12 entspricht p < 0.01, |r| ≥ 0.15 entspricht p < 0.001

Die praktische Bedeutsamkeit der Befunde wird durch die bekannten Effektstärkemaße „eta^2_{multi}" bzw. „eta^2" veranschaulicht. Cohens (1988) Mittelwertsdifferenz „d" wird wegen der leichten Verständlichkeit von vielen Autoren im Falle zweier Gruppen einem standardisiertem Varianzaufklärungsmaß vorgezogen. Deshalb geben wir beim Zweigruppenvergleich zusätzlich „d" an: Bei multivariaten Analysen und bei Kovarianzanalysen schätzen wir „d" aus „eta^2_{multi}" bzw. „eta^2", bei univariaten Analysen teilen wir die Mittelwertsdifferenz durch die gepoolte Streuung.[13] Ein nach Cohen

---

[13]   Umrechnungsformel: $d = 2 \cdot (eta^2)^{1/2} / (1 - eta^2)^{1/2}$

mittlerer Effekt von d = 0.5 bedeutet beispielsweise, daß der Unterschied zweier Gruppen 50% der mittleren Standardabweichung entspricht. Bei einem Gruppeneffekt dieser Größenordnung überlappen sich die Verteilungen zu 67%, und etwa 31% der Gruppe A mit den niedrigeren Werten erreicht eine Skalenausprägung, die größer ausfällt als der Mittelwert der Gruppe B mit den höheren Werten. Differenzen dieser Größenordnung machen sich vor allem in den Verteilungsextrema bemerkbar; so entstammen bei d = 0.50 von den Personen, die insgesamt zu den 10% mit den höchsten Skalenausprägungen gehören, 29% aus Gruppe A und 71% aus Gruppe B. Der Betrag der Effektstärke „d" informiert über die Größe des beobachteten Unterschieds, das Vorzeichen über die Richtung des Unterschieds: Eine Effektstärke mit negativem Vorzeichen weist im Begabungsgruppen- bzw. im Leistungsgruppenvergleich darauf hin, daß die betreffende Selbstkonzeptfacette bei den durchschnittlich Begabten bzw. durchschnittlich Leistenden positiver ausgeprägt ist. Beim Geschlechtervergleich macht eine „negative" Effektstärke darauf aufmerksam, daß Mädchen die positiveren Werte erzielen.

4.3
ERGEBNISSE

Die Interkorrelationen der – teilweise zu unterschiedlichen Zeitpunkten erhobenen – Variablen sind in der Tabelle 4.6 (siehe Seite 250) wiedergegeben. Wegen der r = 0.14 übersteigenden Korrelation des *BRSS* mit dem Selbstkonzept schulischer Leistungen und Fähigkeiten (*SKSLF*) und einigen vor allem schulisch orientierten Skalen der *PHCSCS-K* bzw. des *SDQ-K* werden in diesen Fällen – wie schon erwähnt – zur Absicherung von Gruppenunterschieden Kovarianzanalysen mit dem *BRSS* als Kovariable gerechnet.

4.3.1
Selbstkonzeptdifferenzen bei unterschiedlichen Begabungsgruppen

4.3.1.1
Selbstkonzept schulischer Leistungen und Fähigkeiten (SKSLF)

Die 2 × 2 Varianzanalyse zur *SKSLF* weist bei Varianzhomogenität den Begabungseffekt als statistisch signifikant aus (eta^2 = 0.140, d = 0.81), nicht jedoch den Haupteffekt „Geschlecht" (eta^2 < 0.001, d = 0.02). Da eine Interaktion der beiden Klassifikationsvariablen nicht nachweisbar ist ($F_{1,210}$ = 0.03, p = 0.868, eta^2 < 0.001), gilt der beobachtete Unterschied zwischen Hochbegabten und durchschnittlich Begabten in gleichem Ausmaß für Jungen und Mädchen (vgl. auch Tab. 4.7). Auch nach – wegen der Korrelation von r = 0.27 zwischen *SKSLF* und dem für das Bildungsverhalten relevanten sozioökonomischen Status – vorgenommener kovarianzanalytischer Konstanthaltung des *BRSS* bleibt der Begabungseffekt (in geringfügig abgeschwächter Form) erhalten ($F_{1,209}$ = 23.86, p < 0.001, eta^2 = 0.102, entspricht d = 0.68).

Tab. 4.7: Mittelwerte und Streuungen im Selbstkonzept schulischer Leistungen und Fähigkeiten (SKSLF) und den Piers-Harris-Selbstkonzeptskalen (PHCSCS-K) für 214 Schüler und Schülerinnen der 8. Jahrgangsstufe (SKSLF) bzw. 214 Schüler und Schülerinnen 9. Jahrgangsstufe (PHCSCS-K), getrennt nach hochbegabten Jungen (HB-Ju), hochbegabten Mädchen (HB-Mä), durchschnittlich begabten Jungen (DB-Ju) und durchschnittlich begabten Mädchen (DB-Mä) sowie Ergebnisse der zweifaktoriellen ANOVAs „Begabung (B) × Geschlecht (G)"

| | | SKSLF | | PHCSCS-K | | | | | | | | | |
| | | | | PHA | | BEL | | AUS [b] | | VER | | GSK | |
GRUPPE		M	S	M	S	M	S	M	S	M	S	M	S
HB-Ju	(N= 62)	4.4	0.7	3.6	0.6	4.1	0.6	3.8	0.6	4.0	0.6	3.9	0.4
HB-Mä	(N= 45)	4.4	0.7	3.7	0.6	4.3	0.6	3.9	0.7	4.2	0.5	4.0	0.5
DB-Ju	(N= 60)	3.8	0.7	3.5	0.6	4.3	0.6	4.1	0.7	4.0	0.7	3.9	0.5
DB-Mä	(N= 47)	3.8	0.9	3.5	0.6	4.4	0.6	3.8	0.7	4.1	0.7	3.9	0.5
HB	(N=107)	4.4	0.7	3.7	0.6	4.1	0.6	3.9	0.6	4.1	0.6	3.9	0.4
DB	(N=107)	3.8	0.8	3.5	0.6	4.3	0.6	4.0	0.7	4.0	0.7	3.9	0.5
Ju	(N=122)	4.1	0.8	3.6	0.6	4.2	0.6	4.0	0.6	4.0	0.7	3.9	0.4
Mä	(N= 92)	4.1	0.8	3.6	0.6	4.3	0.6	3.9	0.7	4.1	0.6	3.9	0.5
Alle	(N=214)	4.1	0.8	3.6	0.6	4.2	0.6	3.9	0.7	4.0	0.6	3.9	0.4
p (Begabung)		<0.001		0.023		0.025		0.349		0.515		0.756	
eta^2		0.140		0.024		0.024		0.004		0.002		<0.001	
d [a]		0.81		0.31		-0.33		-0.16		0.07		0.02	
p (Geschlecht)		0.953		0.440		0.053		0.434		0.089		0.601	
eta^2		<0.001		0.003		0.018		0.003		0.014		0.001	
d [a]		0.02		-0.10		-0.27		0.11		-0.24		-0.07	
p (B × G)		0.868		0.834		0.578		0.078		0.446		0.234	
eta^2		<0.001		<0.001		0.001		0.015		0.003		0.007	

SKSLF = Selbstkonzept schulischer Leistungen und Fähigkeiten. PHCSCS-K Selbstkonzeptskalen: PHA = Phantasie, Kreativität und schulischer Status; BEL = Beliebtheit; AUS = Aussehen und Einstellungen zum eigenen Körper; VER = (Unproblematisches) Verhalten; GSK = Generelles Selbstkonzept

[a] eine negative Effektstärke d weist auf einen Unterschied zugunsten der durchschnittlich Begabten bzw. zugunsten der Mädchen hin
[b] fehlende Werte in zwei Fällen (HB-Ju: N = 61, DB-Mä: N = 46)

Erwartungsgemäß und in Übereinstimmung mit einer Vielzahl überwiegend im anglo-amerikanischen Raum durchgeführter Studien haben Hochbegabte ein deutlich positiveres fähigkeits- und leistungsbezogenes Selbstkonzept als durchschnittlich Begabte. Berücksichtigt man, daß sich Hochbegabte und durchschnittlich Begabte nicht nur – *qua definitionem* – in ihrer kognitiven Leistungsfähigkeit („Intelligenz") unterscheiden, sondern auch in Maßen der Leistungsperformanz (z.B. „Schulnoten"; HB: M = 2.4, S = 0.7; DB: M = 3.2, S = 0.7; d = –1.35 bei S = 0.6[14]), so ist dieses Ergebnis erwartungstreu, da das schulische Selbstkonzept bekanntlich einen realistischen Bezug zu Schulnoten aufweist.

Bei itemweiser Betrachtung ergeben sich die größten Begabungsgruppendifferenzen in den Aussagen „Ich kann Sachen selbst rauskriegen" (d = 0.83), „Ich gehöre in der Schule zu den Besten" (d = 0.76) und „Ich weiß die Antwort auf eine Frage schneller als die anderen" (d = 0.68), die geringsten finden sich bei den Items „Meine Arbeit ist im allgemeinen mindestens ebensogut wie die meines Nachbarn" (d = 0.35), „Ich bin zufrieden mit meiner Fähigkeit, vor der Klasse zu sprechen" (d = 0.10), „Manchmal fühle ich mich anderen überlegen und glaube, daß sie noch manches von mir lernen können" (d = 0.07).

4.3.1.2
Piers-Harris-Selbstkonzeptskala für Kinder – Kurzversion (PHCSCS-K)

Die simultane Analyse der vier empirisch gewonnenen Skalen des *PHCSCS-K* führt bei multivariater Varianz-Kovarianz-Homogenität sowohl zu einem statistisch signifikanten Haupteffekt „Begabungsgruppe" ($F_{4,205}$ = 4.91, p = 0.001, eta$^2_{multi}$ = 0.087, entspricht d = 0.62) als auch zu einem statistisch bedeutsamen Geschlechtseffekt ($F_{4,205}$ = 2.46, p = 0.047, eta$^2_{multi}$ = 0.046, entspricht d = 0.44). Das Ausmaß der *Varianz*aufklärung ist dabei für die Gruppierungsvariable „Begabung" nahezu doppelt so groß wie für die Geschlechtsvariable. Eine Interaktion beider Faktoren ist multivariat nicht feststellbar ($F_{4,205}$ = 0.90, p = 0.466, eta$^2_{multi}$ = 0.017).

Die Ergebnisse der die multivariaten Haupteffekte spezifizierenden univariaten zweifaktoriellen Varianzanalysen sind Tabelle 4.7 zu entnehmen. Univariat betrachtet, geht der multivariate Begabungseffekt in gleicher Größenordnung auf *„Phantasie, Kreativität und schulischer Status"* einerseits sowie *„Beliebtheit"* andererseits zurück (*PHA*: eta^2 = 0.024, d = 0.31; *BEL*: eta^2 = 0.024, d = –0.33). Die Mittelwertsdifferenzen fallen für die Selbstkonzeptfacette *PHA* zugunsten der Hochbegabten, für den

---

[14]   Wegen der Leistungs- bzw. Begabungsheterogenität der Projektstichprobe wird zur Berechnung der Effektstärke „d" nicht die gepoolte Standardabweichung der beiden Begabungsgruppen verwendet, sondern die Standardabweichung der zur Normierung der Intelligenztestverfahren herangezogenen Stichprobe von N = 932 Neuntkläßlern aller drei Schulformen (Hanses, 1996; vgl. auch Kap. 2). Sie beträgt für den Notendurchschnitt aus den Fächern „Deutsch", „Mathematik", „Sprachen" und „Naturwissenschaften" S = 0.6. Je nach Schulform schwanken die Notendurchschnitte in nennenswerter Weise (Hauptschule: M = 3.3, S = 0.5; Realschule: M = 3.4, S = 0.5; Gymnasium: M = 3.0, S = 0.6; alle drei Schulformen: M = 3.2, S = 0.6).

Selbstkonzeptbereich *BEL* zugunsten der durchschnittlich Begabten aus. Bei kovarianzanalytischer Berücksichtigung des sozioökonomischen Status (*PHA*: $r = 0.16$) werden die Unterschiede deutlich geringer und sind für die Skala *PHA* nicht mehr als statistisch überzufällig abzusichern (eta$^2 = 0.013$, entspricht $d = 0.23$, $p = 0.102$).

Der multivariat statistisch signifikante Geschlechtsunterschied ist laut ANOVAs nicht mehr zu sichern. Offensichtlich beruht der MANOVA-Effekt auf einer Kumulation kleiner Skaleneffekte, zu der vor allem *„Beliebtheit"* (eta$^2 = 0.018$, $d = -0.27$) und *„(unproblematisches) Verhalten"* (eta$^2 = 0.014$, $d = -0.24$) beitragen: In beiden Selbstkonzeptfacetten beschreiben sich die Mädchen etwas positiver als die Jungen.

In der über alle 36 Items des *PHCSCS-K* gebildeten Skala *„Generelles Selbstkonzept"* ist weder ein Begabungseffekt (eta$^2 < 0.001$, $d = 0.02$), noch ein Geschlechtseffekt (eta$^2 = 0.001$, $d = -0.07$), noch eine Interaktion beider Gruppierungsvariablen (eta$^2 = 0.007$) nachweisbar. Dies dokumentiert anschaulich, daß angesichts der zum Teil gegenläufigen Gruppenunterschiede in einzelnen Selbstkonzeptfacetten die bereits erwähnte – in der Hochbegabungsliteratur weithin übliche und hier nur zur Demonstration vorgenommene – Praxis, PHCSCS-Skalenwerte zum Zweck der Erfassung des allgemeinen Selbstkonzepts aufzusummieren, problematisch ist. Die schlichte Addition der Werte einzelner Selbstkonzeptskalen impliziert nämlich, jeder Selbstkonzeptbereich trüge völlig unabhängig vom Inhalt gleichgewichtig zur Ausbildung des allgemeinen Selbstkonzepts bei. Nach dieser Vorstellung könnte beispielsweise ein geringer ausgeprägtes Selbstwertgefühl bezüglich der Attraktivität unproblematisch durch ein quantitativ entsprechend besseres schulisches Selbstkonzept kompensiert werden. Dies ist – nicht nur, aber besonders für das Jugendalter – psychologisch alles andere als plausibel. Die Erfassung des allgemeinen Selbstkonzepts sollte deshalb durch Skalen, deren Items das generelle Selbstkonzept *direkt* ansprechen, erfolgen.

4.3.1.3
Selbstbeschreibungsfragebogen – Akademisches und soziales Selbstkonzept (SDQ-K)

Die Analyse von Gruppenunterschieden in den Skalen des *SDQ-K* erfolgt zunächst wieder multivariat mit den sechs Originalskalen als „abhängige" Variablen. Bei homogenen Varianz-Kovarianz-Matrizen weisen die F-Tests der MANOVA den Haupteffekt „Begabung" als statistisch signifikant aus ($F_{6,199} = 9.76$, $p < 0.001$, eta$^2_{multi} = 0.227$, entspricht $d = 1.08$), den Haupteffekt „Geschlecht" hingegen – trotz nennenswerter Varianzaufklärung (eta$^2_{multi} = 0.055$, entspricht $d = 0.48$) – nicht mehr als überzufällig ($F_{6,199} = 1.93$, $p = 0.078$). Es gibt keine Interaktion beider Faktoren ($F_{6,199} = 1.19$, $p = 0.314$, eta$^2_{multi} = 0.035$).

Tab. 4.8: Mittelwerte und Streuungen in den sechs Selbstkonzeptskalen des Selbstbeschreibungsfragebogens (SDQ-K) für 208 Schüler und Schülerinnen der 12. Jahrgangsstufe, getrennt nach hochbegabten Jungen (HB-Ju), hochbegabten Mädchen (HB-Mä), durchschnittlich begabten Jungen (DB-Ju) und durchschnittlich begabten Mädchen (DB-Mä) sowie Ergebnisse der zweifaktoriellen ANOVAs „Begabung (B) × Geschlecht (G)"

	SDQ-K											
	Akademisches Selbstkonzept						Soziales Selbstkonzept					
	MAT		SPR		KRE		SAG		SEG		SEL	
GRUPPE	M	S	M	S	M	S	M	S	M	S	M	S
HB-Ju (N= 61)	4.9	1.1	4.7	0.7	4.5	0.7	4.4	0.9	4.8	0.7	4.5	1.0
HB-Mä (N= 45)	4.7	1.1	4.8	0.9	4.5	0.7	4.8	1.1	4.8	0.8	4.8	0.9
DB-Ju (N= 55)	3.8	1.3	4.5	0.8	4.3	0.8	4.8	0.9	4.9	0.7	4.6	1.0
DB-Mä (N= 47)	3.5	1.4	4.6	1.0	4.2	0.9	4.6	1.0	4.5	0.9	4.5	1.1
HB (N=106)	4.9	1.1	4.7	0.8	4.5	0.7	4.6	1.0	4.8	0.7	4.6	1.0
DB (N=102)	3.6	1.3	4.5	0.9	4.2	0.8	4.7	1.0	4.8	0.8	4.6	1.1
Ju (N=116)	4.4	1.3	4.6	0.8	4.4	0.7	4.6	0.9	4.9	0.7	4.5	1.0
Mä (N= 92)	4.1	1.4	4.7	0.9	4.3	0.8	4.7	1.1	4.7	0.9	4.6	1.0
Alle (N=208)	4.3	1.4	4.6	0.9	4.4	0.8	4.6	1.0	4.8	0.8	4.6	1.0
p (Begabung)	<0.001		0.093		0.015		0.518		0.502		0.478	
eta^2	0.201		0.014		0.029		0.002		0.002		0.002	
d ^{a}	1.00		0.23		0.34		-0.12		0.08		0.07	
p (Geschlecht)	0.114		0.219		0.586		0.525		0.043		0.482	
eta^2	0.012		0.007		0.001		0.002		0.020		0.002	
d ^{a}	0.23		-0.16		0.09		-0.10		0.28		-0.10	
p (B × G)	0.691		0.872		0.671		0.051		0.101		0.133	
eta^2	0.001		<0.001		0.001		0.019		0.013		0.011	

MAT = Mathematische Fähigkeiten; SPR = Sprachliche Fähigkeiten; KRE = Kreativität und Problemlösen; SAG = Soziale Beziehungen zum anderen Geschlecht; SEG = Soziale Beziehungen zum eigenen Geschlecht; SEL = Beziehungen zu den Eltern

^{a} eine negative Effektstärke d weist auf einen Unterschied zugunsten der durchschnittlich Begabten bzw. zugunsten der Mädchen hin

Tabelle 4.8 informiert im Überblick über die Ergebnisse der zweifaktoriellen Nachfolge-ANOVAs. Univariat dokumentiert sich der Begabungseffekt ausschließlich in denjenigen Selbstkonzeptdimensionen, die den schulisch-akademischen Bereich thematisieren, nicht jedoch in den Skalen, die auf die Erfassung des sozialen Selbstkonzepts abzielen. Von den drei schulisch-akademischen Selbstkonzeptfacetten wird das „Selbstkonzept mathematischer Fähigkeiten" mit Abstand am stärksten von der Begabungsgruppe beeinflußt (eta^2 = 0.201, d = 1.00). Die Differenzen zwischen hoch- und durchschnittlich begabten Jugendlichen sind demgegenüber für die übrigen zwei schulisch-akademischen Selbstkonzeptskalen deutlich geringer und im Falle des sprachlichen Selbstkonzepts nicht mehr statistisch signifikant (KRE: eta^2 = 0.029, d = 0.34; *SPR*: eta^2 = 0.014, d = 0.23). Erwartungsgemäß beschreiben sich die Hochbegabten in allen drei Bereichen positiver als ihre durchschnittlich begabten Peers. Daß die Einschätzung der eigenen sprachlichen Fähigkeit für die Begabungsgruppenunterschiede psychologisch von nachgeordneter Relevanz ist, zeigt sich auch darin, daß der kleine Begabungseffekt in der Skala *SPR* verschwindet, kontrolliert man statistisch den *BRSS*. Im Gegensatz dazu bleibt er in den anderen beiden schulisch-akademischen Skalen nach kovarianzanalytischer *BRSS*-Egalisierung im wesentlichen erhalten (*SPR*: p = 0.261, eta^2 = 0.006, entspricht d = 0.16; *MAT*: p < 0.001, eta^2 = 0.204, entspricht d = 1.01; *KRE*: p = 0.049, eta^2 = 0.019, entspricht d = 0.28).

Univariat zeigt sich ein statistisch signifikanter Geschlechtseffekt nur in einer Skala, nämlich *„Selbstkonzept sozialer Beziehungen zum eigenen Geschlecht"* (eta^2 = 0.020, d = 0.28): Jungen schätzen ihre Beziehungen zu anderen Jungen etwas positiver ein als Mädchen ihre Beziehungen zu anderen Mädchen. Angesichts der fehlenden multivariaten statistischen Signifikanz wird dieser kleine Effekt nicht interpretiert.

4.3.1.4

Zusammenfassung wichtiger Ergebnisse

Wenn wir nur diejenigen Gruppenunterschiede berücksichtigen, die sowohl multi- als auch univariat (im Begabungsgruppenfall auch nach kovarianzanalytischer *BRSS*-Eliminierung) auf dem konventionellen Signifikanzniveau (p < 0.05) inferenzstatistisch abgesichert sind, dann ergibt sich folgendes Bild:

(a) Hochbegabte und durchschnittlich begabte 14jährige Jugendliche unterscheiden sich hinsichtlich ihres generellen akademischen Selbstkonzepts (*SKSLF*). Das so definierte Selbstkonzept schulischer Leistungen und Fähigkeiten ist bei durchschnittlich Begabten wesentlich ungünstiger ausgeprägt (d = 0.81).

(b) Zwischen den beiden Begabungsgruppen gibt es in der Adoleszenz bezüglich der selbstwahrgenommenen Beliebtheit bei Peers geringfügige Differenzen (*PHCSCS-K*, Skala *BEL*: d = –0.33). Das etwas ungünstigere Selbstkonzept der hochbegabten Jugendlichen (Durchschnittsalter: 14 Jahre) ist allerdings nicht derart negativ ausgeprägt, als daß es gerechtfertigt erschiene, dieses als problembehaftet zu charakterisieren. Auch für die Hochbegabten liegt der Skalenmittelwert noch im deutlich positiven Bereich (M = 4.1, S = 0.6, bei theoretischem Range von 1 bis 5).

(c) Als junge Erwachsene (Durchschnittsalter: 18 Jahre) differieren Hochbegabte und durchschnittlich Begabte hinsichtlich ihres Selbstkonzepts mathematischer Fähigkeiten (*SDQ-K*, Skala *MAT*: d = 1.00) und der wahrgenommenen eigenen Kreativität und Problemlösekompetenzen (*SDQ-K*, Skala *KRE*: d = 0.34). Wie bei der *SKSLF* beschreiben sich auch hier die Hochbegabten positiver.

(d) Im Gegensatz zum Jugendalter spielt bei jüngeren Erwachsenen die Begabung keine Rolle für die Ausprägung derjenigen Selbstkonzeptfacetten, welche auf soziale Beziehungen abzielen (*SDQ-K*, Skala *SAG*: d = –0.12; Skala *SEG*: d = 0.08; Skala *SEL*: d = 0.07).

(e) Die Jungen und Mädchen der „West"-Stichprobe unterscheiden sich weder in der Adoleszenz noch als junge Erwachsene in allen erfaßten Selbstkonzeptfacetten.

4.3.2
Selbstkonzeptdifferenzen bei unterschiedlichen Leistungsgruppen

4.3.2.1
Selbstkonzept schulischer Leistungen und Fähigkeiten (SKSLF)

Tab. 4.9: Mittelwerte und Streuungen im Selbstkonzept schulischer Leistungen und Fähigkeiten (SKSLF) und in den Piers-Harris-Selbstkonzeptskalen (PHCSCS-K) für 230 Schüler und Schülerinnen der 9. Jahrgangsstufe, getrennt nach hochleistenden Jungen (HL-Ju), hochleistenden Mädchen (HL-Mä), durchschnittlich leistenden Jungen (DL-Ju) und durchschnittlich leistenden Mädchen (DL-Mä) sowie die Ergebnisse der zweifaktoriellen ANOVAs „Leistungsgruppe (L) × Geschlecht (G)"

				PHCSCS-K								
	SKSLF		PHA		BEL		AUS		VER		GSK	
GRUPPE	M	S	M	S	M	S	M	S	M	S	M	S
HL-Ju (N= 49)	4.7	0.6	3.7	0.4	3.8	0.6	3.5	0.7	3.9	0.6	3.7	0.4
HL-Mä (N= 69)	4.5	0.6	3.5	0.5	4.0	0.6	3.5	0.7	4.1	0.4	3.8	0.4
DL-Ju (N= 48)	3.4	0.7	3.1	0.6	4.0	0.6	3.5	0.7	3.7	0.5	3.5	0.4
DL-Mä (N= 64)	3.1	0.8	3.1	0.6	4.1	0.6	3.4	0.7	3.8	0.5	3.5	0.4
HL (N=118)	4.6	0.6	3.6	0.5	3.9	0.6	3.5	0.7	4.0	0.5	3.7	0.4
DL (N=112)	3.2	0.8	3.1	0.6	4.1	0.6	3.5	0.7	3.7	0.5	3.5	0.4
Ju (N= 97)	4.0	1.0	3.4	0.6	3.9	0.6	3.5	0.7	3.8	0.5	3.6	0.4
Mä (N=133)	3.8	1.0	3.3	0.6	4.1	0.6	3.5	0.7	4.0	0.5	3.7	0.4
Alle (N=230)	3.9	1.0	3.3	0.6	4.0	0.6	3.5	0.7	3.9	0.5	3.6	0.4
p (Leistung)	<0.001		<0.001		0.016		0.585		<0.001		<0.001	
eta²	0.481		0.170		0.025		0.001		0.063		0.068	
d[a]	1.92		0.86		-0.31		0.09		0.55		0.55	
p (Geschl.)	0.027		0.391		0.047		0.967		0.008		0.610	
eta²	0.022		0.003		0.017		<0.001		0.030		0.001	
d[a]	0.21		0.11		-0.26		-0.01		-0.35		-0.07	
p (L × G)	0.934		0.043		0.748		0.550		0.140		0.972	
eta²	<0.001		0.018		<0.001		0.002		0.010		<0.001	

SKSLF = Selbstkonzept schulischer Leistungen und Fähigkeiten. PHCSCS-K Selbstkonzeptskalen: PHA = Phantasie, Kreativität und schulischer Status; BEL = Beliebtheit; AUS = Aussehen und Einstellungen zum eigenen Körper; VER = (Unproblematisches) Verhalten; GSK = Generelles Selbstkonzept

[a] eine negative Effektstärke d weist auf einen Unterschied zugunsten der durchschnittlich Leistenden bzw. zugunsten der Mädchen hin

Auch in unserer „Ost"-Stichprobe verweist, wie schon erwähnt, die Hauptkomponentenanalyse auf eine Einerlösung *„Generelles schulisches Selbstkonzept"*. Die

2 × 2 Varianzanalyse mit den beiden Leistungsgruppen und dem Geschlecht als „unabhängige" Variablen und dem *SKSLF*-Durchschnittswert als „abhängige" Variable belegt bei homogenen Varianzen einen statistisch signifikanten Unterschied zwischen hoch- und durchschnittlich Leistenden einerseits (eta^2 = 0.481, d = 1.92) sowie Jungen und Mädchen andererseits (eta^2 = 0.022, d = 0.21). Es gibt keine Interaktion beider unabhängiger Variablen (eta^2 < 0.001). Der ausgesprochen große Mittelwertsunterschied zugunsten der Hochleistenden, der nahezu zwei Standardabweichungen beträgt, ist angesichts der Auswahlprozedur zur Bildung dieser Gruppen und der üblicherweise mittelhohen Korrelation zwischen schulischen Leistungen und schulisch-akademischen Selbstkonzeptwerten nicht erstaunlich. Dieser Unterschied entspricht immerhin rund zwei Drittel des Schulnoteneffektes von d = −2.95. Auf Itemebene dokumentieren sich die größten Leistungsgruppendifferenzen in den Aussagen „Ich gehöre in der Schule zu den Besten" (d = 3.23), „Ich habe ein gutes Gefühl, was meine Arbeit in der Schule betrifft" (d = 2.20) und „Ich weiß die Antwort auf eine Frage schneller als die anderen" (d = 1.76), die geringsten ergeben sich bei den Items „Es fällt mir leicht, Probleme zu lösen" (d = 0.46), „Manchmal fühle ich mich anderen überlegen und glaube, daß sie noch manches von mir lernen können" (d = 0.36), „Ich bin zufrieden mit meiner Fähigkeit, vor der Klasse zu sprechen" (d = 0.19).

Der im Vergleich zum Haupteffekt „Leistungsgruppe" kleine – aber statistisch signifikante – Geschlechtseffekt begünstigt die Jungen: Die Gymnasiasten der „Ost"-Stichprobe haben ein etwas positiveres fähigkeits- und leistungsbezogenes Selbstkonzept als die Gymnasiastinnen, obwohl die schulischen Leistungen der Jungen nicht besser, sondern – numerisch betrachtet – eher etwas schlechter sind als die der Mädchen (d = 0.16).

4.3.2.2
Piers-Harris-Selbstkonzeptskala für Kinder – Kurzversion (PHCSCS-K)

Die simultane Analyse der vier (empirisch gebildeten) Skalen des *PHCSCS-K* belegt bei multivariater Varianz-Kovarianz-Homogenität einen statistisch signifikanten sehr großen Haupteffekt „Leistungsgruppe" ($F_{4,223}$ = 20.03, p < 0.001, eta$^2_{multi}$ = 0.283, entspricht d = 1.26) und einen ebenfalls inferenzstatistisch abgesicherten – jedoch deutlich kleineren – Haupteffekt „Geschlecht" ($F_{4,223}$ = 2.67, p = 0.033, eta$^2_{multi}$ = 0.046, entspricht d = 0.44). Eine Wechselwirkung beider Klassifikationsvariablen ist multivariat nicht nachweisbar ($F_{4,223}$ = 1.83, p = 0.124, eta$^2_{multi}$ = 0.032).

Tabelle 4.9 (siehe S. 257) informiert über die Mittelwerte und Streuungen für die verschiedenen (Sub-)Gruppen sowie über die Ergebnisse der univariaten Nachfolgeanalysen. Betrachtet man den großen Leistungseffekt näher, so zeigen sich – mit Ausnahme der Skala „*Aussehen und Einstellungen zum eigenen Körper*" (eta^2 = 0.001, d = 0.09) – in allen anderen drei Selbstkonzeptfacetten univariat überzufällige Unterschiede: In der Selbsteinschätzung von *„Phantasie, Kreativität und schulischer Status"* sowie von *„(unproblematisches) Verhalten"* überragen die Hochleistenden deutlich die durchschnittlich Leistenden; in der Skala *„Beliebtheit"* dagegen (kleinster Effekt) kehrt sich der Unterschied um (*PHA*: eta^2 = 0.170, d = 0.86; *VER*: eta^2 = 0.063, d = 0.55; *BEL*: eta^2 = 0.025, d = –0.31). Bei kovarianzanalytischer Adjustierung des sozioökonomischen Status bleiben die signifikanten Gruppenunterschiede erhalten (*PHA*: p < 0.001, eta^2 = 0.125, entspricht d = 0.76). Jugendliche mit sehr guten schulischen Leistungen schätzen sich als phantasievoller, kreativer und (trivialerweise) besser leistend ein als Jugendliche mit nur durchschnittlichen Schulleistungen. Die Hochleistenden berichten weiterhin über weniger allgemeine Verhaltensprobleme, nehmen sich aber als etwas weniger beliebt wahr. Hervorhebenswert ist, daß – mit Ausnahme der im Neutralbereich liegenden Skala *PHA* – alle Skalenmittelwerte des *PHCSCS-K* für alle (Sub-)Gruppen deutlich positiv ausfallen (M$_{min}$ = 3.4; vgl. Tab. 4.9), mithin die nachweisbaren Differenzen zwischen den Gruppen nicht im Sinne eines problembehafteten, sondern eines mehr oder weniger günstigen Selbstkonzeptes zu interpretieren sind.

Wie die univariaten Analysen dokumentieren, erzielen die Mädchen statistisch signifikant höhere Selbstkonzeptwerte in *„(unproblematisches) Verhalten"* und *„Beliebtheit"* (*VER*: eta^2 = 0.030, d = –0.35; *BEL*: eta^2 = 0.017, d = –0.26). Diese Selbstwahrnehmung korreliert mit den traditionellen Geschlechtsrollenvorstellungen.

4.3.2.3
Selbstbeschreibungsfragebogen – Akademisches und soziales Selbstkonzept (SDQ-K)

Bei den sechs *SDQ-K*-Skalen liegen multivariat heterogene Varianz-Kovarianz-Matrizen vor (p < 0.001). Wegen der sehr großen Effektstärken bleiben die multivariat statistisch signifikanten Leistungsgruppenunterschiede (F$_{6,220}$ = 29.59, p < 0.001, eta$^2_{multi}$ = 0.447, entspricht d = 1.80) und statistisch signifikanten Geschlechtsdifferenzen (F$_{6,220}$ = 6.99, p < 0.001, eta$^2_{multi}$ = 0.160, entspricht d = 0.87) interpretierbar. Die MANOVA-Signifikanz der Wechselwirkung „Leistungsgruppe × Geschlecht" (F$_{6,220}$ = 2.73, p = 0.014, eta$^2_{multi}$ = 0.069) ist kaum zu interpretieren. Ihre praktische Bedeutsamkeit nimmt im Vergleich zu den beiden Haupteffekten stark ab. Auch ist sie univariat nur bei *„Soziale Beziehungen zum eigenen Geschlecht"* statistisch signifikant (eta^2 = 0.034). Wegen Varianzheterogenität der Skalen *MAT*, *KRE* und *SEL* (ANOVA-Analysen) wurden in diesen Skalen zur Kontrolle die Haupteffekte zusätzlich mittels non-parametrischer U-Tests geprüft. In keinem Falle ergaben sich nennenswerte Abweichungen, so daß wir auf die zusätzliche Beschreibung der non-parametrischen Analysen verzichten.

Tab. 4.10: Mittelwerte und Streuungen in den sechs Selbstkonzeptskalen des Selbstbeschreibungsfragebogens (SDQ-K) für 229 Schüler und Schülerinnen der 10. Jahrgangsstufe, getrennt nach hochleistenden Jungen (HL-Ju), hochleistenden Mädchen (HL-Mä), durchschnittlich leistenden Jungen (DL-Ju) und durchschnittlich leistenden Mädchen (DL-Mä) sowie Ergebnisse der zweifaktoriellen ANOVAs „Leistung (L) × Geschlecht (G)"

	SDQ-K											
	Akademisches Selbstkonzept						Soziales Selbstkonzept					
	MAT		SPR		KRE		SAG		SEG		SEL	
GRUPPE	M	S	M	S	M	S	M	S	M	S	M	S
HL-Ju (N= 49)	5.0	0.6	4.8	0.8	4.4	0.6	4.1	1.0	4.3	0.8	4.6	0.9
HL-Mä (N= 69)	4.5	1.1	5.0	0.8	4.2	0.9	4.0	1.0	4.7	0.7	5.0	0.7
DL-Ju (N= 48)	4.1	0.8	4.0	1.0	4.1	0.8	4.4	0.9	4.8	0.7	4.4	1.0
DL-Mä (N= 63)	3.0	1.4	4.2	0.9	4.0	0.9	4.4	1.1	4.6	0.8	4.4	1.0
HL (N=118)	4.7	0.9	4.9	0.8	4.3	0.8	4.0	1.0	4.5	0.8	4.8	0.8
DL (N=111)	3.5	1.3	4.1	0.9	4.0	0.9	4.4	1.0	4.7	0.8	4.4	1.0
Ju (N= 97)	4.6	0.9	4.4	1.0	4.3	0.7	4.2	1.0	4.6	0.8	4.5	1.0
Mä (N=132)	3.8	1.4	4.6	0.9	4.1	0.9	4.2	1.1	4.6	0.8	4.7	0.9
Alle (N=229)	4.1	1.3	4.5	0.9	4.2	0.8	4.2	1.1	4.6	0.8	4.6	0.9
p (Leistung)	<0.001 [a]		<0.001		0.012 [b]		0.004		0.048		0.004 [c]	
eta^2	0.237		0.174		0.028		0.036		0.017		0.037	
d^g	1.08		0.91		0.33		-0.40		-0.20		0.42	
p (Geschlecht)	<0.001 [d]		0.120		0.158 [e]		0.860		0.668		0.118 [f]	
eta^2	0.127		0.011		0.009		<0.001		0.001		0.011	
d^g	0.65		-0.19		0.19		0.03		-0.06		-0.21	
p (L × G)	0.061		0.581		0.767		0.621		0.005		0.179	
eta^2	0.016		0.001		<0.001		0.001		0.034		0.008	

MAT = Mathematische Fähigkeiten; SPR = Sprachliche Fähigkeiten; KRE = Kreativität und Problemlösen; SAG = Soziale Beziehungen zum anderen Geschlecht; SEG = Soziale Beziehungen zum eigenen Geschlecht; SEL = Beziehungen zu den Eltern

In den - wegen heterogener Varianzen gerechneten - U-Tests ergeben sich folgende p-Werte:
[a] < 0.001; [b] 0.011; [c] 0.006; [d] < 0.001; [e] 0.252; [f] 0.075

^{g} eine negative Effektstärke d weist auf einen Unterschied zugunsten der durchschnittlich Leistenden bzw. zugunsten der Mädchen hin

Tabelle 4.10 führt die Ergebnisse der zweifaktoriellen univariaten Varianzanalysen auf. Der MANOVA-Geschlechtseffekt ist univariat lediglich im *„Selbstkonzept mathematischer Fähigkeiten"* statistisch signifikant. In Übereinstimmung mit der Literatur erzielen die Jungen hier günstigere Werte als die Mädchen (*MAT*: eta^2 = 0.127, d = 0.65), obwohl ihre schulischen Leistungen (Schulnoten) im Fach Mathematik nicht besser sind (d = −0.02). An den Effektstärken ist eine Tendenz zur ordinalen (und deshalb die Interpretation der Haupteffekte nicht beeinträchtigenden) Wechselwirkung ablesbar: Der Geschlechtsunterschied fällt bei den durchschnittlich Leistenden größer aus als bei den Hochleistenden (d = 0.90 vs. d = 0.60).

Der Leistungseffekt ist wesentlich bedeutsamer als der Geschlechtseffekt: Er zeigt sich univariat in jeder der sechs *SDQ-K*-Skalen. Da die „Ost"-Stichproben nach differierenden Schulleistungen gebildet wurden, sind die großen Selbstkonzeptunterschiede in den beiden Facetten, die einen starken Bezug zu schulischen Leistungen aufweisen, erwartungstreu (*MAT*: eta^2 = 0.237, d = 1.08; *SPR*: eta^2 = 0.174, d = 0.91). Nicht nur hier imponieren die Hochleistenden mit einer besonders positiven Selbsteinschätzung, sondern auch in der Skala „*Kreativität und Problemlösen*", die weniger direkt mit schulischer Leistung verknüpft ist. Auch dort spiegelt sich die Überlegenheit der Hochleistenden – allerdings in verständlicherweise geringerem Ausmaß – wider (*KRE*: eta^2 = 0.028, d = 0.33).

Geringer sind die Gruppendifferenzen in den Skalen zum sozialen Selbstkonzept. Die durchschnittlich Leistenden sehen ihre sozialen Beziehungen zu gegengeschlechtlichen Peers positiver als die Hochleistenden (*SAG*: eta^2 = 0.036, d = –0.40). Die Beziehungen zu den Eltern nehmen hingegen die Hochleistenden als besser wahr (*SEL*: eta^2 = 0.037, d = 0.42). Die schon weiter oben erwähnte Wechselwirkung „Leistung × Geschlecht" verlangt für die Skala „*Soziale Beziehungen zum eigenen Geschlecht*" (*SEG*: eta^2 = 0.034) eine differenzierte Interpretation des Leistungsgruppeneffektes (eta^2 = 0.017, d = –0.20): Bei den Jungen gibt es einen Mittelwertsunterschied zugunsten der durchschnittlich Leistenden (d = –0.64), bei den Mädchen eine – allerdings kleine und statistisch insignifikante – Differenz zu*un*gunsten der durchschnittlich Leistenden (d = 0.11).

4.3.2.4
Zusammenfassung wichtiger Ergebnisse

Berücksichtigt man wiederum nur diejenigen Selbstkonzeptfacetten, bei denen Gruppenunterschiede sowohl multivariat als auch univariat (und im Leistungsgruppenvergleich auch nach kovarianzanalytischer Adjustierung des Sozialstatus) auf dem konventionellen Signifikanzniveau (p < 0.05) inferenzstatistisch abgesichert sind, lassen sich die Hauptergebnisse so zusammenfassen:

(a) Hochleistende und durchschnittlich leistende Jugendliche unterscheiden sich massiv hinsichtlich des allgemeinen Selbstkonzepts schulischer Leistungen und Fähigkeiten (*SKSLF*: d = 1.92) und – etwas weniger stark, aber dennoch sehr deutlich – der fachspezifischen Fähigkeitseinschätzungen (SDQ-K, Skala *MAT*: d = 1.08; Skala *SPR*: d = 0.91).

(b) In der Adoleszenz sind zwischen beiden Leistungsgruppen ebenfalls Mittelwertdifferenzen im Hinblick auf die Selbsteinschätzung der eigenen Phantasie und Kreativität nachweisbar. Diese erreichen je nach Selbstkonzeptverfahren eine unterschiedliche Größenordnung, fallen jedoch stets zugunsten der Hochleistenden aus (*PHCSCS-K*, Skala *PHA*: d = 0.86; *SDQ-K*, Skala *KRE*: d = 0.33).

(c) Was das allgemeine wohlgefällige Verhalten in Schule und Elternhaus, die Kenntnis und Beachtung der Benimm-Regeln und die Respektierung der Erwachsenen angeht, wie es die *PHCSCS-K*-Skala *„(unproblematisches) Verhalten"* und die *SDQ-K*-Skala *„Beziehungen zu den Eltern"* thematisieren, beschreiben sich die Hochleistenden als besonders angepaßte, besonders „artige" Jugendliche (*PHCSCS-K*, Skala *VER*: d = 0.55; *SDQ-K*, Skala *SEL*: d = 0.42).

(d) Eher kleine Differenzen zeigen sich in der Selbstwahrnehmung der Beliebtheit bei Peers (*PHCSCS-K*, Skala *BEL*: d = –0.31) und in der Einschätzung gegengeschlechtlicher Sozialbeziehungen (*SDQ-K*, Skala *SAG*: d = –0.40). Hier weisen die Hochleistenden die etwas ungünstigeren Selbstkonzeptwerte auf. Dies gilt auch (und nur) für die Jungen in der Selbstbewertung gleichgeschlechtlicher Sozialbeziehungen (*SDQ-K*, Skala *SEG*: d = –0.64).

(e) In der „Ost"-Stichprobe sind die Geschlechtsunterschiede am stärksten im Selbstkonzept mathematischer Fähigkeiten ausgeprägt: Bei vergleichbaren Schulnoten in Mathematik schreiben sich die Jungen eine bessere Leistungsfähigkeit zu (*SDQ-K*, Skala *MAT*: d = 0.65). Weitere kleine Geschlechtsdifferenzen lassen sich im allgemeinen schulischen Selbstkonzept – zugunsten der Jungen – sowie in der Einschätzung des generellen Verhaltens und der Beliebtheit – zugunsten der Mädchen – beobachten (*SKSLF*: d = 0.21; *PHCSCS-K*, Skala *VER*: d = –0.35; Skala *BEL*: d = –0.26).

4.4

DISKUSSION

Die Ergebnisse zum Selbstkonzept hoch- und durchschnittlich Begabter bzw. hoch- und durchschnittlich Leistender bestätigen mehrheitlich die Befunde der vielfältigen Literatur und sind gut zu interpretieren. Die Diskussion kann also kurz gehalten werden. Ganz allgemein können wir ein überwiegend positives Bild vom Selbstkonzept der Hochbegabten und Hochleistenden zeichnen, welches sich insbesondere aus dem globalen schulischen Selbstkonzept (*SKSLF*) und den Skalen zum akademischen Selbstkonzept (*SDQ-K*) speist. Hinzu kommen für die Gruppe der Hochleistenden noch die Skalen *„Phantasie und Kreativität"* (*PHCSCS-K*), *„(Unproblematisches) Verhalten"* (*PHCSCS-K*) und *„Beziehungen zu den Eltern"* (*SDQ-K*). Allein in *„Beliebtheit"* (*PHCSCS-K*) – und für die hochleistenden Jugendlichen auch in *„Beziehungen zum anderen Geschlecht"* (*SDQ-K*) – ist das Selbstkonzept der Hochbegabten und Hochleistenden etwas ungünstiger ausgeprägt als bei ihren durchschnittlich begabten bzw. durchschnittlich leistenden Peers.

Diese Gruppenunterschiede sollten jedoch nicht überschätzt werden. Erstens liegen die Mittelwerte aller Gruppen mindestens beim theoretischen Skalenmittelpunkt (einzige Ausnahmen: durchschnittlich leistende Mädchen in den Skalen *„Allgemeines schulisches Selbstkonzept"* [*SKSLF*] und *„Mathematisches Selbstkonzept"* [*SDQ-K*] mit leicht unterdurchschnittlichen Werten), zumeist sogar deutlich darüber. Jugendliche dieser Altersstufe sind also, was die hier erfaßten Facetten des Selbstkonzepts betrifft, mit sich selbst im wesentlichen zufrieden (vgl. auch Offer, Ostrov, Howard &

Atkinson 1988; Fend 1990; 1997; zusammenfassend Oerter & Dreher 1995). Zweitens sei daran erinnert, daß die größten Gruppendifferenzen in den Skalen zum schulisch-akademischen Selbstkonzept zu verzeichnen sind, was beim Vergleich der Hochbegabten mit den durchschnittlich Begabten nicht verwundert, da Begabung und Leistung bekanntlich deutlich positiv korrelieren, und was beim Vergleich der Hochleistenden mit den durchschnittlich Leistenden trivial ist, da der Unterschied in den schulischen Leistungen hier das gruppenbildende Merkmal darstellt. Drittens ist bei der Interpretation der aufgezeigten Gruppendifferenzen zu beachten, daß die einzelnen Selbstkonzeptfacetten teilweise deutlich miteinander interkorrelieren (siehe Tab. 4.6), mithin also zum Teil der gleiche Unterschied in mehreren Skalen wiederholt analysiert worden ist.

Eine redundanzbereinigte Analyse der Gruppendifferenzen ermöglichen Diskriminanzanalysen (siehe Tab. 4.11). Hier zeigt sich, daß auf der Basis aller elf Selbstkonzeptskalen eine sehr gute (Begabung: nur 22.8% Fehlklassifikationen) bzw. exzellente (Leistung: nur 10.0% Fehlklassifikationen) Gruppenzuordnung möglich ist. Die oben angesprochene Bedeutsamkeit des akademischen Selbstkonzepts dokumentiert sich auch hier, da eine Klassifikation ausschließlich aufgrund der nicht-kognitiven Skalen die Fehlzuordnungen drastisch erhöht (Begabung: 40.8%; Leistung: 32.3%). Insgesamt läßt sich sagen, daß die Hinzunahme nicht-kognitiver Skalen zusätzlich zu den kognitiven Selbstkonzeptskalen die Häufigkeit der richtigen Zuordnungen nur maximal um 5% verbessert (Begabung: 4.9%; Leistung: 2.7%). In den Arbeiten von Pyryt (1986) bzw. Pyryt & Mendaglio (1994) wurden auf der Basis von drei bzw. vier Selbstkonzeptskalen Klassifikationsraten ermittelt, die mit den hier erzielten gut vergleichbar sind (26.1% bzw. 24.0% Fehlklassifikationen). Auch in diesen Studien war das intellektuelle bzw. akademische Selbstkonzept die bedeutsamste Variable für die Diskriminierung der Gruppen (Teilnehmer von Hochbegabungsprogrammen vs. durchschnittlich begabte Kinder / Jugendliche). Für die Interpretation dieser Prozentzahlen möchten wir daran erinnern, daß durch die Art der Stichprobenbildung, bei der ausschließlich die „idealtypischen" Fälle mit „hoher" vs. „durchschnittlicher" Begabung bzw. Leistung berücksichtigt wurden, nicht jedoch der „fehleranfällige" Zwischenbereich der besseren aber nicht außergewöhnlich hohen Begabung bzw. Leistung, Gruppendifferenzen besonders akzentuiert werden. Mithin dürften die angegebenen Prozentzahlen eher eine Überschätzung der tatsächlichen Verhältnisse, d.h. die potentiell mögliche Klassifikationsgüte unter optimierten Bedingungen, darstellen.

Insgesamt können wir kaum nennenswerte Selbstkonzeptunterschiede zwischen Jungen und Mädchen belegen. Lediglich in der „Ost"-Stichprobe sind Geschlechtsdifferenzen zu konstatieren, die in Übereinstimmung mit der einschlägigen Literatur stehen: Im „Mathematischen Selbstkonzept" (SDQ-K) fallen die Einschätzungen der Jungen positiver, in den Skalen „(Unproblematisches) Verhalten" und „Beliebtheit" (PHCSCS-K) die der Mädchen günstiger aus. Wie auch bei Rost & Lamsfuß (1992) zeigt sich des weiteren im „Selbstkonzept schulischer Leistungen und Fähigkeiten" (SKSLF) ein Unterschied zugunsten der Jungen. Daß selbst der in der Literatur als

relativ gesichert geltende Geschlechtsunterschied in der Einschätzung mathematischer Fähigkeiten in unserer Studie nur bei den Jugendlichen der „Ost"-Stichprobe,
nicht aber bei den jungen Erwachsenen der „West"-Stichprobe nachzuweisen war,
kann ein Hinweis darauf sein, daß (auch) das Alter der Befragten eine moderierende
Wirkung hat.

Tab. 4.11: Diskriminanzanalytische Klassifizierung von Hochbegabten
(HB) und durchschnittlich Begabten (DB) sowie Hochleistenden (HL) und
durchschnittlich Leistenden (DL) auf der Basis der der unterschiedlichen Selbstkonzeptskalen getrennt für Jungen, Mädchen sowie die jeweiligen Gesamtgruppen (in Klammern Angabe der Gruppengröße)

| | | PROZENTSATZ RICHTIG KLASSIFIZIERTER | | | | | |
| | | Begabungsgruppen Zuordnung HB vs. DB | | | Leistungsgruppen Zuordnung HL vs. DL | | |
SKALEN	ANZAHL SKALEN	Ju (115)	Mä (91)	Ju + Mä (206)	Ju (96)	Mä (133)	Ju + Mä (229)
alle Sk-Skalen	11	79.1	75.8	77.2	89.6	90.2	90.0
Skalen des PHCSCS-K	4	67.0	63.7	62.6	75.0	72.9	73.8
Skalen des SDQ-K	6	76.5	68.1	70.4	81.3	82.7	83.0
kog. Sk-Skalen [a]	5	73.9	71.4	72.3	86.5	87.2	87.3
nicht kog. Sk-Skalen [b]	6	58.3	62.6	59.2	70.8	71.4	67.7
soz. Sk-Skalen [c]	3	63.5	58.2	57.3	62.5	63.9	59.0
Skala SKSLF	1	61.7	69.2	65.0	85.4	81.2	83.0

[a] kognitive Selbstkonzeptskalen: SKSLF, PHA, MAT, SPR, KRE
[b] nicht kognitive Selbstkonzeptskalen: BEL, AUS, VER, SAG, SEG, SEL
[c] soziale Selbstkonzeptskalen: BEL, SAG, SEG

Die Geschlechtsvariable erklärt, mittelt man die Varianzaufklärung der elf Selbstkonzeptfacetten, lediglich 1.0% der Selbstkonzeptvarianz, wobei das *„Mathematische
Selbstkonzept"* (*SDQ-K*) mit 4.7% an aufgeklärter Varianz am stärksten ins Gewicht
fällt. Für die übrigen zehn Selbstkonzeptskalen beträgt die durchschnittliche Varianzaufklärung nur 0.6%. Versucht man, die Gruppen der Jungen und Mädchen mittels
der elf Selbstkonzeptskalen diskriminanzanalytisch zu trennen, so gelingt lediglich in
66.2% der Fälle eine richtige Zuordnung (ohne die Skala *„Mathematisches Selbstkonzept"* [*SDQ-K*]: 60.5%). Diese nur geringfügig über der Zufallswahrscheinlichkeit
liegende Klassifikationsrate verdeutlicht noch einmal, daß auch die Summation von
kleineren (meist inferenzstatistisch nicht abgesicherten) Selbstkonzeptunterschieden
zwischen Jungen und Mädchen praktisch wenig relevant sein dürfte (die Analyse
basiert auf 48.5% Jungen und 51.5% Mädchen). Mit Ausnahme der Skala *„Soziale
Beziehungen zum eigenen Geschlecht"* (*SDQ-K*), in der sich die hochleistenden
Jungen (nicht aber die hochleistenden Mädchen) der „Ost"-Stichprobe ungünstiger
einschätzten als ihre durchschnittlich leistenden Klassenkameraden, waren keine
Wechselwirkungseffekte zwischen den Gruppierungsfaktoren „Begabungs- bzw.

Leistungsgruppen" und „Geschlecht" nachweisbar. Die in der Hochbegabungs-literatur häufig geäußerte Vermutung, exzellente Begabung oder Leistung könne vor allem bei Mädchen mit Beeinträchtigungen im Selbstkonzept einhergehen und führe insbesondere in der Pubertät zu vermehrten Selbstwertkonflikten, läßt sich durch un-sere Ergebnisse in keinster Weise stützen.

Abschließend möchten wir noch berichten, wie die Jugendlichen das Item *„Ich bin anders als andere"* der *Piers-Harris-Selbstkonzeptskala* (*PHCSCS-K*) beantwortet haben. Der Mittelwert der hochbegabten Jungen und Mädchen (keine Wechselwir-kung „Begabungsgruppe × Geschlecht") fällt geringfügig höher aus als der der durch-schnittlich Begabten (HB: M = 3.5, S = 1.2; DB: M = 3.1, S = 1.5; p = 0.023, d = 0.31). Bei den Leistungsgruppen ist im Gegensatz dazu eine disordinale Wech-selwirkung „Leistungsgruppe × Geschlecht" zu beobachten (p = 0.033). Während es bei den Mädchen für die Beantwortung der Frage nach dem „Anderssein" unerheb-lich ist, ob man in der Schule exzellente Leistungen erbringt oder nicht (die Mittel-werte liegen mit M = 3.0 [HL] und M = 3.1 [DL] genau beim theoretischen Skalen-mittelpunkt), spielt dies bei Jungen eine gewisse Rolle. Die hochleistenden Jungen liegen in ihrer Selbsteinschätzung leicht über dem Durchschnitt (M = 3.3), die durch-schnittlich leistenden leicht darunter (M = 2.6). Dieser Unterschied entspricht einer halben Standardabweichung (d = 0.59). Die praktische Bedeutsamkeit dieser zwar statistisch signifikanten, aber in ihrer Größenordnung nur als gering bis mittel zu be-wertenden Gruppendifferenzen relativiert sich weiter, betrachtet man, wie häufig je-weils die Werte „4" oder „5" (Zusammenfassung der Kategorien „stimmt fast" oder „stimmt genau" als relativ stringenten Indikator des „Andersseins") angekreuzt wur-den. In den Begabungsgruppen sind dies 43.0% (HB) bzw. 38.3% (DB), in den Lei-stungsgruppen 31.9% (HL-Mädchen) bzw. 35.4% (DL-Mädchen) und 46.9% (HL-Jungen) bzw. 27.7% (DL-Jungen). Lediglich bei den hoch- und durchschnittlich lei-stenden Jungen sind diese Häufigkeiten tendenziell unterschiedlich (p = 0.051).

Zusammenfassend bleibt festzuhalten, daß – wie schon im Grundschulbereich (vgl. Rost & Hanses 1994) – die Unterschiede zwischen den zwei Begabungsgruppen und den zwei Leistungsgruppen nur in denjenigen Aspekten nennenswerte und praktisch relevante Ausmaße annehmen, bei denen aufgrund der Stichprobenzusammenstellung nach stark differierender allgemeiner kognitiver Leistungsfähigkeit bzw. schulischer Leistung auch Differenzen zu erwarten waren. Das sind die enger mit Begabung und Leistung zusammenhängenden kognitiven und schulisch-akademischen Selbstkon-zeptskalen. Die Unterschiede zu*un*gunsten der Hochbegabten und Hochleistenden in einigen Facetten des sozialen Selbstkonzepts fallen demgegenüber eher gering aus und rechtfertigen keineswegs eine etwaige Charakterisierung als problembehaftet und sind zudem teilweise nicht durchgängig für beide Geschlechter oder beide Stichpro-ben (Begabungsgruppen der „West"-Stichprobe / Leistungsgruppen der „Ost"-Stich-probe) nachweisbar.

Das etwas ungünstigere – aber immer noch durchweg positive – Selbstkonzept Hochbegabter und Hochleistender im Bereich sozialer Beziehungen zu Peers, das sich für die Skala *„Beliebtheit"* (*PHCSCS-K*) stichproben- und geschlechtsübergreifend zeigt, ist vermutlich (auch) darauf zurückzuführen, daß in der Pubertät Peers gute oder exzellente Schulleistungen eher negativ als ein Zeichen von „Strebertum" bewerten. Dies gilt insbesondere dann, wenn die guten Leistungen offensichtlich (auch) auf Fleiß und Anstrengung beruhen und nicht gleichzeitig mit der Demonstration von (statusfördernder) Schuldistanz wie Disziplinverstöße, Protesthaltung und Opposition zum Lehrkörper einhergeht (Fend 1985; 1991; 1998). Im Jugendalter sind die „informellen Normen" – z.B. „Distanzierung von Werten wie Disziplin, Pflichteifer und Leistungswillen", „Ablösung von und Rebellion gegen Autoritäten", „Orientierung an Jugend(sub-)kulturen als Träger spezifischer Wertesysteme und Lebensstile" – in vielen Fällen konträr zu den institutionellen Normen der Schule (vgl. auch Fend 1989). Brown & Steinberg (1996, zit. nach Dixon 1998, 87) charakterisieren dies wie folgt: „Es ist ironisch, daß sich die Peer-Gruppe auch gegen schulische Hochleistung wendet." Die Interpretation der Differenzen in den sozialen Selbstkonzeptfacetten als transitorisch, altersspezifisch und insbesondere für Jugendliche typisch wird in vorliegender Arbeit auch dadurch gestützt, daß im jungen Erwachsenenalter die Begabung keine Rolle für die Ausprägung derjenigen Selbstkonzeptbereiche spielt, die auf soziale Beziehungen abzielen.

LITERATUR

Ablard, K.E. (1997). Self-perceptions and needs as a function of type of academic ability and gender. Roeper Review, 20, 110–115.

Anastasiow, N.J. (1964). A report of self-concept of the very gifted. Gifted Child Quarterly, 8, 177–178.

Anastasiow, N.J. (1967). Sex differences in self-concept scores of high and low ability elementary students. Gifted Child Quarterly, 11, 112–116.

Arnold, K.D., Noble, K.D. & Subotnik, R.F. (Eds.)(1996). Remarkable women: Perspectives on female talent development. Cresskill, NJ: Hampton Press.

Asendorpf, J.B. & van Aken, M.A.G. (1993). Deutsche Versionen der Selbstkonzeptskalen von Harter. Zeitschrift für Entwicklungspsychologie und Pädagogische Psychologie, 25, 64–86.

Austin, A.B. & Draper, D.C. (1981). Peer relationships of the academically gifted: A review. Gifted Child Quarterly, 25, 129–133.

Bartell, N.P. & Reynolds, W.M. (1986). Depression and self-esteem in academically gifted and nongifted children: A comparison study. Journal of School Psychology, 24, 55–61.

Bauer, A. (1972). Ein Verfahren zur Messung des für Bildungsverhalten relevanten sozialen Status (BRSS). Frankfurt: Deutsches Institut für Internationale Pädagogische Forschung.

Beerman, L. & Heller, K.A. (1990). Technik, Mathematik und Naturwissenschaften: Erweiterung der Berufsperspektiven für begabte und interessierte Mädchen? Bonn: Abschlußbericht an das Bundesministerium für Bildung und Wissenschaft.

Beerman, L., Heller, K.A. & Menacher, P. (1992). Mathe: nichts für Mädchen? Begabung und Geschlecht am Beispiel von Mathematik, Naturwissenschaft und Technik. Bern: Huber.

Blascovich, J. & Tomaka, J. (1991). Measures of self-esteem. In Robinson, J.P., Shaver, P.R. & Wrightsman, L.S. (Eds.). Measures of personality and social psychological attitudes. San Diego, CA: Academic Press, 115–160.

Bracken, B.A. (1980). Comparison of self-attitudes of gifted children and children in a nongifted normative group. Psychological Reports, 47, 715–718.

Bracken, B.A. & Howell, K.K. (1991). Multidimensional self concept validation: A three-instrument investigation. Journal of Psychoeducational Assessment, 9, 319–328.

Brody, L.E. & Benbow, C.P. (1986). Social and emotional adjustment of adolescents extremely talented in verbal or mathematical reasoning. Journal of Youth and Adolescence, 15, 1–18.

Brookover, W.G., Peterson, A. & Thomas, S. (1962). Self-concept of ability and school achievement. Cooperative Research Projekt 845. East Lansing, MI: Office of Research and Publications of Michigan State University.

Brounstein, P.J., Holahan, W. & Dreyden, J. (1991). Change in self-concept and attributional styles among academically gifted adolescents. Journal of Applied Social Psychology, 21, 198–218.

Brown, B. & Steinberg, L. (1990). Noninstructional influences on adolescent engagement and achievement. East Lansing, MI: NCRTL (ERIC Doc. No. ED 3406410).

Brown, K.E. & Karnes, F.A. (1982). Representative and non-representative items for gifted students on the Piers-Harris Children's Self-Concept Scale. Psychological Reports, 51, 787–790.

Byrne, B.M. (1988). Measuring adolescent self-concept: Factorial validity and equivalency of the SDQ III across gender. Multivariate Behavioral Research, 23, 361–375.

Byrne, B.M. (1996). Academic self-concept: Its structure, measurement, and relation to academic achievement. In Bracken, B.A. (Ed.). Handbook of self-concept: Developmental, social, and clinical considerations. New York: Wiley & Sons, 287–316.

Byrne, B.M. & Gavin, D.A.W. (1996). The Shavelson Model revisited: Testing for the structure of academic self-concept across pre-, early, and late adolescents. Journal of Educational Psychology, 88, 215–228.

Byrne, B.M. & Schneider, B.H. (1988). Perceived Competence Scale for Children: Testing for factorial validity and invariance across age and ability. Applied Measurement in Education, 1, 171–187.

Byrne, B.M. & Shavelson, R.J. (1986). On the structure of adolescent self-concept. Journal of Educational Psychology, 78, 474–481.

Callahan, C.M. (1979). The gifted and talented woman. In Passow, A.H. (Ed.). The gifted and talented: Their education and development. The seventy-eighth yearbook of the National Society for the Study of Education. Chicago, IL: University of Chicago Press, 401–423.

Callahan, C.M. (1980). The gifted girl: An anomaly? Roeper Review, 2, 16–20.

Callahan, C.M. (1986). The special needs of gifted girls. Journal of Children in Contemporary Society, 18, 105–117.

Callahan, C.M. (1991). An update on gifted females. Journal for the Education of the Gifted, 14, 284–311.

Callahan, C.M., Cunningham, C.M. & Plucker, J.A. (1994). Foundations for the future: The socioemotional development of gifted, adolescent women. Roeper Review, 17, 99–105.

Chan, L.K.S. (1988). The perceived competence of intellectually talented students. Gifted Child Quarterly, 32, 310–314.

Chan, L.K.S. (1996). Motivational orientations and metacognitive abilities of intellectually gifted students. Gifted Child Quarterly, 40, 184–193.

Chapman, J.W. & Boersma, F.J. (1986). Student's Perception of Ability Scale: Comparison of scores for gifted, average, and learning disabled students. Perceptual and Motor Skills, 63, 57–58.

Chapman, J.W., Lambourne, R. & Silva, P.A. (1990). Some antecedents of academic self-concept: A longitudinal study. British Journal of Educational Psychology, 60, 142–152.

Chiu, L.-H. (1990). Self-esteem of gifted, normal, and mild mentally handicapped children. Psychology in the Schools, 27, 263–268.

Chovan, W.L. & Morrison, E.R. (1984). Correlates of self-concept among variant children. Psychological Reports, 54, 536–538.

Clark, B. (1988). Growing up gifted (3rd ed.). Columbus, OH: Merill Publishing.

Cohen, J. (1988). Statistical power analysis for the behavioral sciences (2nd ed.). Hillsdale, NJ: Erlbaum.

Cohen, P.S. & Cohen, B.H. (1983). Negative self-concept common among gifted. Gifted Children Newsletter, 4 (12), 4.

Colangelo, N. & Assouline, S. (1995). Self-concept of gifted students: Patterns by self-concept domain, grade level, and gender. In Katzko, M.W. & Mönks, F.J. (Eds.). Nurturing talent: Individual needs and social ability. The Fourth Conference of the European Council for High Ability. Assen, NL: Van Gorcum, 66–74.

Colangelo, N. & Brower, P. (1987). Gifted youngsters and their siblings: Long-term impact of labeling on their academic and personal self-concepts. Roeper Review, 10, 101–103.

Colangelo, N., Kelly, K.R. & Schrepfer, R.M. (1987). A comparison of gifted, general, and special learning needs students on academic and social self-concept. Journal of Counseling and Development, 66, 73–77.

Colangelo, N. & Pfleger, L.R. (1979). Academic self-concept of gifted high school students. In Colangelo, N. & Zaffrann, R.T. (Eds.). New voices in counseling the gifted. Dubuque, IA: Kendall / Hunt, 188–193.

Coleman, J.M. & Fults, B.A. (1982). Self-concept and the gifted classroom: The role of social comparisons. Gifted Child Quarterly, 26, 116–120.

Coleman, J.M. & Fults, B.A. (1983). Self-concept and the gifted child. Roeper Review, 5, 44–47.

Coleman, J.M. & Fults, B.A. (1985). Special-class placement, level of intelligence, and the self-concepts of gifted children: A social comparison perspective. Remedial and Special Education, 6, 7–12.

Coopersmith, S. (1967). The antecedents of self-esteem. San Francisco, CA: Freeman.

Cornell, D.G., Delcourt, M.A.B., Goldberg, M.D. & Bland, L.C. (1995). Achievement and self-concept of minority students in elementary school gifted programs. Journal for the Education of the Gifted, 18, 189–209.

Cornell, D.G., Pelton, G.M., Bassin, L.E., Landrum, M., Ramsay, S.G., Cooley, M.R., Lynch, K.A. & Hamrick, E. (1990). Self-concept and peer status among gifted program youth. Journal of Educational Psychology, 82, 456–463.

Crain, R.M. (1996). The influence of age, race, and gender on child and adolescent multidimensional self-concept. In Bracken, B.A. (Ed.). Handbook of self-concept: Developmental, social, and clinical considerations. New York: Wiley & Sons, 395–420.

Crittenden, M.R., Kaplan, M.H. & Heim, J.K. (1984). Developing effective study skills and self-confidence in academically able young adolescents. Gifted Child Quarterly, 28, 25–30.

Davis, G.A. & Rimm, S.B. (1985). Education of the gifted and talented. Englewood Cliffs, NJ: Prentice-Hall.

Davis, H.B. & Connell, J.P. (1985). The effect of aptitude and achievement status on the self-system. Gifted Child Quarterly, 29, 131–136.

Dean, R.S. (1977). Effects of self-concept on learning with gifted children. Journal of Educational Research, 70, 315–318.

Delcourt, M.A.B., Lyn, H.D. & Rejskind, F.G. (1997). Self-perceptions of low- and high-ability adolescents in a caribbean context. Journal for the Education of the Gifted, 20, 224–252.

Delisle, J.R. & Renzulli, J.S. (1982). The revolving door identification and programming model: Correlates of creative production. Gifted Child Quarterly, 26, 89–95.

Deusinger, I.M. (1986). Die Frankfurter Selbstkonzeptskalen (FSKN). Göttingen: Hogrefe.

Dickens, M.N. & Cornell, D.G. (1993). Parent influences on the mathematics self-concept of high ability adolescent girls. Journal for the Education of the Gifted, 17, 53–73.

Dixon, F.A. (1998). Social and academic self-concepts of gifted adolescents. Journal for the Education of the Gifted, 22, 80–94.

Dowdall, C.B. & Colangelo, N. (1982). Underachieving gifted students: Review and implications. Gifted Child Quarterly, 26, 179–184.

Dusek, J.B. & Flaherty, J.F. (1981). The development of the self-concept during the adolescent years. Monographs of the Society for Research in Child Development, 46 (4), 1–67.

Eccles, A.L., Bauman, E. & Rotenberg, K. (1989). Peer acceptance and self-esteem in gifted children. Journal of Social Behavior and Personality, 4, 401–409.

Eccles, J.S. (1985). Why doesn't Jane run? Sex differences in educational and occupational patterns. In Horowitz, F.D. & O'Brien, M. (Eds.). The gifted and talented: Developmental perspectives. Washington, DC: American Psychological Association, 251–295.

Epstein, S. (1979). Entwurf einer integrativen Persönlichkeitstheorie. In Filipp, S.-H. (Hrsg.). Selbstkonzept-Forschung: Probleme, Befunde, Perspektiven. Stuttgart: Klett-Cotta, 15–45.

Ewert, O. (1979). Eine deutsche Version der Sears Self-Concept Inventory Scale (SSCI). In Filipp, S.-H. (Hrsg.). Selbstkonzept-Forschung: Probleme, Befunde, Perspektiven. Stuttgart: Klett-Cotta, 191–202.

Faber, G. (1992). Bereichsspezifische Beziehungen zwischen leistungsthematischen Schülerselbstkonzepten und Schulleistungen. Zeitschrift für Entwicklungspsychologie und Pädagogische Psychologie, 24, 66–82.

Feger, B. (1988). Hochbegabung. Chancen und Probleme. Bern: Huber.

Feingold, A. (1994). Gender differences in personality: A meta-analysis. Psychological Bulletin, 116, 429–456.

Feldhusen, J.F. & Kolloff, M.B. (1981). ME: A self-concept scale for gifted students. Perceptual and Motor Skills, 53, 319–323.

Feldhusen, J.F., Sayler, M.F., Nielsen, M.E. & Kolloff, P.B. (1990). Self-concepts of gifted children in enrichment programs. Journal for the Education of the Gifted, 13, 380–387.

Feldhusen, J.F. & Willard-Holt, C. (1992). ME: A self-concept scale, revised norms. Perceptual and Motor Skills, 74, 299–303.

Fend, H. (1985). Pädagogische Absichten und erzieherische Wirkungen im Bildungswesen: Schulische „Normalitätsentwürfe" und ihre Deutung im sozialen Beziehungsfeld von Schulklassen. In Aurin, K. & Schwarz, B. (Hrsg.). Die Erforschung pädagogischer Wirkungsfelder. Bericht über die 37. Tagung der Arbeitsgruppe für empirische pädagogische Forschung in der DGfE vom 27.3.-29.3.1985 in Freiburg / Br. Freiburg: Arbeitsgruppe für empirische pädagogische Forschung in der DGfE, 239–247.

Fend, H. (1989). „Pädagogische Programme" und ihre Wirksamkeit. Das Beispiel der Umdeutung schulischer Normen und Erwartungen in der Altersgruppe. In Breyvogel, W. (Hrsg.). Pädagogische Jugendforschung. Opladen: Leske+Budrich, 187–209.

Fend, H. (1990). Vom Kinde zum Jugendlichen. Der Übergang und seine Risiken. (Bd. I). Bern: Huber.

Fend, H. (1991). „Soziale Erfolge" im Bildungswesen – die Bedeutung der sozialen Stellung in der Schulklasse. In Pekrun, R. & Fend, H. (Hrsg.). Schule und Persönlichkeitsentwicklung. Ein Resümee der Längsschnittforschung. Stuttgart: Enke, 217–238.

Fend, H. (1997). Der Umgang mit Schule in der Adoleszenz. Aufbau und Verlust von Lernmotivation, Selbstachtung und Empathie. Bern: Huber.

Fend, H. (1998). Eltern und Freunde. Soziale Entwicklung im Jugendalter. Bern: Huber.

Filipp, S.-H. & Frey, D. (1987). Das Selbst. In Deutsches Institut für Fernstudien an der Universität Tübingen (Hrsg.). Funkkolleg Psychobiologie, Studienbegleitbrief 8. Weinheim: Beltz, 11–56.

Fleming, J.S. & Whalen, D.J. (1990). The Personal and Academic Self-Concept Inventory: Factor structure and gender differences in high school and college samples. Educational and Psychological Measurement, 50, 957–967.

Forsyth, P. (1987). A study of self-concept, anxiety, and security of children in gifted, French Immersion, and regular classes. Canadian Journal of Counselling, 21, 153–156.

Fox, L.H. (1982). Die Zeiten ändern sich – die Erziehung hochbegabter Mädchen. In Urban, K.K. (Hrsg.). Hochbegabte Kinder. Psychologische, pädagogische, psychiatrische und soziologische Aspekte. Heidelberg: Schindele, 183–196.

Fox, L.H. & Zimmerman, W.Z. (1985). Gifted women. In Freeman, J. (Ed.). The psychology of gifted children. Chichester: Wiley & Sons, 219–243.

Frey, D.E. (1991). Psychosocial needs of the gifted adolescent. In Bireley, M. & Genshaft, J. (Eds.). Understanding the gifted adolescent: Educational, developmental, and multicultural issues. New York: Teachers College Press, 35–49.

Garrison, V.S., Stronge, J.H. & Smith, C.R. (1986). Are gifted girls encouraged to achieve their occupational potential? Roeper Review, 9, 101–104.

Garzarelli, P., Everhart, B. & Lester, D. (1993). Self-concept and academic performance in gifted and academically weak students. Adolescence, 28, 235–237.

Gill, N.T. & Messina, R. (1973). Visual self-confrontation and the self-concept of the exceptional child. Florida Journal of Educational Research, 15, 18–36.

Goldberg, M.D. & Cornell, D.G. (1998). The influence of intrinsic motivation and self-concept on academic achievement in second- and third-grade students. Journal for the Education of the Gifted, 21, 179–205.

Grau, P. (1982). Understanding and combatting the dangers of sex-role stereotyping to the development of creativity in gifted children. Roeper Review, 5, 28–31.

Gross, M.U.M. (1993). Exceptionally gifted children. London, GB: Routledge.

Hall, J.A. (1984). Nonverbal sex differences: Accuracy of communication and expressive style. Baltimore, MD: Johns Hopkins University Press.

Hanses, P. (1996). Normierung und Auswertung der im Marburger Hochbegabtenprojekt eingesetzten Intelligenzverfahren. Unveröffentlichtes Manuskript. Marburg: Fachbereich Psychologie, Philipps-Universität.

Hanses, P. & Rost, D.H. (1996). Das „Drama" der hochbegabten Underachiever – „Gewöhnliche" oder „außergewöhnliche" Underachiever? Berichte aus dem Fachbereich Psychologie der Philipps-Universität Marburg Nr. 115. Marburg: Fachbereich Psychologie, Philipps-Universität.

Hanses, P. & Rost, D.H. (1998). Das „Drama" der hochbegabten Underachiever – „Gewöhnliche" oder „außergewöhnliche" Underachiever? Zeitschrift für Pädagogische Psychologie, 12, 53–71.

Hansford, B.C. & Hattie, J.A. (1982). The relationship between self and achievement / performance measures. Review of Educational Research, 52, 123–142.

Hany, E.A. (1987). Modelle und Strategien zur Identifikation hochbegabter Schüler. Unveröffentlichte Dissertation. München: Ludwig-Maximilians-Universität.

Harter, S. (1982). The Perceived Competence Scale for Children. Child Development, 53, 87–97.

Harty, H., Adkins, D.M. & Hungate, E.W. (1984). Exploring self-concept and locus of control of students in two recognized approaches to elementary school gifted education. Roeper Review, 7, 88–91.

Hattie, J. (1992). Self-concept. Hillsdale, NJ: Erlbaum.

Hattie, J. & Marsh, H.W. (1996). Future directions in self-concept research. In Bracken, B.A. (Ed.). Handbook of self-concept: Developmental, social, and clinical considerations. New York: Wiley & Sons, 421–462.

Hattie, J.A. & McInman, A. (1991). Gender differences in self-concept. (Manuscript submitted for publication).

Heller, K.A. (1985). Identification and guidance of highly gifted children: Information about a longitudinal research project. Internationally Speaking, 10, 7–9.

Heller, K.A. (1986). Psychologische Probleme der Hochbegabungsforschung. Zeitschrift für Entwicklungspsychologie und Pädagogische Psychologie, 28, 335–361.

Heller, K.A. (1990). Zielsetzung, Methode und Ergebnisse der Münchner Längsschnittstudie zur Hochbegabung. Psychologie in Erziehung und Unterricht, 37, 85–100.

Heller, K.A. (Hrsg.)(1992a). Hochbegabung im Kindes- und Jugendalter. Göttingen: Hogrefe.

Heller, K.A. (1992b). Projektziele, Untersuchungsergebnisse und praktische Konsequenzen. In Heller, K.A. (Hrsg.). Hochbegabung im Kindes- und Jugendalter. Göttingen: Hogrefe, 17–36.

Heller, K.A. & Hany, E.A. (1986). Identification, development and analysis of talented and gifted children in West Germany. In Heller, K.A. & Feldhusen, J.F. (Eds.). Identifying and nurturing the gifted. Toronto: Huber Publishers, 67–82.

Heller, K. & Nickel, H. (1976). Psychologie in der Erziehungswissenschaft. Band I. Verhalten und Lernen. Stuttgart: Ernst Klett.

Helmke, A. (1994). Self-concept: Development of. In Husén, T. & Postlethwaite, T.N. (Eds.). International encyclopedia of education (2nd ed.). Oxford: Pergamon, 5390–5394.

Hoge, R.D. & McSheffrey, R. (1991). An investigation of self-concept in gifted children. Exceptional Children, 57, 238–245.

Hoge, R.D. & Renzulli, J.S. (1993). Exploring the link between giftedness and self-concept. Review of Educational Research, 63, 449–465.

Holahan, W. (1988). The relationship between domains of self-concept and attributional patterns in academically gifted and competent adolescents. Dissertation Abstracts International, 48 (9–A), 2286–A.

Hollinger, C.L. (1991). Facilitating the career development of gifted young women. Roeper Review, 13, 135–139.

Hollinger, C.L. & Fleming, E.S. (1984). Internal barriers to the realization of potential: Correlates and interrelationships among gifted and talented female adolescents. Gifted Child Quarterly, 28, 135–139.

Hollinger, C.L. & Fleming, E.S. (1985). Social orientation and the social self-esteem of gifted and talented female adolescents. Journal of Youth and Adolescence, 14, 389–399.

Hörmann, H.-J. (1986). Selbstbeschreibungsfragebogen SDQ-III-G. In Schwarzer, R. (Hrsg.). Skalen zur Befindlichkeit und Persönlichkeit (Forschungsbericht 5). Berlin: Institut für Psychologie, Freie Universität Berlin, 47–83.

Horn, J.L. (1965). A rationale and test for the number of factors in factor analysis. Psychometrika, 30, 179–185.

Hyde, J.S., Fennema, E., Ryan, M., Frost, L.A. & Hopp, C. (1990). Gender comparisons of mathematics attitudes and affect: A meta-analysis. Psychology of Women Quarterly, 14, 299–324.

Jacobs, E. (1985). Peer intrusions and self-esteem. International Review of Applied Psychology, 34, 421–431.

Janos, P.M., Fung, H.C. & Robinson, N.M. (1985). Self-concept, self-esteem, and peer relations among gifted children who feel „different". Gifted Child Quarterly, 29, 78–82.

Joswig, H. (1995). Begabung und Motivation. Frankfurt: Lang.

Joswig, H. & Tuchow, A. (1996). On the social self-concept of exceptionally gifted pupils. Gifted and Talented International, 11, 76–79.

Karnes, F.A. & D'Ilio, V.R. (1990). Self-actualization of gifted youth as measured on the Reflections of Self by Youth. Psychological Reports, 67, 465–466.

Karnes, F.A. & Wherry, J.N. (1981). Self-concepts of gifted students as measured by the Piers-Harris Children's Self-Concept Scale. Psychological Reports, 49, 903–906.

Keislar, E.R. (1955). Peer group ratings of high school pupils with high and low school marks. Journal of Experimental Education, 23, 375–378.

Kelly, K.R. & Colangelo, N. (1984). Academic and social self-concepts of gifted, general, and special students. Exceptional Children, 50, 551–554.

Kelly, K.R. & Jordan, L.K. (1990). Effects of academic achievement and gender on academic and social self-concept: A replication study. Journal of Counseling and Development, 69, 173–177.

Kerr, B. (1991). Educating gifted girls. In Colangelo, N. & Davis, G.A. (Eds.). Handbook of gifted education. Boston, MA: Allyn & Bacon, 402–415.

Kerr, B., Colangelo, N. & Gaeth, J. (1988). Gifted adolescents' attitudes toward their giftedness. Gifted Child Quarterly, 32, 245–247.

Kerr, B.A. (1994). Smart girls two: A new psychology of girls, women, and giftedness (rev. & enl. ed.). Dayton, OH: Ohio Psychology Press.

Ketcham, B. & Snyder, R.T. (1977). Self-attitudes of the intellectually and socially advantaged student: Normative study of the Piers-Harris Children's Self-Concept Scale. Psychological Reports, 40, 111–116.

Khatena, J. (1992). Gifted. Challenge and response for education. Itasca, IL: F.E. Peacock Publishers.

Klein, A.G. & Zehms, D. (1996). Self-concept and gifted girls: A cross sectional study of intellectually gifted females in grades 3, 5, 8. Roeper Review, 19, 30–34.

Klein, P.S. & Cantor, L. (1976). Gifted children and their self-concept. Creative Child and Adult Quarterly, 1, 98–101.

Kline, B.E. & Short, E.B. (1991). Changes in emotional resilience: Gifted adolescent females. Roeper Review, 13, 118–121.

Kolloff, P.B. & Feldhusen, J.F. (1984). The effects of enrichment on self-concept and creative thinking. Gifted Child Quarterly, 28, 53–57.

Kolloff, P.B. & Moore, A.D. (1989). Effects of summer programs on the self-concepts of gifted children. Journal for the Education of the Gifted, 12, 268–276.

Krapp, A. (1997). Selbstkonzept und Leistung – Dynamik ihres Zusammenspiels: Literaturüberblick. In Weinert, F.E. & Helmke, A. (Hrsg.). Entwicklung im Grundschulalter. Weinheim: Psychologie Verlags Union, 325–339.

Kurtz-Costes, B.E. & Schneider, W. (1994). Self-concept, attributional beliefs, and school achievement: A longitudinal analysis. Contemporary Educational Psychology, 19, 199–216.

Lamsfuß, S.M. & Rost, D.H. (1993). Diagnostik und Relevanz des Selbstkonzepts von Leistungen und Fähigkeiten im pädagogischen Kontext. In Langfeldt, H.-P. & Trolldenier, H.-P. (Hrsg.). Pädagogisch psychologische Diagnostik. Aktuelle Entwicklungen und Ergebnisse. Heidelberg: Asanger, 145–164.

Leaverton, L. & Herzog, S. (1979). Adjustment of the gifted child. Journal for the Education of the Gifted, 2, 149–152.

Lea-Wood, S.S. & Clunies-Ross, G. (1995). Self-esteem of gifted adolescent girls in Australian schools. Roeper Review, 17, 195–197.

Lehman, E.B. & Erdwins, C.J. (1981). The social and emotional adjustment of young, intellectually-gifted children. Gifted Child Quarterly, 25, 134–137.

Lewis, J.D., Karnes, F.A. & Knight, H.V. (1995). A study of self-actualization and self-concept in intellectually gifted students. Psychology in the Schools, 32, 52–61.

Li, A.K.F. (1988). Self-perception and motivational orientation in gifted children. Roeper Review, 10, 175–180.

Li, A.K.F. & Adamson, G. (1995). Siblings of gifted secondary school students: Self-perceptions and learning style preference. Roeper Review, 18, 152–153.

Loeb, R.C. & Jay, G. (1987). Self-concept in gifted children: Differential impact in boys and girls. Gifted Child Quarterly, 31, 9–14.

Lofgreen, K.B. & Larson, A. (1992). Key components of self esteem. In Mönks, F.J. & Peters, W.A.M. (Eds.). Talent for the future: Social and personality development of gifted children. Proceedings of the Ninth World Conference on Gifted and Talented Children. Assen, NL: Van Gorcum, 171–176.

Luftig, R.L. & Nichols, M.L. (1990). Assessing the social status of gifted students by their age peers. Gifted Child Quarterly, 34, 111–115.

Luftig, R.L. & Nichols, M.L. (1991). An assessment of the social status and perceived personality and school traits of gifted students by non-gifted peers. Roeper Review, 13, 148–153.

Mabe, P.A. & West, S.G. (1982). Validity of self-evaluation of ability: A review and meta-analysis. Journal of Applied Psychology, 67, 280–296.

Maccoby, E.E. & Jacklin, C.N. (1974). The psychology of sex differences. Stanford, CA: Stanford University Press.

Maddux, C.D., Scheiber, L.M. & Bass, J.E. (1982). Self-concept and social distance in gifted children. Gifted Child Quarterly, 26, 77–81.

Manaster, G.J., Chan, J.C., Watt, C. & Wiehe, J. (1994). Gifted adolescents' attitudes toward their giftedness: A partial replication. Gifted Child Quarterly, 38, 176–178.

Marsh, H.W. (1985). Age and sex effects in multiple dimensions of preadolescent self-concept: A replication and extension. Australian Journal of Psychology, 37, 197–204.

Marsh, H.W. (1987a). Masculinity, femininity and androgyny: Their relations with multiple dimensions of self-concept. Multivariate Behavioral Research, 22, 91–118.

Marsh, H.W. (1987b). The hierarchical structure of self-concept and the application of hierarchical confirmatory factor analysis. Journal of Educational Measurement, 24, 17–39.

Marsh, H.W. (1989). Age and sex effects in multiple dimensions of self-concept: Preadolescence to early adulthood. Journal of Educational Psychology, 81, 417–430.

Marsh, H.W. (1994). Using the National Longitudinal Study of 1988 to evaluate theoretical models of self-concept: The Self-Description Questionnaire. Journal of Educational Psychology, 86, 439–456.

Marsh, H.W., Barnes, J., Cairns, L. & Tidman, M. (1984). Self-Description Questionnaire: Age and sex effects in the structure and level of self-concept for preadolescent children. Journal of Educational Psychology, 76, 940–956.

Marsh, H.W., Barnes, J. & Hocevar, D. (1985). Self-other agreement on multidimensional self-concept ratings: Factor analysis and multitrait-multimethod analysis. Journal of Personality and Social Psychology, 49, 1360–1377.

Marsh, H.W. & Byrne, B.M. (1991). Differentiated additive androgyny model: Relations between masculinity, femininity, and multiple dimensions of self-concept. Journal of Personality and Social Psychology, 61, 811–828.

Marsh, H.W. & Byrne, B.M. (1993). Do we see ourselves as others infer: A comparison of self-other agreement on multiple dimensions of self-concept from two continents. Australian Journal of Psychology, 45, 49–58.

Marsh, H.W., Byrne, B.M. & Shavelson, R.J. (1988). A multifaceted academic self-concept: Its hierarchical structure and its relation to academic achievement. Journal of Educational Psychology, 80, 366–380.

Marsh, H.W., Chessor, D., Craven, R. & Roche, L. (1995). The effects of gifted and talented programs on academic self-concept: The big fish strikes again. American Educational Research Journal, 32, 285–319.

Marsh, H.W. & Hattie, J. (1996). Theoretical perspectives on the structure of self-concept. In Bracken, B.A. (Ed.). Handbook of self-concept: Developmental, social, and clinical considerations. New York: Wiley & Sons, 38–90.

Marsh, H.W. & O'Neill, R. (1984). Self Description Questionnaire III: The construct validity of multidimensional self-concept ratings by late adolescents. Journal of Educational Measurement, 21, 153–174.

Marsh, H.W., Parker, J. & Barnes, J. (1985). Multidimensional adolescent self-concepts: Their relationship to age, sex, and academic measures. American Educational Research Journal, 22, 422–444.

Marsh, H.W., Relich, J.D. & Smith, I.D. (1983). Self-concept: The construct validity of interpretations based upon the SDQ. Journal of Personality and Social Psychology, 45, 173–187.

Marsh, H.W., Richards, G.E. & Barnes, J. (1986). Multidimensional self-concepts: The effect of participation in an Outward Bound Program. Journal of Personality and Social Psychology, 50, 195–204.

Marsh, H.W. & Shavelson, R. (1985). Self-concept: Its multifaceted, hierarchical structure. Educational Psychologist, 20, 107–123.

Marsh, H.W., Smith, I.D. & Barnes, J. (1983). Multitrait-multimethod analyses of the Self-Description Questionnaire: Student-teacher agreement on multidimensional ratings of student self-concept. American Educational Research Journal, 20, 333–357.

Marsh, H.W., Smith, I.D. & Barnes, J. (1985). Multidimensional self-concepts: Relations with sex and academic achievement. Journal of Educational Psychology, 77, 581–596.

Mboya, M.M. (1993). Self-concept of academic ability: Relations with gender and academic achievement. Perceptual and Motor Skills, 77, 1131–1137.

McEwin, C.K. & Cross, A.H. (1982). A comparative study of perceived victimization, perceived anonymity, self-esteem, and preferred teacher characteristics of gifted and talented and non-labeled early adolescents. Journal of Early Adolescence, 2, 247–254.

McIntosh, D.K. (1967). Correlates of self concept in gifted students. Dissertation Abstracts International, 27 (8–A), 2403–A.

McQuilkin, C.E. (1981). A comparison of personal and social concepts of gifted elementary students in different school programs. Dissertation Abstracts International, 41 (8–A), 3530–A.

Meece, J.L., Parsons, J.E., Kaczala, C.M., Goff, S.B. & Futterman, R. (1982). Sex differences in math achievement: Toward a model of academic choice. Psychological Bulletin, 91, 324–348.

Milgram, R.M. & Milgram, N.A. (1976a). Personality characteristics of gifted Israeli children. Journal of Genetic Psychology, 129, 185–194.

Milgram, R.M. & Milgram, N.A. (1976b). Self-concept as a function of intelligence and creativity in gifted Israeli children. Psychology in the Schools, 13, 91–96.

Milgram, R.M., Milgram, N.A. & Landau, E. (1974). Identification of gifted children in Israel: An empirical and theoretical investigation. Final report of research project. Tel-Aviv: Department of Psychology, School of Education, University of Tel-Aviv.

Mönks, F. & Peters, W. (1996). Selbstkonzept und kognitive Fähigkeiten bei hochbegabten und bei normalbegabten Jugendlichen. In Schumann-Hengsteler, R. & Trautner, H.M. (Hrsg.). Entwicklung im Jugendalter. Göttingen: Hogrefe, 119–141.

Moschner, B. (1998). Selbstkonzept. In Rost, D.H. (Hrsg.). Handwörterbuch Pädagogische Psychologie. Weinheim: Psychologie Verlags Union, 460–464.

Mummendey, H.D. (1987). Die Fragebogen-Methode. Grundlagen und Anwendung in Persönlichkeits-, Einstellungs- und Selbstkonzeptforschung. Göttingen: Hogrefe.

Nielsen, M.E. & Mortorff-Albert, S. (1989). The effects of special education service on the self-concept and school attitude of learning disabled / gifted students. Roeper Review, 12, 29–36.

Noble, K.D. (1987). The dilemma of the gifted woman. Psychology of Women Quarterly, 11, 367–378.

Oerter, R. & Dreher, E. (1995). Jugendalter. In Oerter, R. & Montada, L. (Hrsg.). Entwicklungspsychologie. Ein Lehrbuch (3., vollständig überarb. u. erweiterte Aufl.). Weinheim: Psychologie Verlags Union, 310–395.

Offer, D., Ostrov, E., Howard, K.I. & Atkinson, R. (1988). The teenage world: Adolescents' self-image in ten countries. New York: Plenum Medical Book.

Olenchak, F.R. (1995). Effects of enrichment on gifted / learning-disabled students. Journal for the Education of the Gifted, 18, 385–399.

Olshen, S.R. & Matthews, D.J. (1987). The disappearance of giftedness in girls: An intervention strategy. Roeper Review, 9, 251–254.

Olszewski, P., Kulieke, M.J. & Willis, G.B. (1987). Changes in the self-perceptions of gifted students who participate in rigorous academic programs. Journal for the Education of the Gifted, 10, 287–303.

O'Such, T.G., Havertape, J.H. & Pierce, K.A. (1979). Group differences in self-concept among handicapped, normal, and gifted learners. The Humanist Educator, 18, 15–22.

Pearson, M. & Beer, J. (1990). Self-consciousness, self-esteem and depression of gifted school children. Psychological Reports, 66, 960–962.

Pekrun, R. & Jerusalem, M. (1996). Leistungsbezogenes Denken und Fühlen: Eine Übersicht zur psychologischen Forschung. In Möller, J. & Köller, O. (Hrsg.). Emotionen, Kognitionen und Schulleistung. Weinheim: Psychologie Verlags Union, 3–22.

Pendarius, E.D., Howley, A.A. & Howley, C.B. (1990). The abilities of gifted children. Englewood Cliffs, NJ: Prentice-Hall.

Perleth, C. (1992). Zur Methodik der Münchner Hochbegabungsstudie. In Heller, K.A. (Hrsg.). Hochbegabung im Kindes- und Jugendalter. Göttingen: Hogrefe, 351–381.

Perleth, C. & Sierwald, W. (1992). Entwicklungs- und Leistungsanalysen zur Hochbegabung. In Heller, K.A. (Hrsg.). Hochbegabung im Kindes- und Jugendalter. Göttingen: Hogrefe, 165–350.

Peters, W., Ma, H., Mönks, F. & Ye, G. (1995). Self-concept of Chinese and Dutch gifted and non-gifted children. In Katzko, M.W. & Mönks, F.J. (Eds.). Nurturing talent: Individual needs and social ability. The Fourth Conference of the European Council for High Ability. Assen, NL: Van Gorcum, 84–95.

Piers, E.V. (1984). Piers-Harris Children's Self-Concept Scale. Revised Manual 1984. Los Angeles, CA: Western Psychological Services.

Piers, E.V. & Harris, D.B. (1964). Age and other correlates of self-concept in children. Journal of Educational Psychology, 55, 91–95.

Piers, E.V. & Harris, D.B. (1969). Manual for the Piers-Harris Children's Self-Concept Scale. Nashville, TN: Counselor Recordings and Tests.

Plucker, J.A., Taylor, J.W., Callahan, C.M. & Tomchin, E.M. (1997). Mirror, mirror, on the wall: Reliability and validity evidence for the Self-Description Questionnaire-II with gifted students. Educational and Psychological Measurement, 57, 704–713.

Purkey, W.W. (1970). Self-concept and school-achievement. Englewood Cliffs, NJ: Prentice-Hall.

Pyryt, M.C. (1986). Using discriminant analysis to identify gifted children. Journal for the Education of the Gifted, 9, 233–238.

Pyryt, M.C. & Mendaglio, S. (1994). The multidimensional self-concept: A comparison of gifted and average-ability adolescents. Journal for the Education of the Gifted, 17, 299–305.

Raph, J.B., Goldberg, M.L. & Passow, A.H. (1966). Bright underachievers. New York: Teachers College Press.

Reis, S.M. (1987). We can't change what we don't recognize: Understanding the special needs of gifted females. Gifted Child Quarterly, 31, 83–89.

Reis, S.M. & Callahan, C.M. (1989). Gifted females: They've come a long way – or have they? Journal for the Education of the Gifted, 12, 99–117.

Richardson, T.M. & Benbow, C.P. (1990). Long-term effects of acceleration on the social-emotional adjustment of mathematically precocious youths. Journal of Educational Psychology, 82, 464–470.

Ringness, T.A. (1961). Self concept of children of low, average, and high intelligence. American Journal of Mental Deficiency, 65, 453–461.

Robison-Awana, P., Kehle, T.J. & Jenson, W.R. (1986). But what about smart girls? Adolescent self-esteem and sex role perceptions as a function of academic achievement. Journal of Educational Psychology, 78, 179–183.

Rodenstein, J.M. & Glickauf-Hughes, C. (1979). Career and lifestyle determinants of gifted women. In Colangelo, N. & Zaffrann, R.T. (Eds.). New voices in counseling the gifted. Dubuque, IA: Kendall / Hunt, 370–381.

Rodgers, B.S. (1980). Effects of an enrichment program screening process on the self-concept and others-concept of gifted elementary children. Dissertation Abstracts International, 40 (7–A), 3906–3907.

Rosenberg, M. (1965). Society and adolescent self-image. Princeton, NJ: Princeton University Press.

Ross, A. & Parker, M. (1980). Academic and social self concepts of the academically gifted. Exceptional Children, 47, 6–10.

Rost, D.H. (Hrsg.)(1989). Lebensumweltanalyse besonders begabter Grundschulkinder. Forschungsbericht Nr. 2, Band I. Durchführung der Untersuchung und Beschreibung der Erhebungsinstrumente der 2. Projektphase. Marburg: Fachbereich Psychologie, Philipps-Universität.

Rost, D.H. (Hrsg.)(1993). Lebensumweltanalyse hochbegabter Kinder. Das Marburger Hochbegabtenprojekt. Göttingen: Hogrefe.

Rost, D.H. & Dörner, H. (Hrsg.)(1989). Lebensumweltanalyse besonders begabter Grundschulkinder. Forschungsbericht Nr. 2, Band II. Briefe und Erhebungsinstrumente. Marburg: Fachbereich Psychologie, Philipps-Universität.

Rost, D.H., Freund-Braier, I., Schilling, S. & Schütz, C. (Hrsg.)(1997). Hochbegabte und hochleistende Jugendliche – Instrumentation. Forschungsbericht Nr. 5. Marburg: Fachbereich Psychologie, Philipps-Universität.

Rost, D.H. & Hanses, P. (1994). Besonders begabt: besonders glücklich, besonders zufrieden? Zum Selbstkonzept hoch- und durchschnittlich begabter Kinder. Zeitschrift für Psychologie, 202, 379–403.

Rost, D.H. & Hanses, P. (Hrsg.)(1995). Hochbegabte Jugendliche. Forschungsbericht Nr. 3. Marburg: Fachbereich Psychologie, Philipps-Universität.

Rost, D.H. & Lamsfuß, S. (1992). Entwicklung und Erprobung einer ökonomischen Skala zur Erfassung des Selbstkonzepts schulischer Leistungen und Fähigkeiten (SKSLF). Zeitschrift für Pädagogische Psychologie, 6, 239–250.

Rost, D.H. & Lamsfuß, S. (1993). Development of a short scale to measure Self-Concept of Academic Performance and Ability (SCAPA). German Journal of Psychology, 17, 151–152.

Rustemeyer, R. (1993). Aktuelle Genese des Selbst. Motive der Verarbeitung selbstrelevanter Rückmeldungen. Münster: Aschendorff.

Saurenman, D.A. & Michael, W.B. (1980). Differential placement of high-achieving and low-achieving gifted pupils in grades four, five, and six on measures of field dependence-field independence, creativity, and self-concept. Gifted Child Quarterly, 24, 81–86.

Schneider, B.H. (1987). The gifted child in peer group perspective. New York: Springer.

Schneider, B.H., Clegg, M.R., Byrne, B.M., Ledingham, J.E. & Crombie, G. (1989). Social relations of gifted children as a function of age and school program. Journal of Educational Psychology, 81, 48–56.

Schuster, D.T. (1990). Work, relationships, and balance in the lives of gifted women. In Grossman, H.Y. & Chester, N.L. (Eds.). The experience and meaning of work in women's lives. Hillsdale, NJ: Erlbaum, 189–211.

Schwartz, L.L. (1980). Advocacy for the neglected gifted: Females. Gifted Child Quarterly, 24, 113–117.

Schwartz, L.L. (1991). Guiding gifted girls. In Milgram, R.M. (Ed.). Counseling gifted and talented children: A guide for teachers, counselors, and parents. Norwood: Ablex Publishing, 143–160.

Schwartz, L.L. (1994). Why give „gifts" to the gifted? Investing in a national resource. Thousand Oaks, CA: Corwin Press.

Shavelson, R.J. & Bolus, R. (1982). Self concept: The interplay of theory and methods. Journal of Educational Psychology, 74, 3–17.

Shavelson, R.J., Hubner, J.J. & Stanton, G.C. (1976). Self-concept: Validation of construct interpretations. Review of Educational Research, 46, 407–441.

Shavelson, R.J. & Marsh, H.W. (1986). On the structure of self-concept. In Schwarzer, R. (Ed.). Self-related cognitions in anxiety and motivation. Hillsdale, NJ: Erlbaum, 305–330.

Shaw, M.C. & Alves, G.J. (1963). The self-concept of bright academic underachievers: Continued. Personnel and Guidance Journal, 42, 401–403.

Sheldon, P.M. (1957 / 58). Isolation as a characteristic of highly gifted children. Journal of Educational Sociology, 32, 215–221.

Shore, B.M. & Tsiamis, A. (1986). Identification by provision: Limited field test of a radical alternative for identifying gifted students. In Heller, K.A. & Feldhusen, J.F. (Eds.). Identifying and nurturing the gifted. Toronto: Huber, 93–102.

Skaalvik, E.M. (1986). Sex differences in global self-esteem. A research review. Scandinavian Journal of Educational Research, 30, 167–179.

Skaalvik, E.M. & Hagtvet, K.A. (1990). Academic achievement and self-concept: An analysis of causal predominance in a developmental perspective. Journal of Personality and Social Psychology, 58, 292–307.

Skakun, E.N., Maguire, T.O. & Hakstian, A.R. (1976). An application of inferential statistics to the factorial invariance problem. Multivariate Behavioral Research, 11, 325–338.

Skakun, E.N., Maguire, T.O. & Hakstian, A.R. (1977). „An application of inferential statistics to the factorial invariance problem": Erratum. Multivariate Behavioral Research, 12, 68.

Solano, C.H. (1977). Teacher and pupil stereotypes of gifted boys and girls. Talents and the Gifts, 19, 4–8.

Solano, C.H. (1983). Self-concept in mathematically gifted adolescents. Journal of General Psychology, 108, 33–42.

Solano, C.H. (1987). Stereotypes of social isolation and early burnout in the gifted: Do they still exist? Journal of Youth and Adolescence, 16, 527–539.

Stake, J.E. (1994). Development and validation of the Six-Factor Self-Concept Scale for adults. Educational and Psychological Measurement, 54, 56–72.

Stander, C. (1984). The influence of mother-child relationships and extra curricular programmes on the self concept of the gifted child. Dissertation Abstracts International, 45 (5–B), 1577–1578–B.

Stopper, C.J. (1979). The relationships of the self-concept of gifted and non-gifted elementary school students to achievement, sex, grade level, and membership in a self-contained academic program for the gifted. Dissertation Abstracts International, 40 (1–A), 90–A.

Stoyanova, F. (1995). Intelligence, gender and self-esteem. In Katzko, M.W. & Mönks, F.J. (Eds.). Nurturing talent: Individual needs and social ability. The Fourth Conference of the European Council for High Ability. Assen, NL: Van Gorcum, 75–83.

Strauman, T.J. & Higgins, E.T. (1993). The self construct in social cognition: Past, present and future. In Segal, Z.V. & Blatt, S.J. (Eds.). The self in emotional distress: Cognitive and psychodynamic perspectives. New York: Guilford Press, 3–40.

Supplee, P.L. (1990). Reaching the gifted underachiever. Program strategy and design. New York: Teachers College Press.

Tannenbaum, A.J. (1983). Gifted children. Psychological and educational perspectives. New York: Macmillan Publishing.

Tidwell, R. (1980a). A psycho-educational profile of 1593 gifted high school students. Gifted Child Quarterly, 24, 63–68.

Tidwell, R. (1980b). Gifted students' self-images as a function of identification procedure, race, and sex. Journal of Pediatric Psychology, 5, 57–69.

Tiedemann, J. & Faber, G. (1995). Mädchen im Mathematikunterricht: Selbstkonzept und Kausalattributionen im Grundschulalter. Zeitschrift für Entwicklungspsychologie und Pädagogische Psychologie, 27, 61–71.

Tong, J. & Yewchuk, C. (1996). Self-concept and sex-role orientation in gifted high school students. Gifted Child Quarterly, 40, 15–23.

Tuchow, A. (1993). Zum sozialen Selbstkonzept bei besonders begabten Schülern im Alter von 13 bis 15 Jahren. Unveröffentlichte Dissertation. Rostock: Universität Rostock.

Udvari, S.J. & Rubin, K.H. (1996). Gifted and non-selected children's perceptions of academic achievement, academic effort and athleticism. Gifted Child Quarterly, 40, 211–219.

Vallerand, R.J., Pelletier, L.G. & Gagné, F. (1991a). On the multidimensional versus unidimensional perspectives of self-esteem: A test using the group-comparison approach. Social Behavior and Personality, 19, 121–132.

Vallerand, R.J., Pelletier, L.G. & Gagné, F. (1991b). „On the multidimensional versus unidimensional perspectives of self esteem: A test using the group-comparison approach": Erratum. Social Behavior and Personality, 19, 315.

Van Boxtel, H.W. & Mönks, F.J. (1992). General, social, and academic self-concepts of gifted adolescents. Journal of Youth and Adolescence, 21, 169–186.

VanTassel-Baska, J. (1989). Gifted girls. In Feldhusen, J., VanTassel-Baska, J. & Seeley, K. (Eds.). Excellence in educating the gifted. Denver, CO: Love Publishing, 39–51.

VanTassel-Baska, J., Olszewski-Kubilius, P. & Kulieke, M. (1994). A study of self-concept and social support in advantaged and disadvantaged seventh and eighth grade gifted students. Roeper Review, 16, 186–191.

Vaughn, V.L., Feldhusen, J.F. & Asher, J.W. (1991). Meta-analyses and review of research on pull-out programs in gifted education. Gifted Child Quarterly, 35, 92–98.

Vernon, P.E. (1961). The structure of human abilities (2nd ed.). London: Methuen.

Waldron, K.A., Saphire, D.G. & Rosenblum, S.A. (1987). Learning disabilities and giftedness: Identification based on self-concept, behavior, and academic patterns. Journal of Learning Disabilities, 20, 422–427, 432.

Wells, L.E. & Marwell, G. (1976). Self-esteem. Its conceptualization and measurement. Beverly Hills, CA: Sage.

Whalen, S. & Csikszentmihalyi, M. (1989). A comparison of the self-image of talented teenagers with a normal adolescent population. Journal of Youth and Adolescence, 18, 131–146.

Whitmore, J.R. (1980). Giftedness, conflict, and underachievement. Boston, MA: Allyn & Bacon.

Whitmore, J.R. (1986). Preventing severe underachievement and developing achievement motivation. In Whitmore, J.R. (Ed.). Intellectual giftedness in young children: Recognition and development. New York: Haworth Press, 119–133.

Williams, J.H., Apenahier, L. & Haynes, N.M. (1987). Dimensionality of the Piers-Harris Children's Self-Concept Scale for minority gifted children. Psychology in the Schools, 24, 322–325.

Williams, J.F. & Montgomery, D. (1995). Using frame of reference theory to understand the self-concept of academically able students. Journal for the Education of the Gifted, 18, 400–409.

Winne, P.H., Marx, R.W. & Taylor, T.D. (1977). A multitrait-multimethod study of three self-concept inventories. Child Development, 48, 893–901.

Winne, P.H., Woodlands, M.J. & Wong, B.Y.L. (1982). Comparability of self-concept among learning disabled, normal, and gifted students. Journal of Learning Disabilities, 15, 470–475.

Worrell, F.C. (1997). An exploratory factor analysis of Harter's self-perception profile for adolescents with academically talented students. Educational and Psychological Measurement, 57, 1016–1024.

Worrell, F.C., Roth, D.A. & Gabelko, N.H. (1998). Age and gender differences in the self-concepts of academically talented students. Journal of Secondary Gifted Education, 9, 157–162.

Wright, P.B. & Leroux, J.A. (1997). The self-concept of gifted adolescents in a congregated program. Gifted Child Quarterly, 41, 83–94.

Wylie, R.C. (1979). The self-concept. Vol. 2. Theory and research on selected topics (rev. ed.). Lincoln, NE: University of Nebraska Press.

Yates, P.R. (1975). The relationship between self-concept and academic achievement among gifted elementary school students. Dissertation Abstracts International, 36 (5–A), 2655.

Yong, F.L. & McIntyre, J.D. (1991). Comparison of self-concepts of students identified as gifted and regular students. Perceptual and Motor Skills, 73, 443–446.

Ziegler, A. & Schober, B. (1996). Geschlechtsspezifische Unterschiede in mathematikbezogenen Kognitionen zum Zeitpunkt des Gymnasialeintritts. In Treumann, K.-P., Neubauer, G., Möller, R. & Abel, J. (Hrsg.). Methoden und Anwendungen empirischer pädagogischer Forschung. Münster: Waxmann, 145–153.

Ziv, A., Rimon, J. & Doni, M. (1977). Parental perception and self-concept of gifted and average underachievers. Perceptual and Motor Skills, 44, 563–568.

5. Kapitel

Proaktive Selbststeuerung, Kompetenzwahrnehmung, Erfolgsorientierung

DETLEF H. ROST & CLAUDIA WETZEL

5.1 Ausgangslage 281

    5.1.1 Konzeptueller Hintergrund 281

    5.1.2 Nicht-intellektuelle Erfolgskorrelate bei Hochbegabten und Hochleistenden 282

    5.1.3 Allgemeine Fragestellung 283

5.2 Methode 284

    5.2.1 Stichprobe 284

    5.2.2 Instrumente 285

        5.2.2.1 Streß- / Copingskalen (SCOPE-K-J) 285

        5.2.2.2 Zielstrebigkeit 289

        5.2.2.3 Zukunftsperspektive 289

        5.2.2.4 Berufsvorstellungen 290

        5.2.2.5 Geschlechtsrollenorientierung (GRO-K-J) 291

    5.2.3 Auswertung 291

5.3 Ergebnisse 292

    5.3.1 Skaleninterkorrelationen 292

    5.3.2 Proaktive Selbststeuerung, Kompetenzwahrnehmung und Erfolgsorientierung .. 293

    5.3.3 Zielstrebigkeit, Zukunftsperspektive und Berufsvorstellungen 295

    5.3.4 Zusammenfassung wichtiger Ergebnisse 297

5.4 Diskussion 298

Literatur 301

5.1
AUSGANGSLAGE

5.1.1
Konzeptueller Hintergrund

Proaktive Selbststeuerung, Kompetenzwahrnehmung und Erfolgsorientierung stellen korrelierte Determinanten der Transitionsphase vom Jugendlichen zum Erwachsenen dar. Insbesondere bestimmen diese Konzepte die effektive und ökonomische Nutzung der lebensumweltlichen Ressourcen für die Bewältigung der Entwicklungsaufgaben, die sich den Jugendlichen in der modernen Gesellschaft stellen (z.b. Leistungspersistenz im sekundären und tertiären Bildungsbereich, Berufswahl, Karriereorientierung, Familienplanung). Chickering (1969) diskutiert in diesem Zusammenhang, an Eriksons Ansatz (1963) zur Entwicklung von Kindheit und Jugend anknüpfend, relevante Dimensionen für die Identitätsentwicklung in der späten Adoleszenz. Neben anderen (z.b. Aufbau befriedigender sozialer Beziehungen, Einstellungs- und Verhaltenskongruenz) betont Chickering die Entwicklung von Kompetenz und Autonomie, von flexibler Emotionskontrolle und von Zukunftsperspektiven und Berufsvorstellungen. Dies kann nur gelingen, wenn – wie Brengelmann (1993) aus der theoretischen Perspektive einer integrativen Streßforschung postuliert – nicht nur handlungsbezogene Selbststeuerungsfähigkeiten, sondern auch zusätzlich Durchsetzungsvermögen und realitätsangemessene Selbstbewertung, die von einer entsprechend positiven emotionalen Grundstimmung begleitet wird, vorliegen.

Eine *proaktiv-selbstgesteuerte* Auseinandersetzung mit der Umwelt verlangt von der Person, sich aktiv zu verhalten, Initiative zu ergreifen, beharrlich Ziele zu verfolgen und durchzusetzen, kurz, sich instrumentell zu verhalten, d.h. selbst-assertiv, selbstbewußt und unabhängig mit der Umwelt zu interagieren (Spence & Helmreich 1980). Proaktiv orientierte Personen sind effektiv-optimistisch eingestellt.

Kompetenzwahrnehmung hängt (wie proaktive Einstellung) eng mit Banduras Selbstwirksamkeitstheorie zusammen, die sich auf die Überzeugungen des Individuums bezieht, die eigenen Fähigkeiten erfolgreich einzusetzen, um eine definierte Aufgabe oder ein bestimmtes Verhalten auszuführen („Self efficacy: the exercise of control", Bandura 1997). Wiederholte Erfahrungen persönlicher Selbstwirksamkeit, auf Entschlußkraft und Selbstvertrauen basierend, formen nämlich das Fundament einer realistischen Erfolgsorientierung. Schwarzer (1994) versteht diese Handlungskompetenzerwartungen im Sinne einer optimistischen Selbstüberzeugung.

Brengelmann (1993, 105) umschreibt *Erfolgsorientierung* als Antrieb zur optimalen Selbstverwirklichung, wofür – wie er es bezeichnet – unterschiedliche „Kompetenzarten", insbesondere das Erfolgsstreben, erforderlich sind. Erfolgsstreben manifestiert sich u.a. in allgemeiner Leistungsorientierung, in Besitz- und Führungsstreben als zentrale Facetten von Berufsvorstellungen sowie in entsprechenden Zukunftsperspektiven (gesellschaftlicher Erfolg, Familienplanung, etc.). Erfolgsorientierung stellt – in enger Nähe zur Zielorientierung (vgl. Köller 1998; Köller & Schiefele

1998) – ein dispositionelles Merkmal dar, das man als eine Antezedenzbedingung situativer Motivation und nachfolgender Handlung ansehen kann.

Die Konzepte der Proaktiven Selbststeuerung, Kompetenzwahrnehmung und Erfolgsorientierung sind wichtige Determinanten des Lebens- und Berufserfolgs. Diese Trias wird in der einschlägigen Literatur bislang vernachlässigt. Im nächsten Abschnitt werden wir deshalb kurz auf einige Studien zu Hochbegabten und Hochleistenden eingehen, die verwandte Aspekte – allerdings aus anderer Perspektive – thematisieren.

5.1.2
Nicht-intellektuelle Erfolgskorrelate bei Hochbegabten und Hochleistenden

Der Nestor der Hochbegabungsforschung, Louis Terman, hat sich in seiner berühmten Längsschnittstudie mit der Bedeutung nicht-intellektueller Persönlichkeitsvariablen für den Lebenserfolg beschäftigt (Terman & Oden 1947; 1959; Oden 1968; Holahan & Sears 1995). Ihn interessierte, inwieweit 25 bzw. 35 und 40 Jahre nach der in den zwanziger Jahren unseres Jahrhunderts erfolgten Identifikation der hochbegabten Kinder und Jugendlichen (vgl. Terman et al. 1925) deren herausragendes intellektuelles Potential sich in entsprechende Leistungsexzellenz (als Erwachsene) umsetzte. Dazu nahm er einen Extremgruppenvergleich vor, in dem er den nach dem Rating von drei Experten 150 beruflich erfolgreichsten Personen (Gruppe A, ausgewählt aus den 730 Männern, von denen entsprechende Daten vorlagen) die 150 am wenigsten Erfolgreichen (Gruppe C) gegenüberstellte. Je nach Untersuchungszeitpunkt und Variable basiert der Vergleich allerdings auf deutlich reduzierten Fallzahlen; beruflicher Erfolg war durch akademische Ausbildung und berufliche Anerkennung, in geringerem Ausmaße auch durch das Einkommen definiert. Beim Vergleich der 1922 erhobenen Stanford-Binet-Intelligenztestwerte der (im nachhinein) gebildeten Gruppen A und C zeigte sich nur ein geringer Unterschied (A: IQ = 155, S = 13.3; C: IQ = 150, S = 9.1; d = 0.44), der die beobachteten Leistungsdifferenzen im Erwachsenenalter nur zum Teil erklären kann. Die A- und C-Gruppen unterschieden sich 1940 allerdings auch statistisch signifikant in dem „Concept Mastery Test" (A: IQ = 112.4, S = 28.4; C: IQ = 94.1, S = 31.3.; d = 0.61).[1]

Schon in der Highschool und dem College überragten die A-Hochbegabten die C-Hochbegabten bedeutsam im Führungsverhalten und in diversen extracurricularen Aktivitäten. Außerdem zeigten sich 1940 in Selbst- und Fremdeinschätzungen ihrer Persönlichkeit relevante Differenzen in „Selbstvertrauen" (d = 0.5), „Perseveranz" (d = 0.7) und „Zielorientierung" (d = 0.8). In der Nachuntersuchung von 1960 wurden ähnliche Gruppendifferenzen festgestellt. Die Mitglieder der A-Gruppe beschrieben

---

[1] Zur Interpretation dieser Werte ist anzumerken, daß die Gruppe C auch im Erwachsenenalter noch intellektuell besonders herausragte. 1940 wird ihre Leistung im „Concept Mastery Test" nur von 15% der Studenten der besten Universitäten erreicht.

sich als besonders erfolgsorientiert („ambition for excellence in work, recognition for accomplishment and vocational advancement"). Zusammenfassend bezeichnet Oden (1968, 92) dies als diejenigen Variablen, „that provide the motivation, the drive, and the implementation of ambition, that lead to the realization of potential". Dies verweist darauf, daß neben Intelligenzunterschieden und neben äußeren Lebensbedingungen (schulisches und häusliches Umfeld, Familienstand) auch nicht-intellektuelle Persönlichkeitsvariablen wie Interessen, Leistungsmotivation, Selbstkonzept und Besitz- und Führungsstreben einen nicht unerheblichen Einfluß auf die Umsetzung hoher intellektueller Kompetenz in hohe Leistungsperformanz nehmen.

Den Persönlichkeitskorrelaten herausragender akademischer Leistung sind Hogan & Weiss (1974) nachgegangen. Sie befragten 54 Studenten, die für den leistungsexklusiven Club „Phi Beta Kappa" („the most distinctive honorary society in American education") ausgewählt wurden, 67 nicht „Phi Beta Kappa"-Studenten mit vergleichbarer intellektueller Leistungsfähigkeit sowie eine unselegierte Gruppe von 87 Studierenden. Im California Personality Inventory (CPI; Gough 1969) erzielten die „Phi Beta Kappa"-Studenten hohe Werte in „Verantwortungsübernahme" und „Selbstkontrolle". Sie beschrieben sich zudem als stabil, pragmatisch, aufgabenorientiert und gesellschaftlich gut angepaßt. Die vergleichbar intelligenten Studenten, die nicht zu „Phi Beta Kappa" gehörten, liegen hoch auf „Selbstsicherheit", „interpersonale Effektivität" und „Leistung via Unabhängigkeit". Auch hier kennzeichnen also die schon von Terman angesprochenen Variablen die Umsetzung einer hohen intellektuellen Potenz in eine entsprechend hohe Leistung.

Häufig wird beobachtet, daß weibliche Hochbegabte sowohl bezüglich ihrer akademischen wie auch beruflichen Erfolge (weit) hinter ihren männlichen Kollegen zurückbleiben (vgl. z.B. Terman & Oden 1947; Oden 1968; Eccles 1985). Zur Erklärung dieses Sachverhalts wird immer wieder auf die Geschlechtsrolle (instrumentellmaskulin vs. expressiv-feminin) als moderierende Variable verwiesen (z.B. Hollinger 1983; Hollinger & Fleming 1988). Aber nicht nur bei hochbegabten, sondern auch bei normalbegabten Mädchen beeinflussen (neben intellektuellen Fähigkeiten) instrumentelle Einstellungen und eine gewisse Geschlechtsrollendistanz die Karriereorientierung positiv (z.B. Fassinger 1990). Gruppenvergleiche bezüglich der Leistungs- und Zielorientierung sollten deshalb die Geschlechtsrollenorientierung als Kontrollvariable mit berücksichtigen.

5.1.3
Allgemeine Fragestellung

Obwohl, wie in 5.1 dargestellt, einige Hinweise zur Richtung möglicher Differenzen zwischen Hochbegabten und durchschnittlich Begabten bzw. Hochleistenden und durchschnittlich Leistenden in Variablen, die für den späteren Erfolg in Leben und

Beruf relevant sind, vorliegen, erlaubt die Literaturlage noch keine Formulierung spezifischer Hypothesen, insbesondere nicht zu Unterschieden zwischen Hochbegabten und Hochleistenden. Dementsprechend werden lediglich folgende allgemeine Fragen formuliert, die wir durch die in diesem Kapitel geschilderte Untersuchung beantworten wollen:

(a) Unterscheiden sich Hochbegabte / Hochleistende von durchschnittlich Begabten / durchschnittlich Leistenden in proaktiver Selbststeuerung, Kompetenzwahrnehmung und Erfolgsorientierung?
Wenn ja, sind proaktive Selbststeuerung, Kompetenzwahrnehmung und Erfolgsorientierung bei Hochbegabten / Hochleistenden stärker ausgeprägt?
(b) Bestehen Geschlechtsunterschiede in proaktiver Selbststeuerung, Kompetenzwahrnehmung und Erfolgsorientierung?
Zeigen sich eventuelle Geschlechtsunterschiede in diesen Variablen – in vergleichbarer Größenordnung – auch bei Hochbegabten und Hochleistenden?
Wenn ja, fallen sie zugunsten der Jungen aus?

5.2
METHODE

5.2.1
Stichprobe

Die psychometrischen Analysen der eingesetzten Fragebogen beruhen auf N = 539 Jugendlichen aus neun „alten" und allen fünf „neuen" Bundesländern, die fast ausschließlich die 9. Jahrgangsstufe besuchten. Der Berechnung der Gruppen- und Geschlechtsunterschiede liegt folgende (etwas reduzierte) Stichprobe von N = 444 zugrunde (ausführlicher siehe Kapitel 1):

(a) *Begabungsstichprobe „West"* (N = 214): 107 stabil Hochbegabte (45 Mädchen, 62 Jungen; sowohl 1987/1988 als auch 1994 aufgrund psychologischer Tests als besonders begabt diagnostiziert) und 107 stabil durchschnittlich Begabte (47 Mädchen, 60 Jungen, in den Jahren 1987/1988 und 1994 als durchschnittlich begabt identifiziert) aus den „alten" Bundesländern
(b) *Leistungsstichprobe „Ost"* (N = 230): 118 Hochleistende (69 Mädchen, 49 Jungen) und 112 durchschnittlich Leistende (64 Mädchen, 48 Jungen) aus den „neuen" Bundesländern

5.2.2
Instrumente

5.2.2.1
Streß- / Copingskalen (SCOPE-K-J)

Zur Erfassung von proaktiver Selbststeuerung, Kompetenzwahrnehmung sowie Erfolgsorientierung gaben eigens dafür geschulte Diplom-Psychologinnen den Jugendlichen im Rahmen der persönlichen Erhebungen in den Familien („West"-Untersuchung: 1994; „Ost"-Untersuchung: 1995; jeweils 100% Teilnahme; keine „missing data") eine projektintern modifizierte und gekürzte Vorabversion der Kurzform der *„Streß- / Copingskalen"* (*SCOPE*) von Brengelmann (1993) vor.[2]

Der *SCOPE* zielt auf ein breites Spektrum positiver und negativer Facetten der Lebensbewältigung ab, wobei Brengelmann den ursprünglich vergleichsweise eng gefaßten Begriff „Coping" („Streßbewältigung") weiter – im Sinne von „Erfolg und Streß" – versteht, also das erfolgreiche Lösen von Problemen (proaktive Komponente) mit einschließt. In der Langform besteht der *SCOPE* aus 300, in der Brengelmannschen Kurzform immer noch aus 50 Items, die zehn Sekundärfaktoren („Erfolgsstreben", „Besonnenheit", „Selbstbestimmung", „Soziale Kompetenz", „Ärgerkontrolle", „Streßreaktionen", „Negative Lebensbewertung", „Soziale Inkompetenz", „Soziales Desinteresse" und „Emotionale Zurückhaltung") definieren. Jeder Sekundärfaktor setzt sich aus diversen Primärfaktoren zusammen. Die zehn Sekundärfaktoren faßt Brengelmann wiederum zu drei Tertiärdimensionen („Erfolgsorientierung", „Streß", „Zurückhaltung") zusammen.

Für die Fragestellung des Marburger Hochbegabungsprojekts (Vergleich von Hochbegabten / Hochleistenden mit durchschnittlich Begabten / durchschnittlich Leistenden) ist die Tertiärdimension „Erfolgsorientierung" besonders interessant. „Erfolgsorientierung" setzt sich nach Brengelmann aus den zehn Primärfaktoren „Leistungsorientierung", „Besitzstreben", „Entschlußkraft", „Selbstvertrauen", „Gelassenheit", „Freiheit", „Selbstbestimmung", „Offenheit", „Selbstbeherrschung" und „Reizbarkeit" zusammen. Diese konstituieren drei Sekundärbereiche, nämlich „Erfolgsstreben", „Selbstbestimmung" und „Ärgerkontrolle". Die modifizierte und gegenüber der Kurzversion von Brengelmann um 60% der Items bereinigte und damit besonders ökonomische Projektversion *SCOPE-K-J* besteht pro Primärfaktor aus zwei Items, so daß das im Marburger Hochbegabungsprojekt eingesetzte Verfahren insgesamt 20 Aussagen beinhaltet, die jeweils auf einer sechsstufigen Zustimmungsskala mit den Endpunkten „1 = nein, stimmt überhaupt nicht" und „6 = ja, stimmt ganz und gar"

---

[2]   Wir danken Herrn Prof. Dr. J.C. Brengelmann, der uns für das Marburger Hochbegabungsprojekt freundlicherweise den zur Projektplanungszeit noch unveröffentlichten SCOPE spontan zur Verfügung stellte.

(Zwischenstufen nicht verbal umschrieben) zu beurteilen sind. Abbildung 1 informiert über die Struktur des *SCOPE-K-J* mit seinen drei Sekundärdimensionen, die nachfolgend kurz umrissen werden sollen:

(a) Die erste Sekundärdimension – „Erfolgsstreben" – bezeichnet leistungsthematische Kognitionen, zielorientiertes Verhalten sowie Aspekte effektiver Gefühlskontrolle. Ein hoher Wert weist darauf hin, daß für diese Person Erfolg einen zentralen Lebensplanungsfaktor darstellt und sie intensiv daran arbeitet, Wohlstand und Einfluß zu erreichen und zu mehren. Als dafür wichtige Elemente werden u.a. Entscheidungssicherheit und Erfolgszuversicht thematisiert.

Itembeispiele: „Für mich ist es sehr wichtig, gute Leistungen zu erbringen und Erfolg zu haben" (Primärfaktor „Leistungsorientierung"); „Später im Leben werde ich alles dransetzen, reich zu werden" (Primärfaktor „Besitzstreben"); „Es fällt mir leicht, rasch die richtigen Entscheidungen zu treffen" (Primärfaktor „Entschlußkraft"); „Wenn ich vor der Bewältigung einer schwierigen Aufgabe stehe, denke ich: ‚Klar, das kannst Du'" (Primärfaktor „Selbstvertrauen").

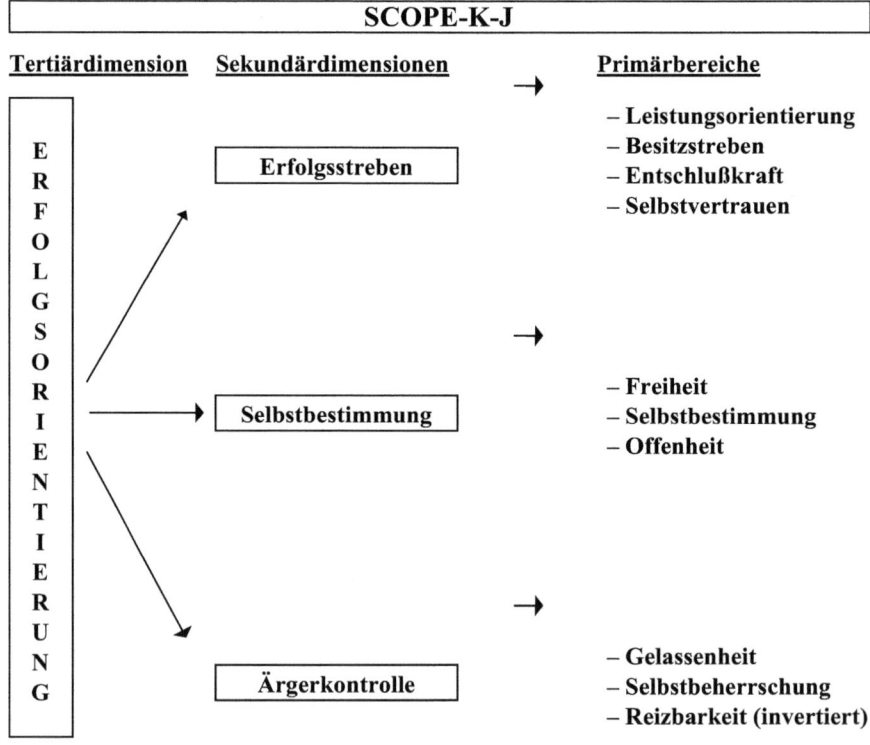

Abb. 5.1:   Struktur des *SCOPE-K-J*.

(b) „Selbstbestimmung" als zweite Sekundärdimension der Erfolgsorientierung setzt sich aus „Freiheit", „Selbstbestimmung" und „Offenheit" zusammen und spiegelt das Bedürfnis wider, das Leben nach eigenen Regeln zu gestalten und Meinungen offen auszusprechen.

Itembeispiele: „Ich habe viel Freiheit, um meinen Interessen so nachzugehen, wie ich es möchte" (Primärfaktor „Freiheit"); „Wenn ich einmal von der Schule absehe, kann ich in vielen Bereichen selbst bestimmen, was ich machen will" (Primärfaktor „Selbstbestimmung"); „Ich bin gewohnt, meine Meinung offen auszusprechen und nenne die Dinge bei ihrem Namen" (Primärfaktor „Offenheit").

(c) Die dritte Sekundärdimension – „Ärgerkontrolle" – wird durch „Gelassenheit", „Selbstbeherrschung" und „Reizbarkeit" bestimmt. Eine Person, die ihren Ärger im Sinne Brengelmanns kontrolliert, hat in Problemsituationen Emotionen und Affekt im Griff und kann entsprechend gelassen reagieren.

Itembeispiele: „Es kommt selten vor, daß ich mich über etwas schnell aufrege" (Primärfaktor „Gelassenheit"); „Wenn ich gereizt und zornig bin, kann ich mich besser beherrschen als andere" (Primärfaktor „Selbstbeherrschung"); „Bestimmte Menschen gehen mir schnell auf die Nerven, so daß es leicht zu Reibereien kommt" (Primärfaktor „Reizbarkeit").

Brengelmann entwickelte und überprüfte den *SCOPE* ausschließlich an Erwachsenen. Um die dimensionale Struktur des *SCOPE-K-J* bei unserer Jugendlichenstichprobe zu klären, rechneten wir, auf der Gesamtstichprobe (N = 539) basierend, eine varimaxrotierte Hauptkomponentenanalyse, wobei wir zur Entscheidung über Anzahl und Art der zu interpretierenden Komponenten die von Rost & Schermer (1986; vgl. Rost & Schermer 1997, 59) vorgeschlagene Kriterienkombination heranzogen (siehe Kapitel 1). Demnach – und auch aufgrund der von Horn (1965) eingeführten Parallelanalyse – erwies sich eine Fünfkomponentenlösung, die 57.1% der Totalvarianz aufklärt, als optimal, um die auf 190 Korrelationskoeffizienten beruhenden Wechselbeziehungen der 20 Aussagen zu beschreiben. Getrennte Analysen in den Substichproben „West" und „Ost" erbrachten sehr gut vergleichbare Strukturen (Komponentenstrukturkoeffizienten: $0.93 \leq r_C \leq 0.99$). Dementsprechend konnten wir für jede der vier Gruppen von Jugendlichen (Hochbegabte, Hochleistende, durchschnittlich Begabte, durchschnittlich Leistende) identische Skalen bilden, deren psychometrische Kennwerte in Tabelle 5.1 aufgeführt sind.

(a) *„Entschlußkraft, Selbstvertrauen und Offenheit"* (SELBS, sechs Items, $\alpha_6 = 0.80$, $\alpha_{10} = 0.87$).[3]

Itembeispiele: „Ich sage allen meine Meinung und lege meine Ansichten offen auf den Tisch"; „Ich bin voller Selbstvertrauen".

---

[3] Cronbachs α hängt bekanntlich auch von der Anzahl der Items einer Skala ab (je mehr Items, desto höher fällt α unter sonst gleichen Bedingungen aus). Deshalb geben wir zum besseren Vergleich der Skalen untereinander und zur besseren Bewertung der Homogenitäten nicht nur das errechnete α bei vorliegender Itemzahl der Skala an, sondern auch die α-Homogenität bei Normierung der Skalenlänge auf 10 Items.

(b) *„Emotionskontrolle – Selbstbeherrschung und Gelassenheit" (KONTR,* vier Fragen, $\alpha_4 = 0.77$, $\alpha_{10} = 0.89$).
Itembeispiele: „Ich werde nicht so leicht ärgerlich und lasse mich selten in Wut bringen"; „Selbst starke Erregung und Groll kann ich nach außen gut verbergen".

Tab. 5.1: Ergebnisse der psychometrischen Überprüfung der empirisch gewonnenen projektinternen Skalen des SCOPE (N = 539)

KENNWERTE	EMPIRISCHE SKALEN				
	SELBS	KONTR	FREIH	LEIST	REIZB
Itemzahl	6	4	4	4	2
a_{max}	0.75	0.81	0.83	0.77	0.74
a_{min}	0.53	0.65	0.33	0.65	0.72
$\bar{a}$	0.69	0.76	0.73	0.73	0.73
$r_{it\ max}$	0.64	0.64	0.66	0.56	0.29
$r_{it\ min}$	0.42	0.46	0.25	0.43	0.29
$\bar{r}_{it}$	0.55	0.57	0.55	0.51	0.29
α	0.80	0.77	0.73	0.72	0.45
α_{10}	0.87	0.89	0.87	0.87	0.81
M	4.2	3.6	5.0	3.6	4.3
S	0.9	1.0	0.8	0.9	1.1

SELBS = Entschlußkraft; Selbstvertrauen und Offenheit;
KONTR = Emotionskontrolle - Selbstbeherrschung und Gelassenheit;
FREIH = Freiheit und Selbstbestimmung;
LEIST = Leistungsorientierung und Besitzstreben;
REIZB = Reizbarkeit

Beachte: M und S jeweils an Itemzahl relativiert (M: theoretischer Range = 1 bis 6, theoretische Mitte = 3.5)

(c) *„Freiheit und Selbstbestimmung" (FREIH,* vier Items, $\alpha_4 = 0.73$, $\alpha_{10} = 0.87$).
Itembeispiele: „Abgesehen von der Schule habe ich eigentlich viel Freiraum, um mein Leben so zu gestalten, wie ich es will"; „Für das, was ich mit meinem Leben anfange, bin ich selbst verantwortlich".
(d) *„Leistungsorientierung und Besitzstreben" (LEIST,* vier Items, $\alpha_4 = 0.72$, $\alpha_{10} = 0.87$).
Itembeispiele: „Ich finde, Reichtum und Wohlstand sind besonders wichtige und erstrebenswerte Ziele im Leben"; „Mir bedeutet es sehr viel und mehr als allen anderen, zu den Besten und Erfolgreichsten zu gehören".
(e) *„Reizbarkeit" (REIZB,* zwei Items, $\alpha_2 = 0.45$, $\alpha_{10} = 0.81$).
Itembeispiele: „Bestimmte Menschen gehen mir schnell auf die Nerven, so daß es leicht zu Reibereien kommt"; „Es gibt Leute, die kann ich einfach nicht ausstehen, und sie machen mich ärgerlich".

5.2.2.2
Zielstrebigkeit

Zielstrebigkeit als bedeutsamer Indikator der Leistungsmotivation wird mit acht Items gemessen, die wir – teilweise altersspezifisch modifiziert – aus einem noch unveröffentlichten Fragebogen zu Arbeitszeit- und Arbeitseffektivitätsproblemen von Holz-Ebeling (1993) entnommen haben. Die Jugendlichen beantworteten jedes Item auf einer vierstufigen Ratingskala (von „1 = trifft gar nicht zu" über verbal verankerte Zwischenstufen bis „4 = trifft sehr zu").

Im Rahmen der hauptkomponentenanalytischen Kontrolle der durch die acht Zielstrebigkeitsitems gebildeten 28 Korrelationskoeffizienten ergab sich sowohl in der „Ost"- wie in der „West"-Stichprobe eine Generalkomponentenlösung mit 43.6% Varianzaufklärung. Aufgrund der für eine Generalkomponente nicht hinreichende Ladungshöhe von a = 0.37 haben wir ein Item eliminiert, so daß die endgültige Skala „Zielstrebigkeit" aus sieben Items besteht ($\alpha_7 = 0.82$, $\alpha_{10} = 0.87$), deren Kennwerte Tabelle 5.2 entnommen werden können.

Itembeispiele: „Ich stelle hohe Anforderungen an mich selbst"; „Ich bin leicht beim Ehrgeiz zu packen".

5.2.2.3
Zukunftsperspektive

Wichtige Zukunftsvorstellungen der Jugendlichen im Sinne von „life goals" erfaßten wir im Rahmen eines standardisierten Interviews mit acht geschlossenen Fragen (Antwortformat: „1 = überhaupt nicht wichtig"; „2 = eher unwichtig"; „3 = eher wichtig"; „4 = sehr wichtig"). Eigenwertverlauf und Markiervariablen von in „West"- und „Ost"-Stichprobe getrennt gerechneten Hauptkomponentenanalysen indizieren eine Zweierlösung (48.9% aufgeklärte Totalvarianz) mit den beiden Komponenten „Familienplanung" und „Gesellschaftlicher Erfolg" (gute Strukturübereinstimmung in „Ost" und „West": Die Komponentenkongruenzkoeffizienten betragen $r_{C1} = 0.91$ und $r_{C2} = 0.93$). Auch hier haben wir ein Item wegen zu geringer Ladung (a = 0.33) nicht berücksichtigt, so daß die nachfolgenden Berechnungen auf zwei Skalen beruhen (vgl. Tab. 5.2):

(a) „Familienplanung" (FAP, 3 Items, $\alpha_3 = 0.59$, $\alpha_{10} = 0.83$);
   Itembeispiel: „Ich möchte später Kinder haben".
(b) „Gesellschaftlicher Erfolg" (GEG, 4 Items, $\alpha_4 = 0.62$, $\alpha_{10} = 0.80$);
   Itembeispiel: „Ich möchte später eine hohe Position im öffentlichen Leben bekleiden".

5.2.2.4

Berufsvorstellungen

Im thematischen Zusammenhang dieses Kapitels sind die Erwartungen, die Jugendliche mit der Berufsausübung verknüpfen, von besonderer Relevanz. Im Rahmen des schon erwähnten Jugendlicheninterviews haben wir dazu 14 Statements vorgegeben. Sie erfassen insbesondere, was den Jugendlichen an ihrem zukünftigem Beruf wichtig erscheint (z.B. „An meinem späteren Beruf ist mir wichtig, daß ich meine Ideen verwirklichen kann"; Antwortformat: „1 = überhaupt nicht wichtig"; „2 = eher unwichtig"; „3 = eher wichtig"; „4 = sehr wichtig").

Die 91 Interkorrelationen der 14 Items ließen sich in der „Ost"- und „West"-Stichprobe zu drei Komponenten verdichten (42.8% Varianzaufklärung): „Selbstverwirklichung im Beruf", „Führungsstreben im Beruf" und „Sicherheit und Regelung im Beruf" (exzellente Komponentenkongruenzkoeffizienten: $r_{C1} = 0.97$, $r_{C2} = 0.96$, $r_{C3} = 0.96$). Nur ein Item erwies sich für diese Stichprobe inhaltlich und psychometrisch als weniger geeignet („An meinem späteren Beruf ist mir wichtig, daß ich im Freien arbeiten kann") und wurde deshalb bei der Bildung der drei – wie die Komponenten benannten – Skalen nicht berücksichtigt (vgl. Tab. 5.2):

Tab. 5.2: Ergebnisse der dimensionsanalytisch-testtheoretischen Überprüfung ausgewählter empirisch gewonnener projektinterner Skalen des Jugendlicheninterviews (N = 539)

	ZIELSTRE-BIGKEIT	ZUKUNFTSPERSPEKTIVE		BERUFSVORSTELLUNGEN		
KENNWERTE	ZSJ	FAP	GEG	SVB	FSB	SRB
Itemzahl	7	3	4	7	2	4
a_{max}	0.77	0.90	0.72	0.61	0.84	0.79
a_{min}	0.60	0.36	0.58	0.51	0.80	0.46
$\bar{a}$	0.69	0.76	0.68	0.56	0.82	0.63
$r_{it\ max}$	0.66	0.61	0.45	0.41	0.56	0.49
$r_{it\ min}$	0.46	0.15	0.33	0.34	0.56	0.20
$\bar{r}_{it}$	0.56	0.44	0.40	0.37	0.56	0.33
α	0.82	0.59	0.62	0.66	0.72	0.52
α_{10}	0.87	0.83	0.80	0.73	0.93	0.73
M	2.6	3.0	2.5	3.7	2.4	3.1
S	0.5	0.7	0.5	0.4	0.7	0.5

ZSJ = Zielstrebigkeit; FAP = Familienplanung; GEG = Gesellschaftlicher Erfolg;
SVB = Selbstverwirklichung im Beruf; FSB = Führungsstreben im Beruf;
SRB = Sicherheit und Regelung im Beruf

Beachte: M und S jeweils an Itemzahl relativiert (M: theoretischer Range = 1 bis 4, theoretische Mitte = 2.5)

(a) *„Selbstverwirklichung im Beruf"* (*SVB*, sieben Items, $\alpha_7 = 0.66$, $\alpha_{10} = 0.73$);
Itembeispiele: „An meinem späteren Beruf ist mir wichtig, daß ich etwas Sinnvolles tun kann"; „An meinem späteren Beruf ist mir wichtig, daß ich meine Ideen verwirklichen kann".

(b) *„Führungsstreben im Beruf"* (*FSB*, zwei Items, $\alpha_2 = 0.72$, $\alpha_{10} = 0.93$);
Itembeispiel: „An meinem späteren Beruf ist mir wichtig, daß ich eine Führungsposition übernehmen kann".

(c) *„Sicherheit und Regelung im Beruf"* (*SRB*, vier Items, $\alpha_4 = 0.52$, $\alpha_{10} = 0.73$);
Itembeispiele: „An meinem späteren Beruf ist mir wichtig, daß er mir einen sicheren Arbeitsplatz bietet"; „An meinem späteren Beruf ist mir wichtig, daß ich geregelte Arbeitszeiten habe und daß Zeit für Freizeit bleibt".

5.2.2.5
Geschlechtsrollenorientierung (GRO-K-J)

Lediglich als Kontrollvariable diente die Orientierung an den Geschlechtsrollen, die anhand des von Hanses (1995) entwickelten Fragebogens *GRO-K-J* (zu seinen psychometrischen Kennwerten vgl. Rost & Hanses 1995, 109–112) gemessen wurde. Er besteht aus zwei Skalen, deren 21 Items auf einer sechsstufigen Ratingskala („1 = trifft auf mich überhaupt nicht zu" bis „6 = trifft auf mich stark zu") zu beantworten sind:

(a) *„Femininität" (FEM)* im Sinne von an Frauen gerichteten normativen Erwartungen (10 Items, $\alpha_{10} = 0.75$).
Itembeispiele: „Wenn die Gefühle eines Menschen verletzt worden sind, versuche ich ihn zu trösten"; „Meistens zeige ich, wie ich mich fühle".

(b) *„Maskulinität" (MAS)* als an Männer gerichtete normative Erwartungen (11 Items, $\alpha_{11} = 0.74$, $\alpha_{10} = 0.73$).
Itembeispiele: „Ich übernehme gerne Verantwortung"; „Ich bin ehrgeizig".

5.2.3
Auswertung

Im ersten Schritt betrachten wir die Interkorrelationsmuster der „abhängigen" Variablen. Im zweiten Schritt überprüfen wir multivariate Mittelwertsunterschiede mit Hilfe zweifaktorieller MANOVAs (4 × 2 Analysen mit vierfach gestuftem Gruppenfaktor [HB / DB / HL / DL] und zweifach gestuftem Geschlechtsfaktor). Bei statistisch signifikanten MANOVA-Resultaten folgen im dritten Schritt univariate ANOVAs. Zusätzlich zu den Signifikanzangaben teilen wir multivariate (eta$^2_{multi}$, für den Geschlechtsfaktor der Anschaulichkeit halber auch in d transformiert)[4] bzw. univariate Effektstärkenmaße (eta^2, im Zwei-Gruppen-Fall d) mit.

---

[4]   Umrechnungsformel: $d = 2 \cdot (\text{eta}^2)^{1/2} / (1 - \text{eta}^2)^{1/2}$

5.3
ERGEBNISSE

5.3.1
Skaleninterkorrelationen

Tabelle 5.3 informiert über die 78 Wechselbeziehungen der 13 „abhängigen" Variablen (*Zielstrebigkeit*; fünf *SCOPE-K-J*-Skalen; zwei Skalen zu Zukunftsperspektiven; drei Berufsvorstellungsskalen; zwei *GRO-K-J*-Skalen). Rund 75% der Interkorrelationen fallen gering aus ($r \leq |0.20|$), und 47% der Koeffizienten liegen unter $r = |0.10|$. Keine der 13 Skalen steht in nennenswertem Zusammenhang mit dem von Bauer (1972) konzipierten Index für den für das Bildungsverhalten relevanten sozialen Status (*BRSS*, $r < 0.15$), so daß dieser Faktor hinfort vernachlässigt werden kann.

Tab. 5.3: Interkorrelationen der verschiedenen Skalen (N = 539)

	ZSJ	SELBS	KONTR	FREIH	LEIST	REIZB	FAP	GEG	SVB	FSB	SRB	FEM	MAS
			SCOPE-K-J				ZUKUNFTS-PERSPEKTIVE		BERUFS-VORSTELLUNGEN			GRO-K-J	
ZSJ													
SELBS	.13												
KONTR	.09	.18											
FREIH	.03	**.40**	.11										
LEIST	**.45**	.14	.13	.02									
REIZB	.03	.08	-.13	-.04	.06								
FAP	.00	.01	.05	.01	.02	-.05							
GEG	.27	.07	.00	-.05	**.59**	.09	.00						
SVB	.19	.19	-.06	.10	-.02	.10	.04	.11					
FSB	.26	.09	-.03	-.02	**.50**	.08	.00	**.60**	.13				
SRB	-.09	-.05	-.05	.03	.13	.01	**.32**	.08	.15	.09			
FEM	.15	.26	.09	.25	-.10	.02	.18	-.12	**.34**	-.10	.12		
MAS	**.39**	**.68**	.11	.28	**.30**	.18	-.01	.23	.23	.20	-.08	.28	

SCOPE-K-J: Streß / und Copingskalen; GRO-K-J: Geschlechtsrollenorientierung; ZSJ = Zielstrebigkeit; SELBS = Entschlußkraft, Selbstvertrauen und Offenheit; KONTR = Selbstbeherrschung und Gelassenheit; FREIH = Freiheit und Selbstbestimmung; LEIST = Leistungsorientierung und Besitzstreben; REIZB = Reizbarkeit; FAP = Familienplanung; GEG = Gesellschaftlicher Erfolg; SVB = Selbstverwirklichung im Beruf; FSB = Führungsstreben im Beruf; SRB = Sicherheit und Regelung im Beruf; FEM = Femininität, MAS = Maskulinität

$|r| \geq 0.09$ entspricht $p < 0.05$, $|r| \geq 0.12$ entspricht $p < 0.01$, $|r| \geq 0.15$ entspricht $p < 0.001$

Innerhalb des Fragebogens *SCOPE-K-J* korrelieren nur die Skalen *„Entschlußkraft, Selbstvertrauen und Offenheit"* (*SELBS*) und *„Freiheit und Selbstbestimmung" (FREIH)* nennenswert miteinander (r = 0.40, 16% Varianzüberlappung). Dies ist intuitiv plausibel und bedarf keines weiteren Kommentars.

Die relativ hohe Beziehung von *„Leistungsorientierung und Besitzstreben"* (*LEIST*) sowohl zu *„Zielstrebigkeit"* (*ZSJ*, r = 0.45) als auch zu *„Gesellschaftlicher Erfolg"* (*GEG*, r = 0.59*)* und *„Führungsstreben"* (*FSB*, r = 0.50*)* weist im Sinne der konvergenten Validität darauf hin, daß mit diesen leistungsthematischen Itemzusammenstellungen tatsächlich wesentliche Elemente des gesellschaftlichen Aufstiegs im Sinne der Akzeptanz allgemeiner Ziele sowie der Übernahme von Verantwortung erfaßt werden.

Die männliche Geschlechtsrollenorientierung *„Maskulinität" (MAS)* kovariiert nennenswert mit *„Entschlußkraft, Selbstvertrauen und Offenheit"* (*SELBS*) (r = 0.68) und moderat sowohl mit *„Zielstrebigkeit"* (*ZSJ*, r = 0.39) als auch mit *„Leistungsorientierung und Besitzstreben"* (*LEIST*, r = 0.30).

5.3.2
Proaktive Selbststeuerung, Kompetenzwahrnehmung und Erfolgsorientierung

Nach dem Ergebnis der 4×2 MANOVA mit den fünf *SCOPE-K-J*-Skalen *„Entschlußkraft, Selbstvertrauen und Offenheit"* (*SELBS*), *„Emotionskontrolle – Selbstbeherrschung und Gelassenheit"* (*KONTR*), *„Freiheit und Selbstbestimmung" (FREIH)*, *„Leistungsorientierung und Besitzstreben"* (*LEIST*) und *„Reizbarkeit" (REIZB)* als „abhängige" Variablen gibt es bei einer multivariat nur zufälligen Wechselwirkung ($F_{15,1192} = 0.87$, p = 0.595, $eta^2_{multi} = 0.010$) einen statistisch signifikanten kleinen multivariaten Begabungsgruppen- / Leistungsgruppeneffekt ($F_{15,1192} = 2.35$, p = 0.003, $eta^2_{multi} = 0.026$) und einen multivariat überzufälligen Geschlechtseffekt von mittlerer Größenordnung ($F_{5,432} = 12.19$, p < 0.001, $eta^2_{multi} = 0.124$, entspricht d = 0.75). Damit ist die Geschlechtszugehörigkeit für die mit diesen Variablen abgeprüften Konstrukte bei weitem bedeutsamer als die Zugehörigkeit zu einer der Begabungs- / Leistungsgruppen.

Die fehlende Interaktion belegt, daß einerseits die aufgewiesenen Geschlechtsunterschiede in gleichem Maße für die Begabungs- und Leistungsgruppen gelten und andererseits beobachtete Begabungs- / Leistungsunterschiede gleichsinnig für die Jungen und Mädchen unserer Stichprobe ausfallen. In Tabelle 5.4 sind die Mittelwerte und Streuungen sowie die Ergebnisse der univariaten Varianzanalysen für die fünf *SCOPE-K-J*-Skalen *SELBS, KONTR, FREIH, LEIST* und *REIZB* dargestellt.

Tab. 5.4: Mittelwerte und Streuungen der Skalen des SCOPE getrennt nach hochbegabten Jungen (HB-Ju), hochbegabten Mädchen (HB-Mä), durchschnittlich begabten Jungen (DB-Ju), durchschnittlich begabten Mädchen (DB-Mä), hochleistenden Jungen (HL-JU), hochleistenden Mädchen (HL-Mä), durchschnittlich leistenden Jungen (DL-Ju) und durchschnittlich leistenden Mädchen (DL-Mä) sowie Ergebnisse zweifaktorieller univariater Varianzanalysen „Gruppe (G) × Geschlecht (G)"

	SELBS		KONTR		FREIH		LEIST		REIZB	
GRUPPE	M	S	M	S	M	S	M	S	M	S
HB-Ju (N= 62)	26.2	4.3	15.4	4.1	19.7	2.6	15.0	3.4	7.7	2.1
HB-Mä (N= 45)	24.8	5.9	13.2	4.8	20.4	2.8	13.4	3.4	8.5	2.4
DB-Ju (N= 60)	26.6	4.9	14.9	4.3	20.3	2.8	14.9	3.5	8.2	2.4
DB-Mä (N= 47)	24.6	4.4	13.2	3.7	19.7	3.0	12.4	3.3	8.2	2.2
HL-Ju (N= 49)	25.3	5.0	15.5	4.0	20.0	2.8	16.8	4.0	7.6	2.1
HL-Mä (N= 69)	23.3	5.8	13.3	2.9	19.7	3.0	14.4	3.5	8.2	2.1
DL-Ju (N= 48)	24.5	5.0	14.6	4.2	19.4	3.4	15.1	3.7	8.7	2.5
DL-Mä (N= 64)	23.3	6.1	13.4	3.9	19.1	3.3	13.2	3.8	8.0	2.1
HB (N=107)	25.6	5.0	14.5	4.5	20.0	2.7	14.3	3.4	8.0	2.3
DB (N=107)	25.7	4.8	14.1	4.1	20.0	2.9	13.8	3.6	8.2	2.3
HL (N=118)	24.1	5.6	14.2	3.6	19.8	2.9	15.4	3.9	7.9	2.1
DL (N=112)	23.8	5.7	13.9	4.1	19.2	3.3	14.0	3.8	8.3	2.3
Ju (N=219)	25.7	4.8	15.1	4.1	19.9	2.9	15.4	3.7	8.0	2.3
Mä (N=225)	23.9	5.7	13.3	3.8	19.6	3.1	13.4	3.5	8.2	2.2
Alle (N=444)	24.8	5.3	14.2	4.1	19.8	3.0	14.4	3.7	8.1	2.3
p (Gruppe)	0.039		0.837		0.160		0.001		0.485	
eta²	0.019		0.002		0.012		0.040		0.006	
p (Geschlecht)	0.001		<0.001		0.620		<0.001		0.375	
eta²	0.024		0.050		0.001		0.079		0.002	
|d|	0.36		0.46		0.07		0.54		0.08	
p (G × G)	0.920		0.761		0.391		0.718		0.068	
eta²	0.001		0.003		0.007		0.003		0.016	

SELBS = Entschlußkraft, Selbstvertrauen und Offenheit;
KONTR = Emotionskontrolle – Selbstbeherrschung und Gelassenheit;
FREIH = Freiheit und Selbstbestimmung;
LEIST = Leistungsorientierung und Besitzstreben;
REIZB = Reizbarkeit

Der multivariate Begabungs- / Leistungseffekt beruht univariat vor allem auf *„Entschlußkraft, Selbstvertrauen und Offenheit"(SELBS,* eta² = 0.019*)* und *„Leistungsorientierung und Besitzstreben" (LEIST,* eta² = 0.040*)*. Bei *SELBS* ergibt sich laut Tabelle 5.4 folgende Mittelwertsrangordnung:

SELBS: HB ≈ DB > HL ≈ DL.

Hoch- und durchschnittlich Begabte (d = 0.01) sowie hoch- und durchschnittlich Leistende (d = 0.05) unterscheiden sich nicht. Alle anderen Gruppenunterschiede sind statistisch signifikant, aber sie sind klein ($0.29 \leq d \leq 0.35$). Dies verweist auf einen möglichen „Ost-West"-Effekt.

In der Skala *„Besitzstreben und Leistungsorientierung" (LEIST)* manifestiert sich der Gruppeneffekt auf folgende Art und Weise:

LEIST: HL > HB ≈ DL ≈ DB.

Die Hochleistenden unterscheiden sich von allen anderen Gruppen ($0.29 \leq d \leq 0.41$). Da der Mittelwert der durchschnittlich Leistenden nicht von den Mittelwerten der Hochbegabten oder durchschnittlich Begabten abweicht, wohl aber vom Durchschnittswert der Hochleistenden, ist für diese Variable ein „Ost-West"-Effekt auszuschließen.

Nur der Vollständigkeit halber erwähnen wir, daß sich der multivariat praktisch bedeutsame Geschlechtseffekt (d = 0.75) univariat in den drei Skalen *„Besitzstreben und Leistungsorientierung" (LEIST,* d = 0.54*), „Emotionskontrolle – Selbstbeherrschung und Gelassenheit" (KONTR,* d = 0.46*)* und *„Entschlußkraft, Selbstvertrauen und Offenheit" (SELBS,* d = 0.36*)* zeigt, und zwar jeweils – ganz im Sinne des klassischen Geschlechtsrollenstereotyps – zugunsten der Jungen.

5.3.3
Zielstrebigkeit, Zukunftsperspektive und Berufsvorstellungen

Für *„Zielstrebigkeit"* berechneten wir eine ANOVA, für die Bereiche „Zukunftsperspektive" und „Berufsvorstellungen" dagegen „familywise" multivariate Varianzanalysen (d.h. eine 4 × 2 MANOVA für jeden Konzeptbereich). Die Gruppenmittelwerte und Ergebnisse der (Nachfolge-)ANOVAs sind in Tabelle 5.5 aufgeführt.

Bei *„Zielstrebigkeit" (ZSJ)* dokumentiert sich weder eine statistisch signifikante Wechselwirkung ($eta^2 = 0.005$) noch ein statistisch bedeutsamer Geschlechtseffekt ($eta^2 = 0.001$, d = 0.02), wohl aber ein Gruppeneffekt von mittlerer Größenordnung ($eta^2 = 0.146$). Daß die Hochleistenden besonders zielstrebig sind und sich deshalb signifikant von allen anderen Gruppen unterscheiden, liegt nahe, führt man sich vor Augen, daß die Skala thematisiert, inwieweit die Jugendlichen (hohe) Anforderungen an sich selbst stellen und ihre Energie zur Zielerreichung einsetzen:

ZSJ: HL > HB > DB ≈ DL.

Tab. 5.5: Mittelwerte und Streuungen der Skalen aus den Bereichen „Zielstrebigkeit", „Zukunftsperspektive" und „Berufsvorstellungen" von ausgewählten Items des Jugendlicheninterviews, getrennt nach hochbegabten Jungen (HB-Ju), hochbegabten Mädchen (HB-Mä), durchschnittlich begabten Jungen (DB-Ju), durchschnittlich begabten Mädchen (DB-Mä), hochleistenden Jungen (HL-JU), hochleistenden Mädchen (HL-Mä), durchschnittlich leistenden Jungen (DL-Ju) und durchschnittlich leistenden Mädchen (DL-Mä) sowie Ergebnisse zweifaktorieller univariater Varianzanalysen „Gruppe (G) × Geschlecht (G)".

| | ZIELSTR. ZSJ | | ZUKUNFTSPERSPEKTIVE | | | | BERUFSVORSTELLUNGEN | | | | | |
| | | | FAP | | GEG | | SVB | | FSB | | SRB | |
GRUPPE	M	S	M	S	M	S	M	S	M	S	M	S
HB-Ju (N= 62)	17.8	3.5	9.1	2.0	10.2	1.8	22.2	2.0	4.8	1.1	11.8	1.7
HB-Mä (N= 45)	17.6	3.1	8.8	2.0	9.6	2.1	23.7	2.2	4.2	1.4	12.3	2.0
DB-Ju (N= 60)	16.7	3.3	8.9	1.5	10.2	2.2	23.5	2.9	5.3	1.2	12.8	1.6
DB-Mä (N= 47)	17.2	0.9	9.4	2.0	9.3	2.1	24.2	2.3	4.7	1.2	12.7	1.3
HL-Ju (N= 49)	20.3	2.9	9.1	2.1	10.3	2.2	23.0	2.4	5.0	1.4	12.0	1.7
HL-Mä (N= 69)	19.8	3.2	8.4	2.3	9.8	2.1	24.2	2.0	4.8	1.3	12.5	1.9
DL-Ju (N= 48)	17.1	2.9	8.7	2.1	10.5	2.2	22.7	2.8	4.7	1.2	12.7	1.4
DL-Mä (N= 64)	16.4	3.3	8.7	2.3	9.8	1.6	24.4	2.0	4.8	1.3	12.9	1.7
HB (N=107)	17.7	3.3	9.0	2.0	9.9	1.9	22.8	2.2	4.6	1.2	12.0	1.8
DB (N=107)	16.9	3.5	9.1	2.1	9.8	2.1	23.8	2.7	5.0	1.2	12.7	1.5
HL (N=118)	20.0	3.0	8.7	2.2	10.0	2.1	23.7	2.3	4.9	1.4	12.3	1.8
DL (N=112)	16.7	3.1	8.7	2.2	10.1	1.9	23.7	2.5	4.7	1.2	12.8	1.6
Ju (N=219)	17.9	3.4	8.9	1.9	10.3	2.0	22.8	2.6	5.0	1.2	12.3	1.6
Mä (N=225)	17.8	3.5	8.8	2.1	9.7	2.0	24.2	2.1	4.6	1.3	12.6	1.8
Alle (N=444)	17.9	3.5	8.9	2.0	10.0	2.0	23.5	2.4	4.8	1.3	12.4	1.7
p (Gruppe)	<0.001		0.447		0.583		0.030		0.055		0.002	
eta^2	0.146		0.006		0.004		0.020		0.017		0.033	
p (Geschlecht)	0.474		0.649		0.001		<0.001		0.006		0.084	
eta^2	0.001		0.001		0.026		0.072		0.017		0.007	
|d|	0.02		0.07		0.31		0.57		0.25		0.18	
p (G × G)	0.522		0.196		0.919		0.486		0.164		0.532	
eta^2	0.005		0.011		0.001		0.006		0.012		0.005	

ZSJ = Zielstrebigkeit; FAP = Familienplanung; GEG = Gesellschaftlicher Erfolg;
SVB = Selbstverwirklichung im Beruf; FSB = Führungsstreben im Beruf;
SRB = Sicherheit und Regelung im Beruf

Die Effekte fallen groß aus (HL vs. DL: d = 1.07, HL vs. DB: d = 0.96, HL vs. HB: d = 0.73). Im Vergleich dazu ist der Unterschied zwischen den Hochbegabten und den durchschnittlich Leistenden (d = 0.31) bzw. Hochbegabten und durchschnittlich Begabten (d = 0.24) deutlich geringer. Diese kleinen Effekte sind statistisch nicht mehr abzusichern.

Was die Zukunftsperspektive angeht, so differieren die Mittelwerte der vier Begabungs- / Leistungsgruppen multivariat nicht voneinander ($F_{6,870} = 0.76$, $p = 0.601$, $eta^2_{multi} = 0.005$); es gibt keine statistisch signifikante Wechselwirkung ($F_{6,870} = 0.86$, $p = 0.524$, $eta^2_{multi} = 0.006$). Der multivariate Effekt des Geschlechts ($F_{2,435} = 5.87$, $p = 0.003$, $eta^2_{multi} = 0.026$ entspricht $d = 0.33$) beruht univariat auf der Skala „Gesellschaftlicher Erfolg" (GEG, $d = 0.31$.) Auch hier scoren, ganz im Sinne der schon erwähnten Geschlechtsrollenorientierung, die Jungen höher als die Mädchen.

Ein interessantes Ergebnis läßt sich bei den Berufsvorstellungen beobachten, bei denen multivariat der Begabungs- / Leistungseffekt wie auch der Geschlechtseffekt statistisch signifikant ausfallen ($F_{9,1056.39} = 2.99$, $p = 0.002$, $eta^2_{multi} = 0.020$ bzw. $F_{3,434} = 15.74$, $p < 0.001$, $eta^2_{multi} = 0.098$ entspricht $d = 0.66$), nicht jedoch die Wechselwirkung dieser beiden Faktoren ($F_{9,1056.39} = 1.00$, $p = 0.436$, $eta^2_{multi} = 0.007$). Wie die Nachfolgeanalysen belegen, ist der kleine multivariate Gruppeneffekt auf die Skala „Sicherheit und Regelung im Beruf" (SRB) zurückzuführen ($eta^2 = 0.033$), in der sich die Hochbegabten von den durchschnittlich Leistenden ($d = -0.45$) bzw. durchschnittlich Begabten ($d = -0.44$) zu deren Gunsten unterscheiden. Auch in „Selbstverwirklichung im Beruf" (SVB) scoren die Hochbegabten statistisch signifikant niedriger als die anderen drei Gruppen ($-0.37 \le d \le -0.41$). Beim „Führungsstreben im Beruf" (FSB) läßt sich kein statistisch signifikanter Begabungs-/ Leistungsgruppeneffekt ($eta^2 = 0.017$) nachweisen.

Im Gegensatz zu dem schwachen Begabungs- / Leistungseffekt klärt der Geschlechtseffekt in den Berufsvorstellungen 10% der multivariaten Variablenvarianz auf. Er manifestiert sich am stärksten in „Selbstverwirklichung im Beruf" (SVB): Für die Mädchen unserer Stichprobe ist die Möglichkeit, die eigenen Interessen und Fähigkeiten in ihren späteren Beruf einzubringen, offensichtlich bedeutsamer als für die Jungen ($d = -0.57$). Wie zu erwarten, zeichnen sich die Jungen durch etwas stärker ausgeprägtes „Führungsstreben" (FSB, $d = 0.25$) aus.

5.3.4
Zusammenfassung wichtiger Ergebnisse

Nachfolgend fassen wir die wichtigsten Gruppeneffekte in drei Punkten zusammen:

(a) Bei den fünf projektintern gebildeten SCOPE-K-J-Skalen klärt die Zugehörigkeit zu den vier Begabungs- / Leistungsgruppen, verglichen mit dem Faktor „Geschlecht", wenig Varianz auf (2.6% vs. 12.0%). Bei „Zielstrebigkeit" liegen die Verhältnisse umgekehrt (14.6% vs. 0.1%). Die größten Unterschiede zeigen sich zwischen den Hochleistenden und den anderen Gruppen (HB / DB / DL) in den beiden leistungsmotivationsorientierten Skalen „Leistungsorientierung und Besitzstreben" und „Zielstrebigkeit" (LEIST / ZSJ). Die verschiedenen Sozialisationsbedingungen der „Ost"- und „West"-Jugendlichen scheinen sich in „Entschlußkraft, Selbstvertrauen und Offenheit" (SELBS) in der Mittelwertsdifferenz „Hochbegabte vs. durchschnittlich Begabte" einerseits und „Hochleistende vs. durchschnittlich Leistende" andererseits widerzuspiegeln. In der „alten" BRD hatten die in dieser Skala thematisierten (eher demokratischen) Eigenschaften sicherlich einen höheren Stellenwert als in der ehemaligen DDR. In ihren Zukunftsperspektiven unterscheiden sich die vier Gruppen nicht. Für hochbegabte Jugendliche sind Sicherheit, ein geregeltes Arbeitsleben, Selbstverwirklichung im Beruf und Führungsstreben noch kein zentrales Anliegen (niedrigste Werte der Hochbegabten in allen drei Berufsvorstellungsskalen). Liegt der Grund vielleicht auch darin, daß die Hochbegabten sich hinsichtlich ihrer Berufsvorstellungen noch nicht festlegen wollen? Interessanterweise unterscheiden sich die Hochleistenden in „Führungsstreben" (FSB) und „Gesellschaftlicher Erfolg" (GEG) nicht von den drei anderen Gruppen, was aufgrund ihres deutlich höheren Wertes in „Leistungsorientierung und Besitzstreben" (LEIST) zu vermuten wäre. Dieses Phänomen kann mit Hilfe der in diesem Kapitel analysierten Variablen nicht zufriedenstellend interpretiert werden.

(b)   Große Geschlechtseffekte gibt es in den Skalen „Leistungsorientierung und Besitzstreben" (LEIST), „Emotionskontrolle – Selbstbeherrschung und Gelassenheit" (KONTR), „Entschlußkraft, Selbstvertrauen und Offenheit" (SELBS) und „Selbstverwirklichung im Beruf" (SVB). Offensichtlich ist es für Mädchen besonders wichtig, sich im Beruf selbst verwirklichen zu können, Besitz und Erfolg sind demgegenüber von nachgeordneter Relevanz. Auch Pollmer (1991) hatte bei Jugendlichen, die Spezialschulen mathematisch-naturwissenschaftlich-technischer Richtung besuchten bzw. bei Gymnasiasten mit weit überdurchschnittlichen Leistungen in den Fächern „Mathematik", „Physik" und „Chemie" gefunden, daß die Jungen ein stärkeres Streben nach Erfolg, Ansehen im Beruf und ein „ausgeprägteres Interesse am Erwerb von Besitz" (S. 34) zeigten. In Übereinstimmung mit den in der einschlägigen Literatur vielfach thematisierten Geschlechtsunterschieden schreiben sich die Mädchen ein geringeres Selbstvertrauen und eine erniedrigte Emotionskontrolle (Selbstbeherrschung) zu. Trotz vergleichbarer „Zielstrebigkeit" scheinen Mädchen (immer noch?) etwas andere Berufs- und Zukunftsperspektiven zu haben als die Jungen; eine Führungsposition zu erreichen ist den Mädchen unserer Stichprobe nicht so wichtig (geringere Mittelwerte in „Gesellschaftlicher Erfolg" (GEG) und „Führungsstreben" (FSB). Es wäre zu klären, ob innerhalb der Mädchengruppe die Orientierung an der männlichen Geschlechtsrolle als Moderatorvariable angesehen werden kann, was die explorativen Befunde von Fassinger (1990) nahelegen.

(c)   Sowohl multi- wie univariat konnten keine statistisch signifikanten Interaktionseffekte der Faktoren „Begabung / Leistung" und „Geschlecht" belegt werden. Damit liefert die Studie keinerlei Anlaß zur Behauptung, hochbegabte und hochleistende Mädchen unterschieden sich in ihrer proaktiven Selbststeuerung, ihrer Erfolgsorientierung und in ihrer Kompetenzwahrnehmung sowie in ihren Berufsvorstellungen weniger stark (oder stärker) von den Jungen als die durchschnittlich begabten und durchschnittlich leistenden Mädchen.

5.4

DISKUSSION

An einer für Untersuchungen im Bereich von Hochbegabung und Hochleistung relativ umfangreichen Stichprobe von 444 Adoleszenten der 9. Jahrgangsstufe konnte dokumentiert werden, daß es – zumindest für die hier gemessenen Bedingungen des Erfolgs, die neben Elementen der Leistungsmotiviertheit auch Aspekte der proaktiven

Selbststeuerung, Kompetenzwahrnehmung und Erfolgsorientierung umfassen – sinnvoll ist, zwischen intellektueller Leistungsfähigkeit, verstanden als Potential (= Kompetenz) zum einen und erbrachter Leistung (= Performanz) zum anderen zu unterscheiden.

Die Mittelwerte der vier Gruppen von Jugendlichen (stabil Hochbegabte [HB]: Adoleszenten mit besonderer Kompetenz; stabil durchschnittlich Begabte [DB]: Adoleszenten mit durchschnittlicher Kompetenz; Hochleistende [HL]: Adoleszenten mit besonderer Performanz; durchschnittlich Leistende [DL]: Adoleszenten mit durchschnittlicher Performanz) in den Variablen *„Leistungsorientierung und Besitzstreben" (LEIST)* und *„Zielstrebigkeit" (ZSJ)* unterscheiden sich deutlich: Die Hochleistenden scoren in *LEIST* höher als die anderen drei Gruppen. Noch deutlicher fallen die Differenzen in *ZSJ* aus. Bemerkenswert ist, daß der Mittelwertunterschied in *„Zielstrebigkeit"* beim Vergleich HL vs. DL / DB rund eine Standardabweichung, beim Vergleich HL vs. HB immerhin noch fast 75% der Streuung ausmacht, sich aber HB kaum von DB und DL (24% und 31%) unterscheidet.

Dies kann einerseits als Validierung der im Marburger Hochbegabtenprojekt erfolgten Gruppenbildung angesehen werden. Andererseits sind Renzullis (1978; 1986; 1988) „Hochbegabungsmodell" und die von Mönks (1985; 1987a; b) vorgeschlagene Erweiterung als „triarchisches Interdependenzmodell der Hochbegabung", die beide als konstitutiven Bestandteil von Begabung (neben hoher Intelligenz und hoher Kreativität) sehr gutes leistungsorientiertes Arbeitsverhalten (Renzulli) bzw. Aufgabengerichtetheit und Ausdauer (Mönks, später von ihm durch den wenig scharfen Begriff „Motivation" ersetzt) fordern, mit unseren Ergebnissen kaum vereinbar. Es sei denn, man würde – dem international weitverbreiteten und vernünftigen Sprachgebrauch widersprechend – Jugendliche mit besonders hoher kognitiver Leistungsfähigkeit (durchschnittlicher IQ = 136, definiert als Spearmans [1927] allgemeine Intelligenz „g") und fehlender Leistungsmotivation nicht unter „hochbegabt" subsumieren wollen, wohl aber leistungsexzellente Gymnasiasten mit nur überdurchschnittlicher, aber nicht herausragender Intelligenz (mittlerer IQ = 114).

Nach wie vor ist es konzeptuell, forschungsstrategisch und diagnostisch sinnvoll, Begabung und Leistung begrifflich voneinander zu trennen (vgl. dazu Rost 1991), um durch empirische Forschung diejenigen Bedingungen zu identifizieren, welche dazu führen, daß sich eine hohe intellektuelle Potenz nicht in entsprechende exzellente Leistungen umsetzt, ein Phänomen, das in der Literatur unter der Bezeichnung „Underachiever" diskutiert wird (siehe Butler-Por 1987; Mandel & Marcus 1988; Rost & Hanses 1997; Hanses & Rost 1998).

Die fehlenden Leistungs- / Begabungsgruppenunterschiede in den zur proaktiven Selbststeuerung zählenden Skalen *„Reizbarkeit"*, *„Emotionskontrolle – Gelassenheit und Selbstbeherrschung"* sowie *„Freiheit und Selbstbestimmung"* verstehen wir als einen Hinweis darauf, daß diese Konzepte vermutlich erst später, nämlich in der

Studiums- bzw. Berufsphase, ihre besondere Relevanz gewinnen. Für den Erfolg im administrativ geregelten Schulalltag „reicht" es offenbar aus, zu den „besonders Guten gehören" und alles „hundertprozentig machen" zu wollen und anzustreben, „mehr als andere" zu leisten etc. (Formulierungen aus Items der *ZSJ*). Proaktive Selbststeuerung scheint weniger im Bereich der Schule als im tertiären Bildungsbereich (Studium) von Bedeutung zu sein (ähnlich argumentiert Baumert [1993], wenn er die Relevanz selbstregulierten Lernens im Bereich der Schule problematisiert).

Diese Vermutung läßt sich durch die beobachteten positiven Zusammenhänge der Schulleistung (umgepolte Zensuren) und der intellektuellen Leistungsfähigkeit zur Skala *ZJS* bei fehlenden Korrelationen zu allen *SCOPE-K-J*-Skalen erhärten: Die Koeffizienten betragen in unserer Stichprobe für die Noten $r = 0.40$ und für die Intelligenz $r = 0.39$ (und erreichen damit die aus der einschlägigen Literatur bekannten Größenordnungen) und bewegen sich für die *SCOPE-K-J*-Skalen lediglich zwischen $0.01 \leq |r| \leq 0.12$.

Eine kurze Anmerkung sei noch der Beobachtung, daß die Hochbegabten unserer Stichprobe in den drei Berufsvorstellungsskalen „*Selbstverwirklichung im Beruf*", „*Führungsstreben*" und „*Sicherheit und Regelung im Beruf*" (zumindest numerisch) die niedrigsten Werte aufweisen, hinzugefügt. Eine Erklärungsmöglichkeit könnte darin liegen, daß ihre breite intellektuelle Leistungsfähigkeit den Hochbegabten eine größere Anzahl beruflicher Perspektiven und Optionen eröffnet. Dazu paßt, daß ein Drittel der Hochbegabten auf die Interviewfrage „Vielleicht hast Du ja auch schon eine Vorstellung, was Du gerne werden möchtest. Was ist Dein Berufswunsch?" antworteten „Das weiß ich noch nicht", während die Jugendlichen der drei anderen Gruppen diese Antwort nur zu 22% (DB), 21% (DL) und 19% (HL) wählten. Es würde sich lohnen, die interessante Hypothese mit einer eigens dafür angelegten Studie weiterzuverfolgen.

Schon Terman & Oden (1947; 1959; Oden 1968) hatten, wie eingangs geschildert, bei ihrem Extremgruppenvergleich zwischen den beruflich besonders erfolgreichen und den nicht erfolgreichen Hochintelligenten ihrer berühmten Längsschnittstudie auf die vermittelnde Funktion nicht-intellektueller Variablen verwiesen.

Im Marburger Hochbegabtenprojekt werden erst Nachuntersuchungen im Erwachsenenalter zeigen können, welche Personen unserer Stichprobe zu den beruflich / akademisch besonders Erfolgreichen zählen werden. Dann kann versucht werden, die Frage zu beantworten, ob bei Hochbegabten und Hochleistenden nicht-kognitive Faktoren (und wenn ja, welche) in anderer Art und Weise als bei durchschnittlich Begabten und durchschnittlich Leistenden systematisch mit dem Berufserfolg zusammenhängen und ob sich womöglich schon in der Adoleszenz entsprechende Unterschiede zwischen den so definierten Gruppen andeuten.

Der Schwerpunkt des diesem Kapitel zugrundeliegenden Variablensatzes liegt auf schulischem und beruflichem Fortkommen. Es bietet sich an, bei zukünftigen Erhebungen die vielfältigen anderen Aspekte der Lebenszufriedenheit – also jenseits von beruflichem Erfolg und gesellschaftlichem Status – stärker mit einzubeziehen (vgl. dazu auch Holahan & Sears 1995).

LITERATUR

Bandura, A. (1997). Self-efficacy: The exercise of control. New York: Freeman and Company.

Bauer, A. (1972). Ein Verfahren zur Messung des für Bildungsverhalten relevanten sozialen Status (BRSS). Frankfurt: Deutsches Institut für Internationale Pädagogische Forschung.

Baumert, J. (1993). Lernstrategien, motivationale Orientierung und Selbstwirksamkeitsüberzeugung im Kontext schulischen Lernens. Unterrichtswissenschaft, 21, 327–354.

Brengelmann, J.C. (1993). Erfolg und Streß. Weinheim: Psychologie Verlags Union.

Butler-Por, N. (1987). Underachievers in school: Issues and interventions. Chichester: Wiley.

Chickering, A.W. (1969). Education and identity. San Francisco, CA: Jossey Bass.

Eccles, J.S. (1985). Why doesn't Jane run? Sex differences in educational and occupational patterns. In Horowitz, F.D. & O'Brien, M. (Eds.).The gifted and talented: Developmental perspectives. Washington, DC: American Psychological Association, 251–295.

Erikson, E.H. (1963). Childhood and society (2nd ed.). New York: Norton.

Fassinger, R.E. (1990). Causal models of career choice in two samples of college women. Journal of Vocational Behavior, 36, 225–248.

Gough, H.G. (1969). Manual for the California Psychological Inventory. Paolo Alto, CA: Consulting Psychologists Press.

Hanses, P. (1995). Geschlechtsrollenorientierungsfragebogen für Jugendliche GRO-K-J. Unveröffentlichtes Manuskript. Marburg: Fachbereich Psychologie, Philipps-Universität.

Hanses, P. & Rost, D.H. (1998). Das „Drama" der hochbegabten Underachiever – Gewöhnliche oder „außergewöhnliche" Underachiever? Zeitschrift für Pädagogische Psychologie/German Journal of Educational Psychology, 12, 53–71.

Hogan, R. & Weiss, D. (1974). Personality correlates of superior academic achievement. Journal of Counseling Psychology, 21, 144–149.

Holahan, C.K. & Sears, R.R. (1995). The gifted group in later maturity. Stanford, CA: Stanford University Press.

Hollinger, C. (1983). Counseling the gifted and talented female adolescent: The relationship between social self-esteem and traits of instrumentality and expressiveness. Gifted Child Quarterly, 27, 157–161.

Hollinger, C. & Fleming, E.S. (1988). Gifted and talented young women: Antecedents and correlates of life satisfaction. Gifted Child Quarterly, 32, 254–259.

Holz-Ebeling, F. (1993). Fragebogen zu Arbeitszeit und Arbeitseffektivitätsproblemen. Unveröffentlichtes Manuskript. Marburg: Fachbereich Psychologie, Philipps-Universität.

Horn, J.L. (1965). A rationale and test for the number of factors in factor analysis. Psychometrika, 30, 179–185.

Köller, O. (1998). Zielorientierung und schulisches Lernen. Münster: Waxmann.

Köller, O. & Schiefele, U. (1998). Zielorientierung. In Rost, D.H. (Hrsg.). Handwörterbuch Pädagogische Psychologie. Weinheim: PVU, 585–588.

Mandel, H.P. & Marcus, S. (1988). The psychology of underachievement: Differential diagnosis and differential treatment. New York: Wiley.

Mönks, F.J. (1985). Hoogbegaafden: Een situatieschets. In Mönks, F.J. & Span, P. (Red.). Hoogbegaafden in de samenleving. Nijmegen, NL: Decker & van de Vegt, 17–23.

Mönks, F.J. (1987a). Beratung und Förderung besonders begabter Schüler. Psychologie in Erziehung und Unterricht, 34, 214–222.

Mönks, F.J. (1987b). Einzelfallanalyse in der Hochbegabungsdiagnostik. Zeitschrift für Differentielle und Diagnostische Psychologie, 8, 235–240.

Oden, M.H. (1968). The fulfillment of Promise: 40-year follow-up of the Terman gifted group. Genetic Psychology Monographs, 77, 3–94.

Pollmer, K. (1991). Was hindert hochbegabte Mädchen, Erfolge im Mathematikunterricht zu erreichen? Psychologie in Erziehung und Unterricht, 38, 28–36.

Renzulli, J.S. (1978). What makes giftedness? Reexamining the definition. Phi Delta Kappan, 60, 180–184, 261.

Renzulli, J.S. (1986). The three-ring conception of giftedness: A developmental model for creative productivity. In Sternberg, R. & Davidson, J. (Eds.). Conceptions of giftedness. New York: Cambridge University Press, 51–92.

Renzulli, J.S. (1988). A decade of dialogue on the three-ring conception of giftedness. Roeper Review, 11, 19–25.

Rost, D.H. (1991). Identifizierung von „Hochbegabung". Zeitschrift für Entwicklungspsychologie und Pädagogische Psychologie, 28, 197–231.

Rost, D.H. & Hanses, P. (Hrsg.)(1995). Hochbegabte Jugendliche. Forschungsbericht Nr. 3. Marburg: Fachbereich Psychologie, Philipps-Universität.

Rost, D.H. & Hanses, P. (1997). Wer nichts leistet ist nicht begabt? Zur Identifikation hochbegabter Underachiever durch Lehrkräfte. Zeitschrift für Entwicklungspsychologie und Pädagogische Psychologie, 29, 167–177.

Rost, D.H. & Schermer, F.J. (1986). Strategien der Prüfungsangstverarbeitung. Zeitschrift für Differentielle und Diagnostische Psychologie, 7, 127–139.

Rost, D.H. & Schermer, F.J. (1997). Differentielles Leistungsangst Inventar (DAI). Handbuch. Lisse / Frankfurt: Swets & Zeitlinger / Swets Test Services.

Schwarzer, R. (1994). Optimistische Kompetenzerwartung. Zur Erfassung einer personellen Bewältigungsressource. Diagnostica, 40, 105–123.

Spearman, C. (1927). The abilities of man. New York: Macmillan.

Spence, J.T. & Helmreich, R.L. (1980). Masculine instrumentality and feminine expressiveness: Their relationships with sex-role-attitudes and behaviors. Psychology of Women Quarterly, 5, 147–163.

Terman, L.M. et al. (1925). Mental and physical traits of a thousand gifted children. Genetic studies of genius. Vol. 1. Stanford, CA: Stanford University Press.

Terman, L.M., Oden, M.H. et al. (1947). The gifted child grows up. Twenty-five years' follow-up of a superior group. Genetic studies of genius. Vol. 4. Stanford, CA: Stanford University Press.

Terman, L.M. & Oden, M.H. (1959). The gifted group at mid-life. Thirty-five years' follow-up of the superior child. Genetic studies of genius. Vol. 5. Stanford, CA: Stanford University Press.

6. Kapitel

Leistungsbezogene Kognitionen

CORINNA SCHÜTZ

6.1 Ausgangslage und Fragestellung 305
  6.1.1 Kognitive Grundlagen leistungsbezogenen Handelns – Kompetenz- und
      Kontrollüberzeugungen – 305
  6.1.2 Leistungsbezogene Kognitionen, Leistungsergebnisse und Intelligenz 309
  6.1.3 Leistungsbezogenes Denken hochbegabter Schülerinnen und Schüler 311
  6.1.4 Fragestellung 316
6.2 Methode 318
  6.2.1 Stichproben 318
  6.2.2 Instrumente 318
      6.2.2.1 Schulbezogene Erwartungen und Kognitionen (SEUK) 318
      6.2.2.2 Fachspezifische Kontrollüberzeugungen 320
  6.2.3 Auswertung 321
6.3 Ergebnisse 321
  6.3.1 Interkorrelationen der Skalen 322
  6.3.2 Gruppen- und Geschlechtsunterschiede 323
      6.3.2.1 Schulbezogene Kompetenz- und Kontrollerwartungen (SEUK) 323
      6.3.2.2 Fachspezifische Kontrollüberzeugungen 326
  6.3.3 Spezifika im Kontrollkonzept hochbegabter vs. durchschnittlich begabter
      Jugendlicher 328
6.4 Zusammenfassung und Diskussion 329
Literatur 334

6.1
AUSGANGSLAGE UND FRAGESTELLUNG

6.1.1
Kognitive Grundlagen leistungsbezogenen Handelns
– Kompetenz- und Kontrollüberzeugungen –

In der Pädagogischen Psychologie wird neben individuellen intellektuellen Voraussetzungen auch motivationalen Einstellungen von Schülern eine herausragende Bedeutung für das Zustandekommen von Schulleistungen zugesprochen. Dabei sind nicht nur Leistungsmotivationsvariablen im engeren Sinne (z.B. Hoffnung auf Erfolg, vgl. Heckhausen 1981) von Interesse, sondern es finden zunehmend solche Persönlichkeitsaspekte Beachtung, die mit motivationalen Prozessen in funktionalem Zusammenhang stehen. Kompetenz- und Kontrollüberzeugungen sowie Wertaspekte des Lernens und der erbrachten Leistung stellen wichtige kognitive motivationssteuernde Variablen dar (vgl. Krampen 1982).

Schulbezogene Kontrollerwartungen können als subjektive Überzeugungen, schulische Leistungen und soziale Verstärker im schulischen Kontext durch eigene Handlungen oder durch die Verfügung über bestimmte Ressourcen beeinflussen zu können, definiert werden (vgl. auch Preiser 1998). Wer diese Erwartung nicht oder in nur geringem Ausmaß besitzt, der wird auch nicht motiviert sein, aktiv auf gutes Abschneiden hinzuarbeiten. Als Antezedenzien schulbezogener Kontrollüberzeugungen dienen in erster Linie kumulative Erfolgs- und Mißerfolgserfahrungen bzw. Leistungsrückmeldungen durch Lehrkräfte (Flammer 1990).

Als Analyserahmen bieten sich vor allem *handlungstheoretische Modelle* an (z.B. Heckhausen 1981). Diese begreifen Leistungshandeln als zielgerichteten und zweckgebundenen Prozeß, qualitativ und quantitativ bestimmbare Handlungsziele, also im schulischen Kontext gute Noten oder Lob, zu erreichen oder bestimmte, meist negative Ereignisse wie Tadel und schlechte Zensuren zu vermeiden. Als wesentliche Grundlagen der Handlungssteuerung werden kognitive Schemata angenommen, die bestimmte Merkmale des Handelnden und der Umwelt beinhalten und eine funktionelle Einheit mit Gefühlen, Motiven und Verhalten bilden. Diese Kognitionen werden unter dem Begriff der Erwartungen, welche in Abhängigkeit vom Stadium des Handlungsvollzugs unterschiedliche Inhalte und Funktionen aufweisen, subsumiert.

Kontrollerwartungen sind zwar in erster Linie prospektiv auf motivationale und volitionale Prozesse bezogen (Skinner 1995), sie können aber auch im Sinne von Attribuierungsvoreingenommenheiten (z.B. Weiner 1986) die Bewertung des Handlungsausganges mitbestimmen, welche wiederum die Erwartungen in bezug auf zukünftige Handlungen beeinflussen. Aufgrund dieser selbststabilisierenden Tendenz und der gleichzeitigen Erfahrungsabhängigkeit sind Kontrollerwartungen auf mittlerem Abstraktionsniveau als habituelle Personenmerkmale aufzufassen.

Grundlegend für differenziertere (handlungstheoretisch orientierte) Kontrollüberzeugungskonzeptionen war das Konstrukt des „*Locus of control of reinforcement*" (LOC) von Rotter (1966). Rotter nahm innerhalb seiner sozialen Lerntheorie eine bipolare Dimension internaler vs. externaler Kontrollüberzeugungen an, welche eine generalisierte, d.h. situationsübergreifende Erwartungshaltung des Individuums beschreibt, daß bedeutsame Ereignisse kontingent zu seinem Verhalten auftreten. Dabei sollten internal kontrollierte Personen ein hohes Maß an Beeinflußbarkeit von Situationen empfinden, eher external orientierte Personen hingegen wenig Kontingenzen zwischen Handeln und Lebensereignissen wahrnehmen bzw. sich also als fremd- oder schicksalsbestimmt begreifen.

Weiterentwicklungen des LOC-Konzeptes und darauf aufbauende Operationalisierungen, die auch in handlungstheoretischen Ansätzen realisiert wurden, betrafen einerseits die *Generalität* von Kontrollerwartungen, andererseits ihre *Dimensionalität*.

Viele Fragebogen, die auf der sozialen Lerntheorie Rotters aufbauen, umfassen inhaltlich unterschiedliche Lebensbereiche, die hinsichtlich der subjektiven Kontrollierbarkeit aber intraindividuell differieren können. Rotter selbst weist darauf hin, daß zur Vorhersage von Verhalten in bestimmten Situationen bereichs- und situationsspezifische Kontrollüberzeugungsindikatoren valider sind und generelle Maße nur für unbekannte Situationen einen Prädiktionswert besitzen (Rotter 1975). Im Hinblick auf die Verhaltensvorhersage ist es demnach sinnvoll, Erwartungshaltungen auf einen eng umgrenzten, subjektiv signifikanten Handlungsbereich bezogen zu erfassen. Bei Kindern und Jugendlichen ist vor allem der Lebensbereich „Schule" von Bedeutung. Bezüglich der Validität situationsspezifischer vs. globaler Diagnostika für Kontrollerwartungen ist mittlerweile belegt, daß schulleistungsspezifische Fragebogen (z.B. der IAR [Intellectual Achievement Responsibility Questionnaire] von Crandall, Katkovsky & Crandall 1965) mit Validitätskriterien wie Noten oder Leistungstests höher korrelieren als globale Maße wie etwa die Nowicki-Strickland-Locus-of-Control Scale for Children (CNS-IE, Nowicki & Strickland 1973) oder die Bialer-Skala (Bialer 1961).

Inhaltliche und empirische Evidenz führten relativ schnell zur Aufgabe des bipolaren Internalitäts-Externalitätskontinuums (vgl. Krampen 1982). Levenson (1972) konzipiert in ihrem Instrument (IPC-Fragebogen) eine Dimension der Externalität aufgrund von Machtlosigkeit bzw. der Abhängigkeit von anderen Personen (P) und eine aufgrund von Fatalismus (C). Diese Unterscheidung ist angesichts von Ergebnissen aus der Hilflosigkeitsforschung (vgl. Abrahamson, Seligman & Teasdale 1978) insofern von Bedeutung, als daß wahrgenommene universelle Hilflosigkeit im Sinne fatalistischer Externalität weniger belastend zu sein scheint als allein durch die Machtlosigkeit der Person begründete Handlungsunfähigkeit.

Eine gesonderte Beachtung von Verantwortlichkeitsannahmen über positive (I+) und negative (I-) Ereignisse findet sich im Intellectual Achievement Responsibility Questionnaire (IAR, Crandall, Katkovsky & Crandall 1965).

Bezugnehmend auf attributionstheoretische Annahmen über Leistungsmotivationsprozesse (Weiner 1986), wird in neueren Instrumenten eine differenziertere Erhebung der zielführenden Mittel bzw. wahrgenommener Ursachen für Handlungsfolgeereignisse vorgenommen, da Internalität sowohl Anstrengung als auch Fähigkeit bedeuten kann. Ergebnisse der Attribuierungsforschung konnten für diese – sich hinsichtlich ihrer Stabilität und Kontrollierbarkeit unterscheidenden – Faktoren jeweils differentielle motivationale Effekte nachweisen (vgl. z.B. Meyer 1973).

Ein Schwachpunkt des Rotterschen Fragebogens besteht in der mangelnden Abhebung der Einflußmöglichkeiten, die prinzipiell allen Menschen mehr oder weniger zur Verfügung stehen, von der *persönlichen* Kontrollüberzeugung. Einer logischen Analyse folgend, ist persönliche Kontrolle über bestimmte Ziele erst dann gegeben, wenn eine Person zum einen ein Wissen über zielführende Mittel hat (*Kontingenzwissen*), zum anderen davon überzeugt ist, über diese Mittel zu verfügen (*Kompetenzwissen*). Charakteristisch für handlungstheoretische Überlegungen ist also die Trennung zwischen Kontroll-, Kontingenz- und Kompetenzerwartungen:

(a) *Kontroll*erwartungen werden als generelle Überzeugungen des Individuums, bestimmte Ziele erreichen zu können, verstanden. Im Handlungsprozeß liefern diese Einschätzungen eine erste Orientierung darüber, ob die Verfolgung eines Ziels überhaupt sinnvoll ist.
(b) *Kontingenz*erwartungen bzw. Attributionstendenzen sind Annahmen über die Mittel-Ziel-Relationen. Hier geht es um die Einschätzung der Wahrscheinlichkeit, mit der generell bestimmte Ziele im Zusammenhang mit inneren und äußeren Bedingungen stehen.
(c) *Kompetenz*erwartungen bezüglich der eigenen Handlungsfähigkeit bieten der handelnden Person im Zusammenhang mit Kontingenzüberzeugungen die Entscheidungsgrundlage, welche Handlungsalternative für sie persönlich am ehesten zielführend ist.

Hier wäre etwa Schneewinds (1987) Konzept „Personaler Kontrolle" anzuführen. Er unterscheidet dabei zwei Konstituenten: Einerseits die „Zielkontrolle", d.h. die wahrgenommene Erreichbarkeit bestimmter Ziele für die Person, und andererseits die „Bedingungskontrolle".

„Zielkontrolle" bestimmt sich aus den beiden Komponenten „Postuliertheit", dem Wissen über die jeweilige Relevanz zielführender Mittel und deren „Substituierbarkeit". Hohe Zielkontrolle ist also dann gegeben, wenn die Person effektive Mittel zur Zielerreichung kennt und diese flexibel als jeweils hinreichende Bedingungen austauschbar sind. Bedingungskontrolle ergibt sich aus der „Realisiertheit" zielführender Mittel bei der Person im Sinne subjektiver Verfügbarkeit und zum anderen aus deren „Beeinflußbarkeit". Bedingungen zur Erreichung des Ziels ordnet Schneewind folgenden Kategorien zu:

(a) Dispositionelle Bedingungen (Fähigkeiten),
(b) Motivationale Bedingungen (Anstrengung, Interessen),
(c) Soziale Bedingungen (Hilfe anderer),
(d) Ökologische Bedingungen,
(e) Zufallsbezogene Bedingungen (Glück).

Es handelt sich folglich um eine Sammlung internaler *und* externaler Ursachenfaktoren, die der Person instrumentell zur Zielerreichung verfügbar sein können. Schneewinds Fragebogen „Diagnostik Personaler Kontrolle" (DPK-K, 1987) zur Erfassung
von Kontrollüberzeugungen von Kindern und Jugendlichen basiert auf dieser Konzeption und erfaßt zudem schulische, soziale und körperbezogene personale Kontrolle
getrennt.

Grundlage der Operationalisierung von Kompetenz- und Kontrollüberzeugungen im
Marburger Hochbegabtenprojekt (durch den Fragebogen „Schulbezogene Erwartungen und Kognitionen", SEUK, siehe 6.2.2) stellt das handlungstheoretische Modell
persönlicher subjektiver Kontrolle von Skinner, Chapman & Baltes (1988) dar. Skinner et al. intendieren mit dieser Konzeption eine Integration verschiedener theoretischer Perspektiven um das Konzept personaler Kontrolle im schulischen Kontext.
Subjektive Kontrolle resultiert nach diesem Modell aus verschiedenen Erwartungen,
die eine Person über die Beziehung zwischen sich selbst als handelndem Subjekt
(AGENT), zielführenden Mitteln (MEANS) und ihren Zielen (ENDS) hat (siehe Abb.
6.1).

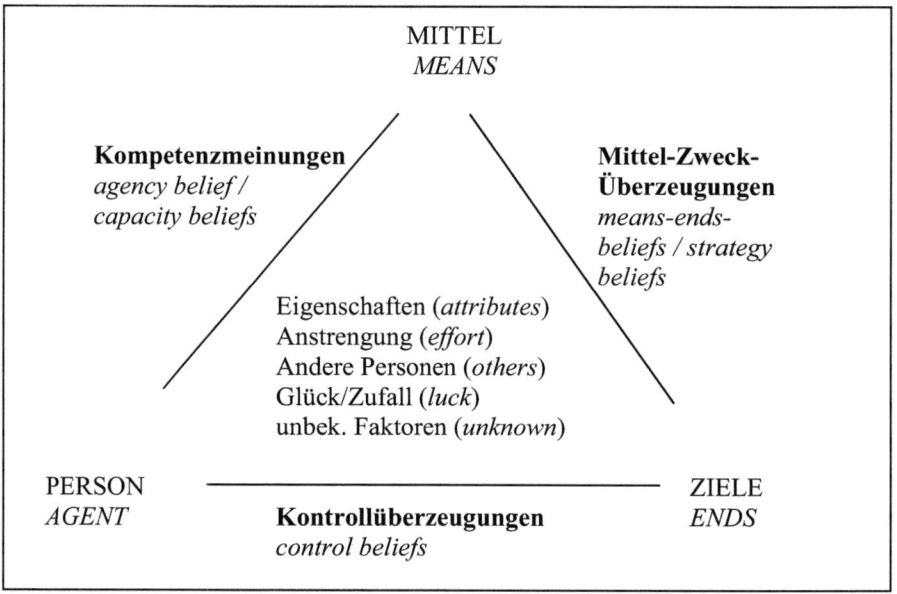

Abb. 6.1:   Control, Means-Ends und Agency (Skinner, Chapman & Baltes 1988; Skinner 1995).

Die Beziehungen zwischen *MEANS* und *ENDS*, also Mittel-Zweck-Überzeugungen,
beschreiben die Erwartungen über die Effizienz bestimmter Mittel zur Zielerreichung.

Die *agency beliefs* oder Kompetenzüberzeugungen bzw. Handlungsfähigkeitsüberzeugungen thematisieren die Erwartungen der Person, selbst über solche Mittel zu verfügen. Das Modell unterscheidet dabei nach attributionstheoretischem Vorbild internale Einflußfaktoren wie Begabung und Anstrengung und externale Ressourcen wie Glück oder Unterstützung durch andere. Die *control beliefs* als subjektive Erwartungen, bedeutsame Ergebnisse erreichen zu können, ergeben sich folglich aus der Einschätzung, inwieweit die Person über die notwendigen Kompetenzen und Ressourcen verfügt, bestehende Handlungsmöglichkeiten nutzen zu können, d.h. aus einer Kombination von Mittel-Zweck- und Kompetenzüberzeugungen. Basierend auf diesem Konzept wurde das „Control-, Means-Ends- and Agency-Interview" (CAMI) konzipiert, welches teilweise als Vorbild für die Marburger Projektentwicklung diente.

6.1.2
Leistungsbezogene Kognitionen, Leistungsergebnisse und Intelligenz

Nach der inhaltlichen Bestimmung des Konstrukts „personaler Kontrolle" ist eine positive Beziehung zwischen internalen Kontrollüberzeugungen, Leistungsmotivation und schulischen Leistungen zu erwarten. Entsprechende Befunde wurden vielfach aus verschiedenen theoretischen Perspektiven experimentell und korrelativ dokumentiert: Je mehr Verantwortung die Kinder für eigene Leistungsergebnisse übernehmen, desto besser schneiden sie in der Schule ab und umgekehrt. Kontrollüberzeugungen liefern unabhängig von kognitiven Variablen einen eigenständigen Beitrag zur Aufklärung der Schulleistung, da Zusammenhänge zwischen Locus-of-Control-Maßen und Schulleistungen auch dann bestehen bleiben, wenn der IQ auspartialisiert wird, zumindest bei Schülerinnen und Schülern bis zur Oberstufe (Krampen 1982). Hier sei auf Übersichtsreferate, z.B. von Krampen (1982) oder Stipek & Weisz (1981) verwiesen. Findley & Cooper (1983) integrierten in ihrer Metaanalyse insgesamt 98 Studien zum Zusammenhang zwischen Leistung und Kontrollüberzeugungen. Sie errechneten eine kleine Effektstärke von $r = 0.18$.

Wenngleich in den Anfängen der Kontrollüberzeugungsforschung versucht wurde, Fragebogen so zu konstruieren, daß sie nicht mit gängigen Intelligenztests korrelieren, stehen früheren negativen Ergebnissen heute eine Vielzahl von Untersuchungen gegenüber, die eindeutig auf positive Zusammenhänge zwischen Intelligenz und Internalität weisen (Chance 1972; Chapman, Skinner & Baltes 1990; Findley & Cooper 1983).

Die Frage, ob Schulzensuren oder standardisierte Leistungs- und Intelligenztests höher mit Kontrollmeinungen assoziiert sind, wird kontrovers diskutiert. Zumeist wird die erste Alternative vertreten: Da die Entwicklung der Selbsteinschätzung schulischer Fähigkeiten im wesentlichen durch konkrete Leistungsrückmeldungen beeinflußt würde, und in Zensuren auch motivationale Aspekte der Schülerleistung Eingang fänden (durch die nach der sozialen Lerntheorie Rotters Kontrollüberzeugungen ihre leistungsförderliche Funktion entfalten würden), seien die Beziehungen zwischen Kontrollüberzeugungen und Schulleistungen (operationalisiert durch Noten und Schulleistungstests) im allgemeinen deutlicher ausgeprägt als zwischen Kontrollmeinungen und Intelligenzindikatoren, besonders dann, wenn Kontrollüberzeugungen bereichsspezifisch erhoben würden (Crandall et al. 1965; Reimanis 1973; Stipek & Weisz 1981; Krampen 1982). Allerdings konstatierten Findley & Cooper (1983) in ihrer Metaanalyse einen entgegengesetzten Trend.

Das Geschlecht der Personen stellt nach einigen Befunden eine Moderatorvariable dieser Beziehungen dar. So wurden in mehreren Studien nur bei Jungen eindeutig positive Korrelationen zwischen bereichsspezifischen Kontrollüberzeugungen und Intelligenz gefunden, bei Mädchen hingegen nicht. Findley & Cooper (1983) berichten von einer solchen geschlechtsabhängigen Validität auch bezüglich anderer Leistungsmaße.

Was kann dem zugrunde liegen? Als Ursache vermutet Phares (1976) geschlechtsspezifische Sozialisationspraktiken in Schule und Familie. Internalität und Initiative seien mit dem weiblichen Geschlechtsrollenstereotyp weniger vereinbar, und so entstünde bei manchen Mädchen eine Diskrepanz zwischen ihren geschlechtsrollenkonformen Auskünften in Fragebogen und dem Leistungsverhalten, was insgesamt zu einer Attenuierung der Korrelationen führen könnte.

Welche Komponenten des handlungstheoretischen Modells von Skinner, Chapman und Baltes sind besonders geeignet, um Leistungen vorherzusagen?

Oettingen, Little, Lindenberger & Baltes (1994) gingen dieser Frage nach. Sie befragten mit einer Kurzform des „Control-, Means-Ends- and Agency-Interviews" (CAMI) 313 Ostberliner und 512 Westberliner Kinder der 2. bis 6. Klasse und korrelierten die Ergebnisse mit deren Schulzensuren. Handlungsfähigkeitsüberzeugungen bzw. die *agency beliefs „Begabung", „Anstrengung"* und *„Glück"* korrelieren demnach am höchsten mit Noten; die Koeffizienten für Überzeugungen bezüglich der persönlichen Verfügbarkeit von *„Glück"* liegen jeweils zwischen etwa $r = 0.62$ bei Westberliner Kindern und $r = 0.74$ bei Ostberliner Kindern. Die Korrelationen zwischen Kontrollerwartungen (*control beliefs*) des CAMI und den Zensuren erreichen etwa die gleiche Höhe. Mittel-Zweck-Überzeugungen allerdings sind kaum nennenswert mit dem Leistungskriterium assoziiert.

Bezüglich des Zusammenhangs der CAMI-Dimensionen mit Intelligenzindikatoren stellen Chapman et al. (1990) fest, daß lediglich die Skalen zu Handlungsfähigkeitsüberzeugungen (*agency beliefs)* mit Leistungen in Intelligenzaufgaben (BTS) korrelieren. Auch aus diesen Gründen wurden im Marburger Hochbegabtenprojekt nur die Modellparameter „Kompetenzüberzeugungen" und „Kontrollüberzeugungen" operationalisiert.

6.1.3
Leistungsbezogenes Denken hochbegabter Schülerinnen und Schüler

Leistungsbezogenen Kognitionen wird in der Hochbegabtenforschung Aufmerksamkeit gewidmet, da sie als Voraussetzung für die Entfaltung der individuellen Produktivität bzw. als konstituierendes Merkmal von Hochbegabung angesehen werden (z.B. Feger 1988; Mönks, van Boxtel, Roelofs & Sanders 1986; Heller 1990; zur Kritik vgl. Rost, 1991a,b; Waldmann & Weinert 1990). Die Rolle kognitiv-motivationaler Variablen wird auch im Zusammenhang mit problematischen Entwicklungsverläufen von hochbegabten *Underachievern* diskutiert (vgl. Mönks et al. 1986; Rost & Hanses 1998).

Um die Notwendigkeit spezieller Fördermaßnahmen und Beratungseinrichtungen für besonders Begabte zu begründen, wird oft (aufgrund von Einzelfallbeobachtungen) argumentiert, Hochbegabte, die normale Schulen besuchen, seien aufgrund permanenter Unterforderung besonders vulnerabel für die Ausbildung dysfunktionaler motivationaler Einstellungen, wie das folgende Zitat Bartenwerfers (1988, 49) verdeutlicht: „Ich beginne mit der Erfahrung bei intellektuell besonders Begabten, daß sie schnell lernen, daß sie Lernstoff auch dann gut behalten, wenn sie nicht ‚büffeln' wie die anderen. Bei jahrelanger Unterforderung kann sich diese Erfahrung in den Kindern so verfestigen, daß ihnen im Laufe der Jahre die Motivation zu lernen, sich anzustrengen, verloren geht. ‚Sie haben nicht gelernt zu lernen'. So scheitern sie später trotz bester intellektueller Voraussetzungen aus Mangel an Einsatz, Anstrengung, Aufmerksamkeit, Konzentration". Diese motivationale Fehlentwicklung kann als ein Aspekt mangelnder Kontrollierbarkeit in Form einer „Wohlstandsverwahrlosung" (Flammer 1990) interpretiert werden: Da zunächst unabhängig von persönlichem Arbeitseinsatz und somit unkontrollierbar meistens Erfolg eintritt, sinkt schließlich die Leistungsbereitschaft. Fragt man sich nach der empirisch-wissenschaftlichen Grundlage solcher Befürchtungen, so sieht man sich mit einigen Problemen der Studien konfrontiert, welche deren Aussagekraft und Interpretierbarkeit deutlich einschränken. Vor diesem Hintergrund sind die nun zitierten Untersuchungen fast ausnahmslos nur mit Einschränkung brauchbar. Auf einige methodische Probleme wird im Verlauf der folgenden Literaturdurchsicht eingegangen.

Zunächst ist zu konstatieren, daß vor allem ältere Studien zu Kontrollüberzeugungen von Hochbegabten sich zumeist auf recht globale Maße (wie z.B. die Bialer-Skala oder die Nowicki-Strickland-Locus-of-Control Scale for Children) beziehen. Wie ist hier die Befundlage?

Untersuchungen zu Kontrollüberzeugungen bei Hochbegabten weisen, falls Unterschiede zu normalintelligenten Kindern und Jugendlichen gefunden werden, in Richtung einer höheren Erfolgszuversicht und höherer internaler Kontrolle bei Hochbegabten. So setzten z.B. Collier, Jacobson & Stahl (1987) bei hoch- und durchschnittlich begabten Kindern der 6. bis 9. Jahrgangsstufe sowie Lynne (1979) bei Kindern der 4. und 5. Klasse drei Instrumente zu Erfassung von Kontrollüberzeugungen simultan ein und fanden, daß sich die hochintelligenten Kinder in allen Verfahren als zuversichtlicher hinsichtlich ihres persönlichen Einflusses auf bedeutsame Umweltereignisse zeigten. Bei den Fragebogen zu allgemeinen Kontrollüberzeugungen handelt es sich um die Nowicki-Strickland-Locus-of-Control Scale (CNS-IE) und die Bialer-

Skala. Die standardisierte Mittelwertsdifferenz zwischen hoch- und durchschnittlich intelligenten Kindern beträgt bei Collier et al. d = 0.87 (CNS-IE) bzw. d = 0.75 (Bialer), in der Studie von Lynne bei jüngeren Kindern sind die entsprechenden Koeffizienten d = 1.09 (CNS-IE) und 1.05 (Bialer). Fincham & Barling (1978) fanden in ihrer Stichprobe bezüglich der Internalität in der CNS-IE eine Mittelwertsdifferenz von d = 0.92 zwischen 11 hoch- und 10 durchschnittlich intelligenten Jungen; allerdings ist die Aussagekraft dieser Studie aufgrund der kleinen Stichprobe eingeschränkt.

Brody & Benbow (1986), die 300 mathematisch oder verbal hochbegabte Jugendliche der 9. Jahrgangsstufe aus der SMPY-Studie der John Hopkins-Universität untersuchten, stellten ebenfalls eine höhere Internalität Hochbegabter im Vergleich zu 101 nicht-hochbegabten Jugendlichen fest (d = 0.60).

Die Ergebnisse von Milgram & Milgram (1976), die 182 Hochbegabte (IQ > 130) und 310 durchschnittlich begabte Kinder der 4. bis 8. Jahrgangsstufe mit Hilfe der Tel-Aviv Locus-of-Control Scale befragten, weisen ebenfalls in Richtung einer höheren Internalität der Hochbegabten, wobei die Effekte allerdings kleiner ausfallen: Für die Skala „Past", welche die Verantwortungsübernahme für Ereignisse in der Vergangenheit beschreibt, liegt die standardisierte Mittelwertsdifferenz bei d = 0.26, und nur bezüglich positiver Ereignisse fällt die Differenz statistisch signifikant aus (d = 0.34), aber nicht für negative Erfahrungen. Gleiches gilt für die wahrgenommene Steuerbarkeit zukünftiger Ereignisse, wobei die Hochbegabten ihre Einflußnahme (nur) bezüglich positiver Resultate höher einschätzten (d = 0.16).

Houtz, Denmark, Rosenfield & Tetenbaum (1980) konnten keine bedeutsame Korrelation von Internalität und Intelligenz in einer Stichprobe hochbegabter Kindern konstatieren, was vermutlich z.T. auf die Selektivität der Stichprobe zurückzuführen ist. Negative Resultate berichten auch Loeb & Jay (1987), die 125 hochbegabte und 102 durchschnittlich begabte Kinder mit einer Kurzform der Nowicki-Strickland-Locus-of-Control Scale for Children befragten. Sie zeigen, daß hochbegabte Mädchen internaler antworten als durchschnittlich begabte Mädchen (d = 0.42), wohingegen die Jungengruppen sich nicht unterscheiden. In einer neueren weißrussischen Studie von Kovaltchouk (1998) wurden ebenfalls keine bedeutsamen Differenzen zwischen 72 hoch- und 80 durchschnittlich intelligenten Jugendlichen hinsichtlich eines bereichsübergreifenden Kontrollüberzeugungsmaßes festgestellt.

Olszewski-Kubilius, Kulieke & Krasney (1988) kommen aufgrund widersprüchlicher empirischer Evidenz zu dem Schluß, es ließen sich bezüglich globaler Kontrollerwartungen keine konsistenten Unterschiede zu Normalbegabten nachweisen.

Wirft man einen Blick auf neuere empirische Ergebnisse zu schulleistungsbezogenen Einstellungen bei Hochbegabten, so ergeben sich konsistentere Einschätzungen: Hochbegabte sollen sich als kompetenter bezüglich schulischer Leistungsfelder wahrnehmen (z.B. Chan 1988). Es wird ferner behauptet, sie seien leistungsmotivierter als gleichaltrige Normalbegabte (z.B. Vallerand, Gagné, Sénecal & Pelletier 1994; Chan 1996; Feldhusen & Nimlos-Hippen 1992).

Was Untersuchungen zu Kontrollüberzeugungen betrifft, so sollen Hochbegabte ein größeres Vertrauen in ihre persönliche Kontrolle über Leistungsergebnisse haben (Collier et al. 1987; Lynne 1979). Lynne (1979) und Collier et al. (1987) setzten neben den beiden allgemeinen Kontrollüberzeugungsskalen auch den Intellectual Achievement Responsibility Questionnaire (IAR) ein, wobei nur letzterer sich ausschließlich auf schulische Handlungsziele bezieht. Lynne (1979) konstatiert bei Kindern der 3. und 4. Jahrgangsstufe eine standardisierte Mittelwertsdifferenz von $d = 1.29$ zwischen hoch- und durchschnittlich Intelligenten; bezüglich der Subskalenscores I+ und I- ergeben sich Differenzen von $d = 1.29$ bzw. $d = 0.80$. Bei Collier et al. (1987) beträgt die Mittelwertsdifferenz im IAR $d = 0.41$. Untersuchungen, die Verfahren mit attributionstheoretischem Hintergrund verwendeten, berichten ebenfalls von einer höheren schulleistungsspezifischen Internalität Hochbegabter, da diese Erfolge stärker auf Faktoren wie Anstrengung und Begabung attribuieren (z.B. Chan 1996; Bogie & Buckhalt 1987). So fand Chan (1996) beim Vergleich von 143 hochbegabten Schülerinnen und Schülern der 7. Klasse mit 133 durchschnittlich Begabten, daß die Hochbegabten Erfolg stärker Anstrengungsfaktoren zuschreiben ($d = 0.32$) und weniger Glück dafür verantwortlich machen ($d = -0.68$), Mißerfolge mehr auf mangelnde Anstrengung ($d = 0.70$) und Strategie ($d = 0.29$), hingegen weniger auf unkontrollierbare Faktoren wie mangelnde Begabung ($d = -0.81$) oder Pech ($d = -0.53$) attribuieren.

Analysen zu leistungsthematischen Kognitionen Hochbegabter beziehen selten differenzierte handlungstheoretische Variablen ein. Eine Ausnahme bildet die Studie von Tschechne (1988), der sich auf eine deutsche Adaptation des CAMI von Skinner et al. (1988) stützte. Leider fehlt eine Vergleichsgruppe durchschnittlich Intelligenter, so daß die Spezifität seiner Ergebnisse für Hochbegabte nicht beantwortet werden kann.

Verschiedene Studien, welche hochbegabte Hochleistende (*achiever*) und Hochbegabte mit erwartungswidrig niedrigen Leistungen (*underachiever*) bezüglich ihrer Kontrollüberzeugungen vergleichen, erbringen widersprüchliche Resultate. Manche Studien sprechen dafür, daß Kontrollüberzeugungen primär durch Leistungen vermittelt werden (z.B. Van Boxtel & Mönks 1992), andere finden keine Differenzen zwischen *achievern* und *underachievern* (z.B. McClelland, Yewchuk & Mulcahy 1991; Morford 1980). Davis & Connell (1985) konnten sogar eine höhere internale Kontrollüberzeugung bei *underachievern* im Vergleich zu *achievern* finden ($d = 0.44$). Diskrepante Ergebnisse weisen darauf hin, daß die Beziehung zwischen Leistung, Begabung und Kontrollüberzeugungen komplex ist und möglicherweise von Besonderheiten der Stichproben (z.B. Alter, Geschlecht, Hochbegabungsdefinition) oder der Erhebungsinstrumente (z.B. Generalität vs. Bereichsspezifität) abhängt. Geschlechtsunterschiede hinsichtlich schulbezogener Kompetenz- und Kontrollüberzeugungen sowie Motivparameter bei Hochbegabten treten meist nicht zutage (z.B.

Chan 1996; Bohle 1988; Brody & Benbow 1986; Milgram & Milgram 1976; Vallerand et al. 1994). Kovaltchouk (1998) berichtet von einer interessanten Wechselwirkung zwischen Begabung und Geschlecht: In ihrer Hochbegabtengruppe weisen die Jungen höhere Internalitätswerte auf, in der Gruppe der durchschnittlich Intelligenten hingegen die Mädchen.

Bei *fachspezifischer* Erhebung folgen die Selbsteinschätzungen von hochbegabten Mädchen und Jungen den bei normalbegabten Stichproben gefundenen geschlechtsstereotypen Trends. Hannover (1991) konstatiert, Mädchen bewerteten bei gleicher mathematischer Kompetenz ihre eigene Fähigkeit weniger hoch als Jungen. Diese neigten dazu, ihre Leistungsfähigkeit zu überschätzen, während Mädchen ihre mathematische Begabung systematisch unterschätzten. Bei hochbegabten Mädchen sollen sich solche Tendenzen in ähnlicher Weise zeigen (z.B. Fox 1982; Heller & Ziegler 1996).

So wird bei hochbegabten Mädchen und Frauen häufig eine niedrigere mathematikbezogene Selbstwirksamkeit beobachtet als bei hochbegabten Jungen (z.B. Junge & Dretzke 1995).
Cramer & Oshima (1992) verglichen 153 hochbegabte Schülerinnen und Schüler (IQ > 130) der 3., 6. und 9. Jahrgangsstufe mit 150 gleichaltrigen durchschnittlich intelligenten Kindern und Jugendlichen hinsichtlich der Ursachenzuschreibung von Erfolg und Mißerfolg in Mathematik. Sie verwendeten einen Attributionsfragebogen, bei dem getrennt Ursachenzuschreibungen für Erfolg und Mißerfolg erhoben werden. Die Autorinnen stellen fest, daß die ungünstigeren Attributionsmuster von Mädchen erst ab der neunten Jahrgangsstufe hervortreten, dann aber in der Hochbegabtengruppe stärker ins Gewicht fallen als in der Vergleichsgruppe. Generell neigen demnach Mädchen gegenüber Jungen zu einer höheren Attribution von Erfolg auf Anstrengung als internaler Dimension, aber auch auf die externale Ursache Glück. Gleichzeitig führen hochbegabte Mädchen (in der neunten Klasse) im Vergleich zu hochbegabten Jungen positive Leistungsresultate weit weniger auf Begabungsfaktoren zurück (d = −2.65 vs. d = −0.70 bei durchschnittlich Begabten) und attribuieren stärker auf Aufgabenschwierigkeit (external; d = 1.56 vs. d = 0.47 bei durchschnittlich Begabten). Für Mißerfolge machen hochbegabte Mädchen viel häufiger mangelnde Begabung (d = 2.40) und seltener mangelnde Anstrengung (d = −1.92) verantwortlich als gleich intelligente Jungen. Simultan attribuieren sie im Hinblick auf externale Faktoren aber ebenfalls stärker und somit selbstwertdienlicher. Wiederum sind bei den durchschnittlich begabten Jugendlichen die Geschlechterasymmetrien weniger markant (Begabung: d = 0.61, Anstrengung: d = −0.81). Hochbegabte Mädchen zeigen insgesamt gegenüber den Jungen gleicher Intelligenz ein Attributionsmuster, welches auf ein vergleichsweise geringeres mathematikbezogenes Selbstvertrauen hindeutet. Angesichts der Unterschiede hinsichtlich der internen Ursachenfaktoren „Anstrengung" und „Begabung" läßt sich an dieser Untersuchung exemplarisch die Nützlichkeit der mehrdimensionalen Erhebung von Kontrollüberzeugungen demonstrieren.

Li & Adamson (1995) hingegen konnten keine motivational beeinträchtigenden Ursachenzuschreibungen der Mädchen in bezug auf ihre Mathematikleistung beobachten. Generell machen Mädchen nach diesen Befunden aber auch mehr als Jungen Anstrengung und Strategie für ihre Leistungsergebnisse verantwortlich. Die Attribution auf kontrollierbare Faktoren ist zwar motivational förderlich, doch könnte man das Ergebnis auch so deuten, daß Mädchen meinen, sich zusätzlich anstrengen zu müssen, wohingegen Jungen ihre Begabung allein als ausreichend erachten und somit als zuversichtlicher erscheinen. Leider fehlt in dieser Studie der Vergleich mit einer Gruppe durchschnittlich intelligenter Jugendlicher.

Verschiedene Wissenschaftler beschäftigen sich mit der Frage, wie man – angesichts der Unterrepräsentanz von Frauen innerhalb von Gruppen hochleistender Individuen auf mathematisch-naturwissenschaftlichem Gebiet – solche „internen Barrieren" bei hochbegabten Mädchen und Frauen in Richtung einer größeren Erfolgszuversicht verbessern könnte (z.B. Callahan 1980).

Ein gravierender Nachteil der meisten genannten Studien zur Hochbegabtenforschung auf diesem Gebiet besteht in der Stichprobenauswahl. Die Mehrzahl der Befunde bezieht sich auf hochselegierte anfallende Stichproben, die an Wettbewerben oder besonderen Fördermaßnahmen für Hochbegabte teilnehmen. Stellt man hier Unterschiede hinsichtlich kognitiv-motivationaler Variablen im Vergleich zu durchschnittlich Begabten fest, so ist dies nicht weiter verwunderlich, da schon die Entscheidung zur Teilnahme an solchen Wettbewerben eine hohe Einschätzung der eigenen Leistungsfähigkeit, der Erfolgserwartungen und der Anstrengungsbereitschaft voraussetzt. Die Teilnahme an solchen Kursen (z.B. durch Etikettierungseffekte oder Bezugsgruppenwechsel) wiederum kann erheblichen Einfluß auf Einschätzungen der eigenen Kompetenz und Handlungsfähigkeit ausüben. Die Generalisierbarkeit auf unselegierte Stichproben Hochbegabter ist also fraglich. Der eingangs genannten Behauptung, die Regelschule sei für Hochbegabte „schädlich", fehlt demnach der empirische Hintergrund.

Ein weiteres wichtiges Problem stellt die Auswahl geeigneter Vergleichsgruppen dar. Hochbegabte entstammen meist höheren sozialen Statusgruppen als durchschnittlich Begabte. Da leistungsbezogene Einstellungen wie Kontrollüberzeugungsmaße – besonders bei Kindern und Jugendlichen – mit dem sozioökonomischen Hintergrund bedeutsam korrelieren (Krampen 1982), muß diese Variable berücksichtigt werden.

Die Ergebnisse Dörners (1993), der handlungsbezogene Kognitionen hochbegabter Grundschulkinder der Marburger Projektstichprobe analysierte (welche hier erneut im Jugendalter untersucht wird), sollen an dieser Stelle etwas ausführlicher dargestellt werden. Damals konstituierte sich die Hochbegabtenstichprobe aus 151 Kindern (durchschnittlicher IQ = 136), die Vergleichsgruppe aus 136 Kindern (mittlerer IQ = 102) im Alter zwischen 10 und 12 Jahren. Das hier eingesetzte Fragebogenverfahren zur Erfassung von Kompetenz- und Kontrollüberzeugungen (SEUK), welches in Anlehnung an das Kontrollmodell Skinners et al. (1988, s.o.) konzipiert worden war, wurde auch damals eingesetzt, allerdings in einer längeren, 40 Items umfassenden Version. Es wurden vier Skalen mit jeweils sechs Items zu den Handlungsfähigkeitsüberzeugungen „Fähigkeit", „Anstrengungsfähigkeit", „Glück" sowie „Unterstützung durch andere" und je acht Items zu den Kontrolldimensionen „Kontrolle von Leistung" und „Kontrolle von Lob" vorgegeben, wobei die Items jeder Skala jeweils zur Hälfte negativ und positiv formuliert waren. Eine empirische Skalenstrukturüberprüfung zeigte, daß sich die Dimensionen der Handlungsfähigkeitsüberzeugungen hauptkomponentenanalytisch recht gut bestätigen ließen, während sich die Items der Kontrollüberzeugungsskalen – entgegen der theoretischen Konzeption – nach der Valenz der Items gruppierten („Kontrolle" vs. „Hilflosigkeit").

Dörner stellte dabei fest, daß hochbegabte Grundschulkinder über ein stärker ausgeprägtes anstrengungs- und begabungsbezogenes Handlungsfähigkeitskonzept verfügen als die Vergleichsgruppenkinder (d = 0.46), welches sich zudem durch seine Akzeleration im Sinne einer größeren Differenziertheit gegenüber dem Konzept der gleichaltrigen durchschnittlich begabten Kinder auszeichnet: Anstrengungsfähigkeits- und Begabungseinschätzungen korrelieren hier bei den Hochbegabten statistisch signifikant niedriger (r = 0.43) als bei den Kontrollkindern (r = 0.62), was darauf hinweist, daß letztere ihre Selbsteinschätzungen eher aufgrund eines globalen Tüchtigkeitskonzepts treffen.

Dieses Resultat wird durch gleichgerichtete Befunde hinsichtlich zusätzlich vorgegebener Attributionsskalen gestützt. Die hochbegabten Kinder nehmen zudem weniger persönliche Verfügbarkeit von Unterstützung durch andere wahr als die durchschnittlich Begabten (d = –0.16). Diese wird von den hochintelligenten Kindern wahrscheinlich in geringerem Maße benötigt. Sie unterscheiden sich von den Vergleichsgruppenkindern ebenso durch ein stärkeres Bewußtsein der Kontrolle über Leistungsergebnisse und Sanktionen durch die Lehrkräfte (d = 0.16) und durch eine geringere Hilflosigkeit (d = –0.23).

Ob sich diese Unterschiede zwischen den beiden Stichproben im Jugendalter ebenso eindeutig zeigen, ist Gegenstand der vorliegenden Studie.

Zusammenfassend ist festzuhalten, daß sich die leistungsbezogenen Kognitionen hochintelligenter von denen durchschnittlich intelligenter Kinder und Jugendlicher abheben, daß aber aufgrund der genannten Probleme der einschlägigen Studien kaum differenzierte Aussagen, insbesondere über die leistungsbezogenen Einstellungen hochintelligenter Jugendlicher, die nicht an speziellen Fördermaßnahmen partizipieren, getroffen werden können.

6.1.4
Fragestellung

Das Fazit des vorangegangenen Abschnitts 6.1.3 verweist auf die Notwendigkeit, bisherige Ergebnisse zu leistungsbezogenen Kognitionen – insbesondere bei jugendlichen Hochbegabten – zu spezifizieren und die methodischen Einschränkungen früherer Studien zu vermeiden. Die Stichprobe des Marburger Hochbegabtenprojekts stellt insofern eine genügend große, repräsentative und unselegierte Gruppe dar, für die eine adäquate Vergleichsgruppe normalintelligenter Jugendlicher vorliegt. Diese ist bei der Untersuchungsphase II des Längsschnittsprojekts nach Alter, Geschlecht, Schulklasse und sozioökonomischem Status der entsprechenden Zielgruppenkinder ausgewählt worden. Das im Marburger Projekt verwendete Instrumentarium entspricht zudem aktuellen theoretischen Konzeptionen schulleistungsbezogener Kontrollüberzeugungen.

Die Gegenüberstellung von hochintelligenten und durchschnittlich intelligenten Jugendlichen aus den „alten" Bundesländern einerseits sowie hochleistenden und durchschnittlich leistenden Schülerinnen und Schülern aus den „neuen" Bundesländern andererseits dient erstens als Validitätshinweis für die eingesetzten Verfahren. Zweitens kann der Aspekt der Spezifität leistungsbezogener Einstellungen in bezug auf hohe Kompetenz vs. hohe Performanz beleuchtet werden.

Vor diesem Hintergrund werden folgende Hypothesen formuliert:

(a) Hochbegabte (HB) bzw. Hochleistende (HL) haben ein positiveres Fähigkeits- und Anstrengungsbereitschaftskonzept und höhere internale Kontrollüberzeugungen als durchschnittlich begabte (DB) bzw. durchschnittlich leistende (DL) Jugendliche.
Lassen sich die Ergebnisse Dörners (1993; Vergleich der hoch- und durchschnittlich begabten Kinder im Grundschulalter) replizieren? Es ist davon auszugehen, daß die Unterschiede zwischen den Leistungsgruppen höher ausfallen als zwischen den Begabungsgruppen, da Schulleistungen höhere Zusammenhänge zu Kontrollüberzeugungen aufweisen als Intelligenzmaße.
(b) Bezüglich der fachbezogenen Kontrollerwartungen wird angenommen, daß hochbegabte (HB) bzw. hochleistende (HL) mehr Einflußmöglichkeiten auf ihre Leistungsergebnisse perzipieren als durchschnittlich begabte (DB) bzw. durchschnittlich leistende (DL) Jugendliche.
(c) Ein weiterer Fokus des Interesses betrifft potentielle Geschlechtsunterschiede. Haben hochbegabte bzw. hochleistende Mädchen (insbesondere in Mathematik) ungünstigere Kompetenz- und Kontrollerwartungen als hochbegabte bzw. hochleistende Jungen?
Wie stellen sich demgegenüber Geschlechtsunterschiede bei durchschnittlich begabten bzw. durchschnittlich leistenden Jugendlichen dar?
(d) Schließlich wird angenommen, daß Hochbegabte (HB) über eine differenziertere kognitive Strukturierung ihrer Handlungsfähigkeits- und Kontrollüberzeugungen verfügen als durchschnittlich Begabte (DB).

6.2

METHODE

6.2.1
Stichproben

Die statistischen Analysen beziehen sich auf folgende Substichproben von insgesamt N = 444 Schülern und Schülerinnen:

(a) *Begabungsstichprobe „West"* (N = 214) mit 107 stabil Hochbegabten (HB; 45 Mädchen, 62 Jungen) und 107 stabil durchschnittlich Begabten (DB; 47 Mädchen, 60 Jungen).

(b) *Leistungsstichprobe „Ost"* (N = 230) mit 118 Hochleistenden (HL; 69 Mädchen, 49 Jungen) und 112 durchschnittlich Leistenden (DL; 64 Mädchen, 48 Jungen).

Die ausführliche Beschreibung von Auswahl und Zusammenstellung der Stichprobe findet sich in Kapitel 1.

6.2.2
Instrumente

6.2.2.1
Schulbezogene Erwartungen und Kognitionen (SEUK)

Der im Marburger Hochbegabtenprojekt entwickelte Fragebogen zur Erfassung schulspezifischer Kompetenz- und Kontrollerwartungen (*„Schulspezifische Erwartungen und Kognitionen"*, *SEUK*) beinhaltet die entsprechenden Komponenten *agency beliefs* und *control beliefs* des Skinnerschen Modells personaler Kontrolle (Skinner et al. 1988; siehe 6.1.1). Handlungsfähigkeitsüberzeugungen sind durch insgesamt 15 Items repräsentiert, Kontrollüberzeugungen durch 10 Items. Für die Untersuchungsphasen III und IV wurden geschlechtsspezifische Versionen des *SEUK* erstellt, die sich lediglich in selbstbezogenen Bezeichnungen unterschieden (Beispiel: „Ich bin ein guter Schüler / eine gute Schülerin, ohne mir viel Mühe zu geben."). Auf der Basis des Datenmaterials der beiden Jugendlichenstichproben („West" und „Ost", N = 539) wurden für die Bereiche der „Handlungsfähigkeitsüberzeugungen" und „Kontrollerwartungen" separate Hauptkomponentenanalysen gerechnet und Komponentenkongruenzkoeffizienten ermittelt, um die Vergleichbarkeit der Komponenten für „Ost"- und „West"-Stichproben zu überprüfen.

KOMPETENZERWARTUNGEN

Für den Itemkomplex zu „Handlungsfähigkeitsüberzeugungen" erschien eine Vier-komponentenlösung (Varianzaufklärung: 59.5%) adäquat, die eine gute Überein-stimmung zwischen „Ost"- und „West"-Stichprobe aufweist ($r_c > 0.90$). Es wurden folgende Skalen gebildet:

(a) *„Fähigkeitsselbstbild / Begabung"* (*BEGAB*, drei Items, $\alpha_3 = 0.87$, $\alpha_{10} = 0.94$) umschreibt die Überzeugung, in der Schule gute Leistungen erbringen zu können, ohne sich dafür anstrengen zu müssen.
Itembeispiel: „Ich bin eher jemand, dem in der Schule alles leicht fällt".

(b) *„Anstrengungsfähigkeit"* (*ANSTRG*, zwei Items, $\alpha_2 = 0.61$, $\alpha_{10} = 0.89$) wird in-haltlich am besten durch das folgende Itembeispiel repräsentiert:
„Es fällt mir leicht, mir für eine gute Zensur auch viel Mühe zu geben".

(c) *„Glück / Zufall"* (*GLÜCK*, drei Items, $\alpha_3 = 0.68$, $\alpha_{10} = 0.88$) gibt die Überzeu-gung wieder, daß den Jugendlichen in schulischen Leistungssituationen oft der glückliche Zufall zur Hilfe kommt. Beispiel: „Im Unterricht habe ich oft das Glück, daß mir im richtigen Moment zufällig die richtigen Antworten einfallen".

(d) *„Unterstützung durch andere"* (*UNTAND*, vier Items, $\alpha_4 = 0.54$, $\alpha_{10} = 0.75$) the-matisiert die Verfügbarkeit von Hilfe bei schulischen Aufgaben.
Itembeispiel: „Ich habe niemanden, mit dem ich mich unterhalten kann, wenn ich Probleme in der Schule habe"(–)[1].

KONTROLLERWARTUNGEN

In der varimax-rotierten Zweikomponentenlösung (47.5% Varianzaufklärung) zum Bereich „Kontrollüberzeugungen" gruppierten sich die zehn Items nach den beiden enthaltenen Verstärkerbereichen „Leistung" und „Lob":

(e) Skala *„Kontrolle von Leistung"* (*KONLEI*, fünf Items, $\alpha_5 = 0.77$, $\alpha_{10} = 0.87$).
Itembeispiel: „Wenn ich in einer Klassenarbeit eine gute Zensur schreiben will, dann schaffe ich das auch".

(f) Skala *„Kontrolle von Lob"* (*KONLOB*, fünf Items, $\alpha_5 = 0.61$, $\alpha_{10} = 0.76$).
Itembeispiel: „Wenn ich mir vornehme, daß der Lehrer mich im Unterricht lobt, dann gelingt mir das auch".

Einige wichtige psychometrische Kennwerte der sechs Skalen sind in Tabelle 6.1 zu-sammengefaßt.

---

[1] Anmerkung: (-) bedeutet, daß das Item invertiert wurde.

6.2.2.2
Fachspezifische Kontrollüberzeugungen

Tab. 6.1: Faktorenanalytische bzw. testtheoretische Prüfung des Fragebogens Schulische Erwartungen und Kognitionen (SEUK) und testtheoretische Kennwerte der beiden Skalen zu fachspezifischen Kontrollüberzeugungen

KENNWERTE	SEUK						fachspez. Kontrollüberz.	
	Kompetenzüberzeugungen				Kontrollüberzeugung			
	BEGAB	ANSTRG[b]	GLÜCK	UNTAND	KONLEI	KONLOB	KONTD[b,c]	KONTM[b,c]
Items	3	2	3	4	5	5	2	2
a_{max}	0.87	0.83	0.80	0.73	0.81	0.69		
a_{min}	0.83	0.75	0.60	0.53	0.41	0.52		
$\bar{a}$	0.85	0.79	0.69	0.77	0.71	0.60		
$r_{it\ max}$	0.81		0.56	0.42	0.64	0.46		
$r_{it\ min}$	0.66		0.39	0.24	0.38	0.29		
$\bar{r}_{it}$	0.76	0.44	0.50	0.34	0.56	0.36	0.72	0.73
α	0.87	0.61	0.68	0.54	0.77	0.61	0.84	0.84
α_{10}	0.94	0.89	0.88	0.75	0.87	0.76	0.96	0.96
M^a	2.5	2.8	2.5	2.7	2.6	2.8	4.0	5.1
S	1.0	0.8	0.8	0.6	0.6	0.6	1.2	1.0

SEUK „Schulspezifische Erwartungen und Kognitionen":
BEGAB = Fähigkeitsselbstbild / Begabung; ANSTRG = Anstrengungsfähigkeit;
GLÜCK = Glück / Zufall; UNTAND = Unterstützung durch andere;
KONLEI = Kontrolle von Leistung; KONLOB = Kontrolle von Lob
Fachspezifische Kontrollüberzeugungen:
KONTD = Kontrollüberzeugung in Deutsch; KONTM = Kontrollüberzeugung in Mathematik

[a] an Itemzahl relativiert (theoretischer Range der Skalen des SEUK = 1 bis 4, theoretische Mitte = 2.5; theoretischer Range der Skalen zu fachspezifischen Kontrollerwartungen = 1 bis 6; theoretische Mitte = 3.5)
[b] Bei zwei Items unterscheiden sich die Trennschärfen nicht, die Angabe minimaler und maximaler Trennschärfen erübrigt sich
[c] Für die beiden Skalen zu Kontrollerwartungen wurden keine Hauptkomponentenanalysen durchgeführt, folglich entfällt die Angabe der Komponentenladungen

Innerhalb eines für das Projekt und eine andere zeitlich parallel laufende Studie („Geschlechtsunterschiede oder Geschlechtsrollenunterschiede? Die Bedeutung des Konstrukts der Geschlechtsrollenorientierung zur Aufklärung von Geschlechtsdifferenzen in schul- und leistungsbezogenen Variablen"; Hanses, in Vorbereitung) entwickelten

„Attributions- und Kontrollerwartungsfragebogens für Jugendliche" (*AKFJ*, Hanses 1995), wurden mit jeweils einem Item die Einschätzungen der Jugendlichen erhoben, inwiefern sie glauben, durch eigenes Bemühen in Deutsch bzw. Mathematik Erfolge erreichen bzw. Mißerfolge vermeiden zu können („Was glaubst Du, wieviel kannst Du selbst dazu beitragen, bei einer Klassenarbeit in ... gut abzuschneiden?"). Diese Operationalisierung ähnelt der im Intellectual Achievement Responsibility Questionnaire (IAR; Crandall et al. 1965) vorgenommenen Trennung von Verantwortlichkeitszuschreibungen für positive und negative Ereignisse. Der Fragebogen wurde den Jugendlichen etwa ein Jahr nach der Erhebung in den Familien postalisch zugesandt. Die Rücklaufquote lag für „Ost-" und „West"-Stichprobe bei jeweils 99%. Da die Items zur Beeinflußbarkeit von Erfolg und Mißerfolg in beiden Fächern jeweils zu r = 0.70 korrelierten, wurden sie zu den zwei Skalen *„Kontrollerwartung in Deutsch"* und *„Kontrollerwartung in Mathematik"* zusammengefaßt. Die Tabelle 6.1 informiert über die Item- und Skalenkennwerte der beschriebenen Verfahren.

6.2.3
Auswertung

Zur Prüfung von Begabungs-, Leistungs-, Geschlechts- und „Ost / West"- Unterschieden wurden multi- und univariate Varianzanalysen mit den unabhängigen Variablen Geschlecht (zweifach gestuft) und Gruppe (vierfach gestuft: HB, DB, HL und DL) mit anschließenden Kontrastberechnungen zwischen den vier Gruppen durchgeführt. Um Differenzen in den kognitiven Repräsentationen der Kompetenz- und Kontrollüberzeugungen von hoch- und durchschnittlich Begabten zu ermitteln, erfolgte ein Vergleich der Interkorrelationen der *SEUK*-Skalen. Um nicht alle fünfzehn möglichen Koeffizienten auf Unterschiedlichkeit testen zu müssen, legten wir a priori fest, nur diejenigen zwischen den Skalen *„Fähigkeitsselbstbild / Begabung"* (*BEGAB*), *„Anstrengungsfähigkeit"* (*ANSTRG*), *„Glück / Zufall" (GLÜCK)* und *„Kontrolle von Leistung" (KONLEI)* zu analysieren.

Um den Effekt des für das Bildungsverhalten relevanten sozioökonomischen Status (*BRSS*) als konfundierende Variable zu kontrollieren, führten wir, wenn die Korrelationen der Skalen mit dem *BRSS*-Index r = 0.15 überschritten, ergänzende Kovarianzanalysen mit dem *BRSS* als Kovariate durch.

6.3
ERGEBNISSE

Zunächst betrachten wir die Skaleninterkorrelationen (6.3.1). Anschließend folgen die varianzanalytischen Gruppenvergleiche hinsichtlich der Skalen des Fragebogens „Schulspezifische Erwartungen und Kognitionen" (*SEUK*) und der fachspezifischen Kontrollüberzeugungen (6.3.2). Unterschiede hinsichtlich der Interkorrelationen der *SEUK*-Skalen zwischen hoch- und durchschnittlich begabten Jugendlichen werden im darauffolgenden Abschnitt 6.3.3 behandelt.

6.3.1
Interkorrelationen der Skalen

Tabelle 6.2 gibt die Interkorrelationsmatrix der *SEUK*-Skalen und der beiden fachspezifischen Kontrollerwartungsskalen wieder; ferner werden die Zusammenhänge dieser Skalen mit dem sozioökonomischen Status, der Intelligenz, dem Zensuren durchschnitt des Versetzungszeugnisses in die neunte Klasse sowie mit den Fachnoten in Deutsch und Mathematik aufgeführt.

Tab. 6.2: Interkorrelationen der Kompetenz- und Kontrollüberzeugungsskalen sowie Korrelationen mit dem sozioökonomischen Status, der Intelligenz und dem Notendurchschnitt (N = 440 bis N = 444)

	SEUK						KONTROLL-ÜBERZEUGUNGEN	
	BEGAB	ANSTRG	GLÜCK	UNTAND	KONLEI	KONLOB	KONTD	KONTM
BEGAB								
ANSTRG	.26							
GLÜCK	.35	.29						
UNTAND	-.13	.08	.13					
KONLEI	.57	.54	.36	.04				
KONLOB	.21	.24	.21	.16	.46			
KONTD	-.11	.08	-.01	.06	.06	.10		
KONTM	.04	.09	.06	.07	.14	.08	.21	
BRSS	.29	.14	.05	-.06	.24	.14	-.16	.11
IQ	.49	.08	.19	-.11	.31	.16	.06	.00
ØNote	-.63	-.36	-.18	.15	-.52	-.13	.06	.00
Deutsch-note	-.50	-.28	-.13	.14	-.45	-.16	.01	.08
Mathenote	-.59	-.27	-.16	.16	-.44	-.10	.06	-.08

SEUK „Schulspezifische Erwartungen und Kognitionen":
BEGAB = Fähigkeitsselbstbild / Begabung; ANSTRG = Anstrengungsfähigkeit;
GLÜCK = Glück / Zufall; UNTAND = Unterstützung durch andere;
KONLEI = Kontrolle vs. Leistung; KONLOB = Kontrolle vs. Lob
Fachspezifische Kontrollüberzeugungen:
KONTD = Deutsch, KONTM = Mathematik
BRSS = Bildungsrelevanter sozioökonomischer Status; IQ = Intelligenzquotient;
ØNote = Notendurchschnitt

Beachte: |r| ≥ 0.09 entspricht p < 0.05, |r| ≥ 0.12 entspricht p < 0.01,
|r| ≥ 0.15 entspricht p < 0.001

Auf den ersten Blick verwundern die durchweg geringen Korrelationen der *SEUK*-Skalen (*BEGAB, ANSTRG, GLÜCK, UNTAND, KONLEI, KONLOB*) mit den fachspezifischen Kontrollerwartungsskalen (*KONTM / KONTD*): Die Koeffizienten reichen von r = −0.11 bis r = 0.14. Gründe könnten im zeitlichen Abstand der Befragungen von etwa einem Jahr, dem veränderten Administrationsmodus (Anwesenheit einer Versuchsleiterin vs. postalische Erhebung) sowie in der unterschiedlichen Formulierung der Items liegen. Lediglich eine geringe (zu erwartende) statistisch signifikante Korrelation von r = 0.14 findet sich zwischen den Skalen *„Kontrolle von Leistung"* (*KONLEI*) des *SEUK* und der ein bis zwei Jahre später erhobenen Kontrollerwartung im Fach Mathematik (*KONTM*). Natürlich ist auch eine inhaltliche Interpretation möglich: Fachspezifische und allgemeine schulbezogene Kontrolleinschätzungen der Jugendlichen könnten je nach der eigenen Begabungseinschätzung in den jeweiligen Fächern interindividuell differieren.

Die fachspezifischen Kontrollerwartungen scheinen, dieser Studie zufolge, ebenfalls unabhängig von den jeweiligen Fachzensuren zu sein. Auch hier ist der Erhebungsabstand zu berücksichtigen. Zudem wäre es denkbar, daß sich die Schülerinnen und Schüler bei der Frage nach der Beeinflußbarkeit ihrer Fachnoten an individuellen statt sozialen Bezugsnormen orientiert haben (z.B. die intraindividuelle persönliche Kontrollierbarkeit von Deutsch- vs. Mathematikzensuren kontrastiert haben). Es besteht also weiterer Klärungsbedarf.

6.3.2
Gruppen- und Geschlechtsunterschiede

6.3.2.1
Schulbezogene Kompetenz- und Kontrollerwartungen (SEUK)

Bezüglich der sechs Skalen des *SEUK* ergibt sich multivariat jeweils ein statistisch signifikanter Haupteffekt „Gruppe" ($F_{18;1219.54} = 19.07$; $p < 0.001$, $eta^2_{multi} = 0.208$) und „Geschlecht" ($F_{6;431} = 2.11$, $p = 0.044$, $eta^2_{multi} = 0.029$) bei insignifikanter multivariater Wechselwirkung dieser beiden Faktoren ($F_{18;1219.54} = 1.46$; $p = 0.098$; $eta^2_{multi} = 0.020$). Univariat erreicht der Effekt der Gruppierungsvariablen bei allen sechs Subskalen statistische Signifikanz (vgl. Tab. 6.3).

Besonders deutlich treten univariate Gruppenunterschiede – mit einer Varianzaufklärung von 43.1% durch den Gruppenfaktor – auf der Skala *„Fähigkeitsselbstbild / Begabung"* (*BEGAB*) hervor ($p < 0.001$). Hier findet sich auch eine statistisch signifikante, praktisch aber eher unbedeutende ordinale Wechselwirkung „Gruppenzugehörigkeit × Geschlecht" ($eta^2 = 0.021$), die die Interpretierbarkeit der Haupteffekte nicht beeinträchtigt. Zwar korreliert die Skala auch zu r = 0.29 mit dem *BRSS*, eine kovarianzanalytische Kontrolle des für das Bildungsverhalten relevanten sozioökonomischen Status läßt den Begabungs- / Leistungsgruppeneffekt aber nahezu unverändert (F $_{3;437}$ = 92.99, p < 0.001). Die Hochleistenden weisen den höchsten Mittelwert auf, mit einem minimalen Unterschied folgen die Hochbegabten (d = 0.07). Interessanterweise schätzen die hochleistenden Jungen ihre schulischen Fähigkeiten zahlenmäßig am höchsten ein, während der Mittelwert der hochleistenden Mädchen in etwa dem Niveau von hochbegabten Mädchen und Jungen entspricht (die exakt die gleichen Mittelwerte haben). Bedeutsame Mittelwertsdifferenzen gibt es zwischen beiden genannten Jugendlichengruppen und den durchschnittlich Begabten und den durchschnittlich Leistenden. Hochbegabte Jugendliche verfügen also über eine höhere Einschätzung ihrer schulischen Fähigkeit als durchschnittlich intelligente (d = 1.10). Bei den durchschnittlich begabten Jungen und Mädchen ergibt sich ein zahlenmäßig in der Tendenz gegengerichteter Geschlechtsunterschied zu dem in der Hochleistendengruppe: Die durchschnittlich intelligenten Mädchen stufen sich hier etwas höher ein als die Jungen. Zwischen den Leistungsgruppen differenziert die Skala am besten: Die Differenz zwischen hoch- und durchschnittlich Leistenden ist mit d = 2.24 (!) gegenüber der zwischen den beiden Begabungsgruppen mehr als doppelt so groß. Ferner schreiben sich die leistungsdurchschnittlichen Schüler „Ost" auch ein statistisch signifikant niedrigeres Selbstbild schulischer Fähigkeiten zu als die durchschnittlich intelligenten Jugendlichen „West" (d = 0.88).

In der „*Anstrengungsfähigkeit" (ANSTRG)* ergeben sich statistisch signifikante Mittelwertsdifferenzen zwischen den hochleistenden Gymnasiasten und allen übrigen Gruppen (eta^2 = 0.105). Letztere sind hinsichtlich dieser Variablen untereinander vergleichbar. Der Gruppenmittelwert der hochleistenden Jugendlichen liegt um d = 0.70 Standardabweichungen über dem der hochbegabten Schüler.

In der Einschätzung des eigenen schulischen „*Glücks"* (*GLÜCK*; Effekt Gruppe: eta^2 = 0.074) geben die durchschnittlich Leistenden an, wesentlich weniger zufällige Erfolge zu haben als die übrigen Gruppen. Dies ist in Anbetracht der Homogenität dieser Leistungsgruppe plausibel.

Bezüglich der Skala „*Unterstützung durch andere"* (*UNTAND*; Effekt Gruppe: eta^2 = 0.043) wird im post-hoc Test nur die Mittelwertsdifferenz zwischen den Hochleistenden, die am wenigsten Unterstützung durch andere wahrnehmen, und den durchschnittlich Intelligenten (DB), die sich der Verfügbarkeit von Hilfe am sichersten sind, statistisch signifikant (d = 0.54). Die numerischen Mittelwertsunterschiede zwischen Hoch- und durchschnittlich Begabten einerseits (d = 0.33) und Hoch- und durchschnittlich Leistenden andererseits (d = 0.32) weisen in die erwartete Richtung: Hochbegabte nehmen tendenziell weniger Unterstützung durch andere bei der Bewältigung schulischer Aufgaben wahr als durchschnittlich Begabte; das Gleiche gilt für den Vergleich der beiden Leistungsgruppen „Ost".

Tab. 6.3: Mittelwerte und Streuungen in den Skalen schulbezogener Kompetenz- und Kontrollüberzeugungen für 444 Schüler und Schülerinnen der 8./9. Jahrgangsstufe, getrennt nach hochbegabten Jungen (HB-Ju), hochbegabten Mädchen (HB-Mä), durchschnittlich begabten Jungen (DB-Ju), durchschnittlich begabten Mädchen (DB-Mä), hochleistenden Jungen (HL-Ju), hochleistenden Mädchen (HL-Mä), durchschnittlich leistenden Jungen (DL-Ju) durchschnittlich leistenden Mädchen (DL-Mä) sowie Ergebnisse der zweifaktoriellen Varianzanalyse „Gruppe(G) × Geschlecht (G)"

SCHULBEZOGENE KOMPETENZ- UND KONTROLLERWARTUNGEN (SEUK)

GRUPPE	BEGAB		ANSTRG		GLÜCK		UNTAND		KONLEI		KONLOB	
	M	S	M	S	M	S	M	S	M	S	M	S
HB-Ju (N=62)	3.0	0.9	2.6	0.7	2.5	0.7	2.7	0.6	3.3	0.6	2.9	0.5
HB-Mä (N=45)	3.0	0.8	2.9	0.8	2.8	0.7	2.6	0.5	3.3	0.6	3.0	0.6
DB-Ju (N=60)	2.0	0.7	2.6	0.8	2.4	0.8	2.9	0.6	2.8	0.7	2.9	0.7
DB-Mä (N=47)	2.3	0.9	2.9	0.9	2.6	0.6	2.9	0.6	3.1	0.7	2.9	0.6
HL-Ju (N=49)	3.3	0.8	3.2	0.8	2.4	0.7	2.4	0.7	3.4	0.6	2.9	0.6
HL-Mä (N=69)	3.0	0.9	3.3	0.7	2.7	0.7	2.7	0.5	3.4	0.6	2.9	0.5
DL-Ju (N=48)	1.6	0.9	2.4	0.9	2.2	0.6	2.7	0.6	2.6	0.7	2.6	0.6
DL-Mä (N=64)	1.5	0.7	2.6	0.8	2.2	0.8	2.7	0.6	2.6	0.7	2.6	0.7
HB (N=107)	3.0	0.8	2.7	0.8	2.7	0.7	2.7	0.6	3.3	0.6	2.9	0.6
DB (N=107)	2.2	0.8	2.7	0.8	2.5	0.7	2.9	0.6	3.0	0.7	2.9	0.6
HL (N=118)	3.1	0.8	3.4	0.7	2.6	0.7	2.6	0.6	3.4	0.4	2.9	0.5
DL (N=112)	1.5	0.6	2.5	0.8	2.2	0.7	2.7	0.6	2.6	0.6	2.6	0.7
Alle (N=444)	2.5	1.0	2.8	0.8	2.5	0.7	2.7	0.6	3.1	0.7	2.8	0.6
p (Gruppe)	<0.001		<0.001		<0.001		<0.001		<0.001		<0.001	
eta²	0.431		0.105		0.074		0.043		0.210		0.043	
p (Geschlecht)	0.965		0.008		0.004		0.337		0.222		0.451	
eta²	<0.001		0.016		0.018		0.002		0.003		0.001	
dª	0.05		-0.27		-0.21		-0.07		-0.08		-0.03	
p (G × G)	0.025		0.824		0.345		0.045		0.210		0.989	
eta²	0.021		0.002		0.008		0.018		0.008		<0.001	

BEGAB = Fähigkeitsselbstbild / Begabung; ANSTRG = Anstrengungsfähigkeit; GLÜCK = Glück / Zufall; UNTAND = Unterstützung durch andere; KONLEI = Kontrolle von Leistung; KONLOB = Kontrolle von Lob.

ª eine negative Effektstärke d weist auf einen Unterschied zugunsten der Mädchen hin

Die Skala „Kontrolle von Leistung" (KONLEI), die eng mit der Skala „Fähigkeitsselbstbild/Begabung" (BEGAB) korreliert (r = 0.57, N = 442), differenziert am zweitbesten zwischen den Gruppen (eta² = 0.210). Auch nach kovarianzanalytischer Kontrolle des BRSS bleibt der Effekt bestehen (F $_{3;437}$ = 32.42, p < 0.001). Hinsichtlich der

Rangreihe der Gruppenmittelwerte zeigt sich ein ähnliches Muster wie bei der Einschätzung der schulischen Fähigkeit:

HL > HB > DB > DL.

Hochbegabte und Hochleistende unterscheiden sich nicht signifikant (d = 0.35), vermutlich (auch) deshalb, weil es Deckeneffekte in der Gruppe der Hochleistenden gibt: Im oberen Bereich differenziert die Skala nicht mehr hinreichend. Zwischen allen übrigen Gruppen sind die Mittelwertsunterschiede statistisch bedeutsam. Der Gruppeneffekt bezüglich *„Kontrolle von Lob"* (*KONLOB*: eta^2 = 0.043) besagt, daß die durchschnittlichen Schüler „Ost" am wenigsten Kontrolle wahrnehmen und hierin statistisch signifikant von allen anderen Gruppen differieren.

Kleine Geschlechtsunterschiede lassen sich nur auf den Skalen *„Anstrengungsfähigkeit"* (*ANSTRG*: eta^2 = 0.016, d = 0.27), und *„Glück / Zufall"* (*GLÜCK*: eta^2 = 0.018, d = 0.21) statistisch absichern. Mädchen meinen, mehr als Jungen über diese (variablen) Einflußfaktoren auf ihre Leistungen verfügen zu können.

Zusammenfassend ist hinsichtlich der *SEUK*-Skalen folgendes zu konstatieren: Hochbegabte unterscheiden sich von durchschnittlich Begabten lediglich in einer höheren Einschätzung schulischer Fähigkeit und in ihrer Kontrollwahrnehmung über ihre Leistungsergebnisse, sowie in einer tendenziell geringeren Beurteilung der Verfügbarkeit über Hilfe von anderen Personen. Für den Vergleich der Hochleistenden mit den durchschnittlich Leistenden gilt, daß sich die hochleistenden Jugendlichen in *allen* gemessenen Dimensionen des *SEUK* als selbstverantwortlicher darstellen. Die durchschnittlich Leistenden haben ein negatives schulisches Kompetenz- und Kontrollüberzeugungskonzept; sie sind noch weniger als die durchschnittlich Begabten „West" davon überzeugt, in der Schule gute Leistungen erbringen zu können ohne sich anzustrengen. Auch meinen sie, in schulischen Belangen weniger Glück zu haben und eine geringere Kontrolle über Leistungen und Lehrkraftsanktionen ausüben zu können. Hochleistende und Hochbegabte verfügen über ähnlich positive Kompetenz- und Kontrollerwartungen, Hochleistende zeigen jedoch eine höhere Selbsteinschätzung ihrer Anstrengungsfähigkeit als die Hochbegabten.

6.3.2.2
Fachspezifische Kontrollüberzeugungen

Bei der Analyse der beiden Kontrollerwartungsskalen für Deutsch und Mathematik zeigt sich bei bivariater Betrachtung je ein kleiner statistisch bedeutsamer Geschlechtseffekt (eta$^2_{multi}$ = 0.016) und Gruppeneffekt (eta$^2_{multi}$ = 0.025), jedoch keine

Wechselwirkung. Ein bedeutsamer Geschlechtseffekt ist univariat nur auf der Skala *„Kontrollerwartung in Mathematik"* (*KONTM*) zu verzeichnen:

Tab. 6.4: Mittelwerte und Streuungen in den beiden Skalen zu fachspezifischen Kontrollüberzeugungen für 440 Schüler und Schülerinnen der 9./10. Jahrgangsstufe, getrennt nach hochbegabten Jungen (HB-Ju), hochbegabten Mädchen (HB-Mä), durchschnittlich begabten Jungen (DB-Ju), durchschnittlich begabten Mädchen (DB-Mä), hochleistenden Jungen (HL-Ju), hochleistenden Mädchen (HL-Mä), durchschnittlich leistenden Jungen (DL-Ju) und durchschnittlich leistenden Mädchen (DL-Mä) sowie Ergebnisse der zweifaktoriellen Varianzanalysen „Gruppe (G) × Geschlecht (G)"

GRUPPE	KONTD		KONTM	
	M	S	M	S
HB-Ju (N=62)	4.2	1.3	5.2	1.1
HB-Mä (N=45)	4.1	1.2	5.1	1.1
DB-Ju (N=58)	4.7	1.2	5.1	1.0
DB-Mä (N=47)	4.7	1.2	4.9	1.3
HL-Ju (N=49)	4.7	1.0	5.3	0.9
HL-Mä (N=68)	4.6	1.1	5.0	0.9
DL-Ju (N=47)	4.6	1.1	5.4	0.6
DL-Mä (N=64)	4.6	1.1	4.9	1.0
HB (N=107)	4.1	1.2	5.2	1.1
DB (N=105)	4.7	1.2	5.0	1.1
HL (N=117)	4.7	1.1	5.1	0.9
DL (N=111)	4.7	1.0	5.1	0.9
Ju (N=216)	4.6	1.2	5.2	0.9
Mä (N=224)	4.6	1.1	5.0	1.1
Alle (N=440)	4.6	1.1	5.1	1.0
p (Gruppe)	<0.001		0.772	
eta^2	0.043		0.003	
p (Geschlecht)	0.796		0.009	
eta^2	0.000		0.016	
d^a	-0.02		0.25	
p (G × G)	0.829		0.745	
eta^2	0.002		0.003	

KONTD = Kontrollerwartung in Deutsch;
KONTM = Kontrollerwartung in Mathematik

[a] eine negative Effektstärke d weist auf einen Unterschied zugunsten der Mädchen hin

Mädchen nehmen hier weniger Einflußmöglichkeiten auf ihre Leistungsergebnisse als Jungen wahr (d = 0.25). Und nur in der Skala *„Kontrollerwartung in Deutsch"* (*KONTD*) findet sich ein interessanter „Hochbegabungseffekt": Die hochintelligenten Jugendlichen geben gegenüber den anderen Gruppen an, ihre Zensuren weniger durch eigenes Aktivwerden kontrollieren zu können (vgl. Tab. 6.4).

6.3.3
Spezifika im Kontrollkonzept
hochbegabter vs. durchschnittlich begabter Jugendlicher

Tab. 6.5: Interkorrelationen der Subskalen des SEUK. Obere Hälfte: Hochbegabte (N=107), Untere Hälfte: Durchschnittlich Begabte (N =107)

	BEGAB	ANSTRG	GLÜCK	UNTAND	KONLEI	KONLOB
BEGAB		.17	.26	-.02	.52	.18
ANSTRG	.41		.01	.11	.43	.26
GLÜCK	.40	.51		.10	.11	.15
UNTAND	-.13	.16	.21		-.02	.16
KONLEI	.51	.62	.48	.19		.43
KONLOB	.20	.24	.16	.26	.51	

SEUK = „Schulspezifische Erwartungen und Kognitionen":
BEGAB = Fähigkeitsselbstbild / Begabung;
ANSTRG = Anstrengungsfähigkeit; GLÜCK = Glück / Zufall;
UNTAND = Unterstützung durch andere; KONLEI = Kontrolle v. Leistung;
KONLOB = Kontrolle v. Lob

Die kursiv gedruckten Koeffizienten indizieren eine statistisch signifikante Differenz zwischen HB und DB.

Beachte: |r| ≥ 0.19 entspricht p < 0.05, |r| ≥ 0.25 entspricht p < 0.01

Vergleicht man die Skaleninterkorrelationen des *SEUK*, ergeben sich Hinweise auf ein differenzierteres Kontrollkonzept der Hochbegabten gegenüber dem der durchschnittlich Begabten: Die Koeffizienten (vgl. Tab. 6.5) liegen in der Gruppe der durchschnittlich begabten Jugendlichen fast immer höher. Folgende Interkorrelationen erweisen sich als statistisch signifikant voneinander abweichend[2]:

(a) *BEGAB / ANSTRG*   r = 0.17 (HB) vs. r = 0.41 (DB),   p < 0.05;
(b) *GLÜCK / ANSTRG*   r = 0.01 (HB) vs. r = 0.51 (DB),   p < 0.01;
(c) *GLÜCK / KONLEI*   r = 0.11 (HB) vs. r = 0.48 (DB),   p < 0.01.

---

[2]   Es wurde geprüft, daß es sich bei den Differenzen nicht um Varianzartefakte handelt.

Bei den durchschnittlich Begabten unserer Stichprobe hängen die Selbsteinschätzungen der schulischen Begabung und der Anstrengungsfähigkeit, der Anstrengungsfähigkeit und des schulischen Glücks sowie des Glücks und der wahrgenommenen Kontrolle stärker zusammen als bei den Hochbegabten.

6.4
ZUSAMMENFASSUNG UND DISKUSSION

Ausgehend von einer Darstellung aktuellerer Konzeptionen des Konstrukts der personalen Kontrolle im schulischen Kontext erfolgte eine Diskussion der Zusammenhänge zwischen Kontroll- und Kompetenzüberzeugungen einerseits und Schulleistung und Intelligenz andererseits. Es wurden einige empirische Ergebnisse zu Kontrollüberzeugungen Hochbegabter skizziert. Vor dem Hintergrund methodischer Probleme bezüglich der Stichprobenauswahl, der Meßinstrumente und der Untersuchungspläne vorliegender Studien ergab sich die Notwendigkeit weiterer Studien zum Thema „Leistungsbezogenes Denken bei Hochbegabten".

Das Marburger Hochbegabtenprojekt gestattet es, dem Vergleich der hoch- und durchschnittlich begabten Jugendlichen die Ergebnisse von hochleistenden vs. durchschnittlich leistenden Schülern gegenüberzustellen. Vor dem Hintergrund empirischer Befunde zum Zusammenhang zwischen Intelligenz, Leistung und Kognitionen kann angenommen werden, daß die vorgelegten Fragebogen zur personalen Kontrolle besser zwischen Leistungs- als zwischen Begabungsgruppen differenzieren sollten. Von Interesse war ferner die Untersuchung von Geschlechtsunterschieden. Für die Interpretation der Ergebnisse zu leistungsbezogenen Kognitionen ist die Kenntnis des schulischen Leistungsstands hilfreich. Im Marburger Projekt ziehen wir als – recht grobes, aber für die Schullaufbahn entscheidendes Maß für die schulische Leistung der Jugendlichen – die Noten des letzten Versetzungszeugnisses heran (vgl. Rost & Hanses 1995, 133–134).[3] In Tabelle 6.6 sind die Durchschnittsnoten der Jugendlichen, getrennt nach Geschlecht und Gruppenzugehörigkeit, tabellarisch aufgeführt, wobei folgende Zensuren berücksichtigt sind: Deutsch, Mathematik, Fremdsprachen (Mittelwert aus Englisch, Französisch, Latein oder andere), Naturwissenschaften (Mittelwert aus Biologie, Chemie, Physik).

Es hat sich herausgestellt, daß Hochbegabte über eine positivere Einschätzung eigener Fähigkeiten als durchschnittlich Begabte verfügen, und daß sie sich ein höheres Ausmaß an Kontrolle über schulische Ziele zuschreiben und somit ein größeres

---

[3]   Daß die Verrechnung von Zensuren ohne Bezug zu den jeweiligen Klassenniveaus (die hier nicht ermittelt werden konnten) problematisch ist, ist der Autorin selbstverständlich bewußt.

Tab. 6.6: Mittelwerte und Streuungen von Gesamtnoten, Deutsch- und Mathematikzensuren für 444 Schüler und Schülerinnen der 9. Jahrgangsstufe, getrennt nach hochbegabten Jungen (HB-Ju), hochbegabten Mädchen (HB-Mä), durchschnittlich begabten Jungen (DB-Ju), durchschnittlich begabten Mädchen (DB-Mä), hochleistenden Jungen (HL-Ju), hochleistenden Mädchen (HL-Mä), durchschnittlich leistenden Jungen (DL-Ju) und durchschnittlich leistenden Mädchen (DL-Mä)

| | | | | FACHSPEZIFISCHE ZENSUREN | | | |
| | | GESAMTNOTE | | DEUTSCH | | MATHEMATIK | |
GRUPPE		M	S	M	S	M	S
HB-Ju	(N=62)	2.4	0.7	2.6	0.8	2.1	1.0
HB-Mä	(N=45)	2.3	0.7	2.3	0.9	2.2	1.0
DB-Ju	(N=60)	3.3	0.6	3.4	0.8	3.2	0.9
DB-Mä	(N=47)	3.0	0.8	2.8	0.9	3.4	1.0
HL-Ju	(N=49)	1.5	0.3	1.6	0.3	1.4	0.5
HL-Mä	(N=69)	1.4	0.3	1.3	0.2	1.4	0.5
DL-Ju	(N=48)	3.3	0.4	3.1	0.6	3.5	0.7
DL-Mä	(N=64)	3.3	0.3	3.0	0.6	3.6	1.6
HB	(N=107)	2.4	0.7	2.5	0.8	2.1	1.0
DB	(N=107)	3.2	0.7	3.1	0.9	3.4	0.9
HL	(N=118)	1.4	0.3	1.4	0.5	1.4	0.5
DL	(N=112)	3.3	0.4	3.0	0.6	3.5	0.7
Ju	(N=219)	2.6	0.9	2.7	1.0	2.6	1.2
Mä	(N=225)	2.4	1.0	2.3	1.0	2.6	1.2
Alle	(N=444)	2.5	0.9	2.5	1.0	2.6	1.2

Beachte: Es handelt sich bei der Gesamtnote um Mittelwerte, die auf vier Zensurenkennwerten basieren: Deutsch, Mathematik, Fremdsprachen (Durchschnitt aus allen Fremdsprachen), Naturwissenschaften (Durchschnitt aus Biologie, Chemie, Physik)

schulleistungsbezogenes Selbstvertrauen als ihre durchschnittlich begabte Vergleichsgruppe aufweisen. Hingegen nehmen sie gegenüber den durchschnittlich Begabten tendenziell weniger Verfügbarkeit von Hilfe wahr. Die Ergebnisse Dörners (1993), der die schulleistungsbezogenen Kompetenz- und Kontrollüberzeugungen der hoch- und durchschnittlich begabten Grundschulkinder des Marburger Projekts analysierte, konnten also fast vollständig repliziert werden. Dies spricht für die Validität der Stichprobenselektion und für die Stabilität der Unterschiede in den Selbsteinschätzungen hoch- und durchschnittlich Intelligenter, zumal die heute gefundenen Differenzen sogar numerisch ähnlich ausfallen wie in Dörners Analysen.

Die positiveren Selbsteinschätzungen der Hochbegabten hinsichtlich ihrer Einfluß-möglichkeiten auf ihre Leistungsergebnisse sind angesichts ihrer höheren intellektu-ellen Kapazität und im Einklang mit ihren günstigeren Zensuren realitätsgerecht. Es ist anzunehmen, daß hochbegabte Schülerinnen und Schüler weniger soziale Unter-stützung bei der Bewältigung schulischer Aufgaben nötig haben.

Die Ergebnisse des Marburger Projekts stimmen darüber hinaus weitgehend mit vor-liegenden Befunden zu schulleistungsbezogenen Kognitionen Hochbegabter, die größtenteils an Schülerinnen und Schülern in Hochbegabtenförderprogrammen ge-wonnen wurden (vgl. 6.1.3), überein. Unsere Ergebnisse und die im Theorieteil dieses Kapitels referierten Resultate sprechen eindeutig *gegen* eine generelle erhöhte Vulne-rabilität von Hochbegabten in Normalschulklassen. Hochbegabte sollten gegenüber durchschnittlich Begabten weniger anfällig für schulische Hilflosigkeit (Seligman 1975) und Leistungsängstlichkeit sein.

Es zeigen sich *keine* Hochbegabungseffekte hinsichtlich der Einschätzung der per-sönlichen Anstrengungsfähigkeit, des Glücks bei der Bewältigung schulischer Anfor-derungen und der Kontrolle über Lehrkraftsanktionen. Hochbegabte Jugendliche ver-fügen also nicht über eine besonders hohe Einschätzung ihrer Motivation, sich für die Schule besonders anzustrengen, wenn sie gute Zensuren erhalten möchten. Mögli-cherweise ist dies angesichts ihrer hohen Intelligenz auch gar nicht erforderlich („Die Schule mach' ich mit links!"). Eine Bewertung dieses Befundes könnte von zwei Per-spektiven aus erfolgen: Zum einen wäre zu überlegen, ob die Lernumwelt „normaler" Schulen Hochbegabten genug Anregung und Anreiz bietet, um eine ausgeprägte Mo-tivation zur Entfaltung ihrer „Begabung" zu entwickeln. Der oben genannten Be-hauptung Bartenwerfers (1988), derzufolge hochbegabte Schülerinnen und Schüler in Regelschulen durch permanente Unterforderung *jegliche* Motivation verlören, ist ent-gegenzusetzen, daß die Hochbegabten unserer Stichprobe *nicht weniger* motiviert sind als die durchschnittlich intelligenten Jugendlichen. Hier zeigt sich die Unzuläs-sigkeit von Generalisierungen aufgrund von Einzelfallbetrachtungen.

Allerdings sollte das Fehlen von Mittelwertsunterschieden hinsichtlich der Dimensio-nen *„Anstrengungsfähigkeit"* und *„Glück / Zufall"* vorsichtig interpretiert werden, da diese bei den Hochbegabten möglicherweise eine andere subjektive Bedeutung besit-zen als bei durchschnittlich Begabten: Hochintelligente verfügen anscheinend über ein differenzierteres Konzept eigener Handlungsfähigkeit / Kontrolle als die Jugend-lichen durchschnittlicher Intelligenz. Diese Schlußfolgerung läßt sich aufgrund der statistisch signifikant niedrigeren Skaleninterkorrelationen des *SEUK* treffen, welche im vorliegenden Falle nicht auf eine Varianzeinschränkung in der Gruppe der Hoch-begabten zurückführbar sind. Die ähnlich gelagerten Befunde bei den hochbegabten Grundschulkindern des Marburger Projekts wurden von Dörner (1993) im Sinne einer

Entwicklungsakzeleration hochbegabter Grundschulkinder gedeutet. Daß sich im Jugendalter die bei Hochbegabten stärkere Konzeptdifferenzierung weiterhin nachweisen läßt, spricht nun eher für eine prinzipiell differenziertere kognitive Strukturierung, da die Entwicklung der eigenen Tüchtigkeitsbeurteilung bei Jugendlichen bereits abgeschlossen sein sollte. Interessant und aufschlußreich wäre es, die entsprechenden Konzeptbeziehungen, etwa in Form von „impliziten Theorien über das Zustandekommen von Schulleistungen" (vgl. auch Dweck & Legett 1988) direkt zu erfragen.

Wie zu erwarten war, differenzieren die Skalen zur Kompetenz- und Kontrollüberzeugung von Schülerinnen und Schülern stärker zwischen den Leistungsgruppen „Ost". Hochleistende Jugendliche unterscheiden sich von (höchstens) durchschnittlich leistenden Jugendlichen bezüglich sämtlicher Dimensionen des *SEUK*: Die Hochleistenden, die an den einbezogenen ostdeutschen Gymnasien zu den leistungsstärksten Schülerinnen und Schülern zählen, schätzen ihre Begabung, Anstrengungsfähigkeit, ihr schulisches Glück, die persönliche Kontrolle über Leistungen und Lehrkraftsanktionen höher ein. Demgegenüber nehmen sie in der Tendenz weniger Unterstützung durch andere wahr als durchschnittlich Leistende.

Die fachspezifischen Kontrollüberzeugungen wurden ein bis zwei Jahre nach Erhebung der Zensuren erfragt. Angesichts einer relativ hohen intraindividuellen Stabilität von Zensuren ermöglichen die Fachleistungszensuren eine – sehr eingeschränkte – Beurteilung der Anpassung der Selbstwirksamkeitsurteile Jugendlicher an ihre tatsächlichen Schulleistungen. Insgesamt ergeben sich bezüglich der fachspezifischen Kontrollüberzeugungen keine Zusammenhänge zu den jeweiligen Zensuren. Dies mag z.T. an der Operationalisierung liegen: Die Auskunft darüber, wieviel man selbst dazu beitragen kann, um gut abzuschneiden bzw. schlechte Zensuren zu vermeiden, wird wahrscheinlich individuell aufgefaßt, und die Antwort wird am persönlichen Standard, was eine gute oder schlechte Zensur darstellt bzw. an der persönlichen potentiellen Anstrengung, gemessen. Insgesamt schätzen alle Jugendlichen ihre Einflußmöglichkeiten auf ihr Abschneiden bei Klassenarbeiten sehr hoch ein, besonders im Fach Mathematik.

Ein bemerkenswerter „Hochbegabteneffekt" ist bei der Beurteilung der individuellen Kontrolle über Leistungsergebnisse im Fach Deutsch zu konstatieren: Hochbegabte sind weniger als die Jugendlichen der anderen Gruppen davon überzeugt, Kontrolle über ihre Deutschleistungen in der Schule ausüben zu können. Es ist anzunehmen, daß es sich hier um eine realistische Einschätzung handelt, da z.B. die Fähigkeit, Aufsätze zu schreiben, weniger durch Anstrengung verbessert werden kann als das Verständnis für mathematische Probleme. Für diese Interpretation spricht auch die Tatsache, daß die Mittelwerte aller Gruppen auf der Skala *„Kontrollerwartung in Deutsch"* niedriger liegen als auf der Skala *„Kontrollerwartung in Mathematik"*.

Was unterscheidet nun die Hochbegabten von den Hochleistenden? Die Hochleistenden verfügen lediglich über eine statistisch signifikant höhere Einschätzung ihrer *„Anstrengungsfähigkeit"* ($d = 0.70$), jedoch sind keine Unterschiede hinsichtlich der Einschätzung der eigenen Begabung, schulischen Glücks, der Unterstützung durch andere, Kontrolle von Leistung und Kontrolle von Sanktionen durch die Lehrkräfte zu konstatieren.

Die homogene Gruppe der durchschnittlich leistenden Schülerinnen und Schüler differiert von den durchschnittlich Begabten statistisch signifikant hinsichtlich ihrer Begabungseinschätzung (d = 0.88), ihrer Meinung, Glück zu haben (d = 0.54) und ihrer Kontrollerwartungen bezüglich der Leistung (d = 0.49) und der Lehrkraftsanktionen (d = 0.38). Hier ist von einem Bezugsgruppeneffekt bei den durchschnittlich Begabten auszugehen: 31.8% (N = 34) dieser Jugendlichen besuchen Realschulen, 14 Jugendliche (13.1%) Hauptschulen, und drei durchschnittlich Begabte „West" gehen auf Berufsschulen. Die an die durchschnittlich Begabten gestellten Leistungsanforderungen sind somit niedriger als die Standards, mit welchen sich die durchschnittlich leistenden Gymnasialschüler auseinandersetzen. Beim Vergleich der Hochbegabten und der Hochleistenden sind Bezugsgruppeneffekte weniger wahrscheinlich, da die Hochbegabten bzw. die Hochleistenden zu 95.3% (N = 102) bzw. zu 100% (N = 118) Gymnasien besuchen.

Es findet sich kein Gruppeneffekt bezüglich der eingeschätzten Selbstwirksamkeit in Mathematik. Dies könnte bedeuten, daß Mathematik von allen Schülern gleichermaßen als „Lernfach" perzipiert wird, wo jeder einzelne die Chance hat, durch eigene Bemühungen das individuelle Leistungsniveau zu verbessern.

Was ist nun zu Geschlechtsdifferenzen, insbesondere zum Vergleich leistungsbezogener Kognitionen bei hochbegabten Jungen und Mädchen zu sagen?

Geschlechtsunterschiede hinsichtlich der Dimensionen der selbstbeurteilten Verfügbarkeit von schulrelevanten Leistungsressourcen und der perzipierten Kontrolle (*SEUK*) sind – insgesamt gesehen – eher gering. Mädchen schätzen ihre Anstrengungsfähigkeit etwas höher ein als Jungen, ferner geben sie an, etwas mehr Glück zu haben. Handelte es sich bei diesen Zuschreibungen um Ursachenerklärungen für schulische Erfolge, so würde man von einer Attribution auf variable Faktoren sprechen (Weiner 1986). Diese sollte sich günstig auf motivationale Prozesse auswirken, was sich in den besseren Durchschnittszensuren der Mädchen (vgl. Tab. 6.6) widerspiegelt. Daß Mädchen häufiger als Jungen meinen, ihnen widerführen in der Schule glückliche Zufälle, könnte auf ein geringeres Selbstbewußtsein hinweisen. Insbesondere hochbegabte Mädchen sollten es nicht nötig haben, ihre Leistungsfähigkeit als „Glück" zu bezeichnen. Mädchen verfügen außerdem generell über eine geringere Selbstwirksamkeitserwartung im Fach Mathematik. Dieser Befund entspricht den obengenannten Ergebnissen zu geschlechtsrollenkonformen Selbstbeurteilungen von Mädchen und Jungen in naturwissenschaftlichen Fächern (z.B. Hannover 1991), die sich in gleichem Ausmaß bei hochbegabten und durchschnittlich begabten Jugendlichen nachweisen lassen. Ob sich diese Differenzen mittlerweile auch in den Leistungsrückmeldungen widerspiegeln, bleibt offen. Die äquivalenten Mathematikzensuren von Jungen und Mädchen, die ein bis zwei Jahre vorher erfragt worden sind, legen jedenfalls eine Interpretation des Geschlechtsunterschieds als Korrelat von Geschlechtsrollenstereotypen näher. Hinweise, daß hochbegabte Mädchen *besonders* negativ über ihre mathematische Selbstwirksamkeit denken (vgl. Cramer & Oshima

1992), konnten angesichts einer fehlenden Wechselwirkung zwischen Begabung und Geschlecht *nicht* nachgewiesen werden.

Zusammenfassend haben sich in der vorliegenden Untersuchung hohe allgemeine schulspezifische Kompetenz- und Kontrollüberzeugungen, insbesondere eine hohe Einschätzung der eigenen Anstrengungsfähigkeit, als Korrelate besonderer Leistungsperformanz erwiesen. Bei den hochleistenden Jugendlichen aus den „neuen" Bundesländern handelt es sich anscheinend um hochmotivierte Schüler mit einer extrem positiven Selbsteinschätzung schulischer Fähigkeiten. Die Überzeugungen der Hochbegabten lassen sich als realitätsangepaßt charakterisieren. Sie unterscheiden sich nur wenig von denen der Hochleistenden. Daß übermäßig hohe Kontrollüberzeugungen, verbunden mit einem extrem positiven Selbstkonzept, nicht unbedingt als adaptiv betrachtet werden sollten, wird aus einer Arbeit von Borges, Roth, Nichols & Nichols (1980) ersichtlich: Sie konnten dokumentieren, daß sowohl Jugendliche mit extremen Ausprägungen von Externalität (verbunden mit negativer allgemeiner Selbstbewertung) als auch mit extrem hoher Internalität (assoziiert mit einer sehr positiven allgemeinen Selbstbewertung) über sehr unrealistische Zensurenerwartungen verfügen. Die Hochbegabten sind diejenigen, die am wenigsten für die Ausbildung hilfloser Verhaltensweisen angesichts von Leistungsanforderungen, aber auch weniger wahrscheinlich für Selbstüberforderung vulnerabel sein sollten.

Es ergeben sich kaum Hinweise auf eine generell ungünstigere Selbsteinschätzung hochbegabter Mädchen gegenüber den hochbegabten Jungen: Sie schätzen ihre schulische Begabung und ihre Kontrolle über Leistungen ebenso positiv ein wie hochbegabte Jungen, ihre Anstrengungsfähigkeit bewerten sie sogar etwas höher. Allerdings geben Mädchen generell öfter als Jungen an, ihnen komme in der Schule der glückliche Zufall zu Hilfe. Ferner zeigen sie eine geringere mathematikbezogene Selbstwirksamkeit. Hier wäre – wenn überhaupt – am ehesten ein Handlungsbedarf anzusetzen, um das Selbstbewußtsein hochbegabter Mädchen hinsichtlich ihrer Leistungsfähigkeit zu stärken, zumal sie – wie die hochbegabten Jungen – über ausgezeichnete intellektuelle Voraussetzungen verfügen. Für eine Prognose der zukünftigen Entwicklung besonders Begabter, insbesondere der hochbegabten Mädchen, ist die Einbeziehung weiterer Variablen (z.B. Interessen, vgl. Kapitel 7; Selbstkonzept, vgl. Kapitel 4), ihrer Werte sowie ihrer Zukunftspläne wichtig. Der prädiktive Wert der hier gewonnen Ergebnisse wird sicherlich eine wichtige und interessante Fragestellung für die nächste Erhebungswelle des Marburger Hochbegabtenprojekts sein.

LITERATUR

Abrahamson, L.Y., Seligman, M.E.P. & Teasdale, J.D. (1978). Learned helplessness in humans: Critique and reformulation. Journal of Abnormal Psychology, 87, 49–74.
Bartenwerfer, H. (1988). Typische Fälle besonderer Begabungen in der Praxis. In Bartenwerfer, H. (Hrsg.). Besondere Begabungen in der normalen Schule: Forschung, Beratung, pädagogischer

Auftrag. Bericht über die Jahrestagung der Gesellschaft zur Förderung Pädagogischer Forschung am 1. und 2.11.1995 in Frankfurt am Main. Frankfurt am Main: GFPF, 33–51.

Bialer, I. (1961). Conceptualization of success and failure in mentally retarded and normal children. Journal of Personality, 29, 303–320.

Bogie, C.E. & Buckhalt, J.A. (1987). Reactions to failure and success among gifted, average, and EMR students. Gifted Child Quarterly, 31, 70–74.

Bohle, H.H. (1988). Sex role orientation and achievement related causal attributes of gifted adolescents. Thesis submitted for the degree of bachelor of arts honours. Ottawa: Department of Psychology, Carleton University.

Borges, M.A., Roth, A., Nichols, G.T. & Nichols, B.S. (1980). Effects of gender, age, locus of control, and self-esteem on estimates of college grades. Psychological Reports, 47, 831–837.

Brody, L.E. & Benbow, C.P. (1986). Social and emotional adjustment of adolescents extremely talented in verbal or mathematical reasoning. Journal of Youth and Adolescence, 15, 1–18.

Callahan, C. (1980). The gifted girl. An anomaly? Roeper Review, 2, 16–20.

Chan, L.K.S. (1988). The perceived competence of intellectually talented students. Gifted Child Quarterly, 32, 310–314.

Chan, L.K.S. (1996). Motivational orientations and metacognitive abilities of intellectually gifted students. Gifted Child Quarterly, 40, 184–193.

Chance, J.E. (1972). Academic correlates and maternal antecedents of children's belief in external or internal control of reinforcements. In: Rotter, J.B., Chance, J.E. & Phares, E.J. (Eds.). Applications of social learning theory of personality. New York: Holt, Rinehart & Winston, 168–179.

Chapman, M., Skinner, E.A., & Baltes, P.B. (1990). Interpreting correlations between children's perceived control and cognitive performance: Control, agency, or means-ends beliefs? Developmental Psychology, 26, 246–253.

Collier, R.G., Jacobson, M.G. & Stahl, S.A. (1987). Locus of control measurement for gifted and nongifted children. Roeper Review, 9, 196–200.

Cramer, J. & Oshima, T.C. (1992). Do gifted females attribute their math performance differently than other students? Journal for the Education of the Gifted, 16, 18–35.

Crandall, V.C., Katkovsky, W. & Crandall, V.J. (1965). Children's belief in their own control of reinforcement in intellectual-academic situations. Child Development, 36, 91–109.

Davis, H. & Connell, J. (1985). The effects of aptitude and achievement status on the self-system. Gifted Child Quarterly, 29, 131–136.

Dörner, H. (1993). Leistungsbezogenes Denken und Handeln hochbegabter Grundschulkinder. In: Rost, D.H. (Hrsg). Lebensumweltanalyse hochbegabter Kinder. Göttingen: Hogrefe, 159–196.

Dweck, C.S. & Legett, E.L. (1988). A social-cognitive approach to motivation and personality. Psychological Review, 95, 256–273.

Feger, B. (1988). Hochbegabung. Bern: Huber.

Feldhusen, J.F. & Nimlos-Hippen, A.L. (1992) An exploratory study of self concepts and depression among the gifted. Gifted Education International, 8, 136–138.

Fincham, F. & Barling, J. (1978). Locus of control and generosity in learning disabled, normal achieving and gifted children. Child Development, 49, 530–533.

Findley, M.J. & Cooper, H.M. (1983) Locus of control and academic achievement: A literature review. Journal of Personality and Social Psychology, 419–427.

Flammer, A. (1990). Erfahrung der eigenen Wirksamkeit. Einführung in die Psychologie der Kontrollmeinung. Bern: Huber.

Fox, L.H. (1982). Die Zeiten ändern sich – die Erziehung hochbegabter Mädchen. In Urban, K.K. (Hrsg.). Hochbegabte Kinder. Psychologische, pädagogische, psychiatrische und soziologische Aspekte. Heidelberg: G. Schindele Verlag.

Hannover, B. (1991). Zur Unterrepräsentanz von Mädchen in Naturwissenschaften und Technik: Psychologische Prädiktoren der Fach- und Berufswahl. Zeitschrift für Pädagogische Psychologie, 5, 169–186.

Hanses, P. (1995). Attribuierungsfragebogen. Unveröffentlichtes Manuskript. Marburg: Fachbereich Psychologie, Philipps-Universität.

Harter, S. (1988). In the classroom. Pupil's form. Denver, CO: University of Denver.

Heckhausen, H. (1981). Ein kognitives Motivationsmodell und die Verankerung von Motivstrukturen. In: Lenk, H. (Hrsg.). Handlungstheorien interdisziplinär. Bd. 3. München: Fink Verlag, 283–352.

Heller, K.A. (1990). Zielsetzung, Methode und Ergebnisse der Münchner Längsschnittstudie zur Hochbegabung. Psychologie in Erziehung und Unterricht, 37, 85–100.

Heller, K.A. & Ziegler, A. (1996). Gender differences in mathematics and the sciences: Can attributional retraining improve the performance of gifted females? Gifted Child Quarterly, 40, 200–210.

Houtz, J.C., Denmark, R., Rosenfield, S. & Tetenbaum, T.J. (1980). Problem solving and personality characteristics related to differing levels of intelligence and ideational fluency. Contemporary Educational Psychology, 5, 118–123.

Junge, M.E. & Dretzke, B.J. (1995). Mathematical self-efficacy in gifted / talented adolescents. Gifted Child Quarterly, 39, 22–28.

Kovaltchouk, O.L. (1998). Hochbegabte Jugendliche und ihre Peer-Beziehungen. Regensburg: S. Roderer.

Krampen, G. (1982). Differentialpsychologie der Kontrollüberzeugungen. Göttingen: Hogrefe.

Laffoon, K.S., Jenkins-Friedman, R. & Tollefson, N. (1989). Causal attributions of underachieving gifted, achieving gifted and nongifted students. Journal for the Education of the Gifted, 13, 4–21.

Levenson, H. (1972). Distinctions within the concept of internal-external control: Development of a new scale. Proceedings of the 80th annual Convention of the American Psychiatric Association, 7, 261–262.

Li, A.K.F. & Adamson, G. (1995). Motivational patterns related to gifted student's learning of mathematics, science and English. An examination of gender differences. Journal for the Education of the Gifted, 18, 284–297.

Loeb, R.C. & Jay, G. (1987). Self-concept in gifted children: Differential impact on boys and girls. Gifted Child Quarterly, 31, 9–14.

Lynne, J.H. (1979). A comparison of the locus of control of children in the gifted and average ranges of intelligence. Unpublished Dissertation. Columbus, OH: Ohio State University.

McClelland, R., Yewchuk, C., & Mulcahy, R. (1991). Locus of control in underachieving and achieving gifted students. Journal for the Education of the Gifted, 14, 380–392.

Meyer, W.-U. (1973). Leistungsmotiv und Ursachenerklärung für Erfolg und Mißerfolg. Stuttgart: Klett.

Milgram, R.M. & Milgram, N.A. (1976). Personality characteristics of gifted Israeli children. Journal of Genetic Psychology, 129, 185–194.

Milgram, R.M., Milgram, N.A. & Landau, E. (1974). Identification of gifted children in Israel: A theoretical and empirical investigation. Research Report No. 2. Tel Aviv: University of Tel Aviv. Faculty of the Humanities.

Mönks, F. (1991). Kann wissenschaftliche Argumentation auf Aktualität verzichten? Replik zum Beitrag Identifizierung von Hochbegabten. Zeitschrift für Entwicklungspsychologie und Pädagogische Psychologie, 23, 232–240.

Mönks, F.J., van Boxtel, H.W., Roelofs, J.J.W. & Sanders, M.P.M. (1986). The identification of gifted children in secondary education and a description of their situation in Holland. In Heller, K.A. & Feldhusen, J.F. (Eds.). Identifiying and nurturing the gifted. An international perspective. Toronto: Huber, 39–65.

Morford, S.N. (1980). Differences between achieving and underachieving upper elementary gifted students: Locus of control, academic self-concept, and other variables. Dissertation Abstracts International, 39, 170 (A).

Nowicki, S. & Strickland, B.R. (1973). A locus of control scale for children. Journal of Consulting and Clinical Psychology, 40, 148–154.

Oettingen, G. von & Little, T.D. (1993). Intelligenz und Selbstwirksamkeitsurteile bei Ost- und Westberliner Schulkindern. Zeitschrift für Sozialpsychologie, 24, 186–197.

Oettingen, G. von, Little, T.D., Lindenberger, U., & Baltes, P.B. (1994). Causality, agency, and control beliefs in East versus West Berlin children: A natural experiment on the role of the context. Journal of Personality and Social Psychology, 66, 579–595.

Olszewski-Kubilius, P.M., Kulieke, M.J. & Krasney, N. (1988). Personality dimensions of gifted adolescents: A review of the empirical literature. Gifted Child Quarterly, 32, 347–352.

Pekrun, R. (1988). Emotion, Motivation & Persönlichkeit. München: PVU.

Phares, E.J. (1976). Locus of control in personality. Morristown, NJ: General Learning Press.

Preiser, S. (1998). Kontrollüberzeugungen. In Rost, D.H. (Hrsg.). Handwörterbuch Pädagogische Psychologie. Weinheim: PVU, 263–267.

Reimanis, G. (1973). School performance, intelligence, and locus of control of reinforcement scales. Psychology in the Schools, 10, 207–211.

Renzulli, J.S. (1986). The three-ring conception of giftedness: A developmental model for creative productivity. In Sternberg, R.J. & Davidson, J.E. (Eds.). Conceptions of giftedness. New York: Cambridge University Press, 53–92

Rost, D.H. (1991a). Identifizierung von Hochbegabung. Zeitschrift für Entwicklungspsychologie und Pädagogische Psychologie, 23, 197–231.

Rost, D.H. (1991b). „Belege", „Modelle", Meinungen, Allgemeinplätze. Anmerkungen zu den Repliken von E.A. Hany, K.A. Heller und F. Mönks. Zeitschrift für Entwicklungspsychologie und Pädagogische Psychologie, 23, 250–262.

Rost, D.H. (Hrsg.)(1993). Lebensumweltanalyse hochbegabter Kinder. Das Marburger Hochbegabtenprojekt. Göttingen: Hogrefe.

Rost, D.H. & Hanses, P. (Hrsg.)(1995). Hochbegabte Jugendliche. Forschungsbericht Nr. 3. Marburg: Fachbereich Psychologie, Philipps-Universität.

Rost, D.H. & Hanses, P. (1998). Das „Drama der hochbegabten Underachiever" – „Gewöhnliche" oder „außergewöhnliche" Underachiever? Zeitschrift für Pädagogische Psychologie, 11, 53–71.

Rotter, J.B. (1966). Generalized expectancies for internal versus external control of reinforcement. Psychological Monographs, 80 (1, no. 609).

Rotter, J.B. (1975). Some problems and misconceptions related to the construct of internal versus external control of reinforcement. Journal of Consulting and Clinical Psychology, 43, 56–67.

Schneewind, K.A. (1987). Diagnostik personaler Kontrolle bei Kindern (DPK-K). Abschlußbericht an die DFG. München: Institut für Psychologie.

Schwarz, L.L. (1980). Advocacy for the neglected gifted: Females. Gifted Child Quarterly, 24, 113–117.

Seligman, M.E.P. (1975). Helplessness. San Francisco, CA: Freeman.

Skinner, E.A. (1995). Perceived control, motivation, & coping. Individual differences and development series. Vol.8. Thousand Oakes, CA: Sage.

Skinner, E.A., Chapman, M. & Baltes, P.B. (1988). Control, means-ends and agency beliefs: A new conceptualization and its measurement during childhood. Journal of Personality and Social Psychology, 54, 117–133.

Stipek, D.J. & Weisz, J.R. (1981). Perceived personal control and academic achievement. Review of Educational Research, 51, 101–137.

Tschechne, M. (1988). Das Kontrollkonzept besonders befähigter Schüler. Eine Untersuchung zu den selbstwahrgenommenen Ursachen für Leistung und schulischen Erfolg im sozialen Vergleich. Hamburg: ISKO-Press.

Vallerand, R.J., Gagné, F., Sénecal, C. & Pelletier, L.G. (1994). A comparison of school intrinsic motivation and perceived competence of gifted and regular students. Gifted Child Quarterly, 38, 172–175.

Van Boxtel, H.W. & Mönks, F.J. (1992). General, social and academic self-concepts of gifted adolescents. Journal of Youth and Adolescence, 21, 169–186.

Waldmann, M.R. & Weinert, F.E. (1990). Intelligenz und Denken. Perspektiven der Hochbegabtenforschung. Göttingen: Hogrefe.

Weiner, B. (1986). An attributional theory of motivation and emotion. Berlin: Springer.

7. Kapitel

Interessen

KATHRIN HOBERG & DETLEF H. ROST

7.1 AUSGANGSLAGE UND FRAGESTELLUNG 341
    7.1.1 Interessenbegriff 341
    7.1.2 Begabung, Leistung und Interessen 342
        7.1.2.1 Vor- und Grundschulalter 342
        7.1.2.2 Jugendalter 343
    7.1.3 Geschlecht und Interessen 345
    7.1.4 Fragestellung 347
7.2 METHODE 348
    7.2.1 Stichprobe 348
    7.2.2 Variablen 348
        7.2.2.1 Interessen 348
        7.2.2.2 Begabung, Schulleistung und bildungsrelevanter sozialer Status 351
    7.2.3 Auswertung 352
7.3 ERGEBNISSE 353
    7.3.1 Interessendifferenzen bei unterschiedlicher Begabung und Leistung 353
        7.3.1.1 Intensität der Interessen 353
        7.3.1.2 Verhaltensmodalitäten der Interessen 355
        7.3.1.3 Vielfalt der Interessen 357
    7.3.2 Geschlechtsunterschiede bei Interessen in Abhängigkeit von Begabung und
        Leistung 357
7.4 DISKUSSION 359
LITERATUR 363

7.1
AUSGANGSLAGE UND FRAGESTELLUNG

7.1.1
Interessenbegriff

Seit der Goethezeit ist es modern geworden, von „Interesse" zu sprechen. Das Deutsche Wörterbuch der Gebrüder Grimm definiert Interesse als den *„antheil, den wir an einer sache nehmen*: interesse wird das wohlgefallen genannt, das wir mit der vorstellung der existenz eines gegenstandes verbinden". Als zweite Bedeutungsfacette erwähnen die Brüder Grimm den „reiz einer sache, der unseren antheil hervorruft" (Grimm & Grimm 1877, Spalte 2148). Gar nicht weit von dieser älteren Definition entfernt ist das fachwissenschaftliche Verständnis von Interesse, wie es im psychologischen Wörterbuch von Dorsch formuliert ist: „Das Beachten eines Gegenstandes, dem ein subjektiver Wert zugeschrieben wird und der eine (theoretische und praktische) Bedeutung für unsere Bedürfnisse hat" (Dorsch, Häcker & Stapf 1994, 361). In diesem Sinne stellen Interessen Motive des Handelns dar, also Neigungen, die aber nicht notwendigerweise mit tatsächlichem Verhalten gleichzusetzen sind.

Unter pädagogisch-psychologischem Aspekt sind Interessen durch eine spezielle kognitive Gerichtetheit bestimmt, welche das Individuum veranlassen, sich mit seiner intellektuellen Aktivität auf den Interessengegenstand zu konzentrieren. Damit tragen Interessen nicht unwesentlich zur Beschreibung und Erklärung von Lernmotivation bei (Krapp 1993; 1998). Prenzel, Krapp & Schiefele (1986), Prenzel (1988) und Schiefele & Köller (1998) thematisieren ausführlicher den Zusammenhang zwischen „intrinsischer Motivation" und Interesse. Begleitend dazu betont man eine spezifische emotionale Komponente, die „z.B. als Wißbegierde, Freude an Erkenntnis u.a.m." beschrieben werden kann (Laabs et al. 1987, 182). In diesem Sinne stellen Interessen wichtige Bedingungen für Lernverhalten dar (Todt 1985). Sie umfassen vor allem zeitlich sehr konstante (habituelle), aber auch aktualisierte Präferenzen für einen oder mehrere Gegenstandsbereich(e). Interessen zeichnen sich gemeinhin durch verschiedene Qualitäten aus. Dies berücksichtigt Brickenkamp (1990, 7) in der seiner Generellen Interessen-Skala (GIS) zugrundegelegten Definition, wenn er Interessen als „emotional-kognitive Verhaltenspräferenzen ..., die sich hinsichtlich verschiedener Merkmale (Interessenrichtungen, Verhaltensmodalitäten, Entstehungsgeschichte, Generalität, Stabilität, Intensität, Vielseitigkeit) voneinander unterscheiden", umschreibt.

Für die differentialpsychologisch orientierte Erfassung von Interessen mittels Fragebogen bietet sich – etwas weniger differenziert – eine Unterscheidung von Niveau, Art und Vielfalt an:

(a) Unter *Niveau* versteht man den Ausprägungsgrad von Interesse, also das, was Brickenkamp mit „Intensität" umschreibt.
(b) Die *Art* der Interessen bezeichnet den jeweiligen Gegenstandsbereich (bei Brickenkamp unter „Interessenrichtung" subsumiert), wobei Brickenkamp eine

zusätzliche Aufgliederung in verschiedene Verhaltensmodalitäten (rezeptiv, reproduktiv und kreativ) vorschlägt.

(c) Mit der *Vielfalt* ist die „Vielseitigkeit" der Interessenlage (einzelne vs. multiple Interessen) gemeint.

7.1.2
Begabung, Leistung und Interessen

Bevor wir ausführlicher auf den Zusammenhang von Begabung, Leistung und Interessen im Jugendalter eingehen, wollen wir, um die Einordnung der jugendspezifischen Befunde zu erleichtern, in aller Kürze einschlägige Ergebnisse aus dem Vor- und Grundschulalter darstellen.

7.1.2.1
Vor- und Grundschulalter

Im Kindesalter manifestieren sich Interessen vor allem im Spielverhalten und in der Spielzeugnutzung.

Yoder (zit. nach Hollingworth 1942) analysierte die Kindheit berühmter Männer und stellte fest, daß diese eher Einzelspiele präferierten. Umfassender gingen Terman et al. (1925) in ihrer berühmten Längsschnittuntersuchung den Spielinteressen, dem Spielverhalten und der Spielzeugnutzung hochintelligenter Kinder nach. Im Vergleich zu Kontrollkindern zeichnen sich die Hochbegabten seiner Stichprobe eher durch ruhige und kognitive Spielzeugnutzung mit nur mittlerem sozialen Anteil aus, während die Kontrollkinder eher Wettbewerbsspiele favorisieren. Witty & Lehman (1927) beobachteten bei besonders begabten Kindern keine bedeutsamen Unterschiede zu durchschnittlich intelligenten, was die mittlere Anzahl von Spielaktivitäten angeht, fanden aber nennenswerte Differenzen hinsichtlich der Art und Weise des Spiels. Auch hier engagieren sich Hochbegabte weniger häufig in sozialen Spielen, lesen dafür aber mehr. Zur Erklärung dieser Befunde läßt sich – auf dem Hintergrund der Ergebnisse anderer Autoren, die ähnliche Resultate berichten (z.B. Abroms 1982; Barnett & Fiscella 1985; Kitano 1985; Lewis, Feiring & McGuffog 1986; Lupkowski 1989) – die Hypothese formulieren, Hochbegabte würden womöglich deshalb intellektuell herausfordernde Einzelspiele bevorzugen, weil sie mangels adäquater (d.h. gleichaltriger und vergleichbar kognitiv leistungsfähiger) Spielkameraden mehr auf sich selbst angewiesen seien.

Im Marburger Hochbegabtenprojekt (Rost 1993) konnten demgegenüber im Spielzeugbesitz und im Spielzeuggebrauch nur geringe Unterschiede zwischen hochintelligenten und durchschnittlich intelligenten gleichaltrigen Kindern der vierten Jahrgangsstufe mit möglichst ähnlichem sozioökonomischen Hintergrund beobachtet werden. Während es beim Spielzeugbesitz keinerlei Anlaß gibt, systematische Gruppendifferenzen zu vermuten, findet sich nur in einer von drei Skalen der Spielzeugnutzung ein kleiner Effekt (eta^2 = 0.042), nämlich bei der Verwendung „jungentypischen Spielzeugs": Hochintelligente Grundschulkinder nutzen es weniger häufig.

Dies mag auch an dem in dieser Altersstufe reduzierten Anreizwert traditionellen Jungenspielzeugs (z.B. Spielfiguren, Modelleisenbahn usw.) liegen (Rost & Hanses 1993; 1994).

Gezielte Interessenuntersuchungen bei hochbegabten Grundschülern finden sich vergleichsweise selten. Harty & Beall (1984) befragten 25 besonders begabte Fünftkläßler hinsichtlich ihrer Einstellungen zur Naturwissenschaft (was als kognitives Spezialinteresse aufgefaßt werden kann). Sie beobachteten keine statistisch oder praktisch relevanten Skalenmittelwertsunterschiede zu 25 gleichaltrigen nicht-hochbegabten Kindern, parallelisiert hinsichtlich der demographischen Variablen „Schulbezirk", „ethnische Zugehörigkeit", „Geschlecht" und „sozioökonomischer Status" ($|d| = 0.04$). Lediglich bei einem einzigen Item zeigt die Hochbegabtengruppe eine statistisch signifikant geringere Zustimmung („Nützlichkeit der Naturwissenschaften beim Spielen zu Hause", $d = -0.59$).[1]

7.1.2.2
Jugendalter

Unter pädagogisch-psychologischer und entwicklungspsychologischer Perspektive ist nun das Grundschulalter für die Interessenausprägung nicht so relevant wie das *Jugendalter*, da die Interessenlage jüngerer Kinder in aller Regel weniger stabil sein dürfte. Im Jugendalter dann vollziehen sich, worauf Todt (1978) nachdrücklich verweist, gravierende Veränderungen in der Motivationslage. Zudem müssen jetzt Entscheidungen hinsichtlich des künftigen Bildungs- und Berufsweges getroffen werden.

In der (vorwiegend amerikanischen) Literatur werden immer wieder diverse Interessenunterschiede zwischen hoch- und durchschnittlich begabten Jugendlichen berichtet. Hochintelligenten wird ein höheres Niveau (*Intensitätshypothese*), eine größere Vielfalt (*Quantitätshypothese*) und spezifische Art (*Qualitätshypothese*) an Interessen zugeschrieben (z.B. Janos & Robinson 1985; Whitmore 1985; Jellen & Verduin 1989). Vereinzelt (z.B. Rice 1985) findet sich auch die *Behauptung*, jedem intellektuellen Niveau entspräche eine einzigartige Interessenkonfiguration. Empirische Belege dazu fehlen aber.

Über einige ausgewählte Arbeiten zu den Interessen hochbegabter und hochleistender *Jugendlicher* wollen wir kurz berichten.

Nichols & Davis (1964) belegten bei „National Merit"-Stipendiaten ein höheres Interesse an Forschung und Wissenschaft, insbesondere was die Naturwissenschaften angeht. Durchschnittliche Studenten erwärmen sich dagegen eher für soziale und praktische Berufe. In ähnliche Richtung weisen die Befunde von Rowlands (1961, zit. nach Schlichting 1967), Warren & Heist (1960) sowie Heist, McConnell, Mastler & Williams (1961). Demnach zeigen sich bei 15jährigen Gymnasiasten (Rowlands) bzw. „National Merit"-Studenten, die amerikanische Colleges (Warren & Heist) und leistungsstärkere amerikanische Colleges (Heist et al.) besuchen, ebenfalls ein stärker

---

[1] In der Regel werden in den in diesem Kapitel referierten Studien keine Effektstärken berichtet. Sie können auch nicht ermittelt werden, da zumeist die dafür notwendigen Angaben (z.B. Streuungen) in den Veröffentlichungen fehlen.
Ein negatives Vorzeichen von d zeigt im Vergleich zweier Begabungs- bzw. Leistungsgruppen hier und hinfort einen Unterschied zugunsten der geringer Begabten bzw. geringer Leistenden an, im Geschlechtsgruppenvergleich zugunsten der Mädchen.

ausgeprägtes Interesse für abstrakte, naturwissenschaftlich-theoretische und mathematische Fragestellungen. Auch Olszewski-Kubilius & Kulieke (1989) berichteten bei 13–14jährigen hochleistungsfähigen Schülern von statistisch signifikant höheren theoretischen und politischen Interessen als bei gleichaltrigen Schülern mit durchschnittlichem Leistungspotential und bei älteren College-Studenten. Daß intellektuelle Fähigkeiten und wissenschaftliches Interesse korrelieren, bestätigt zudem eine Studie von Fox, Pasternak & Peiser (1976). Diese Autoren schreiben besonders begabten und besonders leistenden Siebtkläßlern stärker entwickelte Interessen für sogenannte akademische Fächer und etwas geringere Interessen für mehr traditionelle adoleszententypische Bereiche zu als durchschnittlich begabten und durchschnittlich leistenden Neuntkläßlern.

In Deutschland liegen nur wenige Studien zu diesem Thema vor; die Untersuchungen von Schlichting (1967; 1968) und Pollmer (1991a; b) stellen wir nachfolgend etwas ausführlicher dar.

Schlichting analysierte „einige Persönlichkeitszüge von Gymnasiasten mit hoher Testintelligenz". Sie verglich 20 hochintelligente mit 20 durchschnittlich intelligenten *Akademikersöhnen*, die aus einer Gruppe von 187 Akademikerkindern der 11. und 12. Jahrgangsstufe anhand des Intelligenz-Struktur-Tests (I-S-T, Amthauer 1955) ausgewählt worden waren. Diese 187 Akademikersöhne waren wiederum aus 1028 (männlichen) Gymnasiasten von 59 Schulklassen gezogen worden. Die Beschränkung auf *Akademiker*kinder ergibt sich nach Schlichting aus dem Wunsch, den Einfluß hoher Begabung auf das Interesse bei relativ homogenen Anregungsbedingungen durch das Elternhaus festzustellen, also den Störfaktor „Bildungshintergrund und sozioökonomischer Status" zu kontrollieren. Die Beschränkung auf Akademiker*söhne* hält den (hier versuchsplanerisch als „Störvariable" verstandenen) Faktor „Geschlecht" konstant.
Während es hinsichtlich diverser Persönlichkeitsmerkmale (Leistungsmotivation, emotionale Stabilität und soziale Anpassung) *keine* systematischen Unterschiede zwischen den beiden Intelligenzextremgruppen gibt, konnte Schlichting, trotz der kleinen Gruppengrößen, statistisch signifikante Unterschiede im *Niveau* der Interessenbereiche, gemessen mit dem Differentiellen Interessen-Test (DIT, Todt 1967), objektivieren. Demnach haben hoch testintelligente Gymnasiasten in fast allen Gebieten größeres Interesse als die weniger intelligenten, mit Ausnahme der Skalen „Sozialpflege und Erziehung" und „Sport". Die größten Mittelwertsunterschiede gibt es in den Bereichen „Technik und Naturwissenschaft" und „Mathematik". Das Interessenprofil selbst deutet – zwar nicht statistisch signifikant – auf ein eher abstrakt-theoretisches Interesse von Hochbegabten hin, was mit den schon erwähnten Befunden von Rowlands (1961, zit. nach Schlichting 1967), Warren & Heist (1960) und Heist et al. (1961) übereinstimmt.
In der ehemaligen DDR untersuchte Pollmer (1991a; b) 365 überdurchschnittlich begabte und leistende Spezialschüler mathematisch-naturwissenschaftlich-technischer Ausrichtung mit dem Intelligenz-Struktur-Test (I-S-T 70, Amthauer 1972) und mit einem selbstkonstruierten Bücherkatalogverfahren zu den Interessenschwerpunkten „Technik", „Mathematik", „Physik", „Biologie" und „Chemie".

Clusteranalytisch identifizierte sie acht Gruppen. Die Schüler der beiden Cluster, in denen die *Höchst*intelligenten vertreten waren (Cluster I: N = 51, mittlerer IQ = 153; Cluster II: N = 43, mittlerer IQ = 143), unterscheiden sich nicht hinsichtlich ihrer Mathematikleistungsfähigkeit (der Intelligenzunterschied ist ebenfalls statistisch insignifikant), wohl aber hinsichtlich Art und Niveau ihrer mathematisch-naturwissenschaftlich-technischen Interessen. Nach Pollmer zeigt Cluster II ein relativ ausgeglichenes Interessenprofil, und zwar liegen die Interessen durchgängig im positiven Bereich. Im Cluster I dagegen sind alle Interessen unterdurchschnittlich ausgeprägt (mit Ausnahme des durchschnittlichen Mathematikinteresses), wobei „Technik", „Chemie", „Biologie" und „Physik" 0.6 bis 0.9 Standardabweichungen unter dem Mathematikinteresse liegen. Die Interpretation von Pollmer, mathematische Hochbegabung und mathematische Höchstleistungen seien also mit herausragenden mathematischen Interessen verbunden, kann angesichts der dürftigen Interessenlage der Schüler von Cluster I so nicht aufrechterhalten werden. Richtiger müßte man konstatieren, daß es auch mathematisch Höchstleistende gibt, obwohl deren Interesse an Mathematik (und das an technisch-naturwissenschaftlichen Fächern) im Vergleich zu anderen Hochleistenden nur unterdurchschnittlich ausgeprägt ist.

Pollmer (1991a, 102) möchte – ungeachtet der Tatsache, daß ihre Ergebnisse dies eigentlich nicht zulassen – mit ihren Befunden belegen, daß sich „gerade in der Gruppe der am höchsten begabten Schüler Extreme in bezug auf die Einseitigkeit und Vielseitigkeit der fachlichen Interessiertheit befinden". Welche Interessenlage bei den verbleibenden sechs Clustern vorliegt, ist dem Artikel von Pollmer nicht zu entnehmen. Eine adäquate Vergleichsgruppe „normaler" Schüler, welche keine mathematisch-naturwissenschaftliche Spezialschule besuchen und die in naturwissenschaftlichen Fächern keine exzellenten Leistungen erbringen, fehlt allerdings, so daß nicht entschieden werden kann, ob die gefundenen Cluster hochbegabungstypisch sind oder nicht.

7.1.3

Geschlecht und Interessen

Die alltagspsychologische Beobachtung, daß sich Jungen und Mädchen sowie Männer und Frauen in ihren Interessen und Neigungen unterscheiden, wird natürlich auch in den einschlägigen psychologischen Begriffsbestimmungen berücksichtigt. So betont Todt (1978, 14) neben dem Entwicklungsaspekt von Interessen eben ihren *Geschlechtsrollenbezug*, wenn er Interessen definiert als „Verhaltens- oder Handlungstendenzen (Dispositionen), die relativ überdauernd und relativ verallgemeinert sind, ... die gerichtet sind auf Gegenstands-, Tätigkeits- oder Erlebnisbereiche ... *und die im Ausprägungsgrad stark von der jeweils akzeptierten Geschlechtsrolle abhängig sind"* (Hervorhebung durch uns).

Vielfach findet sich die *Vermutung*, Hochbegabte seien weniger als andere von traditionellen Geschlechtsrollenstereotypen affiziert (Vernon, Adamson & Vernon 1977,

132). In seinem Artikel über Geschlechtsunterschiede im neuen „Handwörterbuch Pädagogische Psychologie" äußert sich Kasten (1998) in diesem Sinne. Er behauptet, intelligentere Kinder stellten aufgrund ihres früh erworbenen differenzierten Wissens über Geschlechtsunterschiede Geschlechtsrollenklischees eher in Frage. Im Jugend- und Erwachsenenalter käme es, so Kasten, gerade bei Hochbegabten gelegentlich sogar zu einer Umkehrung traditioneller Geschlechtsrollenorientierungen. Hochbegabte würden sich mit der eigenen Geschlechtszugehörigkeit kritisch auseinandersetzen und deshalb die eigenen Geschlechtsrollenmerkmale negativ bewerten. Die Befundlage ist allerdings nicht so eindeutig, wie es diese Aussagen nahelegen.

Schon Gottsdanker (1968) verwies bei Collegestudenten darauf, daß die Interessen hoch- und durchschnittlich Begabter hinsichtlich des Geschlechts differenziert zu betrachten sind. Sie verglich 150 hoch testintelligente mit 150 durchschnittlich testintelligenten Studienanfängern. In sieben der 13 Skalen stellte Gottsdanker statistisch signifikant höhere Interessen in der Gesamtgruppe der Hochintelligenten fest. Geschlechtsorientierte Analysen erbringen folgendes Bild: Die Profile der männlichen Studienanfänger beider Gruppen verlaufen ähnlich; das Niveau der hoch testintelligenten *Studenten* liegt durchgehend – aber nicht statistisch signifikant – höher als das der durchschnittlich testintelligenten. Im Gegensatz dazu unterscheidet sich das Interessenprofil der hoch testintelligenten *Studentinnen* von dem der durchschnittlich testintelligenten Studienanfängerinnen und von dem der beiden Männergruppen stark in Niveau und Gestalt. Die statistisch signifikanten Unterschiede zwischen hoch- und durchschnittlich Testintelligenten gehen also vornehmlich auf Niveauunterschiede bei den *Studentinnen* zurück. Von ähnlichen Verhältnissen berichteten bereits Terman & Oden (1947) bzw. Terman et al. (1925). Die Schul- und Leseinteressen hochbegabter und nicht hochbegabter Jungen ähneln sich, während die der hochbegabten Mädchen denen der hochbegabten Jungen am nächsten kommen, von denen der nicht-hochbegabten Mädchen jedoch abweichen. Auch Fox et al. (1976) beobachteten bei hoch testintelligenten *Schülerinnen* geschlechtsübergreifende Interessen, während die hochintelligenten *Schüler* keine anderen als die typischerweise als maskulin angesehenen Interessen aufweisen. Olszewski-Kubilius & Kulieke (1989) ermittelten statistisch signifikante Unterschiede zwischen hochbegabten und nicht-hochbegabten Jugendlichen in theoretischen, ästhetischen, politischen und religiösen Interessen, wobei die hochbegabten Jungen und Mädchen übereinstimmend höheres theoretisches und niedrigeres religiöses Interesse bekunden. Das höhere politische Interesse geht ausschließlich auf die hochbegabten Jungen und das höhere ästhetische Interesse ausschließlich auf die hochbegabten Mädchen zurück. Im Vergleich zu einer College-Stichprobe zeigen diese hochbegabten High-School-Schüler und -Schülerinnen jedoch *übereinstimmend* ein statistisch signifikant höheres theoretisches und politisches sowie statistisch signifikant niedrigeres religiöses Interesse. In der Gruppe der hochbegabten Jugendlichen wiederum unterscheiden sich Jungen und Mädchen statistisch signifikant in fünf von sechs Skalen der Allport-Lindzey Study of Values (Allport, Vernon & Lindzey 1970). Die hochbegabten Jungen zeigen höheres theoretisches, ökonomisches und politisches Interesse, während die hochbegabten Mädchen stärker Ästhetisches und Soziales bevorzugen. Bei einem Vergleich der hochbegabten Mädchen mit durchschnittlich begabten High-School-Schülerinnen und mit älteren College-Absolventinnen findet sich jedoch gleichzeitig ein größeres Ausmaß maskulin orientierter Interessen, während bei den hochbegabten Jungen feminine Interessen eher eine untergeordnete Rolle spielen.

Versucht man, die in der unterschiedlichsten Literatur genannten Befunde zu Geschlechtsunterschieden bezüglich Interessen, Werte und Ziele, Berufsorientierung, Freizeitaktivitäten und Hobbies zusammenzufassen, so ergibt sich die in Tabelle 7.1 wiedergegebene Polarisierung. Vergleichbare geschlechtskorrelierte Interessendifferenzen bei hochbegabten Jugendlichen konnten Perleth & Sierwald (1992) beobachten. (Es sei an dieser Stelle erwähnt, daß vielen Studien, die Hochbegabte und / oder

Hochleistende befragten, teilweise stärker verzerrte Stichproben zugrunde liegen, weil die Probanden vorselegiert waren. In der Hochbegabungsforschung finden sich nämlich häufiger selbst-selegierte bzw. durch Lehrkräfte nominierte Stichproben [z.B. Kinder von Initiativgruppen zur Förderung Hochbegabter oder Kinder- und Jugendliche, die private Förderinstitutionen für besonders Begabte besuchen].)

Tab. 7.1: Häufig berichtete Geschlechtsunterschiede bei Hochbegabten in bezug auf ihre Interessen, Werte und Ziele, berufliche Interessen und Orientierung sowie Freizeitaktivitäten und Hobbys (Rost 1991, 241)

	MÄDCHEN & FRAUEN	JUNGEN & MÄNNER
INTERESSEN	Muttersprache, Kunst, Literatur, Musik, Fremdsprachen, Theater, Biologie.	Naturwissenschaften, Sport, Mathematik, Geschichte.
WERTE UND ZIELE	Soziales, Ästhetisches, Familiäres, Kulturelles, Lebensfreude.	Theoretisches, Ökonomisches, Politisches, Berufliches.
BERUFLICHE INTERESSEN UND ORIENTIERUNG	Hauswirtschaft, Kunst, Geisteswissenschaften, Biologie, Medizin, Sekretariatsarbeit, Sozial- und Pflegeberufe.	Wirtschaft, Naturwissenschaften, Technik, Militärwesen.
FREIZEITAKTIVITÄTEN UND HOBBYS	Lesen, Schreiben, Kunst, Kunsthandwerk, Tanzen, häusliche und familiäre Angelegenheiten, Schauspielen.	Sport, Handwerk und Technik, wissenschaftliche Hobbies, mathematikbezogene Aktivitäten, Computer und Elektronik.

Nach den Ergebnissen der vorliegenden Studien liegt es nahe zu vermuten, daß sich hochbegabte Mädchen und Frauen – allerdings zusätzlich zu ihren geschlechtsrollentypischen Interessen – an das traditionell maskuline Interessenprofil annähern. Das scheint nicht in gleichem Maße für Jungen und Männer, die sich die „gegengeschlechtlichen" Interessen (noch) nicht analog zu eigen gemacht haben, zu gelten (vgl. Terman et al. 1925; Terman & Oden 1947; Fox et al. 1976; Olszewski-Kubilius & Kulieke 1989; Pollmer 1991b).

7.1.4

Fragestellung

Auf dem Hintergrund der eben diskutierten Befunde wollen wir in diesem Kapitel folgende allgemeine Fragestellungen beantworten:

(a) Differieren die vier verschiedenen Begabungs- bzw. Leistungsgruppen (Hochbegabte; durchschnittlich Begabte; Hochleistende; durchschnittlich Leistende)

- hinsichtlich der Intensität ihrer Interessen,
- hinsichtlich der Verhaltensmodalität ihrer Interessen und
- hinsichtlich der Vielfalt ihrer Interessen?

(b) Finden sich die bekannten Interessenunterschiede zwischen Jungen und Mädchen auch bei Hochbegabten und Hochleistenden?

7.2
METHODE

7.2.1
Stichprobe

Die psychometrische Überprüfung des eingesetzten Fragebogens beruht auf einer Stichprobe von N = 539 Jugendlichen im Alter von 13 bis 15 Jahren aus neun „alten" („West", N = 283) und fünf „neuen" („Ost", N = 256) Bundesländern.

Die Analysen der Interessenunterschiede beziehen sich auf folgende (etwas reduzierte) Substichproben von insgesamt N = 444 Schülern und Schülerinnen:

(a) *Begabungsstichprobe „West"* (N = 214). Sie setzt sich aus 107 stabil Hochbegabten (45 Mädchen, 62 Jungen) und 107 stabil durchschnittlich Begabten (47 Mädchen, 60 Jungen) zusammen.

(b) *Leistungsstichprobe „Ost"* (N = 230). Sie besteht aus 118 Hochleistenden (69 Mädchen, 49 Jungen) und 112 durchschnittlich Leistenden (64 Mädchen, 48 Jungen).

Die ausführliche Beschreibung der Stichprobe findet sich in Kapitel 1.

7.2.2
Variablen

7.2.2.1

Interessen

Zur Erfassung der Interessenlage gaben wir die Generelle Interessen-Skala (GIS) von Brickenkamp (1990) vor. Der *„West"-Stichprobe* wurde dieser Fragebogen Anfang 1993 postalisch zugesandt (8. Jahrgangsstufe, 100% Rücklauf). Die *„Ost"-Stichprobe* erhielt den Fragebogen 1995 im Rahmen der persönlichen Erhebungen bei den Familienbesuchen (9. Jahrgangsstufe, 100% Teilnahme).

Die GIS erfaßt mit 48 Items in 16 Inhaltsskalen (pro Skala 3 Items) die Intensität und Vielfalt individueller Interessen und erlaubt eine Analyse hinsichtlich dreier Verhaltensmodalitäten (pro Skala gibt es je ein Item für rezeptive, reproduktive und kreative Interessen). Die 16 Inhaltsskalen sind: *„Musik"*, *„Kunst"*, *„Architektur"*, *„Literatur"*, *„Politik"*, *„Handel"*, *„Erziehung"*, *„Medizin"*, *„Kommunikationstechnologie"*, *„Naturwissenschaft"*, *„Biologie"*, *„Ernährung"*, *„Natur und Landwirtschaft"*, *„Mode"*, *„Sport"*, *„Unterhaltung"*. Die drei Verhaltensmodalitäten kennzeichnen folgende verhaltensnahe Interessenklassen:

(a) *„Rezeptive Interessen"* (*REZ-I*) bezeichnen eine Aufnahmebereitschaft für Ereignisse und Fakten und ein gewisses Informationsbedürfnis.
   Itembeispiel „Literatur": „Romane, Dramen, Gedichte lesen".
   Itembeispiel „Politik": „Sich über politische Probleme informieren".
(b) *„Reproduktive Interessen"* (*REP-I*) stehen für den Wunsch nach aktiver Betätigung ohne schöpferische Neugestaltung.
   Itembeispiel „Literatur": „Gedichte vortragen oder in Theatergruppen spielen".
   Itembeispiel „Politik": „Sich für Ziele einer Partei oder Bürgerinitiative einsetzen".
(c) *„Kreative Interessen"* (*KRE-I*) umschreiben den Aspekt der Neuheit und den Wunsch, eigene Ideen und Vorstellungen zu verwirklichen.
   Itembeispiel „Literatur": „Gedichte, Erzählungen oder dergleichen schreiben, schriftstellerisch tätig sein".
   Itembeispiel „Politik": „Politische Programme mitgestalten".

Die Beantwortung der Items erfolgt immer durch die Angabe der Interessenintensität („0 = kein Interesse" bis „5 = hohes Interesse"). Ausführliche Darstellungen der GIS, ihrer psychometrischen Kennwerte und Validitäten finden sich bei Birnstengel (1989) und Brickenkamp (1990); ihren Einsatz im Marburger Hochbegabungsprojekt dokumentieren umfassend Rost & Hanses (1995; 1996) und Rost, Freund-Braier, Schilling & Schütz (1997; 1998).

Zur Überprüfung, ob die vom Testautor Brickenkamp gebildeten 16 Skalen dimensionsanalytisch repliziert werden können, rechneten wir auf Basis der Gesamtstichprobe (N = 539) eine Hauptkomponentenanalyse mit der Voreinstellung „16 Komponenten varimax rotieren". Bei 74.5% aufgeklärter Totalvarianz können 15 Komponenten gut interpretiert werden; davon entsprechen 13 inhaltlich den Brickenkampschen Skalen. Acht Komponenten werden jeweils durch drei zusammengehörige Interessenitems markiert; diese bilden komponentenweise folgende Skalen:

1. *„Naturwissenschaft"* (*NAW*, $\alpha_3 = 0.87$, $\alpha_{10} = 0.96$);[2]
2. *„Kommunikationstechnologie"* (*KOM*, $\alpha_3 = 0.88$, $\alpha_{10} = 0.96$);
3. *„Politik"* (*POL*, $\alpha_3 = 0.83$, $\alpha_{10} = 0.94$);

---

[2]   Das aktuelle α hängt bekanntlich auch von der Anzahl der Items einer Skala ab. Zum besseren Vergleich und zur besseren Bewertung der Skalenqualitäten geben wir zusätzlich zum beobachteten α bei vorliegender Itemzahl (z.B. α_3 = alpha der aus drei Items bestehenden Skala) zusätzlich die α_{10}-Homogenität bei Standardisierung der Skalenlänge auf 10 Items an.

4. *„Erziehung"* (*ERZ*, $\alpha_3 = 0.78$, $\alpha_{10} = 0.92$);
5. *„Kunst"* (*KUN*, $\alpha_3 = 0.73$, $\alpha_{10} = 0.90$);
6. *„Literatur"* (*LIT*, $\alpha_3 = 0.72$, $\alpha_{10} = 0.90$);
7. *„Sport"* (*SPO*, $\alpha_3 = 0.73$, $\alpha_{10} = 0.90$);
8. *„Unterhaltung"* (*UNT*, $\alpha_3 = 0.59$, $\alpha_{10} = 0.83$).

Fünf Komponenten sind nur durch zwei konstruktentsprechende Variablen ausgezeichnet, so daß die Skalen also lediglich durch diese beiden Markiervariablen definiert sind:

9. *„Architektur"* (*ARC*, $\alpha_2 = 0.80$, $\alpha_{10} = 0.95$);
10. *„Ernährung"* (*ERN*, $\alpha_2 = 0.81$, $\alpha_{10} = 0.96$);
11. *„Handel"* (*HAN*, $\alpha_2 = 0.71$, $\alpha_{10} = 0.92$);
12. *„Medizin"* (*MED*, $\alpha_2 = 0.64$, $\alpha_{10} = 0.90$);
13. *„Musik"* (*MUS*, $\alpha_2 = 0.68$, $\alpha_{10} = 0.91$).

Die von Brickenkamp vorgesehenen Skalen *„Natur und Landwirtschaft"*, *„Biologie"* und *„Mode"* konnten nicht repliziert werden. An ihre Stelle treten in unserer Stichprobe zwei neue Skalen:

14. *„Natur"* (*NAT*, aus den drei Items der Ursprungsskala „Natur und Landwirtschaft" und aus zwei Items der Ursprungsskala „Biologie" gebildet; $\alpha_5 = 0.82$, $\alpha_{10} = 0.90$) und
15. *„Vergnügungen"* (*VER*, aus je einem Item aus den Ursprungsskalen „Mode", „Handel" und „Musik" bestehend; $\alpha_3 = 0.63$, $\alpha_{10} = 0.85$).

Diese Struktur (16 varimax rotierte Komponenten) war theoretisch vorgegeben. Die von Rost & Schermer (1986; vgl. Rost & Schermer 1997, 59) eingeführte Kriterienkombination zur Bestimmung der Anzahl sinnvoll extrahierbarer Komponenten (siehe Kap. 1) verweist hingegen auf eine nach orthogonaler Rotation gut interpretierbare Dreikomponentenlösung, die insgesamt 38.8% der Totalvarianz aufklärt. Auch die von Horn (1965) vorgeschlagene Parallelanalyse spricht für die Extraktion und Rotation von drei Komponenten. Diese Dreikomponentenstruktur zeigte sich auch bei getrennten Hauptkomponentenanalysen für die „West"- und „Ost"-Substichprobe (Faktorenkongruenzkoeffizienten: $r_{C1} = 0.95$; $r_{C2} = 0.94$; $r_{C3} = 0.86$). Die Markiervariablen dieser Komponenten konstituieren folgende drei Skalen (vgl. Tab. 7.2):

(a) *Breitbandskala „‚Männliche' Interessen"* (*M-I*, 11 Items, $\alpha_{11} = 0.88$, $\alpha_{10} = 0.87$). *Itembeispiele*: „Sich über medizinische Fortschritte informieren", „Über naturwissenschaftliche Erkenntnisse diskutieren", „Politische Programme mitgestalten".
(b) *Breitbandskala „‚Weibliche' Interessen"* (*W-I*, 16 Items, $\alpha_{16} = 0.87$, $\alpha_{10} = 0.81$). *Itembeispiele*: „Romane, Dramen oder Gedichte lesen", „Lehren, unterrichten, Kinder erziehen", „Bekleidungsstücke selbst entwerfen".
(c) *Breitbandskala „‚Geschlechtsneutrale' Freizeitinteressen"* (*F-I*, 5 Items, $\alpha_5 = 0.64$, $\alpha_{10} = 0.78$). *Itembeispiele*: „Auswärts essen, z.B. im Feinschmeckerlokal", „Sport treiben", „Sich über Fernsehsendungen oder (Video-)Filme unterhalten".

Zusätzlich war die Variable „Interessenvielfalt" zu definieren. Sie soll Auskunft darüber geben, ob für den jeweiligen Gegenstandsbereich ein positiv getöntes Interesse (Zusammenfassung der Ratingstufen 3 bis 5) oder nicht (Zusammenfassung der Ratingstufen 0 bis 2) besteht. Diese Dichotomisierung führt zu einer *Globalskala „Interessenvielfalt"*, die bei Aufsummierung von 0 (bei keinem der 48 Items wird ein Interesse signalisiert) bis 48 (bei jedem Item wird ein Interesse bekundet) reicht und über die Valenz der Interessen informiert ($KR20_{48} = 0.88$, $KR20_{10} = 0.60$).

Tab. 7.2: Übersicht über die empirisch gewonnenen Breitbandskalen der Generellen Interessen-Skala (GIS)

	EMPIRISCHE SKALEN		
KENNWERTE	M-I	W-I	F-I
Itemzahl	11	16	5
a_{max}	0.78	0.66	0.66
a_{min}	0.50	0.43	0.41
$\overline{a}$	0.65	0.54	0.56
$r_{it\ max}$	0.74	0.57	0.48
$r_{it\ min}$	0.47	0.35	0.27
$\overline{r}_{it}$	0.60	0.51	0.40
α	0.88	0.87	0.64
α_{10}	0.87	0.81	0.78
M	1.9	2.4	3.5
S	1.1	0.9	0.9

M-I: „Männliche" Interessen;
W-I: „Weibliche" Interessen;
F-I: „Geschlechtsneutrale" Freizeitinteressen

Beachte: M und S jeweils an Itemzahl relativiert (theoretischer Range = 1 bis 5, theoretische Mitte = 3.0)

7.2.2.2
Begabung, Schulleistung und bildungsrelevanter sozialer Status

Wie bei der Identifikation intellektueller Hochbegabung üblich (siehe Kap. 1) wird Hochbegabung als herausragende umfassende Leistungsfähigkeit im Sinne einer *exzellenten Kompetenz* definiert. Ihre Operationalisierung erfolgt durch eine entsprechend ihrer „,g'-Sättigung" gewichteten Kombination der Subtests „Analogien" und „Zahlenreihen" des I-S-T 70 von Amthauer (1972), des Untertests 3 des LPS von Horn (1983) und des ZVT von Oswald & Roth (1987).

Die allgemeine Schulleistung wurde als Durchschnittszensur der Fächer „Deutsch",
„Mathematik", „erste Fremdsprache", „Physik" (falls nicht unterrichtet „Chemie")
und – sofern unterrichtet – „Biologie" definiert. Hochleistung verstehen wir also im
Gegensatz zum Kompetenzkonzept der Hochbegabung als *exzellente Performanz*
(Jahrgangsstufenbester).

Den für das Bildungsverhalten relevanten sozialen Status (BRSS) operationalisierten
wir in Anlehnung an Bauer (1972) mit entsprechenden Modifikationen für die Besonderheiten der ehemaligen DDR.

Eine genauere Beschreibung dieser Variablen findet sich in Kapitel 1.

7.2.3
Auswertung

Zur Überprüfung etwaiger Gruppeneffekte rechneten wir zweifaktorielle (4×2) multivariate Varianzanalysen (MANOVAs mit viergestuftem Gruppenfaktor [HB = Hochbegabte, DB = durchschnittlich Begabte, HL = Hochleistende, DL = durchschnittlich Leistende] und zweigestuftem Geschlechtsfaktor) und gegebenenfalls analoge univariate Nachfolge-ANOVAs. Bei bedeutsamer Korrelation ($r \geq 0.15$) des für Bildungsverhalten relevanten sozialen Status (BRSS, Bauer 1972) mit der
jeweiligen Interessenskala werden univariate Kovarianzanalysen mit dem BRSS als Kovariable herangezogen. Wir interpretieren nur diejenigen (nennenswert bedeutsamen) Effekte, die auch kovarianzanalytisch zu belegen sind.

Zur besseren Einschätzung der praktischen Relevanz der Befunde teilen wir jeweils die durch multivariate bzw. univariate Varianzanalysen ermittelten Effektstärken „eta$^2_{multi}$" bzw. „eta^2" mit. Im
Zwei-Gruppen-Fall ist als Effektstärke Cohens (1988) standardisierte Mittelwertdifferenz „d" besonders anschaulich und wird deshalb von manchen Autoren vorgezogen. Aus diesem Grund trans-
formieren wir zusätzlich das aus einer mehrfaktoriellen uni- bzw. multivariaten Varianzanalyse gewonnene eta$^2_{multi}$ bzw. eta^2 in d, wenn es um den Vergleich der Mittelwerte zweier Gruppen (z.B.
„Jungen vs. Mädchen" oder „Hochbegabte vs. durchschnittlich Begabte") geht.[3]

Es sei darauf hingewiesen, daß die Begabungsstichprobe aus den „alten" Bundesländern stammt und
befragt wurde, als die Jugendlichen im 8. Schuljahr waren. Die Leistungsstichprobe aus den „neuen"
Bundesländern wurde befragt, als die „Ost"-Jugendlichen in der 9. Klasse waren. Etwaige Ergebnisse, die auf einem Vergleich von Begabungs- und Leistungsgruppen beruhen, sind deshalb zurückhaltend zu interpretieren.[4]

---

[3]   Umrechnungsformel: $d = 2 \cdot (eta^2)^{1/2} / (1 - eta^2)^{1/2}$
[4]   Allerdings sollte der „Ost-West"-Einfluß auf die Interessen nicht überschätzt werden, da in
       früheren Untersuchungen die Interessenähnlichkeiten zwischen Jugendlichen aus der BRD und
       der DDR erstaunlich groß ausgefallen waren (Hille, 1981).

7.3

ERGEBNISSE

Zuerst stellen wir die Ergebnisse bezüglich der Ausprägung in den drei Breitbandskalen dar und analysieren, ob sich auf der Basis der 15 bereichsspezifischen Interessenskalen differenziertere Unterschiede in der Interessenausprägung beobachten lassen. Weiterhin wird untersucht, ob interessenbereichsübergreifende Modalitätsunterschiede (rezeptive, reproduktive und kreative Interessen) festzustellen sind. Schließlich fragen wir, inwiefern sich die vier Gruppen hinsichtlich der Interessenvielfalt voneinander unterscheiden. Außerdem interessiert, ob die bekannten Geschlechtseffekte *gleichsinnig* in allen Untersuchungsgruppen repliziert werden können. (Vorausgeschickt werden soll, daß es für alle berichteten Varianzanalysen [Ausnahme: MANOVA mit den drei Verhaltensmodalitäten als abhängige Variablen, p = 0.024] keinen Anlaß gibt, die Varianz-Kovarianz-Homogenitätshypothese zurückzuweisen.)

7.3.1

Interessendifferenzen

bei unterschiedlicher Begabung und Leistung

7.3.1.1

Intensität der Interessen

Die 4×2 multivariate Varianzanalyse über die drei Breitbandskalen „‚*Männliche'* *Interessen"* (*M-I*), „‚*Weibliche' Interessen"* (*W-I*) und „‚*Geschlechtsneutrale' Freizeitinteressen"* (*F-I*) führt bei statistisch insignifikanter und praktisch unbedeutender Wechselwirkung ($F_{9,1056} = 1.43$, p = 0.170, $eta^2_{multi} = 0.010$) zu einem statistisch signifikanten kleinen Haupteffekt „Gruppe" ($F_{9,1056} = 6.68$, p < 0.001, $eta^2_{multi} = 0.044$) und einem ebenfalls statistisch signifikanten sehr großen Haupteffekt „Geschlecht" ($F_{3,434} = 124.13$, p < 0.001, $eta^2_{multi} = 0.462$, entspricht $|d| = 1.85$). In Tabelle 7.3 sind die Mittelwerte und Streuungen sowie die Ergebnisse der univariaten Varianzanalysen für die Skalen *M-I*, *W-I* und *F-I* angegeben.

Betrachten wir den Begabungs- / Leistungsgruppeneffekt näher, so zeigt sich univariat ein statistisch signifikantes Resultat bei den zwei Skalen *M-I* ($eta^2 = 0.037$) und *F-I* ($eta^2 = 0.034$), nicht aber in *W-I* ($eta^2 = 0.009$). Da der Gruppeneffekt in *M-I* nach kovarianzanalytischer Kontrolle des für Bildungsverhalten relevanten sozialen Status statistisch nicht zu sichern ist (p = 0.071), sollte er, wenn überhaupt, nur zurückhaltend interpretiert werden. Im Gegensatz dazu bleibt der statistisch signifikante Gruppenunterschied in der Skala *F-I* auch bei kovarianzanalytischer Adjustierung des sozioökonomischen Status erhalten. Wie die Mittelwerte in Tabelle 7.3 ausweisen, ergibt sich für „‚*Geschlechtsneutrale' Freizeitinteressen"* (wie z.B. „sich durch Fernsehen oder Video unterhalten lassen") folgende Rangordnung der Gruppen:

F-I: DB > HB ≈ DL > HL.

Tab. 7.3: Durchschnittliche Itemmittelwerte und Itemstreuungen in den drei Breitbandskalen der Generellen Interessen-Skala (GIS) für 444 Schüler und Schülerinnen der 8. und 9. Jahrgangsstufe, getrennt nach Hochbegabten (HB), durchschnittlich Begabten (DB), Hochleistenden (HL) und durchschnittlich Leistenden (DL) sowie die Ergebnisse zweifaktorieller univariater Varianzanalysen „Gruppe (G) × Geschlecht (G)"

	M-I		W-I		F-I	
GRUPPE	M	S	M	S	M	S
HB (N=107)	1.8	1.1	2.4	0.9	3.6	0.8
DB (N=107)	1.7	1.1	2.4	1.0	3.7	0.8
HL (N=118)	2.1	1.0	2.5	0.8	3.2	0.9
DL (N=112)	2.1	1.0	2.4	0.9	3.5	0.9
p (Gruppe)	0.001		0.258		0.002	
eta^2	0.037		0.009		0.034	
p (Geschlecht)	<0.001		<0.001		<0.001	
eta^2	0.037		0.230		0.031	
d	0.41		-1.09		0.36	
p (G × G)	0.250		0.157		0.180	
eta^2	0.094		0.119		0.011	

M-I = „Männliche" Interessen; W-I = „Weibliche" Interessen; F-I = „Geschlechtsneutrale" Freizeitinteressen

Ein mittelgroßer Effekt findet sich demnach beim Vergleich DB vs. HL ($d = -0.55$); wegen der schon erwähnten Verknüpfung der Regionen („Ost" bzw. „West") mit den Begabungs- bzw. Leistungsgruppen soll dieser Effekt nicht interpretiert werden. Die Effektstärken aller anderen Subgruppenvergleiche – ausgenommen DL vs. HB mit $d = 0.06$, kein Effekt – sind als klein zu bezeichnen ($0.21 < |d| < 0.36$).

Tab. 7.4: Durchschnittliche Itemmittelwerte und Itemstreuungen in den sechs Interessenskalen der Generellen Interessen-Skala (GIS) mit statistisch signifikanten Mittelwertunterschieden für 444 Schüler und Schülerinnen der 8. und 9. Jahrgangsstufe, getrennt nach Hochbegabten (HB, N = 107), durchschnittlich Begabten (DB, N = 107), Hochleistenden (HL, N = 118) und durchschnittlich Leistenden (DL, N = 112)

	MED		MUS		ARC		ERZ		LIT		VER	
GRUPPE	M	S	M	S	M	S	M	S	M	S	M	S
HB	1.5	1.2	2.5	1.5	1.6	1.5	1.5	1.1	2.2	1.3	3.5	1.0
DB	1.7	1.4	1.9	1.5	1.2	1.2	1.8	1.4	1.9	1.4	3.8	1.1
HL	2.4	1.3	2.1	1.6	1.8	1.4	2.1	1.2	2.2	1.2	3.5	1.0
DB	2.2	1.4	1.8	1.5	1.9	1.5	2.2	1.3	1.8	1.4	3.7	1.0
p	<0.001		<0.001		<0.001		<0.001		<0.001		0.002	
eta^2	0.065		0.046		0.043		0.042		0.041		0.034	

MED = Medizin; MUS = Musik; ARC = Architektur; ERZ = Erziehung; LIT = Literatur; VER = Vergnügungen

Zur differenzierteren Analyse der Interessenschwerpunkte faßten wir wegen der größeren Anzahl die 15 bereichsspezifischen Interessenvariablen zu drei – mit getrennten MANOVAs zu analysierenden – Variablenfamilien zusammen (*NAW, POL, ARC, HAN, MED / NAT, ERZ, KUN, LIT, ERN / KOM, VER, SPO, UNT, MUS*). In jeder der drei MANOVAs zeigt sich wieder keine multivariate Wechselwirkung (eta$^2_{multi}$ = 0.014 / 0.010 / 0.012), wohl aber – wie vorher – ein kleiner multivariater Gruppeneffekt (eta$^2_{multi}$ = 0.042 / 0.037 / 0.048) und ein mittlerer bis größerer multivariater Geschlechtseffekt (eta$^2_{multi}$ = 0.166 / 0.427 / 0.198, entspricht |d| = 0.89 / 1.73 / 0.99). In der Tabelle 7.4 sind zur besseren Übersicht nur diejenigen Interessenbereiche aufgeführt, bei denen sich aufgrund der univariaten Nachfolgeuntersuchungen statistisch signifikante Mittelwertunterschiede ergeben, wobei zur (teilweisen) Kompensation der multiplen Signifikanztestungen das Signifikanzniveau lediglich auf α = 0.01 adjustiert wird, um im Sinne einer progressiven Hypothesentestung etwaige Interessendifferenzen bei Begabungs- bzw. Leistungsgruppen nicht zu übersehen. Bei sechs der 15 Interessenbereiche („*Erziehung*", „*Architektur*", „*Medizin*", „*Musik*", „*Literatur*" und „*Vergnügungen*") findet sich ein – nicht einheitlicher – Gruppeneffekt. Während beispielsweise bei der Skala „*Literatur*" eindeutig ein Begabungs- / Leistungseffekt in der Rangordnung

LIT: HB ≈ HL > DB ≈ DL

zu beobachten ist, zeigt sich bei „*Medizin*" ein eindeutiger „Ost-West"-Stichprobeneffekt in der Folge

MED: HL ≈ DL > HB ≈ DB.

Hervorgehoben sei noch, daß das Interesse an „*Vergnügungen*" von allen Skalen in allen vier Begabungs- / Leistungsgruppen die höchste Valenz besitzt.

7.3.1.2
Verhaltensmodalitäten der Interessen

Für die Analyse der verhaltensnahen Interessenklassen wurden, ausgehend von den 48 Originalitems, diejenigen Items, die jeweils die gleiche Verhaltensmodalität kennzeichnen, zu folgenden drei Skalen aufsummiert:

„*Rezeptive Interessen*" (*REZ-I*, α$_{16}$ = 0.69, α$_{10}$ = 0.58);
„*Reproduktive Interessen*" (*REP-I*, α$_{16}$ = 0.76, α$_{10}$ = 0.67);
„*Kreative Interessen*" (*KRE-I*, α$_{16}$ = 0.85, α$_{10}$ = 0.78).

Jede Skala besteht also aus 16 modalitätsidentischen – aber inhaltsunterschiedlichen – Items.

Tab. 7.5: Skalensummenwerte und Skalenstreuungen der drei Verhaltens-
modalitätsskalen der Generellen Interessen-Skala (GIS) für 444 Schüler und Schülerinnen der 8. und 9. Jahrgangsstufe, getrennt nach Hochbegabten (HB), durchschnittlich Begabten (DB), Hochleistenden (HL) und
durchschnittlich Leistenden (DL) sowie Ergebnisse zweifaktorieller
univariater Varianzanalysen „Gruppe × Geschlecht"

	REZ-I		REP-I		KRE-I	
GRUPPE	M	S	M	S	M	S
HB (N=107)	45.1	9.5	37.5	11.5	30.5	16.2
DB (N=107)	45.6	10.9	38.9	12.9	29.8	15.8
HL (N=118)	45.6	9.5	37.5	9.8	34.3	13.2
DL (N=112)	45.1	10.3	37.8	11.2	33.5	12.9
p (Gruppe)	0.949		0.628		0.051	
eta²	0.001		0.004		0.018	
p (Geschlecht)	0.334		<0.001		0.569	
eta²	0.002		0.029		0.001	
d	-0.10		-0.25		-0.05	
p (G × G)	0.651		0.076		0.321	
eta²	0.004		0.015		0.008	

REZ-I = Rezeptive Interessen; REP-I = Reproduktive Interessen;
KRE-I = Kreative Interessen

Die zweifaktorielle (4 × 2) MANOVA (unabhängige Variablen: Gruppe × Geschlecht; abhängige Variable: Verhaltensmodalitäten) führt zu einer zwar statistisch
signifikanten, aber praktisch weniger bedeutsamen Wechselwirkung ($F_{9,1046} = 1.93$,
$p = 0.044$, $eta^2_{multi} = 0.013$). Sie ist jedoch univariat nicht mehr zu sichern und kann
deshalb hinfort vernachlässigt werden. Die beiden multivariaten Haupteffekte
„Gruppe" und „Geschlecht" erweisen sich als statistisch signifikant und von kleiner
bis mittlerer praktischer Relevanz (Gruppe: $F_{9,1046} = 5.10$, $p < 0.001$, $eta^2_{multi} = 0.034$;
Geschlecht: $F_{3,430} = 12.21$, $p < 0.001$, $eta^2_{multi} = 0.078$, entspricht $|d| = 0.58$). Drei
Nachfolge-ANOVAs können diesen univariaten Haupteffekt „Gruppe", der hauptsächlich auf die Verhaltensmodalität „Kreative Interessen" zurückzuführen ist
($p = 0.051$, $eta^2 = 0.018$), jedoch (bei nicht adjustiertem $\alpha = 0.05$, also bei progressi-
ver Testung) statistisch nicht absichern („Rezeptive Interessen": $eta^2 = 0.001$; „Reproduktive Interessen": $eta^2 = 0.003$). Demnach erzielen die HL und DL Jugendlichen der „Ost"-Stichprobe leicht höhere Werte als die HB und DB der „West"-Stich-
probe. Ob es sich bei diesem Befund um einen Regionaleffekt („neue" vs. „alte"
Bundesländer) und / oder einen Alterseffekt (die HB und DB besuchten zum Zeitpunkt der Erhebung die 8., die HL und DL die 9. Jahrgangsstufe) und / oder einen
Zeiteffekt (Befragung der HB / DB 1993, Untersuchung der HL / DL 1995)
und / oder einen Effekt der Stichprobendefinition (Begabung vs. Leistung) handelt,
kann nicht entschieden werden.

Aus Tabelle 7.5 ist ein interessanter Nebenbefund ablesbar: In allen vier Gruppen
fallen die Mittelwerte von der Rezeptivität über die Reproduktivität bis zu der am

geringsten ausgeprägten Kreativität gleichmäßig ab. Auf der Basis der Gesamtstichprobe ergibt sich folgende Effektstärkenrangordnung:

REZ-I > REP-I > KRE-I.

Innerhalb der „West"- bzw. „Ost"-Stichprobe ist praktisch kein Unterschied im Bereich der kreativen Interessen zu beobachten:

HB vs. DB: d = 0.04;
HL vs. DL: d = 0.06.

7.3.1.3
Vielfalt der Interessen

Die Interessenvielfalt wird durch Dichotomisierung und Aufsummierung aller 48 Items operationalisiert. Die univariate 4×2 ANOVA (Gruppe × Geschlecht) gibt bei einer statistisch insignifikanten Interaktion ($F_{3,436} = 1.06$, p = 0.365, eta² = 0.007) und einem statistisch signifikanten Geschlechtseffekt ($F_{1,436} = 4.62$, p = 0.032, eta² = 0.010, entspricht d = −0.21; höherer Wert bei den Mädchen) keinen Anlaß, bei den einzelnen Begabungs- / Leistungsgruppen eine unterschiedliche Interessenvielfalt anzunehmen ($F_{1,436} = 0.20$, p = 0.895, eta² = 0.001).

7.3.2
Geschlechtsunterschiede bei Interessen
in Abhängigkeit von Begabung und Leistung

In nahezu allen analysierten Interessenskalen findet sich, wie bereits berichtet, ein statistisch signifikanter und praktisch bedeutsamer Geschlechtseffekt. Dieser ist in den einzelnen Skalen unterschiedlich (mal sind die Jungen interessierter, mal zeigen die Mädchen ein stärkeres Interesse), aber innerhalb jeder Skala in allen vier Gruppen (HL, HB, DL, DB) vergleichbar gerichtet – ein bemerkenswert konsistenter Befund. Die MANOVAs können keine statistisch signifikanten Wechselwirkungen Gruppe × Geschlecht belegen.

In den beiden *geschlechtstypischen Breitbandskalen* spiegeln sich erwartungsgemäß die bekannten Geschlechtsdifferenzen wider. Durch die Geschlechtszugehörigkeit wird in der Skala *„‚Weibliche' Interessen"* 23.0% der Varianz (entspricht d = −1.09; höhere Werte bei den Mädchen, p < 0.001), in der Skala *„‚Männliche' Interessen"* jedoch nur 4.0% (entspricht d = 0.41; Mittelwertsdifferenz zugunsten der Jungen, p < 0.001) aufgeklärt. Die geschlechtsgebundene Varianz in *„‚Geschlechtsneutrale'*

Freizeitinteressen" macht 3.1% aus (entspricht d = 0.36; höhere Werte bei den Jungen, p < 0.001).

Einzelanalysen der 15 Interessenbereiche dokumentieren in allen Skalen – mit Ausnahme von *„Handel"* – statistisch signifikante Geschlechtsunterschiede (vgl. Tab. 7.6). Die größten Differenzen finden sich in „Kommunikationstechnologie" (höhere Werte bei den Jungen, p < 0.001, 29% Varianzaufklärung, entspricht d = 1.19) sowie *„Vergnügungen"* und *„Literatur"* (höhere Werte bei den Mädchen, p < 0.001, 18.9% bzw. 17.6% Varianzaufklärung, entspricht d = –0.97 bzw. d = –0.92).

Bei den drei *Verhaltensmodalitäten* ergibt sich lediglich bei den reproduktiven Interessen ein erhöhter Mittelwert bei den Mädchen (p < 0.001, eta² = 0.029, entspricht d = –0.25, kleiner Effekt). Auch in *„Interessenvielfalt"* erreichen die Mädchen statistisch signifikant höhere Werte (p < 0.007), sind also tendenziell vielseitiger engagiert als die Jungen. Dieser Effekt ist aber ebenfalls klein (d = –0.21).

Tab. 7.6: Geschlechtsunterschiede in 15 Interessenskalen (N = 218 Jungen; N = 226 Mädchen)

SKALA	p	d	zugunsten
KOM	<0.001	+1.28	Jungen
NAW	<0.001	+0.45	Jungen
ARC	<0.001	+0.43	Jungen
POL	<0.001	+0.40	Jungen
UNT	0.001	+0.33	Jungen
SPO	0.005	+0.27	Jungen
VER	<0.001	–0.97	Mädchen
LIT	<0.001	–0.92	Mädchen
NAT	<0.001	–0.63	Mädchen
KUN	<0.001	–0.47	Mädchen
ERN	<0.001	–0.45	Mädchen
MUS	<0.001	–0.43	Mädchen
ERZ	0.001	–0.32	Mädchen
MED	0.010	–0.25	Mädchen
HAN	0.067	+0.18	Jungen

NAW = Naturwissenschaft; ARC = Architektur;
POL = Politik; UNT = Unterhaltung; SPO = Sport;
VER = Vergnügen; LIT = Literatur; NAT = Natur;
KUN = Kunst; ERN = Ernährung; MUS = Musik;
ERZ = Erziehung; MED = Medizin; HAN = Handel

Ein interessanter Nebenbefund sei noch thematisiert. Bei *M-I* sind die Geschlechtsunterschiede, wie sie sich in den d-Werten widerspiegeln, in allen Gruppen geringer als bei *W-I*. Dies mag darauf hindeuten, daß die weiblichen Jugendlichen sich (inzwischen) auch traditionell maskulin orientierten Inhalten zuwenden, während feminine Gegenstandsbereiche nach wie vor für Jungen weniger attraktiv zu sein scheinen. Dies gilt für alle Jugendlichengruppen. Bei *„„Geschlechtsneutralen' Freizeitinter-*

essen", die a priori nicht eindeutig geschlechtsbezogen ausgerichtet sind, zeigen sich in der Gruppe der HB und HL nur geringe bzw. kleine Geschlechtsdifferenzen, aber deutliche in der Gruppe der DB und DL. Zur Erklärung dieses Befundes müßten weiterführende Untersuchungen angelegt werden.

7.4
DISKUSSION

Ausgangspunkt der in diesem Kapitel geschilderten Auswertungen und Ergebnisse sind in der einschlägigen Literatur vielfach zu findende Aussagen, die überwiegend unterschiedliche Interessen von Hochbegabten bzw. Hochleistenden im Vergleich zu durchschnittlich Begabten bzw. durchschnittlich Leistenden thematisieren; vereinzelt wird auch behauptet, die traditionellen (an Geschlechtsrollen orientierten) Interessen von Mädchen und Jungen seien in der Gruppe der Hochbegabten und Hochleistenden nicht zu beobachten.

Im Rahmen des umfassend angelegten Marburger Hochbegabtenprojekts wurden an einer sorgfältig ausgewählten Stichprobe hochbegabter und durchschnittlich begabter Jugendlicher aus neun von elf „alten" Bundesländern bzw. hochleistender und durchschnittlich leistender Gymnasiasten aus allen (fünf) „neuen" Bundesländern die 16 Skalen der GIS von Brickenkamp (1990) vorgegeben. Eine dimensionsanalytische Überprüfung der GIS konnte in unserer Stichprobe die vom Testautor vorgeschlagene Zuordnung der Items zu den Interessenbereichen im großen und ganzen bestätigen. Durch strenger gefaßtere Kriterien waren einige Items nicht in die projektintern gebildeten Skalen einbezogen worden. Inhaltlich entsprechen 13 Skalen der Brickenkampschen Zuordnung, zwei Skalen wurden neu gebildet. Zudem konnten, auf den Projektdaten basierend, drei Interessenbreitbandskalen sowie eine gegenstandübergreifende Globalskala zur Interessenvielfalt entwickelt werden.

Bezüglich der *Intensitätshypothese* der Interessen konnte bei den Breitbandskalen nur für *„,Geschlechtsneutrale' Freizeitinteressen"* – nicht aber für *„,Weibliche' Interessen"* und für *„,Männliche' Interessen"* – ein *kleiner* Gruppeneffekt zugunsten der durchschnittlich Begabten bzw. durchschnittlich Leistenden objektiviert werden. Intuitiv bietet sich als Interpretationsleitlinie an, daß intellektuell weniger fordernde Freizeitaktivitäten für Hochbegabte und Hochleistende (und im Hochleistungsfall auch für besonders Leistungsmotivierte) einen geringeren Anreizwert besitzen. Dieser Unterschied blieb auch bei Kontrolle des für Bildungsverhalten relevanten sozialen Status erhalten. Dies ist nicht unwichtig, da bei vielen in der Literatur berichteten Befunden wegen mangelnder Kontrolle des sozioökonomischen Hintergrundes nicht entschieden werden kann, ob beobachtete Interessendifferenzen hauptsächlich durch kovariierende Sozialstatusunterschiede bedingt sind, also keine genuin begabungskorrelierten Interessenunterschiede darstellen. Beachtet werden sollte, daß die Hochbegabten und Hochleistenden zwar etwas weniger Interesse an konsum-, medien- und vergnügungsorientierter Freizeitgestaltung berichteten, dieser Bereich aber bei allen vier Gruppen übereinstimmend an der Spitze aller abgefragten Skalen lag, auch bei den Hochbegabten und Hochleistenden.

In der Mehrzahl der engeren Interessenbereiche fanden sich keine Gruppenunterschiede. Nur bei sechs der 15 Skalen waren statistisch signifikante Effekte von kleiner bis mittlerer Größenordnung zu beobachten, die allerdings keiner einheitlichen Tendenz folgten. Allein in den beiden Skalen *„Literatur"* und *„Musik"* erzielten die Hochbegabten und Hochleistenden höhere Werte als die durchschnittlich Begabten und durchschnittlich Leistenden.

Was die *Quantitätshypothese* und *Qualitätshypothese* der Interessen bei Jugendlichen mit herausragender vs. „normaler" Begabung bzw. Leistung angeht, so konnte weder eine größere Interessenvielfalt festgestellt werden, noch unterschieden sich die Gruppen hinsichtlich einer „abstrakt-akademischen" (eher an kreativen Verhaltensmodalitäten ablesbaren) Interessenorientierung; Ausprägung und Rangordnung der verhaltensnahen Interessenqualitäten waren in den einzelnen Gruppen vergleichbar:

REZ-I > REP-I > KRE-I.

Die gelegentlich bei der Analyse der Lebensläufe exzeptioneller Künstler formulierte Hypothese, im Verlaufe der Entwicklung würde sich deren Interessenspektrum notwendigerweise zunehmend einengen, da es ansonsten nicht möglich sei, solche exzellenten Spezialleistungen zu erbringen, ließ sich für den Bereich der „normalen" Hochbegabung bzw. „normalen" Hochleistung nicht bestätigen. Es mag sein, daß unsere Jugendliche erst am Beginn einer solchen Interessenzentrierung stehen, so daß sich entsprechende Effekte erst bei zunehmender „Interessenkarriere", also im Erwachsenenalter, zeigen. Vermutlich ist diese Hypothese *auch* ein Ergebnis der hochgradig selektiven Individualanalysen, die dazu noch mit den bekannten Problemen retrospektiver Forschungsstrategie behaftet sind (so z.B. bei Bloom 1985).

Im Gegensatz zum kleinen Begabungs- und Leistungseffekt konnten *massive Geschlechtsunterschiede* in den Interessen beobachtet werden, und zwar gleichermaßen für hoch- und durchschnittlich begabte bzw. hoch- und durchschnittlich leistende Jugendliche. Es gab keine nennenswerte Interaktion Gruppe × Geschlecht. Damit können wir die Ergebnisse einer größeren Studie von Hille replizieren, die zu Anfang der 70er Jahre bei jeweils rund 300 Jugendlichen (15 bis 18 Jahre alt) aus der BRD und DDR eine „Konstanz der Unterschiede zwischen den Geschlechtern" (Hille 1981, 193) feststellen konnte. Die Interessenpräferenzen waren „intrakulturell stärker ausgeprägt ... als interkulturell", so daß die Autorin Zweifel bekräftigt sieht, ob diese Unterschiede „tatsächlich nur das Produkt einer an einseitiger bzw. 'traditionelle' Rollenschemata fixierten Erziehung sind" (Hille 1981, 190 bzw. 193). Von einer Nivellierung geschlechtsrollenorientierter Interessen in den Extremgruppen der Hochbegabten und Hochleistenden kann also bei unserer Stichprobe keine Rede sein.

Daß die Interessendifferenzen zwischen Jungen und Mädchen in der Gruppe der Hochbegabten und Hochleistenden größenordnungsmäßig denen in der Gruppe der durchschnittlich Begabten und durchschnittlich Leistenden entsprechen, läßt sich gut illustrieren, versucht man, die Geschlechtszugehörigkeit aufgrund der Interessen diskriminanzanalytisch vorherzusagen. (Diese Information ist schon in den MANOVAs enthalten. Die Diskriminanzanalyse wird hier zusätzlich wegen der besonderen Anschaulichkeit ihrer Resultate angeführt.) Bei den durchschnittlich Begabten und durchschnittlich Leistenden können aufgrund der 15 Interessenskalen 193 von 219 Jugendlichen (88.1% der Teilstichprobe) dem richtigen Geschlecht zugeordnet werden, in der Gruppe der Hochbegabten und Hochleistenden sind es mit 201 von 225 nur unwesentlich mehr, nämlich 89.3% (vgl. Tab. 7.7). Bei zufälliger Zuordnung der Probanden zu den beiden Geschlechtsgruppen wäre – unter Berücksichtigung der unterschiedlichen Geschlechtsanteiligkeiten über alle Gruppen zusammengenommen – ein Wert von 50.9% zu erwarten (Hochbegabte und Hochleistende: 50.9%, durchschnittlich Begabte und durchschnittlich Leistende: 50.7%). Damit gelingt in *beiden* Gruppen (HB / HL vs. DB / DL) eine außergewöhnlich gute Geschlechtsvorhersage aufgrund der Interessenlage, ein Befund, der in der differentialpsychologisch orientierten Interessenforschung bei unausgelesenen Gruppen schon früher berichtet worden ist (Todt 1978).

Dieses Resultat spricht für die geschlechtsbezogene Validität der GIS, und es spricht für die adäquate Auswahl der Stichproben der durchschnittlich Begabten bzw. durchschnittlich Leistenden. Die jeweilige Zugehörigkeit zu den Begabungs- und Leistungsgruppen moderiert also *nicht* die an der Geschlechtsrolle orientierte Interessenentwicklung.

Nur zum Vergleich sei erwähnt, daß, versucht man – analog zum obigen Vorgehen – die Zugehörigkeit zu den Hochbegabten und Hochleistenden einerseits und zu den durchschnittlich Begabten und durchschnittlich Leistenden andererseits aufgrund der 15 Interessenskalen vorherzusagen, sich lediglich 283 von 444 Jugendliche (63.7% der Stichprobe) richtig klassifizieren lassen – was ebenfalls wegen des relativ geringen Begabungs- und Leistungsunterschiedes in den Interessenskalen erwartungstreu ist.

Bei der Interpretation dieses vergleichsweise geringen Prozentsatzes richtiger Zuordnungen ist zu berücksichtigen, daß sich unsere Stichprobe jeweils nur aus unter Klassifikationsgesichtspunkten „idealtypischen" Fällen, nämlich aus „Durchschnittlichen" und „besonders Begabten / besonders Leistenden" zusammensetzt. Der fließende Übergangsbereich zwischen den Gruppen der „durchschnittlich Begabten" und „Hochbegabten" einerseits und „durchschnittlich Leistenden" und „Hochleistenden" andererseits, also der Bereich, in welchem Fehlzuordnungen mit besonders hoher Wahrscheinlichkeit auftreten können, ist per definitionem in unserer Stichprobe nicht vertreten. Die Resultate dieser Diskriminanzanalyse stellen also, was die Zuordnung der Begabungs- / Leistungsgruppen angeht, eine „Klassifikationsleistung unter optimalen Bedingungen" dar, überschätzen also den tatsächlichen Effekt.

Zusammenfassend bleibt also festzuhalten, daß Begabungs- und Leistungsunterschiede in weitaus geringerem Ausmaß Interessen – hier im Sinne von Krapp (1998) als allgemeine Einstellungen gegenüber breiter definierten Inhaltsbereichen und Handlungsfeldern verstanden – determinieren, als es Geschlechtsunterschiede tun (vgl. Todt 1978). Dies sollte bei der schulischen und außerschulischen Anbahnung und Förderung von Interessen berücksichtigt werden. Nur der Vollständigkeit halber soll an dieser Stelle in Erinnerung gerufen werden, daß Perleth & Sierwald (1992) anhand von durch Lehrkräfte vorausgelesenen Gruppen ebenfalls von deutlichen Interessenunterschieden zwischen hochbegabten Jungen und Mädchen der sechsten, achten, zehnten und zwölften Jahrgangsstufen berichteten. Allerdings sind deren Daten kaum geeignet, der Frage nachzugehen, ob sich die konstatierte Interessenpolarisierung bei hochbegabten von der bei durchschnittlich begabten Jugendlichen unterscheidet, da in der längsschnittlich angelegten „Münchner Hochbegabtenstudie" (Heller 1992) bedauerlicherweise keine entsprechenden Kontrollgruppen mituntersucht wurden.

Bei der Diskussion der seinerzeit im Grundschulalter objektivierten Befunde des Marburger Hochbegabtenprojekts wurde die Frage aufgeworfen, ob sich die schon früh (d.h. bei Schulkindern der 4. Jahrgangsstufe) im Spielverhalten abzeichnende Geschlechtsrollenorientierung später (d.h. bei Jugendlichen) auch in Form geschlechtstypischer Interessenausprägungen fortsetzen würde (Rost & Hanses 1993, 232). Diese Frage kann nach unseren Ergebnissen – zumindest für unsere Stichproben und für die mit der GIS abgefragten vielfältigen Facetten des Interesses – eindeutig *bejaht* werden.

Die Anlage unserer Studie mit zwei Ziel- und zwei Vergleichsgruppen, die für Hochbegabungs- und Hochleistungsuntersuchungen vergleichsweise umfangreichen Stichproben, die aktuellen Intelligenznormen, die ökologisch valide Definition von Leistungsexzellenz in der Schule durch die für die Schulkarriere zentralen Zensuren und die in allen vier Gruppen analogen Unterschiede lassen eine Generalisierbarkeit der Befunde vermuten. Auch für praktische Belange ist es bedeutsam, daß sich die wesentlichen Befunde parallel in allen vier Gruppen zeigen, also weder von den Faktoren „Begabung" und „Leistung" noch „Region" (beziehungsweise deren Zusammenwirken) beeinflußt werden. Interessanterweise hatte Hille (1981, 193) in dem schon bei der Diskussion der Geschlechtsunterschiede erwähnten Vergleich von DDR- und BRD-Jugendlichen ebenfalls „beachtliche *Ähnlichkeiten* zwischen den Interessen" beobachtet. Daß diesbezügliche „Ost-West"-Effekte fehlen bzw. nur gering ausfallen, kann von uns – immerhin 25 Jahre später – bestätigt werden. Zusammen mit der Replikation der von Hille konstatierten Geschlechtsunterschiede spricht dies für die Validität unserer Befunde.

Tab. 7.7: Diskriminanzanalytische Klassifizierung von Jungen und Mädchen aufgrund der 15 Interessenskalen der Generellen Interessen-Skala (GIS) für die Gruppe der durchschnittlich Begabten und durchschnittlich Leistenden (DB+DL), für die der Hochbegabten und Hochleistenden (HB+HL) sowie für die Gesamtgruppe (DB+DL+HB+HL)

GRUPPEN	ANTEIL KORREKT KLASSIFIZIERTER PERSONEN		
	Jungen	Mädchen	Zusammen
DB+DL	87.0% (von 108)	89.2% (von 111)	88.1% (von 219)
HB+HL	88.3% (von 111)	90.4% (von 114)	89.3% (von 225)
DB+DL+HB+HL	85.4% (von 219)	89.8% (von 225)	87.6% (von 444)

Es wäre zu klären, ob diese geschlechtstypische Orientierung des Interesses im 8. bzw. 9. Schuljahr auch später in eine entsprechende Studien- bzw. Berufswahl einmündet. Die geplante Nachuntersuchung der Stichprobe des Marburger Projekts im frühen Erwachsenenalter könnte darüber Auskunft geben.

LITERATUR

Abroms, K.I. (1982). Classroom interaction of gifted preschoolers. Teaching Exceptional Children, 14, 223–225.

Allport, G.W., Vernon, P.E. & Lindzey, G. (1970). Manual for the study of values: A scale for measuring the dominant interests in personality. Boston, MA.: Houghton Mifflin.

Amthauer, R. (1955). Intelligenz-Struktur-Test. Göttingen: Hogrefe.

Amthauer, R. (1972). Intelligenz-Struktur-Test. I-S-T 70 (4. Aufl.). Göttingen: Hogrefe.

Barnett, L.A. & Fiscella, J. (1985). A child by another name ... A comparison of the playfulness of gifted and nongifted children. Gifted Child Quarterly, 29, 61–66.

Bauer, A. (1972). Ein Verfahren zur Messung des für Bildungsverhalten relevanten sozialen Status (BRSS). Frankfurt: Deutsches Institut für Internationale Pädagogische Forschung.

Birnstengel, U. (1989). Die Interessen von Hauptschülern des achten bis zehnten Schuljahres. Ein Beitrag zur Messung von Verhaltenspräferenzen. Bad Heilbrunn: Klinkhardt.

Bloom, B.S. (1985). Developing talent in young people. New York: Ballantine.

Brickenkamp, R. (1990). Die Generelle Interessen-Skala (GIS). Handanweisung. Göttingen: Hogrefe.

Cohen, J. (1988). Statistical power analysis for the behavioral sciences. Hillsdale, NJ: Erlbaum.

Dorsch, F., Häcker, H. & Stapf, K.H. (1994). Psychologisches Wörterbuch (12. Aufl.). Göttingen: Huber.

Fox, L.H., Pasternak, S.R. & Peiser, N.L. (1976). Career-related interests of adolescent boys and girls. In Keating, D.P. (Ed.). Intellectual talent. Research and development. Baltimore, MY: The Johns Hopkins University Press, 242–261.

Gottsdanker, J.S. (1968). Intellectual interest patterns of gifted college students. Educational and Psychological Measurement, 28, 361–316.

Grimm, J. & Grimm, W. (1877). Deutsches Wörterbuch. Bd. 10. Leipzig: Hirzel.

Harty, H. & Beall, D. (1984). Attitudes toward science of gifted and nongifted fifth graders. Journal of Research in Science Teaching, 21, 483–488.

Heist, P., McConnell, T.R., Mastler, F. & Williams, P. (1961). Personality and scholarship. Science, 133, 362–367.

Heller, K.A. (Hrsg.)(1992). Hochbegabung im Kindes- und Jugendalter. Göttingen: Hogrefe.

Hille, B. (1981). Möglichkeiten sozialwissenschaftlicher Vergleiche zwischen beiden deutschen Staaten. Psychologische Rundschau, 32, 180–199.

Hollingworth, L.S. (1942). Children above 180 IQ. New York: World Book Company.

Horn, J.L. (1965). A rationale and test for the number of factors in factor analysis. Psychometrika, 30, 179–185.

Horn, W. (1983). Leistungsprüfsystem LPS. Göttingen: Hogrefe.

Janos, P.M. & Robinson, N.M. (1985). Psychosocial development in intellectual gifted children. In Horowitz, F.D. & O'Brien, M. (Eds.). The gifted and talented: Developmental perspectives. Washington D.C.: American Psychological Association, 149–195.

Jellen, H.G. & Verduin, J.R. (1989). Differentielle Erziehung besonders Begabter. Eine Taxonomie mit 32 Schlüsselkonzepten. Köln: Böhlau.

Kasten, H. (1998). Geschlechtsunterschiede. In Rost, D.H. (Hrsg.). Handwörterbuch Pädagogische Psychologie. Weinheim: PVU, 152–162.

Kitano, M.K. (1985). Ethnography of a preschool for the gifted: What gifted young children actually do. Gifted Child Quarterly, 29, 67–71.

Krapp, A. (1993). Psychologie der Lernmotivation – Perspektiven der Forschung und Probleme ihrer pädagogischen Rezeption. Zeitschrift für Pädagogik, 39, 187–206.

Krapp, A. (1998). Interesse. In Rost, D.H. (Hrsg.). Handwörterbuch Pädagogische Psychologie. Weinheim: PVU, 213–218.

Laabs, H.-J. et al. (1987). Pädagogisches Wörterbuch. Berlin: Volk und Wissen.

Lewis, M., Feiring, C. & McGuffog, C. (1986). Profiles of young gifted and normal children: Skills and abilities as related to sex and handedness. Topics in Early Childhood Special Education, 6, 9–22.

Lupkowski, A.E. (1989). Social behaviors of gifted and typical preschool children in laboratory preschool programs. Roeper Review, 11, 124–127.

Nichols, R.C. & Davis, J.A. (1964). Characteristics of students of high academic aptitude. Personel Academic Guidance Journal, 42, 794–800.

Olszewski-Kubilius, P. & Kulieke, M.J. (1989). Personality dimensions of gifted adolescents. In VanTassel-Baska, J.L. & Olszewski-Kubilius, P. (Eds.). Patterns of influence on gifted learners. The home, the self and the school. New York: Teachers College Press, 125–145.

Oswald, W.D. & Roth, E. (1987). Der Zahlen-Verbindungs-Test ZVT (2., überarb. Aufl.). Göttingen: Hogrefe.

Perleth, C. & Sierwald, W. (1992). Entwicklungs- und Leistungsanalysen zur Hochbegabung. In Heller, K.A. (Hrsg.). Hochbegabung im Kindes- und Jugendalter. Göttingen: Hogrefe, 166–267.

Pollmer, K. (1991a). Inwieweit sind Hochbegabte durch eine besondere Motivation gekennzeichnet? Zeitschrift für Psychologie, 199, 95–106.

Pollmer, K. (1991b). Was hindert hochbegabte Mädchen, Erfolge im Mathematikunterricht zu erreichen? Psychologie in Erziehung und Unterricht, 38, 28–36.

Prenzel, M. (1988). Die Wirkungsweise von Interesse. Opladen: Westdeutscher Verlag.

Prenzel, M., Krapp, A. & Schiefele, H. (1986). Grundzüge einer pädagogischen Interessentheorie. Zeitschrift für Pädagogik, 32, 163–173.

Rice, J.P. (1985). The gifted. Developing total talent (2nd ed.). Springfield, IL: Charles C. Thomas.

Rost, D.H. (1991). Effect strength vs. statistical significance: A warning against the danger of small samples. European Journal for High Ability, 2, 236–243.

Rost, D.H. (Hrsg.)(1993). Lebensumweltanalyse hochbegabter Kinder. Das Marburger Hochbegabtenprojekt. Göttingen: Hogrefe.

Rost, D.H., Freund-Braier, I., Schilling, S. & Schütz, C. (Hrsg.)(1997). Hochbegabte und hochleistende Jugendliche – Instrumentation. Forschungsbericht Nr. 5. Marburg: Fachbereich Psychologie, Philipps-Universität.

Rost, D.H., Freund-Braier, I., Schilling, S. & Schütz, C. (Hrsg.)(1998). Hochbegabte und hochleistende Jugendliche – Ergebnisse. Forschungsbericht Nr. 6. Marburg: Fachbereich Psychologie, Philipps-Universität.

Rost, D.H. & Hanses, P. (1993). Spielzeugbesitz und Spielzeugnutzung bei hochbegabten Kindern. In Rost, D.H. (Hrsg.). Lebensumweltanalyse hochbegabter Kinder. Das Marburger Hochbegabtenprojekt. Göttingen: Hogrefe, 214–235.

Rost, D.H. & Hanses, P. (1994). The possession and use of toys in elementary-school boys and girls: does giftedness make a difference? Educational Psychology, 14, 181–194.

Rost, D.H. & Hanses, P. (Hrsg.)(1995). Hochbegabte Jugendliche. Forschungsbericht Nr. 3. Marburg: Fachbereich Psychologie, Philipps-Universität.

Rost, D.H. & Hanses, P. (Hrsg.)(1996). Hochleistende Jugendliche. Forschungsbericht Nr. 4. Marburg: Fachbereich Psychologie, Philipps-Universität.

Rost, D.H. & Schermer, F.J. (1986). Strategien der Prüfungsangstverarbeitung. Zeitschrift für Differentielle und Diagnostische Psychologie, 7, 127–139.

Rost, D.H. & Schermer, F.J. (1997). Differentielles Leistungsangst Inventar (DAI). Handbuch (mit Normtabellen). Frankfurt: Swets Test Services.

Schiefele, U. & Köller, O. (1998). Intrinsische und extrinsische Motivation. In Rost, D.H. (Hrsg.). Handwörterbuch Pädagogische Psychologie. Weinheim: PVU, 193–197.

Schlichting, U.U. (1967). Einige Persönlichkeitszüge von Gymnasiasten mit hoher Testintelligenz. Unveröffentlichte Dissertation. Hamburg: Fachbereich Psychologie, Universität Hamburg.

Schlichting, U.U. (1968). Einige Persönlichkeitszüge von Gymnasiasten mit hoher Testintelligenz. Archiv für die gesamte Psychologie, 120, 125–150.

Terman, L.M. et al. (1925). Mental and physical traits of a thousand gifted children. Genetic studies of genius. Vol. 1. Stanford, CA: Stanford University Press.

Terman, L.M., Oden, M.H. et al. (1947). The gifted child grows up. Twenty-five years' follow-up of a superior group. Genetic studies of genius. Vol. 4. Stanford, CA.: Stanford University Press.

Todt, E. (1967). Differentieller Interessen-Test (DIT). Bern: Huber.

Todt, E. (1978). Das Interesse. Empirische Untersuchungen zu einem Motivationskonzept. Bern: Huber.

Todt, E. (1985). Die Bedeutung der Schule für die Entwicklung der Interessen von Kindern und Jugendlichen. Unterrichtswissenschaft, 4, 362–376.

Vernon, P.E., Adamson, G. & Vernon, D.F. (1977). The psychology and education of gifted children. London: Methuen.

Warren, J.R. & Heist, P.A. (1960). Personality attributes of gifted college students. Science, 132, 330–337.

Whitmore, J.R. (1985). New challenges to common identification practices. In Freeman, J. (Ed.). The psychology of gifted children. Perspectives on development and education. Chichester: Wiley, 93–113.

Witty, P.A. & Lehman, H.C. (1927). The play behavior of fifty gifted children. Journal of Educational Psychology, 18, 259–265.

Yoder, G.E. (1884). A study of the boyhood of great men. Pedagogical Seminary, 3, 134–156.

8. Kapitel

Peer-Beziehungen

Susanne R. Schilling

8.1 AUSGANGSLAGE UND FRAGESTELLUNG 369
   8.1.1 Definition des Begriffs „Peer".. 369
   8.1.2 Die Rolle der Peers im Jugendalter 371
   8.1.3 Hochbegabte / Hochleistende Jugendliche und ihre Peers 372
      8.1.3.1 Peer-Normen und Schulleistung.. 373
      8.1.3.2 Mangel an entwicklungsgleichen Peers 375
   8.1.4 Peerkontakte Hochbegabter / Hochleistender: Empirische Befunde.................. 376
      8.1.4.1 Peerbeurteilungen.. 377
      8.1.4.2 Eltern- und Lehrkraftbeurteilungen..................................... 380
      8.1.4.3 Selbstbeurteilungen 381
   8.1.5 Zusammenfassung und Ableitung der Fragestellung 385
8.2 METHODE.. 386
   8.2.1 Stichprobe... 386
   8.2.2 Variablen und Auswertung... 387
      8.2.2.1 Datenquelle „Jugendliche".. 387
      8.2.2.2 Datenquelle „Eltern" 390
      8.2.2.3 Datenquelle „Lehrkraft".. 390
      8.2.2.4 Begabung, Schulleistung und bildungsrelevanter sozialer Status........... 392
   8.2.3 Auswertung... 392
8.3 ERGEBNISSE 395
   8.3.1 Interkorrelationen der Variablen.. 395
   8.3.2 Vergleich der Begabungsgruppen... 397
      8.3.2.1 Datenquelle „Jugendliche".. 397
      8.3.2.2 Datenquelle „Eltern" 402
      8.3.2.3 Datenquelle „Lehrkraft".. 404
      8.3.2.4 Zusammenfassung der Ergebnisse für Begabungsgruppenvergleich....... 405
   8.3.3 Vergleich der Leistungsgruppen... 406
      8.3.3.1 Datenquelle „Jugendliche".. 406
      8.3.3.2 Datenquelle „Eltern" 410
      8.3.3.3 Datenquelle „Lehrkraft".. 412
      8.3.3.4 Zusammenfassung der Ergebnisse für den Leistungsgruppenvergleich .. 412
8.4 DISKUSSION... 414
LITERATUR... 417

8.1
Ausgangslage und Fragestellung

8.1.1
Definition des Begriffs „Peer"

Der Begriff des *Peer* bzw. der *Peers* entstammt dem englischen Rechtssystem und bezieht sich ursprünglich auf Personen gleicher gesellschaftlicher Position. In der (entwicklungs-)psychologischen Literatur versteht man unter Peers im allgemeinen Mitglieder einer Gruppe gleichartiger Individuen. Peer-Status bezieht sich nach Lewis & Rosenblum (1975, zit. nach Shaffer 1994, 535) auf „Individuen, die – zumindest zum gegenwärtigen Zeitpunkt – auf einer ähnlich komplexen Verhaltensebene operieren".[1] Gleichaltrige Kinder und Jugendliche sind häufig, aber nicht notwendigerweise, Peers: sie können sich in relevanten Variablen hinsichtlich ihres Entwicklungsstandes deutlich unterscheiden (Hartup 1983). Im folgenden wird der Begriff „Peers" – sofern nicht näher spezifiziert – dennoch synonym zu „Gleichaltrigengruppe" verwandt. Für dieses Vorgehen gibt es zwei gute Gründe:

(a) Nahezu 90% der Literatur zu Peer-Beziehungen und Kontakten im Kindes- und Jugendalter bezieht sich auf Gleichaltrige (Hartup 1983), so daß die dort berichteten Ergebnisse fast ausschließlich Aussagen über diese Gruppe machen.

(b) In unserer Gesellschaft, in der Kinder und Jugendliche – zumindest institutionell (Schule) – nach Alter segregiert in Gruppen zusammengefaßt werden und dort relativ ähnlichen – curricular standardisierten – Umweltbedingungen ausgesetzt sind, kann davon ausgegangen werden, daß den Gleichaltrigen in der Sozialisation tatsächlich eine entscheidende Rolle zukommt. Oswald & Krappmann (1991) weisen darauf hin, daß Freunde von (Grund-)Schulkindern in der überwiegenden Zahl der Fälle die gleiche Klasse besuchen. Für Jugendliche fand Dunphy (1963) in einer australischen Untersuchung, daß Mitglieder einer Clique in den meisten Fällen der gleichen Klassenstufe angehörten.

Der Begriff „Peer-Beziehungen" (*peer relations*) ist breit gefaßt und entsprechend unscharf. Peer-Beziehungen umfassen beispielsweise gleichermaßen enge Freundschaften wie lose Kontakte zu Klassenkameraden. Auch soziometrische Statusvariablen wie „Beliebtheit" oder eigene Bewertungen von Beziehungsqualitäten (z.B. Qualität von Freundschaften) werden unter diesem Stichwort subsumiert. Entsprechend vielfältig fallen die Operationalisierungen aus. Schneider (1987) nennt vier gebräuchliche Verfahren zur Erfassung von Peer-Beziehungen im Kindes- und Jugendalter, nämlich soziometrische Nominierungen / Ratings (Peerbeurteilungen), Verhaltensbeobachtungen, Eltern- bzw. Lehrkraftbeurteilungen und Selbstbeurteilungsverfahren:

(a) *Soziometrische Nominierungen / Ratings (Peerbeurteilungen)*. Bei der Anwendung soziometrischer Techniken geben Mitglieder einer Gruppe (in der Forschung mit Kindern und Jugendlichen zumeist die Mitglieder einer Schulklasse) Auskunft über ihre Beziehung zu

---

[1] Diese und alle weiteren Übersetzungen von mir.

den anderen Gruppenmitgliedern. Dies erfolgt entweder über Ratingskalen (z.B. „Wie gerne magst Du xy?") oder über Nominierungen (z.B. „Wer ist Dein bester Freund?" „Neben wem möchtest Du sitzen?"). Aus den so gewonnenen Daten kann der informelle Status eines Gruppenmitglieds berechnet werden, ebenso kann man Subgruppen bilden, die soziometrische „Typen" unterscheiden („Populäre", „Abgelehnte", „Kontroverse", „Unbeachtete" und „Durchschnittliche"). Gruppenstrukturen, wie dyadische Freundschaften oder Cliquen innerhalb einer Klasse, lassen sich mit Hilfe soziometrischer Verfahren ebenfalls identifizieren. Natürlich hängen die Ergebnisse von den Fragen ab, die gestellt werden: Derjenige, mit dem man gerne die Pause verbringt, muß nicht notwendigerweise der sein, mit dem man bevorzugt gemeinsam an einem Schulprojekt arbeitet.

(b) *Verhaltensbeobachtung.* Diese kann im Feld oder in einer experimentell gestalteten Situation (z.B. Rollenspiel) erfolgen.

(c) *Eltern- bzw. Lehrkraftbeurteilungen.* Erwachsene Bezugspersonen schätzen anhand von Checklisten oder Ratingskalen die sozialen Bezüge der Kinder und Jugendlichen ein.

(d) *Selbstbeurteilungsverfahren.* Unter diesem Begriff lassen sich alle Verfahren, die von den Jugendlichen eine Einschätzung ihrer Beziehung zu Peers fordern, fassen. Sowohl Interviews zur Thematik als auch entsprechende Fragebogenverfahren fallen in diese Kategorie. Häufig wird in diesem Zusammenhang das soziale Selbstkonzept (vgl. Kap. 4) als relevante Variable erhoben.

Die verschiedenen Verfahren haben jeweils unterschiedliche Vor- und Nachteile: Beispielsweise kann mit Hilfe soziometrischer Techniken lediglich der Status in einer definierten Gruppe (z.B. in der Klasse) bestimmt werden, in Rollenspielen wird eventuell eher Wissen über sozial angemessenes Verhalten abgefragt, und Lehrkräfte und Eltern erhalten nur in begrenztem Ausmaß Einblick in die Peerinteraktionen Jugendlicher. Im Fokus stehen außerdem verschiedene Aspekte von Peer-Beziehungen (z.B. quantitative oder qualitative).

Da – abgesehen von methodenspezifischen Varianzanteilen – den verschiedenen Gruppen nicht die gleichen Verhaltensausschnitte als Grundlage ihrer Beurteilungen zur Verfügung stehen, ist es nicht verwunderlich, daß die Interkorrelationen zwischen den Beurteilergruppen nur mäßig sind (Byrne & Schneider 1986; Schneider & Byrne 1989). Es empfiehlt sich daher, mehrere Informationsquellen parallel heranzuziehen, wenn soziale Kompetenzen von Kindern und Jugendlichen erfaßt werden sollen (Schneider 1993).

Im Kindesalter dominieren Fremdbeurteilungen – insbesondere von Peers – das Forschungsfeld, im Jugendalter gewinnen hingegen Selbstauskünfte an Bedeutung. Während Kinder nur eingeschränkt über introspektive Fähigkeiten verfügen, können Jugendliche differenzierter über ihre Beziehungen und Gefühle Auskunft geben. Die subjektive Bewertung sozialer Beziehungen ist zudem für das psychische Wohlbefinden mindestens ebenso relevant wie die „objektive" Realität. Hymel & Franke (1985) illustrieren anschaulich an Einzelfällen, wie unterschiedlich Kinder, die allesamt einen hohen Ablehnungsstatus bei Peers aufweisen, ihre soziale Situation bewerten und wahrnehmen.

8.1.2
Die Rolle der Peers im Jugendalter

Der Einfluß der Peers beginnt nicht erst in der Adoleszenz. Die Peergruppe ist über das gesamte Kindesalter hinweg als bedeutsamer Sozialisationsfaktor anzusehen (vgl. z.B. Hartup 1983; Rubin, Bukowski & Parker 1998). Jedoch kommt ihr im Jugendalter eine zentrale Bedeutung als Quelle von Einfluß und Unterstützung zu. Havighurst (1963) formulierte als eine zentrale Entwicklungsaufgabe des Jugendalters den Aufbau neuer und reifer Beziehungen zu Altersgenossen des eigenen und anderen Geschlechts. Diese dienen als Modelle für die Beziehungen zu Kollegen, Freunden und Liebespartnern im Erwachsenenalter (Conger & Petersen 1984).

Coleman (1980) nennt drei Hauptursachen für die bedeutsame Rolle der Peers in der Entwicklung des Jugendlichen:

(a) Sowohl auf physiologischer als auch sozio-emotionaler Ebene muß der Heranwachsende gravierende Veränderungen bewältigen, wodurch ein erhöhter Bedarf an sozialer Unterstützung entsteht. Diese Unterstützung wird insbesondere bei Personen gesucht, die gerade ähnliches erleben oder kurz zuvor erlebt haben.

(b) Im Zuge fortschreitender Autonomie wird das Verhältnis zu den Eltern restrukturiert. Diese verlieren als primäre Vertrauenspersonen – zumindest für bestimmte Themengebiete – an Bedeutung.

(c) Im Prozeß der von Erikson (1968) postulierten Identitätsfindung probiert der Jugendliche verschiedene Verhaltensweisen und Rollen aus. Die Peergruppe dient hierbei als „Experimentierfeld" (Sherif & Sherif 1964) und bietet sowohl Feedback bezüglich der Angemessenheit von Verhaltensweisen als auch eine Reihe von Modellen, wie die anstehenden Entwicklungsaufgaben bewältigt werden können.

Im Laufe der Kindheit nimmt der Kontakt zu Gleichaltrigen zu. Der Jugendliche verbringt schließlich mehr Zeit mit Peers als mit anderen signifikanten Bezugspersonen wie Eltern oder Geschwistern (Berndt 1989). Jedoch scheint vor allem die *Qualität* und *weniger die reine Quantität* der Peer-Kontakte von Bedeutung zu sein. Ein wirklich guter Freund scheint für die Persönlichkeitsentwicklung und das emotionale Wohlbefinden weitaus wichtiger zu sein als viele lockere Bekannte. Enge Freunde bieten Unterstützung und Sicherheit und werden in der Adoleszenz in dieser Rolle immer wichtiger (Furman & Burmester 1992). Jugendliche fühlen sich häufig Cliquen verbunden, kleinen Gruppen von Personen, die sich zusammengehörig fühlen, regelmäßig miteinander interagieren und die von Brown (1989) als „Freundschaftsnetzwerke" beschrieben werden. Cliquen teilen implizite oder explizite Normen, die Verhalten und Aussehen betreffen, und üben bei Normverletzung Druck auf ihre Mitglieder aus. Bei Nicht-Unterwerfung droht der soziale Ausschluß. Informelle Normen entwickeln sich auch im Kontext anderer Peergruppen (so z.B. in Schulklassen, Backman & Secord 1972). Auch eng definierte Rollen (wie z.B. der „Computerfreak") oder die Zugehörigkeit zu einer bestimmten Subkultur (wie „Rapper" oder „Skins") spielen eine Rolle bei den sozialen Interaktionen von Jugendlichen (Brown 1989).

Insbesondere in der mittleren Adoleszenz scheint der Konformitätsdruck, der von Peers ausgeübt wird, als besonders hoch erlebt zu werden. Jugendliche in diesem Alter messen der Akzeptanz durch Peers große Bedeutung zu (Gavin & Furman 1989).

Die Geschlechtertrennung, die in den Peerkontakten der mittleren und späteren Kindheit vorherrscht, wirkt bis in die Adoleszenz (Maccoby 1990). Enge freundschaftliche Bindungen bestehen in erster Linie zu Peers des gleichen Geschlechts. Es gibt Vermutungen, daß sich die Peerbeziehungen von Mädchen und Jungen auch unterschiedlich gestalten, empirische Befunde sind jedoch rar und nicht einheitlich (Youniss & Haynie 1992; Rubin et al. 1998). Dunphy (1963) beobachtete, daß Cliquen sich in der frühen Adoleszenz zunächst aus Mitgliedern des gleichen Geschlechts zusammensetzen. Aus diesen bilden sich erst im weiteren Entwicklungsverlauf gemischtgeschlechtliche Gruppen. Nach seinen Ergebnissen kommt Cliquen und auch größeren Gruppen (*crowds*: lose Verbindungen mehrerer Cliquen) eine besondere Bedeutung bei der Etablierung von Beziehungen zum anderen Geschlecht zu: Im Schutz der Gruppe fällt es leichter, erste Kontakte herzustellen, und Gruppenaktivitäten (Partys etc.) bieten Möglichkeiten der Kontaktaufnahme.

Bei Betrachtung der Peerbeziehungen Jugendlicher sollten nicht nur schulische Kontakte, sondern auch außerschulische Felder (z.B. die Mitgliedschaft in Jugendgruppen) in Betracht gezogen werden. Fend (1998) untersuchte sowohl den soziometrischen Sympathiestatus in der Klasse als auch das Ausmaß außerschulischer Kontakte und fand einen Zusammenhang von r = 0.38. Der Vergleich von Unbeachteten mit Beliebten zeigte, daß Unbeachtete mangelnde innerschulische Kontakte zum Teil durch außerschulische kompensieren können.

8.1.3
Hochbegabte / Hochleistende Jugendliche und ihre Peers

Betrachtet man die Peer-Kontakte Hochbegabter im Entwicklungsverlauf, so existiert, wie verschiedene Überblicksreferate zeigen, eine Vielzahl von Belegen, daß diese in der Kindheit im allgemeinen mindestens ebenso gut oder besser als die normalbegabter Kinder sind (Austin & Draper 1981; Janos & Robinson 1985; Czeschlik & Rost 1988; Robinson & Noble 1991). Eventuell gilt dies nicht für extrem Hochbegabte. Extreme Hochbegabung tritt aber so selten auf, daß gesicherte Aussagen hier nicht möglich sind. Auch gute Schulleistungen sind im Grundschulalter positiv mit Beliebtheit bei den Altersgenossen korreliert (z.B. Petillon 1993). Diese Ergebnisse lassen sich nicht ohne weiteres auf die Entwicklungsphase der Adoleszenz übertragen. Die Annahmen, daß Hochbegabte / Hochleistende in dieser Zeit unter größeren Problemen leiden, stützen sich dabei im wesentlichen auf zwei Argumentationsstränge, die ich nachfolgend kurz erläutere:

(a)   Veränderte Peer-Normen insbesondere bezüglich der Akzeptanz von Schulleistung und
(b)   Mangel an „echten" – d.h. entwicklungsgleichen – Peers.

8.1.3.1
Peer-Normen und Schulleistung

In der Grundschule sind die „informellen" Normen der Schulklasse noch weitgehend deckungsgleich mit den formellen Anforderungen (z.B. sich anstrengen, gute Leistungen erbringen), die die Institution an den Schüler stellt. Im Jugendalter scheinen diese hingegen häufig im Gegensatz zueinander zu stehen (Petillon 1987).

Gross (1989) postuliert daher für hochbegabte Jugendliche den Konflikt zwischen „dem Streben nach herausragender Leistung oder der Suche nach Intimität": Wer exzellent leistet und sich intellektuell von seinen Peers abhebt, riskiert nach dieser These, als „Streber" oder „Eierkopf" beschimpft und ausgegrenzt zu werden. Hochbegabung soll daher im Sinne eines „sozialen Stigmas" wirken (Coleman & Cross 1988; Cross, Coleman & Teerhaar-Yonkers 1991; Cross, Coleman & Stewart 1993, 1995). Im Extremfall soll dies dazu führen, daß der hochbegabte Jugendliche seine Begabung versteckt, um negative soziale Konsequenzen zu umgehen. Insbesondere weibliche Teenager sollen in diesem Zusammenhang gefährdet sein (z.B. Kerr 1994): In der Pubertät würden signifikante Bezugspersonen verstärkt Erwartungen in Richtung klassischer Geschlechtsrollenstereotype an hochbegabte Mädchen stellen. Für Mädchen seien vor allem Erfolge im sozialen Bereich relevant, schulische oder intellektuelle Höchstleistungen behinderten das Erreichen dieses Ziels. Paßten sich hochbegabte Mädchen diesen Erwartungen nicht an, so drohe ihnen Zurückweisung und Einsamkeit. Schneider & Coutts (1985) diskutieren kritisch die Annahme, schulischer Erfolg sei abträglich für die soziale Anerkennung von Mädchen. Sie ermittelten in einer Untersuchung an Schülern der 10. Klasse, daß Jungen für „schuloppositionelle" Peer-Normen anfälliger als Mädchen sind. Als Begründung führen sie an, für männliche Jugendliche sei an offizielle (Schul-)Normen angepaßtes Verhalten, wie etwa gute Schulleistung, eher inkompatibel mit der männlichen Geschlechtsrolle. Möglicherweise existieren also unterschiedliche normative Erwartungen an Mädchen und Jungen, was die Akzeptanz von Schulleistung bei ihren Peers angeht; in welcher Richtung die Unterschiede liegen, ist jedoch unklar.

Tatsächlich scheint guten Schulleistungen – zumindest im Wertesystem der US-amerikanischen High-Schools – keine hervorgehobene Bedeutung beigemessen zu werden. Tannenbaum (1962) untersuchte stereotype Vorstellungen Jugendlicher über Schüler mit herausragender Schulleistung. Er fand, daß das Merkmal „exzellente Leistung" an sich nicht notwendigerweise negativ belegt ist, sich jedoch dann nachteilig auswirkt, wenn die gute Leistung mit einer leistungsbezogenen Arbeitshaltung und mangelndem Interesse an Sport einhergeht. Eine Replikation von Carrington (1996) in Australien erbrachte im wesentlichen die gleichen Ergebnisse. Analog ermittelte Coleman (1960) bei einer Untersuchung an zehn High-Schools im mittleren Westen der USA, daß „gute Noten haben" nicht zu den wichtigsten Merkmalen gehörte, die man nach Ansicht der Schüler benötigt, um Mitglied der führenden Clique zu werden.

Bedeutsamer sind bei Jungen sportliche Leistungen und bei Mädchen gutes Aussehen oder die Position des Cheerleaders. Coleman weist auf einen Zusammenhang zwischen der Leistung intellektuell begabter Schüler und den vorherrschenden schulischen Peer-Normen hin: begabtere Schüler erbringen auf Schulen mit höherer Akzeptanz von Schulerfolg durch Peers bessere Leistungen als auf Schulen, in denen gute Schulleistungen weniger akzeptiert werden.

Colemans Untersuchungen und die Schlußfolgerung, daß bei Jugendlichen – zumindest in den USA – eine „anti-intellektuelle" Haltung vorherrsche, wurden vielfach kritisiert. „Diese Ergebnisse zeigen nicht, daß schulische Leistung negativ bewertet wird und widersprechen so nicht den Ergebnissen anderer Untersuchungen. Sie zeigen nur, daß gute Noten im Vergleich zu anderen Werten als weniger bemerkenswert und positiv eingestuft werden" (Backman & Secord 1972, 75). Vielleicht ist es nicht so sehr die gute Leistung, die gegen informelle Peer-Normen verstößt, sondern ein – an „offizielle" Normen angepaßtes – leistungsorientiertes Verhalten. Juvonen & Murdock (1993; 1995) demonstrierten in einer Reihe von Experimenten, daß Schüler in der 8. Klasse glauben, erfolgreiche Schüler, die begabt sind und wenig Anstrengung zeigen, besäßen die höchste Peerpopularität. Während in der 4. Klasse Schüler als beliebt gelten, die fleißig und begabt sind, nimmt deren Reputation mit zunehmender Klassenstufe ab – in der 8. Klasse sind „strebsame und begabte" Schüler hinsichtlich der eingeschätzten Beliebtheit das Schlußlicht.

Für die negative Bewertung schulbezogener Anstrengung in der Adoleszenz werden mehrere Erklärungsmöglichkeiten herangezogen (Juvonen 1996). Da erwachsene Autoritätspersonen (Eltern und Lehrer) Fleiß und Anstrengung schätzen, erwirbt man sich durch „Opposition" möglicherweise den Respekt der Peers. Darüber hinaus dienen restriktive Leistungsnormen – man strebt eine mittlere, von den meisten Gruppenmitgliedern zu erreichende Leistung an – dazu, die „Kosten" des schulischen Wettbewerbs für die Gruppe gering zu halten, denn große Anstrengungen und hohe Leistungsergebnisse einzelner können den Standard für alle erhöhen. Attributionstheoretisch kann zur Erklärung das Begabungskonzept Jugendlicher herangezogen werden. Bei Aufgaben bestimmter Schwierigkeit sind Anstrengung und Begabung negativ korreliert. Anstrengung ist daher ein „zweischneidiges Schwert" (Covington & Omelich 1979). Denn je begabter jemand ist, desto weniger Anstrengung sollte er aufbringen müssen, um gute Noten zu erhalten. Ein positives Bild der eigenen Begabung läßt sich bei mangelnder Anstrengung sowohl in Erfolgs- als auch Mißerfolgssituationen aufrechterhalten: hat man Erfolg, kann man diesen auf die Begabung zurückführen, andererseits wird Mißerfolg nicht auf Begabung, sondern auf Anstrengung attribuiert. Ähnliche Mechanismen werden im Zusammenhang mit dem Phänomen der paradoxen Effekte von Lob und Tadel diskutiert (Meyer 1978).

Robinson & Noble (1991, 64) stellen zusammenfassend fest: „In der jugendlichen Gesellschaft ist es wichtig, kein ‚Streber' oder ‚Bücherwurm' zu sein, sondern eher eine Person, die scheinbar mühelos schulische Erfolge erzielt". Diese Erkenntnisse lassen sich zumindest teilweise auch auf das deutsche Schulsystem übertragen. Fend fand im Rahmen der Konstanzer Längsschnittuntersuchungen, daß die (soziometrisch ermittelte) Gruppe der Meinungsführer in Schulklassen einen besseren Notendurchschnitt hatte, aber gleichzeitig angab, sich weniger für die Schule anzustrengen. „[Es] bestätigt sich, daß Schüler, die im Mittelpunkt stehen, den Eindruck vermitteln, intelligenter zu sein als die anderen. Das heißt: gute Noten mit wenig Leistung zu erreichen" (Fend 1998, 292).

Ob es „die" prototypischen Peer-Normen gibt, bleibt dennoch fraglich. Schultypen, Schulen und Klassen haben einen Einfluß auf die Ausbildung eines „leistungsfreundlichen" Klimas. Beispielsweise konnte in den Konstanzer Längsschnittuntersuchungen ein Effekt der Schulform nachgewiesen werden (Fend 1991). Der oben beschriebene Zusammenhang zeigt sich vor allem in Gymnasien, weniger in Haupt- oder Realschulen. Auch bilden Schüler einer Klasse nicht notwendigerweise eine homogene Gruppe: unterschiedliche Subgruppen (Cliquen) können differentielle Normen entwickeln (Wentzel & Caldwell 1997).

8.1.3.2
Mangel an entwicklungsgleichen Peers

Häufig wird in der einschlägigen Literatur thematisiert, Hochbegabte hätten – aufgrund von Unterschieden in ihrem intellektuellen und / oder sozio-emotionalen Entwicklungsstand – Probleme mit Altersgleichen (z.B. Gross 1989). So seien Hochbegabte diesen nicht nur intellektuell überlegen. Auch im sozialen Bereich wird ihnen eine besondere Sensibilität und Empathiefähigkeit zugeschrieben (z.B. Silverman 1993), die sich nachteilig auswirken kann, wenn die soziale Umwelt nicht adäquat damit umgeht bzw. umgehen kann.

Problematisch soll dies vor allem im Jugendalter sein: Das Bedürfnis nach Akzeptanz durch die altersgleiche Peergruppe ist hoch, gleichzeitig besteht von deren Seite ein erhöhter Konformitätsdruck (z.B. was Kleidung, Musikgeschmack, Interessen etc. betrifft). Die – tatsächliche, empfundene oder zugeschriebene – „Andersartigkeit" des Hochbegabten in bezug auf seine Interessen und Fähigkeiten könne daher – nach Manaster & Powell (1983) – insbesondere in dieser Entwicklungsphase zu sozialen Anpassungsschwierigkeiten führen. Verschiedene Autoren (z.B. Gross 1989; Silverman 1993) fordern auf der Grundlage dieser Annahmen, dem hochbegabten Jugendlichen bzw. Kind Zugang zu entwicklungsgleichen Peers (d.h. anderen Hochbegabten) zu gewähren, um dessen psychosoziale Entwicklung nicht zu gefährden. Überlegungen dieser Art sind bislang kaum empirisch belegt, dienen aber dennoch häufig – unreflektiert – als Grundlage für die Forderung nach äußeren Differenzierungsmaßnahmen (z.B. Sonderklassen oder Sonderkurse oder Sonderschulen für Hochbegabte).

Entwicklungsgleiche, so wird ebenfalls behauptet, sollen Hochbegabte – eben aufgrund ihres Entwicklungsvorsprungs gegenüber Altersgleichen – eher unter Älteren
suchen. Häufig wird in diesem Zusammenhang der Befund von Burks, Jensen &
Terman (1930) zitiert, die für die Jugendlichen der Terman-Längsschnittstudie ermittelten, daß ein substantieller Prozentsatz ältere Freunde bevorzugte (47% der
Mädchen und 36% der Jungen). Auch Timberlake, Barnett & Plionis (1993) berichten
von einem Prozentsatz von 42.2% an Zustimmung auf die Aussage „[Ich] bevorzuge
etwas ältere Freunde" (Hervorhebung von mir). Allerdings befragte sie lediglich
Teilnehmer eines Talentwettbewerbs (7. Klasse). Es liegt kein Vergleichswert von
„normalen" Jugendlichen vor (dies gilt auch für die Studie von Burks et al.), so daß
nicht klar ist, ob diese Aussage „begabungstypisch" ist oder ob in diesem Alter
eventuell etwas ältere Jugendliche insgesamt als Bezugspersonen eine hohe Attraktivität besitzen. Die Alltagsevidenz spricht für letzteres.

8.1.4
Peerkontakte Hochbegabter / Hochleistender: Empirische Befunde

Betrachtet man lediglich die zahlreichen Studien, die den Zusammenhang zwischen
Intelligenz und Schulleistung auf der einen und Peerbeziehungen auf der anderen
Seite untersucht haben, so kann man zusammenfassend festhalten, daß die Korrelationskoeffizienten in den meisten Fällen zwar gering, aber im Sinne des positiven Zusammenhangs „höhere Begabung – bessere Peerbeziehungen" ausfallen (Hartup
1983; Dollase 1998). Dabei ist einschränkend festzuhalten, daß in der Mehrzahl der
Untersuchungen versäumt wurde, den sozioökonomischen Status (der sowohl positiv
mit Intelligenz / Schulleistung als auch mit soziometrischem Status korreliert ist) zu
kontrollieren (Hartup 1983). In einer – insbesondere durch eine große unausgelesene
Stichprobe imponierenden – deutschen Studie ermittelten Rost & Czeschlik (1994) an
6564 Grundschülern der 3. Klasse einen positiven Zusammenhang zwischen soziometrischer Beliebtheit und allgemeiner Intelligenz von $r = 0.21$. Der Koeffizient bezüglich des Zusammenhangs zwischen Intelligenz und Ablehnung liegt bei $r = -0.22$.
Dieser Zusammenhang spiegelt sich auch bei der Auswertung auf der Basis soziometrischer Typen wieder. „Popularität" ist positiv mit Intelligenz assoziiert, „Ablehnung" negativ: In der Gruppe der „Populären" haben etwa 19% einen IQ > 122.5 und
etwa 6% einen IQ < 77.5. Hingegen fallen etwa 24% der „Abgelehnten" in den Bereich intellektueller Minderbegabung, während nur etwa 6% einen IQ > 122.5 aufweisen. Für die anderen soziometrischen Typen konnte kein Zusammenhang mit der
intellektuellen Begabung nachgewiesen werden (Czeschlik & Rost 1995).

Grossman & Wrighter (1948) führen geringe Korrelationen zwischen Popularität und
Intelligenz auf eine nicht-lineare Beziehung zwischen den Variablen zurück. Sie fan-
den in einer Studie an 114 Kindern der 6. Klasse signifikante Unterschiede zwischen
Kindern unterdurchschnittlicher (IQ = 60 bis IQ = 84) und durchschnittlicher bis

überdurchschnittlicher Intelligenz (IQ = 85 bis IQ = 129), jedoch nicht zwischen dieser Gruppe und hochbegabten Kindern (IQ ≥ 130). Dieses Ergebnis werten sie als Beleg für ihre Hypothese, daß ab einer mittleren Ausprägung der Intelligenz der Zuwachs an Popularität nur noch gering ist. Austin & Draper (1981) weisen darauf hin, daß sich im Extrembereich der Hochbegabung die Beziehung zwischen Intelligenz und sozialer Anpassung möglicherweise sogar ins Gegenteil verkehrt. Sie stützen sich dabei auf die Ergebnisse von Terman & Oden (1947) und Hollingworth (1942), die bei (notwendigerweise kleinen) Stichproben mit einem durchschnittlichen IQ > 180 größere psychosoziale Anpassungsprobleme fanden. Grossberg & Cornell (1988) konnten hingegen bei einem Vergleich von hochbegabten und extrem (IQ > 168) hochbegabten Kindern im Alter von 7 – 11 Jahren keine Hinweise auf eine schlechtere psychosoziale Anpassung der extrem Hochbegabten ausmachen.

Es bleibt festzuhalten, daß unklar ist, ob die Beziehung zwischen Intelligenz und sozialer Anpassung im extremen oberen Bereich der kognitiven Leistungsfähigkeit linear verläuft. Daher sind korrelative Studien zur Beziehung Intelligenz / soziale Anpassung für die Gruppe der Hochbegabten eventuell nur begrenzt aussagefähig. Zudem beziehen sich die Ergebnisse überwiegend auf jüngere Schüler. Im folgenden sollen daher empirische Befunde referiert werden, die einen Vergleich zwischen hochbegabten Jugendlichen und anderen Begabungsgruppen durchführen. Ich werde – bis auf wenige Ausnahmen – nur Studien diskutieren, die eine *nicht* hochbegabte bzw. *nicht* hochleistende Vergleichsgruppe aufweisen oder einen Normvergleich durchführen. Studien, die ausschließlich verschiedene Hochbegabungsgruppen miteinander vergleichen, sich ausschließlich mit Grundschülern / Präadoleszenten (bis zur 6. Klassenstufe) oder mit (College-)Studenten beschäftigen, berücksichtige ich nicht. Um den Überblick zu erleichtern, werden die Ergebnisse zunächst getrennt nach Urteilerquelle behandelt (soziometrische Maße, d.h. Peerbeurteilungen, Fremdbeurteilungen von Lehrern und Eltern sowie Selbstbeurteilungsmaße).

8.1.4.1

Peerbeurteilungen

Im Vergleich zum Grundschulalter existieren, wie Czeschlik & Rost (1988) konstatieren, für das Jugendalter nur wenige einschlägige Arbeiten. Schneider (1987) führt dies im wesentlichen darauf zurück, daß im US-amerikanischen High-School-System die relevante Peergruppe durch häufigen Kurswechsel nur schwer zu bestimmen ist. Tabelle 8.1 faßt die Ergebnisse sechs einschlägiger Studien zusammen, zwei Untersuchungen, die sich mit Hochleistenden beschäftigt haben, diskutiere ich weiter unten. Wie Tabelle 8.1 ausweist, wurde das Geschlecht als Untersuchungsfaktor lediglich in zwei Studien berücksichtigt: bei Schneider, Clegg, Byrne, Ledingham & Crombie (1989) und Luftig & Nichols (1990; 1991). Luftig & Nichols finden Wechselwirkungseffekte zu*un*gunsten der hochbegabten Mädchen – dies sind gleichzeitig

Tab. 8.1: Studien zur Popularität (Peerbeurteilungen) hochbegabter Jugendlicher

STUDIE	STICHPROBE	VARIABLEN	ERGEBNIS
Martyn (1957)	*Aus 4.-12. Klassen (USA):* HB: N = 354; IQ $\geq$ 130 (1) IQ $\geq$ 140 (2) ($N_{7.-9.}$ = 91; $N_{10.-12.}$ = 43) VG: N = 2647 (Mitschüler der HB)	I/SL: (1)Wechsler-Bellevue oder (2)Stanford-Binet P: Cunningham Social Distance Scale	$HB_{Gesamt} > VG_{Gesamt}$ nach Alter: $HB_{4.-6.} > VG_{4.-6.}$ $HB_{7.-9.} \approx VG_{7.-9.}$ $HB_{10.-12} \approx VG_{10.-12.}$
Mönks, van Boxtel, Roelofs & Sanders (1986)[a]	*Aus 7.-9. Klassen (Niederlande):* HB1: N = 22 (7 Mä), I,K $\geq$ PR 75; GPA im Erwartungsbereich (ØIQ = 120.8; K = 121) HB2: N = 45 (21 Mä) I $\geq$ PR 75;K < PR 50 (ØIQ = 119.3; K = 89.3) HB3: N = 27 (12 Mä) I $\geq$ PR 75, GPA < I (ØIQ = 120.8; K = 104.7) (Underachiever) VG: N = 74 (39 Mä) PR 30 $\leq$ I,K,GPA $\leq$ PR 70 (ØIQ = 100.1; K = 100.1)	IQ/SL: I-S-T 70 GPA Kreativitäts-FB P: soziometrischer Status	Keine statistisch signifikanten Unterschiede zwischen den Gruppen.
Eccles, Bauman & Rotenberg (1989)[a]	*Aus 2.-8. Klassen (USA):* HB: N = 54 (23 Mä); IQ $\geq$ 130 (IQ_{max} = 150) VG: N = 681 (? Mä);IQ = ?	I/SL: ? P: Peerratings soziale Präferenz	Keine statistisch signifikanten Unterschiede zwischen den Gruppen.

[a] In diesen Studien wurden weitere Einschätzungen durch Peers in bezug auf bestimmte Verhaltensbereiche (z.B. Kreativität, Sportlichkeit) erhoben, die Ergebnisse sind hier nicht aufgeführt.
HB: Hochbegabte, VG: Vergleichsgruppe, P: Popularität, I/SL: Intelligenz/Schulleistung, Mä: Mädchen, Ju: Jungen, K: Kreativität, GPA: Notendurchschnitt (grade point average).

Tabelle 8.1: Studien zur Popularität (Peerbeurteilungen) hochbegabter Jugendlicher (Fortsetzung)

STUDIE	STICHPROBE	VARIABLEN	ERGEBNIS
Schneider, Clegg, Byrne, Ledingham & Crombie (1989)	Aus 5.,8. und 10. Klassen (Kanada): HB: $N_{5.Kl.}$ = 72 (Mä=38); ØIQ = 132 $N_{8.Kl.}$ = 59 (Mä=33); ØIQ = 133 $N_{10.Kl.}$ = 73 (Mä=42); ØIQ = 131 VG1: $N_{5.Kl.}$ = 72 (Mä=35); ØIQ = 111 $N_{8.Kl.}$ = 59 (Mä=37); ØIQ = 109 $N_{10.Kl.}$ = 66 (Mä=38); ØIQ = 114 („matched" mit HB1) VG2: $N_{5.Kl.}$ = 71 (Mä=37); ØIQ = 110 $N_{8.Kl.}$ = 58 (Mä=33); ØIQ = 112 $N_{10.Kl.}$ = 64 (Mä=34); ØIQ = 113 (Zufallsauswahl) VG1 und VG2 aus gleichen Schulklassen wie HB1.	I/SL: Hemmon-Nelson-Test of Mental ability oder Canadian Cognitive Abilities Test (Verbalteil) P: P1: Revised Class Play (RCP; 5./8. Kl.) P1a: Soziabilität/ Führungsqualität P1b: agressiv/störend P1c: sensibel/isoliert P2: Adjustment Scales for Sociometric Evaluation of Secondary School Students (ASSESS; 10. Kl.) P2a: aggressiv/störend P2b: Rückzug P2c: Ängstlichkeit P2d: Soziale Kompetenz P2e: Schulschwierigkeiten	*Ergebnisse Klasse 5:* Keine statistisch signifikante Wechselwirkung Geschlecht x Begabung. Haupteffekt Begabung: P1a: HB > VG1 = VG2. P1b: HB ≈ VG1; HB < VG2. P1c: keine eindeutigen Angaben im Text. Haupteffekt Geschlecht: P1a: Mä ≈ Ju. P1b: Mä < Ju. P1c: Mä > Ju. *Ergebnisse Klasse 8:* Keine statistisch signifikante Wechselwirkung Geschlecht x Begabung. Kein statistisch signifikanter Haupteffekt Begabung. Kein statistisch signifikanter Haupteffekt Geschlecht. *Ergebnisse Klasse 10:* Keine statistisch signifikante Wechselwirkung Geschlecht x Begabung. Kein Haupteffekt Begabung. Haupteffekt Geschlecht: P2a und P2c: Mä = Ju. P2b: Mä < Ju. P2d: Mä > Ju. P2e: Mä < Ju.
Luftig & Nichols (1990; 1991)[a]	Aus 4.-8. Klassen (USA): HB: N = 64 (40 Mä); IQ = ? VG: N = 432 (225 Mä); IQ = ?	I/SL: ? P: Peer-Nominierungen →Zugehörigkeit zu soziometrischen Statusgruppen	P1: „Beliebt": WW Begabung x Geschlecht, HB Ju weisen hier den höchsten Prozentsatz auf, HB Mä den niedrigsten. „Unbeliebte": Haupteffekt Begabung, HB < VG. „Kontroverse": Keine Effekte. „Durchschnittlich": Keine Effekte. „Unbeachtet": Keine Effekte.

a: In diesen Studien wurden weitere Einschätzungen durch Peers in bezug auf bestimmte Verhaltensbereiche (z.B. Kreativität, Sportlichkeit) erhoben, die Ergebnisse sind hier nicht aufgeführt.
HB: Hochbegabte, VG: Vergleichsgruppe, P: Popularität, I/SL: Intelligenz/Schulleistung, Mä: Mädchen, Ju: Jungen, K: Kreativität, GPA: Notendurchschnitt (grade point average).

die einzigen Effekte, die zuungunsten einer erwartungsgemäß leistenden Hochbegabtengruppe auftreten. Bei der Interpretation dieser Befunde gibt es allerdings Schwierigkeiten, da die Altersvarianz außerordentlich hoch ist. Zudem nahmen die untersuchten Hochbegabten an einem „pull-out"-Enrichment-Programm teil, so daß reine Begabungseffekte mit Plazierungseffekten konfundiert sind. In der besser kontrollierten Studie von Schneider et al. (1989) finden sich auf keiner untersuchten Klassenstufe bedeutsame Wechselwirkungen zwischen Begabung und Geschlecht.

Keislar (1955) überprüfte, ob sich Notenunterschiede bei Konstanthaltung des Faktors „Intelligenz" auf die Einschätzung von Eigenschaften seitens der gleichgeschlechtlichen Peers auswirken. Untersuchungsteilnehmer waren Schüler der 11. Klasse einer High-School. Es zeigte sich, daß Mädchen mit guten Noten als weniger beliebt bei den Jungen eingeschätzt wurden, gleichzeitig aber auch als freundlicher und einflußreicher. Für Jungen ergaben sich keine statistisch signifikanten Unterschiede. Inwieweit hier schulspezifische Faktoren wirksam waren, bleibt unklar.

Vaughn, McIntosh, Schumm, Haager & Callwood (1993) beschäftigten sich ebenfalls mit dem Unterschied zwischen verschiedenen Leistungsgruppen (operationalisiert durch einen standardisierten Schulleistungstest). Die Autoren verglichen vier Gruppen (hochleistende, normal leistende, schlecht leistende und lernbehinderte Schüler). Zwischen hochleistenden Schülern und Schülern anderer Leistungsgruppen finden sich keine Unterschiede bezüglich der soziometrisch erfaßten Peerakzeptanz. Leider ist auch hier die Altersvarianz der Stichprobe groß (3. bis 10. Klassenstufe), und die untersuchten Leistungsgruppen sind teilweise recht klein ($N_{max} = 50$, $N_{min} = 18$), so daß Interpretationsprobleme unvermeidlich sind.

8.1.4.2

Eltern- und Lehrkraftbeurteilungen

Zu diesem Ansatz liegen ebenfalls nur wenige Studien vor: An erster Stelle sei hier die berühmte Termansche Längsschnittuntersuchung erwähnt, die eine Fülle von Daten zur Entwicklung von über 1000 hochbegabten kalifornischen Kindern (IQ ≥ 140) erhoben hat. Die Befunde sind allerdings nur mit Einschränkung zu interpretieren, da eine adäquate Vergleichsgruppe fehlt (zu weiterer Kritik an Terman vgl. z.B. Rost 1991, 834). Aufgrund ihrer historischen Bedeutung soll an dieser Stelle jedoch kurz auf die Ergebnisse Termans und seiner Mitarbeiter eingegangen werden: Burks et al. (1930) ermittelten in der zweiten Erhebungswelle Fremdurteile von Lehrkräften und Eltern zu verschiedenen sozialen Variablen. Die Altersvarianz der betreffenden Kinder und Jugendlichen war recht groß: die Spannbreite reichte von unter 10 Jahren bis über 18 Jahre. Etwa 25% der Hochbegabten hatten zum Zeitpunkt der Befragung die High-School abgeschlossen. Nur ein kleiner Prozentsatz wurde nach Angabe der Lehrkräfte gemieden (5% der Mädchen und 6% der Jungen) oder häufig bis sehr häufig geärgert (5% der Jungen und 12% der Mädchen). Auch die Angaben der Eltern erbrachten keine Hinweise auf eine schlechtere psychosoziale Anpassung: die Mehrheit gab an, daß ihr Kind von anderen nicht als „anders" angesehen wird (87% Jungen, 91% Mädchen).

Freeman (1979) ging in Großbritannien der Frage nach, ob sich Hochbegabte ($\varnothing$ IQ = 147), deren Eltern Mitglied der National Association for Gifted Children (NAGC) waren, von einer parallelisierten Stichprobe hochbegabter – aber nicht organisierter – Schüler ($\varnothing$ IQ = 134) in verschiedenen psychosozialen Variablen unterscheiden. Als Kontrollgruppe wurde eine Zufallsstichprobe aus Schülern der gleichen Klasse herangezogen ($\varnothing$ IQ = 119). Freeman fand Unterschiede zuungunsten der NAGC-Gruppe. Eltern dieser Kinder gaben häufiger an, diese würden sich „anders" fühlen und hätten ältere Freunde. Auch der Prozentsatz derer, die keine Freunde hätten, war hier höher als in den beiden Vergleichsgruppen. Die Lehrkräfte beurteilten die NAGC-Gruppe ebenfalls schlechter als die beiden anderen Gruppen, was „Fehlanpassung in der Peer-Gruppe" anbetrifft. Kritisch anzumerken ist, daß die Vergleichbarkeit der beiden Hochbegabtengruppen hinsichtlich des IQ nicht voll gegeben ist. Die beiden Hochbegabungsgruppen wurden nach der Gruppentestung nach dem im Raven-Matrizen-Test erzielten IQ parallelisiert. In der nachfolgenden Einzeltestung mit dem Stanford-Binet-Test ergab sich jedoch für die NAGC-Gruppe ein höherer Mittelwert. Zudem waren die Gruppen extrem altersheterogen (5 bis 16 Jahre) und das Geschlecht wurde als Faktor nicht systematisch berücksichtigt. „Anders fühlen" und „Fehlanpassung" hat vermutlich für Fünfjährige eine andere Bedeutung als für Fünfzehnjährige. Trotz dieser methodischen Schwächen sind die Ergebnisse doch ein deutlicher Beleg für die Problematik selektiver Hochbegabten-Stichproben (aus Programmen, Vereinigungen etc.), bei denen eine Gefahr der Konfundierung des Begabungsfaktors mit anderen Variablen besteht.

8.1.4.3

Selbstbeurteilungen

Studien, die Qualität und Quantität von Peerbeziehungen über Selbstbeurteilungsmaße erhoben haben, liegen in größerer Anzahl vor. Der Großteil dieser Untersuchungen befaßt sich mit dem sozialen Selbstkonzept, das verschiedene Facetten der eigenen Wahrnehmung sozialer Beziehungen umfaßt (Berndt & Burgy 1996). Daneben wurden sehr unterschiedliche Teilaspekte der Peer-Beziehungen untersucht: Existenz von Freunden, Intimität, Teilnahme an Gruppenaktivitäten usw.

Was die Befunde zum sozialen Selbstkonzept anbetrifft, so sind die betreffenden Studien ausführlich bei Rost & Hanses im Kapitel 4 dieses Buches diskutiert. An dieser Stelle sei nur darauf hingewiesen, daß die Befunde uneinheitlich sind. Die Mehrzahl der Studien kann – für die betreffende Altersgruppe – keine Unterschiede zwischen

Hochbegabten und entsprechenden Vergleichsgruppen absichern; finden sich Unterschiede, so fallen diese mal zugunsten, mal zuungunsten der Hochbegabten aus. Auch Hinweise auf eventuelle Wechselwirkungen zwischen Geschlecht und Begabung sind rar – nur wenige Studien sind dieser Frage überhaupt systematisch nachgegangen.

Fünf Untersuchungen, die andere Selbstbeurteilungsmaße eingesetzt haben, habe ich in Tabelle 8.2 zusammengefaßt. Es ist ersichtlich, daß in fast allen Fällen die Instrumente Eigenentwicklungen sind, testtheoretische Kennwerte sucht man oft vergeblich. Auch hier sind – wie beim sozialen Selbstkonzept – die Ergebnisse nicht eindeutig. Einige Vermutungen bezüglich der Ursache dieser uneinheitlichen Befundlage liegen nahe: Zum einen sind natürlich die Studien, was Versuchsplan und statistische Auswertung angeht, von unterschiedlicher, häufig nicht überzeugender Qualität. Zum anderen unterscheiden sich die Stichproben deutlich hinsichtlich des Selektionskriteriums für „Hochbegabung" (Leistung oder Intelligenzmessung, Teilnahme an Programmen etc.). Auf ein weiteres Problem weisen Berndt & Burgy (1996) im Zusammenhang mit ihrer Diskussion zur Messung des sozialen Selbstkonzepts hin. Items, die unter dieser Bezeichnung zusammengefaßt werden, sprechen diverse Facetten sozialer Beziehungen an: die Palette reicht von wahrgenommener Popularität bei Klassenkameraden über wahrgenommene soziale Unterstützung durch enge Freunde bis hin zu Beurteilungen eigener sozialer Kompetenzen. Ähnliches gilt für andere Selbstbeurteilungsmaße, die die Wahrnehmung sozialer Beziehungen erfassen sollen. Der Rezipient der einschlägigen Literatur weiß oft nur wenig über die Items, die sich hinter der Bezeichnung des Summenwertes verstecken, so daß systematische Tendenzen, die divergierende Befunde erklären könnten, nur schwer aufzuspüren sind.

Interessant – weil neueren Datums und weißrussische Schüler betreffend – ist die Studie von Kovaltchouk (1998). Sie verglich eine Gruppe von 72 Hochbegabten mit einer durchschnittlich begabten Gruppe (N = 80). Die Identifikation erfolgte durch einen zweistufigen Prozeß (Screening durch Lehrkraftnominierung, Schulnoten und herausragende außerschulische Interessen / Leistungen, anschließend Selektion nach IQ, Kreativität und herausragenden Leistungen, wobei eine kompensatorische Strategie verwendet wurde). Die Jugendlichen waren zwischen 15 und 17 Jahren alt. Sie wurden – unter anderem – gebeten, einen Aufsatz über ihre Peer-Beziehungen zu schreiben. Anschließend erfolgte eine inhaltsanalytische Auswertung. Insgesamt ergeben sich keine Unterschiede hinsichtlich extremer Probleme und Schwierigkeiten in sozialen Kontakten, der Neigung, sich Älteren anzuschließen, oder der Zufriedenheit mit Peer-Beziehungen. Differenzen ließen sich hingegen vor allem bei den Standards ausmachen, die die Jugendlichen an Freundschaften anlegen. Die befragten Hochbegabten legen eher höhere Standards bei der Freundschaftswahl und der beurteilten Qualität sozialer Kontakte an als die Vergleichsgruppe. Bei systematischer Einbeziehung der Variable Geschlecht können zwar erwartungsgemäße geschlechtsrollenspezifische Unterschiede repliziert werden, jedoch findet sich keine besondere Vulnerabilität hochbegabter Mädchen.

Tab. 8.2: Studien zu Peerbeziehungen hochbegabter/hochleistender Jugendlicher (Selbstbeurteilung)

STUDIE	STICHPROBE	VARIABLEN	ERGEBNISSE
Patel & Joshi 1977	*Aus 9.-11. Klassen (Indien):* HL: 200 (60 Mä); IQ = ? (z-Wert SL ≥ .82) VG: 150 (60 Mä); IQ = ? (z-Wert SL < -.82)	I/SL: I = ? z-standardisierter Notenwert der letzten Jahresabschlußprüfung SB: Eigenentwicklung „Soziale Anpassung"	HL > VG. Wechselwirkung Begabung × Geschlecht ist nicht signifikant. Dennoch post-hoc-Vergleiche berechnet: HL Ju > VG Ju, sonst keine Unterschiede.
Brody & Benbow 1986	*Aus 7.-9. Klassen Talentsuche (HB Ø 13.7 J.; VG 14 - 15 J. alt, USA):* HB_{verbal}: N = 92 (48 Mä) SAT-V ≥ 630, SAT-M < 700 HB_{math}: N = 208 (35 Mä) SAT-M ≥ 700, SAT-V > 630 HB in verbalen bzw. mathem. Fähigkeiten ca. obere 0.01 % ihrer AG.	I/SL: SAT SB: Eigenentwicklung SB1:Selbsteinschätzung Popularität (Summenwert) SB2: Persönlichkeitseinschätzung SB3: Teilnahme an Gruppenaktivitäten (z.B. Clubs) SB4: Selbsteinschätzung der Popularität (Einzelitems des Summenwerts von SB1)	SB1: VG > HB_{Gesamt}. HB_{math} > HB_{verbal}. SB2: HB_{Gesamt} < VG bei „sozial geschickt" und „ungehemmt". SB3: HB_{Gesamt} ≈ VG. SB4: HB_{Gesamt} < VG bez. „beliebt",„Mitglied der ‚leading crowd'", „sozial aktiv", „sportlich"; HB_{math} > HB_{verbal} bez. „wichtig".
Dauber & Benbow 1986	VG: N = 111 (61 Mä) SAT-V <630, SAT-M < 700, PR ≥ 97 in standardisiertem Leistungstest für AG.		
Kwan 1992	*Aus Eingangsstufe „Secondary School" in (Singapur, Alter: 13 Jahre)* HB: 134 (Top 0.5% in SLT-Kombination).(? Mä) VG: 134 („Top-Non-gifted": Auswahl nach Zensuren im Abschlußzeugnis der Primary School).(? Mä)	I/SL: 3 standardisierte Leistungstests SB: Eigenentwicklung SB1: Soziale Isolation SB2: Existenz sehr guten Freundes SB3: „major worries" (Kategorie:Probleme mit Peers)	*Getrennte Analysen für Jungen und Mädchen, gleichsinnige Ergebnisse:* SB1: HB ≈ VG bez. Prozentsatz hoch vs. niedrig sozial isoliert (Dichotomisierung am Mittelwert). SB2: HB ≈ VG. SB3: HB ≈ VG.
Field, Harding, Yando, Gonzalez, Lasko, Bendell & Marks 1998	*Aus High School Freshmen einer High School (USA):* (Ø Alter: 14.5 Jähre) HB: 62 (32 Mä); IQ ≥ 132[a] VG: 162 (85 Mä); IQ = ?	I/SL: ? SB: Eigenentwicklung SB1:Intimität (mit „bestem Freund") SB2:Soziale Unterstützung	SB1: HB > VG. SB2: HB ≈ VG.

HB: Hochbegabte HL: Hochleistende, VG: Vergleichsgruppe, SB: Selbstbeurteilung, AG: Altersgruppe, Mä: Mädchen, Ju: Jungen
I/SL: Intelligenz / Schulleistung

Am Ende dieses Abschnitts möchte ich noch ausgewählte Untersuchungen erwähnen, die sich mit der Frage, wie Hochbegabte mit ihrem „Etikett" umgehen, beschäftigt haben. Die Ergebnisse zeigen die Vielschichtigkeit möglicher sozialer Konsequenzen von Hochbegabung. In allen Fällen wurden explizit „etikettierte" Hochbegabte (Teilnehmer an Sonderprogrammen, Talentwettbewerben, Schüler besonderer Schulen etc.) befragt:

(a) Kerr, Colangelo & Gaeth (1988) untersuchten Jugendliche im Alter von 15 bis 17 Jahren. Bei der Frage nach den Vorteilen von Hochbegabung nennen 29% Vorteile im sozialen Bereich, bei Nachteilen wird zu 90% der soziale Bereich angeführt. Was die Reaktionen anderer betrifft, so sehen 52% keine besonderen Auswirkungen des Etiketts, aber immerhin 42% negative. Es zeigt sich, daß Mädchen tendenziell eher soziale Vor- und Nachteile nennen als Jungen.

(b) Manaster, Chan, Watt & Wiehe (1994) verwenden ähnliche Fragen wie Kerr et al. (1988), verfeinern aber die grobe Kategorie „sozialer Bereich" weiter. Hier ergeben sich interessante Unterschiede. So geben 67% der befragten 144 Jugendlichen (Alter 15 bzw. 16) an, daß ihre *Freunde* sie aufgrund ihrer besonderen Begabung nicht anders behandelten (nur 13% geben hier eine negative Antwort), bei *Klassenkameraden* sind es hingegen lediglich 35% (26% berichteten von positiven Reaktionen, 35% von negativen Reaktionen). 53% nennen soziale Vorteile von Hochbegabung (z.B. respektiert werden, ein hohes Ansehen genießen) und 87% soziale Nachteile (z.B. negative Stereotypisierung, Neid etc.).

(c) Manor-Bullock, Look & Dixon (1995) befragten Schüler einer Internatsschule für Hochbegabte (11. Jahrgangsstufe) kurz nach ihrem Schulwechsel auf das Internat. Über 70% beantworteten Items wie „In meiner [früheren] Schule habe ich mehrere gute Freunde" oder „An meiner früheren Schule fühlte ich mich oft einsam" inhaltlich im Sinne positiver Sozialbeziehungen. Jedoch liegen ebenfalls 43.3% der Antworten bezüglich der Aussage „Ich empfinde oft eine Distanz zwischen mir und meinen Klassenkameraden" im Zustimmungsbereich. Einschränkend ist anzumerken, daß die Rücklaufquote lediglich bei 32.5% lag, so daß hier möglicherweise eine Selbstselektion vorliegt.

(d) Kunkel, Chapa, Patterson & Walling (1992) ließen Teilnehmer eines Sommerkursprogramms (7. Klasse) einen Brief an einen Freund mit dem Thema „Wie es ist, hochbegabt zu sein" schreiben. Dieser wurde anschließend inhaltsanalytisch ausgewertet. Die Problembereiche „Spott" (z.B. von anderen als „Eierkopf" oder „Streber" bezeichnet zu werden) oder „Einsamkeit" werden von den meisten Jugendlichen *nicht* angesprochen (keine Nennung: 85.8% bzw. 84.7%).

(e) Bei den von Guskin, Okolo, Zimmermann & Peng (1986) untersuchten Schülern der 6. bis 9. Jahrgangsstufe gaben 14% negative Reaktionen von signifikanten Bezugspersonen auf das Etikett „Hochbegabung" an, 9.3% nannten dabei negative Reaktionen von Peers.

(f) Ähnliche Prozentsätze fanden Hershey & Oliver (1988) mit 15% Zustimmung zum Item „Ich werde gehänselt".

Ich halte fest, daß sich nur eine Minderheit der befragten Hochbegabten über eine negative Behandlung seitens ihrer Peers beklagt. Dabei scheint es weiterhin differentielle Effekte hinsichtlich der Beziehungsqualität zu geben (Unterschied zwischen der Behandlung durch Mitschüler und Freunde). Und: Das Etikett „Hochbegabung" bringt nach den vorliegenden Ergebnissen offensichtlich soziale Vor- und Nachteile mit sich.

8.1.5
Zusammenfassung und Ableitung der Fragestellung

Will man die dargestellten Befunde zu Peer-Beziehungen hochbegabter Jugendlicher zusammenfassen, ergibt sich folgendes Bild:

(a) Empirische Untersuchungen zu Hochbegabung / Leistungsexzellenz und Peer-Beziehungen im Jugendalter sind nicht nur rar, sondern sie sind zudem häufig mit gravierenden methodischen Mängeln behaftet. Oft fehlen adäquate Vergleichsgruppen (die neben Merkmalen wie Geschlecht und Alter auch den sozioökonomischen Status berücksichtigen) und / oder die Probandenzahl ist gering und / oder es handelt sich um eine selegierte Gruppe aus spezifischen Schulen, Programmen etc. Hier stellt sich das Problem der Konfundierung von Etikettierungs- und / oder Plazierungseffekten und Begabung.

(b) Die Ergebnisse sind nicht einheitlich. Findet man bei soziometrischen Befragungen in wenigen Untersuchungen Unterschiede zwischen hoch- und durchschnittlich Begabten, treten in Selbstbeurteilungsmaßen häufiger Differenzen zutage, deren Richtung jedoch nicht eindeutig ist. Informationen von Lehrern und Eltern sind selten erhoben worden, ebenso wurde kaum direkt nach Peer-Kontakten (z.B. ob man Freunde hat, wie oft man diese trifft etc.) gefragt.

(c) Divergierende Befunde sind auch für mögliche Wechselwirkungen mit dem Faktor „Geschlecht" zu verzeichnen. Während einige Untersuchungen entsprechende Ergebnisse berichten, finden andere keine Interaktion zwischen Begabung / Leistung und Geschlecht. Insgesamt wurde diese Frage kaum systematisch verfolgt, obwohl in der Literatur immer wieder behauptet (aber nicht hinreichend belegt) wird, hochbegabte Mädchen litten besonders unter sozialen Nachteilen.

(d) Die meisten der referierten Studien stammen aus den USA. Eine Übertragbarkeit der Befunde auf den deutschsprachigen Raum ist fraglich. Zum einen existieren deutliche Unterschiede im Schulsystem (Gesamtschule vs. gegliedertes Schulsystem). Weiterhin ist an schulische Institutionen gebundene systematische Hochbegabtenförderung im Sinne äußerer Differenzierungsmaßnahmen (besondere Klassen oder Kurse an normalen Schulen) in den USA weiter verbreitet, so daß dort die Gefahr negativer Etikettierungskonsequenzen größer ist. Zudem bestehen, was schulische und außerschulische „Peer-Systeme" anbetrifft, kulturspezifische Besonderheiten: Es gibt beispielsweise wohl kein deutsches Äquivalent in Hinblick auf den Star der Footballmannschaft oder den Cheerleader, auch das berühmt-berüchtigte „dating" ist eher ein US-amerikanisches Phänomen. Man kann auch spekulieren, ob in den USA möglicherweise der quantitative Beziehungsaspekt (Popularität) eine größere Rolle spielt.

Auf dem Hintergrund dieser Befunde und Probleme möchte ich mit der vorliegenden Untersuchung folgende Fragen beantworten:

(a) Unterscheiden sich hoch- und durchschnittlich begabte bzw. hoch- und durchschnittlich leistende Jugendliche in bezug auf verschiedene Aspekte ihrer Peer-Beziehungen? Finden sich ähnliche Effekte bei Betrachtung verschiedener Datenquellen (Selbstberichte, Eltern- und Lehrkraftbeurteilungen)?

(b) Gibt es differentielle Effekte des Faktors „Geschlecht" in Abhängigkeit von der Zugehörigkeit zur Begabungs- bzw. Leistungsgruppe? D.h. gibt es eine Wechselwirkung „Geschlecht" × „Begabung" bzw. „Geschlecht" × „Leistung"?

8.2
Methode

8.2.1
Stichprobe

Auswahl und Zusammensetzung der Stichprobe sind den ersten beiden Kapiteln dieses Buches dargestellt. Daher wird diese im folgenden nur kurz in wesentlichen Zügen charakterisiert.

Die psychometrischen Analysen der Instrumente beruhen auf einer Stichprobe von N = 539 Jugendlichen im Alter von 13 bis 15 Jahren („Gesamtstichprobe ‚West / Ost‘"). Diese setzt sich aus N = 283 Jugendlichen aus neun alten („Gesamtstichprobe ‚West‘") und N = 256 Gymnasialschülern aus fünf neuen („Gesamtstichprobe ‚Ost‘") Bundesländern zusammen. Neben Selbstbeurteilungsdaten der Jugendlichen („Datenquelle Jugendliche") wurden Fremdbeurteilungen durch Eltern („Datenquelle Eltern") und Lehrkräfte („Datenquelle Lehrkräfte") erhoben. Psychometrische Überprüfungen der für die befragten Lehrkräfte konzipierten Instrumente wurden getrennt sowohl für die Lehrkraftdaten der „Gesamtstichprobe ‚Ost‘" als auch für die „Gesamtstichprobe ‚West‘" berechnet, da bei „Gesamtstichprobe ‚Ost‘" die jeweiligen Klassenlehrkräfte, bei „Gesamtstichprobe ‚West‘" hingegen zwei Fachlehrkräfte (Deutsch / Mathematik) befragt wurden.

Die Auswertung der Gruppenunterschiede wurde aufgrund der Daten folgender leicht reduzierter (zu den Ausschlußkriterien vgl. Kap. 1) Substichproben (insgesamt N = 444)[2] durchgeführt:

---

[2]   Bei einzelnen statistischen Analysen kann die Anzahl aufgrund fehlender Werte leicht verringert sein.

(a) *Begabungsstichprobe „West"* (N = 214). Diese besteht aus 107 stabil Hochbegabten (HB; 45 Mädchen, 62 Jungen) sowie einer Vergleichsgruppe von 107 stabil durchschnittlich Begabten (DB; 47 Mädchen, 60 Jungen).

(b) *Leistungsstichprobe „Ost"* (N = 230). Diese setzt sich aus 118 Hochleistenden (HL; 69 Mädchen, 49 Jungen) und einer Vergleichsgruppe von 112 durchschnittlich Leistenden (DL; 64 Mädchen, 48 Jungen) zusammen.

8.2.2
Variablen und Auswertung

8.2.2.1
Datenquelle „Jugendliche"

KONTAKTBEREITSCHAFT (KB-J) UND SOZIALES INTERESSE AN MITSCHÜLERN (SIM-J)

Die beiden Skalen *„Kontaktbereitschaft"* (*KB-J*) und *„Soziales Interesse an Mitschülern"* (SIM-J) konstituieren sich aus Items des SFS-Ü, einer projektintern überarbeiteten Kurzform des *„Sozialfragebogens für Schüler"* (*SFS 4-6*) von Petillon (1984). Der SFS-Ü beinhaltet insgesamt fünf Skalen: Neben KB-J und SIM-J erfragen zwei Skalen die Sozialerfahrungen mit der Lehrkraft, eine zusätzliche Skala ist dem von Grieger (1988) revidierten *„Fragebogen zum Unterrichtsklima"* (*FUK*, Dreesmann 1982) entnommen. Die Auswahl und Entwicklung der Skalen ist ausführlich bei Rost & Hanses (1995, 101–102) dargestellt.

Zur Überprüfung der Dimensionalität berechneten wir anhand der Daten der Gesamtstichprobe (N = 539) eine Hauptkomponentenanalyse mit anschließender Varimaxrotation über die fünf Skalen des *SFS-Ü*. Die ursprünglichen Skalenzuordnungen der Items konnten nahezu vollständig repliziert werden (vgl. Rost, Freund-Braier, Schilling & Schütz 1997). Die Items waren auf einer sechsstufigen Zustimmungsskala einzuschätzen („stimmt überhaupt nicht" bis „stimmt genau"). Die Inhaltsbereiche der beiden in Zusammenhang mit der vorliegenden Fragestellung interessierenden Skalen *SIM-J* und *KB-J* sollen nachfolgend kurz skizziert werden, die testtheoretisch-faktorenanalytischen Kennwerte finden sich in Tabelle 8.3:

(a) *„Sozialinteresse bei Schülern"* (*SIM-J*) beschreibt die Tendenz, sich in die emotionale Verfassung von Mitschülern und anderen Jugendlichen einzufühlen und deren Perspektive zu übernehmen.
Itembeispiel: „Ich stelle mir oft vor, was in einem Mitschüler oder einer Mitschülerin vorgeht, der oder die von anderen ausgelacht wird".

Tab. 8.3: Ergebnisse der faktorenanalytisch-testtheoretischen Überprüfung der beiden Skalen KB-J und SIM-J der überarbeiteten Kurzform des „Sozialfragebogens für Schüler" (SFS-Ü) für 539 Jugendliche der Gesamtstichprobe

| | SKALEN | |
KENNWERTE	SIM-J	KB-J
Items	5	4
a_{max}	0.70	0.75
a_{min}	0.59	0.63
$\bar{a}$	0.65	0.69
$r_{it\ max}$	0.51	0.48
$r_{it\ min}$	0.41	0.42
$\bar{r}_{it}$	0.45	0.45
α	0.69	0.66
α_{10}	0.82	0.83
M^a	4.5	4.5
S	0.8	0.9

SIM-J = Soziales Interesse an Mitschülern;
KB-J = Kontaktbereitschaft

[a] an Itemzahl relativiert (theoretischer Range = 1 bis 6, theoretische Mitte = 3.5)

(a) *„Kontaktbereitschaft"* (*KB-J*) enthält Aussagen, die eine generelle Bereitschaft zum Kontakt mit Mitschülern und anderen Peers umschreiben, bzw. invertiert Aussagen, die eine Zurückhaltung in sozialen Kontakten beinhalten.
Itembeispiel: „Es ist besser, sich nicht so vielen Mitschülern anzuvertrauen".[3]

KONTAKT ZU FREUNDEN

Die Jugendlichen gaben im Rahmen eines standardisierten Interviews zu verschiedenen Aspekten ihrer Freizeit Auskunft. Dabei wurden unter anderem Angaben über die Häufigkeit vorgegebener Freizeitaktivitäten auf einer vierstufigen Skala erhoben („nie" bis „sehr häufig"). Diese Aktivitätenliste wurde aus der Jugend '92-Studie der Deutschen Shell (Jugendwerk der Deutschen Shell 1992) übernommen. Vier Aktivitäten, bei denen der Kontakt zu Freunden im Vordergrund steht, wurden a priori zur

---

[3]   Dieses Item geht umgepolt in den Skalenwert ein.

Skala *„Kontakt zu Freunden"[4]* (*FKONTAKT*) zusammengefaßt. Die vier Items lauten:

(a) *mit Freunden und Freundinnen telefonieren,*
(b) *mit Freunden und Freundinnen zusammensein,*
(c) *mit Freunden und Freundinnen rumhängen,*
(d) *mit dem besten Freund / der besten Freundin zusammensein,*

Tabelle 8.4 zeigt die testtheoretischen Kennwerte der Skala.

Tab. 8.4: Psychometrische Kennwerte der Skala „Kontakt zu Freunden" (FKONTAKT) für die Gesamtstichprobe (N = 539)

KENNWERTE	FKONTAKT
Items	4
$\bar{r}$	0.41
r_{min}	0.30
r_{max}	0.54
$r_{it\ max}$	0.64
$r_{it\ min}$	0.43
$\bar{r}_{it}$	0.51
α	0.73
α_{10}	0.87
M^{a}	3.1
S	0.6

[a] an Itemzahl relativiert (theoretischer Range = 1-4; theoretische Mitte = 2.5)

In Anbetracht der Länge der Skala ist ihre Homogenität sehr gut.

GLEICHGESCHLECHTLICHER FREUND / ZUGEHÖRIGKEIT ZU EINER CLIQUE

Weitere Fragen im Rahmen des Jugendlicheninterviews bezogen sich auf die *Zugehörigkeit zu einer Clique* (*CLIQUE*) und die *Existenz eines guten Freundes* (*FREUND*). Folgende Fragen wurden den Jugendlichen gestellt, die jeweils mit ja / nein beantwortet werden konnten:

---

[4] Um die Lesbarkeit zu erleichtern, wurde die männliche Formulierung gewählt. Wenn von „Freunden" oder von „Freund" die Rede ist, bezieht sich dies auf die Funktion des Bezugspartners unabhängig vom Geschlecht.

(a) *„Hast Du einen guten Freund?"* bzw. *„Hast Du eine gute Freundin?";*
(b) *„Bist Du in einem Kreis von jungen Leuten, der sich regelmäßig oder öfter trifft und sich zusammengehörig fühlt? Ich meine nicht einen Verein oder Verband, sondern so eine Clique?"*[5]

Bei positiver Antwort auf die Frage nach dem guten Freund wurde dessen *Alter (F-ALTER-J)* erhoben. Dabei wurde „gleichaltrig", „älter" oder „jünger" kodiert. „Älter" oder „jünger" bezieht sich dabei auf eine Differenz von mindestens einem Lebensjahr.

8.2.2.2

Datenquelle „Eltern"

Auch die Eltern befragten wir bezüglich der Sozialkontakte ihres Kindes. Im *Eltern-Fragebogen* (Projektentwicklung, vgl. Rost & Hanses 1995, 186–203) wurde u.a. erhoben, *wie viele Freunde ihres Sohnes / ihrer Tochter den Eltern persönlich bekannt sind (ANZFR)* und *aus welcher Altersgruppe* (gleichaltrig / jünger / älter / sowohl jünger als auch älter) *sich die Freunde des Kindes vorwiegend zusammensetzen (F-ALTER-E).*

8.2.2.3

Datenquelle „Lehrkraft"

Die Skala *„Integration in der Klasse – Lehrkraftbeurteilung" (INTEG-L)* besteht aus vier Items mit jeweils fünfstufiger Zustimmungsskala. Diese wurden zunächst a priori aufgrund inhaltlicher Überlegungen zusammengefaßt. Alle Items thematisieren die Integration in der Klasse, Kontaktbereitschaft und die Beziehung zu Mitschülern:

(a) *„Ist der Schüler[6] in die Klassengemeinschaft integriert?"*
(b) *„Ist der Schüler bei den Jungen beliebt?"*
(c) *„Ist der Schüler bei den Mädchen beliebt?"*
(d) *„Interessiert sich der Schüler für seine Mitschüler und Mitschülerinnen?"*

Die Fragen gaben wir im Rahmen des Lehrerinterviews bzw. Lehrerfragebogens (Projektentwicklung, vgl. Rost & Hanses 1995, 254–278) allen befragten Lehrkräften (Begabungsstichprobe: Deutsch- und Mathematiklehrkräfte; Leistungsstichprobe: Klassenlehrkräfte) vor.

---

[5] Diese Frage wurde ebenfalls der Shell-Studie Jugend '92 entnommen.
[6] Die Fragen waren geschlechtsspezifisch formuliert, d.h. bei Mädchen wurde die Formulierung entsprechend verändert.

Um zu überprüfen, ob die Zusammenfassung der fünf Items zu einer Skala *„Integration in der Klasse – Lehrkraftbeurteilung"* (*INTEG-L*) auch empirisch sinnvoll erscheint, berechneten wir – für die Beurteilungen jeder Lehrkraftgruppe getrennt – eine Hauptkomponentenanalyse. Die Ladungen auf der ersten unrotierten Hauptkomponente bewegen sich – je nach befragter Lehrkraftgruppe – zwischen $0.61 \leq a \leq 0.87$. Die mittlere Ladung beträgt $\bar{a} = 0.82$. Daher ist es gerechtfertigt, von einem Generalfaktor auszugehen. Dieser klärt zwischen 60.3 und 65.9% der Totalvarianz auf.

Tab. 8.5: Ergebnisse der psychometrischen Überprüfung der Skala „Integration in der Klasse - Lehrkraftbeurteilung" (INTEG-L), getrennt nach Begabungs- und Leistungsstichprobe für die drei Beurteilergruppen

KENNWERTE	GESAMTSTICHPROBE „WEST" (N = 283)		GESAMTSTICHPROBE „OST" (N = 254)
	INTEG-DL	INTEG-ML	INTEG-KL
Items	4	4	4
a_{max}	0.87	0.85	0.85
a_{min}	0.75	0.67	0.61
$\bar{a}$	0.82	0.79	0.78
$r_{it\,max}$	0.74	0.68	0.68
$r_{it\,min}$	0.57	0.46	0.40
$\bar{r}_{it}$	0.66	0.59	0.59
α	0.83	0.78	0.77
α_{10}	0.92	0.90	0.89
M^a	3.7	3.6	3.9
S	0.9	0.7	0.8

INTEG-DL = Beurteilung durch die Deutschlehrkraft;
INTEG-ML = Beurteilung durch die Mathematiklehrkraft;
INTEG-KL = Beurteilung durch die Klassenlehrkraft

[a] an Itemzahl relativiert (theoretischer Range = 1-5; theoretische Mitte = 3)

Tabelle 8.5 zeigt die psychometrischen Kennwerte der Skala in den verschiedenen Lehrkraftgruppen. Bei lediglich vier Items pro Skala sind diese als „sehr gut" zu bezeichnen.

8.2.2.4
Begabung, Schulleistung und bildungsrelevanter sozialer Status

Eine detaillierte Beschreibung dieser Variablen findet sich in den Kapiteln 1 und 2. Die Variable „Begabung" (hoch- vs. durchschnittlich) wird als generelle intellektuelle Fähigkeit im Sinne des Spearmanschen „*g*"-Faktors verstanden. Diese wurde durch eine gewichtete Kombination der Subtests „*Analogien*" und „*Zahlenreihen*" des *I-S-T 70* von Amthauer (1970), des *Untertests 3* des *LPS* von Horn (1983) und des *ZVT* von Oswald & Roth (1987) operationalisiert. Die Gruppenzuordnung wurde hier also nach allgemeiner intellektueller Kompetenz vorgenommen.

Im Gegensatz dazu wurden die beiden Leistungsgruppen (hoch vs. durchschnittlich) nach einem Performanzkriterium – der allgemeinen Schulleistung – gebildet. Diese wurde durch die Durchschnittszensur in den Fächern Deutsch, Mathematik, erste Fremdsprache, Physik (falls nicht unterrichtet: Chemie) und – wenn unterrichtet – Biologie operationalisiert. Hochleistung wird im Marburger Hochbegabungsprojekt demnach als herausragende *Performanz* und Hochbegabung als exzellente intellektuelle *Kompetenz* definiert, wobei beide Konzepte trivialerweise nicht gänzlich unabhängig voneinander sind (vgl. Kap. 1).

Der für das *Bildungsverhalten relevante soziale Status* (*BRSS*) wurde in Anlehnung an Bauer (1972) ermittelt, für die Erhebungen in den neuen Bundesländern wurde das Verfahren entsprechend angepaßt (vgl. Rost & Hanses 1995, 221–223;1996, 222–232; Rost et al. 1998, 411–419).

8.2.3
Auswertung

Gruppenvergleiche werden *innerhalb* der Leistungs- und Begabungsgruppen durchgeführt. Eine Betrachtung über die Leistungs- und Begabungsgruppen hinweg erschien mir hinsichtlich der vorliegenden Fragestellung weniger sinnvoll: Inwieweit gesellschaftliche Einflüsse, die auf Unterschiede in der Prägung durch verschiedene politische Systeme (Herkunft aus „alten" bzw. „neuen" Bundesländern) zurückgehen, für Differenzen in der Gestaltung oder Wertigkeit von sozialen Beziehungen verantwortlich sein könnten, ist nur wenig bekannt, jedoch liegen einige empirische Belege für „Ost"-„West"-Unterschiede in Peer-Beziehungen vor (Oswald 1992). Weiterhin sind nicht für alle Gruppen Daten aus analogen Quellen verfügbar: Lehrkraftbeurteilungen wurden für die Leistungsgruppen vom jeweiligen Klassenlehrer erfragt, die Beurteilungen der Begabungsgruppen wurden von Fachlehrkräften abgegeben. Es ist plausibel anzunehmen, daß Klassenlehrkräften andere Verhaltensstichproben (z.B. durch Teilnahme an Klassenfahrten, Ausflügen, Klassenfesten etc.) zur Beurteilung der sozialen Beziehungen ihrer Schüler zur Verfügung stehen als Fachlehrkräften.

Zum Vergleich der beiden Leistungs- bzw. der beiden Begabungsgruppen werden für quantitative Daten 2×2 multivariate Varianzanalysen (MANOVAs) mit den Faktoren „Gruppe" und „Geschlecht" berechnet. Bei der Überprüfung der Effekte wird hierarchisch vorgegangen. Überschreitet die multivariate Prüfgröße (Wilks λ) die kritische Signifikanzgrenze von $p = 0.05$, werden entsprechende univariate Nachfolgeanalysen (ANOVAs) durchgeführt. Existiert eine nennenswerte Korrelation von $r > 0.15$ zum *BRSS*, so wird überprüft, ob die Effekte auch nach dessen kovarianzanalytischer Auspartialisierung bedeutsam bleiben. Zur Veranschaulichung der praktischen Relevanz der Ergebnisse teile ich die multi- bzw. univariaten Effektstärken („eta$^2_{multi}$" bzw. „eta^2"), beim Zwei-Gruppen-Vergleich (Jungen vs. Mädchen oder HB vs. DB bzw. HL vs. DL) zusätzlich die standardisierte Mittelwertsdifferenz „d" (Cohen 1988) mit. Sie wird hier aus eta^2 geschätzt.[7] Das Vorzeichen von d bezieht sich auf die Richtung der Mittelwertsdifferenzen, wobei ein negatives Vorzeichen einen höheren Mittelwert der Vergleichsgruppe (durchschnittlich Begabte bzw. Leistende) oder einen höheren Mittelwert der Mädchen (beim Vergleich beider Geschlechter) kennzeichnet.

Für die Auswertung der kategorialen Variablen berechne ich Logit-Modelle, die eine spezielle Untergruppe der loglinearen Modelle darstellen.[8] Da diese – im Gegensatz zu varianzanalytischen Techniken – in der psychologischen Forschung weniger Verwendung finden, möchte ich das Vorgehen an dieser Stelle näher erläutern (für eine ausführliche Beschreibung vgl. z.B. Bishop, Fienberg & Holland 1975). Im loglinearen Modell für mehrdimensionale Häufigkeitstabellen wird der Logarithmus der erwarteten Zellhäufigkeiten durch eine lineare Gleichung von Parametern λ dargestellt. Während allgemeine loglineare Modelle nicht zwischen unabhängigen und abhängigen Variablen unterscheiden (symmetrische Beziehungen), wird in Logit-Modellen das Antwortverhalten bezüglich einer Variablen in Abhängigkeit von einer oder mehreren unabhängigen Variablen betrachtet. Dabei wird der Logarithmus der sogenannten *Odds* ($O_{1/2}$) der abhängigen Variable unter der Bedingung der im Modell enthaltenen Effekte vorhergesagt. Die Odds stellen eine anschauliche Betrachtung von Wahrscheinlichkeiten dar. Sie beziehen sich auf das Verhältnis von Wahrscheinlichkeit und Gegenwahrscheinlichkeit (P(Ereignis tritt ein) / P(Ereignis tritt nicht ein)). Bei zwei unabhängigen Variablen (A_i, B_j) bezieht sich $O_{1/2}$ auf das Verhältnis ($\pi_{AV=1}|ij$) / ($\pi_{AV=2}|ij$), wenn die abhängige Variable (AV) zwei Ausprägungen (1,2) aufweist (binäres Logit). Bei einem multinomialen Logit-Modell (polytome Antwortvariable) werden bei $k = 1 ...K$ Stufen der Antwortvariablen K-1 unabhängige Logits berechnet, die sich auf das Verhältnis ($\pi_k|ij/\pi_{K*}|ij$) beziehen. K* ist dabei die – frei zu wählende – Referenzkategorie.

Mehrere Autoren (z.B. Langeheine 1980, Kennedy 1983) ziehen Parallelen zwischen der Anwendung von Logit-Modellen bei kategorialen Daten und varianzanalytischen (bzw. regressionsanalytischen) Techniken bei intervallskalierten Daten: Mittels beider Verfahrensgruppen können Haupt- und Interaktionseffekte überprüft werden. Jedem Logit-Modell entspricht ein log-lineares Modell: die Logit-Modellparameter τ lassen sich direkt aus den Parametern λ des entsprechenden loglinearen Modells ableiten (vgl. z.B. Agresti 1990).

Die Schwierigkeit bei der Arbeit mit log-linearen Analysen liegt hauptsächlich in der Selektion eines adäquaten Modells. Häufig sind mehrere Modelle mit den Daten kompatibel. In der vorliegenden Arbeit habe ich ein hierarchisches Vorgehen in Anlehnung an die von Goodman (1971, zit. nach Langeheine 1980) vorgeschlagene „forward selection"-Strategie gewählt. Leitlinie ist das Kriterium der Einfachheit: bei ähnlich guten Anpassungswerten bevorzuge ich das einfachere Modell (d.h. das Modell mit weniger Parametern).

(1) Zunächst wird überprüft ob M_{Null} – das einfachste Modell – die Daten zufriedenstellend anpaßt. M_{Null} enthält nur einen zu schätzenden Parameter für die abhängige Variable („Konstante"), die Parameter für die Haupt- und Interaktionseffekte werden Null gesetzt. Dieses Modell stellt lediglich in Rechnung, daß die *a-priori*-Wahrscheinlichkeiten der abhängigen Variable nicht

---

7   Die Formel ist bei Rost & Hoberg in Kapitel 4 angegeben.

8   Ich danke Herrn Prof. Dr. H. Scheiblechner für hilfreiche Anregungen und Kommentare.

gleich sind. Neben dem globalen statistischen Test auf Modellanpassung, dem Likelihood-Ratio-Chi²-Test (G^2) werden die korrigierten standardisierten Pearson-Residuen (z_p), die approximativ normalverteilt sind, inspiziert. Diese liefern Anhaltspunkte dafür, in welchen Zellen bedeutsame Abweichungen zwischen den (aufgrund des Modells) erwarteten und den empirisch beobachteten Häufigkeiten vorliegen. Als kritisch werden $|z_p| > 1.96$ betrachtet. Falls M_{Null} zufriedenstellende Anpassungsstatistiken aufweist, wird nach diesem Schritt abgebrochen.

(2) Andernfalls teste ich weniger restriktive Modelle, die zusätzliche Effekte berücksichtigen. Welche Effekte in ein Folgemodell aufgenommen werden, wird aufgrund der Größe der standardisierten Effektparameter $z(\lambda)$ des saturierten Modells (M_{Sat}) entschieden, das alle Effekte berücksichtigt und somit die empirischen Häufigkeiten perfekt reproduziert. Die standardisierten Effektparameter sind ebenfalls approximativ normalverteilt. Parameter der Größe $z(\lambda) > 1.96$ betrachte ich als bedeutsam und nehme diese in Alternativmodelle auf. Bei der Konstruktion von Alternativmodellen wird das Hierarchieprinzip berücksichtigt.

(3) Stehen mehrere Modelle zur Auswahl überprüfe ich, ob das jeweils weniger restriktive Modell (das mehr Parameter enthält) zu einer signifikanten Verbesserung der Modellanpassung führt. Um dieser Frage nachzugehen, teste ich die Differenz Δ_{M1-M2} zwischen den G^2-Werten zweier geschachtelter Modelle auf statistische Signifikanz (diese ist mit $df_{M1}-df_{M2}$ ebenfalls Chi² verteilt).

Als deskriptives Maß für die Güte der Anpassung wird der Normed Fit Index (NFI, Bonnett & Bentler 1983) mitgeteilt. Der NFI bezieht sich auf Verbesserung der Anpassung gegenüber M_{Null} ($G^2_{M(Null)}-G^2_{M(Alternativ)} / G^2_{M(Null)}$). Er schwankt zwischen 0 und 1 (0 für M_{Null} und 1 für M_{Sat}) und kann sowohl für geschachtelte als auch nicht geschachtelte Modelle berechnet werden. Bonnett & Bentler (1983) weisen darauf hin, daß trotz des naheliegenden Vergleichs mit R^2 oder eta² der NFI *kein* Maß für die „erklärte" Varianz ist, sondern lediglich ein Maß, um die Verbesserung der formalen Modellanpassung zu quantifizieren. Bei ähnlich gutem Fit wird – im Sinne des Kriteriums der Einfachheit – dem restriktiveren Modell der Vorzug geben.

Als Effektstärkemaß, das ähnlich wie eta² oder R^2 interpretiert werden kann, ziehe ich den Koeffizienten R_H heran, der auf dem Entropie-Maß beruht. Dieser gibt an, welcher Anteil der totalen Dispersion durch das herangezogene Modell „erklärt" wird (Magidson 1981).

Während sich Goodness-of-Fit-Maße nur auf die *aggregierten* Daten beziehen, beschreibt R_H welcher Anteil der *individuellen* Variation in der kategorialen Antwortvariable durch ein Modell „erklärt" werden kann. R_H wird nur dann 1, wenn alle Personen unter einer bestimmten Prädiktorenkonstellation in eine Antwortkategorie fallen und ist ein Maß dafür, wie gut das individuelle Antwortverhalten durch ein Modell vorhergesagt werden kann. Allerdings sollte die Größe von R_H nicht analog zu R^2 interpretiert werden. Haberman (1982, 575) weist darauf hin, daß auch bei einem starken Zusammenhang zwischen abhängiger und unabhängiger Variablen R_H relativ klein sein kann: „Intuition bezüglich der Koeffizienten R_H und R_C sollte sich auf direkte Erfahrungen und nicht auf Analogien zu R^2 stützen".

Ein anschauliches Effektmaß in bezug auf Nominaldaten ist das *Odds Ratio* (OR, vgl. z.B. Fleiss 1994). Das Odds Ratio gibt an, in welchem Verhältnis die Odds unter der Bedingung eines bestimmten Effekts stehen (z.B. Effekt Geschlecht: Odds Jungen / Odds Mädchen). Es besteht eine direkte Beziehung zu den τ-Parametern des Logit-Modells: aus diesen kann ein OR berechnet werden, das sich auf die aufgrund des Modells geschätzten erwarteten Häufigkeiten bezieht.

OR ist nicht additiv symmetrisch: ist der Zähler kleiner als der Nenner, können Werte zwischen 0 und 1 auftreten, bei Zähler > Nenner liegt der Wertebereich zwischen 1 und ∞. Durch eine logarithmische Transformation von OR (ln OR) erhält man ein symmetrisches Effektmaß, das zwischen $-\infty$ und ∞ variiert. Ln OR ist weniger anschaulich als OR, hat aber den Vorteil, daß es den Vergleich verschiedener Effekte erleichtert.

Für die Bewertung und Einordnung der zu berichtenden Ergebnisse weise ich an dieser Stelle auf einige methodische Probleme hin:

(a) Aufgrund der Anzahl durchgeführter statistischer Tests wird zwangsläufig der α-Fehler inflationiert, auch wenn durch die hierarchische Vorgehensweise versucht wurde, die Anzahl der Tests zu verringern. Auf eine Korrektur nach Bonferroni verzichte ich, da diese zu einem nicht akzeptablen Verlust an Power führen würde. Signifikante Einzelergebnisse sollten daher nicht überbewertet werden, von Interesse ist vor allem das Gesamtbild und die Größe der gefundenen Effekte.

(b) Aufgrund ungleicher (allerdings nicht disproportionaler) Zellbesetzungen sind wir mit den bekannten Schwierigkeiten nicht-orthogonaler varianzanalytischer Designs konfrontiert (insbesondere erhöhte Sensitivität gegenüber Voraussetzungsverletzungen).
Sind die Voraussetzungen (Normalverteilung, Varianzhomogenität bzw. Homogenität der Varianz-Kovarianz-Matrizen) gravierend beeinträchtigt, berechne ich zur Absicherung der Befunde ein nicht-parametrisches Verfahren (U-Test von Mann-Whitney). Dessen Ergebnisse berichte ich nur dann, wenn sich abweichende Resultate ergeben.

8.3
Ergebnisse

8.3.1
Interkorrelationen der Variablen

Tabelle 8.6 gibt die Interkorrelationsmatrix für die untersuchten Variablen, getrennt nach Begabungs- und Leistungsstichprobe, wieder. Das Interkorrelationsmuster der beiden Stichproben ähnelt sich, die Beziehungen zwischen den Variablen unterscheiden sich nicht wesentlich.

Insgesamt sind nur wenige Korrelationen substantieller Natur. Größere Zusammenhänge zwischen Selbst- und Fremdbeurteilungen sind nicht zu erwarten:

Achenbach, McConaughy & Howell (1987) ermittelten in ihrer Metaanalyse durchschnittliche Interkorrelationen von $\bar{r} < 0.30$. Für soziale Variablen konnten Byrne & Schneider (1986) keine größeren Beziehungen absichern. Zudem ist auch nicht in jedem Fall ein Zusammenhang anzunehmen (z.B. zwischen dem *Alter des guten Freundes* und der *Zugehörigkeit zu einer Clique*). Weiterhin muß die bei vielen Variablen vorliegende Varianzeinschränkung bedacht werden, die bei der Darstellung der Gruppenvergleiche noch zu diskutieren sein wird: Möglicherweise werden hier Beziehungen deutlich unterschätzt.

Die Korrelationen liegen in der erwarteten Richtung. Die vergleichsweise deutlichsten Querbeziehungen zu anderen Variablen – auch Eltern- und Lehrerurteilen – weisen die Skalen *„Kontakt zu Freunden"* und *„Kontaktbereitschaft"* auf. Im Gegensatz dazu fällt auf, daß *„Soziales Interesse an Mitschülern"* kaum Beziehungen zu anderen Daten aufweist.

Für die Interpretation der Interkorrelationen ist zu beachten, daß die Variablen *F-ALTER-J* und *F-ALTER-E* für diese und alle weiteren Auswertungen dichotomisiert wurden (vgl. die Ausführungen unter 8.3.3 bzw. 8.3.4).

Tab. 8.6: Interkorrelationen der Variablen zur Erfassung von „Peer-Beziehungen", getrennt nach Begabungsstichprobe (N = 214, unterhalb der Diagonalen) und Leistungsstichprobe (N = 230, oberhalb der Diagonalen)

	JUGEND (J)						ELTERN (E)		LEHRKRÄFTE (L)			
	FREUND	F-ALTER-J	CLIQUE	SIM-J	KB-J	FKON-TAKT	F-ALTER-E	ANZFR	INTEG-DL	INTEG-ML	INTEG-KL	BRSS
FREUND			$.10^a$	$.14^b$	$.16^b$	$.37^b$	$-.02^a$	$.01^b$			$.27^b$	$-.07^b$
F-ALTER-J			$-.04^a$	$-.03^b$	$-.02^b$	$.07^b$	$.20^a$	$.03^b$			$.09^b$	$.07^b$
CLIQUE	$.09^a$	$.11^a$		$-.01b$	$.23b$	$.31^b$	$.01^a$	$.13^b$			$.08^b$	$-.06^b$
SIM-J	$-.04^b$	$.12^b$	$>.01^b$		.11	.05	$-.08^b$	.11			.15	.01
KB-J	$.09^b$	$-.07^b$	$.24^b$	$-.03$		.41	$-.06^b$	.12			.15	$-.17$
FKONTAKT	$.36^b$	$-.07^b$	$.31^b$	.07	.44		$-.06^b$	.12			.05	$-.16$
F-ALTER-E	$-.07^a$	$.21^a$	$.13^a$	$-.08^b$	$-.07^b$	$>.01^b$		$.12^b$			$-.07^b$	$-.13$
ANZFR	$.07^b$	$-.08^b$	$.19^b$	$-.01$	.12	.22	.11				.14	$-.09$
INTEG-DL	$.07^b$	$-.04^b$	$.02^b$	$-.05$	.19	.18	.02	.16				
INTEG-ML	$.09^b$	$-.06^b$	$.14^b$	$-.09$	.19	.19	$-.07$	.16	.40			
INTEG-KL												.11
BRSS	$-.03^b$	$.04^b$	$-.11^b$	.04	$-.14$	$-.12$	$-.09$	.03	.03	.12		

Die angegebenen Korrelationskoeffizienten sind Pearson-Produkt-Momentkoeffizienten (r) mit folgenden Ausnahmen (bzw. Spezialfällen von r): [a] Phi-Koeffizient; [b] punktbiserialer Koeffizient. Koeffizienten > 0.12 sind mit α = 0.05 gegen Null abzusichern.

FREUND: „Existenz eines guten Freundes"; F-ALTER-J: „Alter des guten Freundes"; CLIQUE: „Zugehörigkeit zu einer Clique"; SIM-J: „Soziales Interesse an Mitschülern"; KB-J: „Kontaktbereitschaft"; FKONTAKT: „Kontakt zu Freunden"; F-ALTER-E: vorwiegendes Alter des den Eltern bekannten Freundeskreises; ANZFR: Anzahl der den Eltern bekannten Freunde; DL-INTEG: „Integration in die Klasse - Beurteilung durch die Deutschlehrkraft"; INTEG-ML: „Integration in die Klasse - Beurteilung durch die Mathematiklehrkraft"; INTEG-KL: „Integration in die Klasse - Beurteilung durch die Klassenlehrkraft"; BRSS: „bildungsrelevanter sozialer Status"

8.3.2
Vergleich der Begabungsgruppen

8.3.2.1
Datenquelle „Jugendliche"

KONTAKTBEREITSCHAFT UND SOZIALES INTERESSE AN MITSCHÜLERN

Beide Skalen sind linksschief verteilt und weichen signifikant von der Normalverteilung ab ($z_{S\text{-KB-J}} = -3.97$, $z_{S\text{-SIM-J}} = -2.88$). Insgesamt beschreiben sich die Jugendlichen der Begabungsstichproben als eher kontaktbereit und interessiert an ihren Klassenkameraden und Klassenkameradinnen. Es läßt sich keine substantielle Beziehung zum *BRSS* beobachten ($r_{BRSS\text{-SIS-J}} = 0.04$; $r_{BRSS\text{-KB-J}} = -0.14$). Die Homogenität der Varianz-Kovarianz-Matrizen ist mit $p = 0.026$ nicht gegeben.

Tab. 8.7: Mittelwerte (M) und Streuungen (S) der Skalen „Kontaktbereitschaft" (KB-J) und „Soziales Interesse an Mitschülern" (SIM-J), getrennt nach hochbegabten Jungen (HB-Ju), hochbegabten Mädchen (HB-Mä), durchschnittlich begabten Jungen (DB-Ju) und durchschnittlich begabten Mädchen (DB-Mä) sowie die Ergebnisse der zweifaktoriellen Varianzanalysen „Begabung (B) × Geschlecht (G)"

	KB-J		SIM-J	
GRUPPE	M	S	M	S
HB-Ju (N= 62)	4.4	0.9	4.3	0.6
HB-Mä (N= 45)	4.6	0.7	4.7	0.7
DB-Ju (N= 60)	4.8	1.0	4.3	0.9
DB-Mä (N= 47)	4.8	0.9	4.9	0.7
HB (N=107)	4.5	0.9	4.5	0.7
DB (N=106)	4.8	1.0	4.5	0.9
Ju (N=121)	4.6	1.0	4.3	0.8
Mä (N= 92)	4.7	0.8	4.8	0.7
Alle (N=213)	4.6	0.9	4.5	0.8
p (Begabung)	0.021		0.470	
eta²	0.025		0.003	
d	-0.32		-0.01	
p (Geschlecht)	0.646		>0.001	
eta²	0.001		0.097	
d	-0.06		-0.65	
p (B × G)	0.414		0.282	
eta²	0.003		0.006	

Die multivariate Analyse ergibt keine signifikante Wechselwirkung zwischen Begabung und Geschlecht ($F_{2;209}$ = 0.88; p = 0.418; eta^2_{multi} = 0.008).

Es zeigt sich ein Geschlechtseffekt ($F_{2;209}$ = 11.39; p < 0.001; eta^2_{multi} = 0.098), der vor allem auf Unterschiede in „Soziales Interesse an Mitschülern" zurückzuführen ist: Mädchen beschreiben sich als einfühlender in bezug auf die Gefühle und Motive ihrer Klassenkameraden und anderer Jugendlicher als Jungen (eta^2 = 0.097, d = −0.65).

Der multivariat lediglich auf dem 5%-Niveau abzusichernde kleine Begabungseffekt ($F_{2;209}$ = 3.04; p = 0.05; eta^2_{multi} = 0.028) ist univariat auf Unterschiede in der Skala „Kontaktbereitschaft" zurückzuführen: Hochbegabte Jugendliche beschreiben sich im Vergleich zu durchschnittlich begabten Jugendlichen als etwas weniger kontaktbereit (eta^2 = 0.025, d = −0.32). Tabelle 8.7 enthält Mittelwerte und Standardabweichungen sowie die Ergebnisse der 2 × 2 ANOVAs.

Die Interpretation der Gruppen- und Geschlechtsunterschiede muß in Relation zur Verteilung erfolgen: Auch Jungen beschreiben sich im Mittel eher als sozial an ihrer Umwelt interessiert, ebenso schätzen sich Hochbegabte im Mittel keineswegs als nicht kontaktbereit ein: die zentralen Tendenzen (Mittelwert und Median) liegen für beide Subskalen und alle Subgruppen im Zustimmungsbereich der Skala (theoretischer Mittelwert: 3.5).

KONTAKT ZU FREUNDEN

Auch die Verteilung der Skala „Kontakt zu Freunden" (FKONTAKT) ist deutlich linksschief ($z_{S-FKONTAKT}$ = −2.45), der Zusammenhang zum BRSS ist mit r = −0.12 zu vernachlässigen. Tabelle 8.8 sind Mittelwerte und Standardabweichungen sowie die Ergebnisse der 2 × 2 ANOVA zu entnehmen.

Beide Haupteffekte fallen – bei fehlender Wechselwirkung ($F_{1;210}$ = 0.8, p = 0.372, eta^2 = 0.004) – statistisch signifikant aus. Die Unterschiede sind klein: Mädchen scoren höher als Jungen ($F_{1;210}$ = 7.91, p = 0.005, eta^2 = 0.036, d = −0.39) und Hochbegabte niedriger als durchschnittlich Begabte ($F_{1;210}$ = 3.97, p = 0.048; eta^2 = 0.019, d = −0.28). Im – aufgrund der abweichenden Verteilung und heterogener Varianzen durchgeführten – non-parametrischen Gruppenvergleich lassen sich die Unterschiede ebenfalls statistisch absichern.

Auch in bezug auf die Variable „Kontakt zu Freunden" gilt, daß die Kennwerte der zentralen Tendenz (Mittelwert, Median) für alle Subgruppen im positiven Antwortbereich liegt. Der Schluß, Hochbegabte bzw. Jungen übten die entsprechenden Aktivitäten selten aus, ist daher nicht gerechtfertigt.

Tab. 8.8: Mittelwerte (M) und Streuungen (S) der Skala „Kontakt zu Freunden" (FKONTAKT), getrennt nach hochbegabten Jungen (HB-Ju), hochbegabten Mädchen (HB-Mä), durchschnittlich begabten Jungen (DB-Ju) und durchschnittlich begabten Mädchen (DB-Mä) sowie die Ergebnisse der zweifaktoriellen Varianzanalysen „Begabung (B) × Geschlecht (G)"

GRUPPE	FKONTAKT	
	M	S
HB-Ju (N= 62)	2.9	0.5
HB-Mä (N= 45)	3.2	0.6
DB-Ju (N= 60)	3.1	0.5
DB-Mä (N= 47)	3.3	0.6
HB (N=107)	3.0	0.6
DB (N=107)	3.2	0.6
Ju (N=122)	3.0	0.5
Mä (N= 92)	3.2	0.6
Alle (N=214)	3.1	0.6
p (Begabung)	0.048	
eta²	0.019	
d	-0.28	
p (Geschlecht)	0.005	
eta²	0.036	
d	-0.39	
p (B × G)	0.372	
eta²	0.004	

ZUGEHÖRIGKEIT ZU EINER CLIQUE

In Tabelle 8.9 ist die Häufigkeitsverteilung der Antwort auf die Frage nach der „*Zugehörigkeit zu einer Clique*" (*CLIQUE*) dargestellt. Eine nennenswerte punktbiseriale Korrelation zwischen *CLIQUE* und *BRSS* besteht nicht ($r_{pbis} = -0.11$).

Die Überprüfung von M_{Null} ergibt eine gute Modellanpassung ($G^2 = 3.14$, df = 3, p = 0.371), das größte Abweichungsresiduum bleibt mit $|z_p|_{max} = 1.57$ unter der kritischen Grenze von 1.96. Die Parameterschätzungen für Haupteffekte und Wechselwirkung im saturierten Modell sind kleiner als $|z(\lambda)| = 1.96$. Geschlecht und Gruppenzugehörigkeit haben demnach *keinen* statistisch signifikanten Einfluß auf die Angabe, einer Clique anzugehören.

Tab. 8.9: Häufigkeiten der Angabe „Zugehörigkeit zu einer Clique" (CLIQUE) für die zwei
Begabungsgruppen (HB/DB), getrennt nach dem Geschlecht (Mä/Ju)

CLIQUE	HB (N=107)		DB (N=107)		
	Mä	Ju	Mä	Ju	Σ Zeile
ja	25	42	30	43	140
nein	20	20	17	17	74
Σ Spalte	45	62	47	60	214

EXISTENZ UND ALTER EINES GUTEN FREUNDES

Wie Tabelle 8.10 zu entnehmen ist, geben fast alle Jugendlichen an, einen guten
Freund zu haben. Bei insgesamt lediglich sieben Verneinungen, die sich nahezu
gleich auf die verschiedenen Subgruppen verteilen, erübrigt sich eine weiterführende
statistische Analyse.

Tab. 8.10: Antworthäufigkeiten auf die Frage
aus dem Jugendlichen-Interview „Hast Du einen
guten Freund / eine gute Freundin" (FREUND)
für die zwei Begabungsgruppen (HB/DB), getrennt
nach dem Geschlecht (Mä/Ju)

FREUND	HB (N=107)		DB (N=107)		
	Mä	Ju	Mä	Ju	Σ Zeile
ja	44	59	45	59	207
nein	1	3	2	1	7
Σ Spalte	45	62	47	60	214

Für die Jugendlichen der Begabungsstichprobe, die angeben, einen guten Freund zu
haben, wurde überprüft, ob sich dessen Alter in Abhängigkeit von den Faktoren „Geschlecht" bzw. „Begabung" unterscheidet. Lediglich acht Jugendliche geben an, einen
guten Freund zu haben, der jünger ist. Um das Problem geringer Zellbesetzungen zu
umgehen, wurden die Kategorien „gleichaltrig" und „jünger" zusammengefaßt, da
vor allem von Interesse ist, ob sich die Anteile der Gruppen in bezug auf ältere
Freunde unterscheiden. Die Häufigkeitsverteilung der so dichotomisierten Altersva-
riable ist Tabelle 8.11 zu entnehmen. Ein bedeutsamer Zusammenhang zum *BRSS*
besteht nicht ($r_{pbis} = 0.04$).

Tab. 8.11: Häufigkeiten für die Angabe der Jugendlichen zum „Alter des guten Freundes" (F-ALTER-J) für die zwei Begabungsgruppen (HB/DB), getrennt nach Jungen und Mädchen (Mä/Ju)

F-ALTER-J	HB (N=103)		DB (N=103)		
	Mä	Ju	Mä	Ju	Σ Zeile
gleichaltrig oder jünger	39	55	37	46	177
älter	5	4	8	12	29
Σ Spalte	44	59	45	58	206

Unter M_{Null} wird kein Effekt der unabhängigen Variablen angenommen. Diese Annahme kann auf Basis des Likelihood Ratio Chi²-Tests nicht zurückgewiesen werden ($G^2 = 5.76$, df = 3, p = 0.124). Da Residuen knapp unterhalb der kritischen Grenze auftreten ($|z_p|_{max} = 1.91$), habe ich überprüft, ob die Anpassungsgüte durch die Aufnahme eines weiteren Parameters deutlich verbessert werden kann. Im saturierten Modell erweist sich neben der Konstante lediglich der Haupteffekt „Begabung" als bedeutsam ($z(\lambda_{Begabung}) = -2.03$).

Das Modell „Haupteffekt Begabung" ($M_{Begabung}$) ist gut an die Daten angepaßt. Tabelle 8.12 gibt die Parameterschätzungen und Anpassungsstatistiken wieder. Die Verbesserung gegenüber M_{Null} ist mit $\Delta_{M1-M2} = 4.96$ (df = 1, p = 0.026) statistisch signifikant, der NFI beträgt 0.86. Wie die Parameterschätzungen zeigen, sind die Odds, einen gleichaltrigen guten Freund zu haben, für Hochbegabte höher: Das Odds Ratio $OR_{HB/DB}$ beträgt 2.3 (ln $OR_{HB/DB} = 0.81$).

Tab. 8.12: Parameterschätzungen für das Modell „Haupteffekt Begabung" ($M_{Begabung}$) für die Variable F-ALTER-J in der Begabungsstichprobe (N = 206)

Modell: $\ln [F_{1jk}/F_{2jk}] = \alpha + \tau_j^B$				
Parameter	λ	τ	$z(\lambda)$	p
(α) Konstante	0.94	1.88	8.79	>0.001
(τ_j^B) Begabung				
DB	-0.23	-0.46	-2.15	0.032
HB	0.23	0.46		

G²	df	p	$|z_p|_{max}$	$|d|_{max}$	R_H	NFI
0.79	2	0.672	0.81	0.56	0.03	0.86

i=1: gleichaltrig / jünger; i=2: älter

Zusammenfassend läßt sich also festhalten, daß die Wahrscheinlichkeit, einer Clique anzugehören, ebenso wie die, einen guten Freund zu haben, nicht wesentlich von den Faktoren „Begabung" und „Geschlecht" abhängt. Auch was das Alter des guten Freundes angeht, sind Hochbegabte in der Kategorie „älterer Freund" nicht überproportional vertreten. Im Gegenteil: Bei den durchschnittlich Begabten ist der Anteil derer, die angeben, einen älteren guten Freund zu haben, *höher*.

8.3.2.2

Datenquelle „Eltern"

ANZAHL PERSÖNLICH BEKANNTER FREUNDE

Die Antworten der Eltern in bezug auf die Frage *„Wie viele Freunde / Freundinnen ihres Sohnes / ihrer Tochter kennen Sie persönlich?"* (*ANZFR*) habe ich in vier Kategorien zusammengefaßt (vgl. Tab. 8.13). Zum *BRSS* besteht kein Zusammenhang (r = 0.03).

ANZFR	HB (N=107)		DB (N=107)		Σ Zeile
	Mä	Ju	Mä	Ju	
1 - 2	3	9	4	6	22
3 - 5	18	22	18	16	74
6 - 10	18	23	19	28	88
mehr als 10	6	8	6	10	30
Σ Spalte	45	62	47	60	214

Tab. 8.13: Häufigkeiten der Angabe „Wie viele Freunde bzw. Freundinnen ihres Sohnes bzw. Ihrer Tochter kennen Sie persönlich?" (ANZFR) für 214 Jugendliche der Begabungsgruppen (HB / DB), getrennt nach Geschlecht (Mä / Ju)

Bei der Auswahl der Kategorien wurde zum einen die Verteilung (Quartile) berücksichtigt. Zum anderen wurde versucht, im unteren Bereich möglichst gut zu differenzieren, da der psychologische Unterschied zwischen einem und drei Freunden vermutlich größer ist als der zwischen sechs und acht Freunden. Zudem ist es von besonderem Interesse, ob Hochbegabte in den unteren Kategorien überrepräsentiert sind.

Da hier ein polytomes Antwortformat vorliegt, habe ich ein multinomiales Logit-Modell berechnet. Das Nullmodell M_{Null} paßt die Daten gut an ($G^2 = 4.62$, df = 9, p = 0.866). Die Residualwerte von M_{Null} sowie die Parameter des saturierten Modells geben keine Hinweise auf weitere zu berücksichtigende Effekte. „Begabung" und Geschlecht" haben demnach *keinen* bedeutsamen Einfluß auf die Verteilung der Häufigkeiten.

ALTER DER FREUNDE DES SOHNES / DER TOCHTER

Die ursprünglich vierstufige Antwortkategorie habe ich aufgrund geringer Zellbesetzungen in den Kategorien „älter" ($N_{Gesamt} = 9$) und „jünger" ($N_{Gesamt} = 2$) zu zwei Antwortkategorien „gleichaltrig" und „vorwiegend nicht gleichaltrig" zusammengefaßt (vgl. Tab. 8.13). Die punktbiseriale Korrelation der so zusammengefaßten Variable *F-ALTER-E* zum *BRSS* beträgt r = −0.09 und ist somit zu vernachlässigen.

Tab. 8.14: Häufigkeiten für die Antwort auf die Frage „Aus welcher Altersgruppe setzen sich die Freunde Ihres Kindes vorwiegend zusammen?" (F-ALTER-E) für die zwei Begabungsgruppen (HB / DB), getrennt nach Geschlecht (Mä / Ju)

F-ALTER-E	HB (N=106)		DB (N=106)		
	Mä	Ju	Mä	Ju	Σ Zeile
vorwiegend gleichaltrig	39	46	33	39	157
vorwiegend nicht gleichaltrig	6	15	14	20	55
Σ Spalte	45	61	47	59	212

Tab. 8.15: Parameterschätzungen für das Modell „Haupteffekt Begabung" für die Variable F-ALTER-E in der Begabungsstichprobe (N = 212)

$$\text{Modell: } \ln [F_{1jk}/F_{2jk}] = \alpha + \tau_j^B$$

Parameter		λ	τ	$z(\lambda)$	p
α	Konstante	0.54	1.08	6.71	>0.001
τ_j^B	Begabung				
	DB	−0.16	−0.32	−2.02	0.043
	HB	0.16	0.32		

G^2	df	p	$|z_p|_{max}$	$|d|_{max}$	R_H	NFI
2.09	2	0.31	1.44	1.04	0.017	0.68

i=1: gleichaltrig; i=2: vorwiegend nicht gleichaltrig

Tabelle 8.14 zeigt die Verteilung der Antworten. Das Nullmodell (M_{Null}), das lediglich unterschiedliche Wahrscheinlichkeiten der abhängigen Variablen in Rechnung stellt, kann zwar nicht verworfen werden ($G^2 = 6.52$, df = 3, p = 0.089), es treten jedoch Residuen der Größe $|z_p|_{max} = 2.17$ auf. Eine Inspektion der Lambda-Parameter des saturierten Modells zeigt, daß der Haupteffekt Begabung mit $|z(\lambda)| = 2.13$ bedeutsam ist. Durch Aufnahme dieses Parameters (Modell „Haupteffekt Begabung": $M_{Begabung}$) wird eine signifikante Verbesserung der Anpassung ($\Delta_{M1-M2} = 4.43$, df = 1, p = 0.035, NFI = 0.68) erreicht. $M_{Begabung}$ paßt die Daten gut an, die Parameter und Anpassungsstatistiken finden sich in Tabelle 8.15. Das $OR_{HB/DB}$ beträgt 1.9 (ln $OR_{HB/DB} = 0.63$). Die Odds, in der Wahrnehmung ihrer Eltern einen vornehmlich gleichaltrigen Freundeskreis zu haben, sind für Hochbegabte gegenüber durchschnittlich Begabten fast doppelt so hoch.

8.3.2.3

Datenquelle „Lehrkraft"

INTEGRATION IN DER KLASSE

Zunächst ist von Interesse, wie hoch die beiden Fachlehrkraftbefragungen „*Integration in der Klasse*" durch die Deutschlehrkraft (*INTEG-DL*) und die Mathematiklehrkraft (*INTEG-ML*) interkorrelieren. In der gesamten Begabungsstichprobe liegt die Interraterkorrelation bei r = 0.40. Bei hochbegabten Jungen ergibt sich lediglich eine Korrelation von r = 0.10, während sich die Koeffizienten für die restlichen Subgruppen zwischen $0.44 \le r \le 0.50$ bewegen. Berechnet man die Interkorrelation ohne die hochbegabten Jungen, so steigt diese auf r = 0.48. Warum bei hochbegabten Jungen praktisch keine Übereinstimmung zwischen beiden Lehrkraftgruppen besteht, ist unklar. Denkbare Methodenartefakte (wie Varianzeinschränkung oder „Ausreißer") wurden überprüft und sind als Ursache auszuschließen. Zum *BRSS* besteht keine substantielle Beziehung ($r_{INTEG-DL/BRSS} = 0.03$; $r_{INTEG-ML/BRSS} = 0.12$), so daß dieser bei der weiteren Auswertung nicht berücksichtigt wird. Beide Skalen weichen in bezug auf die Kurtosis signifikant von der Normalverteilung ab. Da nach den Ergebnissen des Box-M-Tests ebenfalls nicht von einer Homogenität der Varianz-Kovarianz-Matrizen ausgegangen werden kann, werden im Anschluß an eine zweifaktorielle MANOVA die Ergebnisse non-parametrisch überprüft. Die multivariate Varianzanalyse ergibt weder einen statistisch signifikanten Wechselwirkungs- noch Geschlechtseffekt ($F_{2;208}$ (B×G) = 0.11, $p_{B×G} = 0.889$, $eta^2_{multi-B×G} = 0.001$; $F_{2;208}$ (G) = 0.11, $p_G = 0.898$, $eta^2_{multi-G} = 0.001$, |d| = 0.06). Der Begabungseffekt kann hingegen mit p = 0.011 ($F_{2;208} = 4.63$, $eta^2_{multi} = 0.043$, |d| = 0.42) gegen den Zufall abgesichert werden.

Mittelwerte, Standardabweichungen und Ergebnisse der 2 x 2 Nachfolge-ANOVAs sind in Tabelle 8.16 dargestellt. Der Begabungseffekt findet sich gleichermaßen und in nahezu gleicher Stärke sowohl bei Deutsch- als auch Mathematiklehrkräften ($eta^2_{INTEG-DL} = 0.029$, $eta^2_{INTEG-ML} = 0.031$ bzw. $d_{INTEG-DL} = 0.34$, $d_{INTEG-ML} = 0.36$). Er ist klein und fällt zugunsten der Hochbegabten aus. Hochbegabte werden sowohl von ihren Deutsch- als auch ihren Mathematiklehrkräften in Hinblick auf die Variable *„Integration in der Klasse" positiver* beschrieben als durchschnittlich Begabte.

Tab. 8.16: Mittelwerte (M) und Streuungen (S) für die Beurteilung der „Integration in der Klasse" durch die Deutschlehrkraft (INTEG-DL) und Mathematiklehrkraft (INTEG-ML), getrennt nach hochbegabten Jungen (HB-Ju), hochbegabten Mädchen (HB-Mä), durchschnittlich begabten Jungen (DB-Ju) und durchschnittlich begabten Mädchen (DB-Mä) sowie die Ergebnisse der zweifaktoriellen Varianzanalysen „Begabung (B) × Geschlecht (G)"

| | INTEGRATION IN DER KLASSE (LEHRKRAFTBEURTEILUNG) | | | |
| | INTEG-DL | | INTEG-ML | |
GRUPPE	M	S	M	S
HB-Ju (N= 62)	3.8	0.7	3.8	0.7
HB-Mä (N= 45)	3.8	0.7	3.8	0.7
DB-Ju (N= 59)	3.5	1.0	3.5	0.8
DB-Mä (N= 47)	3.6	0.9	3.5	0.7
HB (N=107)	3.8	0.7	3.8	0.7
DB (N=106)	3.5	0.9	3.5	0.7
Ju (N=121)	3.7	0.9	3.6	0.7
Mä (N= 92)	3.7	0.8	3.6	0.7
Alle (N=213)	3.7	0.8	3.6	0.7
p (Begabung)	0.014		0.011	
eta²	0.029		0.031	
d	0.34		0.36	
p (Geschlecht)	0.675		0.947	
eta²	0.001		>0.001	
d	-0.06		>0.01	
p (B × G)	0.654		0.787	
eta²	0.001		>0.001	

8.3.2.4
Zusammenfassung der Ergebnisse für Begabungsgruppenvergleich

Während in den Selbsteinschätzungen *„Kontaktbereitschaft"* und *„Kontakt mit Freunden"* Hochbegabte *geringfügig niedrigere* Werte als durchschnittlich Begabte erzielen, finden sich in den Variablen *„Zugehörigkeit zu einer Clique"*, *„Existenz eines guten Freundes"* und in den Elternangaben zur Größe des den Eltern bekannten Freundeskreises (*ANZFR*) *keine* Unterschiede. Die Lehrkräfte beurteilen die Integration der Hochbegabten in der Klasse *etwas besser* als die der durchschnittlich Begabten. Die Beobachtungen bezüglich des Alters der Freunde stehen im Gegensatz zu häufig formulierten Behauptungen in der Literatur. Nach unseren Daten neigen hochbegabte Jugendliche *nicht* dazu, häufiger die Freundschaft von Älteren zu suchen als durchschnittlich Begabte. Im Gegenteil: es sind eher die durchschnittlich Begabten, die angeben, einen älteren besten Freund zu haben und deren Freundeskreis nach Elternangaben altersheterogen ist. Insgesamt habe ich *keinen* Hinweis auf bedeutsame soziale Auffälligkeiten der Hochbegabtengruppe finden können. Auch in den Variablen, in denen diese niedrigere Werte als die Vergleichsgruppe aufweist, liegen die Antworten deutlich im positiven Bereich.

8.3.3
Vergleich der Leistungsgruppen

8.3.3.1
Datenquelle „Jugendliche"

KONTAKTBEREITSCHAFT UND SOZIALES INTERESSE AN MITSCHÜLERN

Tab. 8.17: Mittelwerte (M) und Streuungen (S) für die Skala „Kontaktbereitschaft" (KB-J) und „Soziales Interesse an Mitschülern" (SIM-J), getrennt nach hochleistenden Jungen (HL-Ju), hochleistenden Mädchen (HL-Mä), durchschnittlich leistenden Jungen (DL-Ju) und durchschnittlich leistenden Mädchen (DL-Mä) sowie Ergebnisse der zweifaktoriellen univariaten Varianzanalysen „ Leistung (L) × Geschlecht (G)"

GRUPPE		KB-J M	KB-J S	SIM-J M	SIM-J S
HL-Ju	(N= 49)	4.1	1.0	4.4	0.9
HL-Mä	(N= 69)	4.2	0.9	4.5	0.8
DL-Ju	(N= 48)	4.6	1.0	4.1	1.0
DL-Mä	(N= 64)	4.5	0.9	4.5	0.6
HL	(N=118)	4.2	0.9	4.4	0.8
DL	(N=112)	4.5	1.0	4.4	0.8
Ju	(N= 97)	4.3	1.0	4.3	0.9
Mä	(N=133)	4.3	0.9	4.5	0.7
Alle	(N=230)	4.3	1.0	4.4	0.8
p (Leistung)		0.005		0.396	
eta^2		0.035		0.003	
d		-0.38		0.11	
p (Geschlecht)		0.807		0.037	
eta^2		>0.001		0.019	
d		0.03		-0.28	
p (L × G)		0.49		0.096	
eta^2		0.002		0.012	

Auch in den beiden Leistungsgruppen (Hochleistende und durchschnittlich Leistende) beschreiben sich die Jugendlichen insgesamt als eher kontaktbereit und an ihren Mitschülern interessiert, die Verteilung ist deutlich linksschief ($z_{S-KB-J} = -4.18$; $z_{S-SIM-J} = -4.89$). Die multivariate Varianzanalyse ergibt einen statistisch signifikanten Begabungseffekt ($F_{2;225} = 4.86$, p = 0.009, $eta^2_{multi} = 0.041$, $|d| = 0.41$). Die Wechselwirkung ist nicht statistisch signifikant ($F_{2;225} = 1.8$, p = 0.167, $eta^2_{multi} = 0.016$).

Tabelle 8.17 sind Mittelwerte, Standardabweichungen und Ergebnisse der univariaten Varianzanalysen zu entnehmen. Demnach sind Hochleistende in ihrer Selbsteinschätzung etwas weniger kontaktbereit als durchschnittlich Leistende. Der multivariate Begabungseffekt ist nahezu vollständig auf Unterschiede in dieser Skala zurückzuführen ($eta^2_{KB} = 0.035$, d = -0.38). Da „*Kontaktbereitschaft*" leicht mit dem *BRSS* kovariiert (r = -0.17) wurde überprüft, ob der Begabungseffekt auch nach kovarianzanalytischer Auspartialisierung erhalten bleibt. Der Effekt sinkt unwesentlich ($eta^2 = 0.20$, d = -0.29) und bleibt statistisch bedeutsam (p = 0.031).

Multivariat erreicht der Effekt der Variable Geschlecht nicht statistische Signifikanz ($F_{2;225} = 2.34$, p = 0.099 , $eta^2_{multi} = 0.02$, $|d| = 0.29$). Univariat gibt es kleine Unterschiede in bezug auf „*Soziales Interesse an Mitschülern*": Mädchen erzielen im Mittel etwas höhere Werte ($eta^2 = 0.019$, d = -0.28).

KONTAKT ZU FREUNDEN

Nach einer Inspektion der Verteilung wurde zunächst eine zweifaktorielle ANOVA berechnet. Es findet sich kein statistisch abzusichernder Interaktionseffekt ($F_{1;226} = 2.6$, p = 0.108, $eta^2 = 0.011$). Beide Haupteffekte sind hingegen statistisch signifikant. Der Mittelwert der Hochleistenden ist niedriger als der der durchschnittlich Leistenden ($F_{1;226} = 19.54$, p < 0.001, $eta^2 = 0.08$, d = -0.59), und Mädchen berichten im Mittel häufiger entsprechende Kontakte als Jungen ($F_{1;226} = 11.41$, p = 0.001, $eta^2 = 0.048$, d = -0.45). Die Effekte sind von mittlerer Größe.

„*Kontakt zu Freunden*" korreliert mit dem *BRSS* zu r = -0.15. Der Begabungseffekt sinkt bei kovarianzanalytischer Berücksichtigung des bildungsrelevanten sozioökonomischen Status nur unwesentlich (p = 0.002, $eta^2 = 0.044$, d = -0.43). Auch im non-parametrischen Gruppenvergleich, der aufgrund der von der Normalität abweichenden Verteilungskennwerte durchgeführt wurde, erreichen die Gruppenunterschiede statistische Signifikanz (p < 0.001).

Wie Tabelle 8.18 zu entnehmen ist, die die Ergebnisse der ANOVA zusammenfassend darstellt, geben die Jugendlichen aller Subgruppen an, eher häufiger die entsprechenden Aktivitäten auszuüben (der theoretische Skalenmittelwert ist 2.5).

Tab. 8.18: Mittelwerte (M) und Streuungen (S) für die Skala „Kontakt zu Freunden" (FKONTAKT) getrennt nach hochleistenden Jungen (HL-Ju), hochleistenden Mädchen (HL-Mä), durchschnittlich leistenden Jungen (DL-Ju) und durchschnittlich leistenden Mädchen (DL-Mä) sowie Ergebnisse der zweifaktoriellen Varianzanalysen „Leistung (L) × Geschlecht (G)"

| GRUPPE | FKONTAKT | |
	M	S
HL-Ju (N= 49)	2.6	0.6
HL-Mä (N= 69)	3.0	0.7
DL-Ju (N= 48)	3.1	0.6
DL-Mä (N= 64)	3.3	0.6
HL (N=118)	2.9	0.7
DL (N=112)	3.2	0.6
Ju (N= 97)	2.9	0.6
Mä (N=133)	3.1	0.7
Alle (N=230)	3.0	0.7
p (Leistung)	>0.001	
eta^2	0.08	
d	-0.59	
p (Geschlecht)	0.001	
eta^2	0.048	
d	-0.45	
p (L × G)	0.108	
eta^2	0.011	

ZUGEHÖRIGKEIT ZU EINER CLIQUE

Die Häufigkeiten bezüglich der Variable *Zugehörigkeit zu einer Clique* (*CLIQUE*) sind in Tabelle 8.19 dargestellt. Zum *BRSS* läßt sich keine nennenswerte Beziehung objektivieren ($r_{pbis} = -0.06$). M_{Null} – die Parameter für Haupt- und Wechselwirkungseffekte werden Null gesetzt – weist eine gute Modellanpassung auf ($G^2 = 3.86$, df = 3, p = 0.277), kein Residualwert überschreitet die kritische Größe von $|z_p| = 1.96$. Bei der Inspektion der Residuen fällt allerdings auf, daß das Modell die Häufigkeiten bei den Mädchen nahezu perfekt vorhersagt, bei den Jungen jedoch größere Abweichungen von $|z_p| = 1.5$ auftreten. Während für die beiden Mädchengruppen das Odds Ratio $OR_{HB-Mä/DB-Mä}$ bei 1 liegt, die Odds sich also in diesen beiden Gruppen nicht unterscheiden, finden sich in den Jungengruppen entgegengesetzte Tendenzen. Die Odds für durchschnittlich leistende Jungen pro Zugehörigkeit in einer Clique liegen bei 1.82, bei hochleistenden Jungen nehmen diese den Wert 0.81 an ($OR_{HB-Ju/DB-Ju} = 0.5$). Hochleistende Jungen sind die einzige betrachtete Subgruppe, bei der die Antwort „nein" häufiger ist.

Tab. 8.19: Häufigkeiten der Angabe „Zugehörigkeit zu einer Clique" (CLIQUE) für die beiden Leistungsgruppen (HL / DL) getrennt nach Geschlecht (Mä / Ju)

CLIQUE	HL (N=118)		DL (N=112)		
	Mä	Ju	Mä	Ju	Σ Zeile
ja	37	22	34	31	124
nein	32	27	30	17	106
Σ Spalte	69	49	64	48	230

Allerdings soll diese Tendenz nicht überinterpretiert werden, da die Residualwerte den kritischen Wert nicht übersteigen und der Parameter für die Wechselwirkung im saturierten Modell mit $|z(\lambda_{L \times G})| = 1.5$ nicht statistisch abzusichern ist.

EXISTENZ UND ALTER EINES GUTEN FREUNDES

Bei Betrachtung der „*Existenz eines guten Freundes*" (*FREUND*, vgl. Tab. 8.20) fällt zunächst auf, daß der Anteil Jugendlicher ohne guten Freund in der Leistungsstichprobe mit 8.3% höher ist als in der Begabungsstichprobe (3.7%). Der Unterschied ist mit $p = 0.025$ (Chi² = 5.01, df = 1) statistisch signifikant.

Die logit-loglineare Analyse der Variable *FREUND* ergibt eine gute Modellanpassung von M_{Null} (G² = 3.93, df = 3, p = 0.269, $|z_p|_{max} = 1.41$). Der Einfluß des Faktors „Geschlecht" (12% der Jungen vs. 5% der Mädchen berichten, keinen guten Freund zu haben) kann statistisch nicht abgesichert werden ($z(\lambda_G) = 1.87$ im saturierten Modell).

Tab. 8.20: Häufigkeiten der Angabe „Hast Du einen guten Freund?" bzw. „Hast Du eine gute Freundin?" (FREUND) für die 230 Jugendlichen der zwei Leistungsgruppen (HL / DL) getrennt nach Geschlecht (Mä / Ju)

FREUND	HL (N=118)		DL (N=112)		
	Mä	Ju	Mä	Ju	Σ Zeile
ja	66	43	60	42	211
nein	3	6	4	6	19
Σ Spalte	69	49	64	48	230

Tab. 8.21: Häufigkeiten für die Angabe „Alter des guten Freundes" (F-ALTER-J) für 211 Jugendliche der zwei Leistungsgruppen (HL / DL) getrennt nach dem Geschlecht (Mä / Ju)

F-ALTER	HL (N=109)		DL (N=102)		
	Mä	Ju	Mä	Ju	Σ Zeile
gleichaltrig oder jünger	60	40	54	37	191
älter	6	3	6	5	20
Σ Spalte	66	43	60	42	211

Bezüglich *„Alter des guten Freundes"*, können ebenfalls weder bedeutsame Haupteffekte noch Wechselwirkungen beobachtet werden: G^2 für M_{Null} beträgt 0.64 (df = 3, p = 0.887, $|z_p|_{max}$ = 0.63). Die Häufigkeitsverteilung ist Tabelle 8.21 zu entnehmen.

8.3.3.2

Datenquelle „Eltern"

ANZAHL PERSÖNLICH BEKANNTER FREUNDE

Die Kategorieneinteilung erfolgte analog zur Begabungsstichprobe (siehe Tab. 8.22 für die Verteilung der Häufigkeiten). Für „Geschlecht" und „Begabung" kann kein bedeutsamer Effekt belegt werden. Das multinomiale Logit-Modell M_{Null} paßt die Daten mit G^2 = 5.96 (df = 9, p = 0.744, $|z_p|_{max}$ = 1.63) gut an. Die Variable *ANZFR* korreliert mit dem *BRSS* nur gering (r = −0.09).

Tab. 8.22: Häufigkeiten der Angabe „Wie viele Freunde bzw. Freundinnen ihres Sohnes bzw. ihrer Tochter kennen Sie persönlich?" (ANZFR) für die beiden Leistungsgruppen (HL / DL) getrennt nach Geschlecht (Mä / Ju)

ANZFR	HL (N=117)		DL (N=111)		
	Ju	Mä	Ju	Mä	Σ Zeile
1 – 2	5	6	8	5	24
3 – 5	24	25	18	25	92
6 – 10	14	30	17	27	88
mehr als 10	6	7	4	7	24
Σ Spalte	49	68	47	64	228

ALTER DER FREUNDE

Tab. 8.23: Häufigkeiten für die Angabe „Alter der Freunde des Sohnes bzw. der Tochter" (F-ALTER-E) für die beiden Leistungsgruppen (HL / DL) getrennt nach dem Geschlecht (Mä / Ju)

F-ALTER-E	HL (N=117)		DL (N=112)		
	Mä	Ju	Mä	Ju	Σ Zeile
vorwiegend gleichaltrig	59	45	53	32	189
vorwiegend nicht gleichaltrig	9	4	11	16	40
Σ Spalte	68	49	64	48	229

Die Antwortkategorien „vorwiegend jünger" und „vorwiegend älter" sind – wie auch in der Begabungsstichprobe – kaum besetzt: Insgesamt gibt es lediglich vier entsprechende Fälle. Daher wurden hier die Angaben ebenfalls in zwei Antwortkategorien („vorwiegend gleichaltrig" vs. „vorwiegend nicht gleichaltrig") zusammengefaßt (Häufigkeitsverteilung siehe Tab. 8.23). Es gibt wiederum keine nennenswerte Beziehung zum *BRSS* (r = −0.12). M_{Null} wird mit $G^2 = 11.45$ (df = 3, p = 0.010) zurückgewiesen. Als zusätzlicher Parameter wird aufgrund der Schätzungen des saturierten Modells der Haupteffekt „Leistung" aufgenommen. Die Parameterschätzungen für $M_{Leistung}$ sowie die Anpassungsstatistiken sind in Tabelle 8.24 dargestellt.

Tab. 8.24: Parameterschätzungen für das Modell „Haupteffekt Leistung" für die Variable F-ALTER-E in der Leistungsstichprobe (N=229)

Modell: $\ln [F_{1jk}/F_{2jk}] = \alpha + \tau_j^L$				
Parameter	λ	τ	$z(\lambda)$	p
α Konstante	0.81	1.62	8.77	>0.001
τ_j^L Leistung				
DL	-0.23	-0.46	-2.54	0.011
HL	0.23	0.46		

G^2	df	p	$|z_p|_{max}$	$|d|_{max}$	R_H	NFI
4.64	2	0.098	1.98	3.22	0.032	0.59

i=1: gleichaltrig, i=2: vorwiegend nicht gleichaltrig

Das Modell paßt die Daten an, die Verbesserung gegenüber M_{Null} ist mit $\Delta_{M1-M2} = 6.81$ (df = 1, p = 0.009) und NFI = 0.59 statistisch signifikant. Hochleistende Jugendliche haben demnach in der Wahrnehmung ihrer Eltern eher einen vorwiegend gleichaltrigen Freundeskreis als durchschnittlich begabte Jugendliche. Diese Beziehung gilt zwar für beide Geschlechter, jedoch weisen Residuen knapp über der kritischen Grenze auf eine Wechselwirkung hin, wobei der entsprechende Parameter im saturierten Modell den kritischen Wert nicht überschreitet ($\lambda_{L \times G} = 1.78$): Betrachtet man die Häufigkeiten, so wird deutlich, daß in der Hochleistungsgruppe die Mädchen mit einer größeren Wahrscheinlichkeit als die Jungen einen nicht gleichaltrigen Freundeskreis haben (Odds Ratio bezüglich „vorwiegend gleichaltrig" vs. „vorwiegend nicht gleichaltrig" $OR_{HL-Ju/HL-Mä} = 1.7$), während das Verhältnis in der Gruppe der durchschnittlich Leistenden entgegengesetzt ist ($OR_{DL-Ju/DL-Mä} = 0.4$).

8.3.3.3

Datenquelle „Lehrkraft"

INTEGRATION IN DER KLASSE

Insgesamt beurteilen die Klassenlehrkräfte die Jugendlichen hinsichtlich der Integration in der Klasse (*INTEG-KL*) positiv, was sich in einer linksschiefen Verteilung niederschlägt ($z_S = -3.5$). Die Beziehung zum *BRSS* beträgt r = 0.11. Mittelwerte, Standardabweichungen und die Ergebnisse der 2 × 2 - ANOVA sind in Tabelle 8.25 (siehe nächste Seite) dargestellt. Nur der Haupteffekt „Leistung" ist statistisch signifikant ($F_{1;224} = 13.53$, p < 0.001). Hochleistende werden gegenüber durchschnittlich Leistenden von ihren Lehrkräften als besser integriert beschrieben ($eta^2 = 0.057$, d = 0.49). Dieser Effekt läßt sich auch non-parametrisch absichern (p = 0.001).

8.3.3.4

Zusammenfassung der Ergebnisse für den Leistungsgruppenvergleich

Der Vergleich der beiden Leistungsgruppen zeigt deutliche Parallelen zu den Ergebnissen des Begabungsgruppenvergleichs: Hochleistende beschreiben sich ähnlich wie Hochbegabte in Relation zur durchschnittlichen Gruppe ebenfalls als *etwas weniger* an Peerkontakten interessiert. Ebenso geben sie an, *weniger häufig* die in der Skala *„Kontakt zu Freunden"* enthaltenen Aktivitäten auszuüben. In bezug auf die Variablen *„Existenz"* und *„Alter eines guten Freundes"* gibt es keine Effekte, ebenso bei der *„Anzahl den Eltern persönlich bekannter Freunde".* Hingegen sind auch hier die Odds zugunsten eines vorwiegend nicht gleichaltrigen Freundeskreises bei durchschnittlich Leistenden höher.

Lehrkräfte beurteilen sowohl hochbegabte als auch hochleistende Jugendliche auf der Dimension *„Integration in der Klasse"* positiver als die jeweilige Vergleichsgruppe. Soweit die Parallelen, es ergeben sich jedoch auch einige abweichende Ergebnisse:

Tab. 8.25: Mittelwerte (M) und Streuungen (S) für die Beurteilung der Skala „Integration in der Klasse" durch die Klassenlehrkraft (INTEG-KL) getrennt nach hochleistenden Jungen (HL-Ju), hochleistenden Mädchen (HL-Mä), durchschnittlich leistenden Jungen (DL-Ju) und durchschnittlich leistenden Mädchen (DL-Mä) sowie Ergebnisse der zweifaktoriellen Varianzanalyse „Leistung (L) × Geschlecht (G)"

		INTEG-KL	
GRUPPE		M	S
HL-Ju	(N= 49)	4.0	0.8
HL-Mä	(N= 68)	4.2	0.7
DL-Ju	(N= 48)	3.7	0.9
DL-Mä	(N= 63)	3.7	0.7
HL	(N=117)	4.1	0.7
DL	(N=111)	3.7	0.8
Ju	(N=97)	3.9	0.8
Mä	(N=131)	3.9	0.7
Alle	(N=228)	3.9	0.8
p (Leistung)		>0.001	
eta^2		0.057	
d		0.49	
p (Geschlecht)		0.523	
eta^2		0.002	
d		-0.09	
p (L × G)		0.401	
eta^2		0.003	

(a) Bei den Leistungsgruppen findet sich – im Gegensatz zu den Begabungsgruppen – kein Unterschied hinsichtlich des Alters des guten Freundes.

(b) Hochleistende Jungen sind die einzige untersuchte Gruppe, bei der das Ereignis, *keiner* Clique anzugehören, häufiger auftritt als das Ereignis, einer Clique anzugehören (wobei, wie bereits weiter oben dargestellt, dieses Ergebnis vorsichtig zu interpretieren ist). Ähnliche Zurückhaltung ist bei der Interpretation des nicht eindeutig statistisch abzusichernden Wechselwirkungseffekts in der Variable *F-ALTER-E* angebracht: In der Hochleistungsgruppe ist der Anteil an Jungen, die in der Wahrnehmung ihrer Eltern einen vorwiegend gleichaltrigen Freundeskreis haben, höher als der entsprechende Anteil der Mädchen. In der Gruppe der durchschnittlich Leistenden verhält es sich umgekehrt.

(c) Bei den Leistungsgruppen ist der Anteil Jugendlicher, die angeben, keinen guten Freund zu haben, im Vergleich zu den Begabungsgruppen mehr als doppelt so hoch. Möglicherweise dokumentiert sich hier ein Unterschied zwischen alten und neuen Bundesländern. Auch Oswald (1992) berichtet von einem etwas höheren Anteil an „Ost"-Jugendlichen, die angeben, keinen wirklichen Freund zu haben.

8.4
Diskussion

„Ist der hochbegabte Jugendliche sozial isoliert?" Diese – in Anlehnung an Grace & Booth (1958) – formulierte Frage kann nach den vorliegenden Befunden klar mit *„nein"* beantwortet werden. In Variablen, die Kontakte zu Peers *direkt* erfragen – Anzahl der Freunde im Elternurteil, Zugehörigkeit zu einer Clique und Existenz eines guten Freundes – dokumentiert sich *kein* Effekt herausragender intellektueller Leistungsfähigkeit – weder in positiver noch negativer Richtung. Dies gilt in nahezu gleicher Weise für die leistungsexzellenten Schüler. Kleine – aber statistisch abzusichernde Effekte – zu*un*gunsten der Hochbegabten lassen sich bezüglich der Variablen *„Kontaktbereitschaft"* und *„Kontakt zu Freunden"* konstatieren. Diese sind konsistent mit den von Freund-Braier in Kapitel 3 dieses Buches berichteten Ergebnissen zu sozialen Aspekten der Persönlichkeit und den in Kapitel 4 von Rost & Hanses dargestellten Unterschieden im Sozialen Selbstkonzept, was sicher auch darauf zurückzuführen ist, daß die Items der betreffenden Skalen inhaltlich teilweise stärkere Überlappungen aufweisen.

In den Aussagen der Skala *„Kontaktbereitschaft"* zeigen sich aufschlußreiche Antwortmuster: Beide Begabungsgruppen liegen bezüglich des Items „Freunde zu haben ist mir sehr wichtig"[9] zu über 95% im positiven Bereich der Antwortskala (HB: 97.3%, DB: 96.3%). Im Gegensatz dazu ist der Anteil Hochbegabter, die das Item „Man sollte nicht zu viele Freundschaften haben" bejahen, mit 20.6% gegenüber 14% bei durchschnittlich Begabten deutlich erhöht. Haben Hochbegabte möglicherweise ein *reiferes Freundschaftskonzept*, das zeitliches und (evtl. risikoreiches) emotionales Investment als „Kostenfaktor" enger freundschaftlicher Beziehungen in Rechnung stellt? Legen sie mehr Wert auf qualitativ „hochwertige" Beziehungen als auf „allgemeine Beliebtheit", die häufig im Zentrum von Fragen zum „Sozialen Selbstkonzept" steht? Diese Fragen können aufgrund der vorliegenden Daten nicht eindeutig beantwortet werden. Es liegt jedoch nahe, an dieser Stelle eine Parallele zu den im theoretischen Teil kurz skizzierten Befunden von Kovaltchouk (1998) zu ziehen. Dort zeigten die befragten Hochbegabten höhere Ansprüche bezüglich der Qualität sozialer Beziehungen. „Bei Hochbegabten [scheint] die Neigung, hohe Standards bei der Freundeswahl und bei der Beurteilung der Qualität sozialer Kontakte anzulegen, stärker ausgeprägt zu sein als bei durchschnittlich begabten Jugendlichen." (143)

In diesem Zusammenhang wäre es wünschenswert, zukünftig systematischer zu untersuchen, welche Ansprüche und Wünsche Hochbegabte in bezug auf ihre sozialen Beziehungen haben. Diesbezügliche Erkenntnisse könnten eventuell Licht in die divergierenden Befunde der einschlägigen Literatur bringen. Interessanterweise findet

---

[9] Dieses Item ging aufgrund des starken Deckeneffekts nicht in die Skalenbildung der hier betrachteten Skala mit ein, ist aber Bestandteil der Originalskala *„Kontaktbereitschaft"*.

sich das beschriebene Antwortmuster in bezug auf die beiden Fragen in gleicher Form bei den Hochleistenden (100% aller HL befürworten das Item „Es ist mir wichtig, Freunde zu haben"!). In bezug auf „Man sollte nicht zu viele Freundschaften haben" ist die Diskrepanz der beiden Leistungsgruppen sogar noch größer als bei den Begabungsgruppen (HL: 32.2% , DL: 17.9% im Zustimmungsbereich).

Was die Skala *„Kontakt zu Freunden"* anbetrifft, so gilt auch hier zu beachten, welche Angaben unter der Skalenbezeichnung zusammengefaßt sind. Die dort enthaltenen Items umfassen nur *bestimmte* Aspekte des Freundschaftskontakts zwischen Jugendlichen, die offensichtlich – wie die Geschlechtsunterschiede zeigen – eher für Mädchenfreundschaften typisch sind. Betrachtet man auch hier die Items einzeln und dichotomisiert nach „seltener" bzw. „häufiger", so zeigt sich der deutlichste Unterschied zwischen hoch- und durchschnittlich Begabten im Item „mit Freunden und Freundinnen rumhängen" (Antwort in Richtung „häufiger": DB 68% , HB 51%). Bei der Angabe „mit Freunden und Freundinnen zusammen sein" oder „mit dem besten Freund oder der besten Freundin zusammen sein" gibt es hingegen zwischen den Begabungsgruppen *keine bedeutsamen Differenzen*. Dies gilt nicht für die Leistungsgruppen, hier gibt es Unterschiede zwischen hoch- und durchschnittlich Leistenden bezüglich aller Items zu*un*gunsten der Hochleistenden. Gemeinsame Aktionen mit Freunden finden für Hochbegabte evtl. mehr in einem strukturierten Kontext statt, z.B. bei gemeinsamen Aktivitäten wie musizieren, Sport treiben, Theater spielen. Möglicherweise haben sie auch schlicht weniger Zeit für die in den Items angesprochenen „lockeren" Freizeitaktivitäten: Ein Hinweis, der diese Vermutungen stützt, ist, daß Hochbegabte mehr feste wöchentliche Termine für Jugendgruppen, Vereine etc. haben als durchschnittlich Begabte – dies gilt insbesondere für Mädchen. Auch bei den Leistungsgruppen gibt es einen gleichsinnigen Effekt: Hochleistende haben mehr feste wöchentliche Termine als durchschnittlich Leistende.

Besonders interessant in Hinblick auf häufig in der Literatur anzutreffende Behauptungen sind die Ergebnisse zum Alter der Freunde bzw. des guten Freundes. Hochbegabte und Hochleistende suchen – entgegen der vor allem in Ratgebern und der populärwissenschaftlichen Literatur verbreiteten, aber so gut wie nie belegten Annahme – offensichtlich *nicht* bevorzugt Freunde unter *älteren* Jugendlichen. Anderslautende Behauptungen stützen sich zumeist ausschließlich auf Untersuchungen an Kindern oder auf die Ergebnisse der Terman-Längsschnittstudie. Dabei darf man nicht vergessen, daß die dort untersuchten Jugendlichen zu einem nicht unerheblichen Teil zu den Jüngeren ihrer Klassenstufe zählten. Wenn sich Freundschaften auch (und möglicherweise vorwiegend) unter Schulkameraden bilden, so ist es nicht weiter verwunderlich, daß sich die jugendlichen „Termiten" diese in ihrer älteren Peergruppe gesucht hatten, da Jüngere oder Gleichaltrige kaum vorhanden waren.

Die eher auf Empathie und die Fähigkeit zur Perspektivenübernahme bezogene Skala *„Soziales Interesse an Mitschülern"* (*SIM-J*) differenziert ebenfalls nicht zwischen Begabungs- oder Leistungsgruppen. Annahmen über einen besonderen Mangel an

Sensibilität oder überdurchschnittlich ausgeprägte Empathiefähigkeit hochbegabter Jugendlicher können *nicht* bestätigt werden. Die Skala zeigt außerdem kaum Querbeziehungen zu anderen Variablen. Mehrere Erklärungen sind hier möglich. Zum einen sind die Items dieser Skala relativ verhaltensfern: es wird lediglich gefragt, ob man sich öfter in andere hineinversetzt oder sich in andere einfühlt. Ob daraus eine Verhaltenskonsequenz (z.B. trösten eines Mitschülers mit schlechter Note) folgt, wird nicht erhoben. Zum anderen hängen Ausprägungen auf dieser Variable eventuell enger mit spezifischen sozialen Verhaltensweisen (wie altruistischem Verhalten) zusammen als mit den hier erhobenen allgemeineren Konzepten.

Im Lehrkrafturteil zur *„Integration in der Klasse"* gibt es Effekte *zugunsten* Hochbegabter und Hochleistender – bei letzteren noch deutlicher. Inwieweit hier Halo-Effekte – begründet im „Glorienschein" guter Schulleistungen – eine Rolle spielen, kann nicht eindeutig beantwortet werden. Es besteht eine Korrelation von $r = -0.15$ des Notendurchschnitts in der 9. Klasse mit beiden Lehrkrafturteilen in der Begabungsstichprobe. Bei kovarianzanalytischer Berücksichtigung dieses Zusammenhangs läßt sich der Unterschied zwischen den beiden Begabungsgruppen nicht mehr absichern, dies gilt auch, wenn die Noten lediglich aus dem Lehrkrafturteil auspartialisiert werden. Um die Integration in die Schulklasse besser beurteilen zu können, wäre es sicher wünschenswert gewesen, soziometrische Urteile der Klassenkameraden zu erheben. Der Untersuchungsaufwand war allerdings im Rahmen des Marburger Hochbegabtenprojekts nicht zu leisten: Hätte dies doch bedeutet, neben den 536 untersuchten Jugendlichen mehr als 9000 Schüler zu befragen! Eine überproportionale Häufung sozialer Auffälligkeiten, die Lehrkräften nicht verborgen bleiben dürften, ist aber nach den dargelegten Ergebnissen eher unwahrscheinlich.

Was die Frage möglicher Wechselwirkungen mit dem Faktor „Geschlecht" anbetrifft, so hat sich in der Begabungsstichprobe keinerlei Hinweis darauf ergeben, daß hochbegabte Mädchen gegenüber hochbegabten Jungen im Nachteil sind. Auf keiner untersuchten Variable ließ sich ein Wechselwirkungseffekt beobachten. Auch Kovaltchouk (1998) konnte in Hinblick auf Peer-Beziehungen keine besonderen Schwierigkeiten hochbegabter Mädchen belegen. Es ist durchaus vorstellbar, daß sich die in der Literatur postulierten Rollenkonflikte erst später zeigen, wenn die eigene Wahl (z.B. bezüglich Beruf, Karriere und Familiengründung) stärker als in der Schulzeit im Vordergrund steht und Beziehungen zum anderen Geschlecht an Bedeutung zunehmen. Auch in der Leistungsstichprobe gibt es keine eindeutig statistisch abzusichernden Interaktionen, jedoch eine schwache Tendenz zu*un*gunsten der hochleistenden *Jungen*, hinsichtlich der Mitgliedschaft in einer Clique. Auch in einer Facette des Sozialen Selbstkonzepts – *„Soziale Beziehungen zum eigenen Geschlecht"* – (vgl. Kapitel 4) ergeben sich nur für hochleistende Jungen kleine ungünstige Effekte. Eine Überinterpretation dieser Befunde sollte vermieden werden, da auf den anderen Variablen keine Unterschiede dieser Art beobachtet werden können. Jedoch deuten diese Ergebnisse darauf hin, daß es sich lohnen könnte, die Hypothese von Schneider &

Coutts (1985), „angepaßtes" Leistungsverhalten sei eher für Mädchen als für Jungen rollenkonform, auch innerhalb des deutschen Schulsystems näher zu untersuchen.

Ingesamt ist das erfreulichste Ergebnis dieser Untersuchung, daß die von uns befragten Jugendlichen – unabhängig von den Gruppierungsvariablen – insgesamt ein recht positives Bild ihrer sozialen Beziehungen zu Peers zeichnen. Dies gilt gleichermaßen für die Eltern- und Lehrkrafteinschätzungen. Interessant ist, daß die Ergebnisse für den Grundschulbereich aus dem Marburger Projekt hier in wesentlichen Zügen repliziert worden sind (Rost 1993). Was die Hochbegabten und Hochleistenden angeht: Das Bild des „Strebers" oder „Eierkopfs", der als bedauernswerter Anti-Held vieler US-amerikanischer High-School-Komödien die Adoleszenz einsam und ohne Freunde durchleidet, konnte hier nicht bestätigt werden.

LITERATUR

Achenbach, T.M., McConaughy, S.H. & Howell, C.T. (1987). Child / adolescent behavioral and emotional problems: implications of cross-informant correlations for situational specifity. Psychological Bulletin, 101, 213–232.

Agresti, A. (1990). Categorical data analysis. New York: Wiley.

Amthauer, R. (1970). Intelligenz-Struktur-Test (I-S-T 70). Göttingen: Hogrefe.

Austin, A.B. & Draper, D.C. (1981). Peer relationships of the academically gifted: A review. Gifted Child Quarterly, 25, 129–133.

Backman, C.W. & Secord, P.F. (1972). Sozialpsychologie der Schule. Weinheim: Beltz.

Bauer, A. (1972). Ein Verfahren zur Messung des für das Bildungsverhalten relevanten Sozialen Status (BRSS). Frankfurt a. M.: Institut für Internationale Pädagogische Forschung.

Berndt, T.J. (1989). Friendships in childhood and adolescence. In Damon, W. (Ed.). Child development today and tomorrow. San Francisco, CA: Jossey-Buss, 332–348.

Berndt, T.J. & Burgy, L. (1996). Social self-concept. In Bracken, B.A. (Ed.). Handbook of self-concept: developmental, social and clinical considerations. New York: Wiley, 171–209.

Bishop, Y.M.M., Fienberg, S.E. & Holland, P.W. (1975). Discrete multivariate analysis: theory and practice. Cambridge, MA: MIT Press.

Bonett, D.G. & Bentler, P.M. (1983). Goodness-of-fit procedures for the evaluation and selection of log-linear models. Psychological Bulletin, 93, 149–166.

Brody, L.E. & Benbow, C.P. (1986). Social and emotional adjustment of adolescents extremely talented in verbal or mathematical reasoning. Journal of Youth and Adolescence, 15, 1–18.

Brown, B.B. (1989). The role of peer groups in adolescents' adjustment to secondary school. In Berndt, T.J. & Ladd, G.W. (Eds.). Peer relationships in child development. New York: Wiley, 188–215.

Burks, B.S., Jensen, D.W. & Terman, L.M. (1930). Genetic studies of genius. III: The promise of youth. Stanford, CA: Stanford University Press.

Byrne, B.M. & Schneider, B.H. (1986). Student-teacher concordance on dimensions of student social competence: A multitrait-multimethod analysis. Journal of Psychopathology and Behavioral Assessment, 8, 263–279.

Carrington, N. (1996). I'm gifted, is that OK? The social rules of being gifted in Australia. Gifted and Talented International, 11, 11–15.

Cohen, J. (1988). Statistical power analysis for the behavioral sciences. New York: Erlbaum.

Coleman, J.C. (1980). Friendship and the peer group in adolescence. In Adelson, J. (Ed.). Handbook of adolescent psychology. New York: Wiley, 408–431.

Coleman, J.S. (1960). The adolescent subculture and academic achievement. American Journal of Sociology, 65, 337–347.

Coleman, L.J. & Cross, T.L. (1988). Is being gifted a social handicap? Journal for the Education of the Gifted, 11, 41–56.

Conger, J.J. & Petersen, A.C. (1984). Adolescence and youth (3rd ed.). New York: Harper & Row.

Covington, M.V. & Omelich, C.L. (1979). Effort: The double-edged sword in school achievement. Journal of Educational Psychology, 71, 169–182.

Cross, T.L., Coleman, L.J. & Stewart, R.A. (1993). The social cognition of gifted adolescents: An exploration of the stigma of giftedness paradigm. Roeper Review, 16, 37–40.

Cross, T.L., Coleman, L.J. & Stewart, R.A. (1995). Psychosocial diversity among gifted adolescents: An exploratory study of two groups. Roeper Review, 17, 181–185.

Cross, T.L., Coleman, L.J. & Terhaar-Yonkers, M. (1991). The social cognition of gifted adolescents in schools: Managing the stigma of giftedness. Journal for the Education of the Gifted, 15, 44–55.

Czeschlik, T. & Rost, D.H. (1988). Hochbegabte und ihre Peers. Zeitschrift für Pädagogische Psychologie, 2, 1–23.

Czeschlik, T., & Rost, D.H. (1995). Sociometric types and children's intelligence. British Journal of Developmental Psychology, 13, 177–189.

Dauber, S.L. & Benbow, C.P. (1990). Aspects of personality and peer relations of extremely talented adolescents. Gifted Child Quarterly, 34, 10–15.

Dollase, R. (1998). Soziometrie. In Rost, D.H. (Ed.): Handwörterbuch Pädagogische Psychologie. Weinheim: Psychologie Verlags Union, 488–492.

Dreesmann, H. (1982). Fragebogen zum Unterrichtsklima Klasse 7 – 10 (FUK 7 – 10). Unveröffentlichtes Manuskript. Landau: Universität Koblenz-Landau.

Dunphy, D.C. (1963). The social structure of urban adolescent peer groups. Sociometry, 26, 230–246.

Eccles, A.L., Bauman, E. & Rotenberg, K.J. (1989). Peer acceptance and self-esteem in gifted children. Journal of Social Behavior and Personality, 4, 401–409.

Erikson, E.H. (1968). Identity: Youth and crisis. London: Faber.

Fend, H. (1991). „Soziale Erfolge" im Bildungswesen – die Bedeutung der sozialen Stellung in der Schulklasse. In Pekrun, R. & Fend, H. (Hrsg.). Schule und Persönlichkeitsentwicklung. Ein Resümee der Längsschnittforschung. Stuttgart: Enke, 217–238.

Fend, H. (1998). Eltern und Freunde. Soziale Entwicklung im Jugendalter. Entwicklungspsychologie der Moderne. Bd. V. Bern: Huber.

Field, T., Harding, J., Yando, R., Gonzalez, K., Lasko, D., Bendell, D. & Marks, C. (1998). Feelings and attitudes of gifted students. Adolescence, 33, 331–342.

Fleiss, J.L. (1994). Measures of effect size for categorical data. In Cooper, H. & Hedges, L.V. (Eds.): The handbook of research synthesis. New York: Russel Sage Foundation, 245–260.

Freeman, J. (1979). Gifted children. Their identification and development in a social context. Lancaster, England: MTP Press.

Furman, W. & Buhrmester, D. (1992). Age and sex differences in perceptions of networks and personal relationships. Child Development, 53, 103–115.

Gavin, L.A. & Furman, W. (1989). Age differences in adolescents' perceptions of their peer groups. Developmental Psychology, 25, 827–834.

Goodman, L.A. (1971). The analysis of multidimensional contingency tables: stepwise procedures and direct estimation methods for building models for multiple classifications. Technometrics, 13, 33–61.

Grace, H.A. & Booth, N.-L. (1958). Is the „gifted" child a social isolate? Peabody Journal of Education, 35, 195–196.

Grieger, R. (1988). Unterrichtsklima, Prüfungsangst und Persönlichkeitsstärke. Unveröffentlichte Diplomarbeit. Marburg: Fachbereich Psychologie, Philipps-Universität.

Gross, M.U. (1989). The pursuit of excellence or the search for intimacy? The forced-choice dilemma of gifted youth. Roeper Review, 11, 189–194.

Grossberg, I.N. & Cornell, D.G. (1988). Relationship between personality adjustment and high intelligence: Terman versus Hollingworth. Exceptional Children, 55, 266–272.

Grossman, B. & Wrighter, J. (1948). The relationship between selection-rejection and intelligence, social status, and personality amongst sixth grade children. Sociometry, 11, 346–355.

Guskin, S.L., Okolo, C., Zimmerman, E. & Peng, C.J. (1986). Being labeled gifted or talented: Meanings and effects perceived by students in special programs. Gifted Child Quarterly, 30, 61–65.

Haberman, S.J. (1982). Analysis of dispersion of multinomial responses. Journal of the American Statistical Association, 77, 568–580.

Hartup, W.W. (1983). Peer relations. In Hetherington, E.M. (Ed.). Socialization, personality and social development. Handbook of child psychology Vol. 4. New York: Wiley, 103–196.

Havighurst, R.J. (1963). Dominant concerns in the lifecycle. In Schenk-Danzinger, L. & Thomae, H. (Hrsg.). Gegenwartsprobleme der Entwicklungspsychologie. Festschrift für Charlotte Bühler. Göttingen: Hogrefe, 27–37.

Hershey, M. & Oliver, E. (1988). The effects of the label gifted on students identified for special programs. Roeper Review, 11, 33–34.

Hollingworth, L.S. (1942). Children above 180 IQ Stanford-Binet: Origin and development. Yonkers, NY: World Books.

Horn, W. (1983). Leistungsprüfsystem (LPS). Göttingen: Hogrefe.

Hymel, S. & Franke, S. (1985). Children's peer relations: assessing self-perceptions. In Schneider, B.H., Rubin, K.H. & Ledingham, J.E. (Eds.). Children's peer relations: Issues in assessment and intervention. New York: Springer, 75–91.

Janos, P.M. & Robinson, N.M. (1985). Psychosocial development in intellectually gifted children. In Horowitz, F.D. & O'Brien, M. (Eds.). The gifted and talented: Developmental perspectives. Washington: American Psychological Association, 149–195.

Jugendwerk der Deutschen Shell (Hrsg.)(1992). Jugend '92: Lebenslagen, Orientierungen und Entwicklungsperspektiven im Vereinigten Deutschland. Bd. 4. Methodenberichte, Tabellen, Fragebogen. Opladen: Leske + Budrich.

Juvonen, J. (1996). Self-presentation tactics promoting teacher and peer approval: the function of excuses and other clever explanations. In Juvonen, J. & Wentzel, K. (Eds.). Social motivation: understanding children's school adjustment. Cambridge: Cambridge University Press, 43–65.

Juvonen, J. & Murdock, T.B. (1993). How to promote social approval: Effects of audience and achievement outcome on publicly communicated attributions. Journal of Educational Psychology, 85, 365–376.

Juvonen, J. & Murdock, T.B. (1995). Grade-level differences in the social value of effort: Implications for self-presentation tactics of early adolescents. Child Development, 66, 1694–1705.

Keislar, E.R. (1955). Peer group rating of high school pupils with high and low school marks. Journal of Experimental Education, 23, 369–373.

Kennedy, J.J. (1983). Analyzing qualitative data: introductory log-linear analysis for behavioral research. New York: Praeger.

Kerr, B. (1994). Smart girls two: a new psychology of girls, women and giftedness. Dayton, OH: Ohio Psychology Press.

Kerr, B., Colangelo, N. & Gaeth, J. (1988). Gifted adolescents' attitudes toward their giftedness. Gifted Child Quarterly, 32, 245–247.

Kovaltchouk, O.L. (1998). Hochbegabte Jugendliche und ihre Peer-Beziehungen. Regensburg: Roderer.

Kunkel, M.A., Chapa, B., Patterson, G. & Walling, D.D. (1992). Experience of giftedness: „Eight great gripes" six years later. Roeper Review, 15, 10–14.

Kwan, P.C. (1992). On a pedestal: Effects of intellectual-giftedness and some implications for programme planning. Educational Psychology, 12, 37–62.

Langeheine, R. (1980). Log-lineare Modelle zur multivariaten Analyse qualitativer Daten: eine Einführung. München: Oldenbourg.

Lewis, M. & Rosenblum, L.A. (1975). Friendship and peer relations. New York, NY: Wiley.

Luftig, R.L. & Nichols, M.L. (1990). Assessing the social status of gifted students by their age peers. Gifted Child Quarterly, 34, 111–115.

Luftig, R.L. & Nichols, M.L. (1991). An assessment of the social status and perceived personality and school traits of gifted students by non-gifted peers. Roeper Review, 13, 148–153.

Maccoby, E.E. (1990). Gender and relationships. American Psychologist, 45, 513–520.

Martyn, K.A. (1957). The social acceptance of gifted students. Dissertation Abstracts, 17, 2501–2502.

Magidson, J. (1981). Qualitative variance, entropy, and correlation ratios for nominal dependent variables. Social Science Research, 10, 177–194.

Manaster, G.J., Chan, J.C., Watt, C. & Wiehe, J. (1994). Gifted adolescents' attitudes toward their giftedness: A partial replication. Gifted Child Quarterly, 38, 176–178.

Manaster, G.J. & Powell, P.M. (1983). A framework for understanding gifted adolescents maladjustment. Roeper Review, 70–73.

Manor-Bullock, R., Look, C. & Dixon, D.N. (1995). Is giftedness socially stigmatizing? The impact of high achievement on social interactions. Journal for the Education of the Gifted, 18, 319–338.

Martyn, K.A. (1957). The social acceptance of gifted students. Dissertation Abstracts, 17, 2501–2502.

Meyer, W.U. (1978). Der Einfluß von Sanktionen auf die Begabungsperzeption. In Görlitz, D., Meyer, W.U. & Weiner, B. (Hrsg.). Bielefelder Symposium über Attribution. Stuttgart: Klett, 71–87.

Mönks, F.J., Boxtel, H.W.v., Roelofs, J.J.W. & Sanders, M.P.M. (1986). The identification of gifted children in secondary education and a description of their situation in Holland. In Heller, K.A. & Feldhusen, J.F. (Eds.). Identifying and nurturing the gifted: an international perspective. Toronto: Huber, 39–65.

Oswald, H. (1992). Beziehungen zu Gleichaltrigen. In Jugendwerk der Deutschen Shell (Hrsg.), Jugend '92. Lebenslagen, Orientierungen und Entwicklungsperspektiven im vereinigten Deutschland. Bd. 2: Im Spiegel der Wissenschaften. Opladen: Leske + Budrich.

Oswald, H. & Krappmann, L. (1991). Der Beitrag der Gleichaltrigen zur sozialen Entwicklung von Kindern in der Grundschule. In Pekrun, R. & Fend, H. (Hrsg.). Schule und Persönlichkeitsentwicklung. Ein Resümee der Längsschnittforschung. Stuttgart: Enke, 201–206.

Oswald, W.D. & Roth, E. (1987). Der Zahlen-Verbindungs-Test. 2. Auflage. Göttingen: Hogrefe.

Patel, A. & Joshi, R. (1977). A study of adjustment processes of high and low achievers. Journal of Psychological Researches, 21, 178–184.

Petillon, H. (1984). Sozialfragebogen für Schüler 4 – 6. Weinheim: Beltz Testgesellschaft.

Petillon, H. (1987). Der Schüler: Rekonstruktion der Schule aus der Perspektive von Kindern und Jugendlichen. Darmstadt: Wissenschaftliche Buchgesellschaft.

Petillon, H. (1993). Das Sozialleben des Schulanfängers: die Schule aus der Sicht des Kindes. Weinheim: Psychologie Verlags Union.

Robinson, N.M. & Noble, K.D. (1991). Social-emotional development and adjustment of gifted children. In Wang, M.C. & Reynolds, M.C. (Eds.). Handbook of special education: Research and practice, Vol. 4: Emerging programs. Advances in education. Oxford: Pergamon Press, 57–76.

Rost, D.H. (1991). Der hochbegabte Schüler / die hochbegabte Schülerin. In Roth, L. (Hrsg.): Pädagogik: Handbuch für Studium und Praxis. München: Ehrenwirth, 833–858.

Rost, D.H. (Hrsg.)(1993). Lebensumweltanalyse hochbegabter Kinder. Das Marburger Hochbegabtenprojekt. Göttingen: Hogrefe.

Rost, D.H. & Czeschlik, T. (1994). Beliebt und intelligent? Abgelehnt und dumm? – Eine soziometrische Studie an 6500 Grundschulkindern. Zeitschrift für Sozialpsychologie, 170–176.

Rost, D.H., Freund-Braier, I., Schilling, S. & Schütz, C. (Hrsg.)(1997). Hochbegabte und hochleistende Jugendliche: Instrumentation. Forschungsbericht Nr. 5. Marburg: Fachbereich Psychologie, Philipps-Universität.

Rost, D.H. & Hanses, P. (Hrsg.)(1995). Hochbegabte Jugendliche. Forschungsbericht Nr. 3. Marburg: Fachbereich Psychologie, Philipps-Universität.

Rost, D.H. & Hanses, P. (Hrsg.)(1996). Hochleistende Jugendliche. Forschungsbericht Nr. 4. Marburg: Fachbereich Psychologie, Philipps-Universität.

Rubin, K.H., Bukowski, W. & Parker, J.G. (1998). Peer interactions, relationships and groups. In Damon, W. & Eisenberg, N. (Eds.). Handbook of child psychology (5th ed.). Vol. 3. Social, emotional and personality development. New York: Wiley, 619–700.

Schneider, B. (1987). The gifted child in peer group perspective. New York: Springer.

Schneider, B.H. (1993). Children's social competence in context: the contributions of family, school and culture. Oxford: Pergamon Press.

Schneider, B.H. & Byrne, B.M. (1989). Parents rating children's social behavior: how focused the lens? Journal of Clinical Child Psychology, 18, 237–241.

Schneider, B.H., Clegg, M.R., Byrne, B.M., Ledingham, J.E. & et al. (1989). Social relations of gifted children as a function of age and school program. Journal of Educational Psychology, 81, 48–56.

Schneider, F.W. & Coutts, L.M. (1985). Person orientation of male and female high school students: To the educational disadvantage of males? Sex Roles, 13, 47–63.

Shaffer, D.R. (1994). Social and personality development. 3rd ed. Pacific Grove, CA: Brooks / Cole Publishing Company.

Sherif, M. & Sherif, C.W. (1964). Reference groups. New York: Harper & Row.

Silverman, L.K. (1993). Social development, leadership, and gender issues. In Silverman, L.K. (Ed.). Counseling the gifted and talented. Denver, Colorado: Love Publishing Company, 291–327.

Tannenbaum, A.J. (1962). Adolescent attitudes toward academic brilliance. New York: Teachers College, Columbia University.

Terman, L.M., Oden, M.H. et al. (1947). The gifted child grows up. Twenty-five years' follow-up of a superior group. Genetic studies of genius. Vol. 4. Stanford, CA: Stanford University Press.

Timberlake, E.M., Barnett, L.B. & Plionis, E.M. (1993). Coping with self and academic talent. Child and Adolescent Social Work Journal, 10, 21–37.

Vaughn, S., McIntosh, R., Schumm, J.-S., Haager, D. & Callwood, D. (1993). Social status, peer acceptance, and reciprocal friendships revisited. Learning Disabilities Research and Practice, 8, 82–88.

Wentzel, K.R. and K. Caldwell (1997). Friendships, peer acceptance, and group membership: Relations to academic achievement in middle school. Child Development, 68, 1198–1209.

Youniss, J. & Haynie, D.L. (1992). Friendship in adolescence. Developmental and Behavioral Pediatrics, 13, 59–66.

9. Kapitel

Berufsinteressen

JÖRN R. SPARFELDT

9.1 AUSGANGSLAGE UND FRAGESTELLUNG 425

    9.1.1 Berufsinteressen.. 425

    9.1.2 Erfassung von Berufsinteressen.. 428

    9.1.3 Berufsinteressen Hochbegabter / Hochleistender............................ 429

        9.1.3.1 Berufsinteressen und Intelligenz / intellektuelle Hochbegabung............ 430

        9.1.3.2 Studien mit Kontrollgruppen bzw. Normvergleichen............................ 431

        9.1.3.3 Studien mit „Programmteilnehmern" und Kontrollgruppen bzw.
        Normvergleichen... 437

    9.1.4 Zusammenfassung und Ableitung der Fragestellung 442

9.2 METHODE.. 444

    9.2.1 Stichprobe 444

    9.2.2 Variablen.. 445

        9.2.2.1 Berufsinteressen 445

        9.2.2.2 Begabung, Schulleistung und bildungsrelevanter sozialer Status........... 446

    9.2.3 Auswertung... 446

9.3 ERGEBNISSE 448

    9.3.1 Psychometrische Analysen 448

    9.3.2 Vergleich der Begabungsgruppen.. 450

    9.3.3 Vergleich der Leistungsgruppen.. 453

9.4 DISKUSSION.. 455

    9.4.1 Methode 455

    9.4.2 Hochbegabte vs. durchschnittlich Begabte...................................... 456

    9.4.3 Hochleistende vs. durchschnittlich Leistende.................................. 458

    9.4.4 Fazit 458

LITERATUR... 459

9.1
AUSGANGSLAGE UND FRAGESTELLUNG

9.1.1
Berufsinteressen

Die meisten psychologischen Theorien der Berufswahl berücksichtigen Interessen, oder spezifischer Berufsinteressen, als prominente Variable (vgl. z.B. Bergmann 1992). Allgemein kann man Interessen im Anschluß an Bergmann & Eder (1992, 7) als „relativ stabile, kognitiv, emotional und werthaft in der Persönlichkeit verankerte Handlungstendenzen, die sich nach Art, Richtung, Generalisierbarkeit und Intensität unterscheiden", auffassen. Damit differiert das Wissenschaftsverständnis von Interesse nur geringfügig von älteren, zumeist pädagogischen und / oder philosophischen Ansätzen (z.B. Herbart 1806; Grimm & Grimm 1877). Während auf der angesprochenen globalen Ebene ein hohes Maß an Übereinstimmung über den Gegenstandsbereich „Interessen" besteht, werden bei differenzierter Betrachtung unterschiedliche Interessenvorstellungen deutlich; Krapp, Hidi & Renninger (1992, 10) formulierten gar, daß die „theoretische Interpretation und / oder Operationalisierung des Interessenkonzepts von Autor zu Autor variieren". Häufig wird auf eine theoretisch eindeutige Konzeptualisierung von „Interesse" verzichtet; es erfolgt eine (oft ausschließliche) Orientierung an entsprechenden Meßverfahren (vgl. Prenzel 1988; Dawis 1991). Den zentralen Bezugspunkt der Definition der Interessenkategorien und der Interessenerfassung stellen Gegenstände bzw. Sachbereiche sowie Tätigkeiten dar (vgl. Rheinberg 2004; Krapp 2002), man ist also nicht „einfach so", sondern an einem Gegenstands- oder Sachbereich bzw. einer Tätigkeit interessiert (z.B. Interesse an alten Autos, klassischer Musik oder Fußball Spielen). Über den Gegenstandsbezug lassen sich Interessen auch von anderen motivationalen psychologischen Konstrukten (wie z.B. Neugierde oder Leistungsmotivation) abgrenzen.

Zwei grundsätzliche Positionen können innerhalb der Interessenforschung unterschieden werden (vgl. z.B. Krapp et al. 1992; Abel & Tarnai 1998; Bergmann 2003; Krapp 2006):

(a) Interesse als *Relation einer Person zu einem Interessengegenstand*, also eine eher allgemein-psychologische (bzw. prozeßorientierte) Sichtweise,
(b) Interesse als *Teil der Persönlichkeit*, also eine eher differentialpsychologische (bzw. strukturorientierte) Sichtweise.

Der ersten Sichtweise ist beispielsweise die so genannte *Person-Gegenstands-Konzeption* des Interesses zuzuordnen (eine eher pädagogische Interessentheorie und keine Theorie der Berufsinteressen). Krapp (z.B. 1992; 2000; 2002) versteht Interessen entsprechend als relationales Konzept – bezogen auf die spezifische Beziehung einer Person zu einem Gegenstand. Im günstigen Fall resultiert aus dem Zusammenwirken von einerseits *Interessantheit* (als Merkmal der Lernumgebung) und andererseits *individuellem Interesse* (als Merkmal der Person) ein Zustand einer Person in einer Situation, der durch *situationales Interesse* bzw. *aktualisiertes Interesse* gekennzeichnet ist.

Für die hier im Vordergrund stehende Frage nach den Berufsinteressen hochbegabter Jugendlicher und junger Erwachsener ist eher die zweite Sichtweise relevant. Exemplarisch sei der Entwurf von Holland (z.B. 1996; 1997) vorgestellt: Holland sieht (Berufs-)Interessen als Ausdruck der Persönlichkeit – spezifisch auf den beruflichen Verhaltens- und Erlebnisbereich bezogen. In vier Grundannahmen beschreibt Holland (1997, 2–4) die theoretischen Eckpfeiler seiner Konzeption: Sowohl die meisten Personen (1) als auch die meisten Umwelten (2) können (zumindest in westlichen Gesellschaften) hinreichend genau in sechs Typen eingeteilt werden. Ein konkretes Verhalten wird durch die Interaktion zwischen Person und Umwelt erklärt (3). Von der Kongruenz (*congruence*) oder Passung zwischen Person und Umwelt hängen – so die auch als Person-Umwelt-Konzeption bezeichnete Theorie – unter anderem berufliche Zufriedenheit, Stabilität des Verbleibs in einem Beruf und die erreichten Leistungen ab. In der Folge geht Holland davon aus, daß Personen nach der Typologie passende Umwelten aufsuchen (4); dies sind Umwelten, die ein Erproben von Fähigkeiten und Fertigkeiten, eine Realisierung der Werte und Einstellungen sowie die Übernahme von angemessenen Aufgaben und Rollen ermöglichen. Gleichermaßen „suchen" Umwelten entsprechende Personen (beispielsweise bei der Personalauswahl). Personen jedes Typs zeichnen sich nach dieser Konzeption durch charakteristische Lebensziele, Werte, Problemlösestrategien, Selbstüberzeugungen und (berufsbezogene und nichtberufsbezogene) Präferenzen aus. Die postulierten sechs Typen bzw. Orientierungen (im Akronym: RIASEC) sind (vgl. auch Tab. 9.1):

(a) *Realistic* (R; praktisch-technische Orientierung),
(b) *Investigative* (I; intellektuell-forschende Orientierung),
(c) *Artistic* (A; künstlerisch-sprachliche Orientierung),
(d) *Social* (S; soziale Orientierung),
(e) *Enterprising* (E; unternehmerische Orientierung),
(f) *Conventional* (C; konventionelle Orientierung).

In vielen Studien (vgl. die Übersichten bei Holland 1997) sind die Grundannahmen der Theorie an unterschiedlichen Stichproben und mit unterschiedlichen Operationalisierungen überprüft worden. Zusammenfassend konstatieren verschiedene Autoren übereinstimmend den hohen Bewährungsgrad und die weite Verbreitung des Modells. „Wenn man Interesse als relativ stabile Persönlichkeitseigenschaft zu erfassen versucht, eignet sich das […] Modell […] besonders gut" (Holodynsi & Oerter 2002, 561; vgl. auch z.B. Lubinski 2000), es gilt als das „wahrscheinlich auch empirisch am besten abgesicherte Modell" (Lüdtke & Trautwein 2004, 372).

Tab. 9.1: RIASEC-Persönlichkeitstypen nach Holland (weitgehend entnommen aus Bergmann & Eder 1999, 10)

REALISTIC (praktisch-technische Orientierung)	Personen bevorzugen Tätigkeiten, die Kraft, Koordina-tion und Handgeschicklichkeit erfordern und zu kon-kreten, sichtbaren Ergebnissen führen. Sie weisen Fähigkeiten und Fertigkeiten auf, die im mechanischen, technischen, elektrotechnischen und landwirt-schaftlichen Bereich liegen, solche im erzieherischen und sozialen Bereich lehnen sie eher ab.
INVESTIGATIVE (intellektuell-forschende Orientierung)	Personen bevorzugen Aktivitäten, bei denen die Aus-einandersetzung mit physischen, biologischen oder kulturellen Phänomenen mit Hilfe systematischer Be-obachtung und Forschung im Mittelpunkt stehen. Fähig-keiten und Fertigkeiten liegen vor allem im mathema-tischen und naturwissenschaftlichen Bereich.
ARTISTIC (künstlerisch-sprachliche Orientierung)	Personen bevorzugen offene, unstrukturierte Aktivitä-ten, die eine künstlerische Selbstdarstellung oder die Schaffung kreativer Produkte ermöglichen. Fähig-keiten liegen vor allem in den Bereichen Sprache, Kunst, Musik, Schauspiel und Schriftstellerei.
SOCIAL (soziale Orientierung)	Personen bevorzugen Tätigkeiten, bei denen sie sich mit anderen in Form von Unterrichten, Lehren, Ausbil-den, Versorgen oder Pflegen befassen können. Stärken liegen im Bereich zwischenmenschlicher Beziehungen.
Enterprising (unternehmer-ische Orientierung)	Personen bevorzugen Tätigkeiten und Situationen, bei denen sie andere mit Hilfe der Sprache oder anderer Mittel beeinflussen, zu etwas bringen, führen, auch manipulieren können. Stärken liegen im Bereich der Führungs- und Überzeugungsqualität.
CONVENTIONAL (konventionelle Orientierung)	Personen bevorzugen Tätigkeiten, bei denen der struk-turierte und regelhafte Umgang mit Daten im Vorder-grund steht, z.B. Aufzeichnungen führen, Daten spei-chern, Dokumentationen führen, mit Büromaschinen ar-beiten u.ä. (ordnend-verwaltende Tätigkeiten). Ihre Stärken liegen im Bereich rechnerischer und geschäft-licher Fähigkeiten.

Der besondere Stellenwert berufsbezogener Interessen wird immer wieder betont, so schreiben beispielsweise Eder & Reiter (2002, 114): „Die ‚Kristallisation' von Inter-essen ist eine zentrale Entwicklungsaufgabe im frühen Jugendalter; Jugendliche, denen dies nicht gelingt, haben Schwierigkeiten bei der Einmündung in Schulen und Berufe". Auch Möller & Köller (2004, 25–26) bezeichnen „die gelingende Identitäts-bildung und die Bewältigung des Übergangs von der Schule in die berufliche Erstaus-bildung bzw. das Studium" als „zentrale Entwicklungsaufgabe" (ähnlich auch Traut-wein, Köller & Watermann 2004; vgl. auch Nickel 1975, 448; Oerter & Dreher 1995; Fend 2000, 376); und in diesem Zusammenhang gelten Berufsinteressen, wie erwähnt, als bedeutsam.

9.1.2
Erfassung von Berufsinteressen

Zur Interessenerfassung werden diverse Verfahren eingesetzt. Auf Super (vgl. Super & Crites 1965, 378–380; vgl. auch Bergmann 2003) geht die Unterscheidung von vier Hauptverständnissen von „Interesse" und damit zusammenhängenden Erfassungsansätzen zurück:

(a) *expressed interests (geäußerte Interessen)*. Dies entspricht der verbalen Schilderung eines Interesses an einem Objekt, einer Aufgabe einer Beschäftigung oder Tätigkeit im Sinne einer Interessenbekundung; Cattell (1965; 1973) folgend, handelt es sich hierbei um Q[uestionnaire]-Daten (wie die Aussage: „ich interessiere mich für Musik");

(b) *manifested interests (manifestierte Interessen)*. Hiermit sind bereits in Aktivitäten umgesetzte Interessen (wie das Mitspielen in einem Blasorchester aus musikalischem Interesse), also L[ife - record]-Daten im Sinne Cattells (1965; 1973) gemeint;

(c) *tested interests (getestete Interessen)*. Unter spezifischen Bedingungen (der „Testsituation") und weniger unter Alltagsbedingungen – also mittels „objektiver" Tests im Sinne Cattells, wie dem Ausmaß der Informiertheit über einen Gegenstandsbereich – können Interessen dieser Kategorie beobachtet werden (T[est]-Daten, Cattell, 1965; 1973);

(d) *inventoried interests (erfragte Interessen)*. Unter diesem Begriff subsumierte Interessen werden über Erhebungsinstrumente – in der Regel (Interessen-)Fragebogen – erfaßt, sind also ebenfalls als Q[uestionnaire]-Daten im Sinne Cattells (1965; 1973) zu bezeichnen.

Neben den in der Forschung dominierenden Fragebogenverfahren finden beispielsweise Interviews, eine Analyse bevorzugter Objekte, Tätigkeiten und Handlungen, aber auch *objektive* Erfassungsmethoden Verwendung (vgl. Krapp 1992). Differenziert setzt sich Todt (1978, 31–73) mit der Interessenerfassung auseinander. Als Hauptargument gegen eine *objektive* (im Sinne Cattells 1965; 1973) Erfassung von Interessen spricht die niedrige Interkorrelation zwischen verschiedenen Indikatoren. So korrelierten die in einer Übersichtstabelle bei Todt (1978, 33) mitgeteilten Indikatoren „Zeit", „Geld", „Information", „unmittelbares Behalten", „hautgalvanische Reaktion" im Mittel nur zu $r = 0.12$. Die Beziehungen zwischen diesen objektiven und subjektiven Maßen sind ebenfalls bestenfalls mäßig (zwischen $r = 0.03$ und $r = 0.25$). Bergmann (1994, 149) ist der Meinung, „daß die ‚wahren' Interessen einer Person (im Sinne eines psychologischen Interessenbegriffs) durch Interessenverfahren zutreffender erfaßt werden können" als durch geäußerte (*expressed*) Interessenerhebungen. Todt (1978) favorisiert aufgrund des Zusammenhangsmusters, der Verwendbarkeit in unterschiedlichen Altersgruppen und leichterer Interpretierbarkeit die Materialart „Tätigkeiten".

9.1.3
Berufsinteressen Hochbegabter / Hochleistender

Eine getrennte Aufarbeitung der bisherigen Befunde zu berufsbezogenen Interessen Hochbegabter und Hochleistender erscheint wenig sinnvoll. Beide Variablen („Begabung", „Leistung") korrelieren substantiell. Auch wird in der einschlägigen Literatur nicht zwischen beiden Gruppen differenziert. So werden häufig Personen nach bereits gezeigter Leistung ausgewählt und dann als „Hochbegabte" bezeichnet. Außerdem beziehen sich einige Studien auf Teilnehmer an Förderprogrammen für Hochbegabte, die entsprechenden (häufig auch hochbegabten) Personen wurden ebenfalls nach bereits gezeigten Leistung und nicht der intellektuellen Begabung ausgewählt.

In der Hochbegabungsliteratur lassen sich zwei grundlegende Positionen ausmachen (z.B. Mönks 1963): Einerseits gehen Anhänger der *Harmonie-Hypothese* (oder *Konvergenz-Hypothese*) von einem positiven Zusammenhang zwischen dem Vorliegen einer intellektuellen Hochbegabung und erwünschten Merkmalsausprägungen in unterschiedlichsten Variablen aus – also insgesamt gesehen, einer positiven Entwicklung Hochbegabter, u.a. auch bezogen auf berufsbezogene Interessen. Die berühmte Längsschnittuntersuchung von Terman (z.B. 1925; 1954; Terman & Oden 1959; Holahan & Sears 1995) liefert vielfältige, die Harmonie-Hypothese stützende Befunde. Andererseits behaupten Anhänger der Disharmonie-Hypothese (oder *Divergenz-Hypothese*), Hochbegabte seien mit einer Vielzahl negativ beurteilter bzw. weniger funktionaler Eigenschaften ausgestattet. Entsprechende und gehäuft in der Literatur postulierte „Besonderheiten" Hochbegabter, die einander teilweise nicht ausschließen und für die Verbindungen zu Berufsinteressen und / oder der Berufswahl gelegentlich angedeutet werden (häufig im Sinne einer angenommenen Plausibilität), sind zum Beispiel (vgl. Stewart 1999; Emmett & Minor 1993; Roper & Berry 1986; Kerr 1986; Rysiew, Shore & Leeb 1999; Greene 2003):

(a) (zu starke) Einengung der Berufswahlmöglichkeiten,
(b) Unentschlossenheit und (zu) späte Entscheidungen,
(c) (besondere) Probleme der berufsbezogenen Identitätsentwicklung,
(d) Fehlen von Bedeutung oder persönlicher Wichtigkeitszuschreibung des Berufs,
(e) (zu) frühe Entscheidungen und (zu) frühe berufliche Identitätsentwicklung,
(f) Druck von anderen Personen (wie Eltern und Lehrer),
(g) exzellente intellektuelle Ausstattung (was trivial ist),
(h) Fehlen von berufsbezogenen Modellen,
(i) (übertriebener) Perfektionismus,
(j) (zu) hohe Erwartungen durch andere (wie Eltern und Lehrer),
(k) Underachievement,
(l) Multipotentialität.

Folgen dieser „Besonderheiten" sollen (spezifische) Schwierigkeiten Hochbegabter in der Berufsentwicklung sein – insbesondere bei der Ausbildungs- und Berufswahl und der konsequenten (und längerfristigen) Umsetzung getroffener Entscheidungen. Wegen der postulierten hohen berufsbezogenen Ansprüche (und damit zusammenhängenden längeren Qualifikationsphasen höherer formaler Bildungsabschlüsse sowie Zeit und Mühen) sollen Hochbegabte zudem besonders durch Konflikte zwischen Ausbildung / Beruf und Freizeit belastet sein (vgl. z.B. Milgram 1991).

Hochbegabte haben, wie erwähnt, das Potential zu insbesondere schulisch-akademischen Spitzenleistungen. Doch sind für eine erfolgreiche Leistungsentwicklung – neben einer exzellenten Begabung – weitere Aspekte wichtig. Hier wird Interessen eine besondere Rolle zugesprochen. Betrachtet man die sechs Berufs-Interessendimensionen nach Holland, sollten – damit besondere schulischakademische Leistungen gezeigt werden – insbesondere intellektuell-forschende Interessen (als mit der Begabung in gewisser Weise korrespondierender Interessenbereich) hoch ausgeprägt sein. Vermutet man bei Hochbegabten (sehr) niedrige intellektuell-forschende Interessen, wäre eine ungünstige Leitungsentwicklung in diesem Bereich zu erwarten. Hinzu käme, daß die realisierten Leistungen dann mit erhöhter Wahrscheinlichkeit erheblich unter den eigenen Möglichkeiten zurückblieben – mit, so die Vermutung, entsprechenden negativen Konsequenzen. Ein analoger Argumentationsgang läßt sich auch bei (in der Schule) Hochleistenden für die weitere akademische Leistungsentwicklung (insbesondere bei der Ausbildungs- bzw. Studienwahl, aber auch der Realisierung, dem Berufseinstieg und den Anfängen der beruflichen Karriere) nachzeichnen.

Weiterhin wird behauptet, hochbegabte Frauen seien außerdem besonders für eine eher ungünstige Entwicklung „gefährdet". Zur Erklärung werden häufiger das Fehlen entsprechender weiblicher Rollenmodelle betont und Besonderheiten hochbegabter weiblicher Jugendlicher und Frauen, verglichen mit hochbegabten männlichen Jugendlichen und Männern, postuliert, wobei die Verbindung zu Berufsinteressen wiederum eher locker ist; insbesondere bezüglich der intellektuell-forschenden Interessen sollten – folgt man dieser Argumentation – eher keine besonders ausgeprägten Interessen zu sichern sein. Es werden insbesondere postuliert (vgl. z.B. Hollinger & Fleming 1984; Garrison, Stronge & Smith 1986; Schwartz 1991; Feger 2002; Reis 2004):

(a)   mangelndes Durchsetzungsvermögen,
(b)   Furcht vor Erfolg und Furcht vor Misserfolg – jeweils in beeinträchtigendem Ausmaß,
(c)   Identitätskonflikte und Konflikte der eigenen und herangetragenen Geschlechtsrolle,
(d)   in der Erziehung vermitteltes negatives Selbstbild und (zu) niedriges Anspruchsniveau bzw. unrealistisch niedrige Einschätzung eigener Leistungsfähigkeit,
(e)   (zu) leichte soziale Beeinflußbarkeit bei der Berufswahl,
(f)   (ungünstige) Attribution von Erfolg und Misserfolg – auch kommuniziert von Lehrkräften,
(g)   nicht ausreichende Karriereplanung.

Im Folgenden sollen diesen genannten (nur gelegentlich empiriebasierten) Behauptungen empirische Befunde einschlägiger Studien zu Berufsinteressen hochbegabter Jugendlicher und junger Erwachsener gegenübergestellt werden. Zunächst werden die Ergebnisse zum Zusammenhang zwischen Berufsinteressen und Intelligenz bzw. intellektueller Hochbegabung umrissen (Kap. 9.1.3.1). Dem folgen eine Darstellung der Befunde aus Studien mit Kontrollgruppe bzw. Normvergleich, deren Stichproben *keine* Teilnehmer an Förderprogrammen sind (Kap. 9.1.3.2), sowie Ergebnisse entsprechender Arbeiten mit Programmteilnehmern (Kap. 9.1.3.3). Abschließend werden die Befunde knapp zusammengefaßt (Kap. 9.1.3.4).

9.1.3.1
Berufsinteressen und Intelligenz / intellektuelle Hochbegabung

In einigen Arbeiten wurden die (zumeist korrelativen) Zusammenhänge zwischen Intelligenzfacetten und Berufsinteressen untersucht. Üblicherweise erreichen die (auf korrespondierende Fähigkeits- und Interessenbereiche bezogenen) Korrelationen maximal $r = 0.40$. So berechneten Austin & Hanisch (1990) Korrelationskoeffizienten zwischen 14 Interessenbereichen und 4 Fähigkeitsbereichen, wobei 6 der 56 Interessen-Fähigkeits-Korrelationskoeffizienten einen Betrag von $r \geq 0.30$ erreichten – zumeist zwischen korrespondierenden Inhaltsbereichen.

Ackerman & Heggestad (1997) konnten in ihrer Übersicht nur fünf Studien zusammentragen, die die Korrelationen zwischen den Interessen im Holland-Code und Begabungsmaßen berichteten. Trotz teilweise varianzeingeschränkter Stichproben formulierten sie einige Verallgemeinerungen: Numerische und figurale Begabungstests korrelieren positiv mit „praktisch-technischen Interessen" und „intellektuell-forschenden Interessen". Sprachliche Fähigkeitsmaße sind am engsten mit „künstlerisch-sprachlichen Interessen" assoziiert. Hingegen fanden sich negative Begabungsbeziehungen zu „unternehmerischen Interessen" und „konventionellen Interessen". Kaum bedeutsame (bis zu gering negative) Zusammenhänge ließen sich mit „sozialen Interessen" errechnen. Kaufman & McLean (1998) ermittelten lediglich für „intellektuell-forschende Interessen" und „künstlerisch-sprachliche Interessen" Beziehungen zur Intelligenz in vergleichbarer Größenordnung.

9.1.3.2
Studien mit Kontrollgruppen bzw. Normvergleichen

Bei der Sichtung der Studien zur Beantwortung der Frage nach berufsbezogenen Interessen hochbegabter Jugendlicher und junger Erwachsener fallen einige verbreitete Mängel entsprechender Studien auf, die – sowohl einzeln als auch in Kombination – Interpretation und Generalisierbarkeit der Befunde einschränken (vgl. z.B. Czeschlik & Rost 1988; Schilling 2002):

(a) *Stichprobenselektivität.* Häufig sind Teilnehmer an Programmen (Förderprogramme, Sommerkurse etc.) die untersuchten „anfallenden" Stichproben. Im Regelfall qualifizieren jedoch nicht nur die intellektuelle Leistungsfähigkeit zur Programmteilnahme, sondern ergänzende nicht-intellektuelle Aspekte, was pädagogisch sinnvoll ist. Über den Einfluß von Selbst- und Fremdselektionseffekten kann häufig nur gemutmaßt werden.

(b) *Nebulöse Hochbegabungsdefinition.* Immer wieder ist nicht eindeutig erwähnt, welches Kriterium oder welche Kriterienkombination zur Aufnahme in die untersuchte Stichprobe qualifiziert. Einzelne Kriterien reichen von eher „harten" Intelligenztestergebnissen bis zu „weichen" Einschätzungen z.B. des „community involvements" (Hollinger 1984, 19). Teilweise sind die Stichprobenbeschreibungen auch unzureichend. In zahlreichen Studien wird die intellektuelle Leistungsfähigkeit gar nicht erhoben, die Autoren verlassen sich dann auf die Selbstselektions- oder Nominierungsfähigkeit von Eltern und Lehrkräften.

(c) *Große Altersvarianz* der untersuchten Stichproben. Die gemeinsame Betrachtung von Grundschülern und beispielsweise Schülern der Oberstufe oder Studenten ohne Kontrolle des Alterseinflusses erscheint problematisch, insbesondere da Zusammenhänge der (berufsbezogenen) Interessen und dem Lebensalter sowohl theoretisch (z.B. Gottfredson 1981) als auch empirisch nachgewiesen sind (z.B. Todt 1978).

(d) *Kleine Stichproben.* Zur inferenzstatistischen Absicherung entsprechend „kleiner" Effekte sind viele Stichproben leider immer wieder zu klein. Teilweise fehlen zentrale Angaben (wie Streuungen etc.), so daß Effektgrößen im Nachhinein nicht berechnet werden können. Immer wieder werden auch (nur) Einzelfälle berichtet.

(e) *Fehlende Vergleichsgruppe bzw. Vergleich mit Testnormen.* Bei Studien, die keine (adäquate) Kontrollgruppe haben bzw. keinen Vergleich mit den Normen der eingesetzten Instrumente vornehmen, ist in aller Regel nicht zu entscheiden, inwieweit die Befunde „hochbegabungsspezifisch" sind. Gefundene „Besonderheiten" könnten in der Gruppe der „Normalbegabten" in gleicher Richtung und Größe zu beobachten sein.

(f)   *Fehlende Kontrolle relevanter Kovariate.* Obwohl systematische Zusammenhänge mit verschiedenen Kovariaten bekannt sind (wie beispielsweise – im Interessenbereich besonders prominent – Geschlecht, aber auch sozioökonomischer Status), werden diese Variablen in die Auswertung leider nur selten einbezogen.

Im Folgenden soll – abgesehen von begründeten Ausnahmen – auf Studien, die folgende „Ausschlußkriterien" erfüllen, nicht näher eingegangen werden. Bei diesen Studien erlauben Untersuchungsanlage bzw. Darstellung keine sinnvollen Schlussfolgerungen für die Beantwortung der Frage nach berufsbezogenen Interessen hochbegabter Jugendlicher und junger Erwachsener.

(a)   Einzelfallstudien,
(b)   Personen im Studentenalter (> 21 Jahre) bzw. mit – bei der Auswertung nicht berücksichtigter – (zu) großer Altersvarianz (z.B. gemeinsame Analyse von Kindern, Jugendlichen und jungen Erwachsenen – ohne entsprechende Berücksichtigung des Alters),
(c)   Personen, die jünger als 12 Jahre (bzw. Klassenstufe 6) waren,
(d)   Arbeiten, die (nur) Berufswahltrainings evaluieren,
(e)   Arbeiten, in denen nur das Interesse an einzelnen Schulfächern bzw. das Interesse am Unterricht in der Schule berichtet wird,
(f)   Arbeiten, in denen – wahrscheinlich mit der Situation in den USA zusammenhängend – verschiedenen Minoritäten / Ethnien verglichen werden,
(g)   Arbeiten, die keine Vergleichsgruppe bzw. keinen Normvergleich aufweisen und (teilweise) lediglich Subgruppen innerhalb der Hochbegabten (aber ohne Vergleichsgruppe bzw. Normvergleich) betrachten (z.B. Pollmer 1991a,b; Wieczerkowski 2002),
(h)   Arbeiten, in denen die Stichprobenbeschreibung keine oder extrem wenig aussagekräftige Angaben über die Hochbegabungsdefinition enthält (z.B. lediglich „gifted") bzw. die ausgewählten Verfahren und Instrumente zur Erfassung der Berufsinteressen nicht anführen.

Die in Tabelle 9.2 knapp zusammengefassten einschlägigen Untersuchungen zeichnen sich dadurch aus, daß einerseits ein Vergleich einer Zielgruppe mit einer Kontrollgruppe oder einer Normstichprobe erfolgte und daß andererseits die Zielgruppen nicht beispielsweise aufgrund einer Teilnahme an einem Förderprogramm (mehr oder weniger deutlichen) Fremd- oder Selbstselektionseffekten unterlagen. Diese Studien seien etwas genauer vorgestellt:

Lubinski & Humphreys (1990) reanalysierten Daten des (für die Zeit der Datenerhebung um 1960 für US-amerikanische Oberstufenschüler repräsentativen) *Project Talent.* Diejenigen Jugendlichen wurden als mathematisch hochbegabt verstanden, deren mathematische Begabung – verglichen mit der gleichgeschlechtlichen Gesamtgruppe – zum oberen Prozent der Verteilung gehörte. Hochbegabte männliche und weibliche Jugendliche gaben substantiell (verstanden als $d \geq 0.30$) höhere Interessen in sämtlichen „intellektuell-forschenden" und „künstlerisch-sprachlichen" Bereichen als die Vergleichsjugendlichen an. Bezogen auf „praktisch-technische", „unternehmerische", „konventionelle" und Interessen ist die Befundlage inkonsistenter (vgl. Tab. 9.2). Keine substantiellen Gruppendifferenzen dokumentierten sich in den „sozialen" Interessen.

Auch Gohm, Humphreys & Yao (1998) betrachteten *Project Talent*-Daten. In räumlichen Tests („*spatial abilities*") hochbegabte Jugendliche gaben ein substantiell (wiederum verstanden als $d \geq 0.30$) höheres Interesse in naturwissenschaftlichen und „künstlerisch-sprachlichen" Bereich an als die Vergleichsgruppe. Die hochbegabten Schülerinnen interessierten sich außerdem stärker für „praktisch-technische" Aspekte sowie schwächer für „office work" als die Schülerinnenvergleichsgruppe. Ein ähnliches Muster ergab sich auch beim Vergleich mathematisch hochbegabter

Tab. 9.2: Hauptergebnisse (|d| > 0.29) der Studien zu berufsbezogenen Interessen hochbegabter Jugendlicher mit Kontroll-gruppe bzw. Normvergleich, deren Stichproben nicht aus Programmteilnehmern bestehen

AUTOR(EN)	STICHPROBE	VARIABLEN	HAUPTERGEBNISSE (HB - DB)
Lubinski & Humphreys (1990)	ZG: „mathematical": N=1005 (497 m) hb (PR≥99) Schüler der 10. Klasse; VG: N~95000, Schüler der 10. Klasse; Project Talent	IQ/L: 3 mathematische Leistungstests; BI: Fragen nach Interesse in 17 Bereichen	m: physical science (d=1.19), biological science/medicine (d=0.68), literature (d=0.82), art (d=0.39), music (d=0.49), computation (d=0.52), public service (d=0.31), skilled trades (d=-0.51), farming (d=-0.47), labor (d=-0.59), hunting/fishing (d=-0.43); w: physical science (d=1.27), biological science/medicine (d=0.67), literature (d=0.77), art (d=0.55), music (d=0.48), mechanical-technical (d=0.40), sports (d=0.32), public service (d=0.44), office work (d=-0.70)
Gohm, Humphreys & Yao (1998)	ZG 1: „spatial": N=893 (486 m) hb (PR≥99) Schüler der 12. Klasse; VG: N=?, Schüler der 12. Klasse; Project Talent	IQ/L: 3 räumliche (spatial) Leistungstests; BI: Fragen nach Interesse in 17 Bereichen	m: physical science (d=0.95), artistic (d=0.47), biological science/medicine (d=0.31); w: physical science (d=0.92), artistic (d=0.74), mechanical-technical (d=0.60), farming (d=0.50), musical (d=0.48), biological science/medicine (d=0.42), literary-linguistic (d=0.41) outdoor recreation (d=0.41); office work (d=-0.51)
	ZG 2: „mathematical": N=755 (380 m) hb (PR≥99) Schüler der 12. Klasse; VG: N=?, Schüler der 12. Klasse; Project Talent	IQ/L: 3 mathematische (mathematical) Leistungstests; BI: Fragen nach Interesse in 17 Bereichen	m: physical science (d=1.07), literary-linguistic (d=0.64), biological science/medicine (d=0.50), musical (d=0.34), public service (d=0.30); labor (d=-0.54), skilled trades (d=-0.47), outdoor recreation (d=-0.37), farming (d=-0.36); w: physical science (d=1.47), biological science/medicine (d=0.74), literary-linguistic (d=0.68), public service (d=0.53), musical (d=0.52), mechanical-technical (d=0.43), artistic (d=0.40); office work (d=-0.76)

Tab. 9.2 (Fortsetzung): Hauptergebnisse (|d| > 0.29) der Studien zu (berufsbezogenen) Interessen hochbegabter Jugendlicher mit Kontrollgruppe bzw. Normvergleich, deren Stichproben nicht aus Programmteilnehmern bestehen

AUTOR(EN)	STICHPROBE	VARIABLEN	HAUPTERGEBNISSE (HB - DB)
Humphreys, Lubinski & Yao (1993)	ZG: N=54311 (26908 m) hb (PR≥80) Schüler der 9.-12. Klasse; VG: N≈43000 pro Klassenstufe und Geschlecht; Project Talent	IQ/L: räumliche, mathematische, sprachliche Leistungstests (vergleichbar SAT); BI: Fragen nach Interesse in 17 Bereichen	m: physical science (d=0.80), biological science (d=0.41) literary-linguistic (d=0.39); skilled trades (d=-0.41), labor (d=-0.41); w: physical science (d=0.79), literary-linguistic (d=0.57), biological science (d=0.52), artistic (d=0.49), music (d=0.44), public service (d=0.31) office work (d=-0.56)
Schlichting (1968)	ZG: N=20 (m) hb Oberschüler (IQ≥140); VG: N=20 nicht hb Oberschüler (IQ≤110) homogenisiert nach sozialem Milieu, Geschlecht, Schulniveau	IQ/L: IST; BI: DIT	sign. höheres Niveau, Gestaltunterschiede nicht statistisch signifikant; Technik & Naturwissenschaft (d≈1.30), Mathematik (d≈1.30), Musik (d≈0.60), Literatur/Sprache (d≈0.40), Verwaltung/Politik (d≈0.4), Verwaltung/Wirtschaft (d≈0.30), Biologie (d≈0.30); Sport (d≈-0.30)
Kelly & Hall (1994)	ZG: N=29 (m=?) hb (PR>90); VG N=71 (m=?) db (PR 25 - 75) Schüler der 8. Klasse	IQ/L: Batterie aus Leistungstest; BI: (1) occupational aspiration, (2) Vocational Preference Inventory (RIASEC)	(1) Status der 3 Berufswünschen (d=0.67 - d=0.89) (2) kein sign. Haupteffekt Begabung; (Haupteffekt Geschlecht: einziger univariater Geschlechtseffekt: m>w: R), Wechselwirkung: nicht signifikant

Tab. 9.2 (Fortsetzung): Hauptergebnisse (|d| > 0.29) der Studien zu (berufsbezogenen) Interessen hochbegabter Jugendlicher mit Kontrollgruppe bzw. Normvergleich, deren Stichproben nicht aus Programmteilnehmern bestehen

AUTOR (EN)	STICHPROBE	VARIABLEN	HAUPTERGEBNISSE (HB – DB)
Hoberg & Rost (in diesem Band)	ZG: N=107 (62 m) hb (IQ≥125) 8. Klasse VG: N=107 (60 m) db (IQ≈100) 8. Klasse; Marburger Hochbegabtenprojekt parallelisiert nach Geschlecht, SÖS, Klasse, Schule in Grundschule	IQ/L: ZVT, LPS (UT: 3), IST (UT: ZR, AN) BI: GIS: (1) Breitbandskalen, (2) (Einzel-)Skalenebene	(1) kein bedeutsamer Effekt (2) Musik (d=0.40)
	ZG: N=118 (49 m) hl (Jahrgangsstufenbester 9. Klasse Gym.) VG: N=112 (48 m) dl 9. Klasse Gym.; Marburger Hochbegabtenprojekt	IQ/L: ZVT, LPS (UT: 3), IST (ZR, AN) BI: GIS: (1) Breitbandskalen, (2) (Einzel-)Skalenebene	(1) Freizeitinteressen (d=-0.33) (2) Literatur (d=0.31)

ZG: Zielgruppe; VG: Vergleichsgruppe; m: männlich; w: weiblich; IQ/L: Intelligenz- bzw. Leistungstest; BI: (Berufs-oder)Interessentest; SAT: Scholastic Aptitude Test, IST: Intelligenz-Struktur-Test; ZR: Zahlenreihen; AN: Analogien; DIT: Differentieller Interessen-Test; ZVT: Zahlen-Verbindungs-Test; LPS: Leistungsprüfsystem; GIS: Generelle-Interessen-Skala, RIASEC: Skalen des Holland Code; UT: Untertest

Schüler (Personen, die verglichen mit gleichgeschlechtlichen Personen in beiden Bereichen – „räumlich", „mathematisch" – zum oberen Prozent der Verteilung gehörten, wurden von der Auswertung ausgeschlossen): Hochbegabte Schülerinnen und Schüler gaben ein höheres Interesse im naturwissenschaftlichen und „künstlerisch-sprachlichen" Bereich, sowie in einigen „praktisch-technischen" Skalen und „public service" an. Auch hier bekundeten die Schülerinnen ein geringeres Interesse an „office work".

Humphreys, Lubinski & Yao (1993) analysierten ebenfalls die *Project Talent*-Daten – also teilweise denselben Datensatz wie Gohm et al. (1998). Diese Autoren setzten das (Hoch-)Begabungskriterium jedoch deutlich niedriger an (PR ≥ 80 in einem Kombinationswert aus sprachlichen, mathematischen und räumlichen Tests; somit liegt die Begabung einiger dieser „hochbegabten" Jugendlichen nicht einmal eine Standardabweichung über dem Verteilungsmittelwert; Vergleichsgruppe waren die restlichen untersuchten gleichgeschlechtlichen Personen). Die Schülerinnen schilderten wiederum ein substantiell höheres (d ≥ 0.30) Interesse in den beiden „intellektuell-forschenden" Skalen sowie in den drei Skalen der „künstlerisch-sprachlichen" Orientierung und im „public service", die in der Holland-Terminologie dem „unternehmerischen" Bereich zugeordnet werden kann. Niedrigeres Interesse berichteten sie – wie bei Gohm et al. (1998) – im „office work". Die (männlichen) Schüler gaben ebenfalls ein höheres Interesse im „intellektuell-forschenden" Bereich sensu Holland und der Skala „literary-linguistic" aus dem „künstlerisch-sprachlichen" Bereich an. Niedrigeres Interesse schilderten sie in zwei „praktisch-technischen" Skalen.

In ihrer Dissertation analysierte Schlichting (1968) einen Datensatz, der in Deutschland ungefähr zur gleichen Zeit wie die US-amerikanischen *Project Talent*-Daten erhoben wurde. Sie verglich 20 hochbegabte männliche Schüler mit 20 durchschnittlich begabten männlichen Schülern (homogenisiert nach sozialem Milieu und Schulniveau, parallelisiert nach Alter und Geschwisterzahl). In den Skalen des *Differentiellen Interessen-Test* (Todt, 1967) konnte sie einen statistisch signifikanten Niveauunterschied zugunsten der Hochbegabtengruppe absichern, was auf ein höheres (mittleres) Interesse hinweist. Für die „Gestalt" (Interaktion des Zwischen-Subjekt-Faktors „Begabungsgruppe" und des Meßwiederholungsfaktors mit den 11 *DIT*-Skalen als Faktorstufen) ließ sich ein „Unterschied nur als Tendenz nachweisen" (S. 139; p < 0.10). Insbesondere wegen der kleinen Stichprobe soll neben dieser inferenzstatistischen Absicherung ein Blick auf die Größe der Effekte erfolgen, wobei sich die (in Tabelle 9.2 angegebenen) Werte zur Berechnung der Effektstärken lediglich grob aus einer Graphik (S. 144) ablesen lassen: In „Technik / Naturwissenschaften" und „Mathematik" sind die Effekte groß, von mittlerer Größe ist der in „Musik". Maximal kleine Effekte ergeben sich in den Bereichen „Literatur / Sprache", „Verwaltung / Politik", „Verwaltung / Wirtschaft" und „Biologie" – jeweils mit einem höheren Interesse bei Hochbegabten. Nur in zwei Skalen liegen die Mittelwerte der durchschnittlich begabten Schüler (numerisch) über dem der hochbegabten, die ein geringeres mittleres Interesse an „Sport" und „Sozialpflege / Erziehung" bekundeten. Durch die Begrenzung auf männliche Personen, die (um 1960) ein Gymnasium besuchten und deren Väter Akademiker waren, ist die Generalisierung der Ergebnisse eingeschränkt.

Die Untersuchung von Hoberg & Rost ist in Kapitel 7 dieses Buches ausführlicher dargestellt, weswegen an dieser Stelle weitere Erläuterungen unterbleiben.

Exemplarisch für eine forschungsmethodisch schwächere Arbeit sei die von Kelly & Hall (1994) angeführt: Die Achtklässler *einer* Schule wurden aufgrund ihrer Ergebnisse in einer (nicht genauer beschriebenen) Leistungstestbatterie in zwei Gruppen eingeteilt: Hochbegabte (PR > 90) und durchschnittlich Begabte (25 < PR < 75) – über die Anteiligkeiten von Jungen und Mädchen fehlen Angaben. Als abhängige Variablen wurden unter anderem die Berufsinteressen im Holland-Code erhoben. In den Berufsinteressen zeigte sich kein statistisch bedeutsamer Begabungseffekt. Leider führten die Autoren keine *power*-Analyse durch. Die Teststärke (P) liegt bei dem gesetzten α-Niveau von p < 0.01 und der Stichprobengröße im univariaten zweiseitigen F-Test für einen kleinen (f = 0.1) bzw. mittleren (f = 0.25) bzw. großen (f = 0.4) Effekt nämlich (nur) bei P = 0.06 bzw. P = 0.45 bzw. P = 0.91. Große Begabungseffekte sind jedoch in den eher globalen Skalen des Holland-Codes nicht zu erwarten. Darauf, daß es sich bei dem berichteten Nulleffekt (zumindest teilweise) um ein Test-stärkeproblem handelt, deuten auch die (mit Ausnahme der „praktisch-technischen" Interessen) fehlenden und aus der Literatur bekannten Geschlechtsdifferenzen hin. Skalenmittelwerte und Streu-ungen sind der Publikation leider nicht zu entnehmen.

In einer aktuellen deutschsprachigen Arbeit betrachten Vock & Köller (2006, zit. nach Vock & Holling 2007) die Berufsinteressen hochbegabter Gymnasiasten (PR ≥ 90) kurz vor dem Abitur und zwei Jahre später. Hochbegabte gaben zu beiden Erhebungszeitpunkten höhere „intellektuell-forschende" und „praktisch-technische" Interessen (Effektstärken zwischen d = 0.86 und d = 0.90).

Ein Resümee zu ziehen, fällt schwer, da u.a. sehr unterschiedliche Stichproben untersucht worden sind. In den Studien mit *Project-Talent*-Daten zeigt sich ein deutlich höheres mathematisch-natur-wissenschaftliches Interesse. Dieses US-amerikanische Ergebnis korrespondiert mit dem Ergebnis von Schlichting – allerdings sind diese Datensätze inzwischen mehr als 40 Jahre alt – und Vock & Köller. Hoberg und Rost berichteten hingegen von keinen bedeutsamen Gruppenunterschieden in der Skala „Naturwissenschaft". Sowohl in den Studien mit *Project-Talent*-Daten und bei Hoberg und Rost als auch bei Schlichting interessierten sich Hochbegabte (deskriptiv) stärker im musischen, künstlerischen und sprachlichen Bereich. Ob Gemeinsamkeiten und Unterschiede mit dem Erhebungszeitpunkt (60er versus 90er Jahre des letzten Jahrhunderts), dem Land (USA versus Deutschland) oder weiteren Faktoren (sowie deren Kombination) zusammenhängen, kann nicht geklärt werden. Hinzu kommt, daß das Geschlecht gelegentlich die Begabungseffekte moderiert; allerdings erlauben die wenigen Untersuchungen, in denen das Geschlecht explizit berücksichtigt wurde (und die teilweise uneinheitliche Befundlage), keine (zumindest) vorläufigen und hinreichend empiriegestützten Aussagen.

9.1.3.3
Studien mit „Programmteilnehmern" und Kontrollgruppen bzw. Normvergleichen

Bei den in diesem Abschnitt vorgestellten Studien mit Teilnehmern an Förderprogrammen (unter-schiedlichster Art, also verstanden im weitesten Sinne) für Hochbegabte bzw. Hochleistende ist abzu-schätzen, ob und inwieweit die Ergebnisse durch die Programmteilnahme beeinflußt sind. Zumindest zwei unterschiedliche Effektklassen lassen sich theoretisch unterscheiden: zum einen mögliche Effekte der Selbst- oder Fremdselektion der Individuen, die an dem jeweiligen Programm teilneh-men, und zum anderen eine Beeinflussung berufsbezogener Interessen durch die (Programm-) Intervention. Häufig kann allerdings nicht zwischen beiden Aspekten und deren relativer Gewichtung unterschieden werden. Im Folgenden werden die Hauptergebnisse der Studien in Tabelle 9.3 knapp zusammengefaßt. Im Text gehe ich exemplarisch nur auf eine US-amerikanische und eine deutsche Studie ausführlicher ein. Dieses Unterkapitel abschließend, wird eine Zusammenschau der Befunde unternommen.

In den 1970er Jahren initiierte Stanley die bedeutsame *Study of Mathematical Precocious Youth (SMPY; z.B. Lubinski & Benbow 1994)* als Längsschnittuntersuchung, einerseits um die Ent-wicklung von (zunächst mathematisch, später mathematisch und / oder sprachlich) hochbegabten Jugendlichen ab dem Alter von 12 / 13 Jahren zu verfolgen und andererseits um diesen Jugendlichen über entsprechende Programme eine möglichst optimale Förderung anzubieten. Inzwischen werden

Tab.9.3: Hauptergebnisse (|d| > 0.29) der Studien zu (berufsbezogenen) Interessen hochbegabter Jugendlicher mit Kontroll-gruppe bzw. Normvergleich, deren Stichproben aus Programmteilnehmern bestehen

AUTOR	STICHPROBE	VARIABLEN	HAUPTERGEBNISSE
Warren & Heist (1960)	ZG: N=918 (659 m) hb (IQ≥130) Studenten (RQ: 90%); National Merit VG: Normvergleich	IQ/L: u.a. SAT BI: Study of Values	ZG>VG: theoretical, aesthetic, religious ZG<VG: economic, social, political
Nichols & Davis (1964)	ZG: N=1184 (? m) hb (PR≥95.5) Studenten, National Merit VG: N=3397 repräsentative College seniors (Kontrolle des SES)	IQ/L: National Merit Scholarship Qualifying Test BI: (1) „liked least", „liked least" im Holland-Code; (2) Frage zu Interesse an Berufen	ZG>VG: (1) I (scientific), A (2) Physiker und Chemiker in der Forschung, Hochschullehrer, Arzt ZG<VG: (1) E (business), S (helping) (2) Lehrer, Geschäftsführer
Olszewski-Kubilius & Kulieke (1989)	ZG: N=90 (48 m) hb (SAT-V>430, SAT-M>500) Schüler (11-16 Jahre) Sommerprogrammteilnehmer VG: Normvergleich (10.-12. Klassenstufe)	IQ/L: SAT-V, SAT-M BI: Study of Values	ZG>VG: m: theoretical, political, (economic) w: theoretical, aesthetic, (political) VG>ZG: w + m: religious
Trost (1990), vgl. auch Rahn (1978; Trost 1987)	ZG: 253 (? m) hb (PR≈97) Oberstufenschüler, teilweise Studienstiftler VG: N=8854 Schüler der gymnasialen Oberstufe	IQ/L: Allgemeiner Studierfähigkeitstest, Abiturdurchschnittsnote BI: Liste mit in Aktivitäten umgesetzten Interessen	ZG>VG: Nachhilfe geben, Lesen non-fiktiver Literatur, Teilnahe an extracurricularen Kursen, Teilnahme an naturwissenschaftlichen und technischen Aktivitäten, Lernen einer Fremdsprache außerhalb der Schule, Teilnahme an Wettbewerben, Beherrschung eines Musikinstruments, Teilnahme an einer musikalischen Gruppe, Teilnahme an der Schülervertretung ZG>VG: Geldverdienen ohne Nachhilfe
Fox (1976)	ZG: N=656 (davon 416 m) hb (PR≈98), 13jährige Schüler, SMPY numerischer Leistungstest VG: Normvergleich	IQ/L: standardisierter numerischer Leistungstest BI: Study of Values	ZG>VG: m, w: theoretical, social VG>ZG: m: religious, aesthetic w: religious, economic

Tab.9.3 (Fortsetzung): Übersicht über die Studien zu (berufsbezogenen) Interessen hochbegabter Jugendlicher mit Kontroll-gruppe bzw. Normvergleich, deren Stichproben aus Programmteilnehmern bestehen

AUTOR	STICHPROBE	VARIABLEN	HAUPTERGEBNISSE
Fox, Pasternak & Peiser (1976)	ZG: N=52 (26 m) hb (SAT-M≥370) [m, w nach Test parallelisiert], Klasse 7, SMPY VG: N=150 (75 m) non-hb, Klasse 9	IQ/L: SAT-M BI: Holland-Code (Strong Campbell Interest Inventory)	ZG>VG: m: I, w: I, R, A, S, C VG>ZG: m: E, A, C w: E
Fox (1978)	ZG: (1,2,3) N=78 (26 m) hb (SAT-M>370; PR≥98), 13jährige Schüler, SMPY VG: Normvergleich	IQ/L: SAT-M BI: (1) Strong Campbell Interest Inventory, (2) Study of Values	ZG>VG: (1) m, w: I (science, mathematics, medical science), A (writing), E (public speaking); w: E (law & politics), R (mechanical activities); (2) m: theoretical, w: social VG>ZG: (1) m: R (adventure); (2) m, w: religious
Daggett-Pollins (1983)	ZG 1: N=21 m hb (Ø SAT-M≈690, Ø SAT-V ≈540), im Bildungsgang 3 Jahre voraus, SMPY ZG 2: N=21 m hb (Ø SAT-M: 690, Ø SAT-V Wert: 540), im Bildungsgang nicht voraus, SMPY VG: Normvergleich	IQ/L: SAT BI: (1) Holland-Code (Strong Campbell Interest Inventory), (2) Study of Values	ZG1, ZG2>VG (1) I (2) theoretical, (political, economic) VG>ZG1, ZG2 (1) A, S, E (2) religious, (social, aesthetic)
Lubinski & Benbow, (1994)	ZG: N=285 (202 m) hb (PR≥99.5) 13jährige Schüler (Kohorte 2, SMPY talent search) VG: Normvergleich	IQ/L: (in SAT: oberes 1/3 der Teilnehmer der Talentsuche) BI: Holland-Code (vermutlich: Strong Campbell Interest Inventory)	ZG>VG: m: I (d≈0.40) w: I (d≈0.50) VG>ZG: m: A (d≈-0.80), S (d≈-0.90), E (d≈-0.30) w: R (d≈-0.40), S (d≈-0.50), E (d≈-0.60)
	ZG: N=473 (286 m) hb (SAT-M≥350; PR≈98) 13jährige Schüler; 5 Kohorten an SMPY Sommerprogrammteilnehmern VG: Normvergleich	IQ/L: SAT-M BI: Study of Values	ZG>VG: m: theoretical, (economic, political) w: (social, aesthetic) VG>ZG: m: religious, (social, aesthetic) w: religious, (political, economic)

Tab. 9.3 (Fortsetzung): Übersicht über die Studien zu (berufsbezogenen) Interessen hochbegabter Jugendlicher mit Kontrollgruppe bzw. Normvergleich, deren Stichproben aus Programmteilnehmern bestehen

AUTOR	STICHPROBE	VARIABLEN	HAUPTERGEBNISSE
Lubinski, Benbow, Ryan (1995)	ZG: N=162 (114 m) hb (PR≥99), 13jährige Schüler, SMPY; VG: Normvergleich	IQ/L: SAT-M, SAT-V, Test of Standard Written English; BI: Holland-Code (Strong Campbell Interest Inventory)	ZG>VG: m: I (d=0.58) w: (I [d=0.281]) VG>ZG: m: A (d=-0.93), S (d=-0.73), E (d=-0.56) w: R (-0.51), E (d=-0.79)
Lubinski, Schmidt & Benbow (1996)	ZG: N=203 (94 m) mathematisch hb (PR≥99), 13jährige Schüler, SMPY; VG: Normvergleich	IQ/L: SAT-M, SAT-V; BI: Study of Values	ZG>VG: m: theoretical, political w: social VG>ZG: m: religious, aesthetic w: economic
Schmidt, Lubinski & Benbow (1998)	ZG: N=695 (416 m) hb (PR≥99) 13jährige Schüler; Teilnehmer an SMPY Sommerprogrammen; VG: Normvergleich	IQ/L: SAT-M, SAT-V, American College Test; BI: (1) Holland-Code (Strong Campbell Interest Inventory), (2) Study of Values	ZG>VG: (1) m: I (d=0.34) w: [(I (d=0.35)] (2) m: theoretical, economic, political w: aesthetic VG>ZG: (1) m: A (d=-0.70), S (d=-1.03), E (d=-0.70), [C (d=-0.29)] w: R (d=-0.72), (d=-0.57), C (d=-0.35) (2) m: social, religious w: religious
Lubinski, Benbow, et al. (2001)	ZG: N=185 (124 m) hb (PR≥99) 18jährige Schüler; Teilnehmer an SMPY; VG: Normvergleich	IQ/L: SAT-M, SAT-V; BI: Study of Values	ZG>VG: m: theoretical w: aesthetic VG>ZG: m, w: religious

ZG: Zielgruppe; VG: Vergleichsgruppe; m: männlich; w: weiblich; IQ/L: Intelligenz- bzw. Leistungstest; BI: (Berufs- oder) Interessentest bzw. Werteinstellungen; hb: hochbegabt; R: realistic, praktisch-technische Interessen; I: investigative, intellektuell-forschende Interessen; A: artistic, künstlerisch-sprachliche Interessen; S: social, soziale Interessen; E: enterprising, unternehmerische Interessen; C: conventional, konventionelle Interessen; SAT-M: mathematischer Teil des Scholastic Aptitude Test; SAT-V: verbaler Teil des Scholastic Aptitude Test; SMPY: Study of Mathematical Precosious Youth vier Kohorten von Hochbegabten, die in der siebten und achten Klassenstufe identifiziert worden sind, (sowie eine ergänzende Studentenkohorte) längsschnittlich begleitet. Die Auswahl der (als Schüler identifizierten) Kohorten erfolgte mehrstufig und unterscheidet sich zwischen den Kohorten leicht: Im ersten Schritt war ein Prozentrang von mindestens 97 in einem standardisierten Leistungstest zu erreichen, im zweiten Schritt ein Wert im mathematischen bzw. sprachlichen Teil des (für Schüler der elften und zwölften Klassenstufe konzipierten) *Scholastic Aptitude Test (SAT-M* bzw. *SAT-V)*, der – abhängig von der Kohorte – einem Prozentrang von mindestens 99 entspricht. Einige Hauptergebnisse über die Kohorten und Instrumente der *SMPY* lassen sich folgendermaßen zusammenfassen: Hochbegabte Mädchen schildern im Normvergleich ungefähr gleich starke und hohe Interessen in den künstlerischen, „sozialen" und „intellektuell-forschenden" Interessen. Hochbegabte männliche Programmteilnehmer äußern insbesondere hohe „intellektuell-forschende Interessen" (vgl. z.B. Lubinski & Benbow 1994).

In einer im Rahmen der *SMPY* durchgeführten Studie befragten Lubinski, Benbow & Ryan (1995) u.a. 13-jährige mathematisch hochbegabte Schüler der 8. Klassenstufe. Hochbegabte interessierten sich stärker „intellektuell-forschend" als die Personen der Normstichprobe. Ein niedrigeres Interesse gaben die Schüler in den „sozialen Interessen", „unternehmerischen Interessen" und „künstlerisch-sprachlichen Interessen" an. Die Schülerinnen interessierten sich hingegen weniger für den „praktisch-technischen" und „unternehmerischen" Bereich. Ihre „sozialen" Interessen beurteilen sie etwas niedriger als die Normstichprobe (d = −0.27).

Ebenfalls in den 1970er Jahren begann auch in Deutschland eine umfangreiche Längsschnittstudie an Gymnasiasten der 13. Klassenstufe (Rahn 1978). Die Ergebnisse beziehen sich auf manifestierte, also bereits in Aktivitäten umgesetzte Interessen. Trost (1990) fasste die Ergebnisse des Vergleichs der „Hochbegabten" – PR ≥ 90 in Abiturdurchschnittsnote und Studierfähigkeitstest, entspricht 3% der Abiturienten, somit sind die hochbegabten Jugendlichen hochleistende Hochbegabte – und der (gymnasialen) Repräsentativstichprobe zusammen. Bei der Ausübung einiger Aktivitäten zeigten sich deutlichere Unterschiede der Anteiligkeiten der Hochbegabten und der Gesamtgruppe: „Nachhilfe" (75% vs. 49%), „Lesen nonfiktiver Literatur" (57% vs. 33%), „Teilnahme an extracurricularen Kursen" (≈ 55% vs. ≈ 37%), „Lernen einer Fremdsprache außerhalb der Schule" (44% vs. 30%), „Teilnahme an unterschiedlichsten naturwissenschaftlichen und technischen Aktivitäten" (19% vs. 9%) und „Teilnahme an Wettbewerben" (17% vs. 6%). Auch in der Beherrschung eines Musikinstruments, der Teilnahme an Orchester und Chor und in der Schülervertretung dokumentierten sich höhere Prozentsätze der Hochbegabten. Lediglich in einer Aktivität („Geldverdienen ohne Nachhilfe") kehrte sich dieses Verhältnis um, was mit dem hohen Anteil an Nachhilfelehrern unter den Hochbegabten und dieser vermutlich attraktiven Geldquelle erklärt wird. Der Anteil der Hochbegabten, die ein Studium in den fünf Jahren nach der Erstbefragung aufgenommen hatten, lag bei 98% (versus 78% in der Gesamtgruppe), was auf die praktische Bedeutsamkeit der Unterschiede zwischen den Gruppen hinweist. Die Hochbegabten hatten zudem im Vergleich mit der Gesamtgruppe häufiger medizinische oder naturwissenschaftliche Studiengänge gewählt, weniger häufig Geistes-, Wirtschafts- und Sozialwissenschaften (vgl. Trost 1987).

Fasst man die Befundlage zusammen, ist zunächst bei allen in diesem Abschnitt vorgestellten Untersuchungen – wie erwähnt – davon auszugehen, daß nicht „nur" die Teilnahme an dem jeweiligen Auswahlverfahren die Ergebnisse beeinflußt hat, sondern daß zusätzlich das jeweilige (Förder-)Programm die Ergebnisse zumindest theoretisch (mit-)verursacht haben könnte. Vor dem Hintergrund darin begründeter Einschränkungen sind einige zusammenfassende Aussagen möglich: Hochbegabte Programmteilnehmer schildern häufig höhere „intellektuell-forschende" Interessen, also insgesamt ein *eher* wissenschaftliches Interesse. Dies scheint bei männlichen Jugendlichen deutlicher der Fall zu sein als bei weiblichen (nicht in allen erwähnten

Studien). Männliche Programmteilnehmer schildern in den Fragebogen teilweise stärkere politische und ökonomische Interessen bzw. Werteinstellungen, sowie (in einer Studie) auch soziale Einstellungen (Fox 1976). Hochbegabte Schülerinnen interessieren sich häufig stärker als die jeweils betrachteten Vergleichsgruppen für die Bereiche „ästhetisch" und „sozial" (in der Regel: Normvergleich). Recht konsistent schildern männliche und weibliche Jugendliche eine geringere religiöse Werteinstellung als Personen der Normstichprobe der *Study of Values*. Männliche hochbegabte Programmteilnehmer äußern weiterhin häufiger ein geringeres „soziales", „künstlerisch-sprachliches" und „unternehmerisches" Interesse als die Personen der Normierungsstichproben. Bei weiblichen hochbegabten Programmteilnehmern findet sich häufiger ein geringeres Interessen an „praktisch-technischen", „konventionellen" und an wirtschaftlich-„unternehmerischen" Zusammenhängen sowie eine niedrigere politische und ökonomische Werteinstellung. Die genannten Resultate beziehen sich allerdings auf US-amerikanische Untersuchungen. In der einzigen deutschsprachigen Studie werden außerdem bereits in Aktivitäten umgesetzte Interessen betrachtet. Die Programmteilnehmer gaben hier in allen erfragten Bereichen ein höheres Interesse als die Repräsentativgruppe (von ebenfalls Abiturienten) an, mit der Ausnahme „Geldverdienen ohne Nachhilfe", was – wie erwähnt – mit einer höheren Verfügbarkeit potentieller Nachhilfeschüler für die Zielgruppenjugendlichen im Gegensatz zur Vergleichsgruppe erklärt werden kann.

9.1.4
Zusammenfassung und Ableitung der Fragestellung

Beim Versuch, die einschlägige Literatur zusammenzufassen, lassen sich – vor dem Hintergrund der Einschränkungen weniger solider Studien und einer teilweise recht heterogenen Befundlage – einige (vorläufige) Aussagen über häufiger Berichtetes treffen:

(a)   Überwiegend in der Sekundär- und Tertiärliteratur (sowie in „Ratgebern") werden vielfältige (überwiegend) problematische Besonderheiten Hochbegabter in ihren Berufsinteressen und der Studien-, Ausbildungs- und Berufswahl formuliert. Hochbegabte weibliche Jugendliche und junge Frauen zeichneten sich zudem durch weitere (problematische) Charakteristika aus. Jedoch sind diese Aussagen in recht geringem Maße durch die empirischen Befunde einschlägiger Studien gestützt.

(b)   In empirischen Studien mit einerseits Teilnehmern an unterschiedlichsten Förderprogrammen und andererseits nicht vorselegierten Stichproben zeigten sich häufiger höhere Interessen zum einen im intellektuell-forschenden bzw. wissenschaftlichen (insbesondere mathematisch-naturwissenschaftlichen) und zum anderen im sprachlich-musisch-künstlerischen Bereich. Gelegentlich ergaben sich in US-amerikanischen Programm-Stichproben geringere soziale, unternehmerische und konventionelle Interessen (im Sinne von Holland 1997).

Auf theoretischer Ebene kann die *Theory of Work Adjustment* (Dawis & Lofquist 1984; Dawis 1996, zit. nach Bergmann 2004) für die Bedeutung von zum einen kognitiven (Leistungs-)Variablen und zum anderen affektiv-motivationalen Variablen wie Interessen angeführt werden. Lubinski & Benbow (1994; 2000; vgl. auch Lubinski, Benbow & Morelock 2000) haben diese Theorie auf die Wahl von Bildungsgängen insbesondere bei hochbegabten Jugendlichen angewendet: Auf Personenseite wird zwischen einerseits spezifischen Begabungen und Leistungen sowie andererseits Präferenzmustern für bestimmte Ausbildungs-, Studien- und Berufsumwelten unterschieden. Auf der Umweltseite werden Fähigkeits- bzw. Leistungsanforderungen von der Fähigkeit, spezifisches Verhalten zu verstärken, getrennt. Entscheidend ist in dieser Konzeption die Passung zwischen Person und Umwelt: Erfüllt eine Person die an sie in einer Umwelt gestellten Anforderungen, soll sie *satisfactoriness* erleben (von Bergmann 2004 übersetzt mit „befriedigendes Arbeitsverhalten"). Werden andererseits die Präferenzen und Wertvorstellungen einer Person in einer spezifischen Umwelt verstärkt, erlebt sie *satisfaction* (von Bergmann 2004 übersetzt mit „Berufs- bzw. Arbeitszufriedenheit"). Beide führen, so die Theorie, zu einem höheren Ausmaß an Zufriedenheit und zu einer geringeren Wahrscheinlichkeit, den Beruf oder Ausbildungsgang zu wechseln.

Vor dem Hintergrund der angeführten Befunde und Probleme sollen mit der vorliegenden Untersuchung folgende Fragen beantwortet werden:

(a) Unterscheiden sich einerseits hoch- und durchschnittlich begabte Jugendliche (Begabungsstichprobe) bzw. andererseits hoch- und durchschnittlich leistende Jugendliche (Leistungsstichprobe) in verschiedenen Facetten ihrer Berufsinteressen – also in varianzanalytischer Terminologie die Frage nach dem Haupteffekt „Begabung" bzw. „Leistung"?

(b) Zeigen sich bei männlichen und weiblichen Jugendlichen (sowohl in der Begabungsstichprobe als auch in der Leistungsstichprobe) differentielle Effekte des Faktors „Geschlecht" – also in varianzanalytischer Terminologie die Frage nach den Interaktionen „Geschlecht × Begabung" bzw. „Geschlecht × Leistung"?

9.2

METHODE

9.2.1
Stichprobe

Eine ausführliche Darstellung der Auswahl und Zusammensetzung der Stichproben findet sich in den ersten beiden Kapiteln dieses Buches. Daher fasse ich im Folgenden nur zentrale Aspekte zusammen. Im Unterschied zu den Befunden in den vorherigen Kapiteln beziehen sich die hier dargestellten Ergebnisse auf Daten, die zu einem späteren Zeitpunkt erfaßt worden sind: Zum Jahreswechsel 1998 / 1999 beantworteten die Projektteilnehmer einen ihnen postalisch zugesandten Fragebogen. Die Auswertungen basieren auf den Daten folgender Substichproben:

(a) *Begabungsstichprobe* (*„West"*; N = 204). Von den ursprünglich 107 stabil Hochbegabten („Zielgruppe") beantworteten 106 Personen (99%) den Fragebogen (HB; 45 weiblich, 61 männlich), von den ursprünglich 107 stabil durchschnittlich Begabten der Vergleichsgruppe waren dies 98, also eine Teilnahmequote von 92% (DB; 46 weiblich, 52 männlich). Damit konnte in der Begabungsstichprobe eine Rücklaufquote von 95.3% realisiert werden. Das Durchschnittsalter der stabil Hochbegabten betrug 20.0 Jahre (S = 0.3), das der stabil durchschnittlich Begabten 20.1 Jahre (S = 0.5 Jahre). Im Jahre 2000 wurden die Projektmitglieder befragt, ob sie die Schule mit dem „Abitur" abgeschlossen hatten. Erwartungsgemäß differieren die Anteile in den Begabungsgruppen: Während aus der Gruppe der Hochbegabten 53 männliche (4 „ohne Abitur", 4 schickten den Fragebogen nicht zurück) und 39 weibliche (4 „ohne Abitur", 2 „ohne Angabe") Personen das Abitur erreichten, beendeten bei den durchschnittlich Begabten 27 männliche (21 „ohne Abitur", 4 „ohne Angabe") und 28 weibliche Personen (17 „ohne Abitur", 1 „ohne Angabe") die Schule mit diesem Abschluß.

(b) *Leistungsstichprobe* (*„Ost"*; N = 227). Von den 118 in der neunten Klasse identifizierten hochleistenden Jugendlichen gaben rund drei Jahre später alle Personen der Zielgruppe (100%) Auskunft zu ihren Berufsinteressen (HL; 69 weiblich, 49 männlich), in der Vergleichsgruppe durchschnittlich Leistender waren dies 109 von 112 Personen, also 97% (DL; 63 weiblich, 46 männlich). Somit konnte insgesamt eine Rücklaufquote von 98.7% erreicht werden. Das Durchschnittsalter in der Leistungsstichprobe betrug 19.1 Jahre (S = 0.3). Erwartungsgemäß berichteten numerisch mehr männliche (45 „mit Abitur", 2 „ohne Abitur", 2 „ohne Angabe") und weibliche (64 „mit Abitur", 2 „ohne Abitur", 3 „ohne Angabe") Hochleistende als männliche (29 „mit Abitur", 13 „ohne Abitur", 4 „ohne Angabe") und weibliche (48 „mit Abitur", 9 „ohne Abitur", 6 „ohne Angabe") durchschnittlich Leistende, die Hochschulreife erlangt zu haben.

9.2.2
Variablen

9.2.2.1
Berufsinteressen

Mithilfe eines differenzierten (mehrdimensionalen) und gleichzeitig ökonomischen Erhebungsinstruments sollten unterschiedliche Facetten der Berufsinteressen erhoben werden. Zudem sollte das Erhebungsinstrument auf einer durch empirische Befunde gestützten theoretischen Grundlage fußen. Somit fiel die Wahl auf den (geringfügig modifizierten) *„Allgemeinen Interessen-Struktur Test"* (*AIST*) von Bergmann & Eder (1992), der die sechs schulischen und beruflichen Interessendimensionen nach Holland (1997) erfaßt. Die Befragten gaben auf einer 5-stufigen unipolaren Ratingskala („1 = Das interessiert mich gar nicht; das tue ich nicht gerne"; „2 = Das interessiert mich wenig"; „3 = Das interessiert mich etwas"; „4 = Das interessiert mich ziemlich"; „5 = Das interessiert mich sehr; das tue ich sehr gerne") ihr Interesse an (im Originalinstrument: jeweils 10 Aussagen pro Interessendimension, insgesamt 60 Aussagen). „Sich für etwas interessieren" wird in der Fragebogeninstruktion als „etwas gerne tun, etwas wegen der Sache selbst tun" definiert. In den Aussagen sind schulisch-berufliche Tätigkeiten formuliert. Der Original-*AIST* wurde aufgrund psychometrischer Kennwerte und unter Beibehaltung der inhaltlichen Breite der Skalen um weniger geeignete Items auf 47 Items gekürzt. Folgende Itembeispiele veranschaulichen die Operationalisierung der Skalen:

(a) *Realistic* (R; Praktisch-technische Orientierung): „Konstruktionspläne zeichnen",
(b) *Investigative* (I; intellektuell-forschende Orientierung): „wissenschaftliche Artikel lesen",
(c) *Artistic* (A; künstlerisch-sprachliche Orientierung): „malen, zeichnen",
(d) *Social* (S; soziale Orientierung): „jemanden unterrichten oder erziehen",
(e) *Enterprising* (E; unternehmerische Orientierung): „eine Gruppe bei der Arbeit leiten",
(f) *Conventional* (C; konventionelle Orientierung): „eine Buchhaltung führen".

Aufgrund der Standardisierung gilt der *AIST* als objektiv; im Manual (Bergmann & Eder 1999) finden sich verschiedene Reliabilitäts- und Validitätshinweise. Lüdtke & Trautwein (2004) belegten die Brauchbarkeit des *AIST* anhand einer größeren Gymnasiastenstichprobe.

9.2.2.2
Begabung, Schulleistung und bildungsrelevanter sozialer Status

In den ersten beiden Kapiteln dieses Buchs findet sich eine ausführliche Beschreibung der Variablen „Begabung", „Schulleistung" und „sozio-ökonmischer Status" (hier gefasst als „für das Bildungsverhalten relevanter sozialer Status"). Die intellektuelle „Begabung" wird als breit angelegte, generelle intellektuelle Fähigkeit im Sinne des Spearmanschen „*g*"-Faktors verstanden. Die Zuordnung der Personen der („West"-)Begabungsstichprobe zur Gruppe der (stabil) Hochbegabten einerseits und zur Gruppe der (stabil) durchschnittlich Begabten andererseits erfolgte also nach der Ausprägung der allgemeinen intellektuellen Kompetenz (im Sinne eines Potentials).

Hingegen wurden die beiden Leistungsgruppen der („Ost"-)Leistungsstichprobe (Hochleistende vs. durchschnittlich Leistende) nach der schulischen Performanz (Schulnoten) gebildet. Diese wurde durch die Durchschnittszensur in den Fächern „Deutsch", „Mathematik", „erste Fremdsprache", „Physik" (falls nicht unterrichtet: „Chemie") und „Biologie" (wenn unterrichtet) operationalisiert. Somit wird im *Marburger Hochbegabungsprojekt* Hochbegabung als exzellente intellektuelle *Kompetenz* und Hochleistung als herausragende *Performanz* definiert; beide Konzepte sind erwartungsgemäß nicht unabhängig voneinander.

In der Begabungsstichprobe wurde der für das „*Bildungsverhalten relevante soziale Status*" (*BRSS*) in Anlehnung an Bauer (1972) ermittelt; für die Leistungsstichprobe wurde das Verfahren entsprechend angepaßt (vgl. Rost & Hanses 1995, 221–223; 1996, 222–232; Rost et al. 1998, 411–419).

9.2.3
Auswertung

Das Vorgehen lehnt sich an den im ersten Kapitel dieses Buchs vorgestellten Auswertungsplan an. Im Folgenden gehe ich auf einige Besonderheiten ein: Im ersten Schritt erfolgt die Prüfung der dimensionalen Struktur des (modifizierten) *AIST* mittels varimax-rotierter Hauptkomponentenanalysen. In Ergänzung zur in Kapitel 1 genannten Kriterienkombination wird (zusätzlich) die Parallelanalyse (Horn 1965) herangezogen, wobei die Eigenwerte der Zufallsdaten mit dem Programm *RanEigen* (Enzman 1997) bestimmt werden. Ergänzend zur orthogonalen varimax-Rotation rotiere ich die Komponenten oblique (direkt oblimin), da über Theorie von Holland (1997) von Interkorrelationen zwischen den Dimensionen (und einem differenzierten Korrelationsmuster) ausgeht. Wenn die Interpretationen beider Rotationsverfahren (wie häufig beobachtbar; vgl. z.B. Rost 1987, 183) gleichgerichtet ausfallen, beschränke ich mich in der Darstellung auf die Befunde der orthogonalen Rotationen. Da für Berufsinteressen u.a. Einflüsse der Herkunftsregion („Ost" vs. „West") und damit zusammenhängende gesellschaftliche Beeinflussungen nicht *a priori* auszuschließen sind, werden die Dimensionsanalysen getrennt für die Begabungs- („West") und Leistungsstichprobe („Ost") gerechnet. Sollten sich einige Items als suboptimal darstellen (z.b. aufgrund von Doppelladungen oder substantiellen Ladungen auf „falschen" Komponenten), werden diese bei der Skalenbildung nicht berücksichtigt. Die der Skalenbildung zugrunde liegenden Items sollten, wenn möglich, in den beiden Stichproben (Begabungs- und Leistungsstichprobe) identisch sein.

Im zweiten Schritt erfolgen die Gruppenvergleiche – anschließend an die auf den Ergebnissen der Dimensionsanalysen basierenden Skalenbildungen. Gruppenvergleiche rechne ich, wie erwähnt, getrennt innerhalb der Leistungsstichprobe und innerhalb der Begabungsstichprobe. Die Gruppenvergleiche beginnen mit der Berechnung zweifaktorieller multivariater Varianzanalysen (MANOVAs; Faktoren: „Gruppe", „Geschlecht"). Wenn die Überschreitungswahrscheinlichkeit der multivariaten Prüfgröße (Wilks λ) die Signifikanzgrenze ($p = 0.05$) unterschreitet, folgen univariate Nachfolgeanalysen (ANOVAs). Bedauerlicherweise existieren jedoch keine *post-factum* Methoden, die zeigen, auf welche der abhängigen Variablen – im Falle eines statistisch signifikanten multivariaten Ergebnisses – dieses multivariat signifikante Ergebnis schwerpunktmäßig zurückzuführen ist, so daß bei univariaten Nachfolgeanalysen eine α-Adjustierung empfohlen wird (vgl. z.B. Kaluza & Schulze 2000). Die Gefahren von α- und β-Fehler abwägend, wähle ich folgendes Vorgehen: Um Fehlinterpretationen der Haupteffekte aufgrund vorhandener Interaktionen zu vermeiden, teste ich im Falle multivariat signifikanter Wechselwirkungen entsprechende Wechselwirkungen auch univariat bei einem (liberalen) α-Niveau von 5%. Univariate Nachfolgeprüfungen der Haupteffekte „Begabung" (in der Begabungsstichprobe) bzw. „Leistung" (in der Leistungsstichprobe) erfolgen mit dem von Holm (1979) vorgeschlagenen Vorgehen einer sequentiellen α-Adjustierung. Im Falle bedeutsamer Begabungs- bzw. Leistungseffekte und substantieller Beziehungen ($|r| > 0.15$) der Berufsinteressen mit dem *BRSS*, prüfe ich, ob die entsprechenden Effekte auch bei kovarianzanalytischer Auspartialisierung des *BRSS* bedeutsam bleiben.

Nicht in jedem Fall sind die (wichtigsten) statistischen Voraussetzungen der entsprechenden varianzanalytischen Verfahren erfüllt. Obwohl Varianzanalysen als recht robust gegenüber Verletzungen der Verteilungsannahme und der Annahme gleicher Varianz-Kovarianzmatrizen gelten (d.h. insbesondere: häufig keine erhebliche Verschiebung des α-Niveaus im Falle von Voraussetzungsverletzungen; vgl. z.B. Stevens 1996; Tabachnick & Fidell 2001), wähle ich – sollten diese Voraussetzungen verletzt sein – das von Tabachnick & Fidell (2001) vorgeschlagene Vorgehen bei nichtorthogonalen varianzanalytischen Designs – nämlich einer erneuten Analyse der Daten mit einem balancierten Design. Hierbei werden entsprechend der am geringsten besetzten Zelle zufällig Personen von der Auswertung ausgeschlossen. Im Text gehe ich auf die Befunde des „balancierten Designs" nur ein, wenn sich die Interpretation im Vergleich zum unbalancierten Design bedeutsam verschiebt.

Die praktische Bedeutsamkeit der Befunde veranschaulichen die Effektstärken (partielles) eta^2 (multivariat: eta$^2_{multi}$ bzw. univariat: eta^2) und d (Cohen 1988). Das Vorzeichen der standardisierten Mittelwertsdifferenz der Effektstärke d – hier aus eta^2 abgeschätzt (vgl. die Formel bei Hoberg & Rost in diesem Band auf Seite 352) – gibt ergänzend die Richtung des Effekts an: Ein positives Vorzeichen indiziert einen höheren Mittelwert der Zielgruppe (Hochbegabte bzw. Hochleistende) als der Vergleichsgruppe (durchschnittlich Begabte bzw. durchschnittlich Leistende) bzw. – im Falle des Geschlechtsvergleichs – einen höheren Wert der männlichen als der weiblichen Projektteilnehmer.

Zur Kontrolle eventueller Einflüsse der besuchten Schulform (die Abiturienten-Anteiligkeiten differieren, wie erwähnt, in den jeweils vier Zellen der Analyse der Begabungs- und Leistungsstichprobe) werden ergänzend Berechnungen mit einem wiederum balancierten Design derjenigen Personen durchgeführt, die angegeben haben, die Schule spätestens im Jahre 2000 mit dem Abitur abgeschlossen zu haben. Die entsprechenden varianzanalytischen Befunde berichte ich in den Tabellen, im Text gehe ich hierauf nur im Falle substantieller Interpretationsverschiebungen ein.

9.3

ERGEBNISSE

9.3.1

Psychometrische Analysen

Die zur Prüfung der dimensionalen Struktur des (modifizierten) *AIST* berechneten varimax-rotierten Hauptkomponentenanalysen wiesen in der Begabungs- als auch in der Leistungsstichprobe theorieentsprechend auf die Extraktion von sechs Komponenten hin, die 55% (Begabungsstichprobe) bzw. 58% (Leistungsstichprobe) der Varianz aufklärten. Insgesamt sechs der 47 Items wurden aufgrund ihres suboptimalen Ladungsmusters (sehr niedrige Ladungen auf „ihrer" Komponente, hohe Nebenladungen, höchste Ladungen auf unterschiedlichen Komponenten in den Stichproben) von der weiteren Auswertung ausgeschlossen. In einer ergänzend durchgeführten Hauptkomponentenanalyse mit den verbleibenden 41 Items erfüllten jeweils 39 Items die (strengen) Kriterien für Markieritems (Varianzaufklärung: 57% in der Begabungsstichprobe, 61% in der Leistungsstichprobe). Die faktorielle Struktur war in der Begabungs- und der Leistungsstichprobe sehr ähnlich ($r_{cc} \geq 0.90$).

Die an der Begabungsstichprobe ermittelten psychometrischen Kennwerte der entsprechend den dimensionsanalytischen Ergebnissen gebildeten Skalen sind für den (modifizierten) *AIST* mindestens akzeptabel bis gut (vgl. Tab. 9.4). Die Homogenitäten liegen in vergleichbarer Größenordnung wie im *AIST*-Manual berichtet.

Auch die Skaleninterkorrelationen (vgl. Tab. 9.5) liegen innerhalb des aus der einschlägigen Literatur bekannten Schwankungsbereichs (z.B. Bergmann & Eder 1999; Lüdtke & Trautwein 2004). Auch korrelieren einerseits die im Modell von Holland einander ähnlichen Interessendimensionen höher miteinander als weniger ähnliche Interessendimensionen; andererseits sind die Korrelationen theoretisch einander nahe stehender Interessenfacetten nicht zu hoch, so daß von hinreichend distinkten Interessenaspekten gesprochen werden kann.

Tab. 9.4: Ergebnisse der dimensionsanalytisch-psychometrischen Prüfung des (gekürzten) Berufsinteressenfragebogens (AIST) in der Begabungsstichprobe (N = 269)

KENNWERTE	R	I	A	S	E	C
Itemzahl	7	8	8	5	8	5
a_{max}	0.78	0.79	0.82	0.84	0.72	0.77
a_{min}	0.57	0.50	0.44	0.59	0.54	0.66
$\overline{a}$	0.68	0.69	0.67	0.70	0.66	0.72
$r_{it\ max}$	0.69	0.75	0.77	0.73	0.62	0.64
$r_{it\ min}$	0.41	0.47	0.50	0.42	0.50	0.52
$\overline{r}_{it}$	0.62	0.63	0.61	0.54	0.56	0.58
α	0.85	0.87	0.86	0.76	0.83	0.80
α_{10}	0.89	0.89	0.88	0.86	0.86	0.89
α_{Manual}	0.85	0.83	0.87	0.81	0.82	0.79
M	2.4	3.4	3.1	2.7	3.2	2.5
S	1.2	1.1	1.3	1.2	1.1	1.1

R = realistic, praktisch-technische Interessen; I = investigative, intellektuell-forschende Interessen; A = artistic, künstlerisch-sprachliche Interessen; S = social, soziale Interessen; E = enterprising, unternehmerische Interessen; C = conventional, konventionelle Interessen

Beachte: M und S jeweils an Itemzahl relativiert (M: theoretischer Range = 1 bis 5, theoretische Mitte = 3.0); α_{Manual} = Cronbachs alpha ermittelt an der im Testmanual beschriebenen Schülerstichprobe (Bergmann & Eder 1999, 50)

Tab. 9.5: Interkorrelationen der Berufsinteressenskalen. Linke untere Hälfte: Begabungsstichprobe (N=269), rechte obere Hälfte: Leistungsstichprobe (N=251)

	R	I	A	S	E	C
R		.41	-.08	-.13	.01	.05
I	.38		.07	.04	.11	.07
A	-.14	.20		.39	.19	.02
S	-.17	.01	.34		.10	.06
E	.07	.07	.07	.10		.47
C	.05	.08	-.05	.08	.40	

R = realistic, praktisch-technische Interessen; I = investigative, intellektuell-forschende Interessen; A = artistic, künstlerisch-sprachliche Interessen; S = social, soziale Interessen; E = enterprising, unternehmerische Interessen; C = conventional, konventionelle Interessen

Beachte: $|r| \geq 0.12$ entspricht $p < 0.05$, $|r| \geq 0.16$ entspricht $p < 0.01$

In der Leistungsstichprobe konnten ebenfalls, insbesondere vor dem Hintergrund der Kürzungen, psychometrisch zufrieden stellende Skalen zur Erfassung der sechs Interessenaspekte nach Holland (1997) gebildet werden (vgl. Tab. 9.6) – die Homogenitäten liegen sämtlich in einem Bereich, der laut Lienert (1969) sogar für die Individualdiagnostik als ausreichend angesehen werden kann, und erlauben damit die anvisierten Gruppenvergleiche. Das Korrelationsmuster der Berufsinteressen ist in der Begabungs- und der Leistungsstichprobe ähnlich (vgl. Tab. 9.5).

Tab. 9.6: Ergebnisse der dimensionsanalytisch-psychometrischen Prüfung des (gekürzten) Berufsinteressenfragebogens (AIST) in der Leistungsstichprobe (N = 251)

KENNWERTE	R	I	A	S	E	C
Itemzahl	7	8	8	5	8	5
a_{max}	0.80	0.83	0.82	0.86	0.74	0.75
a_{min}	0.67	0.50	0.48	0.43	0.53	0.61
$\bar{a}$	0.73	0.70	0.70	0.69	0.65	0.68
$r_{it\ max}$	0.74	0.77	0.81	0.73	0.68	0.68
$r_{it\ min}$	0.57	0.50	0.51	0.33	0.52	0.48
$\bar{r}_{it}$	0.67	0.64	0.64	0.53	0.59	0.62
α	0.88	0.87	0.87	0.75	0.85	0.82
α_{10}	0.91	0.89	0.89	0.85	0.87	0.90
α_{Manual}	0.85	0.83	0.87	0.81	0.82	0.79
M	2.3	3.3	3.1	2.8	3.2	2.7
S	1.2	1.1	1.3	1.2	1.1	1.1

R = realistic, praktisch-technische Interessen; I = investigative, intellektuell-forschende Interessen; A = artistic, künstlerisch-sprachliche Interessen; S = social, soziale Interessen; E = enterprising, unternehmerische Interessen; C = conventional, konventionelle Interessen

Beachte: M und S jeweils an Itemzahl relativiert (M: theoretischer Range = 1 bis 5, theoretische Mitte = 3.0); α_{Manual} = Cronbachs alpha ermittelt an der im Testmanual beschriebenen Schülerstichprobe (Bergmann & Eder 1999, 50)

9.3.2
Vergleich der Begabungsgruppen

Die zweifaktorielle MANOVA mit den beiden zweigestuften Faktoren „Begabung" und „Geschlecht" sowie den sechs *AIST*-Skalen als abhängigen Variablen weist sowohl den Haupteffekt „Begabung" ($F_{6;195} = 4.78$; $p < 0.001$; $eta^2_{multi} = 0.128$ – mittelgroßer Effekt) als auch den Haupteffekt „Geschlecht" ($F_{6;195} = 12.36$; $p < 0.001$; $eta^2_{multi} = 0.275$ – großer Effekt) als statistisch und praktisch bedeutsam aus. Der multivariat substantielle Geschlechtseffekt von großer praktischer Relevanz lässt sich als Validitätshinweis interpretieren. Die Wechselwirkung ist hingegen statistisch nicht abzusichern ($F_{6;195}$ = 1.44; p = 0.201; eta$^2_{multi}$ = 0.042).

Mittels univariater Nachfolgeanalysen wurde geprüft, in welcher oder welchen der sechs Berufsinteressenskalen ggf. bedeutsame Differenzen zwischen Hochbegabten und durchschnittlich Begabten bestehen. Hierbei erfolgt – gemäß dem von Holm (1979) vorgeschlagenen Vorgehen – ein Vergleich der empirischen Überschreitungswahrscheinlichkeiten mit rechnerisch ermittelten Signifikanzschranken (1. Vergleich: p = 0.0083; 2. Vergleich: p = 0.0100; 3. Vergleich: p = 0.0125; 4. Vergleich: p = 0.0167; 5. Vergleich: p = 0.0250; 6. Vergleich: p = 0.0500). In zwei Fällen unterschreitet das empirisch ermittelte „p" die errechneten Werte; dies sind zum einen „intellektuell-forschende Interessen" (p < 0.001, mittelgroßer Effekt) und zum anderen „soziale Interessen" (p = 0.008, kleiner Effekt). Hochbegabte gaben also im Mittel höhere intellektuell-forschende und geringere soziale Interessen als durchschnittlich Begabte an.

Die Varianz-Kovarianz-Matrizen sind gemäß Box-M-Test nicht homogen (p < 0.01). In einer ergänzenden Analyse mit einem balancierten Design (mit n = 45 pro Zelle; in der am niedrigsten besetzten Zelle – weibliche Hochbegabte – befanden sich 45 Personen) ergab sich keine substantielle Verschiebung der Befundinterpretation (vgl. Tab. 9.7). Die zusätzliche Berechnung mit Personen, die die Schule spätestens im Jahr 2000 mit dem Abitur abgeschlossen hatten, veränderte die Interpretation ebenfalls nicht bedeutsam (vgl. Tab. 9.7; balanciertes Design mit n = 28 pro Zelle).

Drei der sechs Berufsinteressenskalen korrelieren in der Begabungsstichprobe substantiell mit dem *BRSS*; Personen aus höheren Schichten schilderten etwas höhere „intellektuell-forschende Interessen" (r = 0.20) und „sprachlich-künstlerische Interessen" (r = 0.27) sowie etwas niedrigere „konventionelle Interessen" (r = –0.18; „praktisch-technische Interessen": r = –0.10, „soziale Interessen": r = –0.01, „unternehmerische Interessen": r = –0.05). Wird der Einfluß des sozioökonomischen Status (*BRSS*) statistisch kontrolliert, bleiben die beiden berichteten signifikanten Effekte praktisch und statistisch bedeutsam (unbalanciert: „intellektuell-forschende Interessen": d = 0.44, p < 0.01; „soziale Interessen": d = –0.39, p < 0.01; balanciert: „intellektuell-forschende Interessen": d = 0.39; „soziale Interessen": d = –0.31). Jedoch korreliert der *BRSS* bei weiblichen Personen höher mit den „intellektuell-forschenden Interessen" (r = 0.37) als bei männlichen Personen (r = 0.17). Entsprechend geschlechtsgetrennt gerechnete Kovarianzanalysen führen zu keiner Veränderung der Interpretation beim männlichen Geschlecht – der Begabungseffekt bleibt mittelgroß (unbalanciertes Design: d = 0.65, balanciertes Design: d = 0.55). Die Analyse der Daten weiblicher Stichprobenmitglieder dokumentieren deskriptiv (nur) noch einen kleinen Effekt (unbalanciertes Design: d = 0.24, balanciertes Design: d = 0.23).

Tab. 9.7: Mittelwerte (M) und Streuungen (S) in den sechs Berufs-
interessenskalen des (modifizierten) Allgemeinen Interessen-Struktur-
Tests (AIST) für männliche Hochbegabte (HB-m), weibliche Hochbegabte
(HB-w), männliche durchschnittlich Begabte (DB-m) und weibliche durch-
schnittlich Begabte (DB-w) sowie Ergebnisse der zweifaktoriellen
ANOVAs „Begabung" (B) und „Geschlecht" (G)

		R		I		A		S		E		C	
GRUPPE		M	S	M	S	M	S	M	S	M	S	M	S
HB-m	(N= 61)	2.6	0.8	3.8	0.7	2.9	1.0	2.4	0.7	3.2	0.8	2.5	0.9
HB-w	(N= 45)	2.2	0.7	3.3	0.6	3.5	0.8	2.8	0.8	3.1	0.7	2.4	0.8
DB-m	(N= 52)	2.8	0.9	3.3	0.7	2.8	0.9	2.7	0.9	3.4	0.7	2.5	0.7
DB-w	(N= 46)	1.9	0.7	3.0	1.0	3.3	0.8	3.1	0.7	3.1	0.8	2.4	0.8
HB	(N=106)	2.4	0.8	3.6	0.7	3.1	0.9	2.6	0.8	3.1	0.8	2.5	0.9
DB	(N= 98)	2.4	0.9	3.1	0.9	3.0	0.9	2.9	0.8	3.3	0.8	2.4	0.8
m	(N=113)	2.7	0.9	3.5	0.7	2.9	0.9	2.5	0.8	3.3	0.8	2.5	0.8
w	(N= 91)	2.1	0.7	3.1	0.8	3.4	0.8	3.0	0.8	3.1	0.8	2.4	0.8
Alle	(N=204)	2.4	0.9	3.3	0.8	3.1	0.9	2.7	0.8	3.2	0.8	2.5	0.8
p (Begabung)		0.930		<0.001		0.324		0.008		0.173		0.835	
eta^2		0.001		0.068		0.005		0.035		0.009		0.001	
d^a		0.01		0.54		0.14		-0.38		-0.19		0.01	
$d_{balanciert}{}^a$		0.01		0.49		0.13		-0.29		-0.18		0.09	
$d_{Abitur}{}^a$		-0.06		0.52		0.01		-0.49		-0.11		0.19	
p (Geschlecht)		<0.001		<0.001		<0.001		<0.001		0.068		0.581	
eta^2		0.137		0.071		0.089		0.070		0.016		0.002	
d^a		0.80		0.55		-0.63		-0.55		0.26		0.09	
$d_{balanciert}{}^a$		0.75		0.51		-0.59		-0.55		0.30		0.17	
$d_{Abitur}{}^a$		0.91		0.69		-0.84		-0.54		0.22		0.19	
p (B × G)		0.050		0.458		0.380		0.741		0.408		0.950	
eta^2		0.019		0.003		0.004		0.001		0.003		0.001	
$eta^2_{balanciert}$		0.027		0.001		0.008		0.001		0.003		0.001	
eta^2_{Abitur}		0.012		0.011		0.001		0.002		0.004		0.001	

R = realistic, praktisch-technische Interessen; I = investigative, intellek-
tuell-forschende Interessen; A = artistic, künstlerisch-sprachliche Interessen;
S = social, soziale Interessen; E = enterprising, unternehmerische Interessen;
C = conventional, konventionelle Interessen

[a] eine negative Effektstärke d weist auf einen Unterschied zugunsten
der durchschnittlich Begabten bzw. zugunsten der weiblichen Personen
hin

9.3.3
Vergleich der Leistungsgruppen[1]

In der zweifaktoriellen MANOVA mit den beiden zweigestuften Faktoren „Leistung" und „Geschlecht" sowie den sechs Berufsinteressenskalen als abhängige Variablen dokumentierten sich statistisch und praktisch bedeutsame Haupteffekte „Leistung" ($F_{6;218} = 7.26$; p < 0.001; $eta^2_{multi} = 0.167$ – großer Effekt) und „Geschlecht" ($F_{6;218} = 23.35$; p < 0.001; $eta^2_{multi} = 0.391$ – großer Effekt). Die Wechselwirkung war statistisch nicht abzusichern ($F_{6;218} = 1.04$; p = 0.399; $eta^2_{multi} = 0.028$). In den univariaten Nachfolgeanalysen dokumentierten sich statistisch bedeutsame Mittelwertsdifferenzen in den „sprachlich-künstlerischen Interessen" (p = 0.001, kleiner Effekt) und den „intellektuell-forschenden Interessen" (p = 0.002, kleiner Effekt), in den weiteren vier AIST-Skalen waren die Mittelwerte der Hochleistenden und der durchschnittlich Leistenden nicht statistisch bedeutsam verschieden (vgl. Tab. 9.8).

Auch in der Leistungsstichprobe sind die Varianz-Kovarianz-Matrizen gemäß Box-M-Test nicht homogen (p = 0.01), im balancierten Design war jede Zelle mit n = 46 Personen besetzt. Eine substantielle Änderung der Interpretation – insbesondere des Leistungseffekts – ergab sich beim Vergleich der Befunde des nicht-balancierten und des balancierten Designs nicht. Die ergänzende Analyse mit (ausschließlich) Abiturienten zeigte (im balancierten Design mit n = 29 pro Zelle) – bezogen auf den hier insbesondere interessierenden Leistungseffekt – verminderte Effektgrößen in den „intellektuell-forschenden Interessen" (d = 0.11) und „sprachlich-künsterlichen Interessen" (d = 0.27) sowie einen etwas deutlicheren Effekt in „praktisch-technischen Interessen" (d = –0.43).

Die Vergleiche innerhalb der Leistungsstichprobe abschließend, wurden Korrelationen der sechs AIST-Skalen mit dem BRSS berechnet. Sämtliche Koeffizienten waren (vom Betrag her) kleiner als das gesetzte Kriterium („praktisch-technische Interessen" – r = –0.06, „intellektuell-forschende Interessen" – r = 0.11, „sprachlich-künstlerische Interessen" – r = 0.13, „soziale Interessen" – r = –0.03, „unternehmerische Interessen" – r = 0.00, „konventionelle Interessen" – r = –0.02), so daß weitergehende Kovarianzanalysen mit der Kovariate BRSS unterblieben.

---

[1]   Die hier betrachtete Leistungsstichprobe differiert etwas von der bei Sparfeldt (2006), was geringfügige Verschiebungen in den Befunden bedingt. Bei den in diesem Kapitel dargestellten Befunden wurden – wie in den übrigen Kapiteln dieses Buchs – Hochbegabte aus den Subgruppen Hochleistender und durchschnittlich Leistender ausgeschlossen.

Tab. *9.8*: Mittelwerte (M) und Streuungen (S) in den sechs Berufsinteressenskalen des (modifizierten) Allgemeinen Interessen-Struktur-
Tests (AIST) für männliche Hochleistende (HL-m), weibliche
Hochleistende (HL-w), männliche durchschnittlich Leistende (DL-m) und
weibliche durchschnittlich Leistende (DL-w) sowie Ergebnisse der
zweifaktoriellen ANOVAs „Leistung" (L) und „Geschlecht" (G)

GRUPPE		R		I		A		S		E		C	
		M	S	M	S	M	S	M	S	M	S	M	S
HL-m	(N= 49)	2.5	0.9	3.6	0.8	2.9	1.1	2.5	0.8	3.3	0.8	2.6	0.9
HL-w	(N= 69)	1.9	0.7	3.3	0.8	3.4	0.8	3.1	0.7	3.2	0.7	2.8	0.8
DL-m	(N= 46)	2.9	0.9	3.4	0.7	2.5	0.7	2.6	0.8	3.4	0.8	2.5	0.7
DL-w	(N= 63)	1.9	0.7	2.9	0.8	3.1	0.9	2.9	0.9	3.2	0.8	2.7	0.9
HL	(N=118)	2.2	0.8	3.4	0.8	3.2	1.0	2.9	0.8	3.2	0.7	2.7	0.9
DL	(N=109)	2.4	0.9	3.1	0.8	2.8	0.9	2.8	0.9	3.3	0.8	2.7	0.8
m	(N= 95)	2.7	0.9	3.5	0.8	2.7	0.9	2.6	0.8	3.3	0.8	2.6	0.8
w	(N=132)	1.9	0.7	3.1	0.8	3.3	0.9	3.0	0.8	3.2	0.7	2.7	0.8
Alle	(N=227)	2.3	0.9	3.3	0.8	3.0	0.9	2.8	0.8	3.2	0.8	2.7	0.8
p (Leistung)		0.036		0.002		0.001		0.609		0.434		0.790	
$\quad$ eta^2		0.019		0.043		0.046		0.001		0.003		0.001	
$\quad$ d ^{a}		-0.28		0.42		0.44		0.01		-0.11		0.01	
$\quad$ d$_{balanciert}$ ^{a}		-0.17		0.43		0.52		0.06		-0.11		0.01	
$\quad$ d$_{Abitur}$ ^{a}		-0.43		0.11		0.27		0.11		-0.21		0.18	
p (Geschlecht)		<0.001		<0.001		<0.001		<0.001		0.259		0.100	
$\quad$ eta^2		0.220		0.065		0.101		0.079		0.006		0.012	
$\quad$ d ^{a}		1.06		0.53		-0.67		-0.59		0.16		-0.22	
$\quad$ d$_{balanciert}$ ^{a}		1.09		0.51		-0.76		-0.59		0.14		-0.21	
$\quad$ d$_{Abitur}$ ^{a}		1.13		0.53		-0.44		-0.50		0.27		-0.14	
p (L × G)		0.069		0.483		0.686		0.279		0.854		0.928	
$\quad$ eta^2		0.015		0.002		0.001		0.005		0.001		0.001	
$\quad$ eta$^2{}_{balanciert}$		0.036		0.002		0.001		0.004		0.001		0.001	
$\quad$ eta$^2{}_{Abitur}$		0.001		0.004		0.001		0.005		0.001		0.003	

R = realistic, praktisch-technische Interessen; I = investigative, intellek-
tuell-forschende Interessen; A = artistic, künstlerisch-sprachliche Interessen;
S = social, soziale Interessen; E = enterprising, unternehmerische Interessen;
C = conventional, konventionelle Interessen

^{a} eine negative Effektstärke d weist auf einen Unterschied zugunsten
der durchschnittlich Leistenden bzw. zugunsten der weiblichen
Personen hin

9.4
DISKUSSION

Die zentrale Fragestellung dieses Kapitels richtet sich auf den Vergleich der Berufsinteressen hochbegabter und durchschnittlich begabter Jugendlicher und junger Erwachsener (Begabungsstichprobe) bzw. hoch- und durchschnittlich leistender Jugendlicher und junger Erwachsener (Leistungsstichprobe). Als bedeutsame Gruppendifferenzen konnten in der Begabungsstichprobe im Mittel etwas höhere intellektuell-forschende Interessen und etwas niedrigere soziale Interessen der Hochbegabten – im Vergleich mit den durchschnittlich Begabten – gesichert werden. In der Leistungsstichprobe ließen sich (im Mittel) höhere intellektuell-forschende und sprachlich-künstlerische Interessen der Hochleistenden – im Vergleich mit den durchschnittlich Leistenden – aufzeigen.

Bekanntermaßen ist jeglicher wissenschaftliche Befund von der verwendeten Methode abhängig. Daher soll zunächst knapp auf methodische Besonderheiten dieser Studie eingegangen werden, bevor – stärker inhaltsbezogen – ausgewählte Aspekte diskutiert werden.

9.4.1
Methode

Die *Stichproben* des *Marburger Hochbegabtenprojekts* zeichnen sich durch einige Vorteile aus: In der Begabungsstichprobe wurden die Ziel- und Vergleichsgruppe (wie im Eingangskapitel dieses Buches ausführlich begründet) aus einer nicht vorselegierten Ausgangsstichprobe aus über 7000 Grundschulkindern der dritten Klassenstufe ausgewählt. Dabei folgte man aus guten Gründen einer unidimensionalen und intelligenzbasierten Hochbegabungskonzeption. Als Folge aus dieser Entscheidung, Hochbegabung als sehr hohe Ausprägung in der allgemeinen Intelligenz „g" zu fassen, ergeben sich allerdings auch einige Einschränkungen. Die hier getroffenen Aussagen lassen sich nicht ohne weiteres auf differierende Hochbegabungskonzeptionen generalisieren (auch wenn, worauf im Folgenden noch einzugehen ist, die Hauptbefunde über Hochbegabungskonzeptionen bei der Variable „Berufsinteressen" einigermaßen zu konvergieren scheinen), auch Aussagen über Berufsinteressen bei Personen, die in ausgewählten Intelligenzfacetten (z.B. „verbal", „numerisch") exzellent begabt sind, sind nur eingeschränkt möglich. Während die Operationalisierung auf der Ebene der allgemeinen Intelligenz gut gelang, erscheint die Indikatorisierung beispielsweise der verbalen oder numerischen Intelligenz nicht ausreichend; dies war aber auch nicht Forschungsanliegen des Projekts. Doch steht, wie im Eingangskapitel dieses Buches ausgeführt, die Entscheidung für eine unidimensionale und intelligenzbasierte Hochbegabungskonzeption auf einer soliden Basis. Sie ist theoretisch klar und eindeutig, läßt sich sehr gut operationalisieren und steht im Einlang mit nationaler und internationaler Praxis. Auch in der Übersicht von Ziegler & Raul (2000) dominierten – bei heterogenen Hochbegabungskonzeptionen in den betrachteten Originalarbeiten – unidimensionale Hochbegabungskonzeptionen bei der Gruppenidentifikation (sehr häufig intelligenzbasiert). In der von der Begabungsstichprobe unabhängigen Leistungsstichprobe wurde die in der Mittelstufe gezeigte Schulleistung als zentrale Auswahlvariable bei der Gruppenzusammenstellung berücksichtigt. Damit handelt es sich um eine lebenspraktisch hochbedeutsame und einfach zu erfassende Variable, so daß auch hier die Gruppenzusammenstellung eindeutig erfolgte. Weitere Hinweise wie die von Hanses (in diesem Band) berichteten Befunde zur Re-Identifikation, die hohen Rücklaufquoten (auch in für Ausfälle „anfälligeren" postalischen Erhebungen), aber auch die Konvergenz der Befunde mit soliden anderen Studien weisen auf die Belastbarkeit der Befunde hin.

Als Operationalisierung der zentralen abhängigen Variablen „Berufsinteressen" wurde der (modifizierte) *AIST* gewählt. Die Befunde der psychometrischen Prüfung, aber auch beispielsweise die Gleichartigkeit der Geschlechtsdifferenzen (sowohl in Begabungs- und Leistungsstichprobe als auch im Vergleich zur z.B. bei Lüdtke & Trautwein 2004 eingesetzten Originalversion) verweisen darauf, daß die Erfassung der Berufsinteressen in (mindestens) ausreichender Qualität gelungen ist. Mit der Verwendung des *AIST* konnte außerdem an die nationale und internationale Forschung zu Berufsinteressen mit dem Holland-Code angeknüpft werden. Auch die Auswertung der Gruppenvergleiche (varianzanalytische Auswertungsstrategie, ergänzt um die Angabe von Effektgrößen sowie Zusatzauswertungen zur Abschätzung eventueller Störeffekte) entspricht aktuellen methodischen Standards, so daß ich – insgesamt gesehen – von einem hohen Maß an Generalisierbarkeit der Befunde ausgehe.

9.4.2
Hochbegabte vs. durchschnittlich Begabte

Beim Vergleich der Berufsinteressen innerhalb der Begabungsstichprobe dominieren die Gemeinsamkeiten und weniger die Unterschiede zwischen Hochbegabten und durchschnittlich Begabten. Keine substantiellen Mittelwertdifferenzen zeigten sich in den praktisch-technischen, sprachlich-künstlerischen, unternehmerischen und konventionellen Interessen (gleichermaßen auch bei den Zusatzanalysen mit dem balancierten Design und der Abiturienten-Substichprobe).

Die höheren „*intellektuell-forschenden Interessen*" der Hochbegabten stehen im Einklang mit einerseits der einschlägigen Literatur zu den Berufsinteressen Hochbegabter (z.B. Lubinski & Humphreys 1990; Humphreys et al. 1993; Gohm et al. 1998; Schlichting 1968) und andererseits der erwähnten Korrelation zwischen dieser Interessenfacette und der Intelligenz. Dieser Befund bezüglich höherer intellektuell-forschender Berufsinteressen Hochbegabter ist deshalb relevant, weil er (gelegentlich zu findenden Vorurteilen in) Ratgebern widerspricht. Zumindest im Mittel sind Hochbegabte also interessierter an akademisch-intellektuellen Dingen als durchschnittlich Begabte. Dies mag auch durch die Anzahl hochbegabter Personen veranschaulicht werden, deren intellektuell-forschende Interessen höher als die der gleichgeschlechtlichen Vergleichsgruppe liegen: Von den 106 mit dem *AIST* befragten hochbegabten Jugendlichen (61 männlich, 45 weiblich) bekundeten 79 Personen (46 männlich und 33 weiblich) ein intellektuell-forschendes Interesse über dem Mittelwert der männlichen bzw. weiblichen Vergleichsgruppenteilnehmern. Somit kann – wiederum im Mittel – nicht von einer Verkümmerung intellektuell-forschender Interessen bei Hochbegabten gesprochen werden.

In der Skala *„soziale Interessen"* gaben die Hochbegabten – verglichen mit durch-schnittlich Begabten – ein etwas geringeres Interesse an. Eine Interpretation im Sinne einer Verarmung sozialer Beziehungen aufgrund dieses Befundes wäre jedoch in je-dem Fall und insbesondere auf der Grundlage dieses Befunds verfrüht. Einerseits for-mulieren die Items dieser Skala – wie erwähnt – die Bevorzugung von Tätigkeiten des Lehrens, Unterrichtens, Ausbildens sowie Versorgens und Pflegens, was zwar ein (berufsbezogenes) soziales Interesse thematisiert, nicht jedoch Sozialkontakte (in quantitativer und qualitativer Hinsicht) im Allgemeinen. Zum anderen widersprechen die Befunde von Schilling (2002; in diesem Band) der Hypothese ungünstiger Peer-Beziehungen Hochbegabter und einer sozialen Isolation.

Der gelegentlich berichtete Befund höherer *„sprachlich-künstlerischer Interessen"* Hochbegabter konnte nicht repliziert werden. Inwieweit dies mit Differenzen bei-spielsweise im Erhebungszeitpunkt, der Stichprobenzusammenstellung oder anderen Faktoren zusammenhängt, kann leider nicht abschließend geklärt werden. (Man be-achte, daß Hoberg und Rost [in diesem Band] in den inhaltlich korrespondierenden Skalen „Musik", „Architektur" und „Literatur" etwas höhere Interessen der Hochbe-gabten aufzeigen konnten.)

In der Literatur findet sich, wie erwähnt, gelegentlich die Vermutung, weibliche Hochbegabte seien eine stärker gefährdete Risikogruppe als männliche Hochbegabte (z.B. Stapf 2004); in diesem Zusammenhang wird immer wieder darauf hingewiesen, daß (hochbegabte) Frauen in unserer Gesellschaft seltener Spitzenpositionen (u.a. im akademischen Bereich) als Männer innehaben. Differenzen in den Berufsinteressen könnten eventuell für diese Geschlechtsdifferenzen mitverantwortlich sein. Dies soll-te sich dann in Interaktionen zwischen den beiden Faktoren „Begabung" und „Ge-schlecht" nachweisen lassen. In den besonders interessierenden intellektuell-aka-demischen Interessen zeigten sich (gemäß der multivariaten, aber auch einer ergän-zenden univariaten Analyse) – einer solchen Wechselwirkungshypothese widersprechend – „lediglich" bedeutsame Haupteffekte. In der Zusammenschau mit den in den anderen Kapiteln dieses Buchs berichteten Befunden, gibt es also keinen Anlaß, bei hochbegabten weiblichen Personen von einer „Risikogruppe" auszugehen.

9.4.3
Hochleistende vs. durchschnittlich Leistende

Auch innerhalb der Leistungsstichprobe überwogen die Gemeinsamkeiten die Unterschiede zwischen der Zielgruppe Hochleistender und der Vergleichsgruppe durchschnittlich Leistender. Substantielle Mittelwertsunterschiede konnten in den praktisch-technischen, sozialen, unternehmerischen und konventionellen Interessen nicht gesichert werden.

Die höheren „intellektuell-forschenden Interessen" Hochleistender stehen im Einklang mit der einschlägigen Literatur. Dieser Effekt bleibt im balancierten Design in vergleichbarer Größenordnung erhalten. Vergleicht man hingegen Hochleistende mit Abitur mit durchschnittlich Leistenden mit Abitur verschwindet dieser Effekt (insbesondere aufgrund der niedrigeren intellektuell-forschenden Interessen der durchschnittlich Leistenden ohne Abitur).

In Übereinstimmung mit anderen Studien zu Berufsinteressen, die (zumeist ebenfalls hochleistende) Programmteilnehmer untersuchten, interessieren sich Hochleistende vermehrt sprachlich-künstlerisch als durchschnittlich Leistende. In der Abiturientensubstichprobe fällt die standardisierte Mittelwertsdifferenz etwas geringer aus. (In der Abiturientensubstichprobe gaben außerdem Hochleistende geringere „praktisch-technische Interessen" als durchschnittlich Leistende an; als Erklärung bieten sich unterschiedliche Kontexte an – z.B. Schule vs. Ausbildung / Arbeit.)

9.4.4
Fazit

Zusammenfassend bleibt festzuhalten, daß – bei vielen Gemeinsamkeiten – Hochbegabte und Hochleistende vermehrte Berufsinteressen im akademisch-intellektuellen Bereich schildern. Hiermit korrespondieren – wie weiterführende Analysen anhand der Daten des *Marburger Hochbegabtenprojekts* zeigen – auch beispielsweise in entsprechenden Teilnahmen an Wettbewerben sowie erhaltenen Auszeichnungen (vgl. Sparfeldt 2006). Jedoch fußen diese Befunde auf Gruppenanalysen; Ausnahmen und Einzelfälle sind damit nicht ausgeschlossen. In weiterführenden Analysen und weiteren Projektphasen des *Marburger Hochbegabtenprojekts* könnte eventuell in der Zukunft der weitere Weg in den Beruf sowie die Berufsbiographie nachgezeichnet werden. Die Jugendlichen sind die ersten Schritte (durch Ausbildungs- und Studienwahl) gegangen, der Einstieg in die Arbeitswelt erfolgte bei vielen Projektteilnehmern noch nicht.

LITERATUR

Abel, J. & Tarnai, C. (1998). Vorwort. In Abel, J. & Tarnai, C. (Hrsg.). Pädagogisch-psychologische Interessenforschung in Studium und Beruf. Münster: Waxmann, 7–9.

Ackerman, P.L. & Heggestad, E.D. (1997). Intelligence, personality, and interests: Evidence for overlapping traits. Psychological Bulletin, 121, 219–245.

Austin, J.T. & Hanisch, K.A. (1990). Occupational attainment as a function of abilities and interests: A longitudinal analysis using project TALENT data. Journal of Applied Psychology, 75, 77–86.

Bauer, A. (1972). Ein Verfahren zur Messung des für das Bildungsverhalten relevanten Sozialen Status (BRSS). Frankfurt a. M.: Institut für Internationale Pädagogische Forschung.

Bergmann, C. (1992). Schulisch-berufliche Interessen als Determinanten der Studien- bzw. Berufswahl und -bewältigung: Eine Überprüfung des Modells von Holland. In Krapp, A. & Prenzel, M. (Hrsg.). Interesse, Lernen, Leistung. Neuere Ansätze der pädagogisch-psychologischen Interessenforschung. Münster: Aschendorff, 195–220.

Bergmann, C. (1994). Gemessene versus artikulierte Interessen als Prädiktoren der Berufs- bzw. Studienfachwahl und Anpassung im Studium. Zeitschrift für Arbeits- und Organisationspsychologie, 38, 142–151

Bergmann, C. (2003). Interessenfragebogen. In Kubinger, K.D. & Jäger, R.S. (Hrsg.), Schlüsselbegriffe der psychologischen Diagnostik. Weinheim: Beltz, 225–229.

Bergmann, C. (2004). Berufswahl. In Schuler, H. (Hrsg.), Organisationspsychologie – Grundlagen und Personalpsychologie. Göttingen: Hogrefe, 343–387.

Bergmann, C. & Eder, F. (1992). Allgemeiner Interessen-Struktur-Test / Umwelt-Struktur-Test. Weinheim: Beltz.

Bergmann, C. & Eder, F. (1999). Allgemeiner Interessen-Struktur-Test / Umwelt-Struktur-Test (2. Aufl.). Weinheim: Beltz.

Cattell, R.B. (1965). The scientific analysis of personality. Harmondsworth, GB: Penguin.

Cattell, R.B. (1973). Die empirische Erforschung der Persönlichkeit. Weinheim: Beltz.

Cohen, J. (1988). Statistical power analysis for the behavioral sciences. Hillsdale, N.J.: Erlbaum.

Czeschlik, T. & Rost, D.H. (1988). Hochbegabte und ihre Peers. Zeitschrift für Pädagogische Psychologie, 2, 1–23.

Daggett-Pollins, L. (1983). The effects of acceleration on the social and emotional development of gifted students. In Benbow, C.P. & Stanley, J.C. (Eds.). Academic precocity: Aspects of its development. Baltimore: Johns Hopkins University Press, 160–178.

Dawis, R.V. (1991). Vocational interests, values, and preferences. In Dunette, M.D. & Hough, L.M. (Eds.). Handbook of industrial and organizational psychology. Palo Alto: Consulting Psychology Press, 833–872.

Dawis, R.V. (1996). The theory of work adjustment and person-environment-correspondence counseling. In Brown, D., Brooks, L. & Associates (Eds.). Career choice and development (3rd ed.). San Francisco, CA: Jossey-Bass Inc., 75–120.

Dawis, R.V. & Lofquist, L.H. (1984). A psychological theory of work adjustment. Minneapolis, MI: University of Minnesota Press.

Eder, F. & Reiter, C. (2002). Interessen und Schullaufbahn. In Wallner-Paschon, C. & Haider, G. (Hrsg.). PISA Plus 2000. Thematische Analysen nationaler Projekte. Innsbruck: Studien Verlag, 111–116.

Emmett, J.D. & Minor, C.W. (1993). Career decision-making factors in gifted young adults. Career Development Quarterly, 41, 350–366.

Enzmann, D. (1997). RanEigen: A program to determine the parallel analysis criterion for the number of principal components. Applied Psychological Measurement, 21, 232.

Feger, B. (2002). Probleme hoch begabter Mädchen und Frauen. In Wagner, H. (Hrsg.). Hoch begabte Mädchen und Frauen: Begabungsentwicklung und Geschlechtsunterschiede. Bad Honnef: Bock, 29–49.

Fend, H. (2000). Entwicklungspsychologie des Jugendalters. Opladen: Leske & Budrich.

Fox, L.H. (1976). The values of gifted youth. In Keating, D.P. (Ed.). Intellectual Development: research and development. Baltimore: Johns Hopkins University Press, 273–284.

Fox, L.H. (1978). Interest correlates to differential achievement of gifted students in mathematics. Journal for the Education of the gifted, 1, 24–36.

Fox, L.H., Pasternak, S.R. & Peiser, N.L. (1976). Career-related interests of adolescent boys and girls. In Keating, D.P. (Ed.). Intellectual talent: Research and development. Baltimore: John Hopkins University Press, 242–261.

Garrison, V.S., Stronge, J.H. & Smith, C.R. (1986). Are gifted girls encouraged to achieve their occupational potential? Roeper Review, 9, 101–104.

Gohm, C.L., Humphreys, L.G. & Yao, G. (1998). Underachievement among spatially gifted students. American Educational Research Journal, 35, 515–531.

Gottfredson, L.S. (1981). Circumscription and compromise: A developmental theory of occupational aspirations. Journal of Counseling Psychology Monograph, 28, 545–579.

Greene, M. J. (2003). Gifted adrift? Career counseling of the gifted and talented. Roeper Review, 25, 66–72.

Grimm, J. & Grimm, W. (1877). Deutsches Wörterbuch. Bd. 10. Leipzig: Hirzel.

Herbart, J.F. (1806). Allgemeine Pädagogik aus dem Zweck der Erziehung abgeleitet. Göttingen: Röwer.

Hoberg, K. & Rost, D.H. (2000). Interessen. In Rost, D.H. (Hrsg.). Hochbegabte und hochleistende Jugendliche: Neue Ergebnisse aus dem Marburger Hochbegabtenprojekt. Münster: Waxmann, 339–365.

Holahan, C.K. & Sears, R.R. (1995). The gifted group in later maturity. Stanford, Ca: Stanford University Press.

Holland, J.L. (1996). Exploring careers with a typology – What we have learned and some new directions. American Psychologist, 51, 397–406.

Holland, J.L. (1997). Making vocational choices: A theory of vocational personalities and work environments (3rd ed.). Odessa: Psychological Assessment Resources.

Hollinger, C.L. (1984). The impact of gender schematic processing on the self directed search responses of gifted and talented female adolescents. Journal of Vocational Behavior, 24, 15–27.

Hollinger, C.L. & Fleming, E.S. (1984). Internal barriers to the realization of potential: Correlates and interrelationships among gifted and talented female adolescents. Gifted Child Quarterly, 28, 135–139.

Holodynski, M. & Oerter, R. (2002). Motivation, Emotion und Handlungsregulation. In Oerter, R. & Montada, L. (Hrsg.). Entwicklungspsychologie (5. Aufl.). Weinheim: Beltz, 551–589.

Holm, S. (1979). A simple sequential rejective multiple test procedure. Scandinavian Journal of Statistics, 6, 65–70.

Horn, J.L. (1965). A rationale and test for the number of factors in factor analysis. Psychometrika, 30, 179–185.

Humphreys, L.G., Lubinski, D. & Yao, G. (1993). Utility in predicting group membership and the role of spatial visualization in becoming an engineer, physical scientist, or artist. Journal of Applied Psychology, 78, 250–261.

Kaluza, G. & Schulze, H.-H. (2000). Evaluation von Gesundheitsförderungsprogrammen – Methodische Stolpersteine und pragmatische Empfehlungen. Zeitschrift für Gesundheitspsychologie, 8, 18–24.

Kaufman, A.S. & McLean, J.E. (1998). An investigation into the relationship between interests and intelligence. Journal of Clinical Psychology, 54, 279–295.

Kelly, K.R. & Hall, A.S. (1994). Effects of academic achievement and gender on occupational aspirations and career interests. In Colangelo, N., Assouline, S.G. & DeAnn, L.A. (Eds.). Talent Development II: Proceedings from the 1993 Henry B. and Jocelyn Wallace National Research Symposium on talent development. Dayton: Ohio Psychological Press, 447–453.

Kerr, B.A. (1986). Career Counseling for the gifted: Assessments and interventions. Journal of Counseling and Development, 64, 602–603.

Krapp, A. (1992). Das Interessenkonstrukt. Bestimmungsmerkmale der Interessenhandlung und des individuellen Interesses aus der Sicht einer Person-Gegenstands-Konzeption. In Krapp, A. & Prenzel, M. (Hrsg.). Interesse, Lernen, Leistung. Neuere Ansätze der pädagogisch-psychologischen Interessenforschung. Münster: Aschendorff, 297–329.

Krapp, A. (2000). Interest and human development during adolescence: An educational-psychological approach. In Heckhausen, J. (Ed.). Motivational psychology of human development. London: Elsevier Science, 109–128.

Krapp, A. (2002). An Educational-psychological theory of interest and its relation to SDT. In Deci, E.L. & Ryan, J. (Eds.). The handbook of self-determination research. Rochester: University of Rochester Press, 405–427.

Krapp, A. (2006). Interesse. In Rost, D.H. (Hrsg.). Handwörterbuch Pädagogische Psychologie (3. Aufl.). Weinheim: Beltz–PVU, 280–290.

Krapp, A., Hidi, S. & Renninger, K.A. (1992). Interest, learning, and development. In Renninger, K.A., Hidi, S. & Krapp, A. (Eds.). The role of interest in learning and development. Hillsdale, NJ: Erlbaum, 3–25.

Lienert, G.A. (1969). Testaufbau und Testanalyse (3. Aufl.). Weinheim: Beltz.

Lubinski, D. (2000). Scientific and social significance of assessing individual differences: „Sinking shafts at a few critical points". Annual Review of Psychology, 51, 405–444.

Lubinski, D. & Benbow, C.P. (1994). The Study of Mathematically Precocious Youth: The first three decades of a planned 50-year study of intellectual talent. In Subotnik, R.F. & Arnold, K.D. (Eds.). Beyond Terman: Contemporary longitudinal studies of giftedness and talent. Norwood: Ablex, 255–281.

Lubinski, D. & Benbow, C.P. (2000). States of excellence. American Psychologist, 55, 137–150.

Lubinski, D., Benbow, C.P. & Morelock, M.J. (2000). Gender Differences in engineering and the physical sciences among the gifted: An inorganic-organic distinction. In Heller, K.A., Mönks, F.J., Sternberg, R.J. & Subotnik, R.F. (Eds.). International handbook of giftedness and talent. Amsterdam: Elsevier, 633–648.

Lubinski, D., Benbow, C.P. & Ryan, J. (1995). Stability of vocational interests among the intellectually gifted from adolescence to adulthood: a 15-year longitudinal study. Journal of Applied Psychology, 80, 196–200.

Lubinski, D., Benbow, C.P., Shea, D.S., Eftekhari-Sanjani, H. & Halvorson, M.B.J. (2001). Men and women at promise for scientific excellence: similarity not dissimilarity. Psychological Science, 12, 309–317.

Lubinski, D., Humphreys, L.G. (1990). A broadly based analysis of mathematical giftedness. Intelligence, 14, 327–355.

Lubinski, D., Schmidt, D.B. & Benbow, C.P. (1996). A 20-year stability analysis of the study of values for intellectually gifted individuals from adolescence to adulthood. Journal of Applied Psychology, 81, 443–451.

Lüdtke, O. & Trautwein, U. (2004). Die gymnasiale Oberstufe und psychische Ressourcen: Gewissenhaftigkeit, intellektuelle Offenheit und die Entwicklung von Berufsinteressen. In Köller, O., Watermann, R., Trautwein, U. & Lüdtke, O. (Hrsg.). Wege zur Hochschulreife in Baden-Württemberg. TOSCA – Eine Untersuchung an allgemein bildenden und beruflichen Gymnasien. Opladen: Leske & Budrich, 367–401.

Milgram, R.M. (1991). Career education for gifted and talented learners. In Milgram, R.M. (Ed.), Counseling gifted and talented children: A guide for teachers, counselors, and parents. Norwood: Ablex Publishing Corporation, 121–138.

Möller, J. & Köller, O. (2004). Die Genese akademischer Selbstkonzepte. Psychologische Rundschau, 55, 19–27.

Mönks, F.J. (1963). Beiträge zur Begabtenforschung im Kindes- und Jugendalter. Archiv für die gesamte Psychologie, 115, 362–382.

Nichols, R.C. & Davis, J.A. (1964). Characteristics of students of high academic aptitude. Personnel Guidance Journal, 42, 794–800.

Nickel, H. (1975). Entwicklungspsychologie des Kindes- und Jugendalters. Bd. II (Schulkind und Jugendlicher). Bern: Huber.

Oerter, R. & Dreher, E. (1995). Jugendalter. In Oerter, R. & Montada, L. (Hrsg.). Entwicklungspsychologie (3. Aufl.). Weinheim: Psychologie Verlags Union, 310–395.

Olszewski-Kubilius, P. & Kulieke, M.J. (1989). Personality dimensions of gifted adolescents. In VanTassel-Baska, J.L. & Olszewski-Kubilius, P.M. (Eds.). Patterns of influence on gifted learners. The home, the self, and the school. New York: Teachers College Press, 125–145.

Pollmer, K. (1991a). Inwieweit sind Hochbegabte durch eine besondere Motivation gekennzeichnet? Zeitschrift für Psychologie, 199, 95–106.

Pollmer, K. (1991b). Was hindert hochbegabte Mädchen, Erfolge im Mathematikunterricht zu erreichen? Psychologie in Erziehung und Unterricht, 38, 28–36.

Prenzel, M. (1988). Die Wirkungsweise von Interesse. Ein pädagogisch-psychologisches Erklärungsmodell. Opladen: Westdeutscher Verlag.

Rahn, H. (1978). Interessenstruktur und Bildungsverhalten. Braunschweig: Westermann.

Reis, S.M. (2004). We can't change what we don't recognize: Understanding the special needs of gifted females. In Baum, S. (Ed.). Twice-exceptional and special populations of gifted students. Thousand Oaks, Ca: Corwin Press, 67–80.

Rheinberg, F. (2004). Motivationsdiagnostik. Göttingen: Hogrefe.

Roper, C.J. & Berry, K. (1986). College Career Centers: Reaching out to the gifted and talented. Jounal of Career Development, 13, 49–60.

Rost, D.H. (1987). Leseverständnis oder Leseverständnisse? Zeitschrift für Pädagogische Psychologie, 1, 175–196.

Rost, D.H., Freund-Braier, I., Schilling, S. & Schütz, C. (Hrsg.)(1998). Hochbegabte und hochleistende Jugendliche – Ergebnisse. Abschlußbericht Marburg: Fachbereich Psychologie, Philipps-Universität.

Rost, D.H. & Hanses, P. (1995). Hochbegabte Jugendliche. Forschungsbericht Nr. 3. Marburg: Fachbereich Psychologie, Philipps-Universität.

Rost, D.H. & Hanses, P. (1996). Hochleistende Jugendliche. Forschungsbericht Nr. 4. Marburg: Fachbereich Psychologie, Philipps-Universität.

Rysiew, K.J., Shore, B.M. & Leeb, R.T. (1999). Mulitpotentiality, giftedness, and career choice: A review. Journal of Counseling and Development, 77, 423–430.

Schilling, S.R. (2002). Hochbegabte Jugendliche und ihre Peers: Wer allzu klug ist, findet keine Freunde? Münster: Waxmann.

Schlichting, U.U. (1968). Einige Persönlichkeitszüge von Gymnasiasten mit hoher Testintelligenz. Archiv für die gesamte Psychologie, 120, 125–150.

Schmidt, D.B., Lubinski, D. & Benbow, C.P. (1998). Validity of assessing educational-vocational preference dimensions among intellectually talented 13-year-olds. Journal of Counseling Psychology, 45, 436–453.

Schwartz, L.L. (1991). Guiding gifted girls. In Milgram, R.M. (Ed.). Counseling gifted and talented children: A guide for teachers, counselors, and parents. Norwood: Ablex Publishing Corporation, 143–160.

Sparfeldt, J.R. (2006). Berufsinteressen hochbegabter Jugendlicher. Münster: Waxmann.

Stapf, A. (2004). Hochbegabte Mädchen: Eine Risikogruppe? In Ministerium für Bildung, Wissenschaft, Forschung und Kultur des Landes Schleswig-Holstein (Hrsg.). Kinder mit besonderen Begabungen: Erkennen – Beraten – Fördern. Kiel: Ministerium für Bildung, Wissenschaft, Forschung und Kultur des Landes Schleswig-Holstein, 60–66.

Stevens, J. (1996). Applied multivariate statistics for the social sciences (3rd ed.). Mahway, N.J.: Erlbaum.

Stewart, J.B. (1999). Career counselling for the academically gifted student. Canadian Journal of Counselling, 33, 3–12.

Super, D.E. & Crites, J.O. (1965). Appraising vocational fitness by means of psychological tests (revised). New York: Harper & Row.

Tabachnick, B.G. & Fidell, L.S. (2001). Using multivariate statistics (4th ed.). Boston: Allyn & Bacon.

Terman, L. (1925). Mental and physical traits of a thousand gifted children. Genetic studies of genius. Vol. 1. Stanford, CA: Stanford University Press.

Terman, L. (1954). The discovery and encouragement of exceptional talent. American Psychologist, 9, 221–230.

Terman, L. & Oden, M.H. (1959). The gifted group at midlife. Thirty-five years' follow-up of a superior group. Genetic studies of genius. Vol. 5. Stanford, Ca.: Stanford University Press.

Todt, E. (1967). Differentieller-Interessen-Test (DIT). Bern: Huber.

Todt, E. (1978). Das Interesse. Empirische Untersuchungen zu einem Motivationskonzept. Bern: Huber.

Trautwein, U., Köller, O. & Watermann, R. (2004). Transformation des Sekundarschulsystems und akademische Karrieren – Zusammenfassung, Diskussion und ein Ausblick. In Köller, O., Watermann, R., Trautwein, U. & Lüdtke, O. (Hrsg.). Wege zur Hochschulreife in Baden-Württemberg. TOSCA – Eine Untersuchung an allgemein bildenden und beruflichen Gymnasien. Opladen: Leske & Budrich, 451–471.

Trost, G. (1987). Hochbegabte und eine Repräsentativgruppe deutscher Abiturienten in elfjähriger Längsschnittbeobachtung: Vergleich der Studien- und Berufswege. Ein Zwischenbericht. Empirische Pädagogik, 1, 6–26.

Trost, G. (1990). Extracurricular activities of highly gifted and ‚normal' secondary school students. European Journal for High Ability, 1, 47–51.

Vock, M. & Holling, H. (2007). Begabung und Berufserfolg. In Heller, K.A. & Ziegler, A. (Hrsg.). Begabt sein in Deutschland. Münster: Lit, 233–263.

Vock, M. & Köller, O. (2006, April). Vocational aspirations and interests of intellectually gifted youths. Paper presented at the Annual Meeting of the American Educational Research Association (AERA), San Francisco.

Warren, J.R. & Heist, P. (1960). Personality attributes of gifted college students. Science, 132, 330–337.

Wieczerkowski, W. (2002). Zwischen Selbstkonzept und Erwartungshaltung. Orientierungen und Präferenzen mathematisch befähigter Mädchen im Vergleich. In Wagner, H. (Hrsg.). Hoch begabte Mädchen und Frauen: Begabungsentwicklung und Geschlechtsunterschiede. Bad Honnef: Bock, 51–65.

Ziegler, A. & Raul, T. (2000). Myth or reality: A review of empirical studies on giftedness. High Ability Studies, 11, 113–136.

10. Kapitel

Familienbeziehungen

SUSANNE R. SCHILLING, JÖRN R. SPARFELDT UND DETLEF H. ROST

10.1 AUSGANGSLAGE UND FRAGESTELLUNG 467
10.2 METHODE 470
    10.2.1 Stichprobe 470
    10.2.2 Instrumente 470
        10.2.2.1 Datenquelle „Jugendliche" 471
        10.2.2.2 Datenquelle „Mütter" 471
        10.2.2.3 Datenquelle „Väter" 472
    10.2.3 Auswertung 472
10.3 ERGEBNISSE 473
    10.3.1 Hauptkomponentenanalysen 473
    10.3.2 Interkorrelationen 475
    10.3.3 Vergleich der Begabungsgruppen 475
        10.3.3.1 Datenquelle „Jugendliche" 475
        10.3.3.2 Datenquelle „Mütter" 476
        10.3.3.3 Datenquelle „Väter" 476
10.4 DISKUSSION 477
LITERATUR 478

10.1
AUSGANGSLAGE UND FRAGESTELLUNG

Die psychologische Relevanz der Familie für Sozialisation und (kognitive) Entwicklung von Kindern und Jugendlichen ist unumstritten (z.B. Schneewind 1994; Schneewind, Walper & Graf 2000): In diversen „Modellen der Hochbegabung" wird deshalb die Familie thematisiert (Gagné 1991; Heller 2001), bzw. es wird ihr eine besondere Bedeutung beigemessen (Mönks 1985; vgl. zusammenfassend Freeman 2000).

Nicht nur soll die Entwicklung des hochbegabten Kindes bzw. Jugendlichen vom familiären Kontext beeinflusst werden, umgekehrt sollen Familien mit hochbegabten Kindern und Jugendlichen auch mit spezifischen Problemen konfrontiert sein (z.B. Hackney 1981; McMann & Oliver 1988; Keirouz 1990; Meckstroth 1992; Wittmann & Holling 2001). Es wird behauptet, Hochbegabung sei ein potentieller Stressor für die Familie (May 1994): „Whatever problems already exist in the family, these can be intensified when there is an unusual child present" (Freeman 2000, 581). In diesem Zusammenhang werden häufig folgende Problembereiche thematisiert:

(a) Veränderung der intrafamiliären Rollenmuster (aufgrund seiner akzelerierten Entwicklung wird der Hochbegabte als „Erwachsener" behandelt);
(b) Gefühle der Unzulänglichkeit / der Überforderung seitens der Eltern;
(c) besondere Anpassungserfordernisse (z.B. durch starke Konzentration der familiären Ressourcen auf die Förderung des hochbegabten Kindes);
(d) Konflikte mit der Schule;
(e) Neid / Unverständnis von Freunden und Nachbarn;
(f) verstärkte Geschwisterrivalitäten;
(g) überhöhte Leistungserwartungen der Eltern in Bezug auf das hochbegabte Kind;
(h) negative Stereotype über hochbegabte Kinder bzw. Jugendliche und deren Eltern (z.B. „Besserwisser" und „Eislaufmütter").

„The implied assumption in the literature is that the majority of parents of gifted children are facing a special set of circumstances that are different from those found normally in all other families and somehow are at risk for healthy family functioning" (Mathews, West & Hosie 1986, 40).

Im Gegensatz zu den zahlreichen Mutmaßungen und Meinungen über die Besonderheiten von „Hochbegabtenfamilien" ist die empirische Forschungslage ausgesprochen defizitär (vgl. Tettenborn-Nebling 1993; Tettenborn 1996), insbesondere fehlen Studien, die sich auf der *Systemebene* Familien mit hochbegabten *Jugendlichen* nähern. Die Familie als Ganzes weist nämlich psychologisch bedeutsame Charakteristika auf, die sich nicht durch die Betrachtung individueller oder dyadischer Aspekte erschließen lassen.

Nachfolgend berichten wir lediglich kurz über (wenige) einschlägige Arbeiten. Die Vielzahl der – methodisch zumeist unzureichenden – Studien reduziert sich nämlich beträchtlich, schließt man Veröffentlichungen aus,

(a) die sich lediglich auf Kinder und / oder Präadoleszente (bis zur 6. Klassenstufe) beziehen (z.B. Evans 1983; Cornell 1984; Gelcer & Dick 1986; Mathews et al. 1986; Cornell & Grossberg 1987; Campbell 1999) bzw. keine Altersangaben machen (z.B. Grenard-Moore 1984) und / oder
(b) die sich auf die qualitative Beschreibung weniger Fälle beschränken (z.B. VanTassel-Baska 1989) und / oder
(c) die keinen Vergleich mit einer Kontrollgruppe oder einer Norm vornehmen (Frey & Wendorf 1985; Green, Fine & Tollefson 1988; Karnes & D'Ilio 1988; Bodenstein 1998).

Bei den verbleibenden Untersuchungen handelt es sich größtenteils um (unveröffentlichte) US-amerikanische Dissertationen. Die Operationalisierung der Wahrnehmung des Familiensystems reicht dabei vom Einsatz umfangreicher familiendiagnostischer Fragebogeninventare bis zur Vorgabe eines einzelnen Items. So legte Beach (1988) 202 Jugendlichen der 9. bis 12. Klassenstufe *ein* einziges Item zu deren Zufriedenheit mit ihren familiären Beziehungen vor (Rücklaufquote lediglich 67%). Dabei schätzten Schüler, die Englischkurse auf höherem Niveau belegten („Hochbegabte"), ihre Zufriedenheit höher ein als Schüler, die reguläre Englischkurse besuchten („nicht Hochbegabte").

In mehreren Arbeiten wurde die *Family Environment Scale* (Moos & Moos 1981) verwendet. Die Ergebnisse sind uneinheitlich: Klaus (1997) konnte keinen statistisch signifikanten Unterschied in den elterlichen Einschätzungen zwischen 23 Familien mit „identifizierten Hochleistern" und 41 zufällig ausgewählten Familien feststellen. Tabackman (1977), der die Einschätzungen von Eltern und Jugendlichen erhob, berichtete, Familien mit hochbegabten Jugendlichen (110 Schüler einer Spezialschule, mittlerer IQ > 130) nähmen sich im Vergleich zur Norm als erwachsenenorientierter, unabhängiger, permissiver, intellektueller, unstrukturierter und harmonischer wahr. West, Hosie & Mathews (1989) verglichen die elterliche Wahrnehmung des Familiensystems (operationalisiert durch die Dimensionen „Adaptabilität" und „Kohäsion" der *Family Adaptability and Cohesion Evaluation Scales* FACES III; Olson, Portner & Lavee 1985) von 161 Familien mit hochbegabten Kindern und Jugendlichen (4. bis 12. Klasse, Teilnehmer eines Sommerprogramms) mit den Normdaten. Es ergaben sich keine statistisch signifikanten Häufigkeitsunterschiede bezüglich der von Olson et al. (1985) postulierten „Familientypen". Taylor (1996) setzte ebenfalls den FACES III ein, um die Familienwahrnehmung von 457 Jugendlichen der 6. bis 10. Klassenstufe („Hochbegabte", hier: Teilnehmer eines Enrichmentprogramms) zu untersuchen. Im Normvergleich fanden sich keine statistisch signifikanten Unterschiede in der beurteilten „Kohäsion", jedoch schätzten die hochbegabten Jugendlichen die „Adaptabilität" ihrer Familie höher ein.

Der FACES II (Olson, Bell & Portner 1982), eine Vorläuferversion des FACES III, wurde von Csikszentmihalyi, Rathunde & Whalen (1993) einer Stichprobe von 190 amerikanischen Jugendlichen (*talentiert*, d.h. Lehrernomination der besonders Begabten in den Domänen Mathematik, Naturwissenschaften, Musik, Sport und Kunst) der 9. bzw. 10. Klassenstufe vorgegeben. Bezüglich der beurteilten „*Kohäsion*" unterschied sich die Stichprobe nicht von den im Manual mitgeteilten Normwerten, wohl aber hinsichtlich „*Adaptabilität*": Die Anteile der talentierten Jugendlichen im Segment *strukturiert* waren geringer und im Segment *flexibel* höher als aufgrund des Manuals zu erwarten gewesen wäre. Die Resultate sind jedoch nicht verallgemeinerbar, da die untersuchte Stichprobe weniger als die Hälfte (48%) der ursprünglich nominierten Schüler umfaßte, die Schüler lediglich aus zwei besonders untypischen Schulen stammten, Geschlecht und Sozialstatus nicht kontrolliert wurden und die Teilnehmer hinsichtlich ihrer Talentdomänen zu heterogen waren.

Die vorliegenden Ergebnisse reichen für eine (zumindest vorläufige) Beantwortung der Frage nach Gemeinsamkeiten und Unterschieden von „normalen Familien" und „Hochbegabungsfamilien" bei weitem nicht aus. Neben der Heterogenität der Ergebnisse erschweren folgende Mängel der vorliegenden Studien die Interpretation:

(a) *Unterschiedliche bzw. unklare Selektionskriterien für „Hochbegabte", zumeist mit Stichprobenselektivität verbunden:* Die meisten berichteten Studien beziehen sich auf vorgefundene, d.h. in der Regel auch vorselegierte Stichproben „identifizierter Hochbegabter", z.B. Teilnehmer von Förderprogrammen. Teilnahmebedingungen und damit Identifikationskriterien bleiben dabei meist im Dunkeln. Ob auf „Hochbegabte" im Allgemeinen generalisiert werden kann, ist mehr als fraglich.

(b) *Hohe Altersvarianz:* Familienentwicklungsaufgaben von Familien mit Vor- und Grundschulkindern und Familien mit Jugendlichen unterscheiden sich (vgl. Hofer, Wild & Noack 2002). Eine gemeinsame Auswertung erscheint wenig sinnvoll.

(c) *Fehlende Kontrolle des sozioökonomischen Status:* Eine überzufällige Häufung Hochbegabter in oberen sozialen Schichten ist belegt (vgl. Tettenborn 1996), ein Einfluß des sozialen Hintergrundes auf das Familiensystem ist wahrscheinlich. Bei fehlender – zumindest statistischer – Kontrolle des sozioökonomischen Status ist nicht zu entscheiden, welche Varianzquellen (Begabung / Hintergrund / beides) Unterschiede zwischen Hochbegabten- und Vergleichsfamilien aufklären.

(d) *Problematische Integration unterschiedlicher Datenquellen:* Unzureichende Konkordanzen der von den Mitgliedern einer Familie abgegebenen Beurteilungen (Strukturunterschiede, Mittelwertsdifferenzen, mangelnde korrelative Übereinstimmung, vgl. Mattejat 1993; Hofer et al. 2002) erwecken Zweifel am häufig praktizierten Vorgehen, bei der Auswertung von Befragungen nicht danach zu differenzieren, *wer* geantwortet hat bzw. die Antworten von verschiedenen Familienangehörigen zu mitteln.

Vor dem Hintergrund der diskutierten Befunde und Schwierigkeiten wollen wir in diesem Kapitel folgende allgemeine Fragestellung beantworten: *Unterscheiden sich Familiensysteme hoch- und durchschnittlich begabter Jugendlicher aus Sicht der Mütter, der Väter und der Jugendlichen?*

10.2

METHODE

10.2.1

Stichprobe

Im Marburger Hochbegabtenprojekt wurden neben den Jugendlichen selbst deren Mütter und Väter zu Familiensystemvariablen befragt, wobei die Familienmitglieder die Fragebogen zeitlich parallel und unabhängig voneinander ausfüllten. Für die nachfolgenden Berechnungen haben wir nur vollständige Familien berücksichtigt (Zielgruppe „stabil Hochbegabte": 84 Familien, Vergleichsgruppe „stabil durchschnittlich Begabte": 95 Familien; vgl. Kap. 2). Eine etwas höhere Anzahl von Trennungen bzw. Scheidungen in der Hochbegabtengruppe (HB: 22 Familien; DB: 12 Familien) ist statistisch nicht signifikant ($p > 0.05$, $h = 0.26$).[1] Bezüglich der Familiengröße bzw. Geschwisterzahl ($p > 0.05$, $w = 0.14$) und Anzahl älterer ($p > 0.05$, $w = 0.08$) bzw. Anzahl jüngerer Geschwister ($p > 0.05$, $w = 0.07$) gibt es ebenfalls keine bedeutsamen Differenzen zwischen Ziel- und Vergleichsgruppe.

10.2.2

Instrumente

Zur Erfassung diverser Facetten des subjektiv wahrgenommenen Familiensystems dienten, wie erwähnt, die drei Datenquellen „Jugendliche", „Mütter" und „Väter". Die fünfstufigen Items (Antwortformat: „trifft fast gar nicht zu" ... bis ... „trifft fast völlig zu") der nachfolgend aufgeführten Skalen wurden durchmischt vorgegeben. Diese Variablen wurden ausgewählt, weil sie in der Familienforschung zu Standardinstrumenten gehören und entweder im Hochbegabungsbereich schon verwendet wurden und / oder eine gewisse hochbegabungsspezifische Augenscheinvalidität besitzen.

Alle Items kodierten wir so, daß ein numerisch höherer Wert eine im Sinne der Skalenbezeichnung höhere Ausprägung indiziert.

---

[1] In der Gruppe der Hochbegabten ist ein Elternteil verstorben.

10.2.2.1

Datenquelle „Jugendliche"

(a) Vorgegeben wurde eine projektinterne Übersetzung (vgl. Tettenborn 1996) der *Family Adaptability and Cohesion Evaluation Scales* FACES III (Olson et al. 1985) mit insgesamt 20 Items, von denen jeweils zehn Items die Skala *„Adaptabilität"* und zehn Items die Skala *„Kohäsion"* bilden. *„Kohäsion"* (*KOH*) kennzeichnet den Grad der emotionalen Bindung innerhalb der Familie (*Itembeispiele*: „In unserer Familie fühlen wir uns menschlich sehr nahe"; „Der Familienzusammenhalt ist uns sehr wichtig"). *„Adaptabilität"* (*ADA*) soll die Flexibilität und Anpassungsleistung des Systems Familie umschreiben (*Itembeispiele*: „In unserer Familie fällt es uns leicht, uns auf die verschiedensten Situationen neu einzustellen"; „Vorschläge, die die Kinder machen, werden berücksichtigt"). Die ursprüngliche Annahme eines kurvilinearen Zusammenhangs beider Dimensionen mit der Familienfunktionalität wurde mittlerweile zugunsten einer linearen Beziehung von Funktionalität mit *„Adaptabilität"* bzw. *„Kohäsion"* modifiziert (Green, Harris, Forte & Robinson 1991; Olson 1991; Benninghoven, Cierpka & Thomas 1996).

(b) Weiterhin administrierten wir zwei gekürzte Subfacetten der *Familienklimaskalen* (Schneewind, Beckmann & Hecht-Jackl 1985; Schneewind 1986), einer deutschen Adaptation der *Family Environment Scales* (Moos & Moos 1981).[2] *„Organisation"* (*ORG*, 6 Items; Original: 14) bezieht sich auf „Ordnung, Planung und die eindeutige Regelung von Verantwortlichkeiten innerhalb der Familie" (Schneewind et al. 1985, 49, Bericht 8.1; *Itembeispiele*: „In unserer Familie stimmen wir uns genau ab, bevor wir etwas unternehmen"; „Bei uns wird alles erst in der letzten Minute erledigt"[3]). *„Leistungsorientierung"* (*LEI*, 6 Items; Original: 11) will die Relevanz von Erfolg und Leistungsstreben für die Familie erfassen (*Itembeispiele*: „Bei uns ist oft die Rede davon, wie gut wir in der Schule oder im Beruf abschneiden"; „Bei uns zu Hause halten wir wenig von Ehrgeiz und Erfolgsstreben"[3]).

(c) Items der Skala *„Kommunikation"* (*KOM*) des *Familieneinschätzungsbogens* von Cierpka (1988), eine deutsche Übersetzung des *Family Assessment Measure* (FAM III) von Skinner, Steinhauer & Santa-Barbara (1983), komplettierten den Fragebogen zu Familiensystemvariablen. Die fünf Items erfassen den affektiven Austausch und die Klarheit der Kommunikation (*Itembeispiele*: „Wir nehmen uns Zeit, einander zuzuhören"; „Wenn ich jemanden bitte zu erklären, was er meint, bekomme ich offene und direkte Antworten").

10.2.2.2

Datenquelle „Mütter"

(a) Eingesetzt wurden die gleichen Skalen, die auch den Jugendlichen vorgegeben wurden (fünf Skalen: *KOH, ADA, ORG, LEI, KOM*).

(b) Zusätzlich beantworteten die Mütter sechs Items aus der Skala *„Kulturelle Orientierung"* (*KUO*, Original: elf Items), ebenfalls eine Facette der *Familienklimaskalen*, die das Interesse der Familie an kulturellen und intellektuellen Inhalten beschreibt (*Itembeispiele*: „Bei uns zählen praktische Dinge mehr als kulturelle Interessen"[3]; „Wir gehen oft in Buchhandlungen oder Bibliotheken").

---

[2] Grundlage der Kürzungen waren die von Schneewind (1986) berichteten psychometrischen Kennwerte und inhaltliche Überlegungen (Vermeidung von Dubletten).

[3] Für die Auswertung invertiert.

10.2.2.3
Datenquelle „Väter"

Die Väter füllten den gleichen Fragebogen wie die Mütter aus (sechs Skalen: *KOH, ADA, ORG, LEI, KOM, KUO*).

10.2.3
Auswertung

Pro Skala und nach Datenquelle getrennt rechnen wir Hauptkomponentenanalysen. Die Ladungen auf der ersten unrotierten Hauptkomponente indizieren, inwieweit die betreffenden Skalen hinreichend homogen (d.h. eindimensional) sind. Lediglich die Items der zwei Skalen des FACES III – da dieser als einziger Fragebogen vollständig vorgegeben worden ist – werden einer gemeinsamen Hauptkomponentenanalyse mit anschließender Varimaxrotation unterzogen, um die von Olson et al. (1985) postulierte zweifaktorielle Struktur zu überprüfen. Die Ähnlichkeit von Komponenten zwischen den Beurteilergruppen quantifizieren wir mit dem von Burt (1948) eingeführten Faktorkongruenzkoeffizienten (r_{cc}), wobei Kongruenzkoeffizienten $r_{cc} > 0.90$ sehr ähnliche, Kongruenzkoeffizienten $r_{cc} > 0.95$ „praktisch identische" (Jensen 1998, 99) Komponenten indizieren. Allen weiteren statistischen Analysen liegen Faktorwerte zugrunde, die die relevante Information vollständiger ausschöpfen (Reliabilitätserhöhung) als eine Aufsummierung markierender Items. Die Produkt-Moment-Korrelationen zwischen den Skalen und den Datenquellen werden berichtet.

Die statistische Prüfung von Unterschieden zwischen den Begabungsgruppen erfolgt – wegen der schon erwähnten und zu erwartenden mangelnden Urteilerübereinstimmung der einzelnen Familienmitglieder – für jede Datenquelle separat mittels Hotellings T^2. Läßt sich ein Effekt mit $p < 0.05$ multivariat absichern, werden univariate Nachfolgetests gerechnet.[4] Da sich beide Begabungsgruppen hinsichtlich des für Bildungsverhalten relevanten sozialen Status (BRSS; in Anlehnung an Bauer 1972) unterscheiden ($p < 0.01$, $w = 0.34$), prüfen wir, ob ein Zusammenhang ($|r| > 0.15$) zwischen diesem und den abhängigen Variablen objektiviert werden kann. Wenn dies der Fall ist, wird – bei statistisch abzusichernden Begabungseffekten – kontrolliert, ob diese auch nach Auspartialisierung des sozioökonomischen Status von

---

[4]   In beiden Gruppen unterscheiden sich die Anteiligkeiten von Jungen (Hochbegabte: 56%, durchschnittlich Begabte: 57%) und Mädchen praktisch nicht. Deshalb können etwaige zu beobachtende Gruppenunterschiede nicht auf eine differierende Geschlechtszusammensetzung zurückgeführt werden. Zudem gibt es keinerlei Hinweise in der Literatur, daß die Wahrnehmung des Familiensystems bei Jungen und Mädchen in Abhängigkeit von ihrer Begabungsausprägung durch das Geschlecht moderiert wird. Das Geschlecht der Versuchsperson wird deshalb bei der Auswertung *nicht* berücksichtigt.

statischer und praktischer Relevanz sind. „Praktische Relevanz" veranschaulichen wir mittels üblicher Effektstärkemaße.

10.3 ERGEBNISSE

10.3.1 Hauptkomponentenanalysen

Die Ladungen auf der ersten unrotierten Hauptkomponente legen in allen drei Beurteilergruppen (Jugendliche, Mütter, Väter) eine *Eindimensionalität* von *„Kommunikation"* nahe. Die mittleren Ladungen betragen $\bar{a}$ = 0.73 / 0.67 / 0.64.[5] Gleiches gilt für *„Organisation"* (mittlere Ladungen $\bar{a}$ = 0.63 / 0.68 / 0.65), *„Leistungsorientierung"* (mittlere Ladungen $\bar{a}$ = 0.56 / 0.57 / 0.58) und *„Kulturelle Orientierung"* (mittlere Ladung Mütter $\bar{a}$ = 0.64; mittlere Ladung Väter $\bar{a}$ = 0.67).

In allen drei Beurteilergruppen zeigt sich eine zweidimensionale Struktur des FACES III (aufgeklärte Itemtotalvarianz: 41% / 34% / 34%). Die Aussagen, die theoretisch zu *„Kohäsion"* gehören, laden durchweg hoch auf derselben Komponente (mittlere Ladungen $\bar{a}$ = 0.66 / 0.63 / 0.60). Daher behalten wir für diese Komponente die Bezeichnung *„Kohäsion"* bei. Anders verhält es sich bei den Items, die im Originalfragebogen zu *„Adaptabilität"* zusammengefaßt werden: Wie schon bei Tettenborn (1996), so findet sich auch bei uns eine Bedeutungsverschiebung. Die Ladungen der von Olson et al. (1985) zur *„Adaptabilität"* gezählten Items streuen breiter, was sich auch in den niedrigeren mittleren Ladungshöhen ($\bar{a}$ = 0.46 / 0.39 / 0.44) ausdrückt. Mit einem höheren Gewicht gehen diejenigen Items in den Komponentenwert ein, die wir – dem Vorschlag von Tettenborn (1996) entsprechend – unter *„Demokratischer Familienstil"* (*DEF*) fassen (*Itembeispiel:* „Die Kinder haben in der Erziehung ein Wort mitzureden"). Die Komponentenstruktur ist in allen Beurteilergruppen mit jeweils r_{cc} > 0.91 sehr ähnlich.

---

[5]   Reihenfolge der Werte hier und hinfort: Jugendliche / Mütter / Väter.

Tab. 10.1: Interkorrelationen (nur Dezimale) der Faktorwerte der Variablen zur Beurteilung des Familiensystems sowie Korrelationen zum BRSS, getrennt nach Datenquellen (J: „Jugendliche"; M: „Mütter"; V: „Väter") für N = 179[a] Familien mit hoch- und durchschnittlich begabten Jugendlichen.

	KOH			DEF			KOM			ORG			LEI			KUO	
	J	M	V	J	M	V	J	M	V	J	M	V	J	M	V	M	V
KOH																	
M	51																
V	48	51															
DEF																	
J	00	−03	−08														
M	−10	00	−01	29													
V	01	04	00	19	48												
KOM																	
J	65	39	30	43	03	11											
M	31	65	33	10	13	06	37										
V	28	43	57	03	−03	14	26	45									
ORG																	
J	55	39	39	−01	−18	−10	43	22	18								
M	35	59	29	−06	−01	−10	23	50	27	43							
V	35	41	62	−15	−09	−10	20	22	42	50	49						
LEI																	
J	−07	−03	01	−17	−16	−09	−17	−17	−09	13	00	09					
M	02	05	04	−09	−14	−09	−08	−07	−03	09	06	12	27				
V	12	10	11	−10	−19	−30	−04	−10	−16	15	15	18	29	38			
KUO																	
M	07	24	26	13	26	17	14	33	26	−14	14	12	−23	−13	−12		
V	07	07	24	10	25	17	11	20	21	−17	04	14	−22	−24	−11	65	
BRSS																	
	−01	04	01	18	14	26	09	26	21	−19	−05	−08	−27	−26	−26	59	50

Anmerkungen: Korrelationen, deren Betrag r = 0.19 überschreitet, sind statistisch signifikant (p < 0.01); KOH: „Kohäsion"; DEF: „Demokratischer Familienstil"; KOM: „Kommunikation"; ORG: „Organisation"; LEI: „Leistungsorientierung"; KUO: „Kulturelle Orientierung"; BRSS: für das Bildungsverhalten relevanter sozialer Status. [a]: Maximales N, aufgrund einzelner fehlender Werte reduziert sich das N bei einzelnen Berechnungen um höchstens 5 auf N = 174.

10.3.2 Interkorrelationen

Wie aus Tabelle 10.1 ersichtlich ist, bewegen sich die Interkorrelationen der Faktorwerte der fünf bzw. sechs Komponenten zwischen r = 0.00 und r = 0.65.[6] *„Kohäsion"*, *„Kommunikation"* und *„Organisation"* hängen untereinander enger zusammen. Die Querbeziehungen von *„Demokratischer Familienstil"*, *„Leistungsorientierung"* und *„Kulturelle Orientierung"* untereinander und zu den restlichen Skalen fallen demgegenüber nur mäßig aus, so daß hier unterschiedliche Aspekte des familiären Systems erfaßt werden.[7] Von besonderem Interesse ist die Urteilerübereinstimmung in den Variablen, die sowohl von Jugendlichen als auch von Müttern und Vätern bearbeitet worden sind. Diese variiert zwischen r = 0.19 (*DEF*: Väter / Jugendliche) und r = 0.65 (*KUO*: Mütter / Väter), der Median beträgt r_{Mdn} = 0.44. Die mittlere Urteilerübereinstimmung zwischen Müttern und Vätern liegt mit $\bar{r}$ = 0.46 (numerisch) höher als die zwischen Jugendlichen und Müttern ($\bar{r}$ = 0.38) bzw. Jugendlichen und Vätern ($\bar{r}$ = 0.35). Zum Vergleich mit den in Tabelle 1 aufgeführten Werten seien die von Olson et al. (1985, 25) für die Skalen *„Kohäsion"* / *„Adaptabilität"* berichteten Übereinstimmungen mitgeteilt: Väter / Mütter: r = 0.44 / r = 0.25; Väter / Jugendliche: r = 0.44 / r = 0.21; Mütter / Jugendliche: r = 0.38 / r = 0.13.

10.3.3 Vergleich der Begabungsgruppen

Mittelwerte und Standardabweichungen sind, nach Begabungsgruppen und Datenquellen getrennt, in Tabelle 10.2 aufgeführt. Die üblichen Voraussetzungen (vgl. Tabachnick & Fidell 2001) für multivariate Mittelwertsvergleiche sind gegeben.

10.3.3.1

Datenquelle „Jugendliche"

Multivariat betrachtet, hat die Begabung keinen Einfluß auf die Beurteilungen des Familiensystems (p = 0.201, eta² = 0.041). Univariate Einzelbetrachtungen erübrigen sich.

---

[6] Zwischen den beiden Begabungsgruppen zeigen sich keine unterschiedlichen korrelativen Variablenbeziehungen. Von den 136 möglichen Vergleichen einander entsprechender Korrelationskoeffizienten sind nur sechs statistisch signifikant (5%-Niveau), das sind 4.4% und das ist mithin unter Zufallsbedingungen zu erwarten. Der Median der Korrelationsdifferenzen liegt (nach Fishers Z–Transformation) bei Mdn = 0.08, der Durchschnitt bei M = 0.11. Deshalb teilen wir nur die Korrelationen der Gesamtgruppe mit.

[7] Die Nullkorrelationen zwischen *„Demokratischer Familienstil"* und *„Kohäsion"* sind aufgrund der orthogonalen Rotation – innerhalb einer Beurteilergruppe vollständig bzw. wegen der hohen Faktorkongruenz zwischen den Beurteilergruppen weitgehend – trivial.

Tab. 10.2: Mittelwerte (M) und Standardabweichungen (S) der Beurteilungen des Familiensystems (Faktorwerte) von N = 84 Familien mit hochbegabten Jugendlichen (HB) und N = 95 Familien mit durchschnittlich begabten Jugendlichen (DB)[a], getrennt nach den Datenquellen „Jugendliche", „Mütter", „Väter".

	JUGENDLICHE		MÜTTER		VÄTER	
	M	S	M	S	M	S
KOHÄSION						
HB	-0.20	0.93	-0.12	1.04	-0.02	1.08
DB	0.18	1.03	0.10	0.96	0.02	0.93
DEMOKRATISCHER FAMILIENSTIL						
HB	-0.06	1.00	0.01	0.99	0.04	1.04
DB	0.06	1.00	-0.01	1.01	-0.03	0.97
KOMMUNIKATION						
HB	-0.16	0.99	0.01	0.94	0.01	0.93
DB	0.14	0.99	-0.01	1.05	-0.01	1.06
ORGANISATION						
HB	-0.11	1.02	-0.10	0.97	-0.07	1.06
DB	0.10	0.97	0.09	1.03	0.06	0.94
LEISTUNGSORIENTIERUNG						
HB	-0.01	1.00	-0.10	1.03	-0.08	0.99
DB	0.01	1.00	0.09	0.97	0.07	1.01
KULTURELLE ORIENTIERUNG						
HB	nicht erhoben		0.07	0.96	0.14	0.99
DB			-0.06	1.04	-0.12	1.00

Anmerkungen: Da die Streuungen nur geringfügig von 1 abweichen, können Mittelwertsdifferenzen als Schätzung der Effektstärke d interpretiert werden. [a] Aufgrund fehlender Daten kann sich das N um maximal 2 Angaben (jeweils eine pro Begabungsgruppe) reduzieren.

10.3.3.2

Datenquelle „Mütter"

Auch für die Datenquelle „Mütter" läßt sich multivariat kein statistisch bedeutsamer Begabungseffekt beobachten (p = 0.331, eta² = 0.040). Nachfolgetests entfallen deshalb.

10.3.3.3

Datenquelle „Väter"

Die Väter beider Begabungsgruppen unterscheiden sich – wie die Mütter und die Jugendlichen – nicht in der Wahrnehmung der Ausprägung unterschiedlicher Familienfacetten. Der multivariate Test auf Gruppenunterschiede wird statistisch nicht signifikant (p = 0.604, eta² = 0.028), entsprechend werden keine univariaten Mittelwertsvergleiche durchgeführt.

10.4

DISKUSSION

Ausgangspunkt war die Überprüfung der allgemeinen Fragestellung, ob Familien mit hochbegabten Jugendlichen von Familien mit durchschnittlich begabten Jugendlichen in häufig in der Literatur diskutierten Familiensystemvariablen differieren. Die Ergebnisse sind eindeutig, die Diskussion kann kurz ausfallen:

Die allgemeine Frage nach der Existenz von Familiensystemunterschieden kann auf dem Hintergrund unserer Stichprobe und den gewählten Operationalisierungen mit „nein" beantwortet werden. Dies gilt auch, wenn die Familien (ergänzend) hinsichtlich des sozioökonomischen Status statistisch gleich gestellt werden. Damit haben wir die von Tettenborn-Nebling (1993) und Tettenborn (1996) bei Familien mit Grundschulkindern berichteten Ergebnisse an Familien mit *Jugendlichen* repliziert: Die Familien des Marburger Hochbegabtenprojekts unterscheiden sich *nicht* in den hier betrachteten Familiensystemvariablen, und zwar unabhängig vom Alter der hoch- bzw. durchschnittlich begabten Kinder (3. Schuljahr vs. 9. Schuljahr). Anderslautende Resultate in der Literatur mögen, wie eingangs erwähnt, auch mangelnder methodischer Sorgfalt (z.B. vorselegierte Stichproben) und fehlender Kontrolle des sozioökonomischen Status geschuldet sein. Die Wichtigkeit der Kontrolle des sozioökonomischen Status ergibt sich aus der Tatsache, daß einerseits Familien mit hochbegabten Kindern gehäuft aus höheren sozialen Schichten stammen, und daß andererseits die interessierenden Familienvariablen wiederum mit dem sozioökonomischen Status verknüpft sind. Auch in unserer Studie gibt es, um nur ein Beispiel zu nennen, nennenswerte Beziehungen von *„Kulturelle Orientierung"* zum mittels des BRSS operationalisierten Familienstatuskennwert (Mütter: $r = 0.50$, Väter: $r = 0.59$), was angesichts der Iteminhalte nicht überrascht. Zudem mag die Tatsache, daß in vielen Hochbegabungsstudien stärkere „labeling"-Effekte und (Selbst-)Selektionseffekte nicht auszuschließen sind, zu Resultaten führen, die bei nicht besonders herausgehobenen, d.h. unausgelesenen Hochbegabungsgruppen kaum in Erscheinung treten dürften (vgl. z.B. Freeman 1979). Die „Nicht-Signifikanz" der Gruppenunterschiede ist auch nicht, wie die Korrelationen der Skalen untereinander belegen, auf meßtechnische Mängel zurückzuführen.

Abschließend weisen wir noch darauf hin, daß die hier eingesetzten Instrumente Kognitionen der Familienmitglieder über die Familie erfassen, die für das Erleben und Verhalten psychologisch hoch relevant sein dürften („Was die Einzelnen zu ihrer Familie denken und empfinden ist mindestens genauso wichtig wie z.B. die Frage, wie die Familie in einem Laborexperiment Probleme löst", Mattejat 1993, 49), aber aus psychologischer Sicht nicht notwendigerweise übereinstimmen müssen. Bei uns korreliert die Wahrnehmung der Familiensystemfacetten von Eltern und Jugendlichen maximal mittelhoch (durchschnittliche Korrelation der Datenquellen Väter / Jugendliche: $\bar{r} = 0.35$, Mütter / Jugendliche: $\bar{r} = 0.38$, also wie aus der Literatur bekannt, vgl. z.B. Green et al. 1988); die Variablenbeziehungen zwischen den Datenquellen „Väter" und „Mütter" fallen – ebenfalls literaturentsprechend – numerisch höher aus (mittlere Korrelation: $\bar{r} = 0.46$). Wenn man, wie es häufig in der Literatur geschieht, Väter und Mütter einfach als „gleichwertige" Datenquelle „Elternteil" behandelt und ohne Berücksichtigung der mangelnden Übereinstimmung zusammen verrechnet, dann scheint dies ebenso wenig vertretbar zu sein wie das eingangs erwähnte schlichte Mitteln familiendiagnostischer Informationen über unterschiedliche Datenquellen hinweg (siehe auch Mattejat 1993; Hofer et al. 2002).

Als Nebenergebnis sei abschließend angemerkt, daß beim FACES III eine konzeptuelle und psychometrische Optimierung der Skala *„Adaptabilität"* dringend anzuraten ist (vgl. auch die Kritik von Schlippe 1985; Green et al. 1991). Diese Skala fällt schon im Manual von Olson et al. (1985, 24) durch deutlich niedrigere Homogenitäten auf.

LITERATUR

Bauer, A. (1972). Ein Verfahren zur Messung des für das Bildungsverhalten relevanten Sozialen Status (BRSS). Frankfurt a. M.: Deutsches Institut für Internationale Pädagogische Forschung.

Beach, M. (1988). Family relationships of gifted adolescents: Strong or stressed? Roeper Review, 10, 169–172.

Benninghoven, D., Cierpka, M. & Thomas, V. (1996). Die familiendiagnostischen Fragebogeninventare. In Cierpka M. (Hrsg.). Handbuch der Familiendiagnostik. Heidelberg: Springer, 431–452.

Bodenstein, T. (1998). Predictors of psychosocial adjustment among intellectually gifted children. Dissertation Abstracts International, 58, 2527A.

Burt, C. (1948). The factorial study of temperamental traits. British Journal of Psychology Statistical Section, 1, 178–203.

Campbell, T.L. (1999). Academically gifted African American inner-city children: Comparisons with an average sample on whole family functioning, closeness with father-figures, and child psychosocial behavior. Dissertation Abstracts International, 60, 2383B.

Cierpka, M. (1988). Der theoretische Hintergrund und die klinische Anwendung des FAM III (Family Assessment Measure). In Cierpka, M. (Hrsg.). Familiendiagnostik. Heidelberg: Springer, 282–302.

Cornell, D.G. (1984). Families of gifted children. Ann Arbor, MI: UMI Research Press.

Cornell, D.G. & Grossberg, I.W. (1987). Family environment and personality adjustment in gifted program children. Gifted Child Quarterly, 31, 59–64.

Csikszentmihalyi, M., Rathunde, K. & Whalen, S. (1993). Talented teenagers: The roots of success and failure. Cambridge: Cambridge University Press.

Evans, E.S. (1983). A study of stress in families with gifted children. Dissertation Abstracts International, 43, 2272A.

Freeman, J. (1979). Gifted children. Their identification and development in a social context. Lancaster: MTP Press.

Freeman, J. (2000). Families: the essential context for gifts and talents. In Heller, K.A., Mönks, F.J., Sternberg, R.J. &. Subotnik, R.F. (Eds.). International handbook of giftedness and talent (2nd ed). Amsterdam: Elsevier, 573–585.

Frey, J. & Wendorf, D.J. (1985). Families of gifted children. In L'Abate, L. (Ed.). The handbook of family psychology and therapy (Vol. II). Homewood, IL: Dorsey, 781–809.

Gagné, F. (1991). Toward a differentiated model of giftedness and talent. In Colangelo, N. & Davis, G.A. (Eds.). Handbook of gifted education. Needham Heights, MA: Allyn & Bacon, 65–80.

Gelcer, E. & Dick, S. (1986). Families of gifted children: Achievers and underachievers. In Cropley, A.J., Urban, K.K., Wagner, H. & Wieczerkowski, W. (Eds.). Giftedness: A continuing world-wide challenge. New York: Trillium Press, 447–459.

Green, K., Fine, M.J. & Tollefson, N. (1988). Family systems characteristics and underachieving gifted adolescent males. Gifted Child Quarterly, 32, 267–272.

Green, R.G., Harris, R.N., Forte, J.A. & Robinson, M. (1991). Evaluating FACES III and the circumplex model: 2440 families. Family Process, 30, 55–73.

Grenard-Moore, S.J. (1984). A comparison of characteristics and needs of families having normal, disabled, or gifted children. Dissertation Abstracts International, 45, 3072A.

Hackney, H. (1981). The gifted child, the family and the school. Gifted Child Quarterly, 25, 51–54.

Heller, K.A. (Hrsg.) (2001). Hochbegabung im Kindes- und Jugendalter (2. Aufl.). Göttingen: Hogrefe.

Hofer, M., Wild, E. & Noack, P. (2002). Lehrbuch Familienbeziehungen (2. Aufl.). Göttingen: Hogrefe.

Jensen, A.R. (1998). The g-factor. Westport, CT: Praeger.

Karnes, F.A. & D'Ilio, V.R. (1988). Comparison of gifted children and their parents' perception of the home environment. Gifted Child Quarterly, 32, 277–279.

Keirouz, K.S. (1990). Concerns of parents of gifted children: A research review. Gifted Child Quarterly, 34, 56–62.

Klaus, B. (1997). A comparison of family characteristics of high achievers and their randomly selected peers. Dissertation Abstracts International, 57, 5050A.

Mathews, F.N., West, J.D. & Hosie, T.W. (1986). Understanding families of academically gifted children. Roeper Review, 9, 40–42.

Mattejat, F. (1993). Subjektive Familienstrukturen. Göttingen: Hogrefe.

May, K.M. (1994). A developmental view of a gifted child's social and emotional adjustment. Roeper Review, 17, 105–109.

McMann, N. & Oliver, R. (1988). Problems in families with gifted children: Implications for counsellors. Journal of Consulting and Development, 66, 275–278.

Meckstroth, E. (1992). Paradigm shifts into giftedness. Roeper Review, 15, 91–92.

Mönks, F.J. (1985). Hoogbegaafden: Een situatieschets. In Mönks, F.J. & Span, P. (red.). Hoogbegaafden in de samenleving. Nijmegen: Dekker & van der Vegt, 17–23.

Moos, R.H. & Moos, B.S. (1981). Family Environment Scale. Manual. Palo Alto, CA: Consulting Psychologists.

Olson, D.H. (1991). Commentary: Three-dimensional (3-D) circumplex model and revised scoring of FACES III. Family Process, 30, 74–79.

Olson, D.H., Bell, R. & Portner, J. (1982). Family adaptability and cohesion evaluation scales II. St. Paul, MN: University of Minnesota, Family Social Science Department.

Olson, D.H., Portner, J. & Lavee, Y. (1985). FACES III – Family adaptability and cohesion evaluation scales. St. Paul, Mn: University of Minnesota.

Schlippe, A. von (1985). Zur Einschätzung von Familien nach dem Circumplex Model of Marital and Family Systems von Olson und Mitarbeitern. Forschungsbericht aus dem Fachbereich Psychologie der Universität Osnabrück, Nr. 48. Osnabrück: Universität Osnabrück.

Schneewind, K.A. (1986). Die Familienklimaskalen (FKS). Forschungsberichte aus dem Institutsbereich Persönlichkeitspsychologie und Psychodiagnostik. Bericht 3 / 1986, Institut für Psychologie. München: Universität München.

Schneewind, K.A. (1994). Erziehung und Sozialisation in der Familie. In Schneewind, K.A. (Hrsg.). Psychologie der Erziehung und Sozialisation. Göttingen: Hogrefe, 435–464.

Schneewind, K.A., Beckmann, M. & Hecht-Jackl, A. (1985). Familiendiagnostisches Testsystem (FDTS). Berichte 2 / 1985 bis 9.2 / 1985. Forschungsberichte aus dem Institutsbereich Persönlichkeitspsychologie und Psychodiagnostik, Institut für Psychologie. München: Universität München.

Schneewind, K.A., Walper, S. & Graf, J. (2000). Sozialisation in der Familie als Quelle individueller Unterschiede. In Amelang, M. (Hrsg.). Determinanten individueller Unterschiede. Göttingen: Hogrefe, 249–343.

Skinner, H.A., Steinhauer, P.D. & Santa-Barbara, J. (1983). The Family Assessment Measure. Canadian Journal of Community Mental Health, 2, 91–105.

Spearman, C. (1927). The abilities of man. New York, NY: Macmillan.

Tabachnick, B.G. & Fidell, L.S. (2001). Using multivariate statistics (4th ed.). Boston, MA: Allyn and Bacon.

Tabackman, M.J. (1977). A study of family psycho-social environment and its relationship to academic achievement in gifted adolescents. Dissertation Abstracts International, 37, 6381A.

Taylor, J.W. (1996). Family structure and the coping strategies of gifted adolescents. Dissertation Abstracts International, 56, 3515A.

Tettenborn-Nebling, A. (1993). Familien mit hochbegabten Kindern. In Rost, D.H. (Hrsg.). Lebensumweltanalyse hochbegabter Kinder. Das Marburger Hochbegabtenprojekt. Göttingen: Hogrefe, 34–74.

Tettenborn, A. (1996). Familien mit hochbegabten Kindern. Münster: Waxmann.

VanTassel-Baska, J. (1989). The role of the family in the success of disadvantaged gifted learners. Journal for the Education of the Gifted, 13, 22–36.

West, J.D., Hosie, T.W. & Mathews, F.N. (1989). Families of academically gifted children. The School Counselor, 37, 121–127.

Wittmann, A.J. & Holling, H. (2001). Hochbegabtenberatung in der Praxis. Göttingen: Hogrefe.

11. Kapitel

Fördermaßnahmen

JÖRN R. SPARFELDT, SUSANNE R. SCHILLING UND DETLEF H. ROST

11.1 Ausgangslage und Fragestellung 483
11.2 Methode 485
  11.2.1 Stichprobe 485
  11.2.2 Variablen 485
    11.2.2.1 Version für hochbegabte Jugendliche 485
    11.2.2.2 Version für die Eltern der Hochbegabten 486
    11.2.2.3 Version für die Lehrer der Hochbegabten 486
  11.2.3 Auswertung 486
11.3 Ergebnisse 487
  11.3.1 Datenquelle „Jugendliche" 487
  11.3.2 Datenquelle „Eltern" 487
  11.3.3 Datenquelle „Lehrer" 489
  11.3.4 Vergleich der Beurteilergruppen (prinzipielle Wünschbarkeit) 490
  11.3.5 Fördermaßnahmen für intellektuell vs. sportlich / musisch /
         künstlerisch Begabte 490
  11.3.6 Fördermaßnahmen für Grundschulkinder vs. Fördermaßnahmen
         für Jugendliche 492
11.4 Diskussion 492
LITERATUR 494

11.1
Ausgangslage und Fragestellung

Im Zuge des in den letzten Jahren auch in Deutschland vermehrten Interesses an „Hochbegabung" wird von Ministerien, Elternvereinigungen, schulpsychologischen Diensten, Lehrern, Hochbegabungsforschern etc. auf den Bedarf an Fördermaßnahmen für besonders begabte Schüler hingewiesen (z.b. Feger 1987; Wagner 1990; Heller & Hany 1996; Bundesministerium für Bildung und Forschung 1999; Joswig 2000; Vock, Preckel & Holling, 2007; Preckel, 2008). Ansätze zur Förderung Hochbegabter können mit Rost & Schilling (2006) – grob und mit Überschneidungen – eingeteilt werden in

(a) schulische Maßnahmen mit einem Schwerpunkt auf innerer Differenzierung (z.b. den Stoff vertiefende Aufgaben),
(b) schulische Maßnahmen mit einem Schwerpunkt auf äußerer Differenzierung (z.b. Überspringen einer Schulklasse, Einrichtung von Sonderklassen für besonders Begabte),
(c) außerschulische Maßnahmen (z.b. Ferien- und Nachmittagskurse) sowie
(d) Maßnahmen, die auf eine Verbesserung der Betreuung und Beratung abzielen (z.b. Lehrerfortbildung, begabungsdiagnostische Beratungsstellen).

Es wird beklagt, die in Deutschland angebotenen Fördermaßnahmen seien unzureichend, unsystematisch und nur selten evaluiert (Hany 2000). Hinzu kommt, daß sich die wenigen Studien aus dem angloamerikanischen Sprachraum nicht auf die Situation in Deutschland übertragen lassen, sieht man einmal von ihren methodischen Problemen (vorselegierte Stichproben, fehlende oder unscharfe Kriterien für Hochbegabung etc.) ab. Unabhängig von der (empirisch zu beantwortenden) Frage nach Vor- und Nachteilen einer generellen Förderung sowie spezieller Fördermaßnahmen für Hochbegabte ist als weiteres Kriterium die Einstellung zu und die Akzeptanz von entsprechenden Programmen bei den „Abnehmern" zu berücksichtigen: Dies beeinflußt die Teilnahmequote. Einschlägige Studien dazu fehlen im deutschen Sprachraum nahezu vollständig. Es gibt zwei ältere demoskopische Umfragen zu speziellen Klassen / Schulen für Hochbegabte (Institut für Demoskopie Allensbach 1982; Rolff 1988): Die Ergebnisse weisen auf eine hohe Meinungspolarisierung hin.

Befragt man Teilnehmer an freiwilligen (ggf. kostenintensiven) Hochbegabtenprogrammen, bewerten diese ihre Teilnahme mit höherer Wahrscheinlichkeit im Rückblick positiv (um 80%; Platzer 2000; Rücklaufquote nur 66%). Generalisierbare Aussagen auf „Hochbegabte" sind aus derartigen Befragungen nicht möglich, da bei nahezu allen (freiwilligen) Maßnahmen von – verfälschenden – (Selbst-)Selektionseffekten auszugehen ist. So werden bei der Auswahl der Teilnehmer – pädagogisch sinnvoll –neben der kognitiven Leistungsfähigkeit auch nicht leistungsbezogene Kriterien und die Situation vor Ort berücksichtigt. Im Jugendalter dürfte die Teilnahme stark von der Motivation des Schülers und weniger von der der Eltern abhängen. Was die Lehrer angeht, stimmten in einer Rostocker Studie 90% einer allgemeinen Hochbegabtenförderung zu (Rinck 2000; allerdings nur 50% Rücklaufquote).

Eine differenzierte Befragung „betroffener" Eltern und Lehrer sowie einer entsprechenden Vergleichsgruppe führte lediglich Rost (1991; 1993c) im Marburger Hochbegabtenprojekt durch. Den Eltern und Klassenlehrern der N = 151 nicht vorausgelesenen (intellektuell) hochbegabten (IQ ≥ 130; Teilnahme: 100%; Zielgruppe) und denen der N = 136 durchschnittlich begabten (IQ ≈ 100; Teilnahme: 99%; Vergleichsgruppe) Grundschulkinder legte er einen „Fragebogen zur Akzeptanz von Fördermaßnahmen für besonders begabte Kinder" (FAF; Rost & Dörner 1989) vor. Die Eltern der Hochbegabten hatten anzugeben, inwieweit sie 15 potentielle Fördermaßnahmen für ihr eigenes Kind wünschten (spezielle Wünschbarkeit); die Vergleichsgruppeneltern schätzten die (prinzipielle) Wünschbarkeit ein. Bei beiden Elterngruppen ist die Rangfolge der drei Bereiche gleich, „Außerschulische Anreicherung" (z.B. „Man unterrichtet besonders begabte Kinder alternativ oder zusätzlich zum normalen Schulbetrieb zeitweise – 2 bis 4 Stunden wöchentlich – in ‚Spezialklassen', in denen bestimmte Themen bearbeitet werden") rangiert vor „Akzeleration / Innere Differenzierung" (z.B. „Man läßt besonders begabten Kindern mehr Freiheiten, solange sie den Unterrichtsablauf nicht stören") und „Akzeleration / Äußere Differenzierung" (z.B. „Man läßt besonders begabte Kinder eine Klasse überspringen"). Die Ansätze der beiden erstgenannten Bereiche wurden von den Eltern hochbegabter Grundschulkinder leicht positiver gesehen als von Vergleichsgruppeneltern. Akzeleration / Äußere Differenzierung wird relativ dazu weniger geschätzt. Lehrer beurteilten alle Maßnahmen im allgemeinen Fall wünschenswerter als im Falle „ihres" hochbegabten Schülers (nur für „Außerschulische Anreicherung" statistisch signifikant), wobei die Korrelation der beiden Meßwertrangreihen bei r = 0.97 lag. Umstritten (deutliche Meinungspolarisierung) waren Maßnahmen der äußeren Differenzierung; innere Differenzierung und außerschulische Anreicherung wurde von nahezu allen präferiert (keine Einstellungsunterschiede in Abhängigkeit vom Geschlecht des Kindes).

Für das Jugendalter ist uns, wie gesagt, keine Untersuchung an nicht-vorausgelesenen Stichproben zu Einstellungen der Betroffenen zu Fördermaßnahmen für Hochbegabte bekannt. Die Eltern der – durch Lehrernomination vorselegierten – Münchner Hochbegabungsstudie bekundeten starkes Interesse an zusätzlichen Förderangeboten und geringeres Interesse an segregierenden Maßnahmen (Perleth & Ziegler 1997).

Auf diesem Hintergrund berichten wir nachfolgend darüber, wie die Einstellungen von direkt oder indirekt „Betroffenen" (nämlich hochbegabten Jugendlichen, ihren Eltern und Lehrkräften) zu diversen speziellen Hochbegabungs-Förderansätzen ausfallen. Weiterhin gehen wir der Vermutung nach, daß segregierende Fördermaßnahmen für musisch, sportlich oder künstlerisch Begabte positiver als für intellektuell Hochbegabte bewertet werden. Zusätzlich wird überprüft, ob sich die Einstellungsrangreihen für Jugendliche von denen für Grundschüler unterscheiden.

11.2
Methode

11.2.1
Stichprobe

Im Marburger Hochbegabtenprojekt wurden neben den hochbegabten Jugendlichen auch deren Eltern und Lehrkräfte (in Mathematik und Deutsch) befragt (vgl. genauer Kap. 1 und 2). Die Daten sind vor Ort – d.h. jeweils in den Familien bzw. in der Schule oder bei den Lehrern zu Hause – von eigens dafür geschulten Projektmitarbeitern erhoben worden.

Alle 107 hochbegabten Jugendlichen und ihre Eltern beantworteten den Fragebogen. Zusätzlich liegen von 94 Deutschlehrern bzw. 91 Mathematiklehrern der hochbegabten Jugendlichen entsprechende Beurteilungen vor. (Wegen fehlender Angaben kann sich das N pro Beurteilergruppe und Item unwesentlich reduzieren, pro Item liegen aber mindestens $N = 91$ Antworten vor; Items 21 und 22 wurden postalisch erhoben. Die Basis für die Auswertungen dieser beiden Items in den Lehrergruppen beträgt $N = 88$ Deutschlehrer und $N = 76$ Mathematiklehrer).

11.2.2
Variablen

Vorgegeben wurde der im Marburger Projekt in Anlehnung an die Grundschulerhebung entwickelte „Fragebogen zur Akzeptanz von Fördermaßnahmen für besonders begabte Jugendliche" (FAF-J; Rost & Hanses 1995), der einen breiten Bereich von Fördermaßnahmen abdeckt (innere und äußere Differenzierung; außerschulische Förderung). Er wurde von den Jugendlichen, den Eltern und den Lehrern jeweils in entsprechend adaptierten Versionen beantwortet.

11.2.2.1
Version für hochbegabte Jugendliche

Zu jedem der 22 Items wurde die prinzipielle Zustimmung bzw. Ablehnung auf einer fünfstufigen bipolaren Ratingskala abgefragt (z.B. „Besonders begabte Jugendliche sollten eine Klasse überspringen"; Antwortformat: „-2 = Das lehne ich völlig ab" ... bis ... „$+2$ = Das finde ich sehr gut").

11.2.2.2
Version für die Eltern der Hochbegabten

Den Eltern legten wir dieselben Items vor, sprachlich marginal adaptiert (z.B. „wir als Eltern" statt „die Eltern"). Zum einen wurde die „prinzipielle Wünschbarkeit" (ebenfalls fünfstufig: „–2 = Das ist *prinzipiell* überhaupt nicht wünschenswert" ... bis ... „+2 = Das ist *prinzipiell* sehr wünschenswert") und zum anderen die „spezielle Wünschbarkeit" (d.h. für *ihr* eigenes Kind) erfragt (z.B. „Besonders begabte Jugendliche sollten ermutigt werden, unter entsprechender Anleitung an anspruchsvollen Wettbewerben und Olympiaden – z.B. ‚Jugend forscht' oder ‚Jugend musiziert' teilzunehmen"; fünfstufiges Antwortformat: „–2 = Das ist für *mein Kind* überhaupt nicht wünschenswert" ... bis ... „+2 = Das ist für *mein Kind* sehr wünschenswert").

11.2.2.3
Version für die Lehrer der Hochbegabten

Die Lehrer bewerteten ebenfalls die „prinzipielle Wünschbarkeit" und die „Wünschbarkeit im speziellen Fall" (individuelle Schülernamensnennung). Die Items wurden auch hier sprachlich leicht angepaßt (z.B. „ich als Lehrer" statt „die Lehrer"). Unterrichtete ein Lehrer mehrere Schüler der Stichprobe, wurde die prinzipielle Wünschbarkeit selbstverständlich nur einmal erhoben.

Alle drei Beurteilergruppen hatten bei fünf segregierenden Fördermaßnahmen zusätzlich zur (bereits erwähnten) prinzipiellen Wünschbarkeit für *intellektuell Begabte* außerdem die für *sportlich / musisch / künstlerisch Begabte* einzuschätzen.

11.2.3
Auswertung

Im Folgenden geben wir die mittleren Einstellungswerte, separat für die drei Beurteilergruppen (hochbegabte Jugendliche / Eltern / Lehrer) sowie – bei Eltern und Lehrern – getrennt für „prinzipielle" und „spezielle" Wünschbarkeiten an. Die Übereinstimmungen zwischen den Rangreihen der Itemmittelwerte für die Beurteilergruppen quantifizieren wir mittels Korrelationskoeffizienten, Mittelwertsunterschiede veranschaulichen wir durch das Effektstärkemaß d (Bewertung nach Cohen 1977). Innerhalb der zwei Beurteilergruppen „Eltern" und „Lehrer" erfolgt dieser Vergleich zwischen „prinzipieller" und „spezieller Wünschbarkeit". Zwischen den drei Datenquellen nehmen wir einen Vergleich der „prinzipiellen Wünschbarkeit" vor, ebenfalls auf Itemmittelwerten basierend.

11.3
Ergebnisse

Zunächst betrachten wir die Fördermaßnahmen für *intellektuell Hochbegabte*. Der Vergleich mit denen für *sportlich / musisch / künstlerisch Begabte* folgt im Anschluß.

11.3.1
Datenquelle „Jugendliche"

Die Einschätzungen der Jugendlichen finden sich in Abbildung 11.1. Besonders erwünscht (M > 1.0) sind lediglich Wettbewerbe, vertiefende Aufgaben im Unterricht und Arbeitsgemeinschaften / Projekte in der Freizeit (Items 7, 10, 22). Auf Ablehnung (M < 0) stoßen diejenigen Vorschläge, die auf eine Separierung in der Schule (Unterricht in einigen oder allen Fächern in höheren Klassen) sowie in Spezialschulen (Items 3, 4, 5, 17) oder auf eine zeitlich begrenzte Freistellung vom Unterricht (Item 19) abzielen. Wie Abbildung 11.1 verdeutlicht, sind also innere Differenzierung und anreichender Unterricht – ohne eine Trennung von den Mitschülern – sowie sämtliche Ansätze, die auf eine Förderung in der Freizeit abzielen, bei hochbegabten Jugendlichen beliebter als segregierende Maßnahmen.

11.3.2
Datenquelle „Eltern"

Die Einstellung zur „prinzipiellen Wünschbarkeit" separierender Förderansätze ist eher negativ; wünschenswerter erscheinen Maßnahmen der inneren Differenzierung sowie solche, die eine Anreicherung der Freizeit thematisieren.

Eltern hochbegabter Jugendlicher bewerten alle Maßnahmen im „prinzipiellen Fall" mindestens genauso, zumeist sogar positiver als wenn sich diese auf ihr Kind beziehen („spezieller Fall", vgl. Abb. 11.1 und Tab. 11.1). Besondere Diskrepanzen finden sich beim Überspringen (d = 0.91). Die Einstellungsrangfolgen „prinzipiell" und „speziell" sind allerdings sehr ähnlich (r = 0.93).

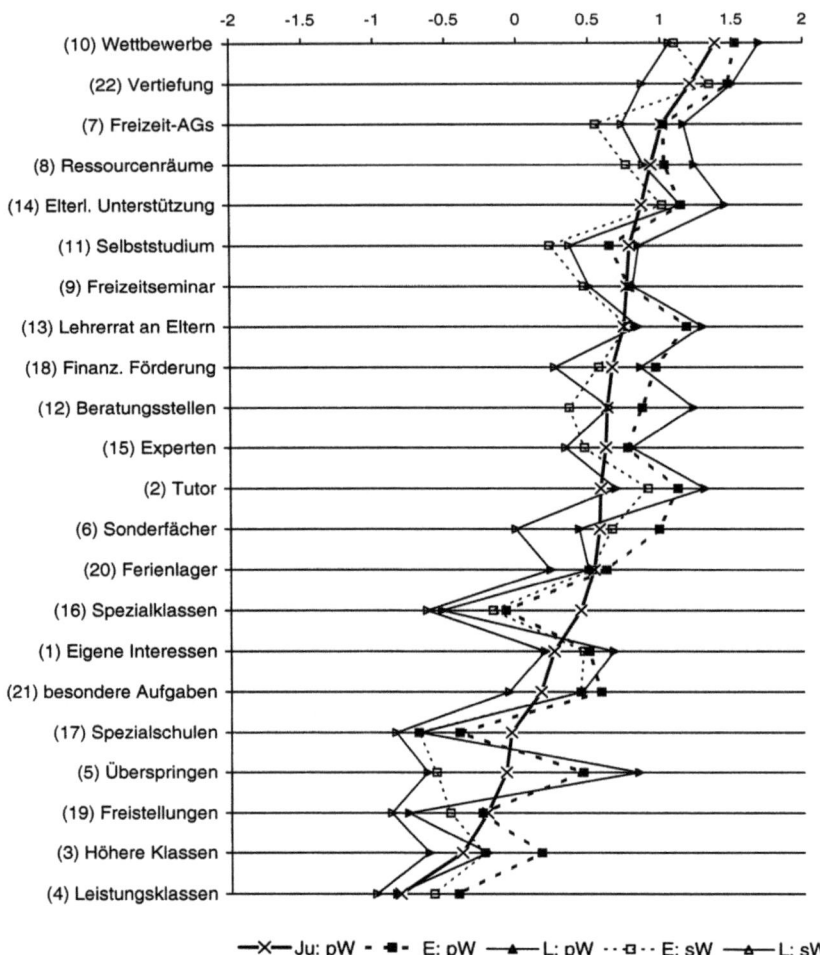

Abb. 11.1: Mittelwerte der prinzipiellen Wünschbarkeit (pW) von Fördermaßnahmen für Hochbegabte für die Beurteilergruppen hochbegabte Jugendliche (Ju), deren Eltern (E) und Deutschlehrer (L) sowie Mittelwerte der speziellen Wünschbarkeit (sW, d.h. auf ihr Kind / ihren Schüler bezogen) für Eltern (E) und Deutschlehrer (L). Die Einschätzung erfolgte zwischen den Polen −2 („überhaupt nicht wünschenswert" bzw. „Das lehne ich völlig ab") und +2 („sehr wünschenswert" bzw. „Das finde ich sehr gut").

Tab. 11.1: Standardisierte Mittelwertsdifferenzen (d) der Einschätzung der „speziellen" (sW) und „prinzipiellen Wünschbarkeit" (pW) der Fördermaßnahmen für Hochbegabte durch deren Eltern (E) und deren Deutschlehrer (L) sowie der „prinzipiellen Wünschbarkeit" durch hochbegabte Jugendliche (Ju), deren Eltern und Deutschlehrer.

ITEM		pW-sW		pW		
		E	L	Ju-E	Ju-L	E-L
1	Eigene Interessen	0.03	0.37	-0.19	-0.33	-0.14
2	Tutor	0.22	0.63	-0.51	-0.72	-0.21
3	Höhere Klassen	0.32	0.33	-0.43	-0.13	0.29
4	Leistungsklassen	0.13	0.11	-0.32	0.03	0.34
5	Überspringen	0.91	1.25	-0.43	-0.73	-0.32
6	Sonderfächer	0.28	0.33	-0.36	0.12	0.46
7	Freizeit-AGs	0.40	0.36	-0.01	-0.14	-0.12
8	Ressourcenräume	0.25	0.30	-0.09	-0.28	-0.19
9	Freizeitseminar	0.27	0.24	-0.02	-0.04	-0.02
10	Wettbewerbe	0.62	0.89	-0.19	-0.42	-0.29
11	Selbststudium	0.37	0.40	0.13	-0.05	-0.17
12	Beratungsstellen	0.49	0.59	-0.25	-0.63	-0.35
13	Lehrerrat an Eltern	0.43	0.50	-0.46	-0.59	-0.13
14	Elterl. Unterstützung	0.14	0.37	-0.28	-0.63	-0.34
15	Experten	0.30	0.40	-0.14	-0.16	-0.03
16	Spezialklassen für int.	0.07	0.09	0.42	0.83	0.35
16	Spezialklassen für smk.			0.32	0.45	0.14
17	Spezialschulen für int.	0.24	0.14	0.28	0.52	0.22
17	Spezialschulen für smk.			0.32	0.33	0.02
18	Finanz. Förderung int.	0.39	0.50	-0.28	-0.15	0.11
18	Finanz. Förderung smk.			-0.12	-0.14	-0.03
19	Freistellungen für int.	0.18	0.11	0.03	0.44	0.43
19	Freistellungen für smk.			0.16	0.46	0.32
20	Ferienlager für int.	0.09	0.21	-0.08	0.04	0.10
20	Ferienlager für smk.			0.20	0.19	0.00
21	besondere Aufgaben	0.12	0.42	-0.33	-0.22	0.11
22	Vertiefung	0.16	0.70	-0.29	-0.33	-0.05

Anmerkungen: Int.: intellektuell Begabte; smk.: sportlich / musisch / künstlerisch Begabte.

11.3.3
Datenquelle „Lehrer"

Wir beschränken uns hier (und nachfolgend) auf die Deutschlehrer: Die Einstellungen von Deutsch- / und Mathematiklehrern unterscheiden sich praktisch nicht (prinzipielle Wünschbarkeit: r = 0.94; spezielle Wünschbarkeit r = 0.93).

Auch von den Lehrern werden segregierende Maßnahmen (relativ) abgelehnt (z.B. spezielle Leistungsklassen, Überspringen, Spezialklassen und Spezialschulen; vgl. Abb. 11.1). Positiv sind ihre Einstellungen zu innerer Differenzierung sowie zu Förderangeboten am Nachmittag.

Wie bei den Eltern korrelieren die Einstellungsrangreihen „speziell" / „prinzipiell" hoch (r = 0.94): Alle Maßnahmen werden „prinzipiell" eher befürwortet als wenn diese den eigenen Schüler betreffen („speziell"). Die Bewertung des Überspringens fällt auch hier diskrepant aus (d = 1.25, großer Effekt; zu weiteren Effektstärken vgl. Tab. 11.1).

11.3.4
Vergleich der Beurteilergruppen (prinzipielle Wünschbarkeit)

Die Rangreihenübereinstimmungen zwischen Eltern und Lehrern bzw. Jugendlichen und Eltern bzw. Jugendlichen und Lehrern sind beträchtlich (r = 0.96 bzw. r = 0.87 bzw. r = 0.83; vgl. Tab. 11.1 für die Effektstärken). Hingewiesen sei auf die gleichförmig positivere Einstellung (geringe Differenzen) zu Maßnahmen, die eine Anreicherung in der Freizeit (Items 7, 8, 9, 11, 20) bzw. finanzielle Unterstützung (Item 18) thematisieren.

Beim Vergleich der Einschätzungen der Jugendlichen mit denen ihrer Eltern zeigt sich keine positivere Bewertung der Jugendlichen – mit Ausnahme von Spezialschulen und Spezialklassen für intellektuell Begabte (Items 16, 17; jeweils kleiner Effekt). Die Eltern bekunden lediglich bei wenigen Items eine deutlichere Akzeptanz (Items 2, 3, 5, 13, 16; vgl. Tab. 11.1).

Die Jugendlichen bewerten einige separierende Förderangebote für intellektuell Begabte positiver (z.B. Items 16, 17, 19) und einige Maßnahmen der inneren Differenzierung negativer (z.B. Items 2, 5, 12–14; mindestens mittlerer Effekt) als ihre Lehrer. Die Einschätzungen der Eltern und der Lehrer differieren kaum (maximal kleine Effekte).

11.3.5
Fördermaßnahmen für intellektuell vs. sportlich / musisch / künstlerisch Begabte

Abbildung 11.2 zeigt, daß alle fünf Fördermaßnahmen von allen drei Beurteilergruppen für sportlich, musisch oder künstlerisch Begabte als wünschenswerter als für intellektuell Begabte beurteilt werden. Kleine bis mittlere Effekte ergeben sich bei Item 16 (Spezialklassen) und 17 (Spezialschulen) sowie 20 (Ferienlager). Die Fragen nach der finanziellen Unterstützung (Zustimmung) oder nach zeitweiser Unterrichtsbefreiung (Ablehnung), werden für intellektuell Begabte auf der einen Seite und sportlich, musisch, künstlerisch Begabte auf der anderen Seite (weitgehend) vergleichbar beantwortet.

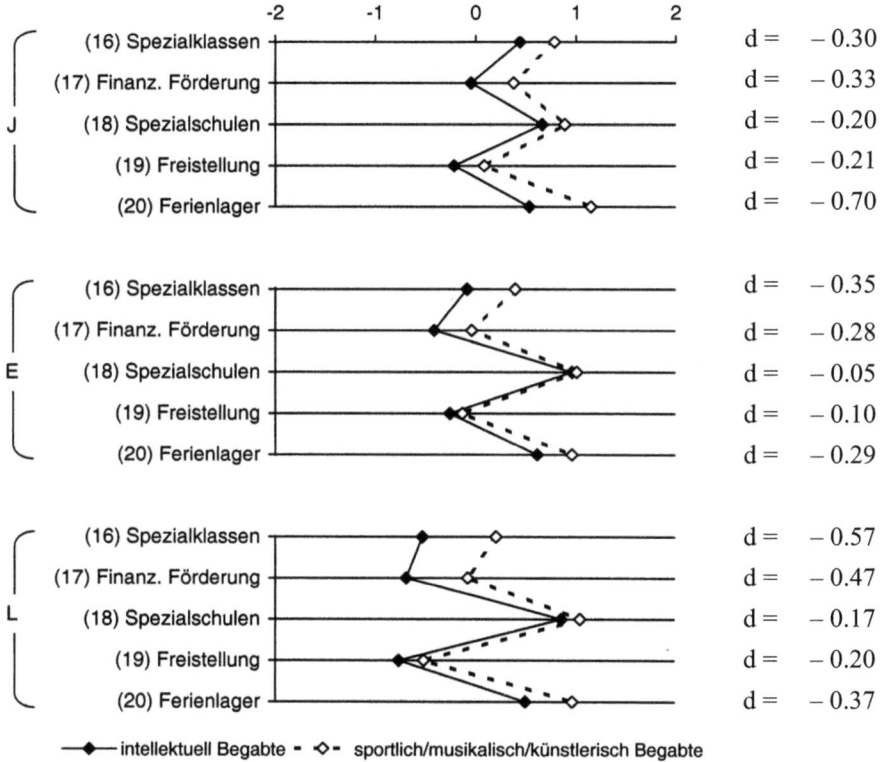

Abb. 11.2: Mittelwerte der prinzipiellen Wünschbarkeit von Fördermaßnahmen für intellektuell Begabte vs. sportlich / musikalisch / künstlerisch Begabte für die Beurteilergruppen hochbegabte Jugendliche (Block J), deren Eltern (Block E) und Deutschlehrer (Block L) sowie Effektstärken d (negative Effektstärken weisen auf höhere Werte für sportlich / musikalisch / künstlerisch Begabte hin).

11.3.6
Fördermaßnahmen für Grundschulkinder vs.
Fördermaßnahmen für Jugendliche

Die Wünschbarkeitsrangfolgen bei Grundschülern und Jugendlichen sind für die Datenquellen „Eltern" und „Lehrer" bemerkenswert stabil. Die Korrelationen der in der Formulierung identischen oder weitgehend identischen 12 Items (Items 1, 2, 3, 5, 8, 13, 14, 16, 17, 20, 21, 22) liegen – je nach Beurteilergruppe und Beurteilungsaspekt (Eltern hochbegabter Kinder schätzen die „spezielle" Wünschbarkeit ein, die Klassenlehrer der Grundschüler zusätzlich die „prinzipielle") mindestens bei r = 0.72. Berücksichtigt man nur die sieben (fast vollständig) wortgleichen Aussagen, ergibt sich r > 0.93. Allerdings zeigen sich teilweise Mittelwertsverschiebungen. Bei beiden Beurteilergruppen („Eltern" und „Lehrer") bzw. bei beiden Wünschbarkeitseinschätzungen („prinzipiell" und „speziell") werden „mehrwöchige Ferienkurse" für Jugendliche wesentlich positiver bewertet als für Grundschulkinder (mittleres d = 1.71), was aufgrund der geringeren Selbstständigkeit von Grundschülern nachvollziehbar ist. Hingegen verändert sich die Skepsis gegenüber Spezialschulen für Hochbegabte nicht in Abhängigkeit von der Klassenstufe (maximales | d |= 0.18).

11.4
Diskussion

Auf dem Hintergrund unserer Stichprobe und der gewählten Operationalisierungen ist festzuhalten, daß die Einstellungen von Eltern, Lehrern und hochbegabten Jugendlichen zu außerschulischen Förderangeboten und innerer Differenzierung im Unterricht besonders positiv sind. Segregierende Förderansätze (äußere Differenzierung) stoßen eher auf Ablehnung. (Als Zusatzinformation sei an dieser Stelle erwähnt, daß dies nicht nur von den Eltern und Lehrern der hochbegabten Jugendlichen so gesehen wird, sondern auch von den Eltern und Lehrern der durchschnittlich Begabten; auf diese Befunde wird hier nicht detailliert eingegangen.)

Die Implementierung aufwendiger (freiwilliger) Fördermaßnahmen scheint dann viel versprechend zu sein, wenn die Einstellungen der „Abnehmer" ihnen gegenüber positiv ist. Das wird durch die Erfahrungen aus einem Modellversuch in Baden-Württemberg nahe gelegt. Dort wurde die gymnasiale Schulzeit für Begabtere um ein Schuljahr verkürzt (Die Zielgruppe dieser Fördermaßnahme war „geeignete" Schüler, nicht unbedingt Hochbegabte.). Aufgrund geringen Interesses befanden sich in der kleinsten Klasse nur 5 Schüler, was mit geringer Akzeptanz der Spezialklassen auf Seiten der Eltern und (Grundschul-)Lehrer erklärt werden kann (Heller, Reimann & Rindermann 2002). „Der Zulauf zu den Baden-Württembergischen Hochbegabtenklassen stellte sich als deutlich geringer als erwartet heraus!" (Perleth & Ziegler 1997, 149). Hingegen – psychologisch verständlich – ist die Zufriedenheitseinschätzung und Akzeptanz der Eltern der teilnehmenden Kinder hoch (Neber & Reimann 2002).

Ein weiteres bemerkenswertes Ergebnis ist, daß Eltern und Lehrer übereinstimmend Fördermaßnahmen im allgemeinen Fall als wünschenswerter als im speziellen Fall (d.h. ihr eigenes Kind bzw. ihren Schüler betreffend) bewerten. Die besonders große Diskrepanz bei der Fördermaßnahme „Überspringen" repliziert damit analoge Befunde aus dem Grundschulbereich (Rost 1993c, 204, 206). Dies ist nicht nur wegen des Altersunterschiedes (3. vs. 9. Jahrgangsstufe) und des Schulformunterschiedes (Grundschule vs. Gymnasium), sondern auch wegen des zeitlichen Erhebungsabstandes (1988 vs. 1994) erwähnenswert, ist doch Überspringen als geeignete Fördermaßnahme für hochbegabte Schüler zwischenzeitlich vermehrt thematisiert worden (vgl. Heinbokel, 2001). Auch Perleth & Ziegler (1997) merken an, Hochbegabte und ihre Eltern in Bayern stünden speziellen Maßnahmen, insbesondere dem Überspringen, skeptisch gegenüber: 1995 / 1996 hätten sich bayernweit nur 35 Schüler für das Überspringen entschieden. Die Skepsis gegenüber dem Überspringen ist nicht nur in Deutschland verbreitet (in Niedersachsen sah sich das Kultusministerium deswegen gezwungen, die Schulen per Erlaß [19.06.1995, SVBL 185ff.] zur Diskussion des Springens zu verpflichten, wenn ein Schüler mindestens gute Zensuren erzielt). Dahme hat 1996 Lehrer der Sekundarstufe (7. bis 10. Klasse) aus Java, Deutschland und den USA befragt, für wie sinnvoll sie sechs mögliche Förderalternativen für „ihren" hochbegabten Schüler halten. Die drei Lehrergruppen haben das Überspringen mit deutlichem Abstand zu den anderen fünf nicht-segregierenden Maßnahmen abgelehnt.

Die Stabilität der Einstellungsrangfolgen (Grundschulalter / Jugendalter) ist erstaunlich hoch. Zwar könnte bei den Eltern argumentiert werden, dies sei wegen der identischen Datenträger trivial. Dies gilt jedoch nicht für die Lehrer (Grundschul- vs. Gymnasiallehrer). Außerdem können die plausiblen Mittelwertsverschiebungen bei einzelnen Fördermaßnahmen (z.B. Ferienlager, d = 1.71) als Validitätshinweis gewertet werden.

Die Vermutung, die Einstellungen zu separierenden Förderansätzen seien für sportlich, musisch oder künstlerisch Begabte positiver als für intellektuell Begabte, konnte bestätigt werden. Es liegt nahe, bei der Erklärung auch an die längere Tradition von (Internats-) Schulen für musisch, sportlich oder künstlerisch Talentierte zu denken.

Fragebogenuntersuchungen wird leicht (und leichtfertig) der Vorwurf gemacht, sie erfaßten hauptsächlich Stereotype. Dies hätte – wenn man überhaupt so argumentieren will – nur bei der Interpretation der Ergebnisse zur Frage nach der „prinzipiellen Wünschbarkeit" eine gewisse Relevanz. Daß es nennenswerte (und replizierbare, vgl. „Überspringen") Diskrepanzen zwischen „prinzipieller" und „spezieller" Wünschbarkeit gibt, relativiert diesen Einwand und kann als Hinweis auf die „ökologische" Validität der erhobenen Daten gewertet werden. Unabhängig davon ist aber auch die Kenntnis von Einstellungen bildungspolitisch bedeutsam.

LITERATUR

Bundesministerium für Bildung und Forschung (Hrsg.)(1999). Begabte Kinder finden und fördern. Ein Ratgeber für Eltern und Lehrer. Bonn: Bundesministerium für Bildung und Forschung.

Cohen, J. (1977). Statistical power analysis for the behavioral sciences. New York, NY: Academic Press.

Dahme, G. (1996). Teachers' conceptions of their gifted students in Java / Indonesia, Germany and USA. A cross-cultural study. In Munandar, U. & Semiawan, C. (Eds.). Optimizing excellence in human resource development. Jakarta, 283–302.

Feger, B. (1987). Förderprogramme für Hochbegabte. Psychologie in Erziehung und Unterricht, 34, 161–170.

Hany, E. (2000). Begabtenförderung in Deutschland als Scheinbehandlung? – Ein freundschaftlicher Frontalangriff. In Joswig, H. (Hrsg.). Begabungen erkennen – Begabte fördern. Rostock: Universität Rostock, Philosophische Fakultät, Institut für Psychologie. 133–143.

Heinbokel, A. (2001). Überspringen. In Rost, D.H. (Hrsg.). Handwörterbuch Pädagogische Psychologie (2. Aufl.). Weinheim: Psychologie Verlags Union, 731–735.

Heller, K.A. & Hany, E.A. (1996). Psychologische Modelle der Hochbegabtenförderung. In Weinert, F.E. (Hrsg.). Psychologie des Lernens und der Instruktion. Göttingen: Hogrefe, 477–513.

Heller, K.A., Reimann, R. & Rindermann, H. (2002). Theoretische und methodische Grundlagen der Evaluationsstudie. In Heller, K.A. (Hrsg.). Begabtenförderung im Gymnasium. Ergebnisse einer zehnjährigen Längsschnittstudie. Opladen: Leske & Budrich, 55–80.

Institut für Demoskopie Allensbach (1982). Auslesen und Fördern? Ergebnisse einer Umfrage zum Thema Begabtenförderung (Allensbacher Bericht Nr. 20/1982). Allensbach: Institut für Demoskopie.

Joswig, H. (Hrsg.)(2000). Begabungen erkennen – Begabte fördern. Rostock: Universität Rostock, Philosophische Fakultät, Institut für Psychologie.

Neber, H. & Reimann, R. (2002). Schulische und familiäre Lernumwelten von Gymnasiasten am acht- vs. neunjährigen Gymnasium. In Keller, K.A. (Hrsg.). Begabtenförderung im Gymnasium. Ergebnisse einer zehnjährigen Längsschnittstudie. Opladen: Leske & Budrich, 137–166.

Perleth, C. & Ziegler, A. (1997). Pfüa di Godt Integration – Sonderschulen für Hochbegabte?. In Dunkel, L., Enders, C. & Hanckel, C. (Hrsg.). Schule – Entwicklung – Psychologie, Schulentwicklungspsychologie. Kongreßbericht der 12. Bundeskonferenz 1996 in Münster. Bonn: Deutscher Psychologen Verlag, 143–156.

Platzer, S. (2000). Die Beurteilung der Fördermöglichkeiten an der Jugenddorf-Christopherusschule in Braunschweig aus der Perspektive der Absolventen. In Joswig, H. (Hrsg.). Begabungen erkennen – Begabte fördern. Rostock: Universität Rostock, Philosophische Fakultät, Institut für Psychologie, 145–156.

Preckel, F. (2008). Erkennen und Fördern intellektuell hochbegabter Schülerinnen und Schüler. In Petermann, F. & Schneider, W. (Hrsg.), Angewandte Entwicklungspsychologie. Göttingen: Hogrefe, 449–495.

Rinck, M. (2000). Zur Förderung besonders begabter Schüler. Aussagen Rostocker Lehrerinnen und Lehrer. In Joswig, H. (Hrsg.). Begabungen erkennen – Begabte fördern. Rostock: Universität Rostock, Philosophische Fakultät, Institut für Psychologie, 157–172.

Rolff, H.-G. (1988). Kritik der Begabungsforschung. Pädagogik heute / Pädagogische Beiträge, 40 (2), 45–46.

Rost, D.H. (1991). Sonderklassen für besonders Begabte? Fördermaßnahmen für Grundschulkinder im Urteil von Eltern und Lehrenden. Die Deutsche Schule, 83, 284–295.

Rost, D.H. (Hrsg.)(1993a). Lebensumweltanalyse hochbegabter Kinder. Das Marburger Hochbegabtenprojekt. Göttingen: Hogrefe.

Rost, D.H. (1993b). Das Marburger Hochbegabtenprojekt. In Rost, D.H. (Hrsg.). Lebensumweltanalyse hochbegabter Kinder. Das Marburger Hochbegabtenprojekt. Göttingen: Hogrefe, 1–33.

Rost, D.H. (1993c). Fördermaßnahmen für hochbegabte Kinder. In Rost, D.H. (Hrsg.). Lebensumweltanalyse hochbegabter Kinder. Das Marburger Hochbegabtenprojekt. Göttingen: Hogrefe, 197–213.

Rost, D.H. (Hrsg.)(2000a). Hochbegabte und hochleistende Jugendliche: Neue Ergebnisse aus dem Marburger Hochbegabtenprojekt. Münster: Waxmann.

Rost, D.H. (2000b). Grundlagen, Fragestellungen, Methode. In Rost, D.H. (Hrsg.). Hochbegabte und hochleistende Jugendliche: Neue Ergebnisse aus dem Marburger Hochbegabtenprojekt). Münster: Waxmann, 1–91.

Rost, D.H. & Dörner, H. (Hrsg.)(1989). Lebensumweltanalyse besonders begabter Grundschulkinder (Forschungsbericht Nr. 2, Bd. II. Briefe und Erhebungsinstrumente). Marburg: Fachbereich Psychologie, Philipps-Universität.

Rost, D.H. & Hanses, P. (Hrsg.)(1995). Hochbegabte Jugendliche (Forschungsbericht Nr. 3). Marburg: Fachbereich Psychologie, Philipps-Universität.

Rost, D.H. & Schilling, S.R. (2006). Hochbegabung. In Rost, D.H. (Hrsg.). Handwörterbuch Pädagogische Psychologie (3. Aufl.). Weinheim: Psychologie Verlags Union, 233–245.

Vock, M., Preckel, F. & Holling, H. (2007). Förderung Hochbegabter in der Schule. Evaluationsbefunde und Wirksamkeit von Maßnahmen. Göttingen: Hogrefe.

Wagner, H. (Hrsg.)(1990). Begabungsforschung und Begabtenförderung in Deutschland 1980 – 1990 – 2000. Bad Honnef: Bock.